NPL랭킹업 투자비법

NPL랭킹업 투자비법

초 판 1쇄 2014년 8월 20일
     2쇄 2016년 7월 5일

지은이 오수근
펴낸이 전호림   기획·제작 두드림미디어   펴낸곳 매경출판(주)
등 록 2003년 4월 24일(No. 2-3759)
주 소 우)04627 서울특별시 중구 퇴계로 190 (필동 1가 30-1) 매경미디어센터 9층
홈페이지 www.mkbook.co.kr
전 화 02)2000-2636(마케팅) 02)333-3577(내용 문의 및 상담)
팩 스 02)2000-2609   이메일 dodreamedia@naver.com
인쇄제본 (주)M-print 031)8071-0961

ISBN 979-11-5542-153-6(03320)
값 48,000원

현직 **금융기관 전문가**가 이끌어 주는

NPL 랭킹업 투자비법

Ranking Up

어수근(까렐레옹) 지음

매일경제신문사

프롤로그

책을 출간하며

저의 NPL경험은 20년 전으로 거슬러 올라갑니다. 그땐 우리회사 대출채권 회수를 위하여 근저당권부 채권에 대한 압류 및 전부명령을 통하여 근저당채권을 회사 앞으로 강제이전한 후, 경매로 회수하곤 했는데, 그것이 NPL투자에 관심을 갖게 된 계기가 되었습니다. 그 후 오랫동안 이 NPL시장이 개인투자자에게 오픈되기를 기다렸지요. 이 책은 저의 NPL투자 경험을 모은 것으로, 올림픽공원 호수가 벤치에 앉아 핸드폰 메모장에 독수리 타법으로 3년 이상 틈틈이 써온 글들입니다. 정말 e-편한 세상에 살고 있습니다.

제가 몸담고 있는 금융기관은 별도 법인으로 지역별로 흩어져 있습니다. 개별법인별로는 연체 담보채권 규모가 작아 채권을 경쟁매각을 할 수 없습니다. 그래서 제가 아이디어를 내서, 별개법인의 채권을 모아 마치 하나의 법인이 매각하는 것처럼 묶어 매각을 했습니다. 저의 투자경험을 회사업무에 활용하여 여러 별개의 법인인 금융기관의 채권을 묶어서 2013년 말에 143억원어치를 지지옥션에 매각하게 된 것입니다. 상호금융기관에 새로운 채권회수의 길을 개척해 준 것입니다. 2014년도에는 500억원을 매각하였습니다.

이와 같은 방식은 NPL시장에서 제가 최초로 시도한 방식입니다. 상호금융기관이 담보채권을 대량으로 경쟁매각 하는 데에 50년이 걸린 셈입니다. 이게 바로 창조경제 아니겠습니까?

1금융권은 단일 법인으로써 채권을 수천억원씩 매각하는데, 이 매각방식은 단순합니다. 회계법인에 의뢰하면 알아서 매각을 해줍니다. 그러나 여러 개별기관의 채권을 묶어서 매각할 경우 각종 이슈 및 절차가 복잡합니다. 그래서 우리 금융기관이 이렇게 경쟁매각을 하는 데 오랜 시간이 걸렸던 것입니다. 그 전에는 누구도 이런 새로운 매각방식을 개발해 내지 못한 것입니다.

  제가 개발한 이 매각 방식은 새마을금고 및 산림조합에서도 벤치마킹을 해 갔습니다. 신협도 곧 그렇게 하겠지요. 새마을금고 및 산림조합은 이 방식으로 매각을 추진 중입니다. 또 근저당채권(NPL)을 담보로 질권대출을 해주는 상품을 제가 개발하여 현재 여러기관에서 판매중입니다.

향후 NPL의 일반매각(Loan Sale)이 금지되어 대위변제 투자만 유일한 NPL투자법이 되겠다.

  대부업법 개정으로 2016년 7월 25일부터 개인, 개인대부업자 및 금융위원회 미등록 일반 대부법인, 자산관리회사, 일반법인 등은 NPL채권매입(론세일)이 금지된다. 이에 필자의 NPL대위변제 투자법이 더욱더 위력을 발휘하게 되었다. 현재 자산유동화에 관한 법률에는 개인 및 일반 투자자에 대한 NPL매각금지 개정안이 없다. 그러나 향후 개인 등에 대한 매각금지 규정이 신설될 여지가 있다. 자산유동화에 관한 법률에 개인 및 일반투자자에 대한 NPL매각금지 규정이 없어도 유동화회사는 금융권으로부터 NPL을 1차 매입 시 비싸게 매입 후 개인에게 더 비싸게 2차 매각을 한다. 그러므로 현재에도 유동화회사를 통한 개인들의 NPL재매입 투자는 메리트가 거의 없다.

  대부업자 중 예외적으로 자기자본 3억원 이상의 개인이 아닌 대부법인으로서 금융위원회에 대부채권 매입 추심을 업으로 등록한 대부법인과 금융기관만 NPL채권 매입이 가능하다. 결국 금융기관은 제도권 금융기관에만 채권을 매각하도록 법을 개정한 것이다. 한편 2016.7.25부터 신규로 대부업을 영위하는 대부업자는 고정사업장도 별도로 갖추어야 한다. 대부업자 중 금융위에 대부채권 매입 추심업을 등록해 감독을 받는 자기자본 3억원 이상의 대부법인과 금융기관만 NPL을 매입할 수 있도록 법이 개정되었다. 제도 금융권으로 편입되어 금융위원회의 감독을 받는 대부법인 및 금융기관만 NPL채권을 매입할 수 있도록 NPL채권양도 제한규정을 신설했다. 이에 NPL개인투자자 및 비제도권 대부업자 등 일반법인 등에는 기존 NPL책 및 NPL강의는 의미가 없게 되었다. NPL을 매입해서 사업을 하던 기존 자산관리회사들도 많이 문을 닫고 사라

질 것으로 예상된다. 그래서 필자가 창시한 NPL대위변제 투자법으로 기존 모든 NPL강의 및 투자가 전환되고 재편될 것이다. 자산관리회사들도 생존을 위해 대위변제 투자로 방향전환을 할 것이다. NPL에 대해 개인 등 일반매각 금지규정 신설로 필자가 출간한 《NPL랭킹업 투자비법》,《NPL바이러스 투자법》,《NPL투자혁명》 등이 더 위력을 발휘하게 되었다. 대부업법 개정으로 향후 대부분의 NPL강사들이 필자가 창시한 대위변제 투자법으로 전환해서 강의를 할 수밖에 없다. 더불어 필자의 책을 무단 복제해서 강의자료로 판매하거나 복제강의를 하는 NPL강사들도 속출할 것으로 예상된다. 현재 필자의 책을 무단복제한 유명 NPL강사들을 상대로 서울중앙지검에 저작권법 위반으로 형사고소를 해놓은 상태다. 금융기관의 NPL을 개인, 대부업자 및 일반 법인에게 매각하다 보니 채무자에 대한 심한 빚 독촉 및 채권추심 등으로 민원이 많이 발생되었다. 또한 NPL개인투자자 등이 채권매입 후 연체이자 배당차익을 극대화하기 위해 무분별하게 경매연기 신청을 남용하여 인천지법 등에서는 경매연기 신청을 아예 받아주지 않거나 1회 정도만 경매연기 신청을 받아주고 있는 실정이다. 이와 같은 현실이 반영되어 대부업법에 개인, 금융위원회 미등록 일반 대부업자 및 일반 법인 등에게 NPL매각을 금지한 것으로 보인다. 반면에 대위변제 투자는 100% 배당되는 채권만을 선별해 투자를 하기 때문에 채무자에게 추심독촉을 하지 않아도 된다. 이제 필자가 창시한 NPL대위변제 투자법이 대한민국에서 유일하게 개인 및 일반법인도 투자할 수 있는 NPL투자법이 되었다. NPL채권양도만 금지했을 뿐 NPL대위변제는 가능하기 때문이다. 향후 NPL투자 트렌드는 개인 및 일반 NPL투자자가 자본금 3억원 이상의 대부법인에 돈을 맡겨 투자하는 간접투자 방식으로 전환될 것이다. 이 경우 일반 NPL투자자는 대부법인이 투자하는 NPL의 내용을 모르고 투자하기 때문에 NPL투자 시 리스크는 더 커지게 될 것이다. 현재는 개인이 NPL을 론세일로 매입 시 직접 해당 경매사건의 리스크를 분석하고 검토해서 매입을 하게 되므로 어느 정도 리스크 분석이 가능하다. 그러나 간접투자 시에는 NPL을 직접 접하지 않고 투자를 하기 때문에 리스크가 더 커질 수 있다. 어떠한 행위를 개선하기 위해 규제를 하면 그 규제에 따른 부작용도 발생되는 것이다. 결국 필자가 창시한 《NPL랭킹업 투자비법》이 NPL시장에서 홀로 유유히 빛날 것이다.

이 책의 특징

이 책은 금융기관이 내부적으로 연체 근저당채권(NPL)을 매각하는 이유에 대하여 설명하고, 투자자 입장에서 어떻게 매입하고 다양하게 활용할 수 있는지를, 그리고 마지막으로 투자자가 매입대금을 조달하는 방법인 질권대출 및 유동화증권 발행에 대하여 기술하였습니다.

시중 대부분의 NPL서적은 투자자의 투자측면을 위주로 기술되어 있습니다. 그러나 저는 금융기관에 근무하면서 내부적으로 대량매각을 직접 기획 및 실행하여 NPL매각 실무경험을 하였고, 개인적으로 오랫동안 NPL투자를 하였으며, NPL투자자들이 채권 매입 시 매입대금 조달을 할 수 있도록 질권대출 상품도 직접 만들어 판매한 바 있습니다. 따라서 이 책은 다음과 같은 차별화된 특징이 있습니다.

첫째, 시중 NPL서적 중 최초로 금융기관 내부에서 채권매각을 하는 '금융기관의 NPL매각 실무' 부분을 기술하였습니다. 이 부분은 향후 신용협동조합, 산림조합, 새마을금고 임직원이 근저당채권을 경쟁입찰로 대량매각 시 많은 도움이 될 것이며, 투자자들도 금융기관 내부에서 채권매각이 이루어지는 시스템을 이해하게 될 것입니다.

둘째, 투자자들이 근저당채권을 매입하여 운용하는 방법 중 기존 관련서적에서는 볼 수 없는 몰수보증금 투자법 등이 기술되어 있고, 방어입찰 및 미래배당차익(Future Spread) 등 제가 개발한 신조어를 비롯해, 이론과 더불어 실무사례도 풍부하게 소개하였습니다. 아울러 관련 실무서식을 모두 첨부하여 투자자들이 NPL투자 시 필요한 서식을 바로 실무에 활용할 수 있도록 하였습니다.

셋째, 질권대출 상품 및 ABS발행에 대하여 NPL서적 중 최초로 기술하였습니다.
질권대출 상품을 개발하여 출시하려는 금융기관 임직원들에게 많은 도움이 될 것입니다. 질권대출 취급 금융기관들의 상품내용도 소개하여 초보자 등 NPL투자자들이 질권대출 취급은행에 찾아가 질권대출을 이용할 수 있도록 자세하게 소개하였습니다. 또한 유동화증권 발행에 대한 사항도 NPL서적 중 최초로 기술하였습니다. 이는 실무자들에게 많은 도움이 될 것이며, 유동화증권에 대하여 궁금증을 품고 있는 NPL투자자들의 의문을 해소하는 데도 일조할 것으로 생각합니다.

넷째, 창과 더불어 방패도 준비해야 합니다.
창과 더불어 방패도 준비하여 NPL투자 시 적의 공격으로부터 자신의 소중한 재산을 잃지 않도록 방어입찰, 배당이의 방어소송 등 방어적 재테크를 위한 방패도 곳곳에 기술하였습니다.

NPL투자는 NPL매입 후 최종적으로는 법원경매를 통한 배당으로 투자수익을 얻게 되므로 담보부 NPL에 투자하려는 사람들은 기본적으로 부동산 기초지식 및 경매 기초지식이 필요한데, 이 부분이 약한 사람들은 NPL공부와 더불어 부동산 경매도 공부하여야 합니다. 현재 부동산 경매시장은 NPL이 대세입니다. 경매강의는 줄어드는 대신 NPL강의는 우후죽순처럼 생겨나고 있고, NPL책도 속속 출간되고 있습니다. 더불어 근저당채권 매매 전문투자회사인 유암코 및 대신 F&I가 NPL시장에서 독점적인 지위를 가지고 있었으나, 2013년 말에는 골드만삭스 및 신세이뱅크 등 외국계 NPL투자회사가 시장에 진입하였고, 국내 중소형 자산관리회사 및 최근에 신설된 외환 F&I가 이 시장에 새로 진입하여 NPL시장의 경쟁이 치열해져 NPL매입가격이 높아지고 있습니다. 그래서 이들 메이저 투자회사들로부터 NPL을 다시 재매입하여 투자하는 개인투자자 등은 투자수익을 얻기가 점점 어려워지고 있습니다. 그럼에도 불구하고 NPL강의를 통하여 NPL에 투자하면 큰 수익을 얻을 수 있는 것처럼 대박의 환상을 심어주는 경우도 많으며, 상당수의 강의가 수강생들을 대상으로 NPL재매각을 하거나, 공동투자 및 컨설팅 등을 해주고 있는 실정입니다. 이러한 상황에서는 자칫 손실을 입기 쉽습니다. 실제로 수십억원에서 수백, 수천억원에 이르는 사기사건을 언론을 통해 종종 봅니다. 향후에도 사기사건이 발생할 수 있으니, NPL에 투자하려는 개인 등은 NPL의 내용을 자세히 숙지하여야, 전문가인 양 접근하여 투자를 권유하는 사람이 진짜 전문가인지 사기꾼인지 구별하는 눈을 가질 수 있습니다. 아는 것은 돈입니다. 이 책은 대박의 환상을 심어주기 위하여 출간하는 것이 아닙니다. 이 책을 통해 간접경험을 하고 준비하도록 하기 위함입니다. 대박은 공부하고 노력하는 사람에게 온다고 생각합니다. 준비하는 사람은 대박의 기회도 잡을 수 있습니다.

이 책은 기존 NPL서적과는 달리 국내 최초로 금융기관의 채권매각 실무, 질권대출(ABL) 및 자산유동화증권(ABS)발행 설명, 근저당채권 매각 실무서식 게재, 몰수 보증금 되찾아 오기, 근저당권부 채권 매입금액을 매매대금으로 하여 상계에 의한 소유권 이전 및 차주교체를 통한 담보물 재활용법 등 이 책만의 차별화된 특징이 있습니다. 이 책이 여러분의 NPL투자 여행에 소중한 길잡이가 되기를 소망합니다.

부실채권 『랭킹업(Ranking-Up) 대위변제 투자법』을 최초로 공개

저축은행의 근저당채권 개인매각 금지규정 및 미등록 대부업자로부터의 채권양수 금지규정을 돌파하는 수단으로 활용

저축은행업 감독규정에 이해관계 없는 개인에게는 채권매각을 금하는 규정이 있어 론세일 방식, 즉 채권양수도 계약으로는 개인이 채권을 매입할 수 없습니다. 따라서 개인이 투자 시에는 법인인 자산관리회사 앞으로 1차로 근저당채권을 이전시킨 후 여기서 다시 개인이 2차로 이전받게 되어 근저당권 이전등기 비용이 2배로 소요되고, 절차도 번거롭습니다. 그러나 대위변제 투자법(Ranking-Up, Ranking-Shift, Ranking Jump, Ranking Elevating 투자법은 제가 개발한 용어로, 저에게 지적재산권이 있습니다.)을 활용하면 개인도 저축은행의 1순위 근저당채권을 대위변제 할 수 있고, 이에 따라 1순위 근저당채권은 대위변제한 개인에게 승계 이전됩니다. 결과적으로 감독규정상 매각금지 규정에 저촉을 받지 않고 우회적으로 투자를 할 수 있습니다. 저축은행은 연체이율이 25%이므로 대위변제 투자대상 1순위 채권으로 대위변제 후 연체이율 25%를 승계취득하여 배당차익도 가장 크다고 할 수 있습니다.

1금융권 및 일부 상호금융기관의 근저당채권 개인매각 회피관행을 돌파하는 수단으로 활용

1금융권, 캐피탈회사, 새마을금고 등 일부 상호금융기관 및 한국자산관리공사는 법적으로 개인에게 채권매각을 금지하는 규정은 없으나, 민원발생 등의 이유로 개인에게 채권을 매각하지 않는 관행을 고수하고 있어 개인이 정상적인 채권양수도 계약으로는 채권을 매입할 수 없습니다. 그러나 대위변제 제도를 활용하면 이런 매각회피 관행을 깨뜨리고 개인이 1금융권 등의 채권을 대위변제한 후 승계이전을 받을 수 있습니다. 1금융권은 부동산 담보에 대한 대출비율이 60% 정도로 낮아 아파트 등 주거용 부동산은 원리금이 100% 배당되는 물건이 수두룩합니다. 새마을금고는 연체이율이 22% 정도로 매우 높아 저축은행 채권 다음으로 배당차익이 큽니다. 론세일이 자발적 채권양도라면 대위변제는 수동적 채권양도라고 할 수 있습니다. 이런 방식은 금융기관의 의사에 반하여 대위변제하고 근저당채권을 강제로 대위변제한 개인이 양도를 받는 방법이기 때문에 수동적 채권양도라는 표현이 적절합니다. 현재는 유동화회사나 금융기관이 원리금 100% 배당 건의 채권매각을 꺼리나 대위변제하면 개인에게 넘겨줄 수밖에 없습니다. 한편 대위변제 투자자는 법정대위 자격을 가지고 있더라도 아래와 같은 사유로 임의대위 자격까지 취득하는 것이 좋습니다.

첫째, 대위변제 투자자는 법정대위 자격을 보유하고 있더라도 채무자의 동의를 얻어 임의대위 자격까지 양쪽의 자격을 보유하는 것이 바람직한데, 이 경우 1순위 근저당채권자인 금융기관에게 대위변제를 거부할 1%의 틈도 주지 않는 완벽한 대위변제 자격을 취득하게 되어 투자자는 원하는 1순위 근저당채권을 확실하게 강제승계 받을 수 있습니다.

둘째, 1순위 근저당채권 보유 금융기관 직원들도 대부분 대위변제 제도를 잘 모르기 때문에 법정대위 자격 보유자에게도 채무자의 동의를 받아오도록 요구하고 있는 바,

이들 은행직원을 설득하기 보다는 그들이 원하는 대로 채무자의 동의를 받아서 대위변제 신청을 하는 것이 효율적입니다. 어차피 법정대위 자격을 보유하여 대위변제를 하더라도 대위변제 사실을 채무자에게 통보할 의무는 없지만 실제로는 채권자의 교체사실을 채무자에게 알려주는 차원에서 채권자의 교체사실을 통보해 주어야 하기 때문입니다. 이 쇼킹한 대위변제 투자법은 주위에서 공개하는 것을 말렸으나 최초로 전격 공개합니다.

담보부 부실채권(NPL) 투자, 쉽지 않습니다. 그러나 두드리세요

　오래 전 금융기관 채권관리를 담당하면서 연체대출 채무자가 가지고 있는 근저당채권을 이전받아 채권을 회수한 적이 있습니다. 즉 재산조사 결과 연체대출 채무자가 근저당권이 설정된 대여금 채권(사채)을 다른 사람에게 가지고 있는 경우, 채권자인 금융기관에서 근저당권부 채권을 가압류하여 채무자가 타인에게 이를 처분하지 못하도록 묶어놓은 다음, 연체대출 채무자를 설득해서 근저당권 양도증서를 받거나, 양도해 주지 않으면 법원에 근저당권부 채권에 대한 압류 및 전부명령을 신청 후 전부명령이 확정된 때에는 집행법원이 저당권 이전등기를 촉탁함으로써(등기선례5-451) 근저당권을 강제로 채권자인 금융기관으로 이전시킨 다음 근저당권에 기한 임의경매를 신청하여 연체대출금을 회수하는 것이지요. 그 당시에 근저당권부 채권을 개인이 이전받아 배당차익을 남기는 재테크를 하면 좋겠다는 생각을 하였는데, 당시에는 개인이 근저당채권을 사고파는 시장이 활성화 되어 있지 않아서 관심만 갖고 있었습니다. 근래엔 부실채권 전문 매각기관인 유암코, 대신 AMC(우리 AMC에서 변경), 농협자산관리회사, 은행의 유동화전문회사 등이 생겨나면서 개인투자자들이 매입에 나서고 있어 NPL거래가 활성화 되고 있는 걸 봅니다.

　그러나 이런 매각기관들도 제1차적으로는 은행 등으로부터 부실채권을 매입한 다음, 개인 등에게 다시 매각을 하여 수익을 창출하는데, 이들 전문 매각기관들이 사들이는 부실채권 가격이 점점 높아져 일반 담보부채권은 원금대비 90% 가까운 높은 가격으로 매입을 한 경우도 있어, 이를 다시 개인에게 매각할 경우 개인투자자가 투자수익을 실현하기는 어려운 실정입니다.

또한 대부분 1순위 근저당권자로서 채권원금 이상을 회수할 수 있는 근저당채권은 개인들에게 팔지 않고 이들 메이저 매각기관들이 전액 배당을 받아 이익을 챙기기도 하는데, 채권원금에 대한 연체 이율만 해도 17% 내지 25%가 되어 사채이자에 가까운 고수익을 안겨주기 때문에 개인들에게 이러한 수익을 나눠줄 이유가 없는 것입니다. 이와 같이 이익이 되는 부실채권은 개인들에게 판매하지 않고 자신들이 대부분의 이익을 챙기고 있기 때문에 개인들이 부실채권에 투자하고 싶어도 이러한 근저당채권 매입은 어렵습니다.

그러나 상가는 상당수가 감정가의 50% 이하까지 유찰되어 1순위 근저당권자인 경매신청 채권자도 원금의 일부만 배당을 받아 원금손실이 큰 경우가 많습니다. 이러한 원금손실이 큰 상가 근저당채권에 대해서는 개인이 비교적 쉽게 매입할 수 있고, 매각기관들도 개인 투자자들을 대상으로 적극적으로 매각을 추진하지만 상가이기 때문에 매입금액 자체가 높습니다. 그래서 투자자는 매입금액의 20% 정도는 자기자본을 가지고 있어야 하며, 나머지 80% 정도는 이전받은 근저당권부 채권을 담보로 질권대출을 받아 근저당권의 매입대금으로 충당하면 됩니다. 한편 상가의 낙찰가는 경기침체, 부동산시장의 여러 변수 및 경매신청 시기 등에 따라 낙찰가의 등락폭이 아파트 등 주택보다 크므로 상가 근저당채권을 싸게 할인취득 하더라도 추후 경매신청 시 매입원금 이하로 낙찰되어 매입원금 손실을 입을 수도 있으므로 상가 근저당채권 매입 시에는 면밀하게 상권분석 등 상가가치 평가를 거쳐 신중을 기하여 매입하여야 합니다.

"되는 사람은 되는 이유만 찾습니다."
"안 되는 사람은 안 되는 이유만 찾습니다."
"되고 안 되고는 각자의 선택에 달렸습니다."

담보부 부실채권(NPL) 시장에 개인투자자가 직접 접근할 수 있도록 NPL 매각기관 및 매입 대금 조달을 위한 질권대출 기관 등을 기술하였습니다.

부실채권 투자를 위해서는, 매입한 근저당채권을 어떻게 운용하여야 하는지, 근저당채권의 양수도(매매) 및 질권대출 절차와 질권대출을 어디에서 받을 수 있는지, 그리고 NPL거래의 실제사례, 주의할 점, NPL의 매입 및 질권대출을 위한 예상배당액의 산정방법, 매입한 담보부 부실채권(NPL)으로 상가를 다른 사람보다 유리한 지위에서 1순위로 낙찰받는 방법 등 NPL투자 시 꼭 필요한 사항들을 실제 투자자들이 바로 시장에 접근하여 활용할 수 있도록 실무적인 내용으로 설명하였습니다.

이 부분도 다른 서적과 차별화된 것으로 NPL투자자들의 답답함을 어느 정도 풀어 줄 것으로 기대합니다. 또한 예상배당액을 산정하여 근저당권부 채권의 매매(양수도)거래를 하고 매입한 근저당채권을 경매 등으로 처분하여 수익을 얻기 때문에 NPL투자를 하려면 경매에 대한 권리분석 및 배당분석 등을 할 줄 알아야 합니다. 그래서 경매에 대한 부분도 기술하였습니다.

부실채권(NPL)의 할인매입은 수익형 상가를 낙찰 받을 때 유용합니다.

상가에 설정된 1순위 근저당권부 대출채권을 할인받아 양수 후 양수인이 직접 할인 금액을 포함한 고액으로 베팅하여 경쟁자를 따돌리고 1순위로 낙찰 받을 수 있습니다. 입찰 전부터 유리한 고지에 서게 되는 것이죠. 낙찰 받은 후, 업종을 변경하거나 리모델링 등으로 죽은 상가를 살리는 방법으로 수익을 낼 수 있습니다.

NPL은 경매사고로 몰수된 입찰보증금을 회수하는 데도 활용할 수 있습니다.

재매각 절차가 진행되면 대금을 미납한 전 낙찰자는 입찰보증금을 돌려 줄 것을 요구하지 못하고(민사집행법 제138조 제4항), 입찰보증금은 배당할 금액에 편입되나(민사집행법 제147조 제1항 제5호), 재매각 절차가 취소되거나 경매신청이 취하되면 입찰보증금을 반환받을 수 있습니다. 따라서 경매사고로 보증금을 포기하여야 할 처지에 놓인 낙찰자는 경매신청 채권자의 근저당권부 채권을 양도받은 다음, 경매법원에 채권자 변경신고를 한 후 바로 경매신청을 취하하여 법원으로부터 입찰보증금을 반환받고 다시 경매를 신청하여 부실채권 매입대금을 배당으로 회수하면, 경매사고를 당하더라도 손해를 만회할 수 있습니다. 이와 같이 근저당권부 부실채권을 매입 후 대금미납 사건의 취하를 통하여 입찰보증금을 회수할 수 있는데, 추후 근저당권부 채권 매입원금을 회수할 수 있을지 여부 등 다양한 변수를 사전에 면밀히 검토한 후 매입하여야 합니다.

내 재산을 지키는 방어적 재테크도 재테크다

근저당권부 NPL에 투자하면 매월 고율의 이자를 정기적으로 지급해 주면서 고수익을 보장해 주겠다고 투자자를 속여 거액의 사기를 친 일당이 구속되었다는 언론 뉴스가 종종 보도되고 있습니다. 부실채권 투자는 원금손실도 발생할 수 있기 때문에 '매월 고율의 수익을 보장한다는 것'은 부실채권 투자에 대해 조금이라도 학습한 사람은 금방 사기라는 것을 알 수 있습니다. 또 경매컨설팅사에 위임하여 투자하다가 손해를 입은 사람도 있습니다. 모두 부실채권 투자 및 경매투자에 대한 지식과 경험이 부족하여 당하게 된 것입니다. 결국 공부하고 알아야 사기 등 손해를 당하지 않고 가진 재산을 지킬 수 있습니다. 부실채권 및 경매지식을 학습하여 부(富)를 늘리지 못한다 하더라도 최소한 이러한 사기 등을 당하지 않는 것도 결국 재테크입니다.

"아는 것은 돈입니다."

책이 나오기까지

책의 출간을 담당한 두드림 미디어 한성주 대표님, 책의 집필에 많은 도움을 주신 인문학 강사인 오석근님, Calligraphy Artist 겸 장학사인 오장근님, 《NPL랭킹업 투자비법》의 실전사례 주인공인 오동근님, 《NPL랭킹업 투자비법》의 전문강사 겸 五星한의원(정읍시 소재) 원장인 오성근님, 외국에 유학 중인 사랑하는 딸 혜린이, 매경출판 관계자 여러분, '까멜레옹의 부실채권 대위변제 이야기' 카페의 회원, 그밖의 필자를 아는 많은 분들이 책을 출간하도록 격려와 조언을 해주셨습니다. 모두모두 사랑하고 감사드립니다. 이 책이 NPL의 신세계를 경험하고 NPL투자 시 혁명적인 길잡이가 되기를 바랍니다.

NPL의 신세계를 오픈하며,
오 수 근

목 차

프롤로그   04

PART 1   **NPL Ranking-Up 대위변제 투자법**(대위변제로 연체이자 배당차익 승계취득)

제1장 우선『변제자대위』라는 개념을 파악해야 한다   37
    1.『변제자대위』가 어떤 제도인가?   37
    2. 구상권과 대위권은 경합이 일어난다   37
    3. 구상권과 대위권을 비교해보자   38
    4. 재산손실의 방어적 대위변제기능이 있다   39

제2장 변제자대위 제도를 본격적으로 공부하자   41
    1. 임의대위(Ranking-Shift, 임의변제, 임의채권승계, 약정대위)   41
    2. 법정대위(Ranking-Up, 법정변제, 법정승계, 강제변제)   43
      1) 임의대위와 다른 법정대위의 대략적인 내용을 살펴보자
      2) 대위변제 후 연체이율을 적용한 배당차익 발생

제3장 대위변제 투자대상 근저당물건의 선정방법을 알아보자   46
    1. 연체이자율 및 채권최고액이 높은 순서로 물건을 검색한다   46
    2. 경매신청된 1순위 근저당 채권을 대위변제 대상으로 선정한다   47
    3. 자진 변제로 경매가 취하될 가능성이 전혀 없는(소유자가 완전 포기한) 경매물건을 선정한다   48
    4. 우선 배당요구 채권액 조회 및 예상배당액을 산정한다   48
      1) 예상배당액 산정방법
      2) 배당금을 교부받는 방법(안산지원 2013타경 3968호 임의경매 사례)
    5. 예상배당표상 원리금 전액배당이 가능한 근저당채권을 대위변제 투자대상으로 한다   53
    6. 배당요구의 종기 후에 대위변제한다   53
    7. 대위변제 물건의 선정과 투자 요령을 최종적으로 정리하자   55

제4장 대위변제 자격취득은 어떻게 해야 하나?   56
    1. 임의대위(채무자 동의)의 자격을 취득하라   56
    2. 후순위 가압류채권 중 일부 양수하는 방법이 있다   57
    3. 후순위 압류채권 중 일부 양수하는 방법도 활용하라   57
    4. 후순위 근저당 채권 중 일부 양수하는 방법도 있다   57
    5. 경매부동산의 소유자에게 돈을 빌려주고 가압류등기를 신청하라   58
    6. 경매부동산을 매수하여 제3취득자가 되는 방법을 활용하라   58
    7. 후순위 임차권자의 임차보증금 일부 양수로 대위변제 자격을 확보하라   59
    8. 경매진행 중 근저당권 설정으로 대위변제 자격을 확보하라   60

제5장 금융기관은 대위변제 실무를 어떻게 처리하는가?   62
    1. 이해관계자 및 재산권 상실 위험자의 대위변제(Ranking-Up, 법정변제, 법정대위)   62
    2. 이해관계 없는 제3자의 변제(Ranking-Shift, 임의변제, 임의대위)   63
        1) 채무자의 동의를 얻어 대위변제
        2) 채무자 동의 없이 변제하는 방법
        3) 통지의 효력발생 간주약정
        4) 채권서류의 대위변제자 또는 채권양수인 교부
        5) 대위변제 시 근저당권 이전의 부기등기를 하는 방법

제6장 채권 및 근저당권의 승계에 따른 조치는 어떻게 해야 하나?   67
    1. 근저당권 이전등기를 신청한다   67
    2. 경매채권자 변경신고서를 제출한다   67
    3. 권리신고 및 배당요구 신청서를 제출한다   67
    4. 배당금 입금계좌를 변경신고한다   67
    5. 채권계산서를 제출한다   68
    6. 배당기일에 법원에 출석한다   68

제7장 승계된 근저당권을 방어(보호)하는 방법을 알아보자   69
    1. 방어적 경매물건 관리 방법   69
    2. 방어적 매각기일 추정신청(유치권에 대한 방어)하는 방법   70
    3. 방어입찰에 참가하는 방법을 알아보자   70
        1) 대위변제자의 방어입찰 참가 이유
        2) 방어입찰의 전제조건을 숙지해두자
    4. 배당이의에 방어소송하는 방법도 알아둬야 한다   71
        1) 경락잔금 담보대출 금융기관을 사전에 확보하라
        2) 소송비용 현금 담보제공명령 신청으로 소송포기를 압박하라
        3) 소송고지 신청(또는 보조참가 요청)하기
        4) 부당이득 반환청구 소송으로 가장 임차인 배당금 되찾기

제8장 Future Spread(미래배당차익)의 극대화 방법을 알아보자   74
    1. 매각기일 2회 연기(변경)신청으로 Future Spread 극대화   74
    2. 경매취하 후 재경매로 Future Spread 극대화   75
    3. 유치권 신고 및 매각기일 추후지정 신청으로 Future Spread 극대화   76
    4. 경매절차 정지신청으로 Future Spread 극대화   76
    5. 개인회생의 경우 변제계획 인가 시까지 경매중지로 Future Spread 극대화   78

제9장 NPL대위변제 대박 성공사례를 살펴보자   81
    1. 필자의 NPL랭킹업 이론(대위변제자에게 연체이자율 승계)을 뒷받침하는 역사적인 대법원 판결 선고로 NPL랭킹업 투자는 더욱더 빛나게 되었다.   81
    2. 후순위 근저당권 활용 NPL랭킹업 투자법에 대해 살펴본다   84
    3. 바이러스 근저당채권의 배당요구 및 회수방법을 잘 알아야 손해를 방지할 수 있다   85
    4. 가압류채권자 및 공유지분권자의 NPL랭킹업 대위변제 성공사례(연체이자 배당차익 42,528,000원, 순수익률 82%)   106

5. 후순위 새마을금고채권 매입 NPL랭킹업 대위변제 성공사례(연체이자 배당차익 23,358,000원, 순수익률 49%) ... 112

6. 후순위 저축은행채권 매입 후 1순위채권 법정 대위변제(연체이자 배당차익 133,574,250원, 순수익률 184%) ... 119

7. 후순위 대부업체채권 매입 후 1순위 하나은행채권 법정 대위변제(연체이자 배당차익 111,096,600원, 순수익률 89%) ... 124

8. NPL랭킹점프로 3순위자가 1순위채권을 대위변제한 성공사례(연체이자 배당차익 29,864,000원, 순수익률 138%) ... 131

9. NPL랭킹업 싹쓸이 투자 성공사례(연체이자 배당차익 32,895,000원, 순수익률 64%) ... 136

10. NPL바이러스 대위변제 성공사례(연체이자 배당차익 19,376,500원, 순수익률 137%) ... 143

11. 후순위 전세권자가 전세금 배당손실 방어를 위해 NPL랭킹업 대위변제를 한 실제사례 ... 148

12. 가등기 채권자의 가등기말소 방어(Ranking Keeping)를 위한 NPL랭킹업 대위변제 성공사례(연체이자 배당차익 250,000,000원) ... 150

13. 개인회생 신청자의 NPL랭킹쉬프트(임의대위) 성공사례(연체이자 배당차익 59,450,000원, 순수익률 198%) ... 155

14. 유암코의 NPL을 임의 대위변제(랭킹쉬프트)로 취득한 성공사례 ... 164

제10장 NPL대위변제 투자 시 치명적 함정은 무엇인가? ... 169

1. 100만분의 1의 함정에 빠져 사례비 6,000,000원을 날리다 ... 169
2. 어디에도 공시되지 않는 함정에 빠져 사례비 5,000,000원을 날리다 ... 176

제11장 관련규정도 정리해보고 판례도 살펴보자 ... 183

1. 민법상 관련규정을 정리해보자 ... 183
2. 혼동에 관한 판례를 살펴보자 ... 184
3. 대위변제 관련 판례를 살펴보자 ... 186
4. 법정 대위변제 조정결정도 공부해야 한다(97. 7. 28. 조정번호 제97-13호) ... 193

제12장 필자가 Design하여 창조한 NPL 투자기법을 공개한다 ... 207

1. Ranking Elevating 투자법 ... 207
2. Low Ranking 채권매입 비과세 투자법 ... 208
3. 공유지분 물상보증인 NPL투자법 ... 209
4. 공동담보 초과책임 NPL투자법 ... 210
5. 사해행위 NPL 매입 투자법 ... 211
   1) 사해행위 NPL 매입대상 채권 선정방법
   2) 사해행위 NPL 매입(투자)
   3) 매입 후 양수인의 배당이의의 소제기 방법
   4) 참조판례

PART 2 근저당채권(NPL) 매각에 관한 A부터 Z까지

제1장 NPL거래를 개략적으로 파악해보자   222
1. NPL의 처분절차를 우선 살펴보자   222
1) 금융기관의 NPL 매각과정을 이해해보자
2) 투자자의 NPL매입 및 운용과정을 살펴보자
3) 투자자의 NPL매입대금 조달은 어떻게 하는가?

2. NPL 거래 관계도를 보면 한 눈에 이해할 수 있다   227
3. NPL관련 용어를 정의해보자   227
4. NPL의 수익구조를 표로 정리해보자   231
5. 짧지만 NPL 시장의 역사도 스크린해보자   232
1) 한국자산관리공사(Kamco) 시대
2) IMF 외국자본 시대
3) 유암코 및 우리F&I 시대
4) 완전경쟁 시대

6. NPL 채권매입을 위한 관점의 디자인(사고의 전환) 해보기   235
7. 최근 NPL 시장동향은 어떠한가?   236
1) 2014년 상반기 시장 현황
2) 2014년 상반기 NPL투자 현황
3) 주요 금융기관별 고정이하 NPL비율 및 공개매각 현황
4) NPL투자 현황(2013년)
5) NPL채권 매각자문 현황(2013년)
6) 유동화회사(유암코,우리F&I) 영업이익 및 당기순이익

8. NPL은 관련 금융 파생상품의 발생을 유도한다   239
9. NPL담보 유동화증권(ABS) 발행구조를 도식화하면 다음과 같다   241

제2장 부실채권(NPL : Non-Performing Loan)이란 무엇인가?   243
1. 부실채권을 정의하는 다양한 분야들   243
2. 대출자산의 건전성 분류에서 비롯되었다   243
1) 대출금의 손실처리(대손상각) 목적
2) 대손충당금 적립의 의의
3) 대출자산의 건전성 분류

3. 대출자산 건전성 분류 단계별 정의   245
1) 정상
2) 요주의
3) 고정
4) 회수의문
5) 추정손실

4. 우리는 어떤 부실채권(근저당권부 대출채권)을 매입해야 하나?   248
1) 가급적 근저당권이 설정된 담보부 대출채권을 매입한다
2) 무담보 대출채권은 채무자가 파산신청을 하면 한 푼도 못 받을 수 있다

제3장 부실채권 투자를 왜 학습해야 하나? — 249
    1. 가장 중요한 것은 투자로 인한 수익이다 — 249
    2. 손해방지 및 사기예방 목적도 중요하다 — 249

제4장 우선 채권양도(債權讓渡)의 메카니즘을 공부하자 — 250
    1. NPL을 알려면 채권양도의 의미를 파악해야 한다 — 250
        1) 채권양도의 여러 가지 의미는?
        2) 금융기관이 채권 및 근저당권을 할인판매 하는 의미
    2. 예외적으로 양도가 금지되는 경우도 있다 — 251
    3. 채권양도의 대항요건을 갖춰야 한다 — 251
        1) 채권양도의 통지나 승낙
        2) 확정일자 있는 증서로 통지
        3) 반송 시 금융기관의 약관에 따른 통지도달 간주약정 유효성 인정
        4) 채무자 행방불명 시 공시송달 통지
    4. 채권양도의 대항요건(통지)에 관한 특례 — 254
    5. 구체적인 대출채권양도 절차를 알아보자 — 256
        1) 채권(계약)양도의 의의와 차이점
        2) 채권(계약)양도 절차
        3) 근저당권 이전의 부기등기 방법
        4) 양수인의 경매채권자 승계(변경)신고
        5) 양수인의 환급계좌 변경신청
        6) 양수인의 경매서류 열람 및 등사신청
        7) 양수인의 권리신고 및 배당요구 신청
        8) 법원의 채무자 및 소유자에 대한 담보권 승계사실 통지
        9) 양수인의 배당기일 참석
        10) 권리증서상 부기문 환부신청
        11) 양도서식을 보면 좀 더 명확히 알 수 있다

제5장 공세에서 수세로 전환하는 방어입찰 참가하기 — 305
    1. 근저당채권 양수인의 방어입찰 참가 — 305
    2. 방어입찰의 전제조건이 있다 — 306
        1) 방어입찰 참가의 필요성이 있어야 한다.
        2) 손실 없는 가격으로 재매각의 실익이 있어야 한다.
    3. 상가는 방어입찰 참가가 바람직하다 — 307
    4. 자기자금 30% 준비가 필요하다 — 309
    5. 실익이 없는 경우 방어입찰을 포기하라 — 309

제6장 개인의 근저당채권 매입에 관한 모든 것 — 310
    1. 근저당채권 매입 투자의 장점(이점) 7가지 — 310
    2. 개인의 근저당채권 매입 방법 — 311

    1) 근저당채권 매입의 자유(원칙)
    2) 근저당채권 매입의 제한(저축은행)
    3) 근저당채권 매입의 형식
    4) 근저당권부 채권 매각기관
  3. 채권 및 근저당권 매매 실제사례   315
  4. 유리한 근저당채권 고르는 원리를 파악하라   316
    1) 매입 형식 : 계약양도
    2) 근저당채권 매입대상 부동산 : 아파트, 오피스텔
    3) 매입대상 근저당채권의 순위 : 1순위
    4) 채권의 특성 : 채권최고액에 많이 미달된 채권, 연체이율은 높은 채권
    5) 차주의 선정요건 : 차주가 급여생활자나 다른 부동산등 재산이 있는 자
  5. 고수익을 올릴 수 있는 근저당채권 매입대상 물건   318
    1) 유치권신고 있는 물건
    2) 대항력 있는 임차권 물건
    3) 수익형 상가 물건
    4) 연체이자 차액이 큰 물건
    5) 법정지상권 성립여지 있는 물건
  6. 근저당채권 매입을 제한해야 하는 부동산   319
  7. 근저당채권 매입 전 조사사항을 체크하라   320
    1) 일반적인 사전 점검사항
    2) 근저당채권 매입 전 현장조사 철저
    3) 경매신청 채권금액의 범위 확인(연체이자 포함여부 확인)

제7장 부동산 경매진행 절차   **328**
제8장 등기부세탁 시작등기 분석(말소기준등기 파악)   **329**
  1. 소멸(소제)주의 원칙   329
    1) 소제주의란 무엇인가?
    2) 말소기준등기의 정의와 중요성
    3) 어떻게 말소기준등기를 찾아야 하나?
    4) 말소기준등기를 찾는 실제 예
  2. 경매부동산상 부담의 소멸 및 인수   334
    1) 경매로 인하여 소멸·인수되는 등기 또는 권리
    2) 말소되는 등기
    3) 인수되는 등기
    4) 인수되는 권리

제9장 배당요구의 종기 후에 채권매입을 해야 한다(원칙)   **338**
제10장 양도인에게 예상배당표를 요구하라   **339**

    1. 매입가격 산정을 위한 예상배당표 작성관련 자료를 요구하라   339
    2. 실제사례(대전6계 2011타경 145XX호 임의경매)   340
        1) 근저당채권 매입 및 유입취득 시 자금소요 내역
        2) 채권자의 채권액수 및 배당순위 등 정보를 요구하라

제11장 예상배당표 작성   343
    1. 예상배당표를 작성하는 목적은 무엇인가?   343
    2. 예상낙찰가를 산정하는 방법은?   343
    3. 예상배당액을 산정하는 방법은?   343
    4. 대전6계 2011타경145XX호 둔산쇼핑전자타운 경매사건의 예상배당표 작성 사례   343
    5. 안산지원 경매 10계 2011타경 198XX호 예상배당표 작성 사례   346
    6. 예상배당액 산정결과를 어떻게 활용할 것인가?   347
        1) 1순위 근저당채권 매입가격 기준으로 삼아라
        2) 질권 대출 시 담보여력 산정기준으로 활용하라

제12장 매입 예정가격 산정 방법을 익혀라   348
    1. 물건의 시세를 우선 조사한다   349
    2. 예상 낙찰가율 등을 조사하라   349
    3. 각종 선순위배당 채권을 조사한다   349
    4. 예상배당표를 작성하고 예상배당액을 산정하라   349
    5. 대출이자를 차감하라   349
    6. 근저당권 이전비용을 차감한다   349
    7. 인수되는 공용부분 체납관리비를 차감한다   350
    8. 적정 이윤을 차감하라   350
    9. 본격적으로 채권매매 가격협상에 임한다   350
    10. 지금까지의 매입 과정을 총정리 해보자   351

제13장 뭐니뭐니 해도 제일 중요한 건 NPL 매입루트   352
    1. 금융기관으로부터 직접매입(직거래)하는 경로   352
    2. 연합자산관리 주식회사(유암코. www.uamco.co.kr)   353
        1) 유암코 홈페이지를 방문해보자
        2) 유암코가 게시한 근저당채권 매각 안내문
        3) 유암코가 보유한 근저당채권(부실채권)을 인식하는 방법
        4) 유암코와 매각협상(실사례2)
    3. 대신 에이엠씨(전신 우리 에이엠씨)   361
        1) 최근에 회사명이 변경되었다
        2) 채권매각 내용
    4. 농협자산관리회사(http://www.acamco.co.kr/)   363
        1) 개인에게 채권매각을 한다
        2) 설립배경과 설립목적
    5. 유동화전문 유한회사(SPC : Special Purpose Company)   366

  1) 채권매각을 위한 일시적, 서류상의 회사이다
  2) 유동화 전문회사의 주요 업무
  3) 유동화회사의 근저당권부 채권의 질권 담보제공 금지

제14장 유동화전문회사의 자산현금화(유동화) 방법   374
 1. 근저당권부 채권매각(채권자 교체방식, Loan Sale) 방식   374
 2. 유입취득 방식   378
  1) 비업무용 부동산의 유입취득 억제
  2) 유입취득 기준(직전 유찰가)
  3) 유입취득의 제한(특수물건)
 3. 유입취득 후 재매각(낙찰약정)   380
 4. 채무인수방식 회수(채무자 교체방식)   382
  1) 인수약정 채무 변제자금 조달방법
  2) 론세일 매각금액보다 채무인수 약정금액이 더 비싼 이유
  3) 채무인수약정 시기(경매초기)
  4) 채무인수 약정 시 등기절차
  5) 채무인수 약정의 주요 내용
  6) 천안지원 2012타경 13X호 채무인수 추진사례(모텔)
  7) 고양지원 2011타경 161XX호 채무인수 신고 사례
  8) 고양지원 2011타경 161XX호 채무인수 후 담보대출 사례
  9) 채무인수계약 실제사례(안산지원 2012타경 8607호 부동산임의경매)
  10) 채무인수신청 취하사례(수원지방법원 평택지원 2011타경 6906호)
 5. 입찰이행약정 및 입찰대리약정   413
 6. 채권 일부양수도 및 입찰참가 이행약정(원매자 매각방식, 배당금 일부반환 약정)   415
  1) 론세일 방식과 차이
  2) 채무인수 방식과 차이
  3) 부천지원 사례
  4) 서울지방법원 동부지원 사례

제15장 공동(펀드)투자를 하면 이런 점을 주의하라   425
 1. 공동 근저당권자 설정등기 방식에서의 조치사항   425
 2. 공동 질권자 설정등기 방식에서의 주의사항   425

PART 3 　금융기관의 NPL 매각 실무를 알아야 지피지기

제1장 채권양도를 통한 근저당채권 개별매각　　　　　　　428

1. 채권양도를 통한 개별매각에 대한 개요(건별매각, 확정가 매각)　　428
    1) 금융기관의 채권매각 근거법규
    2) 매각제외 채권
    3) 채권 금융기관 내부 절차
    4) 금융기관과 채권양수인 간 절차
    5) 채권양수인의 후속절차
    6) 금융기관의 채권회수 방법
2. 개별매각의 필요성　　　　　　　　　　　　　　　　　　　431
    1) 최저 자기자본 준수비율 강화에 대비
    2) 적기시정조치 제재 탈피를 위한 부실자산 처분의 이행
    3) 대손충당금 적립기준 강화에 따른 충격에 대한 선제적 대비
    4) 미처분 담보채권 및 연체율 감축을 통한 대외 신인도 제고
    5) 유동성 확보 및 자금 운용수익 증가
    6) 적시에 신속한 매각이 가능하여 채권관리 인력 및 비용 등 절감
3. 개별 매각가격 결정기준 : 직전 유찰가 이내　　　　　　　　432
4. 개별매각이 유입취득보다 유리하다　　　　　　　　　　　　433
5. 민원예방 목적 채권양도 예고통지　　　　　　　　　　　　　433
    1) 목　적
    2) 예고통지 내용
    3) 예고통지 방법
    4) 민원 사례
6. 금융기관의 근저당채권 매각 사례(연체이자 17% 배당차익 실제 사례)　　437
    1) 투자자의 연체이자 배당차익 높은 물건 법원 경매사이트 검색
    2) 투자대상 물건선정
    3) 투자대상 근저당채권 자산실사
    4) 투자자의 예상배당액 산정(검토)
    5) 매각은행의 경제적 이익
    6) 투자자(매수인)의 경제적 이익
    7) 투자수익률 산정
    8) 자산양수도계약 특약 시 고려사항
    9) 투자자의 매입잔금 조달(80% 질권대출 조달)
    10) 구체적 자금조달 진행 절차
    11) 배당차익(연체이자 17%)의 실제 분배
    12) 담보(경매)물건의 관리
    13) 채권양수인의 방어입찰 참가하기
    14) 구체적인 대출채권 양도절차

15) 채권양도 통지서 반송 시 양수인의 배당가부
　　　16) 관련판례
　　　17) 근저당권 이전 및 질권등기(서울동부지법 2013타경 178XX임의경매)
　　　18) ○○자산관리 주식회사(1차 투자자)

제2장 근저당채권 대량매각(캠코 등 수의매각) 과정도 살펴보자　　452
　1. 대량매각이란?　　452
　2. 매각계약 체결 방식(NPL공개경쟁입찰 매각 VS 수의매각)　　452
　3. 대량매각의 다양한 필요성　　453
　　　1) 미처분 담보채권 및 연체율 감축을 통한 대외 신인도 제고
　　　2) 유동성 확보 및 자금 운용수익 증가
　　　3) 적시에 신속한 매각이 가능하여 채권관리 인력 및 비용 등 절감
　4. 한국자산관리공사에 매각하는 방식　　454
　5. 금융기관의 매각방식 선택 시 고려사항　　454
　　　1) 사후정산 방식 선택 시 고려사항
　　　2) 확정가 방식 선택 시 고려사항
　　　3) 채권매각에 대한 설명회 개최
　6. 매각 시 처리절차　　455
　　　1) 금융기관 내부의 절차
　　　2) 한국자산관리공사와 금융기관간 절차((확정가 방식)

제3장 금융기관의 근저당채권 대량매각(공개경쟁매각)　　457
　1. 금융기관의 채권매각은 국내외적 추진 배경이 있다　　457
　2. 금융기관의 매각대상 채권 선정방법　　457
　3. 매각방법　　458
　　　1) 원칙 : 경쟁입찰을 통한 매각
　　　2) 예외 : 수의계약 매각
　　　3) 수의매각 방법
　4. 매각주간사 선정　　458
　5. 금융기관의 매각비용 분담기준　　461
　6. 금융기관 채권 매각Pool 구성 및 낙찰자 결정　　461
　7. 공개경쟁입찰 매각 일정　　463
　8. 공개경쟁입찰 매각 진행(회계법인 주도) : Invitation Letter, 입찰 안내장 배포　　464

PART 4 투자자의 NPL매입 및 자금운용 방법 총정리

제1장 인수한 근저당채권의 운용 — 484
  1. 재테크 수단으로써의 NPL투자방법은 다양하다 — 484
  2. 질권 대출을 통한 자금조달 방법을 활용하라 — 484
     1) 근저당권 매입자금 조달
     2) 투자자금 조달
  3. 임의 독촉으로 회수수익을 얻는 법 — 485
  4. 경매를 통한 배당차익을 실현하라 — 485
     1) 인수 후 즉시 배당차익을 실현하는 방법
     2) 취하 후 배당차익을 실현하는 방법
  5. 근저당채권 자체 전매차익을 실현하라 — 486
  6. 1순위로 낙찰 받는 방법으로 활용하라 — 487
  7. 잔존채권 추가회수 수익을 실현하는 방법 — 487
  8. 고위험 제거를 통한 고수익을 실현하라 — 488
  9. 유입취득 후 전매차익을 실현하라 — 488
     1) 우선 유입취득을 검토하라
     2) 차액지급 신고 또는 채권상계 신청으로 대금납부
     3) 신속한 대금납부가 필요한 이유
     4) 유입취득 후 상계에 의한 대금납입 사례
  10. 채권매입가 보다 높은 경락자금 대출로 거액의 투자자금 조달 — 496
     1) 사례에서 본 자금 조달의 메카니즘
     2) 근저당권 매입대상 물건검색
     3) 현금조달 추진사례
     4) 안산지원 2011타경 198XX호 론세일을 통한 거액의 현금확보 사례
  11. 상계약정에 의한 소유권이전 및 담보대출로 거액의 투자자금 확보 — 499
  12. 차주교체를 통한 담보물 재활용법을 익혀라 — 505
  13. 양도차익 비과세 목적으로 활용하라 — 505
  14. 몰수된 입찰보증금 회수 투자법을 배우자 — 505
     1) 경매취하로 몰수된 보증금 반환 받기
     2) 취하의 충분조건
     3) 취하의 필요조건(취하의 실익)
     4) 입찰보증금 투자 진행절차
     5) 취하 후 새로 경매신청 시 위험성을 검토하라
  15. 연체이자 투자법(배당이익법) — 511
     1) 경매취하 후 다시 경매신청하는 방법
     2) 물건선정
     3) 물건선정 시 필요조건

       4) 물건선정 시 충분조건
       5) 수익률 분석의 전제
       6) 저축은행 근저당채권을 11억1,200만원에 양수 후 10개월 후에 배당받을 경우
제2장 근저당채권(NPL) 연체이자 17% 배당 사례(반복학습)   **517**
  1. 투자자의 연체이자 배당차익 물건 법원 경매사이트 검색   **517**
    1) 연체이율이 높고 근저당권 설정비율이 높은 경매물건 검색
    2) 채권최고액 대비 경매신청 금액이 현저히 적은 물건 선정
  2. 투자대상 물건선정   **518**
  3. 투자대상 근저당채권 자산실사   **519**
    1) 채권 원본서류 실사
    2) 담보(경매)물건 현장실사
  4. 투자자의 예상배당액 산정(검토)   **519**
  5. 낙찰 전에 경매취하 후 다시 경매진행 시 양수인의 배당차익   **524**
  6. 근저당권 말소소송 제기 및 경매절차 정지신청으로 추가배당차익 확보   **525**
  7. 매각은행의 경제적 이익   **526**
  8. 투자자(매수인)의 금전적 이익   **526**
  9. 투자수익률 산정   **526**
  10. 자산양수도계약 특약 시 고려사항   **527**
  11. 투자자의 매입잔금 조달(80% 질권대출 조달)   **528**
  12. 구체적 자금조달 진행 절차   **529**

PART 5 NPL매입대금 조달방법의 모든 것

제1장 근저당권부 질권대출 방법 ... 538
1. 권리질권(채권질권)이란? ... 538
1) 질권대출 시장동향을 먼저 파악하라
2) 질권대출 시장에 사채업자의 재등장
3) 대규모 질권대출(Asset Backed Loan)
4) 은행이 근저당채권 매각과 동시에 질권대출을 해줄 경우 효과(1석 4조)

2. 질권설정의 대항요건 ... 542
1) 근저당권부 대출채무자에 대한 대항요건
2) 제3자에 대한 대항요건
3) 근저당권에 대한 효력요건
4) 근저당권부 대출채권 서류의 질권자 교부(민법 제347조)

3. 질권설정의 절차를 알아보자 ... 543
1) 근저당권부 대출채권에 대한 질권설정 계약 체결
2) 근저당권부 대출채권에 대한 질권설정 통지 또는 승낙
3) 질권설정의 부기등기

4. 질권은행의 권리신고 및 배당요구 신청 ... 548
5. 채권원본서류 질권설정자에 반환 ... 549
6. 배당기일 소환 및 채권계산서 제출 ... 549
7. 질권대출 우선배당 동의서 제출 ... 550
8. 질권은행의 질권설정 해제 통지서 발송 불필요 ... 550
9. 질권담보의 실행 ... 569
1) 배당요구 방법
2) 채무자에게 직접 청구 방법
3) 압류 및 전부명령에 의한 근저당권 이전 후 경매실행
4) 채권 및 근저당권 양도계약 방법

10. 근저당권부 질권대출 실제사례 ... 578
1) 중앙지법6계 2011타경 111XX호 질권대출 사례
2) 고양지원 2011타경 308XX호 근저당권부 질권대출 사례
3) 청주지원 2011타경 114XX호 대부업자의 질권대출 사례
4) 안산지원 2009타경 289XX호 대부업체의 질권대출 사례
5) 안산지원 2011타경 190XX호 대부업자의 질권대출 사례
6) 안산지원 2011타경 128XX호 근저당권부 질권대출 사례
7) 질권대출 100% 사례(성남지원 2013타경 255XX호 임의경매)

제2장 근저당권부 질권대출 루트(부실채권 매입 시 자금조달 방법) ... 593
1. 아주 상호저축은행 ... 595
1) 질권대출 취급
2) 질권대출 비율

    3) 질권대출 이율
    4) 개인당 대출한도 : 6억원
    5) 부동산담보대출
  2. 현대상호저축은행 596
    1) 개인당 대출한도 : 6억원
    2) 질권대출 취급
    3) 질권대출 이율
    4) 담보여력 산정
    5) 질권대출 비율
    6) 공동 질권대출 활용
    7) 공동질권 대출 실제사례
  3. 늘푸른 상호저축은행 598
    1) 질권대출 취급
    2) 질권대출 이율
    3) 담보여력 산정
    4) 질권대출 비율
    5) 대출금 지급
    6) 개인당 대출한도 : 6억원
    7) 거래법무사 지정
    8) 공동 질권설정 활용
    9) 대출금 회수
    10) 부동산담보대출
  4. 삼정상호저축은행 601
    1) 질권대출 취급
    2) 담보여력 산정기준
    3) 질권대출 비율
    4) 질권대출 이율
    5) 개인당 대출한도
    6) 대출금 지급
    7) 부동산담보대출
  5. 남양상호저축은행 601
    1) 질권대출 취급
    2) 담보여력 산정기준
    3) 질권대출 비율
    4) 질권대출 이율
    5) 개인당 대출한도
    6) 대출금 지급
    7) 부동산담보대출

6. HK 상호저축은행 · · · 602
　1) 질권대출 취급
　2) 담보여력 산정기준
　3) 질권대출 비율
　4) 질권대출 이율
　5) 개인당 대출한도
　6) 부동산 담보대출
7. 한국투자 상호저축은행 · · · 602
8. 안양 상호저축은행 · · · 603
　1) 질권대출 취급
　2) 담보여력 산정기준
　3) 질권대출 비율
　4) 질권대출 이율
　5) 개인당 대출한도
　6) 부동산 담보대출
9. 새마을금고 · · · 603
　가. 질권대출의 한도산정 방법을 알아보자
　나. 대위변제(Ranking UP, Shift) 질권대출
10. 대부업체 · · · 605
　1) 질권대출 취급
　2) 담보여력 산정기준
　3) 질권대출 비율
　4) 질권대출 이율
　5) 대부업체의 부수업무
　6) 이자율의 제한
　7) 불법추심의 금지

제3장 ABS(자산유동화증권)발행으로 매입자금 조달 · · · 607

1. ABS(자산유동화증권, Asset-Backed Securities)란 무엇인가? · · · 607
2. ABS는 어떤 종류가 있나? · · · 609
　1) 저신용 대출채권 담보부 증권(CLO, Collateralized Loan Obligations)
　2) 고위험채권 담보부 증권(CBO, Collateralized Bond Obligations)
　3) 주택저당증권(MBS, Mortgage Banked Securities)
3. ABS제도 도입배경 · · · 610
4. ABS의 기초자산 · · · 611
5. ABS발행 한도 · · · 612
6. ABS발행 절차 · · · 614
　1) 사전 검토 및 유동화구조 설계
　2) 유동화회사(SPC) 설립

  3) 자산유동화계획 등록
  4) 자산양도 등의 등록
  5) 유동화증권(사채) 발행
7. 자산유동화 참가자들   616
  1) 자산보유자(The Originator) : 은행 등 금융기관
  2) 유동화전문회사 : 명목회사(paper company)
  3) 자산관리자(The Administrator) : 자산보유자 또는 신용정보업자
  4) 업무수탁자(The Trustee)
  5) 신용보강기관(The Liquidity Facility Provider) : SPC에 대한 신용공여
  6) 신용평가기관
  7) 발행주간사
  8) 특수목적 신탁회사
  9) 기타 참여기관
8. ABS 발행의 효과   620
9. ABS 시장동향   621
10. 자산유동화의 특례   622
  1) 피담보채권 확정의 특례
  2) 저당권 취득의 특례
  3) 등록세 및 취득세 50%면제
  4) 채무자에 관한 정보의 제공 및 활용
11. 자산유동화계획의 등록취소   624

PART 1

NPL Ranking-Up 대위변제 투자법
(대위변제로 연체이자 배당차익 승계취득)

NPL랭킹업 투자비법

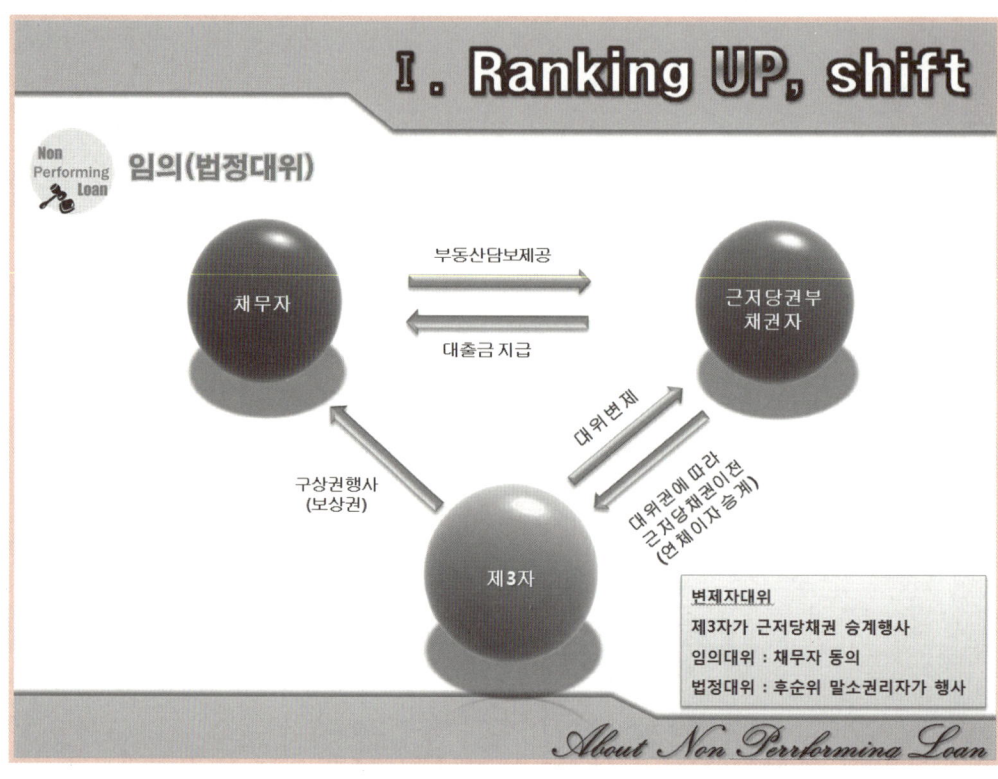

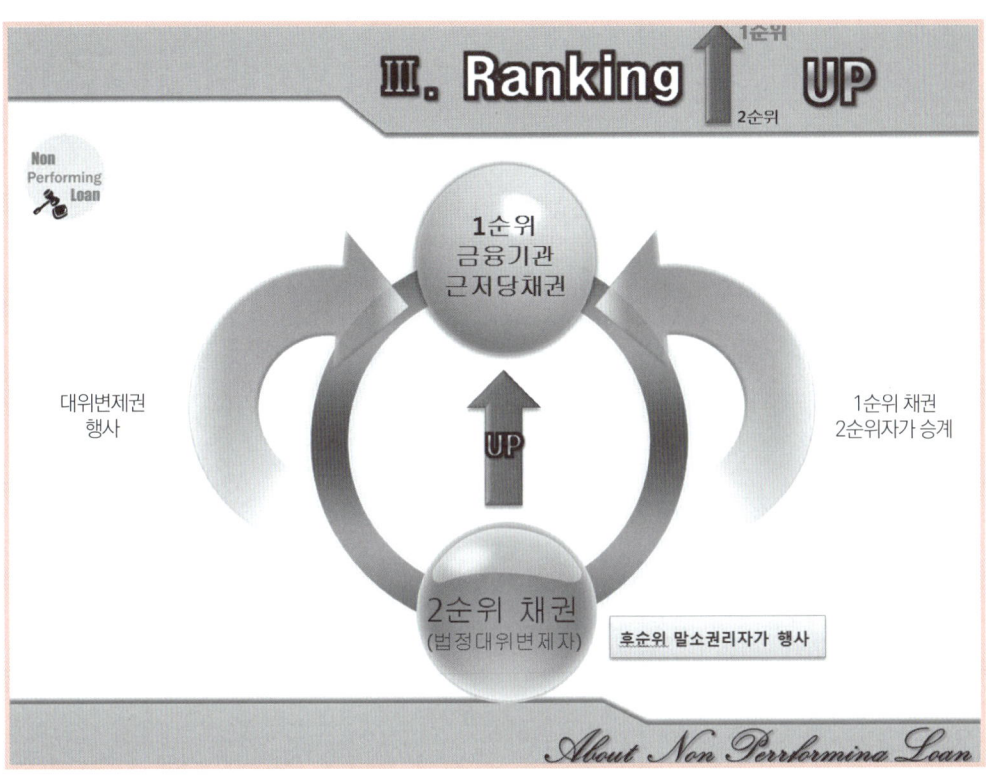

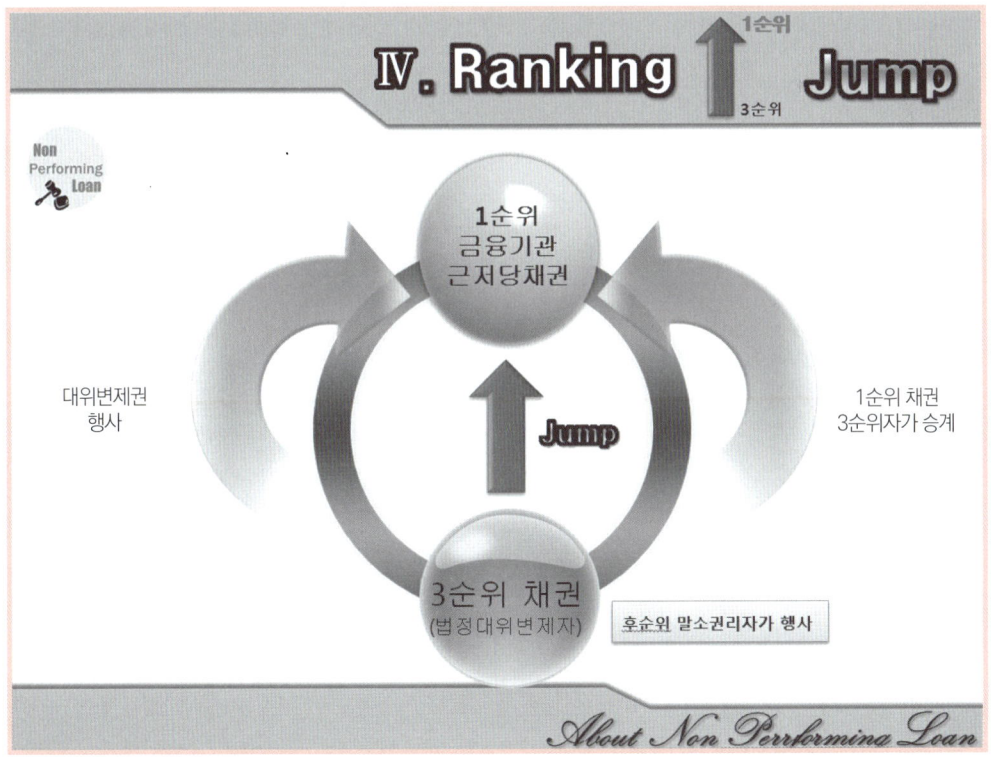

PART1 NPL Ranking-Up 대위변제 투자법

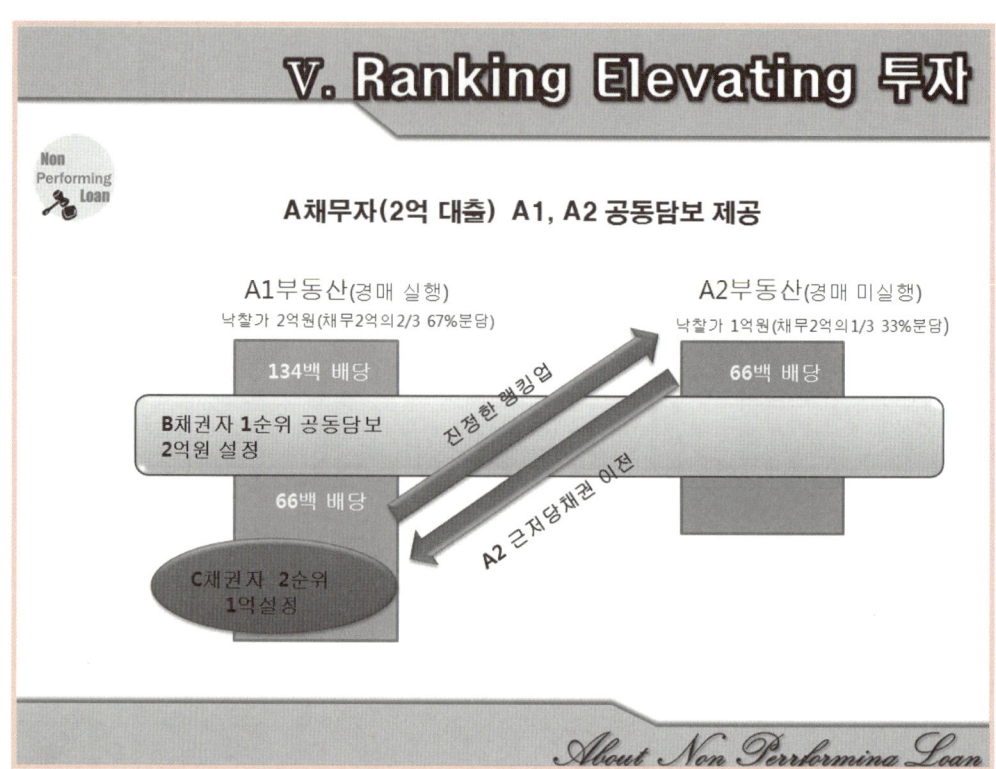

제1장
우선 『변제자대위』라는 개념을 파악해야 한다

1. 『변제자대위』가 어떤 제도인가?

변제에 의한 대위란 제3자 또는 공동채무자 등이 채무자를 위하여 변제를 함으로써 구상권을 취득한 경우에 변제자가 그 구상권의 범위 내에서 채무자의 원채권(채권에 종된 권리도 이전) 및 그 담보에 관한 권리를 행사할 수 있는 제도이다. 연대채무자, 보증인, 불가분채무자의 변제는 채권자에 대한 관계에서는 자기 변제자가 자기의 부담부분을 초과한 부분은 타인의 채무로써 변제한 것이 되므로 다른 채무자나 주채무자에 대하여 구상권을 갖는다. 이 구상청구권의 만족을 확보하기 위해서 민법은 『변제자대위』 제도를 두어 종래의 채권자가 누리던 원채권 및 담보에 관한 권리들을 구상권자가 대위하여 행사하도록 하고 있는 것이다. 이와 같이 타인의 채무를 변제하고 채권자를 대위하는 대위변제의 경우 채권자의 채권은 동일성을 유지한 채 법률상 당연히 변제자에게 이전한다(94다 21160 판결).

2. 구상권과 대위권은 경합이 일어난다

대위변제자의 구상권과 대위변제로 인하여 취득한 원채권 사이에는 실체법상 발생 근거 및 권리내용이 다르므로 별개의 채권으로 병존하게 되어 청구권이 경합하는 결과가 나타난다. 따라서 구상권과 원채권은 원본액, 변제기, 이자, 지연손해금의 유무나 그 이율을 달리하게 되어 총채권액도 별도로 변동하고, 소멸시효도 따로 진행된다.

대위변제자가 그 중 어느 권리를 행사할 것이냐 하는 것은 그가 자유로이 정할 수 있다. 그러나 대위변제자가 행사할 수 있는 원채권과 그 담보권은 구상권을 확보하는 것을 목적으로 존재하는 부수적 성질을 가지며, 구상권이 소멸될 때에는 이에 따라 당연히 소멸하며, 그 행사도 구상권이 존재하는 한도 내에서 가능한 것이기 때문에 그 행사는 전적으로 구상권의 존재 및 그 채권액에 종속되어 있다.

3. 구상권과 대위권을 비교해보자

대위변제	대위권(변제자 대위권, 채권 승계권)			구상권 (보상권)
	임의대위 (Ranking-Shift)	법정대위 (Ranking-Up)		
자격	■ 이해관계 없는 제3자 - 채무자 이외의 제3자가 변제	■ 강제집행 당할 자(이해관계인) - 연대채무자 - (연대)보증인 - 담보제공자	■ 재산권 상실 위험자 - 후순위담보권자 (2순위근 저당권 상실, 말소 위험) - 담보물의 제3취득자 (소유권 상실 위험) - 후순위 임차권자 (대항력 소멸 위험) - 가압류 채권자 (가압류 등기권 말소 위험) - 일반채권자는 가급적 가압류등기로 법정대위 자격 취득 필요	■ 채무를 대신 변제한 자
절차	- 변제와 동시에 채권자의 대위승낙 - 채부사의 내위변세승낙 (동의)또는 통지 ※ 가혹한 구상권 행사 및 투기목적 방지차원 채무자승낙 요함	- 변제할 정당한 이익이 있는 자인 이해관계인 및 재산권 상실 위험자에 해당되면 당연히 대위변제권 행사 가능 - 채권자 및 채무자의 대위변제 승낙 불필요 - 채권자가 대위변제 거부 시 변제공탁 - 실무는 법정 대위권자에게도 민원방지 차원에서 채무자 동의까지 징구함		- 이해관계인이 대위변제 시 구상권 온전히 행사 - 이해관계 없는 자가 동의 없이 대위변제 시 채무자 반대의사 표명 시 구상권은 현존이익에 제한되는 불이익 발생
관계	- 구상권의 확보 차원에서 대위권인정 - 구상권 소멸 시 대위권 소멸			- 구상권에서 대위권이 파생
내용	- 채권 및 근저당권이 법률상 이전 ※ 확정채권양도와 비슷하나 채권양도는 약정상 이전			- 대위변제 후 채무자를 상대로 구상권 행사

차이	- 대위권과 구상권은 아래와 같이 많은 차이 있음 　저축은행 주택 근저당채권 원금 1억원, 정상이자 7%, 연체이자(25%) 1천만원, 근저당설정최고액 1억3천만원(130%설정), 화재보험 1억3천만원 질권설정 건 전액 변제 가정 시 대위권 행사 - 이전되는 채권 : 원채권액 1억원 + 정상이자율 7%+연체이자액 1천만원 및 지연손해율(연체이자율) 25%채권 - 이전되는 담보권 : 근저당권 1억3천만원 + 화재보험 청구권에 설정된 1억 3천만원의 질권이 대위변제자에게 이전 - 보험회사에 질권자를 대위변제자로 변경요청(대출약정서, 근저당권설정 계약서상 보험가입 의무 있음) - 소멸시효 : 상사채권으로 5년, 변제기도 구상권과 다름 - 대위권의 원채권은 담보부 채권임 　⇒ 대위권의 총채권액은 구상권과 별도로 변동 ※ 유사제도 : 보험자대위(이득금지 원칙), 손해배상자 대위	- 구상채권 원금 1억1천만원 　(원금 1억원+연체이자 1천만원) - 연체이자율은 민법상 5% 부과 - 소멸시효 : 구상권은 민사채권으로 10년 - 구상권은 무담보채권
론세일과 차이	☞ 대위변제 - 수동적 채권양도, 강제적 채권양도, 소극적 방어적 론세일, 후 순위 권리자의 순위 상승 투자법이라 할 수 있음. - 법정대위는 후순위 등 이해관계인의 재산권 방어를 위하여 인정된 제도 - 임의대위는 채무자의 반대의사가 있으면 대위변제를 하지 못하도록 하여 가혹한 구상권 행사나 투기목적 행사를 방지하고 있으나 채무자의 동의를 얻으면 투기목적으로 활용하여 연체 이자 상당 배당차익을 얻을 수 있음 ☞ 론세일(채권양도) - 채권자의 능동적 채권양도, 임의적·자발적 채권양도, 적극적·공격적 론세일, 선순위 권리자의 자기순위 실행법이라 할 수 있음.	

4. 재산손실의 방어적 대위변제기능이 있다

2순위 근저당권자(2순위 전세권자, 2순위 확정일자부 임차인) 등이 주로 방어적 대위변제 제도를 활용하여 재산손실을 방어하는데, 강남 반포 아파트건은 2순위 확정일자부 임차인이 방어적 대위변제를 하여 손실을 줄인 사례다. 즉 2순위 임차인이 1순위 근저당채권을 대위변제 후 1순위 채권자의 연체이율 17% 상당의 연체이자를 대위변제 시점부터 근저당권설정 최고액인 120%에 이르기까지 연체이자 상당 배당차익을 승계하여 2순위 임차보증금의 배당손실을 만회하려고 대위변제를 한 사건이다(서울중앙지방법원 2013타경 43384호 강제경매).

잠실역 롯데캐슬골드 주상복합 아파트의 2순위 근저당권자가 낙찰가 하락으로 전액

배당을 못 받고 일부 배당손실을 입은 사례와 같이 강남 삼성아이파크의 사례도 마찬가지로 2순위 근저당권자는 일부 배당을 못 받고 원금손실을 입을 수 있었다. 바로 이런 경우를 예상해서 민법은 법정대위 제도를 두어 2순위 근저당권자 등이 자신의 근저당권을 방어하도록 1순위 근저당권을 대위변제하고 순위상승(Ranking-Up)을 시켜 1순위 근저당채권을 승계 이전받은 후 여기에 붙어 있는 17% 내지 25%의 연체이자 채권을 대위변제자가 승계하여 배당기일까지의 미래배당차익(Future Spread)를 얻게 된다. 특히 3순위 이하 채권자가 1순위 근저당채권을 대위변제하는 것은 Ranking-Jump가 된다.

이와 같이 법정대위는 2순위 이하 채권자의 재산권 방어를 위해 인정된 제도로 방어적 대위변제를 법정화 시킨 것이다. 대위변제로 2순위 근저당권자는 후순위 근저당권자로서의 배당금 손실을 1순위 연체이자를 대위변제로 강제 탈취(intercept)하여 2순위 배당손실을 메우게 되므로 2순위 배당손실을 만회할 수 있다.

[여기서 잠깐] 임차인의 방어입찰 사례(서울동부지법 2013타경14 부동산임의경매)

- 잠실역 롯데캐슬골드 감정가 : 12억5천만원
- 적정낙찰가 : 9억원, 임차보증금 : 3억원
- 임차인이 11억원에 낙찰 받음.
- 임차인보다 선순위채권 약 9억원
- 직징낙칠가 9억원에 낙찰 시 임차인 배당 0원
- 임차인은 적정낙찰가 9억원에 자신의 임차보증금중 2억원을 더한 11억원으로 낙찰가를 써서 입찰자 20명 중 1위로 낙찰 받음.
- 결국 임차인은 방어입찰로 유입취득 후 재매각을 통하여 손실을 만회하여야 하고, 임차인이 배당을 못 받는 잔존 보증금 채권 1억원은 전 소유자에게 행사하게 된다. 분당 정자동 두산위브 아파트 경매 건도 2순위 전세권자가 손실방지를 위하여 방어입찰로 낙찰을 받은 바 있다(수원지방법원 성남지원 2013타경 25523호 부동산임의경매). 의정부지방법원 고양지원 2013타경 45125 부동산임의경매 사건도 임차인이 방어입찰로 낙찰 받은 사건이다.

제2장
변제자대위 제도를 본격적으로 공부하자

1. 임의대위(Ranking-Shift, 임의변제, 임의채권승계, 약정대위)

　이해관계 없는 제3자는 채무자의 의사에 반하지 않는 한 채무를 대위변제할 수 있는데(민법 제469조제2항), 대법원 87다카1644 구상금 청구소송 판결에 따르면, 원심은 원고가 피고의 소외 영농단위농업협동조합에 대한 농촌주택개량사업자금의 원리금채무 도합 7,985,208원을 대위변제하였지만 원고는 피고의 위 채무를 대위변제할 법률상 이해관계가 없는 자인데다가 위 변제는 채무자인 피고의 의사에 반하므로 피고에 대하여 구상권이 없다고 판단하였다. 그러나 대법원은 다음과 같이 판시하였다.『이해관계 없는 제3자의 변제가 채무자의 의사에 반하는지의 여부를 가림에 있어서 채무자의 의사는 제3자가 변제할 당시의 객관적인 제반사정에 비추어 명확하게 인식될 수 있는 것이어야 하며, 함부로 채무자의 반대의사를 추정함으로써 제3자의 변제효과를 무효화시키는 일은 피하여야 할 것이다. 원심이 채용한 1심 증인 안○근의 증언에 그 밖의 원심채용 증거를 합쳐보면 위 농협은 피고에게 위 농촌주택 개량사업자금을 대여하고 그 담보로 피고 소유의 이 사건 부동산에 대하여 근저당권 설정등기를 마쳐두고 있던 중 소외 함○선의 강제경매 신청으로 위 부동산이 원고에게 경락되자, 이미 분할상환에 관한 기한의 이익이 상실된 위 사업자금 대출금채권의 일시변제를 받기 위하여 배당신청을 하려고 하였으나 경락인인 원고가 대위변제할 뜻을 표명하기 때문에 배당신청을 포기하였고, 그후 위 농협명의의 근저당권 설정등기는 경락허가 결정을 원인으로 원고에게 소유권이전등기가 경료됨과 동시에 말소된 사실이 인정되는 바, 이러한 사정 하에서 피고가 위 농협으로부터 다시 분할상환에 관한 기한의 이익을 부여받을 수 있을 것으로 기대한다는 것은 경험칙에 반하는 일이라고 하지 않을 수 없다. 그럼에도 불구하고 원심이 위와 같이 원고가 대위 변제할 당시의 객관적인 제반사정은 전혀 고려함이 없이 오직 과거에 연체액을 납입하고 기한의 이익을 회복 받은 일이 있다는 한 가지 사실만으로 이번에도 피고가 기한의 이익을 회복 받을 수 있을 것으로 기대할 수 있었다고 인정한 것은 증거판단을 그르쳐 채무자의 의사를 합리적인 근거도 없이 추정함으로써 판결에 영향을 미친 위법을 저지른 것이라고 하지 않을 수 없다.』

그리고 채무자를 위하여 변제한 자는 변제와 동시에 채권자의 승낙을 얻어 채권자를 대위할 수 있다(민법 제480조제1항). 채무자와 이해관계 없는 제3자나 채권자에게 변제할 정당한 이익이 없는 자는 채무자나 채권자의 허락이 없으면 채무를 변제하지 못하므로 채무자나 채권자의 허락을 얻어 채무를 변제할 수 있는데 이를 변제에 의한 임의대위라고 한다. 이와 같이 이해관계 없는 제3자도 채무의 변제를 할 수 있으나, 이해관계 없는 제3자가 대위변제 후 채무자가 대위변제를 허락하지 않는다는 의사표시를 하는 경우 채권자는 대위변제금을 그 3자에게 반환해 주어야 하기 때문에 채권자는 채무자의 동의 여부가 불분명한 상태에서는 이해관계 없는 제3자의 대위변제의 수령을 거부하고 채무자의 동의를 얻어오면 대위변제를 허용하는 것이 합리적이라고 생각된다. 한편 채무자의 대위변제 부동의로 대위변제금의 반환에 대비하여 채권양도계약 내용도 대위변제 확인서(승낙서, 약정서)에 예비적으로 명시하고 대위변제 통지서에 채권양도 통지의 내용도 부가하면 채무자의 반대의 의사표시로 대위변제가 무효가 되더라도 채권양도 계약은 유효하므로 채권자가 이해관계 없는 제3자에게 대위변제금을 반환해 주는 일을 방지하고 대위변제에서 채권양도로 전환시켜(대위변제금은 양도대금으로 전환) 채권을 제3자에게 양도해 줄 수 있다. 그리고 대위변제 확인서 및 채권양도 약정서, 대위변제 통지 및 채권양도 통지서 등의 명칭으로 서식을 만들어 사용하고, 동 통지서는 대위변제자가 채권자를 대리하여 통지할 수 있도록 대위변제 확인서 및 채권양도 약정서에 명시한다.

채무자의 동의를 얻거나 채무자의 반대 의사표시가 없는 상태에서 채무를 대위변제한 제3자에게 채권자가 대위변제에 따른 임의(약정)대위를 승낙한 경우 채권자는 채권

양도 규정을 준용하여 대위변제 사실을 채무자에게 통지(또는 채무자의 승낙)하여 채권이 대위변제자에게 양도되었음을 알려야 하는 바, 임의대위는 실질상 채권양도와 유사하다. 위와 같이 채무자를 위하여 변제한 자는 변제와 동시에 채권자의 승낙을 얻어 채권자를 대위할 수 있는 바, 여기에서 채권자의 승낙은 반드시 명시적일 필요가 없고, 변제의 동기 내지 이유와 그 과정, 변제받음에 있어 채권자가 보인 태도, 변제 후의 사정 등 여러 사정을 두루 참작하여 그 승낙이 있은 것으로 추단될 수 있으면 된다. 그리고 이 경우 채권자가 그 변제 내지 대위 사실을 채무자에게 통지하거나 채무자가 승낙하지 않으면 채무자 기타 제3자에게 대항하지 못하는 것이나(민법 제480조제2항, 제450조제1항), 그 채무자의 승낙은 법률행위의 일반원칙에 따라 대리인이 대리할 수 있다. 또한 그 통지나 승낙은 확정일자 있는 증서에 의하지 아니하면 채무자 이외의 제3자에게 대항하지 못하는 것이지만(민법 제480조제1항, 제450조제2항), 그 제3자는 대위변제의 목적인 채권 그 자체에 관하여 대위변제자와 양립할 수 없는 법률상 지위에 있는 자만을 가리킨다(대법원 94다 21160판결, 2010마 1447 선박경매개시 결정에 대한 이의결정).

따라서 은행에서 경매를 신청한 근저당권부 채권은 채무자의 대위변제 동의가 없는 상태에서 은행이 대위변제를 승낙하지 않는 한 임의대위로 근저당권을 일반 부실채권(NPL) 투자자가 이전받는 것은 어렵고 은행도 100% 전액 배당을 받는 근저당채권을 굳이 일반 투자자에게 이전해줄 이유가 없고 실제로도 이전해 주지 않는다. 그렇다면 일반 투자자들은 은행의 승낙을 받지 않고도 은행의 근저당권을 강제로 이전받는 방법을 찾아보아야 할 것이다.

2. 법정대위(Ranking-Up, 법정변제, 법정승계, 강제변제)

1) 임의대위와 다른 법정대위의 대략적인 내용을 살펴보자

채무자와 이해관계 있는 제3자 등 채권자에게 변제할 정당한 이익이 있는 자는 채무자나 채권자의 허락을 받지 아니하고 이들이 변제를 거부하여도 이를 무시하고 당연히 채무를 변제할 수 있는데, 특히 채권자에게 변제할 정당한 이익이 있는 자가 변제할 경우 이를 법정대위에 의한 대위변제라고 한다(민법 제481조). 변제할 정당한 이익이 있는 자가 채무자를 위하여 채권의 일부를 대위변제할 경우에 대위변제자는 변제한 가액의 범위 내에서 종래 채권자가 가지고 있던 채권 및 담보에 관한 권리를 취득하게 되고 따라서 채권자가 부동산에 대하여 저당권을 가지고 있는 경우에는 채권자는 대위변제자에게 일부 대위변제에 따른 저당권의 일부 이전의 부기등기를 경료해 주어야 할 의무가 있으나 이 경우에도 채권자는 일부 대위변제자에 대하여 우선변제권을 가지고, 다만 일부 대위변제자와 채권자 사이에 변제의 순위에 관하여 따로 약정을 한 경우에는 그 약정에 따라 변제의 순위가 정해진다(대법원 2009다 80460배당이의 판결). 예를 들어 근저당 채권 1억원을 가진 채권자 갑에게 을이 6천만원을 대위변제 하였는데 배당기일에 갑의 1억원의 근저당 채권에 9천만원만 배당이 되었다면 당초 채권자 갑은 1억원에서 대위변제 받은 6천만원을 차감한 남은 잔액인 4천만원 범위 내에서 6천만원의 대위변제자 보다 우선배당권이 있어 갑이 배당금 9천만원 중 4천만원을 우선 배당받고 나머지 5천만원은 대위변제자인 을이 배당을 받게 되어 을은 대위변제금 6천만원 보다 1천만원의 손실을 보고 5천만원만 배당금으로 회수할 수 있다(대법원 2001다2426 배당이의).

위와 같이 임의대위의 방법으로는 일반 NPL 투자자가 근저당권을 이전받는 것이 어렵기 때문에 NPL 투자자는 은행의 승낙을 받지 아니하여도 은행의 근저당권을 강제로 이전받을 수 있는 지위인 『채권자에게 변제할 정당한 이익이 있는 자』의 지위를 확보하는 것이 선결 과제이고 전액 변제로 근저당권 전부를 이전 받아야 배당에서 손해를 입지 않는다.

[여기서 잠깐] 94다21160 판결[배당이의]

[1] 타인의 채무를 변제하고 채권자를 대위하는 대위변제의 경우 채권자의 채권은 동일성을 유지한 채 법률상 당연히 변제자에게 이전하고, 이러한 법리는 채권이 근로기준법상 임금채권이라 하더라도 그대로 적용되므로, 근로기준법 제30조의2 제2항에 규정된 우선변제권이 있는 임금채권을 변제한 자는 채무자인 사용자에 대한 임금채권자로서 사용자의 총재산에 대한 강제집행절차나 임의경매절차가 개시된 경우에 경락기일까지 배당요구를 하여 그 배당절차에서 저당권의 피담보채권이나 일반채권보다 우선하여 변제받을 수 있으며, 이와 같이 근로자가 아닌 대위변제자에게 임금의 우선변제권을 인정하더라도 근로자에 대하여 임금이 직접 지급된 점에 비추어 이를 근로기준법 제36조 제1항 소정의 직접불의 원칙에 위배된다고 할 수 없다.

[2] 임의대위에 있어서는 변제자가 제3자에게 대항하기 위해서는 확정일자 있는 증서에 의한 대위의 통지나 승낙이 필요한 것이지만, 이 경우 제3자라 함은 대위변제의 목적인 그 채권 자체에 관하여 대위변제자와 양립할 수 없는 법률상 지위에 있는 자만을 의미한다.

[3] 임금채권에 대하여 아무런 관련이 없는 사용자에 대한 근저당권부 채권자는 임금채권의 대위변제자가 대항요건을 갖추어야 할 제3자에 해당된다고 할 수 없으므로, 변제로 인한 임의대위자의 사용자에 대한 대위의 통지가 적법하게 된 이상 근저당채권자가 신청한 경매절차에서 경매개시결정으로 인한 압류의 효력이 발생한 날보다 그 대위 통지 일자가 늦다고 하더라도 대위에 영향이 없다고 한 사례이다.

[4] 근로기준법 제30조의2 제2항의 입법 과정이나 목적 및 취지에 비추어 보면 그 조항에서의 '최종 3월분의'라는 문구는 퇴직금을 수식하지 않는다고 보여짐으로, 그 조항상 우선변제의 대상이 되는 퇴직금이 최종 3개월간 근무한 부분에 대한 퇴직금만으로 한정되는 것이라고는 볼 수 없고, 원칙적으로 퇴직금 전액이 그 대상이 된다.

2) 대위변제 후 연체이율을 적용한 배당차익 발생

 법정대위 자격을 확보하면 1순위 근저당채권을 대위변제 후 법정대위에 따라 근저당권을 강제 이전한 다음, 대위변제자가 배당차익을 획득함으로써 경매진행도중 경매신청은행을 경매사건에서 강제하차 시키고 채권자를 교체하여 은행이 수익을 취할 배당차익을 법정대위 변제자가 중도에서 탈취(Intercept)하는 셈이 된다. 아래와 같이 1순위 근저당 채권을 변제할 정당한 이익이 있는 자의 지위를 확보한 자가 1순위 근저당채권 전액을 변제하면 대위변제자는 법정대위로 근저당권을 이전받게 되고 근저당권 이전

후부터 배당기일까지 수개월 동안에 발생되는 17%(새마을금고는 22%, 저축은행은 25%) 이상의 연체이율 상당의 배당차익을 획득할 수 있게 된다(서식3, 4 대위변제 확인서 및 채권자 교체사실 통지서 이용). 한편 대위변제는 원칙적으로 변제할 자금을 전부 자기자본으로 준비하여야 하는 부담이 있었으나, 최근 필자가 개척한 새마을금고에서 대위변제로 이전되는 근저당채권을 담보로 대위변제금액의 80% ~ 90%까지 질권대출을 해주어 대위변제 투자자들에게 날개를 달아주고 있습니다.

제3장
대위변제 투자대상 근저당물건의 선정방법을 알아보자

1. 연체이자율 및 채권최고액이 높은 순서로 물건을 검색한다

채권최고액 대비 경매신청 금액이 현저히 적은 물건으로 부동산 등기부등본상에서 동 금액간 차액이 커서 배당차익이 많을 것으로 예상되는 담보물건을 대위변제 투자대상으로 선정한다. 아래와 같이 저축은행의 연체이율 25% 및 대출원금의 130% 이상을 채권최고액으로 설정한 근저당채권이 최고의 대위변제 투자대상이다.

1순위 : 저축은행의 연체이율 25%, 근저당권 설정비율 130% 이상
2순위 : 새마을금고의 연체이율 22%, 근저당권 설정비율 130% 이상(캐피탈사도 연체이율 20% 이상)
3순위 : 2금융권의 연체이율 17%, 근저당권 설정비율 130%(통상)
4순위 : 1금융권의 연체이율 12% 이상, 근저당권 설정비율 120%(통상)

2. 경매신청된 1순위 근저당 채권을 대위변제 대상으로 선정한다

경매가 진행되는 1순위 근저당 채권을 채권최고액 이내에서 전액 배당을 받을 물건을 선정한다. 즉 채권최고액이 크고 경매청구액이 채권최고액에 크게 미달되는 경매사건을 선정한다.

또한 대위변제 투자대상 1순위 근저당권의 피담보채권은 확정되어 있어야 대위변제로 근저당권의 이전이 가능하므로 경매신청된 1순위 근저당 채권을 2순위 이하 재산권 상실위험 부담이 있는 후순위 근저당권자, 가압류등기채권자 및 임차보증금 전액을 배당받지 못하는 임차인 등은 변제할 정당한 이익을 가지는 자들로 법정 대위권을 행사할 수 있다. 물론 경매신청이 되지 아니하였어도 대위변제할 경우 1순위 근저당권자가 근저당권 양도증서 즉 근저당권 이전 계약서를 발급해 주면 대위변제자에게 근저당권 이전등기가 가능하다고 생각되며, 이 경우 1순위자의 근저당권 거래 해지의사 및 피담보채권 확정의 의사가 전제되어 있다고 해석하여야 할 것이다.

[여기서 잠깐] 2001다53929 판결[배당금 지급청구권 양도통지]

변제할 정당한 이익이 있는 자가 채무자를 위하여 채권의 일부를 대위변제할 경우에 대위변제자는 변제한 가액의 범위 내에서 종래 채권자가 가지고 있던 채권 및 담보에 관한 권리를 법률상 당연히 취득하게 되는 것이므로, 채권자가 부동산에 대하여 근저당권을 가지고 있는 경우에는, 채권자는 대위변제자에게 일부 대위변제에 따른 저당권의 일부 이전의 부기등기를 경료해 주어야 할 의무가 있다 할 것이나, 이 경우에도 채권자는 일부 변제자에 대하여 우선변제권을 가지고 있다 할 것이고, 근저당권이라고 함은 계속적인 거래관계로부터 발생하고 소멸하는 불특정다수의 장래채권을 결산기에 계산하여 잔존하는 채무를 일정한 한도액의 범위 내에서 담보하는 저당권이어서, 거래가 종료하기까지 채권은 계속적으로 증감변동하는 것이므로, 근저당 거래관계가 계속 중인 경우, 즉 근저당권의 피담보채권이 확정되기 전에 그 채권의 일부를 양도하거나 대위변제한 경우 근저당권이 양수인이나 대위변제자에게 이전할 여지는 없다 할 것이나, 그 근저당권에 의하여 담보되는 피담보채권이 확정되게 되면, 그 피담보채권액이 그 근저당권의 채권최고액을 초과하지 않는 한 그 근저당권 내지 그 실행으로 인한 경락대금에 대한 권리 중 그 피담보채권액을 담보하고 남는 부분은 저당권의 일부이전의 부기등기의 경료 여부와 관계없이 대위변제자에게 법률상 당연히 이전된다.

3. 자진 변제로 경매가 취하될 가능성이 전혀 없는(소유자가 완전 포기한) 경매물건을 선정한다

　1순위 근저당 채권액과 후순위 가압류 등 등기된 채권액이 감정가액을 현저히 초과하는 저축은행, 시중은행 또는 유동화회사 등에서 경매가 진행되는 근저당채권을 선정한다. 즉 채무자가 채무과다로 채무를 자진 완제할 가능성이 전혀 없는 1순위 근저당채권을 선정한다. 변제가능성이 전혀 없는 징후로는 부동산에 캐피탈채권가압류등기, 신용카드채권가압류, 마지막으로 대부업체 가압류등기가 되어 있을 경우 이 채무자는 신용등급을 가장 떨어뜨리는 채무의 질이 좋지 않은 최악의 채무를 부담하여 변제능력이 없어 근저당채무 완제를 전혀 못하게 된다. 이러한 근저당채권을 대위변제로 취득하여야 미래배당차익, 즉 Future Spread를 최대로 얻을 수 있다. 물론 감정가 대비 근저당권 설정액 및 가압류채권 금액이 현저히 높은 채무과다 상태일 경우에도 채무변제가 불가능하여 대위변제한 근저당채권이 자진변제로 말소당할 위험을 피하고 Future Spread를 최대한 안정적으로 확보할 수 있다.

4. 우선 배당요구 채권액 조회 및 예상배당액을 산정한다

　이해관계인인 채권자들은 법원 경매서류 열람을 통하여 부동산에 등기된 채권자의 채권액 및 배당순위 뿐만 아니라 배당요구의 종기까지 배당요구한 모든 채권자들의 채권액수 및 배당순위를 알고 있으므로 대위변제자는 변제 전에 물건의 현장조사를 마치고 배당요구를 할 수 있는 이해관계인을 통하여 우선 배당요구 채권액을 조회한 다음 예상배당표를 작성해 보아야 한다. 대위변제자가 확보할 정보로는 압류채권의 명칭, 교부청구 채권액수, 배당순위, 조세의 법정기일, 당해세 여부, 근로복지공단의 최우선 퇴직금등 채권액수, 4대 보험료의 납부기한, 가압류나 배당요구 채권이 최우선변제 임금채권인지 여부 등을 조회하여 예상배당표를 작성하는 데 참고하여야 한다. 한편 예상배당표 및 그 근거자료는 대위변제로 근저당권 이전 후 질권대출을 받을 경우 질권대출 은행에도 제출해야 되는 자료로 질권 대출 시 예상배당표 작성을 통한 대출의 담보여력 산정 시에도 활용된다.

1) 예상배당액 산정방법

 예상배당액을 산정하기 위해서는 우선 예상낙찰가를 산정하여야 하는데, 예상낙찰가의 산정방법은 부동산의 시세조사, 당해물건 인근 최근 낙찰가율, 당해 건물의 이전 낙찰가율, 인포케어나 지지옥션의 예상낙찰가 등을 종합하여 최종 예상낙찰가를 산정한다. 이후 아래와 같은 순서로 대위변제대상 채권의 예상배당액을 산정한다.

◎ 0순위 : 최최우선 집행비용 및 제3취득자의 필요비·유익비 채권 확인
 - 0순위의 최최우선 변제대상인 경매 집행비용(민사집행법 제53조제1항)은 대략 예상 낙찰가의 3% 정도로 산정하고, 제3취득자(전세권자, 지상권자, 임차권자 등 점유자, 새로운 소유자)의 필요비, 유익비 채권액을 확인하여 집행비용과 합산한다.

① 1순위 : 최우선변제대상 임금채권 확인
 - 낙찰가 산정 후에는 가압류, 선정당사자를 통한 가압류 및 배당요구한 채권이 임금채권인지 여부 및 그 액수를 조사하여 최우선변제 대상액이 얼마인지 확인하고, 특히 근로복지공단이 압류한 경우 압류채권 전액(최종 3개월 임금 및 최종 3년간 퇴직금)은 최우선 변제권이므로 동 채권액을 조사한다.

① 1순위 : 최우선변제 보증금(소액보증금) 확인
 - 임차인의 최우선변제 보증금을 확인한다(최우선변제 임금채권과 동순위 배당함).

② 2순위 : 근저당권보다 항상 선순위인 당해세 금액 확인
 - 세무서의 압류등기가 있는 경우 담보물권 보다 항상 선순위로 배당되는 당해세(국세 : 상속세, 증여세 및 종합부동산세. 지방세 : 재산세, 자동차세)금액을 확인한다. 한편 사망한 저당권 설정자에게 저당권에 우선하여 징수당할 아무런 조세의 체납도 없는 상태에서 상속인에 대하여 부과한 국세인 상속세를 당해세라고 하여 우선 징수 할 수 없고(대법원 94다11835호 부당이득금), 국세에 대하여 우선적으로 보호되

는 저당권으로 담보되는 채권이라 함은 원래 저당권 설정 당시의 저당권자와 저당권설정자와의 관계를 기본으로 하여 그 설정자의 납세의무를 기준으로 한 것이라고 해석되어지므로, 저당권설정자가 그 피담보채권에 우선하여 징수당할 아무런 조세의 체납도 없는 상태에서 사망한 경우에 그 상속인에 대하여 부과한 국세인 상속세는 이를 당해세라 하여 우선 징수할 수 없고, 이러한 법리는 저당권의 목적인 재산 그 자체를 매각한 대금 중에서 국세를 징수하는 경우뿐만 아니라 그 재산이 수용되어 그 수용보상금이 공탁된 관계로 그 공탁금이 물상대위의 대상이 된 경우에도 동일하게 적용된다(대법원 96다21058 부당이득금 반환).

- 세무서에서 압류등기를 하는데 국세인 당해세는 세금액수가 다액이고 임차인의 확정일자에 따른 배당순위 보다도 당해세가 항상 우선배당을 받는 바, 대항력 있는 임차인 존재 시 임차인이 배당에서 후순위로 밀려서 낙찰자에게 인수되는 보증금이 증가할 수 있으므로 세무서의 압류등기 존재 시 당해세 해당여부를 확인 후 인수 보증금을 산정하여야 한다.
- 구청에서 압류 등기한 재산세 및 자동차세는 금액이 소액으로 보증금 인수에 미치는 영향이 적다.

③ 3순위 : 당해세를 제외한 세금의 법정기일 및 대항력을 갖춘 임차인의 확정일자가 1순위 근저당권 등기일자보다 빠른 경우 세금액수 및 우선변제 보증금 확인

- 법인소유 부동산이나 개인사업자 소유 부동산을 경매 시에는 세무서 압류의 원인인 부가가치세 미납채권이 수억원이나 되는 경우가 있고, 임금체불로 근로자의 임금채권에 대한 배당요구액이 수천만원이나 되는 경우도 많으므로 채권자 등을 통한 부가가치세 미납금액 확인 및 법정기일이 1순위 근저당권보다 빠른지 여부를 확인하고, 경매사이트 문건접수 란에 가압류 없이 개인이 바로 배당요구서를 접수한 경우 임금채권인지 여부를 확인하여 최우선변제에 해당되는 임금채권을 예상 낙찰대금에서 배당하여야 한다.

④ 4순위 : 국민건강보험공단이 압류한 4대 보험료(고용보험료 및 산재보험료, 건강보험료, 국민연금보험료)의 납부기한이 1순위 근저당권 등기일자 보다 빠른 경우 동 보험금액 확인

- 국민건강보험공단에서 통합 관리하는 4대 보험료에 대한 압류등기가 존재 시에는 채권자에게 경매서류 열람권유 또는 유동화회사 물건일 경우 담당직원에게 압류의 원인인 미납보험료 금액 문의 및 기타 탐문 등을 통하여 그 보험료 금액의 확인 및 납부기한이 1순위 근저당권의 등기일자보다 빠른지 여부를 확인한다.

⑤ 5순위 : 양수한 1순위의 근저당권
- 예상 낙찰금액에서 상기 4순위까지의 채권액에 우선 배당하고 남은 잔액은 근저당권부 채권의 양수인 5순위의 근저당권자가 배당을 받는데, 동 배당금액이 예상배당액이 된다. 그 밖의 배당순위에 대한 내용은 다음에서 자세하게 기술한다.

《배 당 표》

배당의 종류	순위	채 권	내 용
⓪ 최최우선배당	1	- 집행비용	- 감정료, 신문공고료, 송달료, 부동산현황조사료, 매각수수료 등
	2	- 제3취득자의 필요, 유익 비	- 점유자, 임차인, 전세권자, 지상권자, 새로운 소유자 등의 필요, 유익비
① 최우선배당	3	- 최우선변제 임차보증금 - 최우선변제 임금채권 (재해보상금 포함)	- 소액보증금채권 - 최종 3개월 임금, 최종 3년간 퇴직금
	4	- 당해세	- 국세 : 상속세, 증여세 및 종합부동산세 - 지방세 : 재산세, 자동차세
② 우선(순위)배당	5	- ①보험료의 납부기한	- 납부기한과 선후로 순위 결정
		- ②담보물권 등기일자 - ②임차권의 확정일자	- 근저당권(담보 가등기), 전세권, 질권의 등기일자로 결정 - 대항력요건 전제
		- ③조세의 법정기일 순위 ① > ② > ③ > ①	- 국세, 지방세 법정기일로 타채권과 순위결정 - 순환흡수배당 성립
③ 우선열후(劣後)배당	6	- 일반 임금, 퇴직금, 근로관계 채권	- 최종 3개월 임금 및 최종 3년간 퇴직금을 제외한 일반 임금 및 퇴직금, 그 밖에 근로관계로 인한 채권
	7	- 담보물권보다 늦은 조세채권	- 담보물권(확정일자 포함)보다 늦은 조세채권 - 지방세, 국세·가산금 또는 체납처분비 등의 징수금
	8	- 담보물권보다 늦은 4대보험료 등 공과금채권	- 담보물권(확정일자 포함)보다 늦은 4대보험료 - 고용, 산재, 건강보험, 국민연금보험료, 어선원 보험료, 개발부담금 등 - 납부기한에 따라 담보물권보다 앞설 수 있음
④ 최후안분배당 (안분배당)	9	- 일반채권	- 일반채권자의 채권, 재산형, 과태료, 국유재산법상의 사용료, 대부료 및 변상금채권 등

> **[여기서 잠깐]** 안분 후 흡수배당
>
> 가압류권자, 근저당권자, 가압류권자 순으로 부동산에 등기되어 있을 경우 먼저 안분배당으로 채권액에 비례하여 평등하게 배당액을 산정한 뒤 이후 다시 선순위인 근저당권자가 배당받지 못한 부족액을 한도로 후순위의 가압류권자에게 배당된 금액을 흡수하여 배당받는 것을 안분 후 흡수배당이라 한다.

2) 배당금을 교부받는 방법(안산지원 2013타경 3968호 임의경매 사례)

배당채권자는 미리 주민등록증 사본 2부를 지참하고 도장 및 신분증, 그리고 대출계약서 원본 및 근저당권설정 등기권리증 및 설정계약서 원본을 지참하고 배당법원에 출석을 한다. 배당기일에 배당법원에 참석하여 배당표를 열람하고 자기 사건에 대하여 배당이의 여부에 대한 사법보좌관의 질문에 이의 없으면 "이의 없습니다"라고 답변하면 된다. 이후 배당법정에서 바로 해당경매계장이 대출계약서 원본 및 근저당권설정 등기권리증 및 동 설정계약서의 원본을 확인하고 배당권자를 신분증으로 확인한다. 그리고 미리 준비한 신분증사본 및 대출계약서 사본을 경매계장에게 제출하면 근저당권설정 등기권리증 및 동 설정계약서 원본은 법원에서 회수하게 된다. 그리고 대출계약서 원본의 여백에 배당받은 금액을 표시하고 대출계약서 원본은 이를 배당권자에게 돌려주는데 이를 '부기환부'라고 한다. 마지막으로 계장이 법원보관금 출급 명령서 2부를 주는데 하나는 집행비용 출급명령서이고, 다른 하나는 1순위 근저당권자로서 받는 배당금 출급명령서를 교부받고 동 수령사실에 대한 영수증에 기명날인한 후 이를 계장에게 주면 된다. 집행비용 배당 출급명령서 및 배당금 출급명령서상 청구인란에 배당권자 이름 및 주민등록번호, 전화번호를 기재한 다음 여기에도 미리 준비한 신분증 사본을 첨부하고 법원 공탁계에 신분증을 제시하며 출급명령서를 제출하면 공탁계에서는 집행비용 및 배당금의 출급지시서 2부를 배당권자에게 교부를 한다. 출급지시서의 청구자란에 주민등록번호를 기재하여야 하고 지시서 말미에 보관금을 수령하였다는 확인차원에서 청구일자, 청구인의 이름 및 도장날인을 하면 공탁계에서 신한은행에서 출급할 것을 인가하고 법원의 확인날인이 된 지시서를 배당권자에게 교부를 해준다. 배당권자는 이를 가지고 법원구내 신한은행에 동 지시서 원본 2부 및 입금표를 제출한다. 본인 확인을 위하여 신분증도 제시하여야 한다. 이런 절차를 마치면 통장으로 집행비용 및 배당금이 입금된다. 참고로 질권대출 시에는 대출계약서 원본 및 근저당권설정등기 권리증 및 설정계약서 원본은 질권대출 은행이 가지고 있다가 배당기일날 법원에 제시하고 질권자로서 우선 배당을 받고 대출계약서 원본만 질권대출 채무자에게 돌려 준다. 또한 질권대출 이자는 배당금과 정산하여 남으면 채무자에게 돌려주게 된다.

5. 예상배당표상 원리금 전액배당이 가능한 근저당채권을 대위변제 투자대상으로 한다

금융기관의 1순위 근저당권 채권 중 경매 시 원리금 전액배당이 가능한 건을 대위변제 투자대상으로 선정하되, 배당요구의 종기 후에 대위변제대상 1순위 근저당 채권보다 선순위의 채권을 이해관계인으로 하여금 경매서류 및 연체 원리금을 열람토록 하여야 하며, 예상 배당기일까지의 예상 배당액을 산정한다. 1순위 근저당권 설정 금융기관은 대위변제를 받아 채권양도 방법과 같이 경매보다 조기에 채권을 회수함으로써 금융기관의 자산건전성 및 수익성을 제고하게 된다.

6. 배당요구의 종기 후에 대위변제한다

첫 매각기일 이전에 지정되는 배당요구의 종기 후에 근저당권부 채권을 대위변제하여야 예상배당액을 정확히 산정할 수 있다. 부동산등기부에 등기되지 않고 제1순위 근저당권보다 최우선 배당받는 채권은 배당요구의 종기 전에 배당요구를 해야 배당을 받을 수 있는데, 근저당채권의 대위변제 투자자는 배당요구의 종기 후에 근저당권부 채권을 대위변제하여야 배당요구의 종기까지 배당요구된 퇴직금 등 최우선 변제권을 알 수 있고 이를 반영하여 대위변제 대상 1순위 근저당 채권의 예상배당액을 정확히 산정할 수 있다.

즉 최최우선 배당을 받을 수 있는 제3취득자의 필요비·유익비채권, 임차보증금 의 인하에 따른 소액보증금에 대한 최우선변제권, 근로자나 근로복지공단의 최우선변제 퇴직금 등 임금채권 및 당해세의 최우선 변제권자 등이 경매부동산에 가압류(압류)등기를 하지 아니할 경우 이들 채권은 배당요구의 종기까지 배당요구된 경우에만 최우선 변제권임을 알 수 있고, 이렇게 밖으로 드러난 최우선변제 채권을 반영하면 대위변제한 1순위 근저당권의 예상배당액이 보다 더 정확해 진다. 따라서 배당요구의 종기 전에 채권을 대위변제하면 변제 후 위와 같은 최우선 변제권자의 배당요구로 대위변제자에게 이전된 1순위 근저당채권의 배당액이 줄어들 위험이 있으므로 원칙적으로 대위변제 투자자는 배당요구의 종기 후에 채권을 대위변제 하여야 손해를 방지할 수 있다.

[여기서 잠깐] 배당요구 종기 전에 대위변제 투자 시 유의사항

- 대위변제대상 근저당 채권이 법인사업자나 개인사업자가 제공한 담보물에 설정된 것인지 여부를 확인하여 사업자금 대출 시 근로자의 퇴직금 등 최우선 변제대상 채권의 존재여부를 확인한다. 특히 개인사업자는 직원 등의 고용여부를 알기 어려운데 개인이 사업을 하는 경우 임금체불의 징후로는 당해 개인 소유의 부동산에 근로복지공단의 가압류, 선정당사자 명의의 가압류, 수명의 개인이 가압류를 한 경우, 세무서 명의의 압류등기 등이 있는데, 이 경우에는 개인사업자의 직원들이 퇴직금 체불 등을 이유로 받지 못한 퇴직금 등 임금채권을 보전하기 위하여 가압류를 한 경우가 대부분이다. 이러한 등기가 경료된 물건은 그 등기권리자를 상대로 최우선 변제대상 퇴직금 등을 탐문하여 최우선변제 채권액을 산정함으로써 대위변제 대상 1순위 근저당채권의 예상 배당액을 추정해 볼 수 있다.
- 퇴직금 등 우선배당요구 채권액의 조사가 끝나면 대위변제 대상 1순위 근저당채권자로 하여금 임의경매를 신청토록 하여 피담보채권을 확정시킨 다음 경매신청 비용을 포함하여 대위변제 투자자가 대위변제하고 이후 배당요구 종기 후에 법원 경매서류를 열람하여 우선배당요구 채권액이 정확히 얼마나 신고되어 있는지 여부 확인 및 대위변제한 1순위 근저당채권의 예상 배당액을 재차 산정토록 한다.

7. 대위변제 물건의 선정과 투자 요령을 최종적으로 정리하자

대위변제할 물건선정은 이상과 같이 낙찰가율의 등락이 적고 낙찰가율의 측정이 어느 정도 확실한 강남소재 아파트 및 주택일 것, 저축은행 등의 연체이율 25% 적용대상 물건일 것, 대출원금의 130% 이상을 채권최고액으로 설정하였을 것, 최우선 배당되는 체불퇴직금 등의 발생여지가 없는 사업을 하지 아니하는 순수 개인소유의 물건일 것, 근저당권의 채권최고액의 범위 내에서 대위변제 후 수개월 후에도 채권전액의 배당이 예상되는 물건을 대위변제 대상으로 선정한다.

한편 대법원 경매사이트에서 매각예정 물건의 등기사항 전부증명서(부동산등기부등본)를 발급받아 채권전액을 배당받을 만한 물건을 수집한다. 즉 근저당권의 채권최고액은 크고 경매신청 채권액은 적어 향후 배당기일까지 10개월 이상 소요되면서 배당기일까지 채권최고액에 도달되는 물건을 선정한다. 은행의 연체이율 17% 적용 대출채무 1억 원을 대위변제한 다음 1년 후 배당을 받는다면 연체이자 수익으로 17,000,000원의 배당차익을 얻을 수 있다. 또한 대위변제대상 물건 수집은 저축은행 물건 등을 경매 신청하는 법무사, 은행 경매담당자, 대법원 경매정보 사이트 등을 통하여 이런 조건에 맞는 물건에 대한 정보를 제공받은 다음 경매신청 은행에 직접 대위변제 후 배당차익을 얻으면 된다.

제4장
대위변제 자격취득은 어떻게 해야 하나?

1순위 근저당 채권을 변제할 정당한 이익이 없는 일반 투자자가 변제할 이익이 있는 자로 전환되기 위해서는 다음과 같은 지위를 확보하여야 된다.

1. 임의대위(채무자 동의)의 자격을 취득하라

먼저 이해관계 내지 변제할 이익이 없는 제3자도 앞에서 언급한 바와 같이 채무자로부터 대위변제 동의를 얻어 은행에 대위변제 신청을 하거나 채무자의 반대의 의사표시가 없는 상태에서 제3자가 채무를 대위변제 하는 것에 대하여 채권자가 이를 수령하는 경우 대위변제자는 임의대위로 1순위 근저당권 및 채권을 이전받는다(서식 대위변제 확인서 및 대위변제 통지서 이용). 나아가 법정대위 해당건도 채무자의 동의를 얻어 임의대위 자격까지 확보한다.

채무자가 대위변제 동의 시 대위변제자가 채무자에게 대위변제자가 미래에 얻게 되는 Spread만큼 채무를 탕감해 주겠다고 하여 대위변제 동의가 채무자에게도 이익이 됨을 설득함으로써 채무자로부터 동의서를 받으면 법정 대위변제권자는 이중으로 대위변제자의 지위를 확보하여 1순위 은행으로부터 완벽하게 근저당채권을 이전받아 올 수 있다. 그러니까 법정대위권자가 임의대위자의 지위까지 확보하여 1순위 근저당채권 은행이 아무런 이의제기를 하지 못하도록 완벽한 대위변제 요건을 확보하는 것이다. 또 법정대위가 가능해도 1순위 은행은 혹시 모를 채무자의 민원제기를 우려하여 채무자의 동의까지 받아오게 한다. 동의서 양식(은행소정의 대위변제 신청서)의 하단에 채무자의 서명날인란에 서명날인하면 동의서 작성은 완성되나 별도의 대위변제 동의서를 만들어 채무자의 서명날인을 받아도 된다.

2. 후순위 가압류채권 중 일부 양수하는 방법이 있다

후순위 가압류채권 중 일부를 채권양도 약정을 체결하여 양도를 받으면 양수인은 1순위 근저당 채권을 변제할 정당한 이익이 있는 자의 지위를 확보하게 된다(2, 3, 4는 서식 채권양도 계약서 및 채권양도 통지서 이용).

3. 후순위 압류채권 중 일부 양수하는 방법도 활용하라

후순위 압류채권자의 채권 중 일부 채권금액을 지불하고 채권양도 약정을 체결하여 채권의 일부를 양도 받으면 양수인은 1순위 근저당 채권을 변제할 정당한 이익이 있는 자의 지위를 확보하게 된다.

4. 후순위 근저당 채권 중 일부 양수하는 방법도 있다

후순위 근저당 채권을 100만원 이내에서 지불하고 채권양도 약정을 체결하여 채권의 일부양도를 받으면 양수인은 1순위 근저당 채권을 변제할 정당한 이익이 있는 자의 지위를 확보하게 된다.

> **[여기서 잠깐]** 대법원 2001다 2846(근저당권 이전등기 절차이행)
>
> 채무자 소유의 부동산에 대한 후순위 저당권자에게는 자신의 담보권을 보전하기 위하여 채무자의 선순위 저당권자에 대한 채무를 변제할 정당한 이익이 인정되고, 한편 민법 제482조 제1항은 변제할 정당한 이익이 있는 자가 채무자를 위하여 채권을 대위변제한 경우에는 대위변제자는 자기의 권리에 기하여 구상할 수 있는 범위에서 채권자의 채권 및 담보에 관한 권리를 행사할 수 있다고 규정하고 있으므로 갑을 주채무자로 하고, 을을 연대보증인으로 한 채무를 담보하기 위하여 갑과 을의 공동소유인 부동산 전부에 관하여 선순위의 저당권이 설정된 후 갑 소유의 지분에 대하여서만 후순위 저당권을 취득한 자가 자신의 담보권을 보전하기 위하여 선순위 저당권자에게 당해 피담보채무를 변제한 경우에는 종전의 채권자인 선순위 저당권자의 채권 및 그 담보는 모두 대위변제를 한 후순위 저당권자에게 이전되고, 따라서 선순위 저당권자는 대위변제자인 후순위 저당권자에게 갑과 을의 공동소유인 부동산 전체에 대하여 대위변제로 인한 저당권이전의 부기등기를 마쳐주어야 할 의무가 있다.

5. 경매부동산의 소유자에게 돈을 빌려주고 가압류등기를 신청하라

경매부동산의 소유자에게 가압류 등기가 가능한 3백만원 정도 빌려주고 차용증을 받은 다음 경매부동산에 대한 가압류 신청을 하면 가압류채권자는 1순위 근저당 채권을 변제할 정당한 이익이 있는 자의 지위를 확보하게 된다(서식 차용증 이용).

6. 경매부동산을 매수하여 제3취득자가 되는 방법을 활용하라

경매가 진행 중인 부동산을 매매대금으로 1백만원 정도를 소유자에게 지불하고 소유권을 이전받으면 경매부동산에 대한 제3취득자로서 1순위 근저당 채권을 변제할 정당한 이익이 있는 자의 지위를 확보하게 된다. 대구고법 73나494 채권증서교부 등 청구

사건의 확정판결에 따르면 원고는 『소외 갑의 채무를 변제할 정당한 이익이 있는 저당목적물의 제3취득자(매매계약으로 소유권을 이전등기 한 새로운 소유자)로서, 위 변제로 인하여 위 갑에 대하여는 변제채무액 전부에 대하여, 위 채무의 물상보증인인 소외 을, 병에 대하여는 각 2부동산의 가액에 비례한 채무의 범위 내에서 각 구상할 수 있고, 그 구상권의 범위 내에서 채권자인 피고의 권리를 대위할 수 있으니 피고는 원고에게 위 각 부동산 가액의 비율에 의한 구상권의 범위 내에서 위 각 부동산에 대한 근저당권을 이전하고, 위 채권에 관한 권리증서를 교부할 의무가 있다』고 판시하였다.

> **[여기서 잠깐]** 제3취득자의 대위변제로 이전된 근저당권은 혼동으로 소멸하지 않음
>
> 법정 대위변제에 따라 이전된 근저당권자겸 경매개시결정 등기 후 소유권을 이전받은 제3취득자의 근저당권이 혼동으로 소멸되는지 여부가 문제되나 소멸되지 않는다. 한 물건에 대한 소유권과 제한물권이 한 사람에게 돌아갔을 때는 제한물권은 소멸하는 것이 원칙이나 그 물건이 제3자의 권리 목적으로 되어 있고 또한 제3자의 권리가 혼동된 제한물권보다 아래 순위에 있을 때에는 혼동된 제한물권이 소멸하지 아니한다(대법원 1962. 5. 3. 선고 62다98 판결 참조).

7. 후순위 임차권자의 임차보증금 일부 양수로 대위변제 자격을 확보하라

후순위 임차권자의 임차보증금 채권 중 일부를 양도 받아 이해관계인이 되어 1순위 근저당 채권을 법정 대위변제한다. 참고로 대항력 없는 2순위 임차권자가 1순위의 근저당채권을 변제한 다음 1순위 근저당권을 말소하면 2순위의 임차권자가 대항력을 확보하게 되는데, 이 경우에도 임차인이 배당 등에서 불이익을 받는 지위를 가지므로 변제할 정당한 이익이 있는 경우에 해당되기 때문에 대위변제가 가능한 케이스다.

즉 1순위 근저당권설정 후 전입한 임차인은 경매로 대항력을 행사할 수 있는 권리를 상실할 수 있기 때문에 동 임차인도 법정 대위변제할 정당한 이익이 있는 자에 해당되고 실제로도 소액의 1순위근저당채권을 임차인이 대위변제 후 1순위근저당권을 말소

해 버리면 임차인의 대항력은 유지가 되어 말소 후 진행되는 경매에서 임차보증금 전액을 반환받을 때까지 명도거부권을 행사하여 타인에 대항할 수 있게 된다. 결국 배당요구 종기 후에 설정된 근저당권이나 가압류등기 또는 소유권이전이 될 경우에도 동 권리자들은 경매로 근저당권 말소위험 부담, 가압류등기 말소위험 부담, 제3취득자는 소유권 상실의 위험을 부담하기 때문에 이런 위험을 방어하기 위하여 동 후순위의 권리자들은 법정 대위변제할 정당한 이익이 있다고 생각된다. 법정 대위변제 제도는 후순위 권리자들의 재산권 상실을 방어해주고 보호해주려는 제도로 방어적 대위변제를 제도적으로 보장한 것이다. 근저당권 유지이익은 분명 이익은 맞다. 그렇지만 동 이익을 대위변제할 정당한 이익으로 보호해줄 만큼 커다란 이익인지 아니면 보호가치가 적은 이익인지 여부는 논란의 소지는 있으나 이는 학설로 논의할 수는 있어도 일단 투자자 입장에서는 적극적인 사고를 가지고 활용하면 될 것이다.

8. 경매진행 중 근저당권 설정으로 대위변제 자격을 확보하라

배당요구 종기 후 설정된 근저당권자도 법정 대위변제가 가능한지 여부에 대하여 심도있게 검토한 결과 경매가 진행되면 후순위 근저당권자는 근저당권의 말소위험에 처하기 때문에 말소를 방어하기 위해서도 선순위 경매진행 근저당채권을 변제할 정당한 이익이 있다. 한편 후순위 근저당권이라도 낙찰대금 납부 전까지는 피담보채권이 확정되지 않은 채로 채무자와의 거래를 계속하여 채권자로서 이자 등의 이익을 취할 수 있어 후순위 근저당권자는 근저당권의 유지이익이 있으므로 말소당하지 않고 유지할 법률적 이익이 있는 바 선순위 근저당채권을 법정 대위변제할 정당한 이익이 있다고 생각된다. 나아가 후순위 근저당권자로서 원리금을 100% 배당을 받을 것이 예상되더라도 역시 선순위 근저당권자의 경매로 후순위 근저당권을 말소당할 위험을 방지하고 낙찰대금납부 시까지 피담보채권을 확정시키지 아니하고 계속거래를 위하여 근저당권의 유지이익이 있기 때문에 원리금 100% 배당을 받는 후순위 근저당권자라고 하더라도 변제할 정당한 이익이 전혀 없는 자라고 단정할 수 없을 것으로 생각된다. 따라서 후순위에 해당되는 근저당권자들은 100%배당 시에도 선순위 근저당채권을 법정 대위변제할 이익이 있다고 생각된다. 또한 후순위 근저당권자가 100% 배당이 예상되더라도 이는 예상일뿐 실제로 100% 배당이 안 될 수 있기 때문에 미리 100% 배당을 예상하여 변제할 정당한 이익이 없다고 단정지으면 안 될 것이다. 100% 배당예상이 되는 후순위 근저당권자는 담보권 유지이익이라는 2%의 이익을 숨어 있는 추가적인 보너스를 가지고 있다.

소유자, 후순위 근저당권자 및 가압류(압류)채권자에게 매매대금 또는 채권양도 대금으로 3백만원 정도를 지불하고 약간의 취득세를 납부하고 소유권을 이전받아 제3취득자가 되거나 근저당 채권 및 가압류(압류)채권을 양도받아 채권 양수인으로서 채권자에게 변제할 정당한 이익이 있는 자의 지위를 만들어 둔다. 또는 경매물건 소유자에게 1백만원 정도를 빌려주고 차용증을 받아 부동산을 가압류하여 대위변제 자격을 취득한다. 1순위 근저당 채권의 대위변제 금액과 매매대금 또는 채권양수 대금 및 취득세의 합계액 이상으로 배당차익이 예상되는지 여부를 대위변제 후 배당예정 기일까지 예상배당액을 산정해 보고 배당이익이 있는 경우 소유권자와 협상으로 소유권을 취득하거나 후순위 근저당 채권 또는 가압류, 압류 등 일반채권을 양도받는다.

이런 방식은 1순위 채권 전액을 100% 배당받을 것으로 예상되는 은행채권을 가급적 배당요구 종기 후에 대위변제할 자가 제3취득자나 후순위 채권의 양수인으로서 1순위 근저당 채권을 변제할 정당한 이익이 있는 자의 지위를 창출할겸 법정 대위변제 자격을 만들어 은행의 승락이 없어도 변제할 수 있는 여건조성을 강제로 만드는 것이다. 이는 대위변제자가 대위변제로 은행인 채권자를 강제로 대위변제자로 교체시킨 후 예상배당기일까지 은행의 배당수익을 강제로 대위변제자가 획득하는 방법이다. 이러한 조건을 갖춘 경매물건 소유자로부터 물건을 1백만원 정도 지불하고 매수하거나 등기된 가압류채권 등을 양수 받는 것이 우선 관건이다. 매수나 양수 후 은행 대출금을 변제하는 것부터 이후 절차는 이와 같이 단순하고, 유동화하기 이전에 은행이 경매신청 한 채권 또는 경매신청 예정인 연체채권을 강제 이전받아 대위변제자가 배당차익을 가로채는 합법적인 방법이다.

이상과 같이 제3취득자가 되거나 후순위의 근저당권부 채권의 일부양도를 받거나 가압류채권의 일부양도를 받아 선순위 근저당채권에 대하여 변제할 정당할 이익이 있는 자로 만들어 놓으면 채권 양수인은 1순위 근저당 채권자의 승낙이 없어도 동 채무를 변제할 수 있고, 채권자가 변제수령을 거부하면 법원에 변제공탁(대법원 2008마109결정)하여 법정대위로 1순위 채권 및 근저당권을 이전받을 수 있다. 그러므로 유동화 회사로 넘어오기 전에 채권 전액의 배당이 예상되는 은행이 경매신청하거나 신청할 채권을 대위변제에 의한 법정대위로 강제로 이전받아 배당차익을 획득할 수 있다.

제5장
금융기관은 **대위변제 실무**를 어떻게 **처리**하는가?

1. 이해관계자 및 재산권 상실 위험자의 대위변제(Ranking-Up, 법정변제, 법정대위)

은행은 이해관계자가 대출금을 대위변제하고자 할 때에는 이해관계자임을 확인한 후 변제사유를 기재한 대위변제 신청서(서식 참고)를 받고 대위변제금을 수령한다.『이해관계자, 즉 법정 대위변제자』라 함은 연대채무자, 보증인, 담보제공자, 후순위 담보권자, 담보물의 제3취득자, 후순위 임차권자 등 변제할 정당한 이익이 있는 자를 말하며, 단순히 가족 등 지인은 이해관계자에 해당되지 않는다.

2. 이해관계 없는 제3자의 변제(Ranking-Shift, 임의변제, 임의대위)

1) 채무자의 동의를 얻어 대위변제

채무에 관하여 이해관계 없는 제3자가 은행에 타인의 채무를 변제하고자 할 경우 채무자로부터 대위변제의 동의를 얻어 채무자와 연서한 대위변제 신청서(서식 참고)를 작성하여 은행에 제출하면 은행은 대위변제금을 수령하고 대위변제증서(서식 참고)를 발급해 준다.

2) 채무자 동의 없이 변제하는 방법

채무자의 행방불명 등으로 대위변제에 대한 채무자의 동의를 받을 수 없고, 채무자가 제3자의 변제를 반대한다는 의사가 은행 측에 명백히 표시되어 있지 않은 경우에는 연대보증인 입보 후 대위변제 또는 채권양도 방식으로 변제금을 수령한다.

3) 통지의 효력발생 간주약정

대출계약의 내용으로 편입되는 여신거래 기본약관을 살펴보면, 은행은 채무자가 신고한 최종 주소지로 서면통지 또는 기타 서류 등을 발송한 경우, 보통의 우송기간이 경과한 때에 도달한 것으로 추정한다고 규정하고 있다. 그리고 채무자가 이미 신고한 성명·주소·전화번호·인감·서명 등에 변경이 생긴 때에는 곧 서면으로 은행에 신고하여야 하는데, 이러한 변경신고를 게을리 함으로 인해 발송한 서면통지 또는 기타 서류가 채무자에게 연착하거나 도달하지 아니한 때에는 보통의 우송기간이 경과한 때에 도달한 것으로 간주한다고 규정하고 있다. 다만 상계통지나 기한 전의 채무변제 청구 등 중요한 의사표시인 경우에는 배달증명부 내용증명 우편에 의한 경우에 한하여 도달한 것으로 간주한다고 규정하고 있다. 또한 은행이 채무자에 대한 통지 등의 사본을 보존하고 또 그 발신의 사실 및 연월일을 장부 등에 명백히 기재한 때에는 발송한 것으로 추정한다고 규정하고 있다. 따라서 은행이 다른 사람에게 채권양도를 하여 대출금을 회수하면서 채권양도 통지를 채무자가 신고한 최종 주소지로 배달증명부 내용증명 우편으로 통지하면 반송이 되더라도 주소 변경신고 의무를 게을리 한 채무자의 귀책으로 반송된 것이므로 도달간주 약정에 따라 도달된 것으로 간주할 수 있다. 그러나 이러한 도달간주 약관은 예문에 불과하므로 대출약정 체결 당시 은행이 채무자에게 충분히 설명한 경우에만 효력이 발생하므로 채권양도 통지가 배달불능이 되면 법원에 공시송달 신청을 하여 채권양도 통지를 하는 것이 안전한 업무처리라고 할 수 있다.

4) 채권서류의 대위변제자 또는 채권양수인 교부

경매신청 1순위채권 전액 및 경매 집행비용의 합계액에 해당되는 변제자금을 현금으로 준비한 다음 경매신청 은행에 이해관계인으로서 이를 변제하고 은행으로부터 대위변제 확인서(대위변제 증서) 및 채권서류 원본을 교부 받고 민법상 변제자 대위로 근저당권을 이전받을 예정이니 은행에 근저당권을 말소하지 말고 근저당권을 매수인에게 이전하는 데 협조토록 요청한다. 대위변제에 따라 대위변제 후 배당기일까지 기존 연체 이자율을 적용한 배당차익이 발생한다.

은행이 임의변제 또는 법정변제 방식으로 대출금 전액을 대위변제(채권양도 포함)받은 때에는 그 내용에 따라 대위변제 확인서와 대출거래 약정서(또는 어음) 및 담보관련 서류를 대위변제자(채권양수인)에게 교부해 주되, 근저당권설정 계약서 및 지상권설정 계약서는 근저당권설정 계약서 수급부에 수령인을 받고 대위변제한 임의변제자, 연대보증인, 담보제공자, 또는 제3취득자 등에게 내어 주며, 채무자에게는 대위변제 통지서를 배달증명부 내용증명우편 등 확실한 방법으로 발송한다. 이 때 교부해준 대출관련 서류는 사본으로 은행에 보관하여야 한다. 대출금의 일부에 대하여 대위변제(채권양도)가 있을 때에는 변제자에게 '일부 대위변제 확인서'를 교부해 주고 대출거래 약정서 또는 어음에 일부 대위변제의 뜻을 기입하여 보관하되, 대출거래 약정서 및 기타 채권서류는 대위변제자(또는 채권양수인)에게 교부하지 아니한다.

> **[여기서 잠깐]** 민법 제484조(대위변제와 채권증서, 담보물)
>
> ① 채권 전부의 대위변제를 받은 채권자는 그 채권에 관한 증서 및 점유한 담보물을 대위자에게 교부하여야 한다.
> ② 채권의 일부에 대한 대위변제가 있는 때에는 채권자는 채권증서에 그 대위를 기입하고 자기가 점유한 담보물의 보존에 관하여 대위자의 감독을 받아야 한다.

5) 대위변제 시 근저당권 이전의 부기등기 하는 방법

① 대위변제 증서를 첨부한 근저당권 이전등기 신청

제3자 대위변제(채권양도 포함) 시 담보물이 부동산인 경우 은행은 대위변제자에게 대위변제에 따른 근저당권 이전의 부기등기에 협력하여야 한다. 변제할 정당한 이익이 있는 자가 채무자를 위하여 근저당권부 채권의 일부를 대위변제한 경우, 일부 대위변제자의 대위의 부기등기인 근저당권 이전등기 신청 시 근저당권 일부이전 계약서는 첨부할 필요가 없으나 대위변제를 증명하는 서면인 대위변제증서는 첨부하여야 한다(1996. 12. 4. 등기3402-927 질의회답, 근저당권부 채권의 대위변제에 의한 근저당권 이전등기 신청 시 근저당권 일부이전 계약서의 첨부 요부, 등기선례5-441 1996.12.04 제정).

② 확정채권 대위변제를 원인으로 근저당권 이전등기 신청

근저당권이라고 함은 계속적인 거래관계로부터 발생하고 소멸하는 불특정 다수의 장래채권을 결산기에 계산하여 잔존하는 채무를 일정한 한도액의 범위 내에서 담보하는 저당권이어서, 거래가 종료하기까지 채권은 계속적으로 증감변동 되는 것이므로, 근저당 거래관계가 계속 중인 경우 즉 근저당권의 피담보채권이 확정되기 전에 그 채권의 일부를 양도하거나 대위변제한 경우 근저당권이 양수인이나 대위변제자에게 이전할 여지가 없다(대법원 95다53812 근저당 피담보채권 부존재 확인 등).

따라서 경매신청 등으로 근저당권의 피담보 채권이 확정된 후에 그 피담보 채권이 대위변제된 경우에는 근저당권자 및 대위변제자는 채권양도에 의한 저당권이전 등기에 준하여 근저당권이전 등기를 신청할 수 있다. 이 경우 등기원인은 '확정채권 대위변제'로 기재한다. 이 등기를 신청함에 있어서 근저당권 설정자가 물상보증인이거나 소유자가 제3취득자인 경우에도 그의 승낙서를 첨부할 필요는 없다(근저당권에 관한 등기사무 처리지침 등기예규 제880호).

③ 피담보채권 확정 후 대위변제 등기실례
　ⓐ 전부 대위변제

6부기 1호	6번 근저당권 이전 접수　1995년 11월　5일 　　　제8000호 원인　1995년　9월　1일　확정채권 대위변제 근저당권자　김　을　동 　　　　561213-1089723 　　　　서울 중구 필동 6　　(인)

(주) 6번 근저당권자의 표시를 주말한다.

　ⓑ 일부 대위변제

6부기 1호	6번 근저당권 일부이전 접수　1995년 11월　5일 　　　제8000호 원인　1995년　9월　1일　확정채권 일부 　　　　　　　　　　　대위변제 변제액　금 2,000,000원 근저당권자　김　을　동 　　　　561213-1089723 　　　　서울 중구 필동 6　　(인)

제6장
채권 및 근저당권의 승계에 따른 조치는 어떻게 해야 하나?

1. 근저당권 이전등기를 신청한다

　대위변제자는 교부받은 대위변제 확인서(증서)를 1순위 근저당권자의 인감이 날인된 근저당권 이전등기 위임장에 첨부하여 등기소에 근저당권 이전등기를 신청한다.

2. 경매채권자 변경신고서를 제출한다

　대위변제자는 경매채권자가 법정대위에 따라 대위변제자로 승계되었음을 법원에 신고하면서 은행 인감증명서를 붙인 대위변제 확인서나 근저당권이 이전된 등기부 등본 등을 첨부하여 경매채권자 변경신고서를 법원에 제출한다. 한편 경매절차가 개시된 후 경매신청의 기초가 된 담보물권이 대위변제에 의하여 이전된 경우에는 경매절차의 진행에는 아무런 영향이 없고, 대위변제자가 경매신청인의 지위를 승계하므로, 종전의 경매신청인이 한 취하는 효력이 없다(대법원 2001마2094 낙찰허가결정).

3. 권리신고 및 배당요구 신청서를 제출한다

　대위변제자에게 배당이 되도록 대위변제자 명의의 권리신고 및 배당요구 신청서를 별도로 법원에 제출한다. 대위변제자는 당연히 경매채권자를 승계하므로 이를 제출할 필요는 없으나 경매채권자가 대위변제자로 승계되었음을 법원에 알리고 확인시켜 주는 차원에서 제출하는 것이다.

4. 배당금 입금계좌를 변경신고한다

　대위변제자는 경매집행비용 환급금, 배당금 입금계좌 변경신고를 한다. 이는 경매법원에서 당초의 경매채권자의 계좌로 동 환급비용을 입금시키는 실수를 방지하면서 변경 채권자인 대위변제자에게 비용이 입금토록 하려는 조치이다.

5. 채권계산서를 제출한다

법원에서 대위변제자에게 배당기일 소환장을 보내면서 채권계산서를 제출토록 요구할 경우 대출계약서 및 근저당권 설정계약서 등 채권원인서류 사본 및 원리금 내역이 기록된 여신계좌조회표를 첨부하여 채권계산서를 경매법원에 제출한다.

6. 배당기일에 법원에 출석한다

대위변제자는 배당기일에 법원에 출석하여 배당금을 수령한다.

[여기서 잠깐] 제3취득자 및 대위변제자도 입찰자격 보유

임의경매의 경우에 채무자 아닌 소유자는 다른 이해관계인을 불리하게 하는 바 없고 특별규정도 없으므로 매수신청인이 될 수 있고, 제3취득자 및 임의경매의 물상보증인, 담보권자도 매수신청인이 될 수 있는 바, 대위변제로 근저당권을 이전받은 자도 입찰에 참여하여 물건을 유입 취득할 자격이 있다.

[여기서 잠깐] 채권자 교체사실 채무자 통지

법정 대위변제자는 채권자 교체사실을 근저당 채무자에게 통보할 의무는 없으나 채무자에게 채권자 교체사실을 알려주는 차원에서 이를 통보하도록 한다.

제7장
승계된 근저당권을 방어(보호)하는 방법을 알아보자

1. 방어적 경매물건 관리 방법

◎ 담보(경매)물건 포장으로 가치상승 및 경매물건 관리
◎ 하자 치유사항 매각물건 명세서에 공시토록 법원에 게시 신청
◎ 지지옥션 등 경매정보회사에 매각물건 장점 홍보 요청
  - 인지도가 높고 전국적인 네트워크를 가진 지지옥션 등 경매정보회사의 홈페이지에 대위변제한 근저당채권에 대한 경매물건의 가격을 상승시킬 장점 등을 게시요청
  - 즉 경매물건의 개발호재, 공법상의 인허가 취득 여부, 상권분석 내용, 물건의 특성 및 활용도, 유치권의 가장여부 조사내용, 법률적 하자 분석내용 등을 해당물건 참고란에 게재토록 요청하면 지지옥션은 이를 무료로 해당물건 참고란에 게시해줌 ⇒ 결과적으로 대위변제한 근저당채권의 예상배당액이 높아짐으로써 대위변제자의 예상배당액이 상승할 수 있음
◎ 경매물건 인근 공인중개사 사무소에 매각물건 장점 홍보 및 하자치유 내용을 적시한 홍보 전단지 배포 ⇒ 임장활동 및 물건조사를 행하는 예비입찰자들에게 낙찰가격 상승분위기 조성
◎ 가장 유치권 및 과잉 유치권 신고 시 경매방해죄로 형사고소, 유입취득한 낙찰자에게 유치권대금 지급요구 시 가장유치권 등을 적시하여 사기죄로 고소하여 저가낙찰 방지
◎ 기타 대위변제자는 이해관계인으로서 가장, 과잉 유치권자를 상대로 유치권부존재 확인소송 등을 통하여 저가낙찰에 따른 배당금 손실을 미연에 방지하여야 함.
◎ 대위변제자는 수시로 법원 경매사이트에 접속 및 담보물 현장점검 등을 통하여 승계한 채권에 대한 배당종결 시까지 가장 유치권 제거 및 경매진행 중 발생하는 각종 리스크를 관리하면서 저가낙찰에 따른 배당금 손실을 방지하여야 함.
◎ 기타 대위변제자는 경매진행 계획표를 작성
  - 법원별, 물건별로 경매진행 속도가 다르므로 대위변제자는 대법원 경매 사이트에 들어가 경매진행 속도를 검토하여 예상 배당기일이 언제쯤 도래될지 추정해 보고 너무 빨리 진행되면 미래 배당차익 극대화를 위하여 어느 시점에서 경매 연기신청, 경매 취하 또는 경매절차 정지신청을 할 것인지 여부에 대한 일정을 수립하여야 함.

2. 방어적 매각기일 추정신청(유치권에 대한 방어)하는 방법

　대위변제자가 대위변제로 1순위 근저당채권을 승계 이전받아 경매진행 중 유치권신고가 접수되었을 경우에 대위변제자는 저가낙찰로 1순위 근저당채권의 배당액이 손실이 발생될 수 있으므로 저가낙찰 방지를 위하여 경매진행을 정지시키고 유치권을 배척하기 위한 법적조치에 착수하여야 하는 바, 우선 매각기일을 추후에 지정하여 달라는 '매각기일 추정신청서'를 아래와 같은 내용으로 작성하여 경매법원에 제출한다.

　『귀 경매법원 2014타경 0000호 부동산 임의경매 신청사건에 대하여 채권자(대위변제자)는 허위 유치권에 관한 유치권부존재 확인소송을 제기하였기에 이에 따른 확정판결을 받아 제출할 때까지 본건 매각기일을 추정(추후지정)하여 주시기를 신청합니다.』라는 매각기일 추정신청서(소제기 증명원 및 소장부본, 또는 경매방해나 강제집행 면탈의 형사 고소장 첨부)를 대위변제자가 경매법원에 제출하여 유치권 신고에 따른 낙찰가격 하락으로 승계받은 1순위 근저당채권의 배당액 감소위험을 미리 차단한다. 이후 유치권부존재 확인의 승소판결을 받으면 동 확정판결을 경매진행 속행신청서에 첨부하여 집행법원에 이를 제출하여 경매를 계속 진행하여야 한다.

3. 방어입찰에 참가하는 방법을 알아보자

1) 대위변제자가 방어입찰에 참가 이유
　근저당 채권의 대위변제자는 항상 방어입찰 참가의 실익을 검토하여 근저당권의 대위변제 금액에 상당한 금액으로 입찰가를 써서 입찰에 참가하여야 하고, 공매와 경매가 동시에 진행될 경우에는 반드시 공매기일 및 법원 경매기일에 모두 참가하여 근저당채권의 대위변제 금액 상당액으로 입찰가를 써서 배당금 손실을 방지하기 위한 『방어입찰』에 참가하여야 한다.

2) 방어입찰의 전제조건를 숙지해두자

 방어입찰에 참가하고자 할 때에는 유치권의 신규신고로 현저한 가격저감 등 방어입찰 참가의 필요성이 있는지 여부, 유입취득 후 손실 없는 가격으로 재매각(처분)이 가능한지 여부(상가는 낙찰가 등락이 크므로 방어입찰 참가가 바람직함) 등을 종합적으로 고려하여 입찰불참 시보다 입찰에 참가하는 것이 실익이 있다고 판단되는 경우에 한하여 방어입찰에 참가한다.

4. 배당이의에 방어소송하는 방법도 알아둬야 한다

1) 경락잔금 담보대출 금융기관을 사전에 확보하라

 대위변제로 근저당 채권을 양수 후 대위변제자가 낙찰을 받으면 대위변제자는 배당금청구권과 낙찰대금 납부채무를 동시에 부담하므로 대등액에서 상계하여 납부할 수 있는데, 이해관계인이 배당이의를 하면 대위변제자는 상계납부가 불가능해지고 낙찰대금을 전액 납부하여야 한다. 또한 대위변제 후 질권대출을 받은 대위변제자는 배당이의로 배당금을 수령하지 못하여 질권대출금을 상환하지 못하고 질권대출 이자를 계속 부담하게 된다. 이 경우를 가상하여 배당이의 여지가 있으면 미리 경락대금대출 금융기관을 섭외해 두어야 대금미납으로 인한 입찰보증금 몰수의 위험을 피할 수 있다.

2) 소송비용 현금 담보제공명령 신청으로 소송포기를 압박하라

 대위변제자는 배당이의 원고를 상대로 소송기록 등에 의하여 청구가 이유 없음이 명백함을 주장 입증하면서 답변서 제출을 하지 말고 법원에 원고로 하여금 소송비용 현금 담보제공을 명하도록 신청하여 원고의 무익한 소송에 대응하여야 한다.
 배당이의 원고가 악의로 배당기일을 지연시켜 질권대출을 받은 대위변제자가 질권대출 이자를 계속 부담하고 배당받지 못하게 고통을 줄 경우 원고를 상대로 소송비용 현금 담보제공 명령을 신청함으로써 원고에게 현금공탁금 조달부담 및 패소 시 공탁금을 날릴 수 있는 부담을 주어 아무런 이유 없는 악의의 원고가 스스로 배당이의 소송을 포기토록 반격하여 원고가 소를 취하하거나 담보제공 불이행에 따른 소장각하가 되도록 방어소송을 한다.

민사소송법 제117조 제1항, 제2항은 원고가 대한민국에 주소·사무소와 영업소를 두지 아니한 때 또는 소장·준비서면, 그 밖의 소송기록에 의하여 청구가 이유 없음이 명백한 때 등 소송비용에 대한 담보제공이 필요하다고 판단되는 경우에 법원은 직권으로 원고에게 소송비용에 대한 담보를 제공하도록 명할 수 있다고 규정하고 있다. 이 규정은 원고가 대한민국에 주소 등을 두고 있지 아니하여 피고가 승소하더라도 소송비용을 상환받기 어려울 것으로 예상되거나 소송기록에 의하여 청구가 이유 없음이 명백하여 원고가 소송비용을 부담하게 될 것이 분명하다는 등의 사유가 있는 경우에 피고의 원고에 대한 소송비용 상환청구권의 용이한 실현을 미리 확보하여 두려는 데에 취지가 있다. 따라서 소송비용에 대한 담보제공명령은 원고가 대한민국에 주소 등을 두지 아니한 때 또는 소송기록에 의하여 청구가 이유 없음이 명백한 때에 해당하거나 그 밖에 이에 준하는 사유가 있어 피고의 이익을 보호하기 위하여 소송비용 상환청구권의 용이한 실현을 미리 확보하여 둘 필요가 있는 경우에만 허용된다(대법원 2013마 488결정, 소유권이전등기말소).

3) 소송고지 신청(또는 보조참가 요청)하기

대위변제를 하려는 자는 1순위 근저당채권을 대위변제 하기 위하여 일시적으로 거액의 채무변제 대금을 준비하여 채무자의 채무를 완제하고 1순위 채권 및 근저당권을 이전받아야 한다. 현재 대위변제자를 위한 대위변제 잔금용 질권대출 상품도 개발될 것이다. 사실은 필자가 대위변제 잔금대출도 구상해 두었고 향후에는 이를 자주 활용할 것이다. 위와 같이 대위변제자는 승계된 1순위 근저당채권을 질권의 담보로 제공하고 질권대출을 받을 수 있다. 결과적으로 론세일로 근저당 채권을 양도 받으면서 이를 담보로 질권대출을 받을 때와 같게 된다. 이렇게 대위변제 시 투입된 자금을 질권대출을 통하여 현금화시켜 이를 다른 곳에 투자할 수 있다.

문제는 대위변제 후 질권대출을 받았는데 배당이의의 소가 제기되면 대위변제자는 배당을 받지 못하게 되어 질권대출을 상환할 수 없게 된다. 이 경우 질권대출 채무자는 질권대출을 해준 질권은행을 상대로 소송고지를 신청하여 질권은행이 배당이의 소송에 참가하여 배당이의 소송을 다툴 수 있도록 소제기 사실을 고지하는 방법으로 알려주어야 한다. 소송고지를 받은 질권은행은 자체 채권관리 전문직원 또는 고문 변호사를 배당이의 소송에 참여시키게 되므로 소송에 서툰 질권대출 채무자가 승소토록 소송상 많은 주장을 입증하여 질권대출 채무자를 지원하게 된다. 물론 질권대출 채무자는 소송고지 대신 전화로 소제기 사실을 질권은행에 통보하여 질권은행이 스스로 보조참가 신청을 하도록 하여도 된다. 소송고지는 고지를 통하여 질권은행을 강제로 소송에 개입시키는 제도이고 보조참가 신청은 질권은행이 자발적으로 소송에 개입하는 것에 차이가 있을 뿐 질권대출 채무자가 소송에서 이기도록 승소보조를 하는 데에는 똑같은 제도이다. 소송고지 신청 후 질권대출 채무자 및 질권자는 답변서를 제출하지 말고 먼저 배당이의 제기자를 상대로 소송비용 현금 담보제공 명령신청을 하여 반격을 시작하도록 한다.

4) 부당이득 반환청구 소송으로 가장 임차인 배당금 되찾기

대위변제 사건에서 가장 임차권자가 최우선 배당을 요구하였을 경우 근저당권을 승계한 대위변제자가 낙찰받은 후 배당이의를 하게 되면 상계에 의한 대금납부가 불가능해지고 대위변제자는 전액 대금납부를 하여야 하므로 대위변제자 측은 배당이의를 제기하지 아니하고 가장 임차인이 배당을 받도록 묵인한 다음 가장 임차인에게 명도확인서 발급을 거부하여 가장 임차인의 공탁된 배당금을 가압류 후 부당이득반환 청구소송으로 가장 임차인에게 배당된 금액을 찾아온다(실례 안산지원 2013가소 17807 부당이득금반환).

제8장
Future Spread(미래배당차익)의 극대화 방법을 알아보자

　Future Spread(미래배당차익) 극대화를 위한 의도적 경매지연 개월수의 산정방법은 ① 근저당권의 채권최고액에서 대위변제 금액을 차감한 금액을 ②월별연체이자 발생금액으로 나누면 ③지연할 개월수가 산정된다. 대위변제자가 상기 지연 개월수만큼 경매를 지연시키면 Future Spread(미래배당차익)는 최대가 된다.

1. 매각기일 2회 연기(변경)신청으로 Future Spread 극대화

　대위변제로 1순위 근저당권을 승계받은 대위변제자는 예상 배당종료일까지의 예상 배당요구 채권이 채권최고액에 현저히 미달될 경우 통상 법원에서 허용하는 매각기일 2회 연장을 통하여 연체이자가 채권최고액에 도달 되도록 함으로써 배당기일 지연을 통한 2개월분 이상의 연체이자 수익을 추가로 배당받을 수 있다. 그러나 지연할 개월수가 크면 매각기일 2회 연기로는 배당차익을 극대화하는 데 한계가 있으므로 이 경우에는 경매취하 등의 단계로 넘어가야 된다. 한편 배당여력이 충분하지 않으면 1순위 근저당권의 배당기일 지연으로 2순위 채권자에게 배당될 금액은 점점 더 줄어들게 된다.

> **[여기서 잠깐]** 1순위와 2순위 채권자의 대립관계
>
> 1순위 근저당채권을 승계한 대위변제자는 최대한 경매진행을 늦추어야 배당차익이 증가하게 되고, 2순위 배당채권자는 최대한 경매진행을 빨리 진행시켜야 2순위의 배당액 손실을 줄일 수 있어 결국 경매연기 문제는 1순위 대위변제자와 2순위 배당채권자간 상호 이해관계가 상충되어 충돌하게 되고 양자간 제로섬 게임이 된다.

2. 경매취하 후 재경매로 Future Spread 극대화

　근저당권 설정액 대비 경매청구금액이 적은 단기연체 채권일 경우 대위변제자는 승계한 근저당권의 경매를 취하 후 다시 경매를 신청하여 경매신청 시부터 배당기일까지의 기간 동안에 추가로 발생된 연체이자(17% 혹은 25%) 상당액을 근저당권의 채권최고액의 범위 내에서 배당받는 방법으로 대위변제자는 경매연기 시 보다도 더 많은 배당차익을 얻을 수 있다.

　대위변제자가 승계한 경매신청을 취하할 경우 경매신청 비용 중 남은 잔액은 경매사건을 승계한 대위변제자에게 환급되기 때문에 대위변제자가 추후 경매신청 시 경매신청 비용이 절감되는 효과도 있다.

[여기서 잠깐] 2005다38300 청구이의

근저당권자의 경매신청 등의 사유로 인하여 근저당권의 피담보채권이 확정되었을 경우, 확정 이후에 새로운 거래관계에서 발생한 원본채권은 그 근저당권에 의하여 담보되지 아니하지만, 확정 전에 발생한 원본채권에 관하여 확정 후에 발생하는 이자나 지연손해금 채권은 채권최고액의 범위 내에서 근저당권에 의하여 여전히 담보되는 것이다.

[여기서 잠깐] 취하 후 재경매 신청 시 위험성

① 소액임차인 전입으로 손해발생 우려
임의 또는 강제경매개시결정 등기 후에 주택 또는 상가 임차인으로 전입하여 경매대금에서 최우선변제 대상이 아닌 자가 있을 경우 당초 경매신청을 취하하면 최우선변제 대상이 되어 근저당권을 승계한 대위변제자는 추후 새로운 경매 신청 시 배당받을 금액이 최우선변제액 만큼 줄어드는 경우가 발생하게 되므로 경매취하 전에 경매물건의 전입자를 다시 열람한 후 새로운 전입자가 없거나 있어도 적을 경우 취하 후 경매를 다시 신청하여야 한다.
이 경우에도 취하 후 다시 경매를 신청하는 기간은 최대한 빨리 실행하여 취하 후부터 새로운 경매신청 시까지의 기간 동안에 최우선변제 대상이 되는 임차인이 전입신고 또는 사업자등록을 하지 못하도록 방지하여야 한다. 이를 방어적 경매신청이라고 한다.

② 실기한 배당요구권자들의 배당요구(권리회복)로 손해발생 우려
배당요구의 종기까지 배당요구를 못해서 배당에서 제외된 최우선변제권 있는 임금채권자, 최우선변제권 있는 당해세 채권자, 배당요구의 종기까지 배당요구를 못한 일반 가압류 및 채무명의 취득 채권자, 새로 발생된 임금채권자 및 당해세 권리자 등이 대위변제자가 경매취하 후 새로운 경매신청 시에 배당요구를 하면 이들 새로운 우선 배당요구 채권자들의 추가 입성(등장)으로 그 배당액에서 불이익을 받을 수 있다. 결국 취하 후 재차 경매 시에는 배당요구의 종기까지 배당요구를 하지 아니하여 실기한 기존 채권자들의 권리가 회복되는 현상이 발생하여 취하 전보다 배당액이 감소할 우려가 있다. 따라서 법인 또는 개인기업자가 제공한 담보물에 대한 경매취하는 원칙적으로 하지 말아야 배당손실을 입지 않는다.

③ 새 경매진행 중 유치권 발생으로 우선변제 배당액 감소 우려
재경매 진행 중 소유자가 제3자로 하여금 유치권신고를 하게 하여 낙찰가를 떨어뜨리면 결과적으로 대위변제자의 1순위 근저당권의 배당액이 감소될 우려가 있다.

3. 유치권 신고 및 매각기일 추후지정 신청으로 Future Spread 극대화

대위변제자가 대위변제로 1순위 근저당채권을 승계 이전받아 경매진행 중 유치권신고가 접수되었을 경우에 대위변제자는 저가낙찰로 1순위 근저당채권의 배당액이 손실이 발생될 수 있으므로 저가낙찰 방지를 위하여 유치권부존재 확인의 소 등을 제기하면서 법원에 경매진행 정지신청을 하여 정지결정이 나온 후 유치권부존재 확인의 소송기간 동안 자동 경매지연으로 소송종결 시까지 배당차익이 극대화 된다.

4. 경매절차 정지신청으로 Future Spread 극대화

이해관계인이 근저당채권을 승계한 대위변제자를 상대로 피담보채무 부존재확인 및 근저당권 말소청구 소송제기 ⇒ 대위변제자의 경매절차 정지신청 ⇒ 법원의 경매진행

정지결정 등으로 최대한 경매진행을 지연시켜 추가 배당차익을 확보하는 방법이다. 즉 부동산을 목적으로 하는 담보권을 실행하기 위한 경매절차를 정지하려면 담보권의 효력을 다투는 소를 제기하고 민사집행법 제46조에 준하는 강제집행정지 결정을 받아 그 절차의 진행을 정지시킬 수 있는데(민사집행법 제275조), 이러한 강제집행 정지신청도 근저당권 말소청구의 소나 피담보채무 부존재확인의 소와 같은 본안의 소가 제기되어 있을 것을 전제로 한다(대법원 2012그 173결정, 강제집행정지).

[여기서 잠깐] 민사집행법 제266조(경매절차의 정지)

① 다음 각호 가운데 어느 하나에 해당하는 문서가 경매법원에 제출되면 경매절차를 정지하여야 한다.

5. 담보권 실행을 일시 정지하도록 명한 재판의 정본

한편 시중은행의 대출채권은 소멸시효 기간이 5년이므로 5년의 경과로 근저당권의 피담보 채권은 소멸시효가 완성되고 이에 따라 은행은 근저당권 설정등기의 말소등기 절차를 이행할 의무가 있어 후순위 배당요구 채권자는 소멸시효 완성을 이유로 근저당권 말소 소송을 제기할 수 있다.

또한 통정 허위표시에 따른 근저당권설정 무효(창원지방법원 통영지원 2010가단 11193호 배당이의)소송 판결에 따르면, 상호 채무관계에 있으면서도 서로간의 금융거래 자료가 전혀 없다는 점, 부녀지간이라는 점, 부녀지간에 연 12%의 이자약정을 한다는 것은 이례적인 점, 이자를 받기로 하고도 10년 가까운 기간 동안 아무런 채권보전 조치를 취하지 아니한 점을 토대로 피고의 주장은 경험칙에 반하여 이를 그대로 믿기 어려운 바 허위채권으로 인정, 허위채권에 의한 근저당권 또한 효력이 없다고 판시하였다.

5. 개인회생의 경우 변제계획 인가 시까지 경매중지로 Future Spread 극대화

개인회생이 신청된 10억원 이하의 근저당권부 채권은 변제계획 인가 시까지 최소 5개월(이보다 지연가능성이 큼) 동안 담보제공자 겸 개인회생신청 채무자의 경매절차 정지신청으로 경매가 중지되므로 절차 진행 동안 Future Spread를 극대화시킬 수 있는 바, 이렇게 개인회생 신청된 또는 1순위 담보제공자로 하여금 개인회생 신청 및 경매절차 정지신청을 하도록 한 다음 1순위 근저당권을 대위변제하면 개인회생 절차가 진행 중인 최소 5개월 이상만큼 추가로 연체이자 상당 배당차익을 안정적으로 얻을 수 있어 좋은 Ranking-Up 투자대상이 된다. 그러나 회생절차 기간이 길어지면 연체이자가 채권최고액을 넘어서까지 부리되는 등 배당금 회수가 지연될 수도 있다.

반면에 법인이 회생 신청한 근저당채권은 법원이 기업을 살리기 위하여 기존 임의경매 절차도 취소할 수 있으므로 법인이 회생신청한 근저당채권은 원칙적으로 투자대상에서 제외하는 것이 바람직하다. 즉 법원은 채무자의 계속적 사업을 위하여 특히 필요하다고 인정하는 때에는 채무자(보전관리인이 선임되어 있는 때에는 보전관리인을 말한다)의 신청에 따라 중지된 회생채권 또는 회생담보권에 기한 강제집행 등의 취소를 명할 수 있기 때문이다. 또한 법인이나 개인사업자 소유 부동산에 설정된 근저당채권은 원칙적으로 배당요구 종기 후에 대위변제 하여야 퇴직금 등 최우선 변제권자의 파악으로 배당손실을 예방하고 Future Spread를 극대화할 수 있다.

> **[여기서 잠깐]** 채무자 회생 및 파산에 관한 법률
>
> 제600조(개인회생 신청의 경우 : 다른 절차의 중지 등)
> ② 개인회생절차 개시의 결정이 있는 때에는 변제계획의 인가결정일 또는 개인회생절차 폐지 결정의 확정일 중 먼저 도래하는 날까지 개인회생 재단에 속하는 재산에 대한 담보권의 설정 또는 담보권의 실행 등을 위한 경매는 중지 또는 금지된다.
> 제579조(용어의 정의) 이 절차에서 사용하는 용어의 정의는 다음과 같다. 〈개정 2010.1.1, 2010.6.10, 2014.1.1〉

1. '개인채무자'라 함은 파산의 원인인 사실이 있거나 그러한 사실이 생길 염려가 있는 자로서 다음 각목의 금액 이하의 채무를 부담하는 급여소득자 또는 영업소득자를 말한다.
   가. 유치권·질권·저당권·양도담보권·가등기담보권·「동산·채권 등의 담보에 관한 법률」에 따른 담보권·전세권 또는 우선특권으로 담보된 개인회생채권은 10억원
   나. 가목 외의 개인회생 채권은 5억원

제44조(법인 회생신청의 경우 : 다른 절차의 중지명령 등) ① 법원은 회생절차개시의 신청이 있는 경우 필요하다고 인정하는 때에는 이해관계인의 신청에 의하거나 직권으로 회생절차개시의 신청에 대한 결정이 있을 때까지 다음 각호의 어느 하나에 해당하는 절차의 중지를 명할 수 있다. 다만 제2호의 규정에 의한 절차의 경우 그 절차의 신청인인 회생채권자 또는 회생담보권자에게 부당한 손해를 끼칠 염려가 있는 때에는 그러하지 아니한다. 〈개정 2010.3.31〉

1. 채무자에 대한 파산절차
2. 회생채권 또는 회생담보권에 기한 강제집행, 가압류, 가처분 또는 담보권실행을 위한 경매 절차(이하 '회생채권 또는 회생담보권에 기한 강제집행 등'이라 한다)로 채무자의 재산에 대하여 이미 행하여지고 있는 것
3. 채무자의 재산에 관한 소송절차
4. 채무자의 재산에 관하여 행정청에 계속되어 있는 절차
5. 「국세징수법」 또는 「지방세기본법」에 의한 체납처분, 국세징수의 예(국세 또는 지방세 체납처분의 예를 포함한다. 이하 같다)에 의한 체납처분 또는 조세채무담보를 위하여 제공된 물건의 처분. 이 경우 징수의 권한을 가진 자의 의견을 들어야 한다.

② 제1항제5호의 규정에 의한 처분의 중지기간 중에는 시효는 진행하지 아니한다.
③ 법원은 제1항의 규정에 의한 중지명령을 변경하거나 취소할 수 있다.
④ 법원은 채무자의 회생을 위하여 특히 필요하다고 인정하는 때에는 채무자(보전관리인이 선임되어 있는 때에는 보전관리인을 말한다)의 신청에 의하거나 직권으로 중지된 회생채권 또는 회생담보권에 기한 강제집행 등의 취소를 명할 수 있다. 이 경우 법원은 담보를 제공하게 할 수 있다.

제45조(법인 회생채권 또는 회생담보권에 기한 강제집행 등의 포괄적 금지명령) ① 법원은 회생절차개시의 신청이 있는 경우 제44조제1항의 규정에 의한 중지명령에 의하여 회생절차의 목적을 충분히 달성하지 못할 우려가 있다고 인정할 만한 특별한 사정이 있는 때에는 이해관계인의 신청에 의하거나 직권으로 회생절차개시의 신청에 대한 결정이 있을 때까지 모든 회생채권자 및 회생담보권자에 대하여 회생채권 또는 회생담보권에 기한 강제집행 등의 금지를 명할 수 있다.

② 제1항의 규정에 의한 금지명령(이하 '포괄적 금지명령'이라 한다)을 할 수 있는 경우는 채무자의 주요한 재산에 관하여 다음 각호의 처분 또는 명령이 이미 행하여 졌거나 포괄적 금지명령과 동시에 다음 각호의 처분 또는 명령을 행하는 경우에 한한다.

1. 제43조제1항의 규정에 의한 보전처분
2. 제43조제3항의 규정에 의한 보전관리명령

③ 포괄적 금지명령이 있는 때에는 채무자의 재산에 대하여 이미 행하여진 회생채권 또는 회생

담보권에 기한 강제집행 등은 중지된다.
④ 법원은 포괄적 금지명령을 변경하거나 취소할 수 있다.
⑤ 법원은 채무자의 사업의 계속을 위하여 특히 필요하다고 인정하는 때에는 채무자(보전관리인이 선임되어 있는 때에는 보전관리인을 말한다)의 신청에 의하여 제3항의 규정에 의하여 중지된 회생채권 또는 회생담보권에 기한 강제집행 등의 취소를 명할 수 있다. 이 경우 법원은 담보를 제공하게 할 수 있다.
⑥ 포괄적 금지명령, 제4항의 규정에 의한 결정 및 제5항의 규정에 의한 취소명령에 대하여는 즉시항고를 할 수 있다.
⑦ 제6항의 즉시항고는 집행정지의 효력이 없다.
⑧ 포괄적 금지명령이 있는 때에는 그 명령이 효력을 상실한 날의 다음 날부터 2월이 경과하는 날까지 회생채권 및 회생담보권에 대한 시효는 완성되지 아니한다.

매각기일 추정신청서

채 권 자 ○○○ (대위변제자)
채 무 자 ○○○
소 유 자 ○○○

　　　위 당사자간 귀원 2000타경 35389호 부동산 임의경매 신청사건에 관하여 채권자는 허위 유치권에 관한 본안소송을 제소하였기에 이에 따른 확정판결을 받아 제출할 때까지 본건 매각기일을 추정하여 주시기를 신청합니다.

붙　임 : 소제기 증명원 1부
　　　　소장 부본　1부

　　　　　　　　　　　　　　20XX.　.　.

채권자(대위변제자)
성명 ○○○ (인)
○○시 ○○구 ○○동 ○○번지
(전화: 000-000-0000)

제9장
NPL대위변제 대박 성공사례를 살펴보자

1. 필자의 NPL랭킹업 이론(대위변제자에게 연체이자율 승계)을 뒷받침하는 역사적인 대법원 판결 선고로 NPL랭킹업 투자는 더욱더 빛나게 되었다

가. 판결의 요지

거제축협 NPL의 대위변제 배당이의 사건에서 대법원은 대위변제자에게 대위변제일 (2010. 2. 4)로부터 배당기일(2011. 7. 6)까지 연체이자율(17.6%)에 상당한 배당차익이 승계된다는 최초의 판결을 선고했다(대법원 2014.05.16. 선고 2013다202755 배당이의). 이는 필자가《NPL랭킹업》에서 주장한 이론을 확실하게 뒷받침 해주는 역사적인 판결이다. 따라서 이 판결은 대위변제자에게 대위변제액만을 배당해야 한다는 일부 경매법원의 이견 및 논란을 없애주게 되었다. 향후 대위변제자가 법원에 배당요구 시 이 대법원 판결을 첨부하여 배당요구를 하면 경매법원에서도 이견 없이 대위변제자에게 대위변제 이후 배당기일까지의 기간 동안 발생한 연체이자액을 확실하게 배당해 줄 것이다. 제3자가 채무자를 대신하여 채권자에게 대위변제를 하면 대위변제자는 채무자에 대한 구상권과 채권자에 대한 대위권(채권 및 담보권에 대한 승계이전을 받을 수 있는 권리)을 보유하여 두가지 권리를 병존적으로 행사할 수 있게 된다. 다만 대위권은 구상권의 존재를 전제로 하여 존속하는 권리이기 때문에 구상권이 소멸하면 대위권도 소멸하게 된다. 이처럼 대위권은 '구상권을 확보'하기 위하여 인정된 제도이다. 여기서 대위권을 '구상권의 담보가 아닌 확보'라고 표현하는 것에서 대위권과 구상권은 별개의 독립된 내용을 가진다는 것을 알 수 있다. 만약 대위권이 구상권의 담보를 위하여 인정된 제도라면 대위권은 구상권에 종속된다는 것을 의미한다. 이 경우 대위권은 대위변제한 구상채권액의 내용을 한도로만 권리를 행사하여야 하므로 대위변제 후 누적되는 대출약정상의 연체이자는 구상금을 초과하게 되어 대위권의 담보대상이 아니어서 대위승계권을 행사할 수 없게 된다. 그러나 대위권은 구상권의 담보가 아닌 별개의 독립된 구상권의 확보수단이므로 대위변제 후 발생될 연체이자도 대위권의 승계이전의 대상이 되는 것이다. 이건 대법원 판결은 기존 채권자가 가지는 연체이자율 채권도 대위변제자의 대위권에 포함되어 대위변제자에게 이전된다는 것을 확실하게 입증시켜준 역사적인 판결이다.

나. 대위변제자에게 연체이자율(17.6%)이 승계된다는 대법원 판결내용(대법원 2014.05.16. 선고 2013다202755호 배당이의).

【판시사항】
수인이 시기를 달리하여 근저당권 피담보채무의 일부씩을 대위변제하여 피담보채무액을 모두 대위변제한 후 근저당권 일부이전의 부기등기를 각 경료한 경우, 근저당권 실행으로 인한 경매절차에서 배당방법 / 이때 종전의 근저당권자와 채무자의 약정에 따른 지연손해금도 대위변제자들이 안분 배당받을 금액에 포함되는지 여부(적극)

【참조조문】
민법 제278조, 제357조, 제481조, 제482조 제1항, 제483조 제1항

【참조판례】
대법원 2001.1.19. 선고 2000다37319 판결(공2001상, 511) 대법원 2011.6.10. 선고 2011다9013 판결(공2011하, 1385)

【전 문】
【원고(선정당사자), 상고인】 원고 (소송대리인 변호사 백영호)
【피고, 피상고인】 피고 1 외 1인
【원심판결】 창원지법 2013. 2. 14. 선고 2012나3757 판결
【주 문】
원심판결을 파기하고, 사건을 창원지방법원 합의부에 환송한다
【이 유】
상고이유에 대하여 판단한다.

1. 원심은 구상권과 변제자대위권은 그 원본, 변제기, 이자, 지연손해금의 유무 등에서 내용이 다른 별개의 권리이므로, 대위변제자와 채무자 사이에 구상금에 관한 지연손해금 약정이 있더라도 이 약정은 구상금을 청구하는 경우에 적용될 뿐이고 변제자대위권을 행사하는 경우에는 적용될 수 없는데, 원고 및 선정자 2가 배당이의를 한 금액은 원고 등이 대위변제한 원금 122,739,735원에 대하여 원고 등과 채무자인 소외 1 사이의 약정에 따른 지연손해금일 뿐이고 원고 등이 변제자대위에 의하여 취득한 이 사건 대출과 관련된 근저당권자인 거제축산업협동조합(이하 '거제축협'이라고 한다)의 채무자 소외 1에 대한 확정채권이 아니어서 이 사건 근저당권의 피담보채권이 될 수 없다고 보아, 원고 등의 배당액이 적어도 대위변제 원금에 거제축협

의 연체이율인 17.6%의 비율에 의한 지연손해금을 가산한 금액을 기준으로 산정되어야 한다는 원고의 주장을 배척하였다.

2. 그러나 원심의 이러한 판단은 다음과 같은 이유로 수긍할 수 없다.

   가. 채권의 일부에 대하여 대위변제가 있는 경우에 대위자는 민법 제483조 제1항에 따라 그 변제한 가액에 비례하여 종래 채권자가 가지고 있던 채권 및 담보에 관한 권리를 취득하고, 수인이 시기를 달리하여 근저당권 피담보채무의 일부씩을 대위변제하여 피담보채무액을 모두 대위변제한 후 근저당권 일부이전의 부기등기를 각 경료한 경우에 대위변제자들은 그 변제한 가액에 비례하여 근저당권 전체를 준공유하므로, 그들이 근저당권을 실행하여 배당받는 경우에는 구상채권액 범위 내에서 대위변제가 없었다면 종전의 근저당권자가 배당받을 수 있는 금액을 각 변제채권액에 비례하여 안분 배당받아야 하고, 종전의 근저당권자와 채무자 사이에 지연손해금 약정이 있었다면 이러한 약정에 기한 지연손해금 또한 근저당권의 피담보채권에 포함되어 종전의 근저당권자가 배당받을 수 있는 금액으로서 대위변제자들이 안분 배당받을 금액에 포함되어야 한다(대법원 2001. 1. 19. 선고 2000다37319 판결, 대법원 2011. 6. 10. 선고 2011다9013 판결 등 참조).

   나. 원심판결 이유 및 기록에 의하면, ① 거제축협은 2004. 6. 18. 소외 1 등으로부터 이 사건 각 부동산에 관하여 채권최고액 3억 5,000만원의 근저당권을 설정받고 소외 1에게 2억 5,000만원을 대출한 사실, ② 소외 1 등이 위 대출 원리금을 연체 중이던 2010. 2. 4. 거제축협에 선정자 원고는 122,739,736원(원금 105,761,250원 + 이자 15,654,783원 + 제비용 1,323,703원)을, 소외 2는 122,739,735원(원금 105,761,250원 + 이자 15,654,782원 + 제비용 1,323,703원)을 각 대위변제한 후 그 대위변제금액에 대하여 거제축협으로부터 각 근저당권일부이전등기를 마친 사실, ③ 피고 1은 2010. 2. 10. 거제축협에 이 사건 대출 원리금 중 나머지 15,641,124원을 대위변제하여 위 대출 원리금 전액을 변제한 후 그 대위변제금액에 대하여 거제축협으로부터 이 사건 각 부동산 중 일부에 대하여 근저당권일부이전등기를 마친 사실, ④ 선정자 원고, 소외 2, 피고 1이 위 대출 원리금을 대위변제할 당시 위 대출에 적용되던 거제축협의 연체이율은 연 17.6%였던 사실, ⑤ 그 후 선정자 2는 소외 2가 소외 1에 대하여 가지는 위 대위변제로인한 구상금채권을 양수하고 2011. 2. 8. 소외 2 명의의 위 근저당권에 관하여 이전등기를 마친 사실, ⑥ 이 사건 각 부동산에 관한 경매절차에서 경매법원은 실제 배당할 금액 322,925,783원을 배당하면서, 1순위로 근저당권자인 원고 등과 피고 1에게 대위변제액인 각 122,739,735원과 15,641,124원을, 2순위로 소유자인 제1심 공동피고 2에게 잉여금으로 34,129,764원을, 교부권자인 피고 대한민국에게 1,590,320원을, 가압류권자인 피고 1에게 26,085,105원을 각 배당하는 내용으로 이 사건 배당표를 작성한 사실을 알 수 있다.

이러한 사실관계를 앞서 본 법리에 비추어 살펴보면, <u>원고 등과 피고 1의 대위변제가 없었더라면 근저당권자인 거제축협이 배당기일에 배당받을 수 있었던 금액은 그들이 대위변제한 합계 261,120,595원(122,739,736원 + 122,739,735원 + 15,641,124원)에다 **대위변제한 대출 원금에 대하여 대위변제일인 2010. 2. 4. 또는 2010. 2. 10.부터 배당기일인 2011. 7. 6.까지 거제축협과 소외 1 사이의 약정에 따른 연 17.6%의 연체이율에 의한 지연손해금을 합한 금액**이 되므로,</u> 대위변제자인 원고 등과 피고 1은 그 금액 중 그들이 대위변제한 부분이 차지하는 비율에 따라 후순위 채권자들보다 우선하여 안분 배당받을 수 있고, 따라서 경매법원이 원고 등에게 1순위로 그들이 대위변제한 금액만을 배당하는 내용으로 배당표를 작성한 것은 잘못이라고 할 것이다.

   다. 그럼에도 원심은 이와 달리 근저당권자인 거제축협과 채무자인 소외 1 사이에 지연손해금 약정이 있었더라도 이러한 약정에 따른 지연손해금은 대위변제자들인 원고 등이 안분 배당받을 금액에 포함될 수 없다고 보아, 경매법원이 작성한 이 사건 배당표가 정당하다고 판단하였으니, 이러한 원심판결에는 변제자대위의 범위에 관한 법리를 오해하여 판결 결과에 영향을 미친 잘못이 있다.

3. 그러므로 원심판결을 파기하고, 사건을 다시 심리·판단하도록 원심법원에 환송하기로 하여, 관여 대법관의 일치된 의견으로 주문과 같이 판결한다.

[별 지] 선정자 명단: 생략]

대법관 김신(재판장) 민일영 이인복(주심) 박보영

2. 후순위 근저당권 활용 NPL랭킹업 투자법에 대해 살펴본다

가. NPL투자대상 경매물건

2순위 이하 개인 근저당권 등이 있고 1순위 근저당채권이 100% 배당이 예상되는 상가 또는 주택의 경매사건을 추출한다. 개인 근저당권은 물품대금, 공사대금 등을 담보하거나 대여금채권을 담보하기 위해 설정된다. 후순위 가압류등기 채권도 채권양도는 가능하나 가압류등기 선례가 없어 이전등기가 어려워 배당 시 문제가 된다. 그러므로 가압류채권 양수 후 양수금 채권으로 가압류등기 후 기존 가압류등기를 말소하면 된다. 물론 기존 가압류등기 채권이 배당여력이 있었는데 말소하고 신규 가압류등기를 할 경우 배당순위가 밀려 배당을 한 푼도 못 받을 것이 예상될 경우에는 기존 가압류등기를 말소하면 안 된다.

나. 후순위 근저당권자의 NPL랭킹업 투자법의 장점

경매물건 중 후순위 개인 근저당권이 존재하는 경우가 다수 존재한다. 주로 열악한 후순위 개인 근저당권자가 대위변제를 하므로 선순위 은행은 대위변제를 받아줄 수 밖에 없다. 이 경우 배당손실을 입는 후순위 개인 근저당권자는 대위변제로 선순위 채권의 연체이자를 얻게 되어 수천만원의 배당손실을 만회할 수 있다.

후순위 개인 채권자를 도와주는 투자법이므로 대위변제의 성공확률이 높다. 후순위 개인채권자가 대위변제 시 투자자는 개인채권자에게 이전된 1순위 근저당채권 중 일부채권의 이전등기를 통해 연체이자 수익을 얻을 수 있다. NPL Sharing으로 수익을 얻는 방식으로써 협력투자를 하는 셈이 된다. 후순위 근저당권자가 금융기관일 경우 같은 금융기관끼리 대위변제 하는 것은 부적절하다.

따라서 후순위 개인 근저당권자를 활용하여 대위변제를 해야 한다. 사해행위로 설정되지 않은 개인 근저당권을 활용해야 추후 사해행위로 인한 근저당권 말소소송을 당하지 않고 유효한 법정 대위변제가 된다. 2016년 7월 25일 시행되는 대부업법에 따르면 향후 개인은 금융기관의 대출채권을 매입할 수 없다. 따라서 대위변제는 더욱더 위력을 발휘하게 되었다.

다. 후순위 근저당권자를 활용한 법정대위 자격 확보방법

(1) Original 후순위 개인 근저당권자

(2) Original 근저당권을 활용해 복등기 방법

Original 근저당권을 활용해 두 번 근저당권 이전등기를 하는 복등기 방식의 투자법이다.

(3) 근저당채권 매입을 통해 근저당권 일부 또는 전부 이전등기 방식투자

3. 바이러스 근저당채권의 배당요구 및 회수방법을 잘 알아야 손해를 방지할 수 있다

가. NPL랭킹업 바이러스 투자법 개요

(1) NPL랭킹업 바이러스 투자법의 정의

이는 선순위 근저당 채권자의 채권의 원리금이 100% 배당이 예상되는 경매사건의 부동산의 소유자에게 돈을 빌려주고 최후 순위의 근저당채권을 설정하거나 가압류를 심어 법정 대위변제 자격을 확보한다. 그후 100% 배당이 예상되는 선순위 근저당채권을 후순위채권자가 모두 대위변제하고 승계 이전받아 연체이자율(17~25%) 상당의 배당차익을 극대화시키는 투자방법으로써 100% 배당 선순위채권에 대한 싹쓸이 투자법이라고 할 수 있다.

(2) 투자대상 채권의 선정방법

우선 대법원 경매사이트에서 배당요구 종기공고 란에 접속하여 아직 배당요구 종기 전인 주택에 대한 임의경매 사건을 열람한다. 배당요구 종기 전인 사건은 숨어 있는 채

불된 퇴직금청구권, 소액임차인의 최우선 변제채권, 또는 법정기일이 빠른 미납 세금 채권이 존재하여 1순위 근저당채권이 Ranking Down(배당순위 하락)되어 배당손실을 입을 위험성이 있다. 이런 리스크는 채무자 겸 소유자, 이해관계인 등에게 문의하여 이러한 우선배당 채권의 금액 및 법정기일을 확인하면 된다. 배당요구 종기 후에 대위변제 투자 시에는 숨어있는 우선특권자가 경매법원에 배당요구를 하여 우선특권 채권금액이 모두 노출되므로 1순위 근저당채권이 확실하게 100% 배당이 될지 여부가 확실하게 된다. 이 경우 안전성은 있으나 예상 배당기일까지의 기간이 짧아 대위변제 이후 배당기일까지 동안에 쌓이는 연체이자 수익도 적어지게 된다. 반면에 배당요구 종기전의 사건을 대위변제할 경우에는 예상 배당기일까지의 기간이 길어져 연체이자 상당의 배당수익이 커지게 된다. 공고된 임의경매 사건을 클릭하여 가급적 선순위 경매신청 채권자가 새마을금고나 저축은행 등 2금융권인 사건을 추출한다. 그러나 2금융권이 선순위로 근저당권을 설정한 아파트나 주거용 부동산을 찾기는 어렵다. 따라서 1금융권이 선순위 근저당권자로서 경매신청한 사건 중에서 주택 감정가 대비 경매신청 채권액이 적어 원리금 100% 배당이 예상되는 경매사건을 선정한다. 1금융권의 연체이율은 보통 17% 정도이나 원금을 일부 상환하거나 대출금액이 고액인 경우 근저당설정 최고액인 120%까지 이를 때까지의 연체이자 차익이 상당히 크므로 1금융권의 채권을 대위변제 투자대상으로 선정해도 좋다. 부동산 등기부등본(등기사항 전부증명서)을 발급받아 채권의 설정순위 및 근저당권 설정 최고액을 확인한 다음 근저당권 설정 최고액을 1.2(1금융권) 또는 1.3(2금융권)으로 나누면 해당 채권의 대출원금을 알 수 있다. 근저당권 설정 최고액에서 공고된 경매신청 채권액을 차감하여 산정된 금액이 대위변제 후 미래에 얻게 될 연체이자 상당 배당차익이 된다(Future Spread). KB아파트 시세에 접속하여 부동산 등기부등본에서 확인한 건물의 평수에 해당되는 아파트의 KB하한 평균가를 보수적으로 아파트의 감정가로 확정한다. 감정가 가격에 예상 낙찰가율을 곱하여 산정된 예상 낙찰가에서 각종 선순위 채권을 공제한 잔액이 근저당채권자의 예상 배당액이 되는데, 동 예상 배당액이 100% 예상되는 근저당채권을 대위변제 대상채권으로 선정한다.

(3) NPL랭킹업 Virus를 부동산 등기부등본에 심는 방법

먼저 경매채무자 겸 소유자에게 금전을 빌려 주고 변제기를 단기로 정한다. 채무자에게 가압류등기가 가능한 3백만원 정도를 빌려주고 경매진행 채무자소유 부동산을 가압류한다. 또는 100만원 정도를 채무자에게 빌려주고 채무자소유 경매진행 부동산에 근저당권을 설정한다. 가압류를 하려면 3백만원 정도를 빌려주어야 하나 근저당권 설정은 100만원도 가능하므로 근저당권을 설정하는 것이 비용부담이 적다. 이상과 같은 조치로 법정 대위변제 자격을 확보한다. 추가적으로 채무자로부터 대위변제 동의서(대위변제 신청서 하단 부분 서명날인)를 받아 임의대위 자격까지 확보해 둔다. 후순위 가압류등기 또는 후순위 근저당 채권을 설정한 투자자는 채권의 원리금 100%가 배당가능한 선순위 근저당 채권자들을 상대로 대위변제 신청을 한다. 즉 1, 2, 3순위 근저당채권이 모두 100% 배당이 예상되면 3개 모두 대위변제를 한다. 선순위 채권자가 경매를 신청하지 않은 경우 먼저 경매를 신청하게 한 다음 당일에 바로 경매비용을 포함하여 대위변제 및 근저당권 이전등기를 받는 것이 좋다. 선순위 채권자가 대위변제 승락을 할 경우 채권양도(Loan Sale)로 전환하여 근저당채권을 이전시켜 달라고 부탁한 다음 경매 미신청 채권의 경우 계약양도를 원인으로, 경매신청된 채권의 경우 확정채권 양도를 원인으로 근저당권 이전등기를 받아도 된다. 이는 질권대출을 쉽게 받기 위한 방편이다.

나. 경매개시결정 등기 후 배당요구 종기 전에 근저당권(바이러스)을 설정한 경우 배당요구 및 채권회수 방법

후순위로 바이러스 근저당권 등을 설정할 경우 동 바이러스 채권의 배당 및 회수방법에 대해 살펴본다.

(1) 경매개시결정등기 후에 설정된 근저당권자(가압류권자 포함)는 배당요구 종기 전에 배당요구 신청을 해야 된다.

NPL랭킹업 법정대위 투자자는 경매개시결정 등기 후 NPL법정대위 변제를 위해 채

무자에게 돈을 빌려주고 후순위로 가압류등기 또는 근저당권 설정등기를 한다. 이 경우 바이러스로 심은 채권의 배당 가능 여부가 문제된다. 예상배당액을 산정결과 바이러스 채권도 배당이 가능할 경우 바이러스 채권자는 배당요구 종기 전에 반드시 채권신고 및 배당요구 신청서를 경매법원에 접수시켜야 한다. 경매개시결정 등기 전에 설정된 근저당권이 아니어서 당연 배당요구의 효력이 없다. 그렇기 때문에 별도로 배당요구 종기 전에 배당요구를 해야 배당을 받을 수 있다.

> **[여기서 잠깐] 민사집행법 제88조(배당요구)**
>
> ① 집행력 있는 정본을 가진 채권자, <u>경매개시결정이 등기된 뒤에</u> 가압류를 한 채권자, 민법·상법, 그밖의 법률에 의하여 우선변제청구권이 있는 채권자는 배당요구를 할 수 있다.

(2) 배당요구 종기 전까지 배당요구 신청을 못했을 경우 소유자에게 배당될 배당금청구권에 대해 가압류신청 등의 조치를 해야 된다.

배당요구 종기가 지나기 전까지 배당요구 신청을 하지 않을 경우 추후 잉여 배당금은 소유자에게 배당이 된다. 이 경우 소유자는 경매절차에서 정당하게 배당을 받은 것이므로 민법상 부당이득이 되지 않는다. 형법상 사기죄에도 해당되지 않는다. 실제 사건에서 경매등기 후 배당요구 종기 전에 근저당권을 설정한 다음 동 근저당권자가 경매법원에 배당요구 신청서를 제출하지 아니하여 잉여 배당금 1억원이 소유자에게 배당되었다. 그 후 법원에서 소유자가 배당받은 금액은 부당이득도 되지 않고 사기죄에도 해당되지 않는다는 판결까지 선고 되었다.

만약 배당요구 종기 전까지 배당요구 신청서를 제출하지 못했다면 근저당권자는 소유자에게 배당될 배당금청구권에 대해 가압류를 해야 한다. 또는 소유자와의 합의로 배당금청구 채권에 대한 양도계약을 체결하여 배당금을 양도 받는다. 다른 방법은 근저당권 설정계약서 등을 첨부해 물상대위권을 행사하여 배당금청구권에 대해 압류 및 전부(추심)명령을 신청한다. 그리고 배당금청구권 가압류 후 대여금청구 판결을 받아 소유자에 대한 배당금청구권을 압류 및 전부(추심)명령을 신청해 바이러스 채권을 회수하는 방법이 있다.

여기서 최선의 방법은 배당금청구 채권을 양도받는 방법이 제일 좋다. 소유자가 받을 배당금에 대해 이중 가압류 신청이 들어오거나 다른 사람에게 질권을 설정해 줄 경우, 타인에게 양도할 경우 등에는 근저당권자가 회수할 배당금이 안분 배당되어 적어진다. 또는 타에 양도나 질권을 설정해 줘 아예 한 푼도 회수할 수 없게 된다. 그러므로 제일 좋은 방법은 배당요구 종기 전에 채권신고 및 배당요구 신청서를 경매법원에 제출해 두어야 한다. 예상 배당액이 바이러스 채권까지 배당할 여력이 안 될 경우 배당요구 신청서를 제출해도 배당이 되지 않는다. 그러므로 이때에는 배당요구 신청을 할 필요가 없다.

다. 배당요구 종기 후에 근저당권(바이러스)을 설정하고 신규 이중경매신청을 할 경우 바이러스 채권에 대해 배당받는 방법

(1) 이중경매 신청 시 속행절차

강제경매절차 또는 담보권 실행을 위한 임의경매 절차를 개시하는 결정을 한 부동산에 대하여 다른 후행 임의경매 신청 등이 있는 때에는 경매법원은 다시 경매개시결정을 한다. 그리고 선행 경매개시결정을 한 집행절차에 따라 경매를 진행한다.

한편 선행 경매개시결정을 한 경매신청이 취하되거나 그 절차가 취소된 때에는 법원은 잉여의 실익이 있는 한 후행 경매개시 결정에 따라 경매절차를 계속 속행해야 한다. 이 경우 후행 경매개시결정이 배당요구의 종기 이후에 이루어진 경우 경매법원은 새로이 배당요구 종기를 지정해야 한다. 이때 선행 경매절차에서 이미 배당요구 신청 또는 채권신고를 한 채권자는 별도로 배당요구 신청 등을 할 필요가 없다.

 또한 선행 경매개시결정을 한 경매절차가 정지된 때에는 법원은 신청에 따라 결정으로 배당요구의 종기 전에 신청된 후행 경매절차에 따라 경매절차를 계속 진행할 수 있다. 다만, 선행 경매개시결정을 한 경매절차가 취소되는 경우 선순위 가등기 등 인수되는 권리나 부담이 변동될 때에는 후행 경매사건으로 속행하지 못한다.

 (2) 배당요구 종기 후에 설정된 근저당채권의 배당 및 회수방법
 선행 경매사건의 배당요구 종기 후에 바이러스로 소액의 근저당권을 설정하고 이후에 후행 이중경매 신청이 가능한지의 여부 및 이 경우 바이러스 채권을 배당받을 수 있는지의 여부가 문제되는데, 이에 대해 살펴본다.

 첫째, 후행 임의경매 신청 등이 있는 때에는 경매법원은 일단 경매개시결정을 한다. 그리고 선행 경매절차에 따라 경매를 진행한다.

 둘째, 선행 경매절차가 취하나 취소되지 않는 한 후행 경매사건은 선행 경매사건의 배당요구 종기가 지나서 신청된 경매사건이기 때문에 선행절차에서 배당요구를 할 수도 없고 이해관계인에도 해당되지 않는다. 이에 채권자들에게 모두 배당하고 남은 잉여 배당금은 후행 근저당채권자가 아닌 소유자에게 배당이 된다. 따라서 이 경우 후행 경매신청 채권자는 소유자의 배당금청구권에 대해 가압류 등의 채권보전 조치를 취해야 한다.

> [울산지법 2009.4.3, 선고, 2007가단41613, 판결 : 확정]
> 이중(중복)경매신청이 있는 경우 선행 경매신청사건의 배당요구 종기일이 연기되거나 선행 경매신청사건이 취하 또는 취소되어 뒤에 신청된 경매사건에 따라 절차를 계속 진행하게 되는 경우가 아닌 한, 배당요구 종기는 선행 경매신청사건에서 정한 배당요구 종기가 그대로 적용된다. 한편, 이중경매신청이 있는 경우 그 경매신청이 선행 경매신청사건의 배당요구 종기까지 이루어진 때에는 그 경매신청자는 배당받을 채권자로 취급되나, 선행 경매신청사건의 배당요구 종기일 후 경매신청

을 하였다면, 뒤의 경매신청인은 그가 당연 배당요구 채권자에 해당하는 경우가 아닌 한, 설령 이중경매신청이 받아들여진 경우에도 배당받을 수 없다.

[대법원 2005.5.19, 자, 2005마59, 결정]
민사집행법 제87조 제1항에 의하여 이중경매개시결정이 있고 선행사건의 집행절차에 따라 경매가 진행되는 경우, 이해관계인 여부의 판단 기준(=선행사건) 및 선행사건의 배당요구 종기 이후에 설정된 후순위근저당권자로서 선행사건의 배당요구 종기까지 아무런 권리신고를 하지 아니한 이중경매신청인이 선행사건의 낙찰허가결정에 대하여 즉시항고를 제기할 수 있는 이해관계인에 해당하는지 여부(소극)

셋째, 선행 경매신청이 취하 또는 취소될 경우 경매진행은 후행 경매신청 채권의 잉여의 실익을 전제로 후행 경매사건으로 경매절차를 속행한다. 이 경우 후행 경매사건의 경매개시결정이 선행사건의 배당요구의 종기 이후에 이루어진 경우에는 경매법원은 새로이 배당요구 종기를 지정해야 한다. 선행사건의 배당요구 종기 전에 후행사건의 경매개시결정 등기가 이루어진 경우 후행 경매신청 채권은 배당요구의 효력이 있다. 그러므로 새로운 배당요구의 종기를 지정할 필요 없이 그대로 경매절차를 속행하면 된다.

(3) 소유자에게 배당될 배당금을 가압류하는 등의 조치를 취해야 한다.

선행사건의 배당요구 종기 후에 1순위 채권을 법정 대위변제하기 위해 바이러스로 설정된 근저당권은 선행사건이 취하 또는 취소되지 않는 한 배당요구를 할 수 없다. 그래서 모든 채권자들에게 배당하고 남은 잉여 배당금은 소유자에게 배당이 되고 이중경매를 신청한 바이러스 채권자에게는 배당이 되지 않는다. 이 경우 바이러스 채권자는 소유자에 대한 배당금청구권에 대해 가압류 등의 조치를 취해 채권을 회수해야 한다. 이중경매가 아니고 선행경매 사건을 모두 취하 후 신규로 경매를 신청하는 경우 배당요구 종기부터 감정평가 등 모든 경매절차는 새로 시작된다. 이 경우 이중경매 신청 시의 후행 경매신청 채권자가 입을 배당손실 위험성은 없어진다. 그러나 선행사건의 경매취하 시까지 발생된 새로운 우선특권자들에게 배당을 받을 수 있는 기회가 주어져서 취하 후 신규로 경매신청한 채권자의 배당금에 손실이 발생될 수 있는 위험성이 있다. 따라서 취하 후 신규로 경매신청 하기 전에 취하전까지 새로 발생된 우선특권을 조사 후 우선특권이 없을 경우 취하 후 신규 경매신청을 신속하게 진행해야 한다. 한편 배당여력이 있어도 NPL대위변제 투자자가 소액의 바이러스 근저당채권을 설정했다면 큰 손해는 발생하지 않는다. 그리고 대부분의 사건에서는 최후 순위로 바이러스를 설정한다. 그러므로 배당을 한 푼도 받을 수 없다. 그래서 소액으로 설정할 필요가 있다. 바이러스로 가압류등기를 설정 후 판결을 받아 강제경매를 신청하는 경우에도 상기 근저당권을 설정한 경우와 같이 처리해야 한다. 담보여력이 충분하지 않은 경매사건에서는 바이러스는 버리는 채권으로 생각하고 투자를 하면 된다.

라. 바이러스 근저당채권 설정 시 차용증 등을 받아두어야 근저당권 또는 근질권 설정등기의 무효를 방지할 수 있다.

바이러스 근저당권 설정 시 근저당권 설정계약과 동시에 별도로 대출계약(금전소비대차계약, 차용증 교부받기)을 체결해야 유효한 근저당권 설정행위가 된다. 근저당권설정 계약과 동시에 대출계약을 체결해 두는 것이 좋다.

즉 바이러스 근저당권 설정 시 10만원이라도 채무자에게 지급하고 차용증을 받아두는 것이 후에 선순위 근저당권자가 근저당권의 무효를 주장하는 것을 차단할 수 있다. 선순위 근저당권자는 최후 순위로 설정된 바이러스 근저당권에 대해 피담보채권의 부존재를 이유로 통정 허위의 근저당권 설정계약을 이유로 무효를 주장하며 법정대위 자격을 부인하면서 선순위 근저당권의 이전등기를 거부할 수 있다. 이러한 선순위권자의 항변을 사전에 완전히 차단하기 위해서는 바이러스 근저당권설정 또는 바이러스 근질권 설정 시 대출금조로 돈을 10만원이라도 채무자의 은행계좌로 지급하는 것이 좋다. 피담보채권을 발생시키는 대출계약의 존재를 증거자료로 남기기 위함이다. 한편 근질권 설정 시에도 피담보채권에 대한 계약을 입증하는 차용증 등이 필요하다.

예를 들어 채무자에게 1백만원을 빌려주고 차용증을 받고 채권최고액을 3천만원 정도로 하여 근저당권을 설정한다. 또는 근질권을 설정한다. 근질권 설정이 유리한 이유는 빌려준 1백만원을 다시 회수할 수도 있고 추가대출을 해줄 수도 있다. 그런데 질권설정은 1회성 특정대출만 담보되고 대출을 회수하면 질권등기를 말소하고 추가대출은 불가능하다. 그래서 바이러스 목적의 질권등기는 일반 질권이 아닌 근질권으로 설정하는 것이 좋다.

마. 관련 법률규정

민사집행법

제87조(압류의 경합) ① 강제경매절차 또는 담보권 실행을 위한 경매절차를 개시하는 결정을 한 부동산에 대하여 다른 강제경매의 신청이 있는 때에는 법원은 다시 경매개시결정을 하고, 먼저 경매개시결정을 한 집행절차에 따라 경매한다.
② 먼저 경매개시결정을 한 경매신청이 취하되거나 그 절차가 취소된 때에는 법원은 제91조제1항의 규정에 어긋나지 아니하는 한도 안에서 뒤의 경매개시결정에 따라 절차를 계속 진행하여야 한다.
③ 제2항의 경우에 뒤의 경매개시결정이 배당요구의 종기 이후의 신청에 의한 것인 때에는 집행법원은 새로이 배당요구를 할 수 있는 종기를 정하여야 한다. 이 경우 이미 제84조제2항 또는 제4항의 규정에 따라 배당요구 또는 채권신고를 한 사람에 대하여는 같은 항의 고지 또는 최고를 하지 아니한다.
④ 먼저 경매개시결정을 한 경매절차가 정지된 때에는 법원은 신청에 따라 결정으로 뒤의 경매개시결정(배당요구의 종기까지 행하여진 신청에 의한 것에 한한다)에 기초하여 절차를 계속하여 진행할 수 있다. 다만, 먼저 경매개시결정을 한 경매절차가 취소되는 경우 제105조제1항제3호의 기재사항이 바뀔 때에는 그러하지 아니하다.
⑤ 제4항의 신청에 대한 재판에 대하여는 즉시항고를 할 수 있다.

제91조(인수주의와 잉여주의의 선택 등) ① 압류채권자의 채권에 우선하는 채권에 관한 부동산의 부담을 매수인에게 인수하게 하거나, 매각대금으로 그 부담을 변제하는 데 부족하지 아니하다는 것이 인정된 경우가 아니면 그 부동산을 매각하지못한다.
② 매각부동산 위의 모든 저당권은 매각으로 소멸된다.
③ 지상권·지역권·전세권 및 등기된 임차권은 저당권·압류채권·가압류채권에 대항할 수 없는 경우에는 매각으로 소멸된다.
④ 제3항의 경우 외의 지상권·지역권·전세권 및 등기된 임차권은 매수인이 인수한다. 다만, 그중 전세권의 경우에는 전세권자가 제88조에 따라 배당요구를 하면 매각으로 소멸된다.
⑤ 매수인은 유치권자(留置權者)에게 그 유치권(留置權)으로 담보하는 채권을 변제할 책임이 있다.

제105조(매각물건명세서 등) ① 법원은 다음 각호의 사항을 적은 매각물건명세서를 작성하여야 한다.
  1. 부동산의 표시
  2. 부동산의 점유자와 점유의 권원, 점유할 수 있는 기간, 차임 또는 보증금에 관한 관계인의 진술
  3. 등기된 부동산에 대한 권리 또는 가처분으로서 매각으로 효력을 잃지 아니하는 것

4. 매각에 따라 설정된 것으로 보게 되는 지상권의 개요

② 법원은 매각물건명세서·현황조사보고서 및 평가서의 사본을 법원에 비치하여 누구든지 볼 수 있도록 하여야 한다.

제88조(배당요구) ① 집행력 있는 정본을 가진 채권자, 경매개시결정이 등기된 뒤에 가압류를 한 채권자, 민법·상법, 그밖의 법률에 의하여 우선변제청구권이 있는 채권자는 배당요구를 할 수 있다.
② 배당요구에 따라 매수인이 인수하여야 할 부담이 바뀌는 경우 배당요구를 한 채권자는 배당요구의 종기가 지난 뒤에 이를 철회하지 못한다.

제89조(신청 등의 통지) 법원은 제87조제1항 및 제88조제1항의 신청이 있는 때에는 그 사유를 이해관계인에게 통지하여야 한다.

제84조(배당요구의 종기결정 및 공고) ① 경매개시결정에 따른 압류의 효력이 생긴 때(그 경매개시결정전에 다른 경매개시결정이 있는 경우를 제외한다)에는 집행법원은 절차에 필요한 기간을 감안하여 배당요구를 할 수 있는 종기(終期)를 첫 매각기일 이전으로 정한다.
② 배당요구의 종기가 정하여진 때에는 법원은 경매개시결정을 한 취지 및 배당요구의 종기를 공고하고, 제91조제4항 단서의 전세권자 및 법원에 알려진 제88조 제1항의 채권자에게 이를 고지하여야 한다.
③ 제1항의 배당요구의 종기결정 및 제2항의 공고는 경매개시결정에 따른 압류의 효력이 생긴 때부터 1주 이내에 하여야 한다.
④ 법원사무관 등은 제148조 제3호 및 제4호의 채권자 및 조세, 그 밖의 공과금을 주관하는 공공기관에 대하여 채권의 유무, 그 원인 및 액수(원금·이자·비용, 그 밖의 부대채권(附帶債權)을 포함한다)를 배당요구의 종기까지 법원에 신고하도록 최고하여야 한다.
⑤ 제148조 제3호 및 제4호의 채권자가 제4항의 최고에 대한 신고를 하지 아니한 때에는 그 채권자의 채권액은 등기사항증명서 등 집행기록에 있는 서류와 증빙(證憑)에 따라 계산한다. 이 경우 다시 채권액을 추가하지 못한다. 〈개정 2011.4.12〉
⑥ 법원은 특별히 필요하다고 인정하는 경우에는 배당요구의 종기를 연기할 수 있다.
⑦ 제6항의 경우에는 제2항 및 제4항의 규정을 준용한다. 다만, 이미 배당요구 또는 채권신고를 한 사람에 대하여는 같은 항의 고지 또는 최고를 하지 아니한다.

제102조(남을 가망이 없을 경우의 경매취소) ① 법원은 최저매각가격으로 압류채권자의 채권에 우선하는 부동산의 모든 부담과 절차비용을 변제하면 남을 것이 없겠다고 인정한 때에는 압류채권자에게 이를 통지하여야 한다.
② 압류채권자가 제1항의 통지를 받은 날부터 1주 이내에 제1항의 부담과 비용을 변제하고 남을 만한 가격을 정하여 그 가격에 맞는 매수신고가 없을 때에는 자기가 그 가격으로 매수하겠다고 신청하면서 충분한 보증을 제공하지 아니하면, 법원은 경매절차를 취소하여야 한다.
③ 제2항의 취소 결정에 대하여는 즉시항고를 할 수 있다.

제93조(경매신청의 취하) ① 경매신청이 취하되면 압류의 효력은 소멸된다.
② 매수신고가 있은 뒤 경매신청을 취하하는 경우에는 최고가매수신고인 또는 매수인과 제114조의 차순위매수신고인의 동의를 받아야 그 효력이 생긴다.
③ 제49조제3호 또는 제6호의 서류를 제출하는 경우에는 제1항 및 제2항의 규정을, 제49조제4호의 서류를 제출하는 경우에는 제2항의 규정을 준용한다.

바. 관련 참고판례

(1) 배당이의

[울산지법 2009.4.3, 선고, 2007가단41613, 판결 : 확정]

【판시사항】
이중경매신청이 있는 경우 후행 경매신청사건의 배당요구 종기는 선행 경매신청사건에서 정한 배당요구 종기가 그대로 적용되는지 여부(원칙적 적극) 및 선행 경매신청사건의 배당요구 종기일 후 경매를 신청한 경우 후행 경매신청인이 배당받을 수 있는지 여부(원칙적 소극)

【판결요지】
이중(중복)경매신청이 있는 경우 선행 경매신청사건의 배당요구 종기일이 연기되거나 선행 경매신청사건이 취하 또는 취소되어 뒤에 신청된 경매사건에 따라 절차를 계속 진행하게 되는 경우가 아닌 한, 배당요구 종기는 선행 경매신청사건에서 정한 배당요구 종기가 그대로 적용된다. 한편, 이중경매신청이 있는 경우 그 경매신청이 선행 경매신청사건의 배당요구 종기까지 이루어진 때에는 그 경매신청자는 배당받을 채권자로 취급되나, 선행 경매신청사건의 배당요구 종기일 후 경매신청을 하였다면, 뒤의 경매신청인은 그가

민사집행법 제148조 제2호(배당요구의 종기까지 배당요구를 한 채권자),

제3호(첫 경매개시결정등기 전에 등기된 가압류채권자),

제4호(저당권·전세권, 그 밖의 우선변제청구권으로서 첫 경매개시결정등기 전에 등기되었고 매각으로 소멸하는 것을 가진 채권자)에 해당하는 경우가 아닌 한, 설령 이중경매신청이 받아들여진 경우에도 배당받을 수 없다.

【참조조문】 민사집행법 제87조, 제148조

【전 문】
【원 고】
【피 고】 주식회사 신한은행 (소송대리인 법무법인 우진 담당변호사 윤봉근)
【변론종결】 2009. 3. 13.
【주 문】
1. 울산지방법원 2005타경6091호, 2006타경25167호(중복) 임의경매절차에 관하여 위 법원이 2007. 8. 16. 작성한 배당표 중 피고에 대한 배당액 50,978,831원을 21,600,000원으로, 원고에 대한 배당액 0원을 29,378,831원으로 각각 경정한다.
2. 소송비용은 각자 부담한다.
【청구취지】
주문과 같다.
【이 유】
1. 기초사실
가. 피고(피고와 합병되기 전의 조흥은행)는 2001. 10. 27. 원고에게 일반자금대출 명목으로 대출한도를 1,000만원으로 한 대출거래약정을, 2001. 10. 31. 일반자금대출 명목으로 대출한도 1,800만원으로 한 대출거래약정을 각각 체결하였고,

2001. 10. 30. 원고와 사이에 원고 소유의 울산 남구 신정동 (지번, 동호수 생략)(이하 '경매목적물'이라 한다)에 관하여 채권최고액을 2,160만원으로 한 근저당권설정계약을 체결하였는데, 그 근저당권설정계약은 '원고가 피고에 대하여 현재 및 장래에 부담하는 모든 채무' 등을 담보하는 포괄근담보였다. 그 후 피고는 위 아파트에 관하여 채권최고액 2,160만원의 근저당권설정등기를 마쳤다.

나. 경매목적물에 관하여는 파산자 고려증권 주식회사의 강제경매신청으로 2005. 3. 18. 울산지방법원 2005타경6091호로 경매개시결정의 기입등기가 마쳐졌고, 위 경매절차의 배당요구 종기일이 2005. 7. 6.로 정해졌다.

위와 같이 개시된 경매절차에서 피고는 근저당권자로서 2005. 4. 21. 채권계산서를 제출하였는데, 그 내역은 원금 27,883,199원, 이자 74,994원의 합계 27,958,193원이었다.

다. 그 후 피고는 2006. 6. 25. 울산지방법원 2006타경25167호로 임의경매신청을 하였는데, 그 경매신청서에는 피고가 원고에 대하여, 2001. 10. 27. 대출약정에 기한 원금 10,546,491원 및 확정연체이자 1,838,132원(합계 12,384,623원), 2001. 10. 30. 대출약정에 기한 원금 1,800만원 및 이자 3,886,603원(합계 21,886,603원)의 채권을 보유하고 있다고 주장하면서, 다만 청구금액은 근저당권 채권최고액인 '2,160만원'으로 기재하였다(갑21호증의 1). 위 법원은 2006. 8. 28. 위 신청에 기하여 같은 목적물에 관하여 2006타경25167호 경매개시결정을 한 후 위 2005타경6091호와 중복경매로 진행하였는데, 따로 후행사건인 위 2006타경25167호 경매절차의 배당요구 종기일을 2006. 11. 29.로 정하였다.

한편, 피고는 위 부동산에 관하여 2006. 9. 28. 부산지방법원 2006카단20056호로 청구금액 1,200만원의 가압류집행을 하였고, 2006. 10. 11. '부동산가압류를 마치고 등기부등본 및 가압류결정문 사본을 첨부하여 권리신고 및 배당요구 신청합니다'라는 '권리신고 및 배당요구신청서를 제출하였다.

그 후 피고는 2007. 7. 26. '근저당권자 겸 (중복)신청채권자'로서 채권계산서를 제출하였는데, 그 내역은 원금 28,546,491원, 이자 10,892,479원, 신청비용 472,240원을 합한 39,911,210원(신청비용을 제외하면 39,438,970원)이었다(① 2001. 10. 27.자 대출 : 원금 10,546,491원 + 2007. 7. 23. 현재 이자 3,949,742원 + 2007. 7. 24.부터 같은 해 8. 16.까지의 이자 145,628원을 합한 14,641,861원, ② 2001. 10. 30.자 대출 : 원금 1,800만원 + 2007. 7. 23. 현재 이자 6,597,443원 + 2007. 7. 24.부터 같은 해 8. 16.까지의 이자 199,666원을 합한 24,797,109원)

라. 위 법원은 2007. 8. 16. 실제 배당할 금액 110,341,721원 중 제1순위로 근저당권자인 국민은행에게 그 배당요구액의 100%인 3,648,141원을, 제2순위 및 제4순위로 근저당권자인 피고의 채권최고액 39,438,970원의 98.83%인 38,978,831원을, 제3순위로 가압류권자인 피고에게 가압류청구금액의 100%인 1,200만원을, 제3순위로 경매신청채권자인 파산자 고려증권주식회사의 파산관재인에게 55,714,749원을 각각 배당하는 것으로 배당표를 작성하였다(위 배당표상 피고의 근저당권자로서 배당요구 합계액은 39,438,970원인데, 그 중 원금이 28,546,491원이고, 이자가 10,892,479원인데, 가압류권자로서 배당요구한 금액의 원금 및 이자도 이와 같다).

이에 원고는 근저당권자로서의 피고에 대한 배당액 중 17,378,831원 및 가압류권자로서의 피고에 대한 배당액 1,200만원 전액에 대하여 이의를 제기하였다.

[인정 근거] 다툼 없는 사실, 갑1호증, 갑12, 14, 15호증, 갑20호증의 1 내지 3, 을나1호증의 1, 2, 을나 2 내지 4호증의 각 기재, 변론 전체의 취지

2. 판 단
가. 원고의 주장 내용

이 사건 경매는 선행사건인 울산지방법원 2005타경6091호와 중복경매로 진행된 2006타경25167호 사건으로 먼저 경매개시결정을 한 선행사건의 집행절차에 의하여 진행되어야 하는 것이고, 선행 사건의 경매개시결정은 2005. 3. 18.이고, 그 배당요구 종기는 2006. 7. 6.인데, 피고는 2001. 10. 30. 채권최고액 2,160만원의 근저당권설정등기를 마친 외에는

위 선행사건의 배당요구 종기일까지 추가로 권리신고 및 배당요구신청을 한 바가 없고, 위 배당요구 종기일 이후인 2006. 10. 11. 가압류권자로서 권리신고 및 배당요구를 하였다. 따라서 위 근저당권의 채권최고액을 초과하여 피고에게 배당한 금액은 배당요구 종기일 이후의 권리신고 및 배당요구에 대한 것이므로 위법하다(주위적 청구원인). 그렇지 않다고 하더라도 배당법원은 피고가 2007. 7. 26. 제출한 채권계산서상의 금액 39,438,970원(근저당권의 채권최고액 2,160만원 + 가압류 17,838,970원)으로 보고 그 금액의 98.83%인 38,979,831원을 배당하였고, 그와 별도로 가압류결정의 청구금액 1,200만원에 대하여 배당하였는바, 이는 이중으로 배당한 것이다(예비적 청구원인).

나. 이중경매신청인의 지위

(1) 이중(중복)경매신청이 있는 경우, 선행 경매신청사건의 배당요구 종기일이 연기되거나, 선행 경매신청사건이 취하 또는 취소되어 뒤에 신청된 경매사건에 따라 절차를 계속 진행하게 되는 경우가 아닌 한 배당요구 종기는 선행 경매신청사건에서 정한 배당요구 종기가 그대로 적용된다(민사집행법 제87조 제3항).

한편, 이중경매신청이 있는 경우, 그 경매신청이 선행 경매신청사건의 배당요구 종기까지 이루어진 때에는 그 경매신청자는 배당받을 채권자로 취급되나, 선행 경매신청사건의 배당요구 종기일 이후 경매신청을 하였다면, 뒤의 경매신청인은 그가 민사집행법 제148조 제2호(배당요구의 종기까지 배당요구를 한 채권자), 3호(첫 경매개시결정등기 전에 등기된 가압류채권자), 4호(저당권·전세권, 그 밖의 우선변제청구권으로서 첫 경매개시결정등기 전에 등기되었고 매각으로 소멸하는 것을 가진 채권자)에 해당하는 경우가 아닌 한 설령 이중경매신청이 받아들여진 경우에도 배당받을 수 없다(민사집행법 제148조).

(2) 이 사건에서의 배당요구 종기일 및 피고의 배당요구의 효력 유무

(가) 앞서 본 사실에 의하면, 이 사건에서 선행 경매신청사건인 2005타경6091호 사건의 배당요구 종기는 2005. 7. 6.이었고, 위 경매사건의 진행중에 피고가 근저당권자로서 2006. 6. 25. 2006타경25167호로 임의경매신청을 하였으며, 위 법원은 2006. 8. 28. 그에 따라 경매개시결정을 하였고, 그 개시결정 당시 배당요구 종기를 2006. 11. 29.로 정하였는바, 집행법원이 위 선행 경매사건인 2005타경6091호 사건에서 2005. 7. 6.로 정한 배당요구 종기를 연기하였다거나, 위 선행 경매사건이 취하 또는 취소되지 않았다면, 피고가 신청한 임의경매사건의 배당요구 종기일도 선행사건의 그것이 그대로 적용된다.

그러므로 위 이중경매사건인 2006타경25167호의 배당요구 종기일은 2005. 7. 6.이라 할 것이고(이중경매사건인 위 2006타경25167호에서 따로 정한 배당요구 종기일은 잘못된 것으로 법률상 의미가 없다), 앞서 본 법리 및 인정사실에 의하면, 피고는 선행 경매사건의 배당요구 종기일 이후에 후행경매를 신청하였으므로, 민사집행법 제148조에 해당하는 경우에만 적법하게 배당받을 수 있게 된다.

(나) 가압류권자로서 배당받은 1,200만원 부분

가압류 중 첫 경매개시결정등기 전에 등기된 것은 민사집행법 제148조 제3호에 해당하고, 첫 경매개시결정등기 후에 등기된 것은 배당요구의 종기까지 배당요구를 한 것에 한하여 같은 조 제2호에 해당하게 되어 배당받을 수 있게 된다.

그런데 앞서 본 바와 같이 피고는 선행사건의 경매개시결정 이후인 2006. 9. 28. 경매목적물에 청구금액 1,200만원의 가압류집행을 하였으므로 민사집행법 제148조 제3호에 해당하지 않는 채권자임은 명백하고, 또한 피고는 2006. 10. 11. 위 가압류에 기하여 권리신고 및 배당요구를 하였으므로, 앞서 본 선행 경매사건의 배당요구의 종기인 2005. 7. 6. 이후에 배당요구를 하였음이 명백하므로, 민사집행법 제148조에 의하여 배당받을 채권자에 해당한다고 할 수 없다. 그럼에도 불구하고, 배당법원이 피고에게 가압류권자로서 1,200만원을 배당한 것은 잘못된 것이다.

(다) 4순위로 배당받은 부분(채권최고액 2,160만원을 초과한 17,378,830원 부분)

1) 위에서 본 바와 마찬가지로, 피고는 2007. 7. 26. '근저당권자 겸 (중복)신청채권자'로서 '원금 28,546,491원, 이자 10,892,479원, 신청비용 472,240원을 합한 39,911,210원'(신청비용을 제외하면 39,438,970원)을 기재한 채권계산서를 제출하였는바, 근저당권자로서의 피고의 지위는 선행사건의 배당요구 종기일 전에 이미 등기되어 있던 것이므로, 피고의 신

청으로 인한 이중경매개시결정일이나 채권계산서의 제출 여부에 관계없이 채권최고액의 한도 내에서는 앞서 본 바와 같이 민사집행법 제148조 제3호에 의하여 배당받을 수 있는 지위에 있다고 할 것이나, 그 채권최고액 2,160만원을 초과한 부분인 17,378,830원 부분에 대하여 채권계산서를 제출한 2007. 7. 26.은 앞서 본 배당요구의 종기일인 2005. 7. 6. 이후이므로(후행사건에서 잘못 지정한 배당요구의 종기일도 도과한 때이다), 적법한 배당요구라 할 수 없고, 따라서 위 금액을 피고에게 배당한 것은 잘못이다.

2) 이에 대하여 ① 피고는 위 17,378,830원에 대하여 일반채권자로서 배당받은 것이라는 취지로 주장하나, 배당요구를 할 수 있는 자는 집행력 있는 정본을 가진 채권자, 경매개시결정이 등기된 뒤에 가압류를 한 채권자(다만, 앞서 본 바와 같이 배당요구 종기까지 배당요구를 한 경우여야 한다), 민법·상법, 그 밖의 법률에 의하여 우선변제청구권이 있는 채권자이고(민사집행법 제88조), 위 17,378,830원에 대하여 피고가 따로 집행권원을 가지고 있다거나, 가압류를 하였다거나 우선변제권이 있는 채권자라고 인정할 아무런 자료가 없으므로, 피고의 위 주장은 다른 점에 관하여 살펴 볼 필요 없이 받아들일 수 없다.

② 한편 피고는, 피고가 2005. 4. 21. 경매목적물의 근저당권자로서 채권계산서를 제출하였는바, 근저당권의 실행을 위한 경매절차에서 신청채권자는 일단 경매신청서에 특정의 피담보채권을 기재함으로써 이를 청구채권으로 표시하였다고 하더라도 당해 근저당권의 피담보채권으로서 다른 채권이 있는 경우에는 그 다른 채권을 청구채권으로 추가하거나, 당초의 청구채권을 다른 채권으로 교환하는 등 청구채권을 변경할 수 있고, 피고의 원고에 대한 근저당권은 원고의 모든 채무를 담보하기 위한 포괄근담보로서 나중에 가압류된 대출채권도 당연히 피담보채권에 포함되는 것이라고 할 것이므로, 피고의 2006. 10. 11.자 권리신고 및 배당요구는 단지 피담보채권을 변경한 것이므로, 피고는 적법하게 배당요구를 한 것이라고 주장한다.

그러나 피고 주장과 같이 경매신청서에 기재한 청구채권에 다른 채권을 추가하거나 변경하는 것이 가능하다고 하더라도, 그와 같이 변경된 피담보채권액이 '경매신청서에 기재되어 있는 청구채권액을 초과하는 때에는 그 초과금액'에 대하여는 배당받을 수 없음은 당연하고, 앞서 본 바와 같이 피고는 2006타경25167호 경매신청시의 신청서에 청구금액을 2,160만원으로 기재하였으므로, 2,160만원을 초과하는 금액에 대하여는 배당받을 수 없다(또한, 피고 이외에 다른 채권자가 있는 이 사건 배당에서 피고는 근저당권의 채권최고액을 초과하는 금액에 대하여도 배당요구가 없더라도 당연히 배당받을 수 있는 채권자라 할 수 없고, 채권최고액을 초과하는 금액에 대하여 일반채권자와 안분배당받기 위하여는 근저당권에 기한 경매신청이나 채권계산서의 제출이 있는 것만으로는 안 되고, 별도로 민사집행법에 의한 적법한 배당요구를 하였거나, 그 밖에 달리 배당을 받을 수 있는 채권으로서의 필요한 요건을 갖추고 있어야 하나, 앞서 본 바와 같이 피고의 2006. 10. 11.자 가압류권자로서의 권리신고 및 배당요구 및 2007. 7. 26.자 채권계산서의 제출은 적법한 배당요구라고 할 수 없고, 달리 피고가 2,160만원을 초과하는 채권액에 관하여 배당받을 수 있는 요건을 갖추고 있다고 볼 아무런 자료가 없다).

(라) 소결론

결국, 피고에 대한 배당액 중 근저당권자로서 배당받을 수 있는 부분인 채권최고액 2,160만원을 초과하는 부분은 모두 위법한 배당이다.

3. 결 론

그러므로 울산지방법원 2005타경6091호, 2006타경25167호(중복) 임의경매절차에 관하여 위 법원이 2007. 8. 16. 작성한 배당표 중 피고에 대한 배당액 50,978,831원을 21,600,000원으로, 원고에 대한 배당액 0원을 29,378,831원으로 각각 경정하여야 한다. 다만, 이 사건 소송은 원고의 청구취지 및 청구원인의 정리만을 위하여 수회 속행되는 등으로 절차가 지연되었으므로, 소송비용은 각자 부담하는 것으로 정한다.

판사 강재원

(2) 배당이의

[서울남부지방법원 2013.7.5. 선고, 2012나12318, 판결]

【전문】
【원고, 항소인】
【피고, 피항소인】
【제1심판결】
서울남부지방법원 2012. 9. 13. 선고 2012가단13037 판결
【변론종결】
2013. 6. 21.
【주 문】
1. 원고의 항소를 기각한다. 2. 항소비용은 원고가 부담한다.
【청구취지 및 항소취지】
서울남부지방법원 2010타경25657 부동산강제경매 사건에 관하여 2012. 2. 20. 위 법원이 작성한 배당표 중 피고 1에 대한 배당액 6,853,881원을 0원으로, 피고 2에 대한 배당액 3,180,036원을 0원으로, 원고에 대한 배당액 18,037,509원을 54,794,235원으로 각 경정한다.
【이 유】

1. 기초 사실

가. 이규웅은 2005. 3. 10. 서울 금천구 (주소 생략)(이하 '이 사건 부동산'이라 한다)에 관하여 소유권이전등기를 마쳤는데, 위 부동산에 관하여는 아래 표에 기재된 바와 같이 근저당권설정등기와 경매개시결정기입등기가 마쳐졌다.

순번|등기종류|접수일|등기원인|권리자 1|근저당권 설정등기|2005. 3. 10.|2005. 2. 10. 설정계약|근저당권자 주식회사 제일은행(주1) (채권최고액 228,000,000원) 2|근저당권 설정등기|2008. 11. 13.|2008. 11. 12. 설정계약|근저당권자 주식회사 한국스탠다드차타드제일은행(채권최고액 69,600,000원) 3|강제경매 개시결정 기입등기|2010. 3. 30.|2010. 3. 29. 서울남부지방법원 2010타경6427 강제경매개시결정|채권자 소외인 4|근저당권 설정등기|2010. 11. 9.|2010. 11. 9. 설정계약|근저당권자 원고(채권최고액 110,000,000원) 5|강제경매 개시결정 기입등기|2010. 12. 3.|2010. 12. 2. 서울남부지방법원 2010타경25657 강제경매개시결정|채권자 피고 2 6|강제경매 개시결정 기입등기|2010. 12. 3.|2010. 12. 2. 서울남부지방법원 2010타경25664 강제경매개시결정|채권자 피고 1 7|임의경매 개시결정 기입등기|2011. 3. 24.|2011. 3. 24. 서울남부지방법원 2011타경5919 임의경매개시결정|채권자 주식회사 한국스탠다드차타드제일은행

주식회사 제일은행

나. 위 가항의 표 순번 3에 기재된 강제경매 개시결정에 따른 경매(이하 '이 사건 선행 경매'라 한다) 절차가 진행되어 그 배당요구 종기 전인 2010. 6. 16. 피고 1은 서울남부지방법원 2010차616 지급명령의 집행력 있는 정본에 기하여, 피고 2는 서울남부지방법원 2010차618 지급명령의 집행력 있는 정본에 기하여 각각 배당요구를 하였다.

다. 피고들이 위와 같이 배당요구를 한 후 원고는 2010. 11. 9. 위 가항의 표 순번 4에 기재된 바와 같이 근저당권(이하 '이 사건 근저당권'이라 한다)을 설정받았다.

라. 그 후 이 사건 부동산에 관하여 피고 1이 위 2010차616 지급명령에 기하여, 피고 2가 위 2010차618 지급명령에 기하여 각각 강제경매를 신청하였고, 이에 따라 위 가항의 표 순번 5, 6에 기재된 강제경매 개시결정이 각각 내려지고 2010. 12. 3. 그 각 기입등기가 마쳐졌다.

마. 이 사건 선행 경매 절차가 진행되던 중인 2011. 3. 22. 소외인이 이 사건 선행 경매 신청을 취하하였다.
바. 위와 같이 이 사건 선행 경매 신청이 취하되자 배당법원은 위 가항의 표 순번 5에 기재된 강제경매 개시결정에 따라 경매(이하 '이 사건 후행 경매'라 한다) 절차를 계속 진행하여 2012. 2. 20. 배당기일을 열고 배당을 실시하였는데, 그 구체적인 배당내역은 아래 표에 기재된 바와 같다.

	금천구청	SC제일은행	금천세무서	피고 1	피고 2	원고채권
금액	1,140,390원	277,160,302원	627,760원	41,787,090원	19,388,202원	109,972,000원
배당순위	1	2	3	4	4	4
이유	압류권자 2010. 6. 30.	당해세 등 근저당권자 2005. 3. 10. 2008. 11. 13.	압류권자 2010. 2. 10.	채권자 겸 배당요구권자 2010차616	채권자 겸 배당요구권자 2010차618	근저당권자 2010. 11. 9.
배당액	1,140,390원	277,160,302원	627,760원	6,853,881원	3,180,036원	18,037,509원
배당비율	100%	100%	100%	16.4%	16.4%	16.4%

[인정 근거] 다툼 없는 사실, 갑 제1, 2호증, 을나 제1호증의 1, 2, 제2호증의 1 내지 3의 각 기재, 변론 전체의 취지

2. 원고의 주장

이 사건 선행 경매 신청이 취하되고 이 사건 후행 경매 절차에 따라 배당이 실시된 이상 원고의 이 사건 근저당권부 채권이 피고들의 위 각 지급명령에 따른 채권보다 우선하는지 여부는 피고들이 이 사건 선행 경매 절차에서 배당요구를 한 시점인 2010. 6. 16.이 아니라 이 사건 후행 경매의 기입등기가 마쳐진 시점인 2010. 12. 3.을 기준으로 판단하여야 한다. 그런데 원고는 위 2010. 12. 3.보다 앞선 2010. 11. 9.에 이 사건 근저당권 설정등기를 마쳤으므로, 원고의 이 사건 근저당권부 채권은 피고들의 위 각 지급명령에 따른 채권보다 우선한다. 따라서 배당법원이 원고의 위 채권과 피고들의 위 각 채권을 동순위로 파악하여 안분배당한 것은 잘못된 것이며, 피고들에게 배당된 금원은 우선변제권이 있는 원고에게 모두 배당되어야 할 것이므로, 청구취지에 기재된 바와 같이 배당표의 경정을 구한다.

3. 판단

일반채권자가 다른 채권자의 경매 신청에 의하여 진행된 경매절차에서 그 배당요구 종기 전에 집행력 있는 집행권원 정본에 기하여 배당요구를 한 경우 그 배당요구에는 압류에 준하는 효력이 있고(대법원 2002. 2. 26. 선고 2000다25484 판결 등 참조), 일반채권자가 압류를 한 이후에 그 압류 목적물에 관하여 근저당권을 취득한 자가 있는 경우 그 근저당권자는 선행하는 압류를 한 위 일반채권자에게 대항할 수 없으므로 위 근저당권자는 자신의 우선변제권을 위 일반채권자에게 행사할 수 없고 채권액의 비율에 따라 매각대금에서 안분하여 위 일반채권자와 평등하게 배당받을 수 있을 뿐이다(대법원 1994. 11. 29.자 94마417 결정 등 참조).

한편, 이 사건과 같이 선행 경매 절차에서 일반채권자가 배당요구를 하고 난 다음 근저당권이 설정되고 그 후에 후행 경매 개시결정이 내려진 상태에서 선행 경매 절차가 취소 또는 취하되는 경우, 민사집행법 제87조 제2항에 따르면 경매법원은 같은 법 제91조 제1항에 반하지 않는 한 후행 경매개시결정에 따라 경매 절차를 계속 진행하게 된다. 이 때 이미 선행 경매 절차에서 한 배당요구의 효력이 후행 경매 절차에서도 계속 유지되는지 여부와 관련하여, ① 민사집행법 제87조 제3항에서 후행 경매개시결정에 따라 경매 절차를 계속 진행하는 때에는 새로이 배당요구의 종기를 정하는 경우에도 이미 배당요구를 한 사람에 대하여는 그 새로이 정한 배당요구의 종기를 고지하지 아니하도록 하고 있는데, 이는 선행 절차에서 이미 한 배당요구의 효력이 후행 경매 절차에서도 그대로 유지됨을 전제로 하고 있는 것으로 보이는 점, ② 만약 선행 경매 절차에서 한 배당요구의 효력이 후행 경매 절차에서는 유지되지 않는다고 하면 선행 경매의 취소 또는 취하라는 우연적인 사정

에 의하여 배당요구를 한 일반채권자의 지위가 달라지게 되는바 배당요구라는 절차적인 권리를 행사한 자의 지위를 이와 같이 불안정하게 해석하는 것은 타당하지 않아 보이는 점, ③ 마찬가지로 선행 경매 절차에서 한 배당요구의 효력을 후행 경매 절차에서 인정하지 않는다면 채무자가 선행 경매 신청권자 및 제3자와 통모하여 선행 경매 절차의 배당요구 종기가 끝난 이후에 제3자에게 근저당권을 설정해주고 선행 경매 신청권자에게는 그 신청을 취하하도록 하여 선행 경매 절차에서 행하여진 배당요구의 효력을 모두 무력화시켜 버림으로써 이를 악용할 위험성이 높은 점 등에 비추어 보면, 선행 경매 절차에서 한 배당요구의 효력은 후행 경매 절차에서도 계속 유지된다고 보아야 한다.

따라서 선행 경매 절차가 취소 또는 취하되었더라도 그 배당요구의 종기까지 배당요구를 한 일반채권자는 자신이 배당요구를 한 시점보다 뒤에 설정된 근저당권의 권리자에 대하여 압류에 준하는 배당요구의 효력을 주장할 수 있고, 그에 따라 앞에서 살펴 본 바와 같이 매각대금에 관하여 채권액의 비율로 안분하여 위 근저당권자와 평등하게 배당받을 수 있다.

이 사건으로 돌아와 보건대, 피고들이 이 사건 선행 경매 절차에서 위 각 지급명령에 따른 채권에 관하여 배당요구를 한 후 원고의 이 사건 근저당권이 설정되었음은 앞에서 본 바와 같으므로, 피고들은 위 선행 경매 절차의 취하에도 불구하고 원고에 대하여 압류에 준하는 배당요구의 효력을 주장할 수 있고, 그에 따라 피고들과 원고는 선순위자에게 배당되고 남은 금원을 안분하여 그 채권액의 비율에 따라 배당받는다고 할 것이므로, 배당법원이 제1의 바항 표에 기재된 바와 같이 배당표를 작성하고 배당을 실시한 것은 정당하다.

4. 결론

그렇다면 원고의 이 사건 청구는 이유 없어 이를 기각하여야 할 것인바, 제1심 판결은 이와 결론을 같이하여 정당하므로 원고의 항소는 이유 없어 이를 기각하기로 하여, 주문과 같이 판결한다.

판사 오기두(재판장) 정신구 서범욱

(3) 부동산 임의경매

[대법원 2005.5.19, 자, 2005마59, 결정]

【판시사항】

[1] 민사집행법 제129조 제1항, 제2항에 의한 부동산매각허가결정에 대한 즉시항고를 제기할 수 있는 이해관계인의 범위

[2] 민사집행법 제90조 각 호에서 열거한 자에 해당하지 아니한 자가 제기한 매각허가결정에 대한 즉시항고에 대하여 집행법원이 취하여야 할 조치 및 집행법원이 항고각하결정을 하지 않은 채 항고심으로 기록을 송부한 경우, 항고심이 취하여야 할 조치

[3] 민사집행법 제87조 제1항에 의하여 이중경매개시결정이 있고 선행사건의 집행절차에 따라 경매가 진행되는 경우, 이해관계인 여부의 판단 기준(=선행사건) 및 선행사건의 배당요구 종기 이후에 설정된 후순위근저당권자로서 선행사건의 배당요구 종기까지 아무런 권리신고를 하지 아니한 이중경매신청인이 선행사건의 낙찰허가결정에 대하여 즉시항고를 제기할 수 있는 이해관계인에 해당하는지 여부(소극)

【판결요지】

[1] 민사집행법 제129조 제1항, 제2항에 의한 부동산매각허가결정에 대한 즉시항고는 이해관계인, 매수인 및 매수신고인만이 제기할 수 있고, 여기서 이해관계인이란 같은 법 제90조 각 호에서 규정하는 압류채권자와 집행력 있는 정본에 의하여 배당을 요구한 채권자, 채무자 및 소유자, 등기부에 기입된 부동산 위의 권리자, 부동산 위의 권리자로서 그 권리를 증명한 자를 말하고, 경매절차에 관하여 사실상의 이해관계를 가진 자라 하더라도 위에서 열거한 자에 해당하지 아니한 경우에는 경매절차에 있어서의 이해관계인이라고 할 수 없다.

[2] 민사집행법 제90조 각 호에서 열거한 자에 해당하지 아니한 자가 한 매각허가결정에 대한 즉시항고는 부적법하고 또한

보정할 수 없음이 분명하므로 같은 법 제15조 제5항에 의하여 집행법원이 결정으로 즉시항고를 각하하여야 하고, 집행법원이 항고각하결정을 하지 않은 채 항고심으로 기록을 송부한 경우에는 항고심에서 항고를 각하하여야 한다.
[3] 민사집행법 제87조 제1항은 강제경매절차 또는 담보권실행을 위한 경매절차를 개시하는 결정을 한 부동산에 대하여 다른 강제경매의 신청이 있는 때에는 법원은 다시 경매개시결정을 하고, 먼저 경매개시결정을 한 집행절차에 따라 경매한다고 규정하고 있으므로, 이러한 경우 이해관계인의 범위도 선행의 경매사건을 기준으로 정하여야 하는바, 선행사건의 배당요구의 종기 이후에 설정된 후순위 근저당권자로서 위 배당요구의 종기까지 아무런 권리신고를 하지 아니한 위 배당요구의 종기 이후의 이중경매신청인은 선행사건에서 이루어진 낙찰허가결정에 대하여 즉시항고를 제기할 수 있는 이해관계인이 아니다.

【참조조문】
[1] 민사집행법 제90조, 제129조 제1항제2항
[2] 민사집행법 제15조 제5항, 민사집행법 제90조, 제129조 제1항, 제2항
[3] 민사집행법 제87조 제1항, 제129조 제1항

【참조판례】
[1] 대법원 1968. 5. 13.자 68마367 결정(집16-2, 민10),
대법원 1999. 4. 9. 선고 98다53240 판결(공1999상, 845),
대법원 2003. 2. 19.자 2001마785 결정(공2003상, 1037),
대법원 2004. 7. 22. 선고 2002다52312 판결(공2004하, 1436) /[2]
대법원 2004. 9. 13.자 2004마505 결정(공2004하, 1794)

【전문】
【재항고인】
김석구
【원심결정】
수원지법 2004. 12. 14.자 2004라160 결정
【주문】
원심결정을 파기한다. 이 사건 항고를 각하한다.
【이유】
직권으로 살펴본다.
민사집행법 제129조 제1항, 제2항에 의한 부동산매각허가결정에 대한 즉시항고는 이해관계인, 매수인 및 매수신고인만이 제기할 수 있고, 여기서 이해관계인이란 민사집행법 제90조 각 호에서 규정하는 압류채권자와 집행력 있는 정본에 의하여 배당을 요구한 채권자, 채무자 및 소유자, 등기부에 기입된 부동산 위의 권리자, 부동산 위의 권리자로서 그 권리를 증명한 자를 말하고, 경매절차에 관하여 사실상의 이해관계를 가진 자라 하더라도 위에서 열거한 자에 해당하지 아니한 경우에는 경매절차에 있어서의 이해관계인이라고 할 수 없으며(대법원 2004. 7. 22. 선고 2002다52312 판결 참조), 이에 해당하지 아니한 자가 한 매각허가결정에 대한 즉시항고는 부적법하고 또한 보정할 수 없음이 분명하므로 민사집행법 제15조 제5항에 의하여 집행법원이 결정으로 즉시항고를 각하하여야 하고, 집행법원이 항고각하결정을 하지 않은 채 항고심으로 기록을 송부한 경우에는 항고심에서 항고를 각하하여야 한다(대법원 2004. 9. 13.자 2004마505 결정 참조).
또한, 민사집행법 제87조 제1항은 강제경매절차 또는 담보권 실행을 위한 경매절차를 개시하는 결정을 한 부동산에 대하여 다른 강제경매의 신청이 있는 때에는 법원은 다시 경매개시결정을 하고, 먼저 경매개시결정을 한 집행절차에 따라 경매

한다고 규정하고 있으므로, 이러한 경우 이해관계인의 범위도 선행의 경매사건을 기준으로 정하여야 한다.

기록에 비추어 살펴보면, 주식회사 평택상호저축은행이 2002. 7. 24. 수원지방법원 평택지원 2002타경8320호(이하 '선행사건'이라 한다)로 이 사건 매각대상부동산에 대하여 경매를 신청하여 경매개시결정이 된 사실, 재항고인은 선행사건의 배당요구의 종기인 2002. 12. 16.까지 아무런 권리신고를 하지 아니하다가, 2003. 11. 13. 위 부동산 중 일부에 관하여 경료된 후순위 근저당권자로서 2003. 11. 15. 같은 지원 2003타경15530호(이하 '후행사건'이라 한다)로 위 부동산 중 일부에 대하여 중복하여 경매를 신청하여 경매개시결정이 된 사실, 집행법원은 선행사건의 집행절차에 따라 경매를 진행하였고, 재항고인은 이 사건 낙찰허가결정이 나자 비로소 즉시항고를 제기한 사실 등을 알 수 있으므로, 선행사건의 배당요구의 종기 이후에 설정된 후순위 근저당권자로서 위 배당요구의 종기까지 아무런 권리신고를 하지 아니한 채 위 배당요구의 종기 이후의 이중경매신청인에 불과한 재항고인은 선행사건에서 이루어진 이 사건 낙찰허가결정에 대하여 즉시항고를 제기할 수 있는 이해관계인이 아니라고 할 것이다.

그러므로 이 사건 즉시항고는 이해관계인이 아닌 자에 의하여 제기된 것으로서, 집행법원이 결정으로 각하하여야 할 것이고, 집행법원이 이를 각하하지 아니한 이상 항고심인 원심은 이해관계인이 아닌 재항고인의 항고를 항고인 적격이 없는 자로부터의 항고이며 그 흠결이 보정될 수 없다는 이유로 각하하였어야 할 것임에도 불구하고 이 점을 간과한 채 항고인이 내세우는 항고이유를 따져 그 이유 없다 하여 항고를 기각한 위법을 범하였다 할 것이다.

따라서 원심결정을 파기하고, 이 사건은 위의 사실에 의하여 재판하기에 충분하므로 당원이 다음과 같이 결정한다.

항고인의 항고를 보건대, 항고인은 위에서 설시한 바와 같이 이 사건 매각허가결정에 대하여 항고할 수 있는 이해관계인이라 할 수 없어 부적법하므로 각하를 면할 수 없다.

그러므로 관여 법관의 일치된 의견으로 주문과 같이 결정한다.

대법관 고현철(재판장) 윤재식(주심) 강신욱 김영란

(4) 집행에 관한 이의

[대법원 2014.2.14, 자, 2013그305, 결정]

【판시사항】

[1] 강제경매 또는 담보권의 실행을 위한 경매절차가 진행 중인 목적물에 대하여 공유물분할 경매가 개시된 경우, 경매절차를 진행하는 방법

[2] 목적물의 지분 일부에 대하여 강제경매 또는 담보권의 실행을 위한 경매절차가 진행되던 중 목적물 전체에 대하여 공유물분할경매가 개시된 경우, 경매절차를 진행하는 방법 및 이 경우 민사집행법 제140조에서 정한 공유자의 우선매수권이 적용되는지 여부(소극)

[3] 목적물 전체를 공유물분할경매절차에 따라 매각함으로써 목적물의 지분 일부에 대한 선행 강제경매 또는 담보권의 실행을 위한 경매절차에서 배당요구를 할 수 있는 종기를 새로 정하는 결과를 초래한 경매법원의 조치가 적법한 경우

【참조조문】

[1] 민사집행법 제87조 제1항, 제274조 제2항, 민법 제269조 [2] 민사집행법 제87조 제1항, 제140조, 제274조 제2항, 민법 제269조 [3] 민사집행법 제84조, 제87조 제1항, 제148조, 제268조, 제274조 제2항, 민법 제269조

【전문】
【특별항고인】
【원심결정】
수원지법 성남지원 2013. 10. 14.자 2013타기1934 결정

【주문】
특별항고를 기각한다.

【이유】
특별항고이유를 살펴본다.

1. 민사집행법 제87조 제1항은 '강제경매절차 또는 담보권 실행을 위한 경매절차를 개시하는 결정을 한 부동산에 대하여 다른 강제경매의 신청이 있는 때에는 법원은 다시 경매개시결정을 하고, 먼저 경매개시결정을 한 집행절차에 따라 경매한다'고 규정하고, 같은 법 제274조 제2항은 '유치권 등에 의한 경매절차는 목적물에 대하여 강제경매 또는 담보권 실행을 위한 경매절차가 개시된 경우에는 이를 정지하고, 채권자 또는 담보권자를 위하여 그 절차를 계속하여 진행한다'고 규정하고 있는바, 위 규정들에 의하면 강제경매 또는 담보권의 실행을 위한 경매(이하 강제경매와 담보권 실행을 위한 경매를 합하여 '강제경매 등'이라 한다)절차가 진행 중인 목적물에 대하여 나중에 공유물분할 경매가 개시되더라도 강제경매 등 절차를 계속 진행하여야 하고 공유물분할 경매에 의하여 절차를 진행할 것은 아니라고 할 것이다. 그런데 목적물의 지분 일부에 대하여 강제경매 등 절차가 진행되던 중 목적물 전체에 대하여 공유물분할경매가 개시된 경우에는 강제경매 등 절차와 공유물분할경매절차를 병합하여 목적물 전체를 한꺼번에 매각하되, 이중경매의 대상인 지분 매각은 강제경매 등 절차에 따라 진행하고 나머지 지분 매각은 공유물분할경매절차에 따라 진행함이 상당하고, 이 경우에는 결과적으로 공유물 전체를 매각하는 것이므로 민사집행법 제140조 소정의 공유자의 우선매수권은 그 적용이 배제된다.

다만 경매법원이 목적물 전체를 공유물분할경매절차에 따라서만 매각함으로써 강제경매 등 절차에서 배당요구를 할 수 있는 종기를 새로 정하는 결과가 초래되었다고 하더라도, 목적물의 지분 일부에 대한 선행 강제경매 등 절차에서 정하였던 배당요구의 종기를 그대로 유지하였을 경우와 비교하여 채권자의 배당에 관한 권리에 영향이 없다면 그와 같은 경매법원의 조치가 위법하다고 할 수는 없다.

2. 가. 기록에 의하면, ① 특별항고인은 1998. 6. 30. 이 사건 부동산에 관하여 그 소유자인 신청외 관보건설 주식회사, 신청외인과 전세권설정계약을 체결하고 전세권등기를 경료한 사실, ② 2011. 3. 24. 상대방이 공매절차에서 이 사건 부동산에 관한 위 신청외인의 지분 100분의 53.8을 취득하면서 임대인 지위를 승계하였고, 2012. 12. 특별항고인도 이 사건 부동산에 관한 관보건설 주식회사의 지분 100분의 46.2를 취득한 사실, ③ 특별항고인은 자신의 전세보증금반환채권 중 상대방 지분에 해당하는 부분에 기하여 상대방의 위 지분에 대하여 수원지방법원 성남지원 2013타경1411호로 이 사건 임의경매를 신청한 사실, ④ 상대방이 특별항고인을 상대로 제기한 같은 지원 2013가단5397 부당이득금반환 등 사건에서 '특별항고인과 상대방이 이 사건 부동산을 경매에 부치고 매각대금을 공유지분 비율대로 분배한다'는 화해권고결정이 확정되었고, 이에 따라 상대방은 2013. 8. 7. 이 사건 부동산에 관하여 2013타경19900호로 이 사건 공유물분할을 위한 경매를 신청한 사실, ⑤ 경매법원은 2013. 8. 9. 이 사건 공유물분할을 위한 경매절차에 의하여 이 사건 부동산 매각절차를 진행하기 위하여 이 사건 공유물분할을 위한 경매사건에 이 사건 임의경매사건을 병합한다는 결정을 한 사실, ⑥ 이 사건 임의경매절차에서 배당요구 종기까지 배당요구를 한 채권자가 없고, 특별항고인 외에는 이 사건 부동산 등기부상의 권리자가 존재하지 않는 사실을 알 수 있다.

나. 이러한 사실관계를 위 법리에 비추어 보면, 이 사건 경매법원이 이 사건 부동산 전체의 매각을 공유물분할경매절차에 의하기로 결정하였더라도 그로 인하여 특별항고인의 배당에 관한 권리에 어떠한 영향이 있다고 보이지 아니하므로, 결국 위와 같은 조치가 위법하다고 할 수는 없다.

3. 그러므로 특별항고를 기각하기로 하여, 관여 대법관의 일치된 의견으로 주문과 같이 결정한다.

대법관 박보영(재판장) 민일영(주심) 이인복 김신

(5) 배당이의

[대법원 2011.4.28, 선고, 2010다107408, 판결]

【판시사항】

[1] 근저당권이 유효하기 위하여 근저당권설정행위와 별도로 근저당권의 피담보채권을 성립시키는 법률행위가 필요한지 여부(적극) 및 근저당권의 피담보채권을 성립시키는 법률행위가 있었는지에 대한 증명책임자(=그 존재를 주장하는 측)

[2] 근저당권의 피담보채권이 존재하지 않는 경우 그 채권에 대한 압류명령의 효력(무효)

[3] 甲이 채권자들의 강제집행을 면탈할 목적으로 아무런 원인관계 없이 소유 부동산에 관하여 乙을 근저당권자로 한 근저당권설정등기를 마쳤는데, 丙이 乙의 甲에 대한 근저당권부 채권에 관하여 채권압류 및 전부명령을 받은 사안에서, 근저당권의 피담보채권을 성립시키는 법률행위 자체가 있었는지에 대한 증명책임은 그 존재를 주장하는 丙에게 있고, 그에 관한 丙의 증명이 부족하다면 위 압류는 무효로 될 것임에도, 이에 대한 심리를 다하지 아니한 원심판결에는 법리오해 등의 위법이 있다고 한 사례

【참조조문】

[1] 민법 제357조 제1항,
민사소송법 제288조
[2] 민법 제357조 제1항,
민사집행법 제228조
[3] 민법 제357조 제1항,
민사소송법 제288조,
민사집행법 제228조

【참조판례】

[1][2] 대법원 2004. 5. 28. 선고 2003다70041 판결(공2004하, 1069),
대법원 2009. 12. 24. 선고 2009다72070 판결

【전문】

【원고, 피상고인】

【피고, 상고인】

【원심판결】

대구지법 2010. 12. 8. 선고 2010나3306 판결

【주 문】

원심판결을 파기하고, 사건을 대구지방법원 본원 합의부에 환송한다.

【이 유】

상고이유를 본다.

근저당권은 그 담보할 채무의 최고액만을 정하고, 채무의 확정을 장래에 보류하여 설정하는 저당권으로서(「민법」제357조 제1항), 계속적인 거래관계로부터 발생하는 다수의 불특정채권을 장래의 결산기에서 일정한 한도까지 담보하기 위한 목적으로 설정되는 담보권이므로, 근저당권설정행위와는 별도로 근저당권의 피담보채권을 성립시키는 법률행위가 있어야 하고, 근저당권의 성립 당시 근저당권의 피담보채권을 성립시키는 법률행위가 있었는지 여부에 대한 증명책임은 그 존재를 주장하는 측에 있다(대법원 2009. 12. 24. 선고 2009다72070 판결 참조).

한편 근저당권이 있는 채권이 압류되는 경우, 근저당권설정등기에 부기등기의 방법으로 그 피담보채권의 압류사실을 기입

등기하는 목적은 근저당권의 피담보채권이 압류되면 담보물권의 수반성에 의하여 종된 권리인 근저당권에도 압류의 효력이 미치게 되어 피담보채권의 압류를 공시하기 위한 것이므로, 만일 근저당권의 피담보채권이 존재하지 않는다면 그 압류명령은 무효라고 할 것이다(대법원 2004. 5. 28. 선고 2003다70041 판결 등 참조).

원심판결 이유에 의하면, 원심은 피고는 2007. 10. 11. 채권자들의 강제집행을 면탈할 목적으로 아무런 원인관계 없이 그 소유인 이 사건 부동산에 관하여 채무자를 피고, 근저당권자를 소외인으로 한 채권최고액 7,000만원의 이 사건 근저당권설정등기를 마친 사실, 원고는 2007. 11. 7. 소외인에 대한 집행력 있는 화해권고결정 정본을 집행권원으로 하여 소외인의 피고에 대한 이 사건 근저당권부 채권 중 69,899,972원에 관하여 채권압류 및 전부명령을 받은 사실을 인정한 다음, 피고와 소외인 사이에 체결된 이 사건 근저당권설정계약은 통정허위표시에 해당하여 무효이고, 원고는 통정허위표시를 기초로 하여 새로이 법률상 이해관계를 가진 선의의 제3자에 해당하므로, 피고는 원고에 대하여 위 근저당권설정계약의 무효를 주장할 수 없다고 판단하였다.

그러나 피고는 이 사건 근저당권설정계약만을 체결하였을 뿐 근저당권의 피담보채권을 성립시키는 법률행위 자체가 없었다고 다투고 있으므로, 그러한 법률행위가 존재하는지 여부가 문제된다 할 것인데, 그에 대한 증명책임은 그 존재를 주장하는 원고에게 있고, 그에 관한 원고의 증명이 부족하다면 이 사건 압류는 무효라고 할 것이다.

그렇다면 원심으로서는 피고와 소외인 사이의 이 사건 근저당권에 의하여 담보되는 피담보채권을 성립시키는 법률행위가 있었는지 여부에 대하여 충분한 심리를 하였어야 할 것임에도 불구하고, 이에 대한 심리를 제대로 하지 아니한 채 원고의 청구를 인용하였으니, 원심판결에는 근저당권이 있는 채권의 압류에 관한 법리를 오해하였거나 심리를 다하지 아니하여 판결에 영향을 미친 위법이 있다.

이 점을 지적하는 상고이유의 주장은 이유 있다.

그러므로 원심판결을 파기하고, 사건을 다시 심리·판단하게 하기 위하여 원심법원에 환송하기로 하여, 관여 대법관의 일치된 의견으로 주문과 같이 판결한다.

대법관 양창수(재판장) 김지형(주심) 전수안 이상훈

4. 가압류채권자 및 공유지분권자의 NPL랭킹업 대위변제 성공사례

(연체이자 배당차익 42,528,000원, 순수익률 82%)

가. 거제축협이 토지 4건을 공동담보로 250,000,000원 담보대출 실행

통영 2010-47■ 물번[4]	경상남도 거제시 일운면 와현리 산30-7 [토지 439.8평]	임야	87,240,000 87,240,000 매각 159,000,000	2011-06-23	배당종결 (100%) (182%)
통영 2010-47■ 물번[1]	경상남도 거제시 일운면 와현리 511 [토지 6.4평]	답	3,150,000 2,520,000 매각 2,520,000	2011-05-26 [입찰1명] 최영희	배당종결 1회 (80%) (80%)
통영 2010-47■ 물번[2]	경상남도 거제시 일운면 와현리 513-2외2필지 [토지 130평]	전	65,649,200 65,649,200 매각 67,000,000	2011-04-21 [입찰1명] 최영희	배당종결 (100%) (102%)
통영 2010-47■ 물번[3]	경상남도 거제시 일운면 와현리 517-9 [토지 688.2평]	임야	96,636,410 96,636,410 매각 99,000,000	2011-04-21 [입찰1명] 최영희외2	배당종결 (100%) (102%)

나. 공동담보 경매물건 중 물건번호 1번의 경매정보지 내용

- 거제축협 350,000,000원의 근저당권 설정(원금 250,000,000원)

2010 타경 47■ (임의)		물번1 [배당종결]		매각기일 : 2011-05-26 10:00~ (목)		경매3계 055)640-8503	
소재지	(656-781) 경상남도 거제시 일운면 와현리 ■						
현황용도	답		채권자	이■영		감정가	3,150,000원
지분토지	21㎡ (6.35평)		채무자	홍■화		최저가	(80%) 2,520,000원
건물면적			소유자	홍■화외4명		보증금	(10%)252,000원
제시외			매각대상	토지지분매각		청구금액	122,739,736원
입찰방법	기일입찰		배당종기일	2010-09-10		개시결정	2010-06-30

기일현황

회차	매각기일	최저매각금액	결과
신건	2011-03-24	3,150,000원	변경
신건	2011-04-21	3,150,000원	유찰
2차	2011-05-26	2,520,000원	매각
최영회/입찰1명/낙찰2,520,000원(80%)			
	2011-06-02	매각결정기일	허가
	2011-07-06	대금지급및 배당기일	
배당종결된 사건입니다.			

감정평가현황 ▶ 대일감정, 가격시점 : 2010-07-28

토지	건물	제시외건물(포함)	제시외건물(제외)	기타(기계기구)	합계
3,150,000원	×	×	15,310,000원	×	3,150,000원

토지현황

	지번	지목	토지이용계획	비교표준지가	(지분)면적	단가(㎡당)	감정가격	비고
1	와현리	답	자연녹지지역	28,000원	21㎡ (6.35평)	150,000원	3,150,000원	63면적중 홍■화지분 21전부
기타	와현해수욕장 북측 인근에 소재 / 부근은 농경지 임야 펜션 모텔 민박 식당 와현해수욕장 등 형성 / 차량 출입 불가능 교통사정은 약간 불편한 편임 / 부정형 완경사지 / 지적도면상 맹지임 / 국가지정문화재의외곽경계로부터500미터이내의지역							

제시외건물현황

	지번	층별	구조	용도	건물면적	감정가격	매각여부
1	와현리 ■	(ㄱ)	동백약152주	수목		15,310,000원	매각제외
유자 약167주, 모과 약8주, 벚 약42주, 배 약16주							

임차인현황 = 매각물건명세서상 조사된 임차내역이 없습니다 =

토지 등기 사항 ▶ 토지열람일 : 2011-03-10

구분	성립일자	권리종류	권리자	권리금액	상태	비고
을1	2004-06-18	(근)저당	거제축산업협동조합	350,000,000원	소멸기준	
을2	2004-06-18	지상권	거제축산업협동조합		소멸	
갑7	2006-10-24	소유권(일부)	이■훈 외		이전	매매
갑9	2009-10-30	가압류(지분) 홍■화지분	이■휘	106,019,880원	소멸	
을1-1	2010-02-11	(근)저당	이■휘	15,641,124원	소멸	1번근저당권일부이전
갑11	2010-04-13	소유권(전부)	이■영 외		이전	매매
갑12	2010-07-01	임의경매(지분) 홍■화지분	이■훈	청구: 122,739,736원	소멸	2010타경47■배당종결 이■영

다. 부동산을 지분 일부이전등기로 3명이 공동소유

① 당초 1인 단독소유

[토지] 경상남도 거제시 일운면 와현리 ■■■ 고유번호 1949-1996-175■■

【 표 제 부 】 (토지의 표시)

표시번호	접 수	소재지번	지목	면적	등기원인 및 기타사항
1 (전 2)	1989년3월31일	경상남도 거제군 일운면 와현리 ■■	답	63㎡	
					부동산등기법 제177조의 6 제1항의 규정에 의하여 2002년 08월 16일 전산이기
2		경상남도 거제시 일운면 와현리 ■■	답	63㎡	1996년6월1일 행정구역변경으로 인하여 2002년9월3일 등기

【 갑 구 】 (소유권에 관한 사항)

순위번호	등기목적	접 수	등기원인	권리자 및 기타사항
1 (전 3)	공유자전원의지분전부이전	1989년3월31일 제46■호	1989년3월15일 매매	소유자 박■견 400827-2****** 부산 서구 동대신동 2가 ■■ 삼익아파트 3동 ■호
				부동산등기법 제177조의 6 제1항의 규정에 의하여 2002년 08월 16일 전산이기
2	소유권이전	2004년6월18일 제270■호	2004년6월18일 매매	공유자 지분 63분의 51.6 홍■화 720620-2******

② 지분 일부이전등기로 3명이 지분별로 공동소유

- 홍○화, 최○희, 이○훈 3인이 공유

순위번호	등기목적	접 수	등기원인	권리자 및 기타사항
				거제시 신현읍 고현리 989-12 한미비치빌 ■■호 지분 63분의 11.6 윤■자 691020-2****** 부산 수영구 광안동 ■■■ 부덕그린아파트 ■■호
3	2번윤■자지분전부이전	2004년6월18일 제270■호	2004년6월18일 매매	공유자 지분 63분의 11.6 홍■화 720620-2****** 거제시 신현읍 고현리 ■■■ 한미비치빌 ■■호
4	소유권이전청구권가등기	2006년7월19일 제321■호	2006년7월13일 매매예약	가등기권자 반■식 530320-1****** 거제시 신현읍 양정리 ■■■
5	4번가등기말소	2006년12월16일 제569■호	2006년11월21일 해제	
6	2번홍■화지분63분의51.6 중 일부(63분의17), 3번홍■화지분63분의11.5 중 일부(63분의4)이전	2006년10월24일 제420■호	2006년10월23일 매매	공유자 지분 3분의 1 최■희 601018-2****** 울산 동구 화정동 ■■■ 매매목록 제2006-■■호
7	2번홍■화지분63분의34.5 중 일부(63분의17), 3번홍■화지분63분의7.6 중 일부(63분의4)이전	2006년10월24일 제420■호	2006년10월23일 매매	공유자 지분 3분의 1 이■훈 681118-1****** 거제시 신현읍 상동리 476-11 목경힐빌라 ■■■호 매매목록 제2006-4■■호
7-1	7번등기명의인표시변경		2009년6월11일 전거	이■훈의 주소 경상남도 진주시 금산면 장사리 1000 금산흥한골든빌 104-■■ 2010년4월13일 부기

③ 공유자중 이○훈이 임의경매 신청

- 채권자 이○휘가 홍○화의 지분 가압류
- 경매신청자 이○훈은 이○영에게 자신의 지분 전부매각

순위번호	등 기 목 적	접 수	등 기 원 인	권리자 및 기타사항
8	임의경매개시결정	2009년9월10일 제366호	2009년9월10일 창원지방법원 통영지원의 경매개시 결정(2009타경88)	채권자 거제축산업협동조합 194937-0000 경상남도 거제시 신현읍 고현데
9	2번홍○화지분,3번홍○화지분 가압류	2009년10월30일 제461호	2009년10월30일 창원지방법원 통영지원의 가압류 결정(2009카합3)	청구금액 금106,019,880 원 채권자 이○휘 641231-1****** 경상남도 거제시 상동동 대륙쉐르빌 -
10	8번임의경매개시결정등기말소	2010년2월16일 제59호	2010년2월11일 취하	
11	7번이○훈지분전부이전	2010년4월13일 제162호	2010년3월15일 매매	공유자 지분 3분의 1 이○영 770203-1****** 경기도 안양시 동안구 관양동 공작아파트 매매목록 제2010-호
12	2번홍○화지분,3번홍○화지분 임의경매개시결정	2010년7월1일 제292호	2010년6월30일 창원지방법원 통영지원의 경매개시 결정(2010타경47)	채권자 이○훈 681118-1****** 경상남도 진주시 금산면 장사리 금산혼한꿀든빌

④ 가압류권자도 법정 대위변제 자격이 있음을 입증해주는 최초의 사례

- 홍○화의 지분 가압류권자 이○휘가 법정 대위변제한 사례로써 추후 가압류권자의 자격으로 법정 대위변제 시 활용할 수 있는 좋은 사례임.
- 가압류권자 이○휘가 확정채권 일부대위변제를 원인으로 거제축협의 근저당권 일부 이전등기(일부대위변제 금액 15,641,124원)
- 공유지분권자 최○희도 확정채권 일부 대위변제 후 근저당권 일부 이전등기를 함(일부대위변제 금액 122,739,736원).

【 을 구 】			(소유권 이외의 권리에 관한 사항)
순위번호	등 기 목 적	접 수	등 기 원 인	권리자 및 기타사항

순위번호	등 기 목 적	접 수	등 기 원 인	권리자 및 기타사항
1	근저당권설정	2004년6월18일 제270○호	2004년6월18일 설정계약	채권최고액 금360,000,000원 채무자 홍○화 거제시 신현읍 고현리 989-12 한미비치빌 ○○호 근저당권자 거제축산업협동조합 194937-0000○○○ 거제시 신현읍 고현리 공동담보목록 제2004-2○○호
1-1	1번근저당권일부이전	2010년2월11일 제66○호	2010년2월10일 확정채권일부대위변제	변제액 금15,641,124원 근저당권자 이○휘 541231-1****** 경상남도 거제시 상동동 ○○○대륙쉐르빌 ○○
1-1-1	1-1번근저당권변경	2011년1월11일 제14○호	2010년12월10일 조정에갈음하는결정(최○희,이○영의 지분포기)	목적 갑구2번홍○화지분전부및 갑구3번홍○화지분전부근저당권설정
1-2	1번근저당권거제축산업협동조합지분일부이전	2010년2월11일 제67○호	2010년2월4일 확정채권일부대위변제	변제액 금122,739,736원 근저당권자 최○희 501018-2****** 대구광역시 중구 남산동 ○○ 반월당 삼경그린코아 ○○동 ○○호
1-2-1	1-2번근저당권변경	2010년2월23일 제78○호	2010년2월23일 혼동	목적 갑구2번홍○화지분전부및 갑구3번홍○화지분전부및 갑구7번이○훈지분전부근저당권설정
1-2-2	1-2번근저당권변경	2010년2월23일 제78○호	2010년2월23일 지분포기	목적 갑구2번홍○화지분전부및 갑구3번홍○화지분전부근저당권설정

⑤ 다른 지분권자 이○훈이 지분비율에 따른 일부대위변제로 근저당권 일부 이전등기(일부 대위변제 금액 122,739,736원)

- 이상 3인이 대출원리금 261,120,595원 전액을 대위변제하고 근저당권을 변제금액 비율로 일부 이전등기를 받음.

- 이○훈이 이○영에게 공유지분 매각 및 대위변제로 일부이전 받은 근저당채권도 양도해줌.

순위번호	등 기 목 적	접 수	등 기 원 인	권리자 및 기타사항
1-3	1번근저당권거제축산업협동조합지분일부이전	2010년2월11일 제67○호	2010년2월4일 확정채권일부대위변제	변제액 금122,739,736원 근저당권자 이○훈 681118-1****** 경상남도 진주시 금산면 장사리 ○○ 금산흥한골든빌 ○○호
1-3-1	1-3번근저당권변경	2010년2월23일 제78○호	2010년2월23일 혼동	목적 갑구2번홍○화지분전부및 갑구3번홍○화지분전부및 갑구6번이○화지분전부근저당권설정
1-3-2	1-3번근저당권변경	2010년2월23일 제78○호	2010년2월23일 지분포기	목적 갑구2번홍○화지분전부및 갑구3번홍○화지분전부근저당권설정
1-3-3	1번근저당권이○훈지분전부이전	2011년2월8일 제61○호	2010년3월15일 확정채권양도	근저당권자 이○정 770203-1****** 경기도 안양시 동안구 관양동 ○○ 공작아파트 ○○호
2	지상권설정	2004년6월18일 제270○호	2004년6월18일 설정계약	목 적 견고한 건물의 소유 범 위 토지의 전부 존속기간 2004년 6월 18일부터 30년 지상권자 거제축산업협동조합 194937-0000○○○ 거제시 신현읍 고현리

라. 거제축협 대위변제 사건 수익률 분석

(창원지법 통영지원 2010타경47927××호)

□ NPL순수익률 : 82%(순수익 42,528,000원/자기자본 52,000,000원)
- 질권대출을 5%대로 받을 경우 수익률은 더 올라감.
- 적용이자율 6%, 질권대출 80% 가정 시 수익률임.
□ 거제축협 원금 2억 5천만원, 연체이자 17.6%
- 채권최고액 3억 5천만원(근저당권 140% 설정)
□ 대위변제 총액 : 약 2억 6천만원(연체이자 17.6% 승계취득)
- 실제 대위변제 합계액 261,120,595원을 편의상 260,000,000원으로 하여 계산함.
□ 미래배당차익(Future Spread) : 9천만원(3억 5천만원 - 2억 6천만원)
《Future-Spread 기간 24개월 산정방법》
- 250,000,000원×17.6% = 44,000,000/12개월 = 1개월간 연체이자 배당차익 3,666,000원
- Spread 기간 : 24개월(미래배당차익 90,000,000원/3,666,000원)
□ 실제 배당차익 : 60,208,000원(250,000,000원×17.6%×17개월)
- 대위변제일(2010.2.4.)부터 배당기일(2011.7.6.)까지 17개월간 17.6%
□ 자기자본 : 52,000,000원(2억 6천만원×20%)
□ 질권대출 : 208,000,000원(2억 6천만원×80%)
□ 질권대출 이자비용 : 17,680,000원(208,000×6%×17개월)
□ 실제 순수익 : 약 42,528,000원(60,208,000원-17,680,000원)

5. 후순위 새마을금고채권 매입 NPL랭킹업 대위변제 성공사례

(연체이자 배당차익 23,358,000원, 순수익률 49%)

2순위 ○○새마을금고의 채권을 유동화회사를 거쳐 매입 후 1순위 ○○은행 채권을 법정 대위변제한 사건이다. 2순위 개인채권, 대부업채권, 은행채권, 자산관리회사 채권, 유동화회사, 유암코 또는 대신 에프엔아이 등의 유동화채권을 사이트에 접속 후 검색한다. 검색 후 2순위의 예상 배당액 수준에서 동 2순위 채권을 확정채권 양도, 즉 론세일로 매입한다. 그후 1순위 원리금 100% 배당되는 채권을 랭킹업 법정대위로 대위변제한다. 바로 이런 건을 수강생이 성공해서 1순위에서 스프레드 5천만원의 수익이 장차 발생한다. 2순위는 저당권거래소 채권이고 77,000,000원에 매입을 했는데 동 2순위 채권도 100% 배당이 되고 연체이자 차익이 1천만원 정도 발생된다. 법정대위로서 채무자의 동의는 필요없고 이건에서도 채무자 동의없이 법정 대위변제를 성공시켰다. 일산 식사동 소재 자이아파트다. 이곳 관할 ○○은행 여신관리센터는 과거에 우리 투자자의 법정대위변제를 거부해서 마찰을 빚은 적이 있었다. 그후 끈질기게 설득해서 법정 대위변제를 성공시켰다. 이런 선배 투자자들이 길을 개척해 줘서 이번 법정대위 사건도 무리 없이 ○○은행 여신관리센터에서 법정대위를 순순히 받아줘 성공한 사건이다. 선배들의 노고가 후배들에게 다리를 놓아준 셈이다. 이와 같이 2순위 유동화채권 매입 후 랭킹업으로 1순위 ○○은행 원금 443,000,000원의 채권을 대위변제로 성공시켰다. 연체이자율은 최고 18%이고 현재 14%를 적용하고 있다. 추후 경매신청 시부터 18%를 적용한 채권계산서를 제출하면 된다. 이미 진행 중인 개인회생 절차의 변제계획 인가가 몇 개월 후 예상된다. 2016년 7월에 배당을 받으면 스프레드 5천만원 정도를 얻게 된다. ○○새마을금고에서 대위변제 원리금의 90%를 5.2%로 질권대출을 받았다. ○○조합의 질권대출이 금리 면에서 약간 유리한데, ○○새마을금고에서 질권대출을 받은 것이다. 현재 감독기관에서 새마을금고의 NPL질권대출을 규제하고 있다.

가. ○○새마을금고(2순위) 근저당채권 매입 후 1순위 ○○은행채권 법정 대위변제(고양지원 2015타경 169098XX호)

의정부지방법원 고양지원

2015 타경 16■■	매각공고예상기간 : 2015-12 ~ 2016-03	담당계 : 경매12계 031-920-6324

소재지	(103-23) 경기도 고양시 일산동구 식사동 1504 위시티일산자이4단지 410동 10층 ■■호 [도로명주소] 경기도 고양시 일산동구 위시티4로 45(식사동)		사건접수	2015-06-29
물건종별	집합건물목록1건	채권자	만수새마을금고	개시결정	2015-06-30
종국결과	미종국	채무자	남■실	배당종기	2015-10-05
경매구분	부동산임의경매	소유자	남■실	청구금액	71,109,060원

물건목록

목록번호	소재지	면적(㎡)	공시지가(원)	목록구분
1	경기도 고양시 일산동구 식사동 1504 위시티일산자이4단지 410동 10층 ■■호			집합건물

당사자내역

채무자겸소유자	남■실	채권자	■■새마을금고
기타	한국토지주택공사	기타	지에스건설주식회사
근저당권자	주식회사국민은행	근저당권자	신용보증기금

건물 등기부내역 건물열람일 : 2015-07-13

순위	접수일자	권리종류	권리자	권리금액	소멸여부	비고
갑1	2010-10-20	소유권	한국토지신탁		이전	보존
갑3	2010-12-08	소유권	남■실		이전	매매
을1	2010-12-08	(근)저당	국민은행	532,560,000원	소멸기준	
을2	2010-12-08	(근)저당	■■새마을금고	91,000,000원	소멸	
을3	2011-10-28	(근)저당	신용보증기금	310,000,000원	소멸	
갑5	2015-06-30	임의경매	■■새마을금고	청구 : 71,109,060원	소멸	2015타경16■■

나. ○○새마을금고 임의경매 신청

순위번호	등기목적	접수	등기원인	권리자 및 기타사항
1-2	1번 신탁	2010년10월20일 제135○○호		신탁원부 제57○호
2	1번신탁등기말소			신탁재산의처분 2010년12월8일 등기
3	소유권이전	2010년12월8일 제165○○호	2008년1월11일 매매	소유자 남○실 601025-******* 경기도 고양시 일산동구 식사동 910 은행마을 ○○○
3-1	3번등기명의인표시경정			남애실의 주소 경기도 고양시 일산동구 식사동 1504 위시티일산자이4단지 ○○○ 착오발견 2010년12월14일 부기
4	1-1번금지사항등기말소	2010년12월8일 제165○○호		소유권이전등기로 인하여
5	임의경매개시결정	2015년6월30일 제117○○호	2015년6월30일 의정부지방법원 고양지원의 임의경매개시결정(2015 타경16○○○)	채권자 ○○새마을금고 120144-0001○○○ 인천 남동구 만수서로 ○○ (만수동)
6	압류	2016년2월15일 제18○○호	2016년1월29일 압류(일산동구세무과-12 15)	권리자 고양시일산동구

다. 법정대위변제 절차

- 먼저 2순위 ○○새마을금고 채권을 자산관리회사를 경유하여 매입함.
- 이후 1순위 ○○은행 채권 532,560,000원을 법정대위변제함.
- 대출원금 443,800,000원

【 을 구 】			(소유권 이외의 권리에 관한 사항)	
순위번호	등기목적	접수	등기원인	권리자 및 기타사항
1	근저당권설정	2010년12월8일 제165○○호	2010년9월30일 설정계약	채권최고액 금532,560,000원 채무자 남○실 경기도 고양시 일산동구 식사동 1504 위시티일산자이4단지 ○○○ 근저당권자 주식회사국민은행 110111-2365○○○ 서울특별시 중구 남대문로2가 9-1 (충신지점)
1-1	1번근저당권이전	2015년12월31일 제253○○호	2015년12월31일 확정채권대위변제	근저당권자 남○욱 820403-******* 서울특별시 강동구 양재대로 1706, 5동 ○○○호(고덕동)
1-2	1번근저당권부질권	2015년12월31일 제253○○호	2015년12월31일 설정계약	채권액 금532,560,000원 채무자 남○욱 서울특별시 강동구 양재대로 1706, 5동 ○○○호(고덕동,아남아파트) 채권자 ○○새마을금고 116544-0002○○○ 경기도 구리시 안골로 ○○
1-2-1	1-2번등기명의인표시경정	2016년1월27일 제10○○호	2015년12월31일 신청착오	○○새마을금고의 주소 경기도 구리시 안골로 83-1 (수택동)
1-3	1번등기명의인표시경정	2016년1월27일 제10○○호	2015년12월31일 신청착오	남○욱의 주소 서울특별시 강동구 양재대로 1706, 5동 ○○○호(고덕동,아남아파트)
2	근저당권설정	2010년12월8일 제165○○호	2010년9월30일 설정계약	채권최고액 금91,000,000원 채무자 남○실

라. 후순위 새마을금고 근저당채권 매입으로 법정대위변제 자격확보

- 2순위 ○○새마을금고 채권을 자산관리회사를 경유해 확정채권 양도로 양수받아 법정 대위변제 자격을 확보함.

순위번호	등기목적	접수	등기원인	권리자 및 기타사항
				경기도 고양시 일산동구 식사동 1504 위시티일산자이4단지 ▒▒▒▒ 근저당권자 ▒▒새마을금고 120144-0001▒▒ 인천광역시 남동구 만수동 5-▒
2-1	2번등기명의인표시변경	2015년11월30일 제2328▒호	2012년5월10일 주사무소이전	▒새마을금고의 주소 인천광역시 남동구 만수서로 ▒▒(만수동)
2-2	2번근저당권이전	2015년11월30일 제2328▒호	2015년11월30일 확정채권양도	근저당권자 주식회사한국저당권거래소 285011-0252▒ 서울특별시 서초구 사임당로 ▒, 5층(서초동,대하빌딩)
2-3	2번근저당권이전	2015년11월30일 제2328▒호	2015년11월30일 확정채권양도	근저당권자 남▒옥 820403-******* 서울특별시 강동구 양재대로 ▒▒▒▒동 ▒▒호(고덕동,아남아파트)
2-3-1	2-3번근저당권부질권	2016년1월27일 제111▒호	2015년12월31일 설정계약	채권액 금91,000,000원 채무자 남▒옥 서울특별시 강동구 양재대로 ▒▒▒▒동 ▒▒호(고덕동,아남아파트) 채권자 ▒▒새마을금고 116544-0002▒ 경기도 구리시 안골로 ▒▒(수택동)
3	근저당권설정	2011년10월28일 제1451▒호	2011년10월27일 설정계약	채권최고액 금310,000,000원 채무자 남▒실 경기도 고양시 일산동구 식사동 ▒▒▒ 위시티일산자이4단지 ▒▒▒ 근저당권자 신용보증기금 114271-0001▒ 서울특별시 마포구 공덕동 ▒▒

마. 채권자 변경신고 2회

- 투자자 1차 채권자변경 신고(○○새마을금고의 채권 양수인)
- 투자자 2차 채권자변경 신고(1순위 ○○은행 법정 대위변제)

문건처리내역

접수일	접수내역	결과
2015.07.02	집행관 김▒옥 현황조사보고서 제출	
2015.07.02	등기소 고양등기소 등기필증 제출	
2015.07.07	기타 지에스건설주식회사 사실조회회신 제출	
2015.07.07	채권자 ▒새마을금고 보정서 제출	
2015.07.07	채권자 ▒새마을금고 사실조회신청서 제출	
2015.07.10	근저당권자 주식회사국민은행 주소/송달장소 변경신고서 제출	
2015.07.13	채무자겸소유자 남▒실 기일변경신청 제출	
2015.07.15	근저당권자 신용보증기금 채권계산서 제출	

2015.07.17	감정인 대한감정평가법인 회보서 제출	
2015.09.02	교부권자 국민건강보험공단 고양일산지사 교부청구서 제출	
2015.09.23	교부권자 고양시 일산동구 교부청구서 제출	
2015.10.16	채권자 ▨▨새마을금고 열람및복사신청 제출	
2015.12.11	채권자 주식회사한국저당권거래소(변경전:▨▨새마을금고) 채권자변경신고서 제출	
2015.12.11	채권자 남▨욱(변경전:주식회사한국전당권거래소) 채권자변경신고서 제출	
2015.12.15	채권자 남▨욱(변경전:만수새마을금고) 열람및복사신청 제출	
2016.01.11	신고인 ▨▨새마을금고 기타권리신고서 제출	
2016.01.11	채권자 남▨욱(변경전:▨▨새마을금고) 동의서 제출	
2016.01.20	근저당권자 남▨욱(변경전:주식회사국민은행) 채권자변경신고서 제출	
2016.02.17	채무자겸소유자 남▨실 열람및복사신청 제출	

바. 채무자 겸 소유자에게 채권자변경(승계) 통지서 발송

송달내역

송달일	송달내역	송달결과
2015.06.30	채권자 ▨▨새마을금고 보정명령등본 발송	2015.07.02 도달
2015.06.30	채권자 ▨▨새마을금고 개시결정정본 발송	2015.07.03 도달
2015.06.30	채무자겸소유자 남▨실 개시결정정본 발송	2015.07.06 도달
2015.06.30	감정인 김▨범 평가명령 발송	2015.07.03 도달
2015.06.30	기타 지에스건설주식회사 사실조회서 발송	2015.07.03 도달
2015.06.30	기타 한국토지주택공사 사실조회서 발송	2015.07.03 도달
2015.07.06	주무관서 국민건강보험공단 고양일산지사 최고서 발송	2015.07.07 송달간주
2015.07.06	근저당권자 신용보증기금 최고서 발송	2015.07.07 송달간주
2015.07.06	주무관서 고양세무서 최고서 발송	2015.07.07 송달간주
2015.07.06	주무관서 고양시 일산동구청장 최고서 발송	2015.07.07 송달간주
2015.07.06	근저당권자 주식회사국민은행 최고서 발송	2015.07.07 송달간주
2015.09.17	채권자 ▨▨새마을금고 보정명령등본 발송	2015.09.21 도달
2015.12.11	채무자겸소유자 1 남▨실 채권자변경(승계)통지서 발송	2015.12.15 도달

사. 채권자 변경공시

- 1차 채권자 변경공시(○○새마을금고에서 남○욱으로 변경공시)
- 2차 근저당권자 변경공시(○○은행에서 남○욱으로 변경공시)

배당요구종기내역

목록번호	소재지	배당요구종기일
1	경기도 고양시 일산동구 식사동 1504 위시티일산자이4단지 410동 ■층 ■호	2015.10.05

항고내역

물건번호	항고제기자	항고접수일자 / 접수결과	항고 사건번호	항고결과	재항고 사건번호	재항고결과	확정여부
검색결과가 없습니다.							

관련사건내역

관련법원	관련사건번호	관련사건구분
의정부지방법원	2015개회15■	민사본안

물건내역

검색결과가 없습니다.

목록내역

목록번호	소재지	목록구분	비고
1	경기도 고양시 일산동구 식사동 1504 위시티일산자이4단지 ■동 ■층 ■호	집합건물	미종국

당사자내역

당사자구분	당사자명	당사자구분	당사자명
채권자	남■욱(변경전: ■새마을금고)	근저당권부질권자	■새마을금고
채무자겸소유자	남■실	근저당권자	남■욱(변경전:주식회사국민은행)
근저당권자	신용보증기금	교부권자	국민건강보험공단고양일산지사
교부권자	고양시일산구	기타	지에스건설주식회사
기타	한국토지주택공사		

아. NPL랭킹업 대위변제 수익률 분석(순수익률 49%)

(고양지원 2015타경 169098××호)

□ 순수익율 : 약 49%(순수익 23,358,000원/순자본 47,200,000원)

- 이자율 : 5.2%, 질권대출 90% 수익율임.

- 연체이자율 14%, 스프레드 기간 7개월
- 2순위 매입 후 랭킹업으로 1순위 ○○은행 근저당 채권을 대위변제함
- 의정부 2015개회 998510××호
- 2순위 2015. 11. 30매입 1개월 후 2015.12.31 1순위 은행채권 대위변제함.
- 일산아파트 전용 41평(137제곱미터)
- 법정대위변제로 채무자의 동의는 얻지 않았고 선배가 후배의 길을 개척해줌.

□ 예상배당액 : 567,000,000원
- 시가 630,000,000원×90%

□ 대 출 원 금 : 443,800,000원, 연체이자 14%

□ 채권최고액 : 532,560,000원(근저당권 120% 설정)

□ 대위변제 총액 : 약 472,000,000원(원금 443,800,000원 + 연체이자 28,200,000원)

□ 미래 배당차익(Future Spread) : 60,560,000원(532,560,000원 - 472,000,000원)

(Future Spread기간 산정)
- 443,800,000원×14% = 62,132,000원/12개월 = 1달간 연체이자 5,177,000원
- Spread 기간 : 11개월(미래 배당차익 60,560,000원/5,177,000원)

□ 실제 배당차익 : 36,243,600원(443,800,000원×14%×7개월)
- 대위변제일(2015.12.31)부터 예상 배당기일(2016. 7. 30)까지 7개월

□ 자기자본 : 47,200,000원(472,000,000원×10%)

□ 질권대출 : 424,800,000원(472,000,000원×90%)

□ 질권이자 : 12,885,600원(424,800,000원×5.2%×7개월)

□ 순 수 익 : 23,358,000원(36,243,600원 - 12,885,600원)

6. 후순위 저축은행채권 매입 후 1순위채권 법정 대위변제

(연체이자 배당차익 133,574,250원, 순수익률 184%)

가. 선순위 12억원의 근저당권 설정

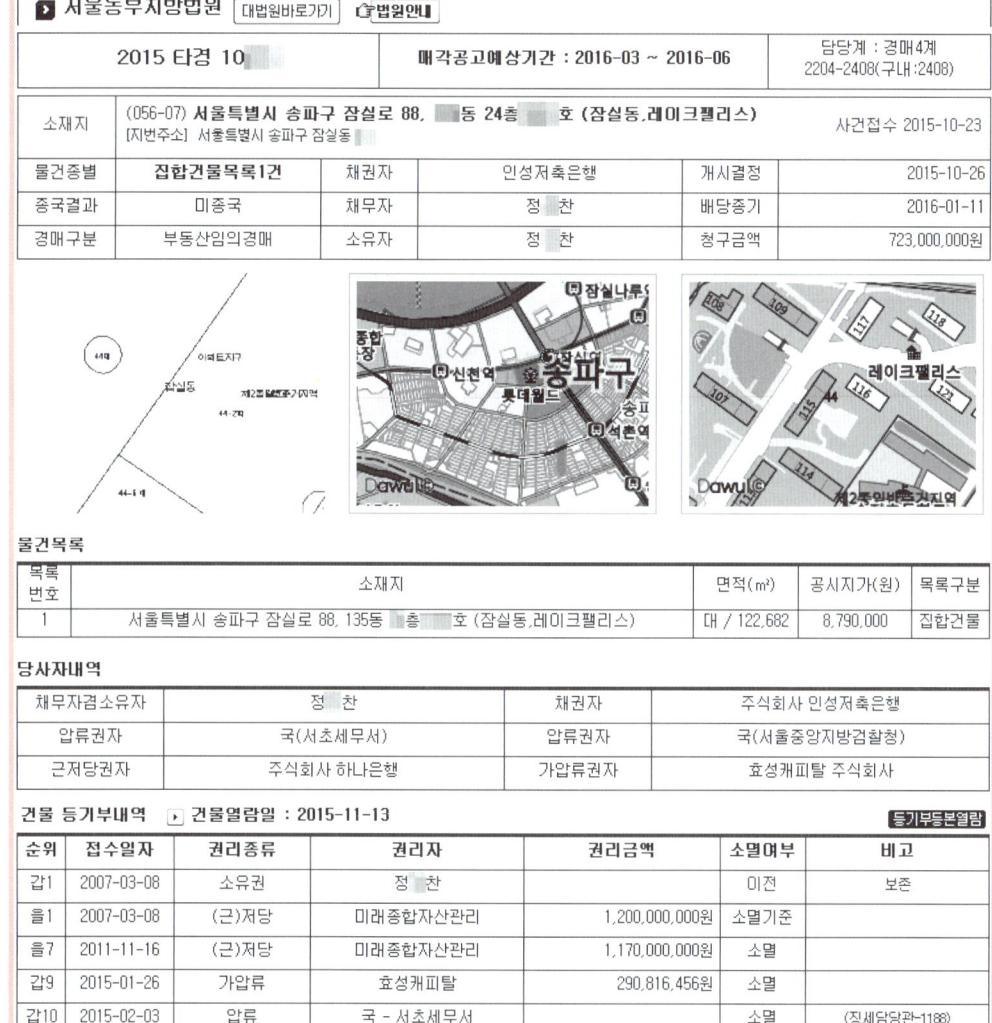

나. 인성저축은행의 임의경매 신청(2015타경 10671호)

순위번호	등기목적	접수	등기원인	권리자 및 기타사항
6	3번가압류등기말소	2014년6월9일 제366■호	2014년5월15일 해제	
7	4번가압류등기말소	2014년9월25일 제616■호	2014년9월18일 해제	
8	압류	2015년1월19일 제36■호	2015년1월16일 압류(세무1과-2)	권리자 서울특별시송파구
9	가압류	2015년1월26일 제58■호	2015년1월26일 서울중앙지방법원의 가압류결정(2015카단800 3)	청구금액 금290,816,456 원 채권자 효성캐피탈 주식회사 110111-1419■■ 서울 서초구 반포대로 ■■ (반포동)
10	압류	2015년2월3일 제80■호	2015년1월30일 압류(징세담당관-11■■)	권리자 국 처분청 서초세무서
11	8번압류등기말소	2015년2월9일 제96■호	2015년2월9일 해제	
12	압류	2015년6월15일 제481■호	2015년6월11일 압류(2015체납■호)	권리자 국 처분청 서울중앙지방검찰청
13	**임의경매개시결정**	**2015년10월26일 제936■호**	**2015년10월23일 서울동부지방법원의 임의경매개시결정(2015 타경106■■)**	**채권자 주식회사 인성저축은행 120111-0003■■ 인천 남구 경인로 ■■ (주안동)**

다. 저축은행의 후순위채권 매입으로 법정 대위변제 자격확보

- 이후 1순위 인성저축은행 채권을 법정 대위변제함.
- 7.25%로 안양저축은행에서 질권대출을 받음.

【 을　　구 】			(소유권 이외의 권리에 관한 사항)	
순위번호	등기목적	접수	등기원인	권리자 및 기타사항
1	근저당권설정	2007년3월8일 제210■호	2007년2월16일 설정계약	채권최고액　금1,200,000,000원 채무자 정■찬 　서울 송파구 잠실동 44 레이크팰리스 ■■■ 근저당권자 주식회사하나은행 110111-0015■■ 　서울 중구 을지로1가 101-1 　(잠실레이크팰리스지점)
1-1	1번근저당권변경	2011년11월7일 제699■호	2011년11월7일 변경계약	채권최고액　금1,102,790,780원
1-2	1번등기명의인표시변경		2011년10월31일 도로명주소	주식회사하나은행의 주소　서울특별시 중구 을지로■ (을지로1가) 2013년11월13일 부기
1-3	1번근저당권이전	2015년10월30일 제973■호	2015년9월1일 회사합병	근저당권자 주식회사하나은행 110111-0672■■ 　서울특별시 중구 을지로■ (을지로2가) 　(잠실레이크팰리스지점)
1-4	**1번근저당권이전**	**2016년10월30일 제973■호**	**2016년10월30일 확정채권대위변제**	**근저당권자 주식회사미래종합자산관리　110111-6611■■ 　서울특별시 서초구 서초중앙로 114, ■■■호실 　(서초동,일항빌딩 타호비지니스센터)**
1-5	1번근저당권부질권	2016년10월30일 제973■호	2016년10월30일 설정계약	채권액　금1,102,790,780원 변제기　2016년 10월 30일 이　자　연 7.25퍼센트 이자지급시기 매월 30일 채무자 주식회사미래종합자산관리

라. 후순위 채권을 확정채권양도로 양수받아 법정대위변제 자격확보

순위번호	등기목적	접수	등기원인	권리자 및 기타사항
				토지 제주특별자치도 제주시 한림읍 상명리 ▨
6	2번근저당권설정등기말소	2011년3월25일 제174▨호	2011년3월25일 해지	
7	근저당권설정	2011년11월16일 제721▨호	2011년11월16일 설정계약	채권최고액 금1,170,000,000원 채무자 정▨찬 　서울특별시 송파구 잠실동 44 레이크팰리스 ▨ 근저당권자 주식회사안성저축은행 120111-0003▨ 　인천광역시 남구 주안동 ▨ 공동담보 토지 인천광역시 중구 신흥동1가 ▨ 　　　　건물 인천광역시 중구 신흥동1가 ▨
7-1	7번근저당권이전	2016년10월30일 제973▨호	2015년10월30일 확정채권양도	근저당권자 주식회사미래종합자산관리 110111-6611▨ 　서울특별시 서초구 서초중앙로 114, ▨호실 　(서초동, 일황빌딩 타호비지니스센터)
7-2	7번근저당권부질권	2016년10월30일 제973▨호	2016년10월30일 설정계약	채권액 금1,170,000,000원 변제기 2016년 10월 30일 이 자 연 7.25퍼센트 이자지급시기 매월 30일 채무자 주식회사미래종합자산관리 　서울특별시 서초구 서초중앙로 114, ▨호실 　(서초동, 일황빌딩 타호비지니스센터) 채권자 주식회사안양저축은행 134111-0008▨ 　경기도 안양시 만안구 안양로 ▨ (안양동)
8	5번근저당권설정등기말소	2011년11월16일 제722▨호	2011년11월16일 일부포기	

마. NPL대위변제 순수익율(184%) 분석

(서울동부지원 2015타경 1760177××호)

□ 순수익율 : 약 184%(순수익 133,574,250원/순자본 72,300,000원)

- 질권대출 이자율 : 7.25%, 질권대출 90% 수익율임.

- 연체이자율 25%, 스프레드 기간 12개월

- 2순위 채권 매입 후 1순위 저축은행채권 법정대위변제함.

□ 예상배당액 : 1,290,000,000원

- 시가 1,500,000,000원×86%

□ 대출원금 : 723,000,000원, 연체이자 25%

- 대출원금 923,000,000원 중 200,000,000원 상환으로 원금이 723,000,000원이 남음.

□ 채권최고액 : 1,200,000,000원(근저당권 130% 설정)

□ 대위변제 총액 : 723,000,000원(원금 723,000,000원)

□ 미래 배당차익(Future Spread) : 477,000,000원(1,200,000,000원-723,000,000원)

(Future Spread기간 산정)

- 723,000,000원×25% = 180,750,000원/12개월 = 1달간 연체이자 15,062,500원

- Spread 기간 : 31개월(미래 배당차익 477,000,000원/15,062,500원)

□ 예상 배당차익 : 180,750,000원(723,000,000원×25%×12개월)

- 대위변제일(2015.10.30)부터 예상 배당기일(2016.10.30)까지 12개월

- 편의상 1년분만 스프레드 계산함.

□ 자기자본 : 72,300,000원(723,000,000원×10%)

□ 질권대출 : 650,700,000원(723,000,000원×90%)

□ 질권이자 : 47,175,750원(650,700,000×7.25%×12개월)

□ 순수익 : 133,574,250원(180,750,000원-47,175,750원)

바. 대위변제자가 경매법원에 채권자 변경신고 제출

● 문건처리내역

접수일	접수내역	결과
2015.10.27	등기소 송파등기소 등기필증 제출	
2015.11.04	압류권자 국(서울중앙지방검찰청) 교부청구서 제출	
2015.11.04	채권자 주식회사 인성저축은행 보정서 제출	
2015.11.04	집행관 박■희 현황조사보고서 제출	
2015.11.10	감정인 (주)에이원감정평가법인 감정평가서 제출	
2015.11.10	한명수 한■수 감정평가서 제출	
2015.11.12	교부권자 국(잠실세무서) 교부청구서 제출	
2015.11.18	채권자 주식회사 인성저축은행 야간송달신청 제출	
2015.11.23	근저당권부질권자 주식회사 안양저축은행 권리신고 및 배당요구신청서 제출	
2015.11.23	채권자 주식회사 미래종합자산관리(변경전:(주)인성저축은행) 채권자변경신고서 제출	
2015.12.18	교부권자 서울특별시송파구 교부청구서 제출	
2015.12.30	압류권자 국(서초세무서) 교부청구서 제출	
2016.02.23	채권자 주식회사 미래종합자산관리(변경전:(주)인성저축은행) 주소보정서 제출	

사. 채권자 변경공시(○○자산관리로 채권자 변경)

- 근저당권부 질권대출은행 공시
- 개인 질권자 공시

사건번호	2015타경10■	사건명	부동산임의경매
접수일자	2015.10.23	개시결정일자	2015.10.26
담당계	경매4계 전화 : 2204-2408(구내:2408)		
청구금액	723,000,000원	사건항고/정지여부	
종국결과	미종국	종국일자	

● 배당요구종기내역

목록번호	소재지	배당요구종기일
1	서울특별시 송파구 잠실로 88, 135동 24층 ■호 (잠실동,레이크팰리스)	2016.01.11

● 항고내역

물건번호	항고제기자	항고접수일자	항고		재항고		확정여부
		접수결과	사건번호	항고결과	사건번호	재항고결과	
검색결과가 없습니다.							

● 물건내역

검색결과가 없습니다.

● 목록내역

목록번호	소재지	목록구분	비고
1	서울특별시 송파구 잠실로 88, 135동 24층 ■호 (잠실동,레이크팰리스)	집합건물	미종국

● 당사자내역

당사자구분	당사자명	당사자구분	당사자명
채권자	주식회사 미래종합자산관리(변경전:(주)인성저축은행)	근저당권부질권자	주식회사 안양저축은행
근저당권부질권자	김■경	채무자겸소유자	정■찬
근저당권자	주식회사 하나은행	가압류권자	효성캐피탈 주식회사
압류권자	국(서초세무서)	압류권자	국(서울중앙지방검찰청)
교부권자	국(잠실세무서)	교부권자	서울특별시송파구

7. 후순위 대부업체채권 매입 후 1순위 하나은행채권 법정 대위변제

(연체이자 배당차익 111,096,600원, 순수익률 89%)

가. 후순위 대부업체채권 매입 후 1순위 채권을 법정대위변제함

2015 타경 17■■		매각공고예상기간 : 2016-03 ~ 2016-06		담당계 : 경매8계 530-1820(구내:1820)	
소재지	(065-44) 서울특별시 서초구 신반포로 270, 113동 23층■■호 (반포동,반포자이) [지번주소] 서울특별시 서초구 반포동 ■■			사건접수	2015-10-16
물건종별	집합건물목록1건	채권자	나루에셋대부유한회사	개시결정	2015-10-19
종국결과	미종국	채무자	윤■식	배당종기	2016-01-08
경매구분	부동산임의경매	소유자	성미경I윤■식	청구금액	996,838,937원

물건목록

목록번호	소재지	면적(㎡)	공시지가(원)	목록구분
1	서울특별시 서초구 신반포로 270, 113동 23층■■호 (반포동,반포자이)	대 / 194		집합건물

당사자내역

채무자겸소유자	윤■식	채권자	나루에셋대부유한회사
소유자	성■경	근저당권자	주식회사하나은행
근저당권부질권자	주식회사조은저축은행	가압류권자	탑라이트주식회사
가압류권자	주식회사호서텔레콤	가압류권자	주식회사전북은행
가압류권자	주식회사에스비아이저축은행		

건물 등기부내역 ▶ 건물열람일 : 2015-10-27

순위	접수일자	권리종류	권리자	권리금액	소멸여부	비고
갑1	2009-04-17	소유권	김■추		이전	보존
갑2	2009-06-23	소유권(지분)	선■견외 1명	(거래가)2,300,000,000원	이전	매매
을4	2010-12-01	(근)저당	하나은행	1,416,000,000원	소멸기준	
을8	2012-09-28	(근)저당	나루에셋대부유한회사	130,000,000원	소멸	
을9	2014-10-20	(근)저당	나루에셋대부유한회사	1,105,000,000원	소멸	
갑5	2015-01-20	가압류(지분)	호서텔레콤외1명	400,000,000원	소멸	
갑6	2015-09-08	가압류(지분)	전북은행	176,212,358원	소멸	
갑7	2015-09-22	가압류	에스비아이저축은행	200,816,251원	소멸	
을8-3	2015-09-30	(근)저당질권	조은저축은행	130,000,000원	소멸	
을9-2	2015-09-30	(근)저당질권	조은저축은행	1,105,000,000원	소멸	
갑8	2015-10-19	임의경매	나루에셋대부유한회사	청구 : 996,838,937원	소멸	2015타경17■

나. 하나은행 1순위 1,416,000,000원 근저당권 설정

순위번호	등 기 목 적	접 수	등 기 원 인	권 리 자 및 기 타 사 항
1-2	1번근저당권변경	2009년9월2일 제569▨호	2009년9월2일 계약인수	채무자 윤▨식 서울특별시 서초구 반포동 20-43 반포자이아파트 113-▨
2	근저당권설정	2009년4월17일 제242▨호	2009년3월25일 설정계약	채권최고액 금588,000,000원 채무자 김▨수 서울특별시 서초구 서초동 ▨▨▨ 근저당권자 주식회사우리은행 110111-0023▨▨▨ 서울특별시 중구 회현동1가 ▨▨ (신반포지점)
2-1	2번등기명의인표시변경	2009년9월2일 제569▨호	2009년9월2일 취급지점변경	주식회사우리은행의 취급지점 반포역지점
2-2	2번근저당권변경	2009년9월2일 제569▨호	2009년9월2일 계약인수	채무자 윤▨식 서울특별시 서초구 반포동 20-43 반포자이아파트 113-▨
3	1번근저당권설정, 2번근저당권설정 등기말소	2010년12월1일 제583▨호	2010년12월1일 해지	
4	근저당권설정	2010년12월1일 제583▨호	2010년12월1일 설정계약	채권최고액 금1,416,000,000원 채무자 윤▨식 서울특별시 서초구 반포동 20-43 반포자이아파트 113-▨ 근저당권자 주식회사하나은행 110111-0015▨▨▨ 서울특별시 중구 을지로1가 101-1 (반포자이지점)

다. 후순위 채권 매입으로 법정대위변제 자격확보

- 이후 1순위 하나은행 채권을 법정대위변제함.

순위번호	등 기 목 적	접 수	등 기 원 인	권 리 자 및 기 타 사 항
4-1	4번등기명의인표시변경		2011년10월31일 도로명주소	주식회사하나은행의 주소 서울특별시 중구 을지로 35(을지로1가) 2013년11월19일 부기
4-2	4번근저당권이전	2015년9월16일 제2551▨호	2015년9월1일 회사합병	근저당권자 주식회사하나은행 110111-0672▨▨▨ 서울특별시 중구 을지로 66(을지로2가)
4-3	4번근저당권이전	2015년11월25일 제3393▨호	2015년11월25일 확정채권대위변제	근저당권자 유한회사베리타스에프앤아이 110114-0158▨▨▨ 경기도 고양시 일산동구 위시티로 81, 2동 ▨▨▨호(식사동,풍산트윈시티)
4-3-1	4-3번근저당권부질권	2015년11월30일 제3447▨호	2015년11월30일 설정계약	채권액 금200,000,000원 채무자 유한회사베리타스에프앤아이 경기도 고양시 일산동구 위시티로 81, 2동 ▨▨▨호(식사동,풍산트윈시티) 채권자 황보▨정 611023-▨▨▨▨▨▨▨ 서울특별시 광진구 자양번영로 59, 111동 ▨▨▨호(자양동,우성아파트)
4-3-2	4-3번근저당권부질권	2015년11월30일 제3447▨호	2015년11월30일 설정계약	채권액 금100,000,000원 채무자 유한회사베리타스에프앤아이 경기도 고양시 일산동구 위시티로 81, 2동 ▨▨▨호(식사동,풍산트윈시티) 채권자 유▨호 610910-▨▨▨▨▨▨▨ 서울특별시 송파구 중대로 24, 212동 ▨▨▨호(문정동,올림픽훼밀리타운아파트)
4-4	4번근저당권부질권	2015년11월25일 제3393▨호	2015년11월25일 설정계약	채권액 금1,416,000,000원 채무자 유한회사베리타스에프앤아이

라. 개인으로부터 질권대출을 받고 근저당권부 질권등기(2건)

순위번호	등 기 목 적	접 수	등 기 원 인	권 리 자 및 기 타 사 항
				경기도 고양시 일산동구 위시티로 81, 2동 ■■■호(식사동,풍산트윈시티) 채권자 주식회사삼성상호저축은행 110111-0113■■■ 서울특별시 강남구 논현로 422(역삼동)
4-5	4번근저당권부근질권	2015년11월30일 제3447■호	2015년11월30일 설정계약	채권최고액 금200,000,000원 채무자 유한회사베리타스에프엔아이 경기도 고양시 일산동구 위시티로 81, 2동 ■■■호(식사동,풍산트윈시티) 채권자 황보■경 611023-******* 서울특별시 광진구 자양번영로 59, 111동 ■■■호(자양동,우성아파트)
				착오발견으로 인하여 2015년12월2일 등기
4-6	4번근저당권부근질권	2015년11월30일 제3447■호	2015년11월30일 설정계약	채권최고액 금100,000,000원 채무자 유한회사베리타스에프엔아이 경기도 고양시 일산동구 위시티로 81, 2동 ■■■호(식사동,풍산트윈시티) 채권자 유■호 610910-******* 서울특별시 송파구 중대로 24, 212동 ■■■호(문정동,올림픽훼밀리타운아파트)
				착오발견으로 인하여 2015년12월2일 등기
5	근저당권설정	2011년9월23일 제466■호	2011년9월23일 설정계약	채권최고액 금650,000,000원 채무자 윤■식

마. 후순위 대부업체채권 매입으로 법정대위변제 자격확보

순위번호	등 기 목 적	접 수	등 기 원 인	권 리 자 및 기 타 사 항
				서울특별시 서초구 반포동 20-43 반포자이아파트 113-■■■ 근저당권자 주식회사원에스위스4저축은행 171711-0075■■■ 경기도 성남시 분당구 수내동 ■■■
6	5번근저당권설정등기말소	2012년4월19일 제868■호	2012년4월19일 해지	
7	근저당권설정	2012년4월19일 제868■호	2012년4월19일 설정계약	채권최고액 금1,040,000,000원 채무자 윤■식 서울특별시 서초구 반포동 20-43 반포자이아파트 113-■■■ 근저당권자 주식회사우리금융저축은행 110111-4548■■■ 서울특별시 강남구 테헤란로■ (역삼동,동훈타워) (신촌지점)
8	근저당권설정	2012년9월28일 제2235■호	2012년9월28일 설정계약	채권최고액 금130,000,000원 채무자 윤■식 서울특별시 서초구 신반포로 270, ■■동 ■■■호(반포동,반포자이아파트) 근저당권자 주식회사현대저축은행 110111-0129■■■ 서울특별시 강남구 삼성동 9-1
8-1	8번등기명의인표시변경		2011년10월31일 도로명주소	주식회사현대저축은행의 주소: 서울특별시 강남구 선릉로 ■■■ (삼성동) 2013년8월19일 부기
8-2	8번근저당권이전	2015년9월30일	2015년9월30일	근저당권자 니루에셋대부유한회사 110114-0090■■■

(1) 후순위 대부업체 채권 2건 매입으로 법정대위변제 자격확보

순위번호	등 기 목 적	접 수	등 기 원 인	권 리 자 및 기 타 사 항
		제266652호	확정채권양도	서울특별시 강남구 테헤란로 406, 에이동 ■■호 (대치동)

8-3	8번근저당권부질권	2015년9월30일
		제2666■호
			2015년9월30일
			설정계약
				채권액 금130,000,000원
				변제기 2016년 9월 30일
				이 자 연7퍼센트
				이자지급시기 매월30일
				채무자 나루에셋대부유한회사
				  서울특별시 강남구 테헤란로406, 에이동 ■■호
				  (대치동)
				채권자 주식회사조은저축은행 110111-0129■■■
				  서울특별시 강남구 강남대로
				  574,2층,3층(논현동,전기공사공제조합)

8-4	8번근저당권이전	2015년11월25일
		제3393■호
			2015년11월25일
			확정채권양도
				근저당권자 유한회사베리타스에프엔아이 110114-0158■■■
				  경기도 고양시 일산동구 위시티로 81, 2동
				  ■■호(식사동,풍산트윈시티)

8-5	8번근저당권부질권	2015년11월25일
		제3393■호
			2015년11월25일
			설정계약
				채권액 금130,000,000원
				채무자 유한회사베리타스에프엔아이
				  경기도 고양시 일산동구 위시티로 81, 2동
				  ■■호(식사동,풍산트윈시티)
				채권자 주식회사삼성상호저축은행 110111-0113■■■
				  서울특별시 강남구 논현로 ■■(역삼동)

9	근저당권설정	2014년10월20일
		제2358■호
			2014년10월20일
			설정계약
				채권최고액 금1,105,000,000원
				채무자 윤 식
				  서울특별시 서초구 신반포로 270, ■■동
				  ■■호(반포동,반포자이아파트)

(2) 후순위 대부업체 채권 2건 매입으로 법정대위변제 자격확보

순위번호	등 기 목 적	접 수	등 기 원 인	권 리 자 및 기 타 사 항
				근저당권자 주식회사현대저축은행 110111-0129■■■ 서울특별시 강남구 선릉로 ■(삼성동)

9-1	9번근저당권이전	2015년9월30일
		제2666■호
			2015년9월30일
			확정채권양도
				근저당권자 나루에셋대부유한회사 110114-0096■■■
				  서울특별시 강남구 테헤란로 406, 에이동 ■■호
				  (대치동)

9-2	9번근저당권부질권	2015년9월30일
		제2666■호
			2015년9월30일
			설정계약
				채권액 금1,105,000,000원
				변제기 2016년 9월 30일
				이 자 연7퍼센트
				이자지급시기 매월30일
				채무자 나루에셋대부유한회사
				  서울특별시 강남구 테헤란로406, 에이동 ■■호
				  (대치동)
				채권자 주식회사조은저축은행 110111-0129■■■
				  서울특별시 강남구 강남대로
				  574,2층,3층(논현동,전기공사공제조합)

9-3	9번근저당권이전	2015년11월25일
		제3393■호
			2015년11월25일
			확정채권양도
				근저당권자 유한회사베리타스에프엔아이 110114-0158■■■
				  경기도 고양시 일산동구 위시티로 81, 2동
				  ■■호(식사동,풍산트윈시티)

9-4	9번근저당권부질권	2015년11월25일
		제3393■호
			2015년11월25일
			설정계약
				채권액 금1,105,000,000원
				채무자 유한회사베리타스에프엔아이
				  경기도 고양시 일산동구 위시티로 81, 2동
				  ■■호(식사동,풍산트윈시티)
				채권자 주식회사삼성상호저축은행 110111-0113■■■
				  서울특별시 강남구 논현로 ■■(역삼동)

바. NPL대위변제 순수익율(89%) 분석

(서울중앙지법 2015타경 150717××호)

□ 순수익율 : 약 89%(순수익 111,096,600원/순자본 124,600,000원)
- 질권대출 이자율 : 6%, 질권대출 90% 수익율임.
- 연체이자율 17%, 스프레드 기간 10개월
- 2순위 매입채권은 배당손실이 발생되므로 1순위 채권에 대해 스프레드 연장은 불필요함.
□ 예상배당액 : 2,090,000,000원
- 시가 2,200,000,000원×95%
□ 대출원금 : 1,180,000,000원, 연체이자 17%
□ 채권최고액 : 1,416,000,000원(근저당권 120% 설정)
□ 대위변제 총액 : 1,246,000,000원(원금 1,180,000,000원+연체이자 66,000,000원)
□ 미래 배당차익(Future Spread) :170,000,000원(1,416,000,000원-1,246,000,000원)
(Future Spread기간 산정)
- 1,180,000,000원×17% = 200,600,000원/12개월 = 1달간 연체이자 16,716,600원
- Spread 기간 : 10개월(미래 배당차익 170,000,000원/16,716,600원)
□ 예상 배당차익 : 167,166,600원(1,180,000,000원×17%×10개월)
- 대위변제일(2015.11.25)부터 예상 배당기일(2016.9.25)까지 10개월
□ 자기자본 : 124,600,000원(1,246,000,000원×10%)
□ 질권대출 : 1,121,400,000원(1,246,000,000원×90%)
□ 질권이자 : 56,070,000원(1,121,400,000원×6%×10개월)
□ 순수익 : 111,096,600원(167,166,600원-56,070,000원)

사. 채권자 변경신고, 질권자의 권리신고 및 배당요구 신청서 제출

문건처리내역

접수일	접수내역	결과
2015.10.20	등기소 서울중앙지방법원 등기국 등기필증 제출	
2015.11.03	감정인 석률감정평가사사무소 감정평가서 제출	
2015.11.03	집행관 서울중앙지방법원 집행관실 현황조사보고서 제출	
2015.11.09	채무자겸소유자 윤　식 열람및복사신청 제출	
2015.11.09	근저당권부질권자 주식회사조은저축은행 채권계산서 제출	
2015.11.11	교부권자 국민건강보험공단 서초북부지사 교부청구서 제출	
2015.11.12	채권자 나루에셋대부유한회사 보정서 제출	
2015.11.20	가압류권자 주식회사전북은행 채권계산서 제출	
2015.12.02	근저당권자 유한회사 베리타스에프앤아이 채권자변경신고서 제출	
2015.12.02	근저당권부질권자 주식회사 삼성상호저축은행 권리신고 제출	
2015.12.03	근저당권자 유한회사베리타스에프앤아이(주식회사하나은행의양수인) 우선배당동의서 제출	
2015.12.08	배당요구권자 비엠더블유파이낸셜서비스코리아 주식회사 배당요구신청 제출	
2015.12.10	근저당권부질권자 황보　경 질권자등록신고서 제출	
2015.12.10	근저당권부질권자 유　호 질권자등록신고서 제출	
2015.12.11	가압류권자 탑라이트주식회사 채권계산서 제출	
2015.12.16	가압류권자 주식회사 캐스트윈 채권계산서 제출	
2015.12.30	교부권자 서울특별시서초구 교부청구서 제출	
2015.12.30	교부권자 서울특별시서초구 교부청구서 제출	
2015.12.30	가압류권자 주식회사에스비아이저축은행 채권계산서 제출	
2016.01.07	배당요구권자 신한카드 주식회사 배당요구신청 제출	
2016.02.15	배당요구권자 비엠더블유파이낸셜서비스코리아주식회사 권리신고및배당요구철회서 제출	

아. 채권양수 및 대위변제에 따른 채권자 및 근저당권자 변경공시

● 배당요구종기내역

목록번호	소재지	배당요구종기일
1	서울특별시 서초구 신반포로 270, 113동 23층 ■■호 (반포동,반포자이)	2016.01.08

● 항고내역

물건번호	항고제기자	항고접수일자	항고		재항고		확정여부
		접수결과	사건번호	항고결과	사건번호	재항고결과	
검색결과가 없습니다.							

● 물건내역

검색결과가 없습니다.

● 목록내역

목록번호	소재지	목록구분	비고
1	서울특별시 서초구 신반포로 270, 113동 23층 ■■호 (반포동,반포자이)	집합건물	미종국

● 당사자내역

당사자구분	당사자명	당사자구분	당사자명
채권자	유한회사베리타스에프앤아이(나루에셋대부유한회사의양수인)	근저당권부질권자	주식회사조은저축은행
근저당권부질권자	주식회사삼성상호저축은행	근저당권부질권자	황보■경
근저당권부질권자	유■호	소유자	성■경
채무자겸소유자	윤■식	근저당권자	유한회사베리타스에프앤아이(주식회사하나은행의양수인)
가압류권자	주식회사캐스트원(변경전:주식회사호서텔레콤)	가압류권자	탑라이트주식회사
가압류권자	주식회사전북은행	가압류권자	주식회사에스비아이저축은행
교부권자	국민건강보험공단서초북부지사	교부권자	서울특별시서초구
배당요구권자	주식회사선목은행	배당요구권자	비엠더블유파이낸셜서비스코리아주식회사
배당요구권자	신한카드주식회사		

8. NPL랭킹점프로 3순위자가 1순위채권을 대위변제한 성공사례

(연체이자 배당차익 29,864,000원, 순수익률 138%)

가. 후순위 개인 근저당채권 8백만원 양수 후 법정대위 자격확보

서울서부지방법원

2015 타경 25■

매각공고예상기간 : 2015-07 ~ 2015-10

담당계 : 경매2계
3271-1322(구내:1322)

소재지	(036-26) 서울특별시 서대문구 세무서2길 64, 102동 4층 ■호 (홍제동,현대그린아파트) [지번주소] 서울특별시 서대문구 홍제동			사건접수	2015-02-16
물건종별	집합건물목록1건	채권자	교보생명보험	개시결정	2015-02-17
종국결과	미종국	채무자	조■삼	배당종기	2015-05-12
경매구분	부동산임의경매	소유자	조■삼	청구금액	205,351,200원

물건목록

목록번호	소재지	면적(㎡)	공시지가(원)	목록구분
1	서울특별시 서대문구 세무서2길 64, 102동 4층 ■호 (홍제동,현대그린아파트)	대 / 9,138	2,680,000	집합건물

당사자내역

채무자겸소유자	조■삼	채권자	교보생명보험주식회사
임차인	정■민	압류권자	국(서대문세무서)
근저당권자	주식회사에이치케이저축은행	근저당권자	오■명

건물 등기부내역 ▶ 건물열람일 : 2015-03-11

순위	접수일자	권리종류	권리자	권리금액	소멸여부	비고
갑1	2001-06-19	소유권	조■삼		이전	임의경매로 인한 낙찰
을3	2010-01-25	(근)저당	교보생명보험	260,000,000원	소멸기준	
을6	2012-10-22	(근)저당	에이치케이저축은행	31,200,000원	소멸	
갑4	2014-12-05	압류	국 - 서대문세무서		소멸	(재산세1과52■)
을7	2014-12-30	(근)저당	오■명	8,000,000원	소멸	
갑5	2015-02-17	임의경매	교보생명보험	청구 : 205,351,200원	소멸	2015타경25■

나. 교보생명 1순위 260,000,000원 법정 대위변제

순위번호	등기목적	접수	등기원인	권리자 및 기타사항
				서울 서대문구 홍제동 455 현대그린아파트 ■■동 ■■호 근저당권자 주식회사하나은행 110111-0015■■■ 서울특별시 중구 을지로1가 ■■ (흥은동지점)
3	근저당권설정	2010년1월25일 제27■■호	2010년1월22일 설정계약	채권최고액 금260,000,000원 채무자 조■삼 서울 서대문구 홍제동 455 현대그린아파트 ■■동 근저당권자 교보생명보험주식회사 110111-0014■■■ 서울특별시 종로구 종로1가 1
3-1	3번근저당권이전	2015년8월28일 제352■■호	2015년8월28일 확정채권양도	근저당권자 최■에 760806-******* 서울특별시 광진구 뚝섬로23가길 ■, ■■호(자양동, 태영빌라)
3-1-1	3-1번근저당권경정	2015년9월4일 제363■■호	2015년8월28일 신청착오	등기원인 확정채권대위변제
3-1-2	3-1번근저당권부질권	2015년9월10일 제375■■호	2015년9월10일 근저당권부 질권설정 계약	채권액 금260,000,000원 원본 및 이자의 지급장소 질권자 주소지 채무자 최■에 서울특별시 광진구 뚝섬로23가길 ■, ■■호(자양동, 태영빌라) 채권자 ■■■■■■■■■조합 114238-0000■■ 서울특별시 마포구 큰우물로 ■■(도화동) (서초역지점)

다. 투자자는 2015. 8.26. 8백만원의 채권을 양수받음

- 투자자는 양수 후 2일 후인 2015. 8.28 1순위를 법정대위변제함.

순위번호	등기목적	접수	등기원인	권리자 및 기타사항
4	1번근저당권설정등기말소	2010년1월26일 제29■■호	2010년1월26일 해지	
5	2번근저당권설정등기말소	2010년1월26일 제29■■호	2010년1월26일 해지	
6	근저당권설정	2012년10월22일 제329■■호	2012년10월22일 설정계약	채권최고액 금31,200,000원 채무자 조■삼 서울 서대문구 홍제동 455 현대그린아파트 ■■동 ■■호 근저당권자 주식회사에이치케이저축은행 110111-0126■■ 서울특별시 강남구 논현동 ■■■
7	근저당권설정	2014년12월30일 제459■■호	2014년12월30일 설정계약	채권최고액 금8,000,000원 채무자 조■삼 서울특별시 서대문구 세무2길 64, ■■동 ■■호(홍제동, 현대그린아파트) 근저당권자 오■경 600220-******* 서울특별시 송파구 오금로 ■길 ■■■호(거여동, 아을담아파트)
7-1	7번근저당권이전	2015년8월26일 제347■■호	2015년8월26일 확정채권양도	근저당권자 최■에 760806-******* 서울특별시 광진구 뚝섬로23가길 ■, ■■호(자양동, 태영빌라)

라. NPL대위변제 순수익율(138%) 분석

(서울서부지원 2015타경 53526××호)

□ 순수익율 : 약 138%(순수익 29,864,000원/순자본 21,600,000원)
- 질권대출 이자율 : 5.2%, 질권대출 90% 수익율임.
- 연체이자율 17%, 스프레드 기간 15개월
- 3순위 채권 매입 후 1순위 근저당채권을 법정대위변제함.
- 보험회사 채권임.
□ 예상배당액 : 306,900,000원
- 시가 330,000,000원×93%
□ 대출원금 : 200,000,000원, 연체이자 17%
- 채권최고액 : 260,000,000원(근저당권 130% 설정)
□ 대위변제 총액 : 216,000,000원(원금 200,000,000원+연체이자 16,000,000원)
□ 미래 배당차익(Future Spread) : 44,000,000원(260,000,000원-216,000,000원)
(Future Spread기간 산정)
- 200,000,000원×17% = 34,000,000원/12개월 = 1개월간 연체이자 2,833,300원
- Spread 기간 : 15개월(미래 배당차익 44,000,000원/2,833,300원)
□ 예상 배당차익 : 42,500,000원(200,000,000원×17%×15개월)
- 대위변제일(2015.8.28)부터 예상 배당기일(2016.11.28)까지 15개월
□ 자기자본 : 21,600,000원(216,000,000원×10%)
□ 질권대출 : 194,400,000원(216,000,000원×90%)
□ 질권이자 : 12,636,000원(194,400,000원×5.2%×15개월)
□ 순수익 : 29,864,000원(42,500,000원-12,636,000원)
- 3순위의 개인 근저당채권 8백만원을 매입 후 1순위 근저당채권을 법정대위변제한 사건임.

마. 투자자는 우선 채권양도로 채권자 변경신고

- 투자자는 2차로 대위변제에 따라 채권자 변경신고(보정으로 정정)

문건처리내역

접수일	접수내역	결과
2015.02.23	등기소 서대문등기소 등기필증 제출	
2015.02.27	기타 집행관 최■수 현황조사서 제출	
2015.03.03	기타 (주)가화감정평가법인 감정평가서 제출	
2015.03.09	기타 국민건강보험공단 교부청구 제출	
2015.03.10	압류권자 국(서대문세무서) 교부청구 제출	
2015.03.13	채권자 교보생명보험주식회사 보정명령요청 제출	
2015.03.23	근저당권자 주식회사에이치케이저축은행 채권계산서 제출	
2015.03.26	채권자 교보생명보험주식회사 보정기일연기신청 제출	
2015.04.08	기타 서대문구 교부청구서 제출	
2015.07.02	근저당권자 주식회사에이치케이저축은행 열람및복사신청 제출	
2015.07.27	채권자 교보생명보험주식회사 보정서 제출	
2015.08.20	근저당권자 오■경 열람및복사신청 제출	
2015.08.25	근저당권자 최■애(양도전:오■경) 열람및복사신청 제출	
2015.09.02	기타 최■애 채권자변경신고 제출	
2015.09.07	채무자겸소유자 망 조■삼의 상속인 조■한 외 1 상속포기신고 제출	
2015.09.15	근저당권자 최■애(양도전:오■경) 채권자변경신고 제출	
2015.09.16	저당권부질권자 통조림가공수산업협동조합 권리신고서 제출	
2015.09.16	근저당권자 최■애 우선배당동의서 제출	
2015.11.10	법원 서울서부지방법원 전언통신문 제출	
2015.11.13	채권자 최■애(양도전:교보생명보험주식회사) 당사자표시정정신청서 제출	
2016.02.22	채권자 최■애(양도전:교보생명보험주식회사) 주소/송달장소 변경신고서 제출	

바. 1순위 채권자 변경신고 보정명령(교보생명 ⇒대위변제 투자자)

송달내역

송달일	송달내역	송달결과
2015.02.21	감정인 진■섭 평가명령 발송	2015.02.25 도달
2015.02.21	채권자 교보생명보험주식회사 대표이사 신■재 개시결정정본 발송	2015.02.24 도달
2015.02.21	채무자겸소유자 조■삼 개시결정정본 발송	2015.02.26 폐문부재
2015.03.03	최고관서 서울시 서대문구청장 최고서 발송	2015.03.04 도달
2015.03.03	최고관서 서대문세무서 최고서 발송	2015.03.04 도달
2015.03.03	최고관서 국민건강보험공단 서대문지사 최고서 발송	2015.03.04 도달
2015.03.03	근저당권자 주식회사에이치케이저축은행 최고서 발송	2015.03.05 도달
2015.03.03	임차인 정■민 임차인통지서 발송	2015.03.06 폐문부재
2015.03.03	압류권자 국(서대문세무서) 최고서 발송	2015.03.04 도달
2015.03.03	근저당권자 오■명 최고서 발송	2015.03.05 도달
2015.03.09	채권자 교보생명보험주식회사 대표이사 신■재 주소보정명령등본 발송	2015.03.10 도달
2015.03.12	임차인 정■민 임차인통지서 발송	2015.03.12 송달간주
2015.03.18	채권자 교보생명보험주식회사 대표이사 신■재 보정명령등본 발송	2015.03.19 도달
2015.07.28	채권자 교보생명보험주식회사 결정정본 발송	2015.07.30 도달
2015.07.28	채무자겸소유자 망 조■삼의 상속인 조■한 결정정본 발송	2015.08.01 도달
2015.07.28	채무자겸소유자2 망 조■삼의 상속인 조■수 개시결정정본 발송	2015.07.31 도달
2015.07.28	채무자겸소유자1 망 조■삼의 상속인 조■한 개시결정정본 발송	2015.08.01 도달
2015.07.28	채무자겸소유자 망 조■삼의 상속인 조■수 결정정본 발송	2015.07.31 도달
2015.07.28	채무자겸소유자 망 조■삼의 상속인 조■한 결정정본 발송	2015.08.01 도달
2015.07.28	채권자 교보생명보험주식회사 결정정본 발송	2015.07.30 도달
2015.07.28	채무자겸소유자 망 조■삼의 상속인 조■수 결정정본 발송	2015.07.31 도달
2015.09.08	채권자 교보생명보험주식회사 보정명령등본 발송	2015.09.11 도달
2015.09.16	채권자 최■애(양■전:교보생명보험주식회사) 보정명령등본 발송	2015.09.21 도달
2015.11.17	채무자겸소유자 조■순 경정결정정본 발송	2015.11.20 도달
2015.11.17	채무자겸소유자 조■회 경정결정정본 발송	2015.11.19 도달
2015.11.17	채무자겸소유자 조■자 경정결정정본 발송	2015.11.19 도달
2015.11.17	채무자겸소유자 조■일 경정결정정본 발송	2015.11.19 도달
2015.11.17	채권자 최■애(양■전:교보생명보험주식회사) 경정결정정본 발송	2015.11.19 도달
2015.11.17	채무자겸소유자 조■선 경정결정정본 발송	2015.11.19 도달

9. NPL랭킹업 싹쓸이 투자 성공사례
(연체이자 배당차익 32,895,000원, 순수익률 64%)

가. 대위변제 자격취득 방법

대위변제 자격취득 방법은 법정대위로써 담보물에 설정된 후순위 저축은행의 근저당 채권을 론세일로 매입하여 법정대위 자격을 확보한 다음 선순위로 설정된 은행의 근저당채권을 대위변제한 사건으로서 필자의 저서 《NPL랭킹업 투자비법》에서 기술한 후순위채권 매입 후 선순위채권을 대위변제하는 투자방법이다. 이는 후순위채권자의 지위를 승계한 자가 대위변제로 1순위 등 선순위 근저당채권을 승계 취득하여 순위상승으로 1순위 등 선순위채권자의 지위도 보유하게 되는데, 이는 후순위채권의 매입을 통한 NPL랭킹업 투자법이라 할 수 있다.

나. 대위변제 수익창출 내용

금화저축은행의 후순위 채권을 매입 후 선순위 우리은행의 채권을 1달 후에 랭킹업으로 대위변제한 사건이다. 미래 배당차익(Future Spread)은 약 54,795,000원(설정액 568,000,000원 - 대위변제금액 513,205,000원) 정도 예상된다. 실제 배당차익은 대위변제일(2014.7.23.)로부터 예상배당기일(2015.2.28.)까지 7개월 동안 약 46,905,000원(473,000,000원×17%×7개월) 정도 예상된다. 대위변제 질권대출을 받았을 경우 대출이자를 차감하고도 자기자본 대비 순수익률은 64%나 되는 대박사건이다(수익 32,895,000원/순자본 51,320,500원).

다. NPL랭킹업 순수익률 분석

□ 순수익율 : 약 64%(수익 32,895,000원/순자본 51,320,500원)
    ○ 질권대출을 5%대로 받을 경우 수익률은 더 올라감.
       - 적용이자율 5.2%, 질권대출 90% 가정 시의 수익률임.

- 후순위 금화저축은행 채권매입 후 선순위 우리은행채권을 1달 후에 랭킹업으로 대위변제

□ 예상배당액 : 782,500,000원
　- 시가(108㎡) 860,000,000원 × 예상낙찰가율 91%(12.10 낙찰)

□ 우리은행 원금 473,000,000원, 연체이자 17%(5건 대위변제)

□ 채권최고액 568,000,000원(근저당권 120% 설정)

□ 대위변제 총액 : 약 513,205,000원
　(원금 473,000,000원 + 연체이자 6개월 40,205,000원)

□ 미래배당차익(Future Spread) : 약 54,795,000원
　(568,000,000원 - 513,205,000원)
　《Future-Spread기간 산정》
　○ 473,000,000원 × 17% = 80,410,000/12개월
　　= 1달간 연체이자 6,700,000원
　○ Spread 기간 : 8개월(미래배당차익 54,795,000/6,700,000원)

□ 실제 배당차익 : 46,905,000원(473,000,000원 × 17% × 7개월)
- 대위변제일(2014.7.23)부터 예상배당기일(2015.2.28)까지 7개월
□ 자기자본 : 51,320,500원(513,205,000원 × 10%)
□ 질권대출 : 461,884,500원(513,205,000원 × 90%)
□ 질권대출 이자 : 14,010,000원(461,884,500원 × 5.2% × 7개월)
□ 실제 순수익 : 약 32,895,000원(46,905,000원-14,010,000원)

라. 경매정보지의 내용

- 서울남부지법 2014타경 57291××호 임의경매사건

2014 타경 57■■ (임의)		매각기일 : 2014-12-10 10:00~ (수)		경매8계 02-2192-1338	
소재지	(080-18) 서울특별시 양천구 신정동 329외 3필지 목동신시가지아파트 제1406동 제3층 제■■호 [도로명주소] 서울특별시 양천구 목동동로 130, 1406동 3층 ■■호 (신정동,목동신시가지아파트)				
현황용도	아파트	채권자	금화저축은행의 양수인 ■■	감정가	860,000,000원
대지권	86.92㎡ (26.29평)	채무자	신■호	최저가	(80%) 688,000,000원
전용면적	108.28㎡ (32.75평)	소유자	신■호	보증금	(10%)68,800,000원
사건접수	2014-03-10	매각대상	토지/건물일괄매각	청구금액	108,349,601원
입찰방법	기일입찰	배당종기일	2014-05-26	개시결정	2014-03-11

기일현황 ▽간략보기

회차	매각기일	최저매각금액	결과
신건	2014-08-19	860,000,000원	유찰
	2014-09-30	688,000,000원	변경
2차	2014-12-10	688,000,000원	매각
	고■기/입찰9명/낙찰782,500,000원(91%) 2등 입찰가 : 775,210,000원		
	2014-12-17	매각결정기일	허가
	2015-01-22	대금지급기한	납부
	2015-03-05	배당기일	완료
	배당종결된 사건입니다.		

정정공고 ▶ 정정일자 : 2014-09-22

정정내용	기일변경으로 인하여.

감정평가현황 ▶ 한성감정 , 가격시점 : 2014-03-19

토지	건물	제시외건물(포함)	제시외건물(제외)	기타(기계기구)	합계
300,000,000원	560,000,000원	×	×	×	860,000,000원

건물현황 ▶ 보존등기일 : 1987-07-31

	지번	층별	구조	전용면적	감정가격	비고
1	신정동 ■■ 외 3필지 ■■동	3층 ■■호	철근콘크리트조	108.28㎡ (32.75평)	560,000,000원	15층 건중 3층
기타	이용상태(방4 거실 주방겸식당 욕실(2) 창고 발코니) / 상하수도 위생설비 급탕설비 개별도시가스 보일러 시설 소화전 화재경보기 승강기 등					

대지권현황

	지번	용도	대지권비율	면적	감정가격	비고
1	신정동 ■■ 외 3필지	대지권	215214.2㎡ 분의 86.92㎡	86.92㎡ (26.29평)	300,000,000원	
기타	양천구청 동남측 인근 위치 / 주위는 주거환경 양호 / 전철 2호선 양천구청역 이용과 시내버스 정류장에서 약 5분거리로 대중교통 편리 / 광대 소로 각지에 위치 / 제3종 일반주거지역					

임차인현황 = 매각물건명세서상 조사된 임차내역이 없습니다 =

건물 등기 사항 ▶ 건물열람일 : 2014-03-24

마. 우리은행 근저당권 5건 설정

- 6순위로 저축은행이 근저당권 설정
- 1차로 후순위 저축은행 채권을 매입해 법정 대위변제 자격을 확보함.
- 2차로 대위변제 투자자가 선순위 우리은행 근저당채권 5건 모두를 싹쓸이로 대위변제해 근저당권 이전등기를 함.

건물 등기 사항 ▶ 건물열람일 : 2014-03-24 　　등기사항증명서

구분	성립일자	권리종류	권리자	권리금액	상태	비고
갑2	2000-04-17	소유권	김■정		이전	매매
갑3	2000-09-27	소유권	신■호		이전	협의분할에 의한 상속
을4	2002-04-10	(근)저당	우리은행	240,000,000원	소멸기준	(주택)소액배당 4000 이하 1600 (상가) 선순위담보물권기준 상.임.법 보호대상아님
을6	2002-10-07	(근)저당	우리은행	60,000,000원	소멸	
을8	2005-11-25	(근)저당	우리은행	120,000,000원	소멸	
을10	2006-04-17	(근)저당	우리은행	120,000,000원	소멸	
을11	2006-08-31	(근)저당	우리은행	28,000,000원	소멸	
을12	2006-12-20	(근)저당	금화저축은행	140,000,000원	소멸	
을13	2007-03-13	(근)저당	신라저축은행	286,000,000원	소멸	
갑14	2013-04-26	압류	국 - 서인천세무서		소멸	(김포지서-63■)
갑15	2013-11-26	압류	서울특별시양천구		소멸	(징수과-5)
갑16	2014-03-11	임의경매	■■저축은행	청구 : 108,349,601원	소멸	2014타경5■(배당종결) 금화저축은행의 양수인 ■■

명세서 요약사항 ▶ 최선순위 설정일자 2002.4.10. 근저당권

매각으로 소멸되지 않는 등기부권리	해당사항 없음
매각으로 설정된 것으로 보는 지상권	해당사항 없음
주의사항 / 법원문건접수 요약	2014-09-22 채권자 주식회사 ■■■저축은행의 양수인 주식회사 ■■ 기일연기신청 제출 2014-12-05 유치권자 백■길 유치권신고서 제출 * 관리비 조사일자 : 2014-08-05 ※개인정보로 확인 불가능하다고 함.

부동산종합공부 요약

지번	■■	지목/면적	대 (68,960.9㎡)	공시지가		기준일 : 2015-01-01 → 4,900,000원 / ㎡

* 도시지역 * 제3종일반주거지역 * 지구단위계획구역 * 대로3류 * 도시철도 * 중로2류 * 가축사육제한구역 * 대공방어협조구역 * 과밀억제권역 * 학교환경위생 정화구역 * 폐기물매립시설 설치제한지역

목동신시가지(14단지) 단지현황

건설사	■■건설	입주년도	1987.07	관리사무소	02-2648-4428
총세대수	3,100 세대	총 동수	34 개동	최저~최고	15층 ~ 20층
주차대수	1,879 대	난 방	지역	난방연료	열병합
공급면적	125.62㎡ (38평)	전용면적	108.28㎡ (32.75평)	구 조	계단식
방 수	4개	욕실수	2개	동일평형	875 세대

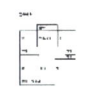

바. 후순위 저축은행채권 매입 후 대위변제로 근저당권 이전등기

【 표 제 부 】			(전유부분의 건물의 표시)	
표시번호	접 수	건물번호	건 물 내 역	등기원인 및 기타사항
1 (전 1)	1987년7월31일	제3층 제303호	철근콘크리트조 108.28㎡	도면편철장 제6책제77호
				부동산등기법 제177조의 6 제1항의 규정에 의하여 1999년 06월 11일 전산이기

		(대지권의 표시)	
표시번호	대지권종류	대지권비율	등기원인 및 기타사항
1 (전 1)	1, 2, 3, 4 소유권대지권	215214.2분의 86.92	1990년5월4일 대지권 1990년5월4일
			부동산등기법 제177조의 6 제1항의 규정에 의하여 1999년 06월 11일 전산이기

【 갑 구 】			(소유권에 관한 사항)	
순위번호	등 기 목 적	접 수	등 기 원 인	권리자 및 기타사항
1 (전 4)	소유권이전	1998년10월22일 제102406호	1998년8월25일 매매	소유자 성■옥 530310-******* 서울 양천구 신정동 329 목동신시가지아파트 ■■■
				부동산등기법 제177조의 6 제1항의 규정에 의하여 1999년

① 우리은행이 1순위 240,000,000원 근저당권 설정

- 후순위채권 양수인이 랭킹업으로 우리은행 채권 대위변제(1건)

순위번호	등 기 목 적	접 수	등 기 원 인	권리자 및 기타사항
3-1	3번근저당권이전	2002년4월11일 제324■호	2001년11월1일 회사합병	근저당권자 주식회사국민은행 110111-2365■■■ 서울 중구 남대문로2가 (주택영등포영업자원센터)
4	근저당권설정	2002년4월10일 제320■호	2002년4월10일 설정계약	채권최고액 금240,000,000원 채무자 신■호 서울 양천구 신정동 329 목동신시가지아파트 1406-■■ 근저당권자 주식회사■■은행 110111-0023■■ 서울 중구 회현동1가 (하안동지점)
4-1	4번등기명의인표시변경	2014년7월23일 제335■호	2002년6월20일 상호변경	주식회사■■은행의 성명(명칭) 주식회사우리은행
4-2	4번등기명의인표시변경	2014년7월23일 제335■호	2014년7월23일 취급지점변경	주식회사우리은행의 취급지점 본점
4-3	4번근저당권이전	2014년7월23일 제335■호	2014년7월23일 확정채권대위변제	근저당권자 주식회사■■ 110111-3433■ 서울특별시 성동구 성수동1가 2동 ■■ ■ 빌딩 2층
4-4	4번근저당권부질권	2014년7월23일 제335■호	2014년7월23일 설정계약	채권액 금100,000,000원 변제기 2015년 7월 23일 이 자 연30퍼센트 채무자 주식회사■■ 서울특별시 성동구 성수동1가 2동 ■■ ■ 빌딩 층 채권자 김■영 821019-******* 서울특별시 성동구 성수일로4길 26, ■■ ■ 호 (성수동2가,서울숲힐스테이트)

② 후순위 양수인이 랭킹업으로 우리은행 채권 대위변제(2건째)

순위번호	등기목적	접수	등기원인	권리자 및 기타사항
5	3번근저당권설정등기말소	2002년4월11일 제324■호	2002년4월11일 해지	
6	근저당권설정	2002년10월7일 제844■호	2002년10월7일 설정계약	채권최고액 금60,000,000원 채무자 신■호 서울 양천구 신정동 329 목동신시가지아파트 ■■ 근저당권자 주식회사우리은행 110111-0023■ 서울 중구 회현동1가 ■ (하안동지점)
6-1	6번등기명의인표시변경	2014년7월23일 제335■호	2014년7월23일 취급지점변경	주식회사우리은행의 취급지점 본점
6-2	6번근저당권이전	2014년7월23일 제336■호	2014년7월23일 확정채권대위변제	근저당권자 주식회사■■ 110111-3433■ 서울특별시 성동구 성수동1가 2동 ■■ ■■빌딩 ■층
7	근저당권설정	2003년1월30일 제63■호	2003년1월30일 설정계약	채권최고액 금96,000,000원 채무자 어■재 김포시 감정동 674 신화아파트 ■■ 근저당권자 주식회사우리은행 110111-0023■ 서울 중구 회현동1가 ■ (하안동지점)
8	근저당권설정	2006년11월25일 제802■호	2006년11월25일 설정계약	채권최고액 금120,000,000원 채무자 신■호 김포시 대곶면 약암리 ■ 근저당권자 주식회사우리은행 110111-0023■ 서울 중구 회현동1가 ■

③ 후순위 양수인이 은행채권 랭킹업으로 대위변제(3건, 4건째)

순위번호	등기목적	접수	등기원인	권리자 및 기타사항
				(신봉지점)
8-1	8번등기명의인표시변경	2014년7월23일 제335■호	2014년7월23일 취급지점변경	주식회사우리은행의 취급지점 본점
8-2	8번근저당권이전	2014년7월23일 제335■호	2014년7월23일 확정채권대위변제	근저당권자 주식회사■■ 110111-3433■ 서울특별시 성동구 성수동1가 2동 ■■ ■■ ■층
9	7번근저당권설정등기말소	2006년11월28일 제803■호	2006년11월25일 해지	
10	근저당권설정	2006년4월17일 제287■호	2006년4월17일 설정계약	채권최고액 금120,000,000원 채무자 신■호 김포시 대곶면 약암리 ■ 근저당권자 주식회사우리은행 110111-0023■ 서울 중구 회현동1가 ■ (신봉지점)
10-1	10번등기명의인표시변경	2014년7월23일 제338■호	2014년7월23일 취급지점변경	주식회사우리은행의 취급지점 본점
10-2	10번근저당권이전	2014년7월23일 제335■호	2014년7월23일 확정채권대위변제	근저당권자 주식회사■■ 110111-3433■ 서울특별시 성동구 성수동1가 2동 ■■ ■■ ■층
11	근저당권설정	2006년8월31일 제672■호	2006년8월31일 설정계약	채권최고액 금120,000,000원 채무자 신■호 김포시 대곶면 약암리 ■

④ 후순위 양수인이 은행채권 5건째 랭킹업으로 대위변제

- 1차로 후순위 금화저축은행의 채권을 확정채권 양도로 양도받음.

순위번호	등기목적	접 수	등기원인	권리자 및 기타사항
				근저당권자 주식회사우리은행 110111-0023■■■ 서울 중구 회현동1가 ■■■ (산봉지점)
11-1	11번등기명의인표시변경	2011년9월9일 제429■호	2011년9월9일 취급지점변경	주식회사우리은행의 취급지점 본점
11-2	11번근저당권변경	2011년9월9일 제429■호	2011년9월9일 변경계약	채권최고액 금28,000,000원
11-3	11번근저당권이전	2014년7월23일 제335■호	2014년7월23일 확정채권대위변제	근저당권자 주식회사■■ 110111-3433■■■ 서울특별시 성동구 성수동1가 2동 ■■■ ■■빌딩 2층
12	근저당권설정	2006년12월20일 제1028■호	2006년12월20일 설정계약	채권최고액 금140,000,000원 채무자 신■호 김포시 대곶면 약암리 ■■ 근저당권자 주식회사금화상호저축은행 120111-0000■■ 인천 부평구 부평동 ■■■
12-1	12번등기명의인표시변경	2014년6월27일 제298■호	2011년10월31일 도로명주소	주식회사■■■■은행의 주소 인천광역시 부평구 부흥로■■(부평동)
12-2	12번근저당권이전	2014년6월27일 제298■호	2014년6월26일 확정채권양도	근저당권자 주식회사■■ 110111-3433■■■ 서울특별시 성동구 성수동1가 2동 ■■■ ■■빌딩 2층
13	근저당권설정	2007년3월13일 제189■호	2007년3월13일 설정계약	채권최고액 금286,000,000원 채무자 전■자

10. NPL바이러스 대위변제 성공사례(연체이자 배당차익 19,376,500원, 순수익률 137%)

가. 후순위로 바이러스 근저당권 15,000,000원을 설정해 법정대위변제 자격확보

- 이후 15,000,000원의 바이러스 근저당권을 활용해 1순위채권을 법정대위변제함.

나. 1순위 근저당채권 169,000,000원을 법정대위변제로 근저당권 이전등기

순위번호	등기목적	접수	등기원인	권리자 및 기타사항
		제105■호	해지	
13	11번근저당권설정등기말소	2013년2월18일 제98■호	2013년2월18일 해지	
14	근저당권설정	2013년2월18일 제98■호	2013년2월18일 설정계약	채권최고액 금169,000,000원 채무자 박■호 서울특별시 광진구 구의동 204-3 동산 ■호 근저당권자 ■■■■■■■■조합 114238-0000■ 서울특별시 광진구 구의동 ■■ (구의지점)
14-1	14번근저당권이전	2015년9월8일 제689■호	2015년9월8일 확정채권대위변제	근저당권자 장■산 781106-******* 서울특별시 성동구 성덕정길 ■■-■ 가동 ■■호(성수동1가, 진흥빌라)
14-2	14번근저당권부질권	2015년9월8일 제689■호	2015년9월8일 근저당권부질권설정계약	채권액 금169,000,000원 채무자 장■산 서울특별시 성동구 성덕정길 ■■-■ 가동 ■■호(성수동1가, 진흥빌라) 채권자 ■■■■■■■■조합 114238-0000■ 서울특별시 마포구 큰우물로■■(도화동) (서초역지점)
15	근저당권설정	2014년5월12일 제287■호	2014년5월12일 설정계약	채권최고액 금25,500,000원 채무자 박■호 서울특별시 광진구 구의로16길 ■■, ■■호(구의동,동산) 근저당권자 김■영 821019-*******

다. 바이러스 근저당권 15,000,000원을 3순위로 설정등기

- 법정 대위변제 자격을 확보함.

순위번호	등기목적	접수	등기원인	권리자 및 기타사항
				서울특별시 성동구 성수일로4길 26, 101동 ■■■호 (성수동2가, 서울숲힐스테이트)
16	근저당권설정	2015년1월5일 제4■호	2015년1월5일 설정계약	채권최고액 금15,000,000원 채무자 박■호 서울특별시 광진구 구의로16길 28, ■■호 (구의동,동산) 근저당권자 장■산 781106-******* 서울특별시 성동구 성덕정길 56-7, 가동 ■■호 (성수동1가, 진흥빌라)

라. NPL대위변제 순수익율(137%) 실전사례

(서울동부지원 2015타경 432812××호)

□ 순수익율 : 약 137%(순수익 19,376,500원/순자본 14,100,000원)
- 질권대출 이자율 : 5.2%, 질권대출 90% 수익율임.
- 연체이자율 17%, 스프레드 기간 15개월
- 바이러스 근저당권 2건(25,000,000원 및 15,000,000원) 설정 후 15,000,000원의 근저당권을 활용하여 1순위 협동조합 채권을 법정 대위변제함.
- 담보여력이 충분하고 스프레드 기간이 15개월로 장기임. 2015.12.11 대환으로 취하함.

□ 예상배당액 : 184,000,000원
- 시가 230,000,000원×80%

□ 대 출 원 금 : 130,000,000원, 연체이자 17%

□ 채권최고액 : 169,000,000원(근저당권 130% 설정)

□ 대위변제 총액 : 141,000,000원(원금 130,000,000원 + 연체이자 11,000,000원)

□ 미래 배당차익(Future Spread) : 28,000,000원(169,000,000원 - 141,000,000원)

(Future Spread기간 산정)
- 130,000,000원×17% = 22,100,000원/12개월 = 1달간 연체이자 1,841,660원
- Spread 기간 : 15개월(미래 배당차익 28,000,000원/1,841,660원)

□ 예상 배당차익 : 27,625,000원(130,000,000원×17%×15개월)
- 대위변제일(2015.9.11)부터 예상 배당기일(2016.12.11)까지 15개월

□ 자기자본 : 14,100,000원(141,000,000원×10%)

□ 질권대출 : 126,900,000원(141,000,000원×90%)

□ 질권이자 : 8,248,500원(126,900,000원×5.2%×15개월)

□ 순 수 익 : 19,376,500원(27,625,000원 - 8,248,500원)

11. 후순위 전세권자가 전세금 배당손실 방어를 위해 NPL랭킹업 대위변제를 한 실제 사례

가. 후순위 전세권 설정등기를 한 전세권자가 전세금 손실방어를 위해 법정 대위변제함

2014 타경 225■■ (임의)		매각기일 : 2015-05-06 10:00~ (수)		경매10계 02-2192-13■	
소재지	(082-40) 서울특별시 구로구 고척동 339 고척파크푸르지오 제101동 제2층 제■■호 [도로명주소] 서울특별시 구로구 중앙로 121, 101동 2층 ■■호 (고척동,고척파크푸르지오)				
현황용도	아파트	채권자	홍■숙	감정가	500,000,000원
대지권	67.837㎡ (20.52평)	채무자	한■선	최저가	(80%) 400,000,000원
전용면적	84.94㎡ (25.69평)	소유자	한■선	보증금	(10%) 40,000,000원
사건접수	2014-09-24	매각대상	토지/건물일괄매각	청구금액	240,000,000원
입찰방법	기일입찰	배당종기일	2014-12-29	개시결정	2014-10-10

기일현황

회차	매각기일	최저매각금액	결과
신건	2015-03-31	500,000,000원	유찰
2차	2015-05-06	400,000,000원	매각
홍성숙/입찰6명/낙찰485,001,000원(97%)			
	2015-05-13	매각결정기일	변경
	2015-05-27	매각결정기일	허가
	2015-06-26	대금지급및 배당기일	
배당종결된 사건입니다.			

감정평가현황 ▶ 지산감정, 가격시점 : 2014-10-24

토지	건물	제시외건물(포함)	제시외건물(제외)	기타(기계기구)	합계
300,000,000원	200,000,000원	×	×	×	500,000,000원

건물현황 ▶ 보존등기일 : 2009-11-03

	지번	층별	구조	전용면적	감정가격	비고
1	고척동 ■■ ■동	2층■호	철근콘크리트조	84.94㎡ (25.69평)	200,000,000원	12층 건중 2층
기타	이용상태(침실3 거실 주방겸식당 화장실2 드레스룸 발코니 등) / 도시가스에 의한 개별난방 위생설비 및 급배수설비 소화전설비 E.V설비 등					

대지권현황

	지번	용도	대지권비율	면적	감정가격	비고
1	고척동 ■■	대지권	42506.10㎡ 분의 67.84㎡	67.84㎡ (20.52평)	300,000,000원	

나. 후순위 240,000,000원의 전세권자가 선순위 은행채권 2건을 대위변제함

- 전세권자가 낙찰을 받고 상계에 의한 대금납부 신청을 함.

건물 등기 사항 ▶ 건물열람일 : 2014-10-30 　　　등기사항증명서

구분	성립일자	권리종류	권리자	권리금액	상태	비고
갑1	2009-11-03	소유권	고척제2구역주택재개발정비사업조합		이전	보존
갑2	2009-11-16	소유권	한■선		이전	매매
을1	2009-11-16	(근)저당	국민은행	180,680,000원	소멸기준	(주택)소액배당 6000 이하 2000 (상가)소액배당 4500 이하 1350
을2	2009-11-16	(근)저당	국민은행	90,000,000원	소멸	
을3	2009-11-16	(근)저당	국	27,600,000원	소멸	
을4	2009-12-18	전세권	홍■숙	240,000,000원	소멸	
갑3	2014-03-07	가압류	우리파이낸셜	22,604,756원	소멸	
갑4	2014-10-10	임의경매	홍■숙	청구: 240,000,000원	소멸	2014타경225■■배당종결
갑5	2014-10-21	압류	서울특별시구로구		소멸	(징수과-1021)

명세서 요약사항 ▶ 최선순위 설정일자 2009.11.16.(근저당권)

매각으로 소멸되지 않는 등기부권리	해당사항 없음
매각으로 설정된 것으로 보는 지상권	해당사항 없음
주의사항 / 법원문건접수 요약	2015-06-02 채권자 홍■숙 채권상계신청서 제출 ※미납관리비(공용)를 인수할수 있으니 입찰전에 확인 하시기 바랍니다.

부동산종합공부 요약

지번	■■	지목/면적	대 (42,506.1㎡)	공시지가	기준일 : 2015-01-01 → 2,990,000원 / ㎡

* 도시지역 * 제2종일반주거지역 * 일반미관지구 * 도로 * 가축사육제한구역 * 대공방어협조구역 * 정비구역 * 과밀억제권역 * 학교환경위생 정화구역 * 공항소음피해예상지역 * 장애물제한표면구역

고척파크푸르지오 단지현황

건설사	대우건설	입주년도	2009.05	관리사무소	-
총세대수	662 세대	총 동수	11 개동	최저~최고	10층 ~ 12층
주차대수	-	난 방	개별	난방연료	도시가스
공급면적	105.78㎡ (32평)	전용면적	84.94㎡ (25.69평)	구 조	계단식
방 수	3개	욕실수	2개	동일평형	276 세대

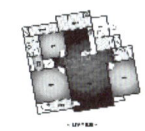

실거래가 정보 (* 최근 12개월중 최근 거래내역 10건입니다.) ●매매 ○전월세 　시세　실거래가　전월세

명칭(매매)	전용면적(㎡)	거래년월	계약일	해당층	거래금액
고척파크푸르지오	84.94	2016.2	(21~31)	8	508,000,000 원
고척파크푸르지오	59.89	2016.2	(21~31)	11	418,000,000 원
고척파크푸르지오	84.94	2016.2	(11~20)	11	525,000,000 원
고척파크푸르지오	84.94	2016.2	(11~20)	3	490,000,000 원
고척파크푸르지오	59.89	2016.2	(11~20)	12	400,000,000 원
고척파크푸르지오	114.99	2016.1	(21~31)	11	600,000,000 원
고척파크푸르지오	59.89	2016.1	(11~20)	6	425,000,000 원
고척파크푸르지오	84.94	2016.1	(11~20)	6	527,000,000 원
고척파크푸르지오	114.99	2015.12	(21~31)	8	598,000,000 원
고척파크푸르지오	84.94	2015.12	(11~20)	5	530,000,000 원

다. 배당손실을 입는 후순위 전세권자가 선순위 근저당채권 2건을 전액 대위변제

- 그후 근저당권 일부 이전등기만 받았는데 전부이전등기를 받아야 타당함.

【 을 구 】				(소유권 이외의 권리에 관한 사항)
순위번호	등 기 목 적	접 수	등 기 원 인	권 리 자 및 기 타 사 항
1	근저당권설정	2009년11월16일 제850■호	2009년11월16일 설정계약	채권최고액 금180,680,000원 채무자 한■선 　서울특별시 금천구 독산동 957 푸른터 ■ 근저당권자 주식회사국민은행 110111-2365■ 　서울특별시 중구 남대문로2가 9-1 　(─고척동지점─)
1-1	1번등기명의인표시변경	2014년12월4일 제977■호	2014년12월4일 취급지점변경	주식회사국민은행의 취급지점 여신관리센터
1-2	1번근저당권일부이전	2014년12월4일 제978■호	2014년12월4일 확정채권일부대위변제	변제액 금156,515,595원 근저당권자 홍■숙 600722-******* 　서울특별시 구로구 중앙로 121, 101동 ■호 　(고척동,고척파크푸르지오아파트)
2	근저당권설정	2009년11월16일 제850■호	2009년11월16일 설정계약	채권최고액 금90,000,000원 채무자 한■선 　서울특별시 금천구 독산동 957 푸른터 ■ 근저당권자 주식회사국민은행 110111-2368■ 　서울특별시 중구 남대문로2가 9-1 　(─고척동지점─)
2-1	2번등기명의인표시변경	2014년12월4일 제977■호	2014년12월4일 취급지점변경	주식회사국민은행의 취급지점 여신관리센터
2-2	2번근저당권일부이전	2014년12월4일 제978■호	2014년12월4일 확정채권일부대위변제	변제액 금78,139,970원 근저당권자 홍■숙 600722-*******

라. 후순위 전세권 240,000,000원 설정등기

- 전세권자는 법정 대위변제 자격이 있으므로 이를 활용해 선순위 채권 2건을 법정대위변제함.

순위번호	등 기 목 적	접 수	등 기 원 인	권 리 자 및 기 타 사 항
				서울특별시 구로구 중앙로 121, 101동 ■호 (고척동,고척파크푸르지오아파트)
3	근저당권설정	2009년11월16일 제851■호	2009년11월16일 설정계약	채권최고액 금27,600,000원 채무자 한■선 　서울특별시 금천구 독산동 957 푸른터 ■ 근저당권자 국 　관리청 국가보훈처 ■
4	전세권설정	2009년12월18일 제941■호	2009년11월16일 설정계약	전세금 금240,000,000원 범 위 주거용전부 존속기간 2009년 12월 18일부터 2011년 12월 17일까지 전세권자 홍■숙 600722-******* 　서울특별시 구로구 고척동 320 센츄리아파트 ■
4-1				4번 등기는 건물만에 관한 것임 2009년12월18일 부기

마. 전세권자가 낙찰 후 채권 상계신청서 제출로 상계에 의한 대금납부 신청

문건접수내역		
접수일	접수내역	접수결과
2014-10-07	채권자 홍■숙 보정서 제출	
2014-10-13	등기소 구로등기소 등기필증 제출	
2014-10-24	근저당권자 주식회사 국민은행 송달장소변경신고서 제출	
2014-10-24	기타 집행관 원■희 현황조사서 제출	
2014-10-27	근저당권자 국(국가보훈처) 채권계산서 제출	
2014-10-28	감정인 지산감정평가사 감정평가서 제출	
2014-11-03	채권자 홍■숙 권리신고및배당요구신청 제출	
2014-11-03	채권자 홍■숙 주소보정 제출	
2014-11-10	채권자 홍■숙 매각기일지정신청서 제출	
2014-11-27	채권자 홍■숙 보정서 제출	
2014-12-16	교부권자 구로구청 교부청구 제출	
2014-12-24	채권자 홍■숙 보정서 제출	
2015-01-22	채권자 홍■숙 보정서 제출	
2015-05-12	채권자 홍■숙 주소보정서 제출	
2015-06-02	**채권자 홍■숙 채권상계신청서 제출**	
2015-06-10	채권자 홍■숙 변제확인서 제출	
2015-06-12	교부권자 서울특별시구로구청 교부청구서 제출	
2015-06-15	근저당권자 주식회사 국민은행 채권계산서 제출	
2015-06-16	근저당권자 국(국가보훈처) 채권계산서 제출	
2015-06-17	가압류권자 케이비캐피탈 주식회사(변경전:우리파이낸셜 주식회사) 채권계산서 제출	

바. 대금지급기한 및 배당기일 동일자(2015. 6.26)로 지정

- 전세권자가 낙찰 후 상계에 의한 대금납부 신청을 함.
- 이에 대금납부기한 및 배당기일을 같은 날자로 지정함.

2015-05-07	근저당권자 주식회사 국민은행 매각결정기일변경통지서 발송
2015-05-07	임차인 홍■숙 매각결정기일변경통지서 발송
2015-05-07	전세권자 홍■숙 매각결정기일변경통지서 발송
2015-05-07	채권자 홍■숙 매각결정기일변경통지서 발송
2015-05-07	채무자겸소유자 한■선 매각결정기일변경통지서 발송
2015-05-07	최고가매수신고인 홍■숙 매각결정기일변경통지서 발송
2015-06-05	가압류권자 우리파이낸셜 주식회사 대금지급기한및배당기일통지서 발송
2015-06-05	교부권자 서울특별시구로구청 대금지급기한및배당기일통지서 발송
2015-06-05	근저당권자 국(국가보훈처) 대금지급기한및배당기일통지서 발송
2015-06-05	근저당권자 주식회사 국민은행 대금지급기한및배당기일통지서 발송
2015-06-05	임차인 홍■숙 대금지급기한및배당기일통지서 발송
2015-06-05	**전세권자 홍■숙 대금지급기한및배당기일통지서 발송**
2015-06-05	채권자 홍■숙 대금지급기한및배당기일통지서 발송
2015-06-05	채무자겸소유자 한■선 대금지급기한및배당기일통지서 발송
2015-06-05	최고가매수인 대금지급기한및배당기일통지서 발송

12. 가등기 채권자의 가등기말소 방어(Ranking Keeping)를 위한 NPL랭킹업 대위변제 성공사례(연체이자 배당차익 250,000,000원)

가. 대위변제 자격취득 방법

대위변제 자격취득 방법은 법정대위로서 담보물에 대한 소유권이전청구권 가등기채권자가 대위변제한 사건으로써 필자의 저서 《NPL랭킹업 투자비법》에서 기술한 이해관계인으로써 대위변제한 사건이다. 가등기권자는 소유권이전청구권 가등기의 말소방어를 위한 가등기권자의 지위를 유지할 정당한 이익이 있어 법정대위로 변제할 이익이 있다. 이는 '현상유지 또는 현 가등기권자 지위의 유지'이익이 있으므로 이것도 NPL랭킹 Keeping으로 명명하였다.

나. 대위변제 수익창출 내용

이 건은 채무자가 5억원을 빌리면서 근린생활시설에 근저당권 7억 5천만원을 설정한 이후에 다른 채권자에게 소유권이전청구권 가등기를 설정해 주었다. 그후 가등기권자는 가등기설정 당일에 기존 2007.11.22.설정된 3순위의 근저당채권 5억원(설정 7억5천만원)을 대위변제하고 채권을 승계이전 받았다(3순위 채권이지만 100%배당이 예상되는 채권임). 미래배당차익(Future Spread)은 약 2억 5천만원 정도(750,000,000원 - 500,000,000원)되는 대박사건이다.

다. NPL Ranking Keeping사건 수익율 분석

☐ 순수익 : 약 250,000,000원 정도
  - 소유권이전청구권 가등기 설정(2008.12.24) 채권자가 가등기의 말소 방어의 이익이 있어 법정 대위변제 자격을 보유함.
  - 이를 행사하여 선순위 근저당 채권을 대위변제함.
  - 가등기권자가 가등기설정 당일에 2007.11.22.설정된 채권자의 3순위의 근저당채

권 7억 5천만원을 대위변제하고 채권을 승계이전 받음(3순위로서 100%배당이 예상되는 채권임).

□ 예상 배당액 : 5,580,000,000원
  - 대지 559㎡, 3층 건물
  - 감정가 6,200,000,000원 × 예상 낙찰가율 90%
  - 1순위 및 2순위 근저당채권 42억원
  - 이 건 3순위 7억 5천만원의 채권을 선순위 채권과 합산하면 3순위까지 총 채권은 약 50억원으로서 이건도 100%배당이 예상되는 채권임.

□ 대위변제대상 채권(일반 법인채권) : 원금 500,000,000원

□ 채권최고액 750,000,000원(근저당권 150%설정)

□ 대위변제 총액 : 약 500,000,000원

□ 미래배당차익(Future Spread) : 약 250,000,000원
  (750,000,000원 - 500,000,000원)

라. 경매정보지 내용

2012 타경 116■■ (강제) 2014타경26■■		매각기일 : 2016-03-02 10:00~ (수)		경매6계 02-530-18■■	
소재지	(087-57) 서울특별시 관악구 봉천동 ■■-■■ [도로명주소] 서울특별시 관악구 남부순환로 ■■■ (봉천동)				
현황용도	근린상가	채권자	김■래외1명	감정가	7,389,670,200원
토지면적	599.7㎡ (181.41평)	채무자	마■호	최저가	(64%) 4,729,389,000원
건물면적	1150.18㎡ (347.93평)	소유자	마■호	보증금	(10%)472,939,000원
제시외	44.8㎡ (13.55평)	매각대상	토지/건물일괄매각	청구금액	1,326,622,070원
입찰방법	기일입찰	배당종기일	2012-07-09	개시결정	2012-04-16

기일현황

회차	매각기일	최저매각금액	결과
	2012-09-05	6,227,520,200원	변경
	2014-10-15	6,227,520,200원	변경
	2014-11-19	6,227,520,200원	변경
	2014-12-24	6,227,520,200원	변경
	2015-02-11	6,227,520,200원	변경
	2015-03-18	6,227,520,200원	변경
신건	2015-07-01	7,389,670,200원	유찰
2차	2015-08-05	5,911,736,000원	유찰
	2015-09-02	4,729,389,000원	변경
	2015-11-18	4,729,389,000원	변경
3차	2016-03-02	4,729,389,000원	매각
주)전주농수산 송■숙/입찰1명/낙찰 5,230,000,000원(71%)			
	2016-03-09	매각결정기일	허가
	2016-04-28	대금지급기한	

변경공고 ▶ 변경일자 : 2015-09-01

변경내용	2015.09.01. 변경 후 추후지정

감정평가현황 ▶ 민현기감정 , 가격시점 : 2015-05-08 [감정평가서]

토지	건물	제시외건물(포함)	제시외건물(제외)	기타(기계기구)	합계
7,076,460,000원	309,790,200원	3,420,000원	x	x	7,389,670,200원

비고	※-참조-사건이 변경되면서 건물 면적이 변경되어 진행합니다. 입찰시 확인요함.

건물현황 ▶ 보존등기일 : 1978-12-22 [건축물매장]

	지번	층별	구조	용도	면적	단가(㎡당)	감정가격	비고
1	남부순환로1711	지층	철근콩크리트조	근린시설	205.09㎡ (62.04평)	225,000원	46,145,250원	
2	남부순환로1711	1층	철근콩크리트조	근린시설	327.47㎡ (99.06평)	285,000원	93,328,950원	
3	남부순환로1711	2층	철근콩크리트조	근린시설	327.47㎡ (99.06평)	285,000원	93,328,950원	
4	남부순환로1711	3층	철근콩크리트조	근린시설	260.89㎡ (78.92평)	285,000원	74,353,650원	
5	남부순환로1711	옥탑	철근콩크리트조	근린시설	29.26㎡ (8.85평)	90,000원	2,633,400원	

마. 대위변제에 따른 근저당권 이전 공시내용

① 소유권이전청구권 가등기 설정(순위번호 7번)

순위번호	등기목적	접수	등기원인	권리자 및 기타사항
			부천지원의 가압류결정(2008카합8▒)	김포시 북변동 ▒▒
7	소유권이전청구권가등기	2008년12월24일 제653▒호	2008년12월24일 매매	가등기권자 한국교통안전건설팅주식회사 110111-1876▒▒▒ 서울특별시 서초구 서초동 ▒▒▒ ▒▒빌딩 6층
7-1	7번가등기소유권이전청구권가처분	2010년2월3일 제32▒호	2010년2월3일 서울중앙지방법원의 가처분결정(2010카합2▒)	피보전권리 사해행위취소로 인한 소유권이전청구권가등기 말소청구권 채권자 주식회사 ▒▒ 서울 중구 다동 ▒▒ 금지사항 양도 기타 일체의 처분행위 금지
7-2	7번가등기소유권이전청구권가처분	2011년5월19일 제186▒호	2011년6월19일 서울중앙지방법원의 가처분결정(2011카합1▒7)	피보전권리 사해행위취소로 인한 소유권이전청구권가등기 말소청구권 채권자 김▒래 사천시 사천읍 경의리 ▒▒ 안▒민 서울 서초구 서초동 ▒▒▒ ▒▒빌딩 5층 금지사항 양도 기타 일체의 처분행위 금지
8	압류	2009년2월2일 제29▒호	2009년1월29일 압류(청소환경과-18▒)	권리자 서울특별시 처분청 관악구청
9	가압류	2009년3월9일 제77▒호	2009년3월9일 서울중앙지방법원의 가압류결정(2009카단463▒)	청구금액 금383,236,700 원 채권자 주식회사 경린금융공사 서울 중구 다동 ▒▒

② 일반법인이 근저당권 750,000,000원 설정등기(순위번호 16번)

순위번호	등기목적	접수	등기원인	권리자 및 기타사항
12-6	12번전세권이전	2014년4월16일 제873▒호	2014년4월15일 양도	전세권자 신▒예 711031-2▒▒▒▒▒▒ 서울특별시 서초구 잠원로 88, 302동 ▒▒호 (잠원동, 신반포7차아파트)
13	10번근저당권설정등기말소	2007년9월18일 제414▒호	2007년9월18일 해지	
14	8번근저당권설정등기말소	2007년9월18일 제414▒호	2007년9월18일 해지	
16	근저당권설정	2007년9월18일 제414▒호	2007년9월18일 설정계약	채권최고액 금780,000,000원 채무자 마▒호 경기도 성남시 분당구 이매동 123 이매촌 ▒▒▒ ▒▒▒ 근저당권자 주식회사하나은행 110111-0016▒▒▒ 서울특별시 중구 을지로1가 101-1 (도산로지점) 공동담보 토지 서울특별시 관악구 봉천동 ▒▒ ▒▒
16-1	16번등기명의인표시변경		2011년10월31일 도로명주소	주식회사하나은행의 주소 서울특별시 중구 을지로 35(을지로1가) 2013년11월19일 부기
16-2	16번근저당권이전	2013년12월26일 제3101▒호	2013년12월26일 계약양도	근저당권자 주식회사엠제이 131111-0340▒▒▒ 경기도 성남시 분당구 벌말로60번길 42, ▒▒호 (야탑동, 로잔디움파크)
16	근저당권설정	2007년11월22일 제617▒호	2007년11월22일 설정계약	채권최고액 금750,000,000원 채무자 마▒호 경기도 성남시 분당구 이매동 123 이매촌 ▒▒▒

③ 16번 근저당권을 가등기권자가 대위변제로 이전등기 받음.

- 가등기말소 방어를 위해 법정대위변제의 이익이 있음.

순위번호	등 기 목 적	접 수	등 기 원 인	권리자 및 기타사항
				근저당권자 주식회사 ▓▓▓ 110111-2821▓▓▓ 서울특별시 강남구 역삼동 642-16 성지2차 ▓▓호 공동담보 토지 서울특별시 관악구 봉천동 ▓▓
16-1	16번근저당권이전	2008년12월24일 제653▓▓호	2008년12월24일 확정채권대위변제	근저당권자 한국교통안전권설정주식회사 110111-1876▓▓▓ 서울특별시 서초구 서초동 ▓▓▓ 빌딩 6층
17	근저당권설정	2008년3월19일 제107▓▓호	2008년3월19일 설정계약	채권최고액 금1,500,000,000원 채무자 주식회사 ▓▓▓ 경기도 오산시 오산동 925-1 운암프라자3차빌딩 ▓▓호 근저당권자 주식회사 ▓▓▓ 110111-2821▓▓▓ 서울특별시 강남구 역삼동 642-16 성지2차 ▓▓호 공동담보 토지 서울특별시 관악구 봉천동 ▓▓
17-1	17번등기명의인표시변경	2009년5월8일 제102▓▓호	2008년6월29일 본점이전	주식회사 ▓▓▓의 주소 서울특별시 서초구 서초동 ▓▓▓ 빌딩 ▓층
17-2	17번근저당권일부이전	2009년5월8일 제102▓▓호	2009년4월30일 확정채권일부대위변제	변제액 금 300,000,000원 근저당권자 강▓선 770930-2****** 서울특별시 동대문구 이문동 ▓▓▓
18	16번근저당권설정등기말소	2009년10월14일 제378▓▓호	2009년10월14일 해지	
19	17-2번근저당권일부이전등기말소		2009년10월14일 해지	2009년10월14일 등기
20	17번근저당권설정, 17-2번근저당권일부이전	2009년10월14일 제378▓▓호	2009년10월14일 해지	

13. 개인회생 신청자의 NPL랭킹쉬프트(임의대위) 성공사례(연체이자 배당차익 59,450,000원, 순수익률 198%)

가. 광주지법 2014타경 294508XX호(스프레드 77,000,000원)

2014 타경 294■■ (강제) 2015타경31■ 2015타경42■		매각기일 : 2015-11-17 10:00~ (화)		경매9계 062-239-16■	
소재지	(502-882) 광주광역시 서구 동천동 648 우미린아파트 제503동 제1층 제■■호 [도로명주소] 광주광역시 서구 하남대로710번길 20, 503동 1층 ■■호 (동천동,우미린)				
물건종별	아파트	채권자	이■우외2명	감정가	398,000,000원
대지권	84.4915㎡ (25.56평)	채무자	이■연	최저가	(100%) 398,000,000원
전용면적	146.5431㎡ (44.33평)	소유자	이■연	보증금	(10%) 39,800,000원
입찰방법	기일입찰	매각대상	토지/건물일괄매각	청구금액	10,000,000원
사건접수	2014-12-16	배당종기일	2015-03-23	개시결정	2014-12-16

기일현황

회차	매각기일	최저매각금액	결과
신건	2015-06-02	398,000,000원	변경
신건	2015-11-17	398,000,000원	매각
이■숙/입찰2명/낙찰416,100,000원(105%)			
	2015-11-24	매각결정기일	

감정평가현황 ▶ 플러스감정, 가격시점 : 2014-12-29

토지	건물	제시외건물(포함)	제시외건물(제외)	기타(기계기구)	합계
83,580,000원	314,420,000원	×	×	×	398,000,000원

건물현황 ▶ 보존등기일 : 2007-08-30

	지번	층별	구조	전용면적	감정가격	비고
1	동천동 ■■동	1층 ■■호	철근콘크리트조	146.5431㎡ (44.33평)	314,420,000원	19층 건중 1층 남동향, 계단식
기타	위생 및 난방시설 급수시설 등					

대지권현황

	지번	용도	대지권비율	면적	감정가격	비고
1	동천동 ■■	대지권	57837.9㎡ 분의 84.49㎡	84.49㎡ (25.56평)	83,580,000원	
기타	대자중학교 북측에 위치 / 주위는 학교 및 아파트 상가지대임 / 교통은 무난시됨 / 본건 동측 진입로가 개설 있어 진출입은 무난시됨					

임차인현황 = 매각물건명세서상 조사된 임차내역이 없습니다 =

건물 등기부현황 ▶ 건물열람일 : 2015-01-02

구분	성립일자	권리종류	권리자	권리금액	상태	비고
갑1	2007-08-30	소유권	■건설외 1명		이전	보존
갑2	2008-04-18	소유권	이■연	(거래가) 323,800,000원	이전	매매
을10	2014-06-23	(근)저당	■■■■은행	377,000,000원	소멸기준	
갑10	2014-07-30	가압류	■■■■엠지	16,960,000원	소멸	
갑11	2014-07-31	가압류	김■종	28,608,588원	소멸	
갑12	2014-12-16	강제경매	이■우	청구: 10,000,000원	소멸	2014타경294■■ 이■우외2명

나. 대위변제 동의서(NPL랭킹쉬프트, 임의대위)

대위변제 신청서

담당자	책임자	팀 장	지점장

주식회사 _____ 상호저축은행 귀중

귀 금융기관의 채무자 이 ㅇㅇ가 귀 금융기관과의 대출(여신)거래 약정(년   월   일)에 따라 귀 금융기관으로부터 차용한 채무 현재액 전액 금 00원을 채무자의 동의(승낙)등을 득하여 대위변제 하오니 승낙하여 주시고, 대위변제자에게 대위변제 증서 및 근저당권 이전등기 위임장과 채권서류 원본을 교부하여 주시기 바랍니다.

아울러 귀 금융기관이 대위변제자에게 채권원본 서류를 교부함에 따라 채무관련인의 개인신용정보가 제공되는 것에 대해 동의합니다.

2015년   3월   10일

본   인   성   명 : 장 ㅇㅇ (인)
(대위변제자)   주   소 : _____
              전화번호 :

채 무 자   성   명 : 이 ㅇㅇ   (인감날인)
(대위변제 승낙자)   주   소 : _____
              주민등록번호 :
              전 화 번 호 :

첨부 : 채무자(대위변제 승낙자)의 인감증명서 1부.

다. 확정채권 대위변제에 기한 근저당권 이전등기 위임장

위 임 장

부동산의표시	1동의 건물의 표시 　광주광역시 서구 동천동 ■■ 　유미린 제■동 전유부분의 건물의 표시 　건물의 번호 : 503 - 1 - 105 　구조 및 면적 : 철근콘크리트구조 146.5431㎡ 대지권의 목적인 토지의 표시 1. 광주광역시 서구 동천동 ■■ 대 57837.9㎡ 대지권의 종류 : 소유권 대지권의 비율 : 57837.9분의 84.4915
등기원인과 그 연월일	2015. 03. 10. 확정채권 대위변제
등 기 의 목 적	근저당권이전
채 권 최 고 액	금377,000,000원
채 무 자	장■신　경기도 화성시 병점3로 117, 903동 ■■호(병점동, 안화동마을주공아파트)
담보할 저당권의 표시	2013. 09. 23. 접수 제77■호로 등기한 근저당권 (2015. 03. 10. 접수 제　　호로 이전한 근저당권)

| 위무자 : 주식회사 ■■■■■ 은행
대구광역시 중구 국채보상로 570-1(전동)
대표이사 강■석

권리자　장■신
경기도 화성시 병점3로 117,
903동 ■■호(병점동, 안화동마을주공아파트) | 법무사 박■로 사무소
서울 서초구 서초동 ■■■
(02) 532-44■■

위의 사람을 대리인으로 정
하고 위 부동산등기신청 및
취하에 관한 일체의 행위를
위임한다. 또한 복대리인 선임을
허락한다.

2015.　09. |

라. 미래 연체이자 차익인 스프레드 77,000,000원

순위번호	등 기 목 적	접 수	등 기 원 인	권 리 자 및 기 타 사 항
10	근저당권설정	2014년6월23일 제1251■호	2014년6월19일 설정계약	채권최고액 금377,000,000원 채무자 이■현 광주광역시 서구 하남대로710번길 20, 503동 ■■호 (동천동, 우미린아파트) 근저당권자 주식회사 ■■■■■■은행 170111-0158■■■ 대구광역시 중구 국채보상로■■■ (관동)
10-1	10번근저당권이전	2015년3월10일 제553■호	2015년3월10일 확정채권대위변제	근저당권자 장■신 450420-******* 경기도 화성시 병점3로 117, 903동 ■■호(병점동, 안화동마을주공아파트)
10-2	10번근저당권부질권	2015년3월10일 제553■호	2015년3월10일 설정계약	채권액 금377,000,000원 채무자 장■신 경기도 화성시 병점3로 117, 903동 ■■호(병점동, 안화동마을주공아파트) 채권자 ■■■금고 115044-0000■■■ 서울특별시 동작구 만양로 ■■(노량진동)
11	8번근저당권설정등기말소	2014년6월25일 제1270■호	2014년6월25일 해지	

마. 2015개회 14700호 개인회생 신청

관련사건내역

관련법원	관련사건번호	관련사건구분
광주지방법원	2015개회14■■■	민사본안

물건내역

물건번호	1	▶ 물건상세조회 ▶ 매각물건명세서	물건용도	아파트	감정평가액	398,000,000원		
목록1	광주광역시 서구 하남대로710번길 20, 503동 1층 ■■호 (동천동,우미린)		목록구분	집합건물	비고	미종국		
물건상태	매각준비 -> 매각공고 -> **매각**							
기일정보					최근입찰결과	2015.11.17 매각(416,100,000원)		

: 등기기록 열람

목록내역

목록번호	소재지	목록구분	비고
1	광주광역시 서구 하남대로710번길 20, 503동 1층 ■■호 (동천동,우미린)	집합건물	미종국

당사자내역

당사자구분	당사자명	당사자구분	당사자명
채권자	이■우	채권자	김■종
채권자	주식회사유니온상호저축은행의 승계인 장■신	근저당권부질권자	■■■■금고
채무자겸소유자	이■연	근저당권자	주식회사유니온상호저축은행의 승계인 장창신
가압류권자	주식회사 조인포스씨엠지	가압류권자	김■종
가압류권자	신용보증기금	가압류권자	주식회사우리은행
가압류권자	김■희	교부권자	북광주세무서
교부권자	광주광역시서구	교부권자	국민건강보험공단광주북부지사
배당요구권자	김■희		

바. 경매중지결정문을 얻어 경매중지 신청서 접수

문건처리내역

접수일	접수내역	결과
2014.12.17	등기소 광주지방법원 등기국 등기필증 제출	
2014.12.26	배당요구권자 김■희 권리신고및배당요구신청 제출	
2014.12.30	감정인 플러스감정 감정서 제출	
2015.01.02	교부권자 광주세무서 교부청구 제출	
2015.01.06	기타 집행관 현황조사서 제출	
2015.01.12	근저당권자 주식회사유니온상호저축은행 채권계산서 제출	
2015.01.22	채권자 이■우 보정서 제출	
2015.01.22	채권자 이■우 주소보정 제출	
2015.01.23	배당요구권자 신용보증기금 광주중앙지점 권리신고및배당요구신청 제출	
2015.01.30	배당요구권자 주식회사 우리은행 권리신고및배당요구신청 제출	
2015.02.03	가압류권자 주식회사우리은행 보정서 제출	
2015.02.27	교부권자 광주광역시서구 교부청구 제출	
2015.03.10	채무자겸소유자 이■연 열람및복사신청 제출	
2015.03.17	압류권자 국민건강보험공단 광주북부지사 교부청구 제출	
2015.04.01	배당요구권자 ■■■■금고 권리신고 및 배당요구신청서 제출	
2015.05.13	교부권자 북광주세무서 교부청구서 제출	
2015.05.13	채권자 이■우 사용증명 제출	
2015.05.14	채무자겸소유자 이■연 중지신청서 제출	
2015.06.02	기타 채권자수계 장■신 채권자변경 및 권리신고서 제출	
2015.09.07	채권자 이■우 경매절차속행신청서 제출	

사. NPL과 개인회생의 환상적인 결합

□ 순수익률 : 약 198%(순수익 59,450,000원/순자본 30,000,000원)
  - 적용이자율 6%, 질권대출 90%의 순수익률임.
  - 연체이자율이 25%이고 스프레드 기간이 13개월
  - 채무자로 부터 대위변제 동의서 징구 및 개인회생 진행 중인 사건
□ 예상배당액 : 380,000,000원
  - 시가(146㎡) 400,000,000원×예상 낙찰가율 95%
□ 저축은행 원금 290,000,000원, 연체이자 25%
□ 채권최고액 377,000,000원(근저당권 130% 설정)
□ 대위변제 총액 : 약 300,000,000원(원금 290,000,000원+연체이자 10,000,000원)
□ 미래배당차익(Future Spread) : 약 77,000,000원(377,000,000원-300,000,000원)
《Future-Spread기간 산정》
  - 290,000,000원×25% = 72,500,000원/12개월
    = 1달간 연체이자 6,041,000원
  - Spread 기간 : 13개월(미래배당차익 77,000,000원/6,041,000원)
□ 실제 배당차익 : 77,000,000원(290,000,000원×25%×13개월)
  - 대위변제일(2015. 3. 10)부터 예상 배당기일(2016. 4.10)까지 13개월
□ 자기자본 : 30,000,000원(300,000,000원×10%)
□ 질권대출 : 270,000,000원(300,000,000원×90%)
  - 새마을금고에서 대위변제 질권대출을 실행함.
□ 질권이자 : 17,550,000원(270,000,000원×6%×13개월)
□ 순수익 : 59,450,000원(77,000,000원 - 17,550,000원)

아. 배당내역(배당표)

① 대위변제자에게 채권최고액 전액 377,000,000원이 배당됨.

광주지방법원 배당표

사 건: 2014타경294■■ 부동산강제경매 2015타경31■■, 2015타경42■■(중복)

배당할금액	금	416,325,114		
명세	매각대금	금	416,100,000	
	지연이자 및 절차비용	금	0	
	전경매보증금	금	0	
	매각대금이자	금	225,114	
	항고보증금	금	0	
집행비용	금	5,184,899		
실제배당할 금액	금	411,140,215		
매각부동산	1. 광주광역시 서구 동천동 648 우미린 503동 1층 ■■호			

채권자	김■종	광주광역시서구	광주광역시서구
채권금액 원금	7,108,580	504,810	32,170
이자	0	0	0
비용	0	0	0
계	7,108,580	504,810	32,170
배당순위	1	2	3
이유	최우선 임금 등	교부권자(당해세)	교부권자(비당해, 법기2014.5.28)
채권최고액	0	0	0
배당액	7,108,580	504,810	32,170
잔여액	404,031,635	403,526,825	403,494,655
배당비율	100 %	100 %	100 %
공탁번호 (공탁일)	금제 호 (. .)	금제 호 (. .)	금제 호 (. .)

② 투자자는 근저당권 설정 최고액인 377,000,000원 전액을 배당받음.

- 질권대출 새마을금고 : 279,000,000원 배당

- 대위변제 투자자 : 98,000,000원 배당받음.

채 권 자		북광주세무서	국민건강보험공단광주복부지사	▨▨▨금고
채권금액	원 금	1,966,150	5,371,209	279,000,000
	이 자	0	0	0
	비 용	0	0	0
	계	1,966,150	5,371,209	279,000,000
배 당 순 위		3	4	5
이 유		교부권자(비당해, 법기2014.4.25.)	교부권자(공과금, 납기2014.6.10.)	근저당권부질권자(근14-125145, 15-55335)
채 권 최 고 액		0	0	377,000,000
배 당 액		1,966,150	5,371,209	279,000,000
잔 여 액		401,528,505	396,157,296	117,157,296
배 당 비 율		100 %	100 %	100 %
공탁번호 (공탁일)		금제 호 (. . .)	금제 호 (. . .)	금제 호 (. . .)
채 권 자		주식회사유니온상호저축은행의 승계인 장▨신	광주광역시서구	북광주세무서
채권금액	원 금	290,000,000	91,040	1,297,330
	이 자	79,292,603	0	0
	비 용	0	0	0
	계	369,292,603	91,040	1,297,330
배 당 순 위		6	7	7
이 유		신청채권자(근14-125145, 15-55334)	교부권자(비당해, 법기2014.12.10.)	교부권자(비당해, 법기2014.10.25.)
채 권 최 고 액		98,000,000	0	0
배 당 액		98,000,000	91,040	1,297,330
잔 여 액		19,157,296	19,066,256	17,768,926
배 당 비 율		100 %	100 %	100 %
공탁번호 (공탁일)		금제 호 (. . .)	금제 호 (. . .)	금제 호 (. . .)

4-2

③ 후순위 채권자들의 배당내역

채 권 자		국민건강보험공단광주북부지사	김■종	김■희
채권금액	원 금	9,879,220	18,068,406	30,000,000
	이 자	0	0	0
	비 용	0	0	0
	계	9,879,220	18,068,406	30,000,000
배 당 순 위		8	9	9
이 유		교부권자(공과금, 납기 2015.3.10.)	신청채권자(광주14머159■)	가압류권자(광주14카단59■)
채 권 최 고 액		0	0	30,000,000
배 당 액		9,879,220	842,863	1,399,453
잔 여 액		7,889,706	7,046,843	5,647,390
배 당 비 율		100 %	4.66 %	4.66 %
공탁번호 (공탁일)		금제 호 (. . .)	금제 호 (. . .)	금제 호 (. . .)
채 권 자		신용보증기금	이■우	주식회사 ■■■■엠지
채권금액	원 금	73,015,788	10,000,000	16,960,000
	이 자	7,058,073	3,199,900	0
	비 용	0	0	0
	계	80,073,861	13,199,900	16,960,000
배 당 순 위		9	9	9
이 유		가압류권자(광주15카단50■)	신청채권자(14가소39■)	가압류권자(서울남부14카단5060)
채 권 최 고 액		76,500,000	0	16,960,000
배 당 액		3,568,606	615,755	791,158
잔 여 액		2,078,784	1,463,029	671,871
배 당 비 율		4.66 %	4.66 %	4.66 %
공탁번호 (공탁일)		금제 호 (. . .)	금제 호 (. . .)	금제 호 (. . .)

4-3

14. 유암코의 NPL을 임의 대위변제(랭킹쉬프트)로 취득한 성공사례

    (연체이자 배당차익 126,799,000원, 순수익률 343%)

가. 투자자는 선순위 채권 2건 임의 대위변제

- 유암코로 매각된 중소기업은행 1순위채권 379,200,000원 대위변제
- 새마을금고의 2순위 98,800,000원 등 2건 임의 대위변제
- 연체상태에서 대위변제한 다음 4개월 후에 대위변제 투자자가 직접경매를 신청함.

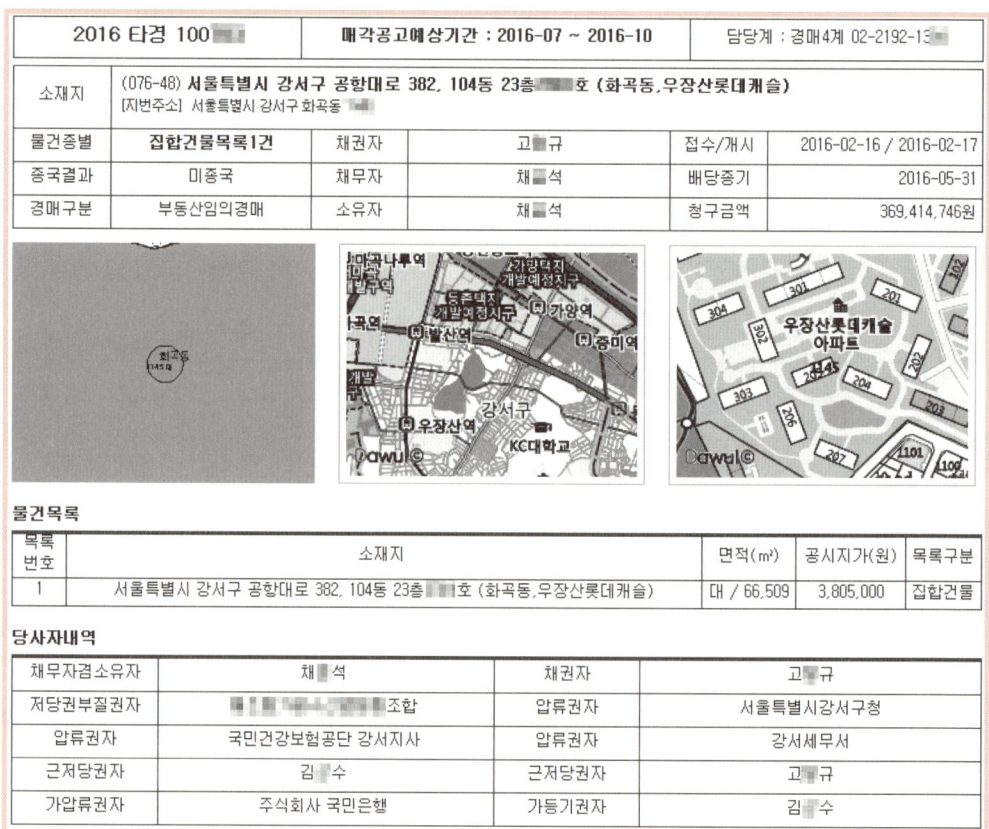

나. NPL대위변제자 명의로 2건의 채권자 명의가 변경됨.

건물 등기부내역 ▶ 건물열람일 : 2016-03-30   등기부등본열람

순위	접수일자	권리종류	권리자	권리금액	소멸여부	비고
갑1	2004-10-27	소유권	채■석		이전	보존
갑2	2004-10-28	소유권이전	채■석		이전	매매예약 매매
을4	2009-03-30	(근)저당	고■규	379,200,000원	소멸기준	
을6	2009-04-07	(근)저당	고■규	98,800,000원	소멸	
을7	2009-06-29	(근)저당	김■수	300,000,000원	소멸	
갑10	2010-08-27	가등기	김■수		소멸	
갑13	2014-06-18	압류	국 - 강서세무서		소멸	(소득세과-2118)
갑14	2014-06-26	압류	서울특별시강서구		소멸	(징수과-0130■)
갑16	2014-08-07	가압류	국민은행	22,237,998원	소멸	
갑20	2016-02-12	압류	국민건강보험공단		소멸	(징수부-9010■)
갑21	2016-02-18	임의경매	고■규		소멸	2016타경1007■
을4-3	2016-02-19	(근)저당질권	■■■■■조합	379,200,000원	소멸	
을6-3	2016-02-19	(근)저당질권	■■■■■조합	청구 : 369,414,746원	소멸	

우장산롯데캐슬 단지현황

건설사	롯데건설	입주년도	2003.08.10	총세대수	총 1,164 세대
평형종류		구 조	계단식	난 방	개별난방도시가스
동 수/총 수	21 개동 / 총 12-25 층	주차대수	세대당 1.7 대	관리사무소	02-2602-74■■

실거래가 정보 (* 최근 12개월중 최근 거래내역 10건입니다.) ●매매 ○전월세   시세 실거래가 전월세

명칭(매매)	전용면적(㎡)	거래년월	계약일	해당층	거래금액
우장산롯데캐슬	134.99	2016.1	(11~20)	2	597,000,000 원
우장산롯데캐슬	85	2016.1	(11~20)	13	530,000,000 원
우장산롯데캐슬	134.99	2015.12	(11~20)	1	680,000,000 원
우장산롯데캐슬	134.99	2015.12	(11~20)	13	728,000,000 원
우장산롯데캐슬	85	2015.11	(11~20)	3	540,000,000 원
우장산롯데캐슬	85	2015.11	(11~20)	1	482,000,000 원
우장산롯데캐슬	85	2015.11	(11~20)	7	545,000,000 원
우장산롯데캐슬	85	2015.11	(11~20)	8	544,000,000 원
우장산롯데캐슬	134.99	2015.11	(11~20)	8	695,000,000 원
우장산롯데캐슬	85	2015.10	(21~31)	8	490,000,000 원

다. 중소기업은행이 1순위 379,200,000원의 근저당권 설정

- 중소기업은행의 근저당채권이 1차로 유암코로 매각된 상태에서 유암코의 채권을 대위변제자가 다시 승계취득함.

순위번호	등기목적	접수	등기원인	권리자 및 기타사항
				서울 구로구 구로동 429-104 근저당권자 주식회사국민은행 110111 2365■■■ 서울 중구 남대문로2가 9-1 (등촌1동지점)
1-1	1번등기명의인표시변경	2006년10월11일 제794■호	2006년10월11일 취급지점변경	주식회사국민은행의 취급지점 서울대출실행센터
1-2	1번근저당권변경	2006년10월11일 제794■호	2006년10월11일 확정채무의 면책적인수	채무자 채■석 서울 동작구 노량진동 325 신동아리버파크 ■■■■
2	근저당권설정	2008년3월20일 제196■호	2008년3월20일 설정계약	채권최고액 금659,000,000원 채무자 채■석 서울 동작구 노량진동 325 신동아리버파크 ■■■■ 근저당권자 주식회사푸른상호저축은행 110111 0117■■■ 서울특별시 서초구 잠원동 ■■■■
3	1번근저당권설정등기말소	2008년3월20일 제196■호	2008년3월20일 해지	
4	근저당권설정	2009년3월30일 제196■호	2009년3월30일 설정계약	채권최고액 금379,200,000원 채무자 채■석 서울특별시 강서구 화곡동 1146 우장산롯데캐슬 ■■■■ 근저당권자 중소기업은행 110135 0000■■■ 서울특별시 중구 을지로2가 50번지 (신통역지점)
4-1	4번근저당권이전	2015년10월14일	2015년10월14일	근저당권자 ■■■■■■■유한회사

라. 유암코로 양도된 채권을 대위변제로 승계취득함(1차)

- 유동화회사의 채권을 대위변제로 취득한 사례임.

순위번호	등기목적	접수	등기원인	권리자 및 기타사항
		제903■호	확정채권양도	110114-0163■■■ 서울특별시 중구 서소문로 116, 4층, 5층, 6층(서소문동,유원빌딩)
4-2	4번근저당권이전	2015년10월14일 제903■호	2015년10월14일 확정채권대위변제	근저당권자 고■규 720907-******* 서울특별시 중랑구 중랑천로 332, 101동 ■■■호(목동,한국아파트)
4-3	4번근저당권부질권	2016년2월19일 제92■호	2016년2월19일 설정계약	채권액 금379,200,000원 채무자 고■규 서울특별시 중랑구 중랑천로 332, 101동 ■■■호(목동,한국아파트) 채권자 ■■■■■■■조합 114238-0000■■■ 서울특별시 마포구 큰우물로 75 (도화동) (서초역지점)
5	2번근저당권설정등기말소	2009년3월30일 제196■호	2009년3월30일 해지	

6	근저당권설정	2009년4월7일 제214■호	2009년4월6일 설정계약	채권최고액 금98,800,000원 채무자 채■석 　서울특별시 강서구 화곡동 1146 우장산롯데캐슬 근저당권자 ■■■■■금고 114644-0000■■ 　서울특별시 서대문구 홍제동 315
6-1	6번등기명의인표시변경		2011년10월31일 도로명주소	■■■■■금고의 주소 서울특별시 서대문구 통일로37길 ■■(홍제동) 2013년11월13일 부기

마. 새마을금고의 2순위 근저당채권도 대위변제로 승계취득함(2차)

순위번호	등 기 목 적	접 수	등 기 원 인	권 리 자 및 기 타 사 항
6-2	6번근저당권이전	2016년10월23일 제948■호	2015년10월23일 확정채권대위변제	근저당권자 고■규 720907-******* 　서울특별시 중랑구 중랑천로 332, 101동 　■■■호(목동,한국아파트)
6-3	6번근저당권부질권	2016년2월19일 제92■호	2016년2월19일 설정계약	채권액 금98,800,000원 채무자 고■규 　서울특별시 중랑구 중랑천로 332, 101동 　■■■호(목동,한국아파트) 채권자 ■■■■■조합 114238-0000■■ 　서울특별시 마포구 큰우물로 ■ (도화동) 　(서초역지점)
7	근저당권설정	2009년6월29일 제416■호	2009년6월29일 설정계약	채권최고액 금300,000,000원 채무자 채■석 　서울특별시 강서구 화곡동 1146 우장산롯데캐슬 근저당권자 김■수 590122-******* 　경기도 고양시 덕양구 주교동 ■■■
7-1	7번등기명의인표시변경		2011년10월31일 도로명주소	김■수의 주소 경기도 고양시 덕양구 호국로■■번길 ■■(주교동) 2013년11월13일 부기

바. NPL대위변제 2건 수익률 분석

- 예상낙찰가 486,000,000원(시세 540,000,000원 X 예상낙찰가율 90%)
- 1순위 중소기업은행 채권 : 379,200,000원(원금 316,000,000원, 120%설정, 2015.10.14 1차 대위변제)
- 2순위 새마을금고 채권 : 98,800,000원(원금 76,000,000원, 130%설정, 2015.10.23 2차 대위변제)
- 근저당권설정 채권최고액 2건 합계액 : 478,000,000원(379,200,000원 + 98,800,000원)
- 2015년 10월 2건 대위변제 합계액 : 351,201,000원
- 스프레드 126,799,000원(478,000,000원 - 대위변제액 351,201,000원)
- 질권대출 금액 332,100,000원(경매신청금액 369,000,000원X90%)
- 자기자본 36,900,000원(369,000,000원X10%)
- 자기자본 대비 최대 수익률 : 343%(126,799,000원/36,900,000원)
   (질권대출 이자 미반영 전제)

제10장 대위변제 투자 시 치명적 함정은 무엇인가?

1. 100만분의 1의 함정에 빠져 사례비 6,000,000원을 날리다

(창원지법 진주지원 2015타경 101958 ××호)

가. 경매정보지

2015 타경 101■■	매각공고예상기간 : 2016-03 ~ 2016-06		담당계 : 경매3계 (055)760-32■■	
소재지	(664-714) 경상남도 사천시 사남면 월성1길 89, 113동 9층■■호 (엘아이지사천리가) [지번주소] 경상남도 사천시 사남면 월성리 ■■			
물건종별	집합건물목록2건	채권자	■■■새마을금고	접수/개시	2015-11-02 / 2015-11-03
종국결과	기각	채무자	에스에이치■■	배당종기	2016-01-20
경매구분	부동산임의경매	소유자	에스에이치■■	청구금액	256,559,740원

물건목록

목록번호	소재지	면적(㎡)	공시지가(원)	목록구분
1	경상남도 사천시 사남면 월성1길 89, 113동 9층■■호 (엘아이지사천리가)	대 / 48,830	435,100	집합건물
2	경상남도 사천시 사남면 월성1길 89, 113동 1층■■호 (엘아이지사천리가)	대 / 48,830	435,100	집합건물

당사자내역

채무자겸소유자	주식회사에스에이치디앤씨	채권자	■■■새마을금고
압류권자	수영세무서장	압류권자	사천시장

건물 등기부내역 ▶ 건물열람일 : 2015-11-20

순위	접수일자	권리종류	권리자	권리금액	소멸여부	비고
갑3	2011-07-11	소유권	피시스	(거래가)44,343,107,391원	이전	매매
갑4	2011-07-11	소유권	에스에이치■■■	(거래가) 220,092,000원	이전	매매
갑5	2011-07-11	소유권	한국자산신탁		이전	신탁
갑7	2013-09-27	소유권	에스에이치■■		이전	신탁재산의귀속
을1	2013-09-27	(근)저당	■■■금고	156,000,000원	소멸기준	
갑8	2013-11-04	압류	국 - 수영세무서		소멸	(법인세과-55■■)
갑9	2015-11-03	임의경매	■■■금고	청구 : 256,559,740원	소멸	2015타경101■■

나. 등기사항 전부증명서(부동산등기부등본 2건의 등기내용)

① 101호 아파트에 156,000,000원의 근저당권 설정

- 아파트 2건에 각각 근저당권 156,000,000원씩 2건 312,000,000원 설정

순위번호	등기목적	접수	등기원인	권리자 및 기타사항
12	10번임의경매개시결정등기말소	2016년3월11일 제63■호	2016년2월15일 취소기각결정	

【 을 구 】 (소유권 이외의 권리에 관한 사항)				
순위번호	등기목적	접수	등기원인	권리자 및 기타사항
1	근저당권설정	2013년9월27일 제254■호	2013년9월27일 설정계약	채권최고액 금156,000,000원 채무자 주식회사에스에이치디엔씨 　부산광역시 해운대구 청사포로 ■■(중동) 근저당권자 ■■■■■금고 184144-0001■ 　부산광역시 동구 중앙대로 ■■(범일동)

② 901호 아파트에도 근저당권 156,000,000원 설정

- 101호 및 901호 아파트에 설정된 근저당권을 병합해 임의경매 신청
- 경매청구액 2건 257,000,000원(설정액 312,000,000원, 원금 240,000,000원)

순위번호	등기목적	접수	등기원인	권리자 및 기타사항
			권거	테헤란로 306 (역삼동, 카이트타워) 2013년9월27일 부기
6	2-1번환매권말소	2011년7월14일 제197■호	2011년6월27일 환매기간 만료	
7	소유권이전	2013년9월27일 제254■호	2013년9월27일 신탁재산의귀속	소유자 주식회사에스에이치디엔씨 194811-0178■■ 　부산광역시 해운대구 청사포로 ■■(중동) 6번 신탁등기말소 원인 신탁재산의 귀속
8	압류	2013년11월4일 제288■호	2013년11월1일 압류(법인세과-5567)	권리자 국 처분청 수영세무서
9	임의경매개시결정	2015년11월3일 제300■호	2015년11월3일 창원지방법원 진주지원의 임의경매개시결정(2015 타경10■■)	채권자 ■■ ■■■금고 184144-0001■ 　부산 동구 중앙대로 ■■ (범일동)

【 을 구 】 (소유권 이외의 권리에 관한 사항)				
순위번호	등기목적	접수	등기원인	권리자 및 기타사항
1	근저당권설정	2013년9월27일 제254■호	2013년9월27일 설정계약	채권최고액 금156,000,000원 채무자 주식회사에스에이치디엔씨 　부산광역시 해운대구 청사포로 ■■(중동)

순위번호	등기목적	접수	등기원인	권리자 및 기타사항
				근저당권자 ■■■■■금고 184144-0001■■ 　부산광역시 동구 중앙대로 ■■(범일동)

다. 대출당시 국세 납세증명서 발급

- 징수유예, 체납처분 유예 및 체납액 모두 없음을 증명해줌.

라. 체납 부가가치세에 대한 교부청구

① 교부청구 합계액 741,530,690원

② 수영세무서는 법정기일이 2013. 7. 18인 선순위 부가가치세 체납액 480,556,310원 교부청구함.

- 예상낙찰가는 2건 360,000,000원임.
- 따라서 낙찰대금은 법정기일이 빠른 선순위 부가가치세 480,556,310원에 전액 배당됨.
- 2013.9.27 근저당권을 설정한 1순위 새마을금고에는 배당액이 전혀 없음.

<별지목록>

세목코드 세목명	관리번호	법정기일 납부기한	년도.기분 계	내국세 교육(방위)세	농어촌특별세 가산금	비고
201309-5-41 부가가치세	61704357	2013.07.18 2013.09.30	201309 정기분고지 480,556,310	316,615,760 0	0 163,940,550	
201311-5-57 종합부동산세	61700153	2013.11.16 2013.12.15	201311 정기분고지 118,010,680	75,300,430 0	15,060,080 27,650,170	당해세: 3,399,286
201403-5-41 부가가치세	61705034	2014.01.23 2014.03.31	201403 정기분고지 47,422,900	37,697,150 0	0 9,725,750	
201406-7-41 부가가치세	61700944	2014.04.21 2014.06.30	201406 중간예납/ 예정고지 54,172,990	44,771,110 0	0 9,401,880	
201407-8-14 근로소득세(갑)	61700272	2014.04.30 2014.07.31	201407 원천분고지 16,770	16,290 0	0 480	
201502-5-41 부가가치세	61705166	2015.01.22 2015.03.15	201502 정기분고지 41,351,040	36,723,890 0	0 4,627,150	
		합 계	6 건 741,530,690	511,124,630 0	15,060,080 215,345,980	

마. 경매진행 내용

- 사천시소재 법인 채무자겸 소유자 아파트 2건(84제곱미터)
- 감정가 380,000,000원(1건당 190,000,000원씩 2건)
- 체납세금의 법정기일 및 금액 : 2013.7.18 수영세무서 부가세 체납액 480,000,000원(납부기한 2013. 9.30)
- 1순위 근저당권 설정등기일 : 2013.9.27 새마을금고 2건 312,000,000원 설정(2건 원금 240,000,000원, 청구액 257,000,000원)
- 1순위 채권 100% 배당 가정 시 스프레드 52,000,000원
- 2013.11. 4 수영세무서가 부가세체납 압류등기
- 예상낙찰가 360,000,000원
- 1순위 근저당채권자 예상배당액 : 0원
- 2016.1.27 무잉여에 따라 새마을금고에 매수통지서 발송
- 2016. 2.15 새마을금고가 매수신고 미이행으로 경매취소 기각됨

바. NPL대위변제 투자 전 반드시 체납세금의 법정기일을 확인해야 한다.

이 사건 NPL대위변제 투자자는 채무자에게 사례비로 6,000,000원을 지급하고 대위변제 동의서를 받았다. 그러나 법원에서 경매서류 열람 후 법정기일이 빠른 부가가치세 체납금액 약 480,000,000원을 확인한 다음 1순위 근저당권자에게 배당이 한 푼도 안 된다는 사실을 인지하고 대위변제 실행을 중단해서 더 큰 손해는 피할 수 있었다. 결국 사례비 6,000,000원만 날렸다. 경매초기에 대위변제 동의서를 받을 경우 세무서에서 압류등기나 배분요구 신청을 안 하고 있다가 대위변제 후 배당요구종기 직전에 배분요구 신청서가 제출되면 선순위 체납세금으로 인한 배당손실 리스크는 고스란히 대위변제자가 떠안고 손해를 입는다. 따라서 선순위 법정기일을 정확하게 파악하기 위해서는 경매부동산의 소유자로 하여금 세무서로부터 법정기일이 적시된 체납 내역서를 발급받도록 해야 한다. 동 법정기일이 1순위 근저당권 설정등기일보다 빨라서 1순위채권자가 100% 배당을 받지 못할 경우 대위변제 투자를 중단해야 된다.

사. 체납세금 내역 및 법정기일 경과 세금내역 확인 방법

국세 납세증명서 및 지방세 세목별 과세증명서의 체납내역을 조회하면서 별도로 고지

할 세금부과 자료를 확인해 달라고 요청해야 한다. 고지할 세금부과 자료 확인요청 시 세무서는 별도의 확인서는 발급해 주지 않으나 법정기일이 도래 후 납부기한이 미도래한 세금부과 내역을 구두로 확인해 준다.

단순히 국세 납세증명서를 발급받으면 징수유예나 체납처분 유예내역 및 체납세금 내역만 조회가 된다. 반면에 법정기일이 도래되었으나 납부기한이 미도래한 세금부과 자료는 별도의 확인을 요청하지 않는 한 국세 납세증명서에는 기재가 안 되어 확인이 안 된다. 이는 제도의 공백이고 법률의 사각지대가 되어 은행이 1순위 근저당권을 설정 시 아주 위험한 함정이 된다. 법정기일이 도래 후 1순위 근저당권이 설정된 다음 납부기한이 도래된 세금은 1순위 근저당채권보다 법정기일이 빨라서 1순위 근저당채권은 배당을 한 푼도 못 받게 된다. 실제 사건이 진주지원에서 발생했다. 동 채권을 대위변제하려고 동의서까지 받았다. 그후 경매서류 열람을 해보니 부가가치세의 법정기일이 1순위 근저당채권보다 빨라서 대위변제를 중단했다. 법정기일은 경과했으나 1순위 근저당권설정 시점에서는 납부기한이 도래하지 않아 납세증명서에는 징수유예나 체납내역이 없다고만 기재되어 발급이 된 것이다.

국세의 납세증명서나 지방세 세목별 과세증명서는 제3자도 부동산소유자의 위임을 받아 이를 발급받을 수 있다. 채무자로 부터 대위변제 동의서를 받으면서 부동산 소유자로부터 국세 및 지방세의 납세증명서 발급 위임장 및 고지할 세금부과 자료에 대한 확인 위임장도 받아서 세금납부 내역 및 고지할 세금부과 자료도 확인해야 한다. 진주지원 사건은 수영세무서의 배분요구 신청서가 경매법원에 제출되어 480,000,000원 상당의 부가가치세의 법정기일이 1순위 새마을금고의 근저당채권 240,000,000원보다 빠른 위험을 인지할 수 있었다. 따라서 배분요구 신청서가 법원에 제출되기 전에 대위변제 시에는 반드시 부동산 소유자의 위임을 받아 세금 납부내역 및 고지할 세금부과 자료를 확인해서 1순위 근저당채권보다 법정기일이 빠른 세금채권을 확인해야 한다. 국세 및 지방세의 납세증명서는 부동산 소유자의 위임을 받아 NPL투자자가 주민센터에서 발급받을 수 있다. 그런데 국세가 체납되면 국세 체납내역은 증명서가 아니기 때문에 주민센터에서 대행해 팩스민원으로는 발급받을 수 없고 세무서에서 직접 발급받아야 된다.

2. 어디에도 공시되지 않는 함정에 빠져 사례비 5,000,000원을 날리다
(고양지원 2015타경 108887××호)

가. 경매정보지

2015 타경 108■■ (강제)		매각기일 : 2015-09-16 10:00~ (수)		경매5계 031-920-63■	
소재지	(413-873) 경기도 파주시 법원읍 법원리 산13 외1필지				
현황용도	임야	채권자	김■숙	감정가	1,498,125,000원
토지면적	85984㎡ (26010.04평)	채무자	노■만	최저가	(70%) 1,048,688,000원
건물면적		소유자	노■만	보증금	(10%) 104,869,000원
제시외		매각대상	토지일괄매각	청구금액	325,000,000원
입찰방법	기일입찰	배당종기일	2015-07-13	개시결정	2015-04-17

기일현황

회차	매각기일	최저매각금액	결과
신건	2015-08-12	1,498,125,000원	유찰
	2015-09-16	1,048,688,000원	변경

최종기일 결과 이후 기각된 사건입니다.

감정평가현황 미래새한감정㈜, 가격시점 : 2015-04-29

토지	건물	제시외건물(포함)	제시외건물(제외)	기타(기계기구)	합계
1,498,125,000원	x	x	x	x	1,498,125,000원

토지현황

	지번	지목	토지이용계획	비교표준지가	면적	단가(㎡당)	감정가격	비고
1	법원리 산13	임야	계획관리지역 농림지역	5,100원	36,397㎡ (11010.04평)	18,000원	655,146,000원	
2	법원리 산14	임야	농림지역	5,100원	49,587㎡ (15000평)	17,000원	842,979,000원	
기타	두루뫼박물관 북동측 근거리에 위치 / 인근은 임야 및 농경지 주택 등이 혼재 순수 산림지대 / 대상물건까지 차량접근이 불가능 원거리에 버스정류장이 소재 등 제반 교통상황은 불편 / 서하향 급경사 부정형의 토지 / 맹지							

임차인현황 = 매각물건명세서상 조사된 임차내역이 없습니다 =

구분	성립일자	권리종류	권리자	권리금액	상태	비고
갑1	1989-08-08	소유권(전부)	노■만		이전	매매
을9	2012-02-08	(근)저당	한국외환은행	325,000,000원	소멸기준	
을10	2012-02-08	지상권	한국외환은행		소멸	
갑2	2013-12-04	가압류	이■주	34,000,000원	소멸	
갑3	2013-12-23	압류	파주시		소멸	(징수과-195■)
갑4	2014-06-23	가등기	이■숙		소멸	
갑7	2015-04-17	강제경매	김■숙	청구: 325,000,000원	소멸	2015타경108■(기각)

토지 등기 사항 ▶ 토지열람일: 2015-04-29 등기사항증명서

나. 등기사항 전부증명서상 근저당권 설정등기 내용

- 파주시에서 체납 재산세 압류등기
- 파주세무서는 체납 양도세에 대해 경매개시결정 등기 후에도 압류등기를 하지 않고 교부청구서만 경매법원에 제출함.

순위번호	등 기 목 적	접 수	등 기 원 인	권리자 및 기타사항
1-2	1번등기명의인표시변경	2012년2월8일 제96■호	2011년10월31일 도로명주소	노영만의 주소 경기도 파주시 혜화로■ ■■동 ■호(동패동,혜화가마을 삼륙대사랑)
1-3	1번등기명의인표시변경	2014년6월23일 제422■호	2013년4월8일 전거	노영만의 주소 경기도 파주시 하늘채길 ■호(하지석동)
2	가압류	2013년12월4일 제1028■호	2013년12월4일 의정부지방법원 고양지원의 가압류결정(2013카단66■)	청구금액 금34,000,000 원 채권자 이■주 650212-******* 경기 고양시 일산서구 송포로 11, ■■동 ■■호(대화동,대화마을)
3	압류	2013년12월23일 제1080■호	2013년12월20일 압류(징수과-196■)	권리자 파주시
4	소유권이전청구권가등기	2014년6월23일 제422■호	2014년6월23일 매매예약	가등기권자 이■숙 650724-******* 경기도 고양시 일산서구 일현로 ■■동■호(탄현동,큰마을현대아파트)
5	강제경매개시결정	2014년7월31일 제528■호	2014년7월30일 의정부지방법원 고양지원의 강제경매개시결정(2014타경243■)	채권자 권■춘 560620-******* 용인시 수지구 포은대로 919, ■■■호(상현동,서원마을3단지아이파크)
6	5번강제경매개시결정등기말소	2016년4월6일 제291■호	2016년4월1일 취하	
7	강제경매개시결정	2016년4월17일	2016년4월17일	채권자 김■숙 651222-*******

다. 파주세무서 교부청구서 제출(2015. 8. 7)

문건접수내역	
접수일	접수내역
2015-04-21	등기소 파주등기소 등기필증 제출
2015-04-28	채권자 김■숙 공시송달신청서 제출
2015-05-01	집행관 김■옥 현황조사보고서 제출
2015-05-08	감정인 (주)미래새한감정평가법인 회보서 제출
2015-05-14	채권자 김■숙 야간송달신청 제출
2015-05-26	압류권자 파주시 교부청구서 제출
2015-05-28	배당요구권자 금촌농업협동조합 배당요구신청 제출
2015-06-11	교부권자 파주세무서 교부청구서 제출
2015-06-11	배당요구권자 조리농업협동조합 권리신고 및 배당요구신청서 제출
2015-06-12	채권자 김■숙 야간송달신청 제출
2015-07-06	채권자 김■숙 공시송달신청서 제출
2015-07-08	교부권자 파주시 교부청구서 제출
2015-07-09	근저당권자 주식회사한국외환은행 채권계산서 제출
2015-08-07	교부권자 국.파주세무서 교부청구서 제출
2015-09-04	채권자 김■숙 경매속행 신청서 제출
2015-09-23	채권자 김■숙 열람및복사신청 제출

라. 파주세무서의 교부청구 내역

① 교부청구한 체납세금이 약 11억원 정도 됨.

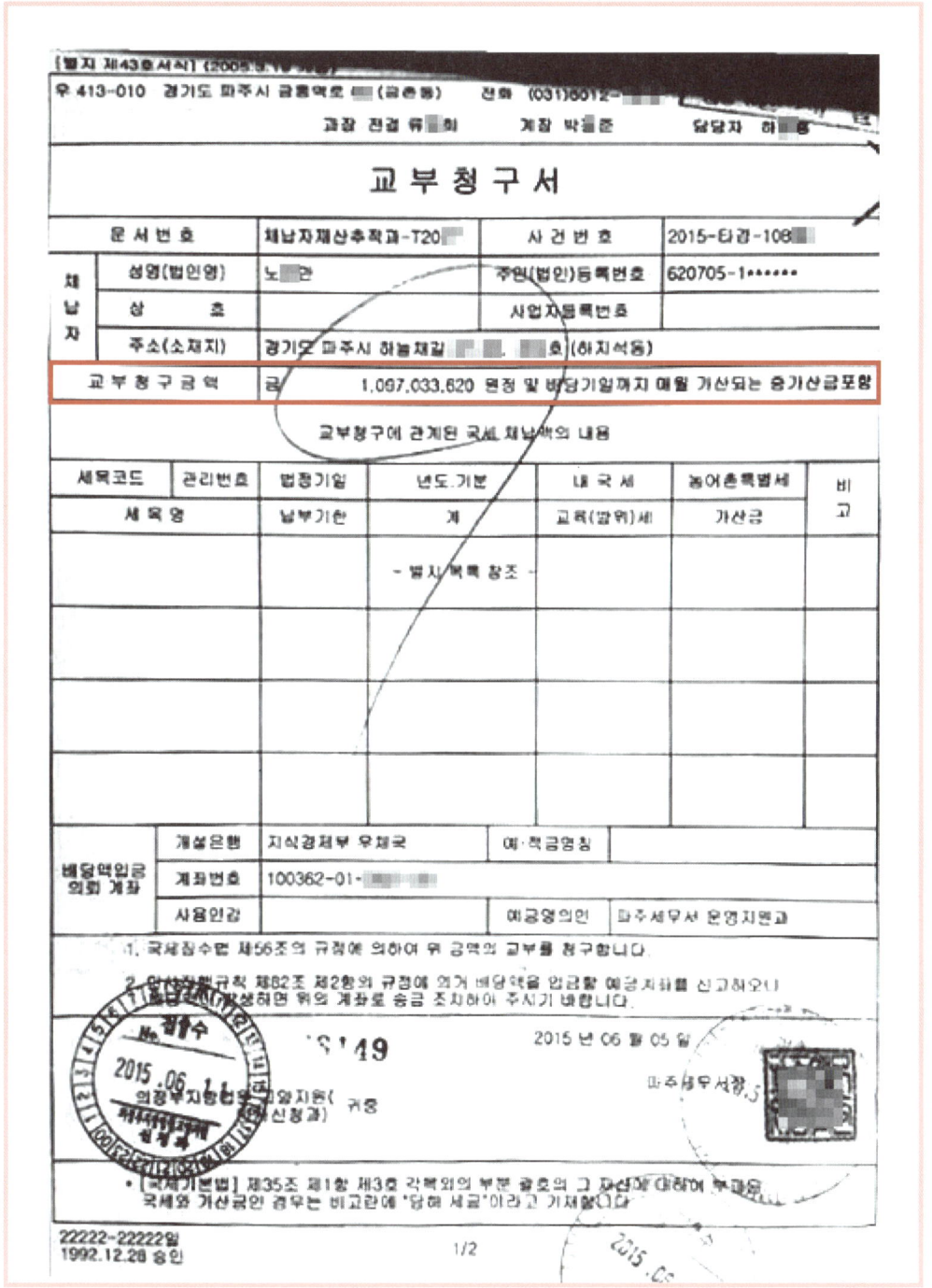

② 법정기일이 2011. 9. 30인 체납 양도세 693,782,950원 교부청구

- 외환은행은 2012.2.8 1순위 근저당권 325,000,000원 설정(원금 250,000,000원)
- 낙찰대금은 법정기일이 빠른 세금채권에 전액 배당되고 1순위 은행에는 배당될 금액이 전혀 없음.

〈별지목록〉

세목코드 세목명	관리번호	법정기일 납부기한	년도.기분 계	내국세 교육(농어)세	농어촌특별세 가산금	비고
201207-7-22 양도소득세	14100091	2011.09.30 2013.02.04	201207 중간예납/예정고지 693,782,950	511,575,900 0	0 182,207,050	
201211-5-57 종합부동산세	14100426	2012.11.15 2012.12.15	201211 정기분고지 59,106,450	35,744,230 0	7,148,850 16,213,370	
201301-5-57 종합부동산세	14100012	2013.01.15 2013.02.15	201301 정기분고지 58,077,020	35,744,230 0	7,148,840 15,183,9??	
201410-7-22 양도소득세	14100055	2014.07.31 2014.11.25	201410 중간예납/예정고지 150,636,550	136,693,620 0	13,942,730	
201411-5-57 종합부동산세	14101270	2014.11.15 2015.01.05	201411 정기분고지 71,021,650	54,902,380 0	10,980,470 5,138,800	
201501-6-22 양도소득세	14100006	2014.01.01 2015.02.20	201501 수시분고지 43,058,700	40,392,790 0	0 2,665,910	
201501-6-22 양도소득세	14100040	2015.01.01 2015.06.18	201501 수시분고지 21,350,300	21,350,300 0	0 0	
		합 계	7 건 1,097,033,620	836,403,650 0	25,278,160 235,351,810	

마. 경매진행 내용

- 파주 법원읍 소재 임야 85,984제곱미터
- 감정가 1,498,125,000원
- 체납세금의 법정기일 및 금액 : 2011.9.30 파주세무서 양도세 체납액 약 694,000,000원
- 1순위 근저당권 설정등기일 : 2012.2.8 외환은행 325,000,000원 설정(원금 250,000,000원)
- 100% 배당 가능 시 연체초기여서 스프레드는 75,000,000원 정도 예상되었음.
- 예상낙찰가 : 감정가의 45% 정도인 674,000,000원 예상(체납세금 694,000,000원에 전액 충당되고 잔존 배당 여력은 없음)
- 1순위 근저당채권자 배당액 : 0원
- 2015. 8.30 무잉여에 따라 강제경매 신청 채권자에게 매수통지서 발송 후 매수신고 미이행으로 경매취소 기각됨.

바. NPL대위변제 투자전 체납세금의 법정기일을 반드시 확인해야 한다.

경매부동산의 소유자는 법인인 채무자가 대출을 받을 때 이 부동산을 담보로 제공했는데 1순위 근저당권 설정 은행은 제3자인 물상보증인의 체납내역은 확인하지 않고 근저당권을 설정했다. 통상 은행은 채무자의 체납내역만 확인하고 대출을 실행하기 때문에 이러한 제도의 공백으로 은행의 손실이 발생된 것이다. 이 건 양도세 체납액 694,000,000원의 법정기일은 1순위 근저당권 설정등기일보다도 4개월 이상이 빨랐다. 그러나 양도세의 체납 압류등기는 1순위 근저당권 설정등기일 이후 뿐만 아니라 강제경매 개시결정 등기 시까지도 부동산 등기부에 등기되지 않아 체납내역을 미리 확인하지 않은 은행은 이를 인지하지 못하고 250,000,000원의 대출을 실행한 것이다. 이 사건도 NPL대위변제 투자자는 채무자에게 사례비 5,000,000원을 지급하고 채무자로부터 대위변제 동의서를 먼저 받았다. 그러나 법원에서 경매서류 열람 후 배분요구 신청을 한 체납양도세의 법정기일이 빠른 것을 확인한 다음 1순위 근저당권자에게 배당이 한 푼도 안 된다는 사실을 알고 대위변제 실행을 중단했다. 결국 사례비 5,000,000원만 날렸다. 다행히 대위변제를 중단해서 큰 피해는 예방할 수 있었다.

무담보 채권으로 이건 부동산을 강제경매 한 다른 채권자들도 당연히 2차례나 무잉여로 경매가 취소기각이 되었다. 1순위 채권액 250,000,000원(설정액 325,000,000원)의 근저당권자가 경매신청을 해도 경매가 무잉여로 취소 기각이 될 것이다. NPL대위변제 투자자는 체납세금이 있지만 배당요구 종기 전에 아직 배분요구 신청을 않은 법정기일이 1순위 근저당권보다 빠른 세금채권이 존재할 수 있기 때문에 반드시 부동산 소유자로 부터 체납세금 내역서를 발급받아 확인한 다음 대위변제 투자를 진행해야 한다.

한편 투자실익이 있어 최종적으로 근저당권 이전등기가 완료되어야 채무자에게 사례금을 드린다고 채무자나 후순위 협조자에게 말해 두어야 한다. 무조건 대위변제 원금의 1%를 사례비로 준다고 단언하면 안 된다. 일단 동의서를 작성해주면 사례비를 드린다고 말해 두고 사례비를 1% 이내에서 탄력적으로 지급하면 된다. 또한 채무자를 통한 경매서류 열람 및 정보를 종합한 결과 대위변제의 실익이 없어 투자를 거절할 수 있다. 이 경우 채무자나 후순위 협조자에게 투자거절 통보를 하면서 채무자 등이 협조하면서 소비한 택시비 등 실비 정도는 지급해주는 것이 좋다. 최근 3건을 투자거절 통보를 하면서 채무자에게 사례비를 못 주게 되어 곤혹을 치른 적이 있다. 무조건 사례비를 준다고 말한 잘못을 했기 때문이다. 분명히 실익이 있어 최종적으로 근저당권 이전등기가 완료되면 사례비를 지급한다고 채무자에게 말해 두어야 한다. 이건 관련 투자거절 사유는 무담보 신용채권이 포괄 근저당권의 피담보 채권으로 편입되어 있었기 때문이다. 거의 채권최고액에 도달되어 투자를 거절했다. 스프레드 5억원을 예상했는데 무담보 신용채권 5억원이 포괄 근저당권의 피담보채권에 편입되어 실채권이 근저당권 설정 최고액을 꽉 채우게 되었다. 다른 1건은 포괄 근저당권이 아닌데 신용채권을 피담보채권에 편입하여 경매를 신청했으나 추후 후순위 신용보증기금의 배당이의의 소제기가 예상되어 동의서를 받고도 투자를 거절하면서 곤혹을 치렀다. 또 다른 아파트 건은 기존 동일크기 낙찰가격이 대위변제 금액보다 낮게 이루어져 투자실익이 없는 사건이라 거부를 했는데 무조건 사례비를 지급한다고 말해서 곤혹을 치렀다. 사전에 미리 유사 낙찰가격을 조사했어야 된다.

> **[여기서 잠깐]** 채권증서 교부 등 청구사건(대구고법 1974.7.11, 73나494 판결)
>
> 대위변제를 원인으로 근저당권 이전등기의 부기등기 절차를 이행하여야 하고, 아울러 위 채권에 관한 증서로 피고가 현재 소지하는 것이라고 자인하는 별지4 목록기재 어음거래 약정서 및 약속어음 각 1장은 이를 원고에게 교부하여야 할 것이다.

> **[여기서 잠깐]** 민사집행법 제257조(동산인도청구의 집행)
>
> 채무자가 특정한 동산이나 대체물의 일정한 수량을 인도하여야 할 때 집행관은 이를 채무자로부터 빼앗아 채권자에게 인도하여야 한다.

제11장 관련규정도 정리해보고 판례도 살펴보자

1. 민법상 관련규정을 정리해보자

1) 제449조(채권의 양도성)

① 채권은 양도할 수 있다. 그러나 채권의 성질이 양도를 허용하지 아니하는 때에는 그러하지 아니하다.

② 채권은 당사자가 반대의 의사를 표시한 경우에는 양도하지 못한다. 그러나 그 의사표시로써 선의의 제3자에게 대항하지 못한다.

2) 제469조 (제3자의 변제)

① 채무의 변제는 제3자도 할 수 있다. 그러나 채무의 성질 또는 당사자의 의사표시로 제3자의 변제를 허용하지 아니하는 때에는 그러하지 아니하다.

② 이해관계 없는 제3자는 채무자의 의사에 반하여 변제하지 못한다.

3) 제480조 (변제자의 임의대위)

① 채무자를 위하여 변제한 자는 변제와 동시에 채권자의 승낙을 얻어 채권자를 대위할 수 있다.

② 전항의 경우에 제450조 내지 제452조의 규정을 준용한다.

4) 제481조 (변제자의 법정대위)

변제할 정당한 이익이 있는 자는 변제로 당연히 채권자를 대위한다.

2. 혼동에 관한 판례을 살펴보자

1) 대법원 1962.5.3. 선고 62다98 판결 【배당이의】

한 건물에 대한 소유권과 제한물권이 한 사람에게 돌아갔을 때는 그 제한물권은 소멸하는 것이 원칙이나 그 물건이 제삼자의 권리목적으로 되어 있고 또한 제3자의 권리가 혼동된 제한물권보다 아랫순위에 있을 때에는 혼동된 제한물권이 소멸된다고 하면 제3자는 부당한 이득을 보게 되고 본인은 손해를 보게 되는 부당한 결과를 가져오게 되므로 이러한 경우에는 예외적으로 혼동된 제한물권이 소멸되지 아니한다고 보아야 할 것이 민법 제191조의 정한 바, 법의일 것이다.

본건에 있어서 보건대 피고 이○도가 양도받은 부기등기의 저당권은 원고의 본건 부동산에 대한 권리보다 윗 순위임이 당사자간에 성립이 다툼 없는 갑 제1호증의 기재에 의하여 자명한 바이므로 피고 이○도가 양도받은 저당권이 혼동에 의하여 소멸되지 아니하였다 할 것이므로 본건 부동산의 소유권을 취득한 이○도가 저당권의 양도를 받음으로 인한 저당권자의 지위를 인정하였다 하여 원판결에 소론위법이나 기타 어떤 위법이 있음을 인정할 수 없다.

2) 대법원 1998. 7. 10. 선고 98다18643 판결 【배당이의】

어떠한 물건에 대한 소유권과 다른 물권이 동일한 사람에게 귀속한 경우 그 제한물권은 혼동에 의하여 소멸하는 것이 원칙이지만, 본인 또는 제3자의 이익을 위하여 그 제한물권을 존속시킬 필요가 있다고 인정되는 경우에는 민법 제191조 제1항 단서의 해석에 의하여 혼동으로 소멸하지 않는다고 보아야 할 것이다. 원심이 적법하게 확정한 바와 같이, 이 사건 부동산에 관하여 소외 한국주택은행이 1994. 4. 21. 선순위 근저당권을 취득한 후 원고가 1995. 6. 1. 후순위 근저당권을 취득하였고, 이어서 피고 경인실업 주식회사가 1995. 6. 30.에, 피고 윤진옥이 1995. 11. 22.에 차례로 이 사건 부동산에 대한 가압류등기를 경료한 다음, 1995. 12. 30.에 이르러 원고가 이 사건 부동산을 매수하여 소유권을 취득한 경우에 있어서, 원고의 후순위 근저당권이 혼동으로 소멸하게 된다면, 피고들은 이로 인하여 부당한 이득을 얻게 되는 반면 원고는 손해를 보게 되는 불합리한 결과가 되므로, 위의 법리에 따라 원고의 근저당권은 그 이후의 소유권 취득에도 불구하고 혼동으로 소멸하지 아니한다고 할 것이다.

3) 대법원 1999. 4. 13. 선고 98도4022 판결 【배임】

배임죄에서 본인에게 손해를 가한 때라 함은 총체적으로 보아 본인의 재산상태에 손해를 가한 경우를 말하고, 실해발생의 위험을 초래케 할 경우도 포함하는 것이므로 손해액이 구체적으로 명백하게 산정되지 않았더라도 배임죄의 성립에는 영향이 없다고 할 것이나, 본인에게 발생된 손해액을 구체적으로 산정하여 인정하는 경우에는 이를 잘못 산정하는 것은 위법하다(대법원 1990. 3. 27. 선고 89도1083 판결, 대법원 1989. 10. 24. 선고 89도641 판결 등 참조). 한편 한 물건에 대한 소유권과 제한물권이 한 사람에게 돌아갔을 때는 제한물권은 소멸하는 것이 원칙이나 그 물건이 제3자의 권리 목적으로 되어 있고 또한 제3자의 권리가 혼동된 제한물권보다 아래순위에 있을 때에는 혼동된 제한물권이 소멸하지 아니한다고 할 것이다(대법원 1962. 5. 3. 선고 62다98 판결 참조). 기록에 의하면, 이 사건 피해자 한○수는 이 사건 유○섭 명의의 가압류 등기 이전인 1993. 1. 9. 이 사건 토지 중 위 한○영의 지분인 1893분의 700 지분에 관하여 채권최고액 금 250,000,000원의 근저당권설정등기를 경료받은 사실이 인정되므로, 이 사건 토지에 대한 피해자의 소유권이전등기가 위 유○섭의 가압류등기 이후에 경료되었다고 하더라도, 위 유○섭의 가압류등기에 앞서 경료된 피해자 명의의 위 근저당권설정등기는 혼동으로 소멸하지 아니하여, 피해자는 적어도 위 근저당권에 의하여 담보되는 채권액 만큼은 손해를 입었다고 할 수 없다. 따라서 원심으로서는 이 사건 토지의 시가 및 위 근저당권으로 담보되는 채권액 등에 관하여 심리한 후 그 차액과 위 가압류 청구채권액을 비교하여 피해자에게 발생된 구체적 손해액을 산정하였어야 할 것이다.

3. 대위변제 관련 판례를 살펴보자

1) 부산지법 2009.5.14. 선고 2008가단165261 판결 : 확정【근저당권말소등기회복등기등】
【판결요지】

① 선순위 공동저당권자가 공동저당의 목적인 채무자와 물상보증인의 공유지분 중 '물상보증인의 공유지분'에 대하여 먼저 경매가 실행되어 그 경매대금 배당 및 임의변제로 피담보채무가 소멸하자 '채무자의 공유지분'에 대한 저당권설정등기의 말소등기를 한 사안에서, 그 말소등기는 아무런 권원 없이 마쳐져 무효이므로 '물상보증인의 공유지분'에 대한 후순위저당권자는 물상보증인을 대위하여 채무자에게 말소된 선순위 저당권설정등기의 회복등기절차 이행을 구할 수 있다고 한 사례

② 공동저당의 목적인 채무자 소유의 부동산과 물상보증인 소유의 부동산 중 물상보증인 소유의 부동산에 대하여 먼저 경매가 이루어져 그 경매대금의 교부에 의하여 선순위 공동저당권자가 변제를 받은 경우, 물상보증인은 민법 제481조, 제482조에 정한

변제자대위에 의하여 선순위 공동저당권자의 저당권을 취득하고 이는 법률의 규정에 의한 물권의 취득으로 등기를 요하지 않으므로, 대위취득자인 물상보증인이나 그를 대위하는 물상보증인 소유의 부동산에 대한 후순위저당권자는 대위에 의한 저당권이전등기를 마치지 않고도 그 저당권의 취득을 주장할 수 있다.

2) 대법원 2009.5.28. 자 2008마109 결정 【공탁공무원의처분에대한이의】

민법 제469조 제2항은 이해관계 없는 제3자는 채무자의 의사에 반하여 변제하지 못한다고 규정하고, 민법 제481조는 변제할 정당한 이익이 있는 자는 변제로 당연히 채권자를 대위한다고 규정하고 있는 바, 위 조항에서 말하는 '이해관계' 내지 '변제할 정당한 이익'이 있는 자라고 함은 변제를 하지 않으면 채권자로부터 집행을 받게 되거나 또는 채무자에 대한 자기의 권리를 잃게 되는 지위에 있기 때문에 변제함으로써 당연히 대위의 보호를 받아야 할 법률상 이익을 가지는 자를 말하고, 단지 사실상의 이해관계를 가진 자는 제외된다고 할 것이다. 한편 공동저당의 목적인 물상보증인 소유의 부동산에 후순위저당권이 설정되어 있는 경우에 있어서, 물상보증인 소유의 부동산에 대하여 먼저 경매가 이루어져 그 경매대금의 교부에 의하여 선순위 공동저당권자가 변제를 받은 때에는 물상보증인은 채무자에 대하여 구상권을 취득함과 동시에, 민법 제481조, 제482조의 규정에 의한 변제자대위에 의하여 채무자 소유의 부동산에 대한 선순위저당권을 대위취득하고, 그 물상보증인 소유의 부동산의 후순위저당권자는 위 선순위저당권에 대하여 물상대위를 할 수 있다 할 것이므로, 그 선순위저당권설정등기는 말소등기가 경료될 것이 아니라 위 물상보증인 앞으로 대위에 의한 저당권이전의 부기등기가 경료되어야 할 성질의 것이며, 따라서 아직 경매되지 아니한 공동저당물의 소유자로서는 위 선순위저당권자에 대한 피담보채무가 소멸하였다는 사정만으로는 그 말소등기를 청구할 수 없다고 보아야 할 것이다(대법원 1994. 5. 10. 선고 93다25417 판결 참조). 그리고 위 후순위저당권자는 자신의 채권을 보전하기 위하여 물상보증인을 대위하여 선순위저당권자에게 그 부기등기를 할 것을 청구할 수 있다. 원심결정 이유와 기록에 의하면, ○○새마을금고는 신청외 1에 대한 채권을 담보하기 위하여 신청외 1 소유의 부동산과 신청외 2 소유의 부동산에 관하여 공동근저당권설정등기를 마쳤고, 재항고인은 위 각 부동산 중 신청외 2 소유 부동산에 관하여 위 공동근저당권설정등기보다 후순위로 신청외 2에 대한 채권을 담보하기 위하여 소유권이전청구권가등기를 마친 사실, 그런데 신청외 2 소유의 부동산이 먼저 임의경매절차에 의하여 매각되었고, 그 매각대금은 ○○새마을금고에게 전액 배당됨으로써 ○○새마을금고가 신청외 1에 대하여 가지는 채권은 33,450,000원이 남은 사실, 재항고인은 신청외 1 소유의 부동산에 대하여 경매신청을 하기 위하여 신청외 1의 ○○새마을금고에 대한 채무 잔액을 대위 변제하려고 하였으나 ○○새마을금고는 신청외 1의 동의가 없다는 이유로 수령을 거절하였고, 이에 재항고인이 ○○새마을금고를 피공탁자로 하여 위 채무 잔액을 변제공탁하려고 하였으나 창원지방법원 진주지원 공탁공무원은 "이해관계 있는 제3자는 채무자의 의사에 반하여 변제공탁할 수 있지만 재항고인은 이해관계 있는 제3자가 아니라고 판단된다"는 이유로 변제공탁을 수리하지 아니한 사실을 알 수 있다. 앞서 본 법리에 위와 같은 사실을 비추어 보면, 위 신청외 2는 신청외 1 소유의 부동산에 대한 ○○새마을금고의 선순위근저당권을 대위취득하고, 재항고인은 위 선순위근저당권에 대하여 물상대위함으로써 우선하여 변제를 받을 수 있다고 할 것이고, 재항고인이 신청외 1 소유의 부동산에 대하여 직접 경매신청을 하기 위하여 위 채무 잔액을 변제하려고 한다는 취지의 주장은 채권자로부터 집행을 받게 되거나 또는 채무자에 대한 자기의 권리를 잃게 되는 지위에 있기 때문이 아닌 사실상의 이해관계에 지나지 않는다고 할 것이다. 따라서 재항고인은 신청외 1의 ○○새마을금고에 대한 채무 잔액 변제에 있어서 '이해관계 있는 제3자' 내지 '변제할 정당한 이익이 있는 자'에 해당한다고 볼 수 없고, 같은 취지의 원심의 판단은 정당하다. 그러므로 재항고를 기각하기로 하여 관여 대법관의 일치된 의견으로 주문과 같이 결정한다.

3) 대법원 2007.3.16. 선고 2005다10760 (소유권말소등기 등)

제3자가 채무자를 위하여 채권자에게 채무를 변제함으로써 채무자에 대하여 구상권을 취득하는 경우, 그 구상권의 범위 내에서 종래 채권자가 가지고 있던 채권 및 그 담보에 관한 권리는 법률상 당연히 변제자에게 이전되는 것이고(대법원 1993. 7. 13. 선고 92다33251 판결 참조), 여기서 말하는 '담보에 관한 권리'에는 질권, 저당권이나 보증인에 대한 권리 등과 같이 전형적인 물적·인적 담보뿐만 아니라, 채권자와 채무자 사이에 채무의 이행을 확보하기 위한 특약이 있는 경우에 그 특약에 기하여 채권자가 가지게 되는 권리도 포함된다(대법원 1997. 11. 14. 선고 95다11009 판결 참조).

기록에 의하여 알 수 있는 다음과 같은 사정들, 즉 원고는 1982년경부터 편집증, 망상형 정신분열증으로 입원치료를 받는 등 그 가족들과 정상적인 생활을 영위하지 못하던 중, 피고가 시아버지인 소외인을 모시고 거주하던 이 사건 부동산을 담보로 하여 이 사건 금원차용에 이른 점, 피고는 이 사건 금원차용 및 그 이자연체로 이 사건 부동산의 소유권이 원심 공동피고에게 넘어갈 상황에 처한 사실을 뒤늦게 알고 1987. 4. 20.경 원심 공동피고에게 그 연체이자를 대위변제하면서, 원심 공동피고와 사이에 "이 사건 차용금의 변제기를 1987. 12. 31.까지 연장하되, 원심 공동피고는 원고가 이 사건 차용금채무를 변제하면 원고에게, 피고가 이 사건 차용금채무를 변제하면 피고에게 이 사건 부동산에 관한 소유권이전등기를 경료하여 주기로 한다"는 내용의 약정을 체결한 점, 이어 피고와 소외인은 이 사건 차용금채무를 변제하여 이 사건 부동산의 소유 명의를 피고 앞으로 이전받아 오기로 의견을 모은 후 원심 공동피고를 함께 찾아가 소외인이 출연한 돈으로 이 사건 차용금채무를 변제한 점, 이에 따라 원심 공동피고는 피고에게 이 사건 부동산의 소유권이전등기를 경료하여 준 점 등을 종합하면, 비록 소외인이 이 사건 차용금채무의 변제금을 출연하고 이를 직접 원심 공동피고에게 건네주었다고 하더라도, 소외인과 피고의 의사는 피고를 대위변제자로 하려는 것이었고 채권자인 원심 공동피고도 이를 승낙하였다고 봄이 경험칙이나 논리칙에 부합한다 할 것이다.

나아가 기록상 원심 공동피고가 위 대위변제에 따라 피고에게 이 사건 부동산에 관한 소유권이전등기를 경료한 후 원고에게 그러한 사실을 통지한 사정도 나타나므로(원고의 2003. 5. 12.자 준비서면 참조), 결국 피고는 이 사건 차용금채무의 대위변제자로서 변제자의 임의대위를 규정한 민법 제480조에 따라 종래 원심 공동피고가 가지던 이 사건 차용금채권 및 그 담보에 관한 권리인 이 사건 양도담보권을 이전받은 것이고, 피고 명의의 위 소유권이전등기도 이러한 양도담보권의 이전에 기하여 적법하게 경료된 것이라고 보기에 충분하다.

4) 대법원 2009.2.26. 선고 2005다32418 판결【구상금】

채무를 변제할 이익이 있는 자가 채무를 대위변제한 경우에 통상 채무자에 대하여 구상권을 가짐과 동시에 민법 제481조에 의하여 당연히 채권자를 대위하나, 위 구상권과 변제자대위권은 그 원본, 변제기, 이자, 지연손해금의 유무 등에 있어서 그 내용이 다른 별개의 권리이므로(대법원 1997. 5. 30. 선고 97다1556 판결 참조), 대위변제자와 채무자 사이에 구상금에 관한 지연손해금 약정이 있더라도 이 약정은 구상금을 청구하는 경우에 적용될 뿐, 변제자대위권을 행사하는 경우에는 적용될 수 없다. 위 법리 및 기록에 의하여 살펴보면, 원고가 변제자대위에 의하여 이 사건 교통세 채권을 행사하는 이 사건에 있어서 민법 소정의 법정이율에 의한 지연손해금의 지급을 명한 조치는 정당하고, 상고이유의 주장과 같이 민법 제397조 제1항 및 소송촉진 등에 관한 특례법 제3조 제1항, 제2항에 관한 법리를 오해한 위법 등이 없다.

5) 대법원 1997. 5. 30. 선고 97다1556 판결【구상금】

물상보증인이 채무자의 채무를 변제한 경우, 그는 민법 제370조에 의하여 준용되는 같은 법 제341조에 의하여 채무자에 대하여 구상권을 가짐과 동시에 민법 제481조에 의하여 당연히 채권자를 대위하고, 위 구상권과 변제자 대위권은 원본, 변제기, 이자, 지연손해금의 유무 등에 있어서 내용이 다른 별개의 권리로, 물상보증인은 고유의 구상권을 행사하든 대위하여 채권자의 권리를 행사하든 자유이며, 다만 채권자를 대위하는 경우에는 같은 법 제482조 제1항에 의하여 고유의 구상권의 범위에서 채권 및 그 담보에 관한 권리를 행사할 수 있는 것이어서, 변제자 대위권은 고유의 구상권의 효력을 확보하는 역할을 한다.

물상보증인이 채권자에 대하여 채권자의 청구가 있을 때 그 권리 또는 순위를 무상으로 양도하고 채무자와 채권자의 거래 계속 중에 행사하지 않기로 한 권리는 물상보증인의 채무자에 대한 구상권이 아니라 계약서상의 문자 그대로 대위에 의하여 채권자로부터 취득한 채권자의 채무자에 대한 원채권상의 권리임이 문언상 명백하여, 물상보증인의 구상권에 터잡아 구상금채권을 양수한 제3취득자의 청구에는 위 대위권 불행사의 특약 조항의 적용이 없다.

6) 대법원 1994.5.10. 선고 93다25417 판결【근저당권설정등기말소】

① 공동저당의 목적인 채무자 소유의 부동산과 물상보증인 소유의 부동산에 각각 채권자를 달리하는 후순위저당권이 설정되어 있는 경우, 물상보증인 소유의 부동산에 대하여 먼저 경매가 이루어져 그 경매대금의 교부에 의하여 1번저당권자가 변제를 받은 때에는 물상보증인은 채무자에 대하여 구상권을 취득함과 동시에, 민법 제481조, 제482조의 규정에 의한 변제자대위에 의하여 채무자 소유의 부동산에 대한 1번저당권을 취득하고, 이러한 경우 물상보증인 소유의 부동산에 대한 후순위저당권자는 물상보증인에게 이전한 1번저당권으로부터 우선하여 변제를 받을 수 있으며, 물상보증인이 수인인 경우에도 마찬가지라 할 것이므로(이 경우 물상보증인들 사이의 변제자대위의 관계는 민법 제482조 제2항 제4호, 제3호에 의하여 규율될 것이다), 자기 소유의 부동산이 먼저 경매되어 1번저당권자에게 대위변제를 한 물상보증인은 1번저당권을 대위취득하고, 그 물상보증인 소유의 부동산의 후순위저당권자는 1번저당권에 대하여 물상대위를 할 수 있다.

② 물상보증인이 대위취득한 선순위저당권설정등기에 대하여는 말소등기가 경료될 것이 아니라 물상보증인 앞으로 대위에 의한 저당권이전의 부기등기가 경료되어야 할 성질의 것이며, 따라서 아직 경매되지 아니한 공동저당물의 소유자로서는 1번저당권자에 대한 피담보채무가 소멸하였다는 사정만으로는 말소등기를 청구할 수 없다.

7) 서울고등법원 2012.05.03 선고 2011나40726 판결【대위변제금】

부동산 소유권을 회복할 지위에 있는 자가 근저당권의 피담보채무를 변제할 정당한 이익이 있는 자에 해당하는지 여부(적극)

8) 대법원 2011.6.10. 선고 2011다9013 판결【배당이의】

변제할 정당한 이익이 있는 사람이 채무자를 위하여 근저당권 피담보채무의 일부를 대위변제한 경우에는 대위변제자는 근저당권 일부 이전의 부기등기 경료 여부에 관계없이 변제한 가액 범위 내에서 채권자가 가지고 있던 채권 및 담보에 관한 권리를 법률상 당연히 취득한다. 한편 수인이 시기를 달리하여 채권의 일부씩을 대위변제한 경우 그들은 각 일부 대위변제자로서 변제한 가액에 비례하여 근저당권을 준공유한다고 보아야 하나, 그 경우에도 채권자는 특별한 사정이 없는 한 채권의 일부씩을 대위변제한 일부 대위변제자들에 대하여 우선변제권을 가지고, 채권자의 우선변제권은 채권최고액을 한도로 자기가 보유하고 있는 잔존 채권액 전액에 미치므로, 결국 근저당권을 실행하여 배당할 때에는 채권자가 자신의 잔존 채권액을 일부 대위변제자들보다 우선하여 배당받고, 일부 대위변제자들은 채권자가 우선 배당받고 남은 한도액을 각 대위변제액에 비례하여 안분 배당받는 것이 원칙이다. 다만 채권자가 어느 일부 대위변제자와 변제 순위나 배당금 충당에 관하여 따로 약정을 한 경우에는 약정에 따라 배당방법이 정해지는데, 이 경우에 채권자와 다른 일부 대위변제자들 사이에 동일한 내용의 약정이 있는 등 특별한 사정이 없는 한 약정의 효력은 약정 당사자에게만 미치므로, 약정 당사자가 아닌 다른 일부 대위변제자가 대위변제액에 비례하여 안분 배당받을 권리를 침해할 수는 없다.

9) 2008다13623 판결【배당이의】

변제할 정당한 이익이 있는 자가 채무자를 위하여 근저당권의 피담보채무의 일부를 대위변제한 경우, 대위변제자는 변제한 가액의 범위 내에서 종래 채권자가 가지고 있던 채권 및 담보에 관한 권리를 법률상 당연히 취득하게 되지만 이때에도 채권자는 대위변제자에 대하여 우선변제권을 가진다. 이러한 법리는 근로복지공단이 최우선변제권이 있는 최종 3개월분의 임금과 최종 3년분의 퇴직금 중 일부를 체당금으로 지급하고 그에 해당하는 근로자의 임금 등 채권을 대위하여 행사하는 경우에도 그대로 적용되어 최우선변제권이 있는 근로자의 나머지 임금 등 채권이 공단이 대위하는 채권에 대하여 우선변제권을 갖는다고 보아야 한다. 만일 이와 달리 근로자의 나머지 임금 등 채권과 공단이 대위하는 채권이 그 법률적 성질이 동일하다는 이유로 같은 순위로 배당받아야 한다고 해석한다면, 근로자가 공단으로부터 최우선변제권이 있는 임금 등 채권의 일부를 체당금으로 먼저 지급받은 후 배당금을 지급받는 경우에는 공단도 같은 순위로 배당받는 결과 공단이 근로자에게 지급한 체당금의 일부를 근로자로부터 다시 회수하는 셈이 되어 배당금을 먼저 지급받은 후 공단으로부터 체당금을 지급받는 경우에 비하여 근로자가 수령하는 총금액이 적게 되어 체당금의 지급시기에 따라 근로자에 대한 보호의 범위가 달라지는 불합리가 발생할 뿐만 아니라 근로자로 하여금 신속한 체당금 수령을 기피하게 하여 체당금의 지급을 통하여 근로자의 생활안정에 이바지하고자 하는 임금채권보장법의 취지를 몰각시키게 된다.

10) 2001마2094 결정【낙찰허가】

임의경매절차가 개시된 후 경매신청의 기초가 된 담보물권이 대위변제에 의하여 이전된 경우에는 경매절차의 진행에는 아무런 영향이 없고, 대위변제자가 경매신청인의 지위를 승계하므로, 종전의 경매신청인이 한 취하는 효력이 없다.

4. 법정 대위변제 조정결정도 공부해야 한다(97. 7. 28. 조정번호 제97-13호)

1) 주문

피신청인(채권은행)은 乙 소유 담보부동산이 경매됨으로써 97. 4.29. ○○ 지방법원 ○○ 지원으로부터 수령한 배당금 전액(17.6백만원)을 신청인(법정 대위변제자)에게 반환하여야 한다.

2) 결정이유

본건의 쟁점은 첫째 본건 근저당권과 근보증서가 동일하게 94. 9.15자 취급된 대출금만을 담보(보증)하기 위한 것으로써 동 근저당권의 피담보 채무가 신청인의 대위변제로 인하여 소멸되었는지 여부, 둘째 근저당권의 피담보 채무가 소멸되었다고 볼 경우 은행이 이미 수령한 배당금을 신청인에게 반환하여야 하는지 여부이다.

① **근저당권의 피담보채무 범위에 관한 일반적 해석기준**

근저당권설정계약서가 정당하게 작성되었으면 원칙적으로 그 기재된 내용에 따라 피담보채무의 범위를 인정하여야 하나, 근저당권설정계약 체결의 동기와 경위, 피담보채무의 내용, 금융기관의 담보가치 판단관계 등에 비추어 그 기재내용과는 달리 개별약정의 요소가 있었던 것으로 볼 수 있는 경우에는 그 개별약정의 내용에 따라 피담보채무의 범위를 제한 해석하고 있다(대법원 판례 86다카1152, 조정결정 제95-26호 등).

② **본건 근저당권과 근보증서의 피담보(보증)채무 범위 및 그 소멸여부**

은행은 본건 근저당권의 피담보채무 범위가 증서거래로 말미암은 채무자의 모든 채무로 되어 있어 신청인이 차주 앞 대출금(3건) 중 일부(2건)를 대위변제하였다 하더라도 그 피담보채무가 소멸되지는 아니 하였으므로 본건 근저당권을 근거로 하여 담보부동산 경매대금을 배당받은 것은 정당하다고 주장하나, 본건 근저당권과 근보증서는 다음과 같은 점을 감안하면 94. 9.15자 취급된 대출금 19백만원만을 담보 또는 보증하기 위한 것이고 신청인이 연대보증인으로서 동 대출금 원리금 전부를 대위변제하였으므로 본건 근저당권의 피담보 채무는 소멸되었다고 보는 것이 타당하다고 판단된다.

- 본건 근저당권은 그 설정일(94. 9.13)이 94.9.15자 부동산저당 대출 1천9백만원의 취급일과 근접해 있고 근저당권의 채권최고액(22.8백만원)이 동 대출금에 소정 담보비율(120%)만을 곱한 금액으로 되어 있는 한정 근저당권으로, 은행은 93. 7.30자 대출금(15백만원)에 상응하는 담보(한정근저당권, 채권최고액 : 18백만원)를 별도로 취득하였고 동 담보물의 추정시가를 7천4백만원(선순위근저당권 및 임대차보증금을 감안할 경우 유효 담보가는 28,500,000원)으로 평가하여 당해 대출금을 충분히 담보할 수 있는 것으로 조사하였던 사실로 미루어 보아 본건 근저당권이 기 취급된 대출금까지를 담보

하기 위한 것이었다고 보기 어렵다.
- 본건 근보증서는 포괄근보증으로 작성되었지만 신청인과 차주가 특별한 관계에 있지 아니한 제3자이고, 보증한도가 94.9.15자 대출금에 소정 보증비율(130%)만을 곱한 금액(24,700,000원)으로 되어 있으며, 은행이 96.11.6 신청인으로부터 보증한도와 거의 일치하는 동 대출금 원리금(24,600,000원)을 전액 대위변제 받은 후 이에 대한 대위변제 증서를 발급하였던 점을 감안할 때 본건 근저당권과 마찬가지로 94.9.15자 대출금만을 보증하기 위한 것으로 볼 수 있다.

③ 은행이 경매 배당금을 신청인에게 반환하여야 하는지 여부

본건 근저당권의 피담보채무가 소멸되었으므로 은행은 본건 부동산의 경매대금을 배당받을 수 있는 위치에 있었다고 보기 어렵고 다음과 같은 점을 감안하면 동 배당금을 대위변제자인 신청인에게 반환하는 것이 타당한 것으로 판단된다.
- 민법 제481조 및 제482조에 의하면 대위변제자는 채권자의 채권 및 그 담보를 대위하여 행사할 수 있으므로 연대보증인으로서 본건 근저당권의 피담보 채무를 전액 대위변제한 신청인은 은행의 대출채권 및 담보권을 그대로 대위하여 행사할 수 있었다.
- 은행은 신청인의 대위변제로써 본건 근저당권의 피담보 채무가 소멸되어 본건 부동산에 대한 경매배당을 요구할 수 있는 위치에 있지 아니하였으므로(민사소송법 제605조*) 경매배당금 수령으로 인한 부당이득금(대판 73. 3.13. 72다1073**)은 이를 정당한 권리자에게 반환하여야 하는 것으로 볼 수 있다.

[여기서 잠깐] 민사소송법 제605조*

민법, 상법, 기타 법률에 의하여 우선변제청구권이 있는 채권자, 집행력있는 정본을 가진 채권자 및 경매신청의 등기후에 가압류를 한 채권자는 경락기일까지 배당요구를 할 수 있다.

> **[여기서 잠깐] 대판 73. 3.13, 72다1073**
>
> 저당권과 채권이 소멸하였음에도 그 저당부동산에 대한 경매를 강행하여 경매대금을 수령하였음은 부당이득으로 이를 반환하여야 한다.

- 채권자인 은행이 대위변제자에게 채권서류 등을 교부(민법 제484조*) 하지 아니한 것은 신의칙에 반하는 것으로 볼 수 있고, 한편 신청인이 관련 대출금을 대위변제하면서 채권자대위 사실을 부기등기 하는 등 권리 행사를 위한 절차 이행을 다소 소홀히 하였다 하여 이로 인하여 대위변제자로서의 실체적 권리가 소멸되었다고는 볼 수 없다.

> **[여기서 잠깐] 민법 제484조***
>
> 채권 전부의 대위변제를 받은 채권자는 그 채권에 관한 증서 및 점유한 담보물을 대위자에게 교부하여야 한다.

3) 결론

위에서 살펴 본 바와 같이 본건 근저당권의 피담보 채무는 94. 9.15자 부동산 저당대출 1천9백만원에 한정되고 신청인이 연대보증인으로서 동 대출금 원리금 전부를 대위변제함으로써 소멸된 것으로 볼 수 있으므로 은행은 동 근저당권을 근거로 하여 본건 부동산 경매대금에서 수령한 배당금 전액을 대위변제자인 신청인에게 반환하는 것이 타당한 것으로 판단되어 이에 주문과 같이 조정 결정하였다.

[서식 1]

대위변제 확인서
(임의대위, 채권양도계약 포함)

제1조(임의대위 및 채권자 교체)
채권자가 채무자 ○○○에게 0000년 0월 0일에 대출해준 대출금 채무에 대하여 0000년 0월 0일 기준 원금 0원 및 이자 0원의 합계액 0원 전액을 ○○○가 민법 제480조에 따라 대위변제한 바, 채권자의 승락으로 채권자의 지위는 대위변제자에게 승계되었음을 확인합니다.

제2조(근저당권 이전)
상기 채권에 대한 대위변제와 채권양도로 동 대출금채권을 담보하는 근저당권 설정등기(을구 순위번호 0번, 접수번호 0번, 근저당권 설정 최고액 0원)는 대위변제자겸 채권양수인에게 이전되었음을 확인하며 근저당권 이전등기 등의 절차에 협조하기로 한다.

제3조(채권양도계약 및 대위변제 통지 등 위임)
대위변제와 별도로 채권자는 채무자에 대한 상기 채권 전액을 대위변제자에게 양도하기로 한다. 채권자의 대위변제 통지와 채권양도 통지는 대위변제자겸 채권양수인에게 위임하여 통지하기로 한다.

제4조(채권 원본서류 교부)
채권자는 대위변제자겸 채권양수인이 대위권 등을 행사할 수 있도록 채권원본 서류를 대위변제자겸 채권양수인에게 교부해 주기로 한다.

첨부 : 은행 법인인감증명서 1통

20××년 0월 0일

확인자 :   (인)
주 소 :

[서식 1 - 2]

대위변제 신청서

담당자	책임자	팀 장	지점장

주식회사 ○○상호저축은행 귀중

 귀 금융기관의 채무자 이○○가 귀 금융기관과의 대출(여신)거래 약정(　년 월 일)에 따라 귀 금융기관으로부터 차용한 채무 현재액 전액 금 ○○원을 채무자의 동의(승낙) 등을 득하여 대위변제 하오니 승낙하여 주시고, 대위변제자에게 대위변제 증서 및 근저당권 이전등기 위임장과 채권서류 원본을 교부하여 주시기 바랍니다.
아울러 귀 금융기관이 대위변제자에게 채권원본 서류를 교부함에 따라 채무관련인의 개인 신용정보가 제공되는 것에 대해 동의합니다.

20××년 ○월 ○일

본　인　　성 명: 장 ○ ○　　　　　　　　(인)
(대위변제자)　주 소:
　　　　　　　전화번호:

채 무 자　　성 명: 이 ○ ○　　　　　　　(인감날인)
(대위변제승낙자)　주 소:
　　　　　　　주민등록번호:
　　　　　　　전 화 번 호:

첨부 : 채무자(대위변제 승낙자)의 인감증명서 1부.

[서식 1 - 3]

대위변제 증서

_____ 귀하

☐ 대위변제자

성 명	주민번호	주 소	채무자와 관계
	-		

☐ 채 무 자

성 명	주민번호	주 소	채무자와 관계
	-		

☐ 대위변제액 (금   원, ₩   원, 기준 : 0000. 0. 0)

대출과목	원 금	이 자	비 용	계
이자산출근거	\multicolumn{4}{c}{0,000,000 × 10% × 128/365 = 000,000 (이자 계산기간 : '××.00.00 ~ '××.00.00)}

당행은 귀하로 부터 상기 채무자에 관한 채권의 원리금 전액을 대위변제금으로 수령하였음을 확인합니다. 아울러 대위변제로 인하여 변제된 채권 및 근저당권은 대위변제자에게 전부 이전되었음을 확인합니다.

20××년 0월 0일

수령인(채권자) : ○○은행 (인)
○○시 ○○구 ○○동 00번지

[서식 1 - 4]

대위변제 통지서

_____ 귀하

　　귀하와 본 은행과의 　　년　　월　　일자 대출계약에 의하여 발생된 귀하의 채무를
주소
성명　　　　　　　　인 자가 귀하를 대신하여 동 채무 금(　　　　　　원) 중
(　　　　원)을 대위변제 하였음을 알려드리며, 본 은행의 채권자로서의 지위가 대신 변제
한(　　　　　)에게로 전부이전 되었음을 아울러 알려드립니다.

※ 확정일자를 받을 것.

20××년 0월 0일

통지인(채권자) : 주식회사 은행
(소관 지점)
주 소 :
법률상대리인(지배인)
○ ○ ○　　　(인)

[서식 2]

대위변제 통지서
(채권양도 통지서 포함)

채 무 자 : ○ ○ ○ 귀하
주　소 :

1. 임의대위 및 채권자 교체
   ① 본인이 귀하에게 20××년 0월 0일에 대출해준 근저당권이 설정된 대출채무에 대하여 20××년 0월 0일 기준 원금 0원 및 이자 0원의 합계액 0원 전액을 ○○○가 민법 제480조에 따라 대위변제하여 이를 통지하며, 본인의 승락으로 채권자의 지위는 대위변제자에게 승계되었음을 알려 드립니다.
   ② 대위변제와 별도로 본인은 귀하에 대한 상기 근저당권부 채권 전액을 대위변제자에게 근저당권과 함께 양도하였음을 통지합니다.
   ③ 본인의 위임에 따라 대위변제 통지와 채권양도 통지는 대위변제자겸 채권양수인이 통지하게 됨을 알려드리며, 양후 채무의 변제는 대위변제자겸 채권양수인에게 이행하시기 바랍니다.

2. 근저당권 이전 : 상기 채권에 대한 대위변제와 채권양도로 동 대출금 채권을 담보하는 근저당권 설정 등기(을구 순위번호 0번, 접수번호 0번, 근저당권 설정 최고액 0원)는 대위변제자겸 채권양수인에게 이전되었음을 통지합니다.

※ 확정일자를 받을 것

20××년 0월 0일

통지인(채권자) : 성명 ○ ○ ○
대리인(대위변제자겸 채권양수인)
　　성 명 : ○ ○ ○ □□□(인)
　　주소 :

[서식 3]

대위변제 확인서(법정대위)

제1조(법정대위 및 채권자 교체)
채권자가 채무자 에게 20××년 0월 0일에 대출해준 대출금 채무에 대하여 20××년 0월 0일 기준 원금 0원 및 이자 0원의 합계액 0원 전액을 변제할 정당한 이익이 있는 ○○○가 민법 제481조에 따라 대위변제한 바, 채권자의 지위는 당연히 대위변제자에게 승계되었음을 확인합니다.

제2조(근저당권 이전)
상기 채권에 대한 변제자의 법정대위로 동 대출금채권을 담보하는 근저당권 설정등기(을구 순위번호 0번, 접수번호 0번, 근저당권 설정 최고액 0원)는 대위변제자에게 이전되었음을 확인합니다.

제3조(채권자 변경사실 통지 위임)
대위변제자는 채권자를 대리하여 채권자의 교체사실을 채무자에게 통지하기로 한다.

제4조(채권서류 원본 교부)
채권자는 대위변제자가 대위권 등을 행사할 수 있도록 채권서류 원본 일체를 대위변제자에게 교부하기로 하고 근저당권 이전등기 등에 협조하기로 한다.

첨부 : 은행 법인 인감증명서 1통

20××년 0월 0일

확인자 :　　　　　　　　(인)
주　소 :

[서식 4]

채권자 교체사실 통지서(법정대위)

채무자 : ○ ○ ○ 귀하
주   소 :

1. 법정대위 및 채권자 교체
　본인이 귀하에게 20××년 0월 0일에 대출해준 근저당권이 설정된 대출채무에 대하여 20××년 0월 0일 기준 원금 0원 및 이자 0 합계액 0원 전액을 변제할 정당한 이익이 있는 후순위 가압류채권자(압류채권자, 또는 근저당권설정 채권자, 제3취득자)가 민법 제481조에 따라 대위변제하여 채권이 대위변제자에게 전액 양도되었음을 알려드리며, 채권자인 본인의 지위는 대위변제자에게 승계되었음을 알려드립니다.

2. 근저당권 이전 및 채무의 변제
　① 상기 채권에 대한 대위변제로 동 대출금 채권을 담보하는 근저당권 설정등기(을구 순위번호 0번, 접수번호 0번, 근저당권 설정 최고액 0원)는 대위변제자에게 당연히 이전되었음을 알려드립니다.
　② 변제할 정당한 이익이 있는 자의 대위변제로 인하여 채권자의 지위는 채무자에게 별도의 대위변제 통지 없이도 당연히 대위변제자에게 이전하게 됩니다. 그러나 본인의 위임에 따라 대위변제에 따른 채권자의 교체사실을 대위변제자가 귀하에게 통지하게 됨을 알려드리며, 향후 대출채무의 변제는 대위변제자에게 이행하시기 바랍니다.

20××년 0월 0일

통지인(채권자) : 성명 ○ ○ ○
대리인(대위변제자)
　성 명 : ○ ○ ○ (인)
　주 소 :

[서식 5]

채권양도 계약서

채권 양도인을 '갑'으로, 채권 양수인을 '을'로 하여 아래와 같이 채권양도 계약을 체결한다.

제1조(채권양도)
갑이 채무자 ○○○의 부동산(○○○시 ○○○구 ○○○동 000번지)에 대하여 20××년 00월 00일 갑구 순위번호 0번, 접수번호 0번의 가압류등기, 압류등기 또는 20××년 00월 00일 을구 순위번호 0번, 접수번호 0번의 근저당권 설정등기를 한 채권 중 금 000원의 채권을 '을'에게 양도하기로 한다. 다만 근저당권을 설정한 채권은 근저당권의 일부이전을 포함하며, 근저당권 이전등기 비용은 근저당권의 양수인인 '을'이 부담하기로 한다. 채권양도 대금은 '갑'이 '을'로부터 수령하였다.

제2조(근저당권 이전)
근저당권이 설정된 채권의 일부양도의 경우 당사자는 신속하게 근저당권 이전등기 절차를 이행하여야 하며, 양도대상 근저당권은 아래와 같다.
① 근저당권이 설정된 부동산의 소재 : 000번지 00호
② 설정계약 :   년   월   일자 근저당권설정
③ 관할 : ○○지방법원 ○○등기소
④ 접수일자 : 년 월 일
⑤ 접수번호 : 제0호
⑥ 채권최고액 : 금 000 원(일부양도 채권금액 000원)

제3조(양도통지의 위임 등)
채무자에 대한 채권양도 통지는 채권양도인 '갑'을 대리하여 채권 양수인 '을'이 통지하기로 하고, 이 약정서는 2통을 작성 후 당사자가 각 1통씩 소지한다.

붙임 : 인감증명서 2통

20××년 0월 0일

양도인(갑)
성 명 : ○ ○ ○(인)
주 소 :
양수인(을)
성 명 : ○ ○ ○(인)
주 소 :

※ 근저당권부 채권의 일부양도의 경우 근저당권 이전등기를 신청할 수 있도록 근저당권을 이전하는 계약내용까지 삽입하였으므로 이를 첨부하여 근저당권 이전등기를 신청해도 된다.

[서식 6]

채권양도 통지서

채무자 : ○ ○ ○ 귀하
주   소 :

　본인이 귀하의 부동산(시 구 동 000번지)에 대하여 20××년 00월 00일 갑구 순위번호 0번, 접수번호 0번의 가압류등기, 압류등기 또는 20××년 00월 00일 을구 순위번호 0번, 접수번호 0번의 근저당권 설정등기를 한 채권 중 금 000원의 채권을 20××년 00월 00일에 에게 붙임과 같이 양도하였으므로 이를 통지하오니 채무를 양수인에게 변제하시기 바랍니다.

붙임 : 채권양도 계약서 1부

20××년 0월 0일

통지인(양도인)
성명 : ○ ○ ○
대리인(양수인)
성 명 : ○ ○ ○ (인)
주 소 :

※ 배달증명부 내용증명우편 발송 후 배달증명 엽서는 양수인이 보관한다.

[서식 7]

차 용 증

채무자 : ○ ○ ○ 귀하
주　소 :

1. 차용금 : 000000원

2. 차용일 : 20××년 00월 00일

3. 변제기 : 20××년 00월 00일

20××년 0월 0일

차용인 성명 : ○ ○ ○ (인)
주소 :

제12장
필자가 Design한 NPL 투자기법을 공개한다

필자가 창조한 후순위채권 매입투자법 등을 아래와 같이 공개하며, 아직 미공개한 10여개 이상의 쇼킹한 투자법은 추후 공개할 예정이다.

1. Ranking Elevating 투자법

공동담보에서 차순위 채권자의 대위제도로 공동담보물의 채권자들에게 일부 담보물을 먼저 경매신청 시 배당에서 불이익을 입는 후순위 채권자들에게 공평한 배당을 위하여 마련한 제도이다. 먼저 공동담보물인 부동산A1(가격 2억원, 낙찰가 2억원)과 부동산A2(가격1억원, 낙찰가도 1억원)의 소유자가 같은데 소유자가 차주가 되어 1순위로 채권최고액 2억원의 공동 근저당권을 설정하고 기관으로부터 2억원의 대출을 받고 부동산A1에는 2순위로 홍길동이 1억원의 근저당권을 추가로 설정했다고 가정하자. 동 사례에서 기관이 부동산A1과 A2를 동시에 경매신청하면, 민법 제368조제1항에 따라 기관은 각 부동산의 경매대가 비율로 1순위 2억원의 채권을 회수하게 되므로 부동산A1은 대출액 2억원에 낙찰가 총 3억원분의 2억원(67%)을 곱하여 산정된 1억3,400만원을 분담하고, 부동산A2는 대출액 2억원에 총낙찰가 합계 3억원분의 1억원인 33%를 곱하여 산정한 6,600만원을 분담하게 된다. 그런데 기관은 부동산A1만 먼저 경매신청하여 여기서 2억원 전액을 배당받아갈 경우 2순위 홍길동은 동시경매 시 1억3,400만원을 제외한 6,600만원을 부동산A1에서 배당받을 수 있었으나 기관이 부동산A1에서 전액 배당받아 가는 바람에 홍길동은 배당액이 0이 된다. 이런 불합리한 경우를 없애기 위하여 부동산A1의 2순위 근저당 채권자인 홍길동은 부동산A2에 설정된 1순위 기관의 근저당 채권을 6,600만원만큼 근저당권 이전을 받을 수 있다. 근저당권 이전 후 부동산A2가 추후 경매되면 여기서 홍길동은 6,600만원을 승계된 1순위 근저당권자로서 배당받게 된다. 부동산A2가 낙찰될 경우 부동산A1의 경매대가를 반영하여 부동산A2의 1순위 근저당채권 분담액을 산정하면 이것이 부동산A1의 후순위 홍길동이 대위로 부동산A2에서 배당받을 수 있는 금액이 된다. 문제는 공동담보물에서 이시 경매신청 시 2순위 권리자로서 홍길동 같은 후순위 채권자가 부동산A2에 대위권을 행사하여 부동산A2에서 승계된 1순위 근저당채권 6,600만원을 행사할 수 있다는 사실을 간과할 경우 이렇게 홍길동이 놓친 대위권에 투자하는 방법이 있다. 방법은 홍길동이 부동산A1에 가지고 있었던 2순위 채권에 대하여 홍길동과 채권양도계약을 체결하고 채무자에게 채권양도 통지를 하여 홍길동의 지위를 양수인인 투자자가 승계하면 동 투자자가 대위권자가 되어 부동산A2에서 홍길동의 승계된 1순위 6,600만원의 근저당채권을 행사하여 배당을 받을 수 있다. 여기서 홍길동은 2순위 근저당자, 2순위 전세권자, 2순위 확정일자부 임차인 중 하나에 해당되면 부동산A2에서 대위권을 행사할 수 있다. 또한 등기되지 않는 법정 담보물권인 조세채권 및 근로복지공단의 퇴직금 등의 최우선 배당요구 채권으로 인하여 후순위로 밀려서 배당에서 불이익을 당한 홍길동의 지위에 있는 채권자도 또한 다른 부동산에서 대위권을 행사하여 조세권자나 근로복지공단의 퇴직금 배당청구권을 대위 행사할 수 있다. 이것도 일종의 법정대위 제도로 투자자는 먼저 배당을 못 받은 후순위 채권자의 채권을 저렴한 가격으로 매입하여 승계 이전받은 다음 추후 경매가 진행되는 A2부동산에서 대위권을 행사하여 배당을 받는 투자법이다.

2. Low Ranking 채권매입 비과세 투자법

경매사건에서 2순위 이하 채권자로서 배당손실을 입는 후순위 근저당권자, 전세권자, 확정일자부 임차권자 등의 채권을 예상배당액을 산정하여 동 예상배당액을 기준으로 채권을 양수한다.

채권양수후 양수인은 1순위 근저당채권 금액에 양수한 채권의 액면금액 전액을 합산한 금액으로 입찰가를 써서 1순위로 낙찰을 받는다. 즉 양수인이 유입취득을 한다. 양수인은 배당손실을 입는 2순위 채권을 선순위 채권액에 합산한 금액으로 입찰가를 쓰기 때문에 다른 입찰참가자를 따돌리고 고가로 입찰가를 쓸 수 있는 유리한 지위에 있어 1순위로 낙찰을 받게 된다. 낙찰 후 자기가 매입한 채권에 배당되는 금액만큼 일부상계에 의한 대금납부 신청 후 나머지 잔금은 경락자금 대출을 받아 납부하면 된다.

양수인은 낙찰가가 부동산의 취득가가 되므로 낙찰가 이하에서 급매로 타에 재매각 시 양도차익이 제로(0)가 되어 양도세를 전혀 부담하지 아니하고 채권매입 후 재매각 차익을 얻을 수도 있다.

예를 들어 감정가가 4억원이고 예상 낙찰가가 3억5천만원인 부동산 경매사건에서 1순위 근저당채권액이 3억원이 설정되어 있고, 2순위 근저당채권이 1억5천만원이 설정되어 있어서 2순위 근저당 채권자의 예상배당액이 5천만원일 경우 투자자는 2순위자의 1억5천만원의 근저당채권을 5천만원 선에서 매입 후 양수인이 직접 입찰에 참가하여 1순위 3억원 및 2순위 매입가 1억5천만원 중 1억원을 합산한 4억원에 입찰가를 써서 1순위로 낙찰을 받고 매수인이 배당받을 1억원은 일부상계 신청을 하고 나머지 3억원에 대해서만 경락자금 대출을 받아 납부하면 된다. 물론 법원에서 일부상계 신청을 허용하여야 된다. 대금납부 후 이 부동산을 4억원에 매각을 한다면 투자는 1순위 3억원 및 2순위 매입가 5천만원 등 3억5천만원을 실제로 부담한 것이므로 매각가 4억원에서 실부담액 3억5천만원을 차감하면 투자자는 5천만원의 재매각 차익을 얻고도 낙찰가 이하로 매각을 한 것이므로 양도세는 전혀 부담을 하지 않는다.

3. 공유지분 물상보증인 NPL투자법

공유지분 전체에 공동 근저당권을 설정한 후 물상보증인의 공유지분만 경매 시 그 물상보증인의 재산으로 1순위 공동저당 채권 전액이 배당받았을 경우 물상보증인의 지분에 설정된 2순위 채권자의 NPL채권을 매입하여 대위권을 행사하거나 물상보증인의 지분에 설정된 근저당채권이 없을 경우 물상보증인의 주채무자에 대한 대위권(주채무자 지분에 행사가능한 근저당채권)을 양수받아 채무자의 공유지분을 경매하여 배당이익을 얻는 방법이 있다. 지분 공동담보에서 채무자지분을 제외한 제3자 지분만 먼저 경매가 이루어지는 사건을 찾은 다음 그 후순위 채권을 매입하거나 후순위가 없는 경우 그 물상보증인의 대위권을 매입하여 투자를 하는 방법이다.

4. 공동담보 초과책임 NPL투자법

담보제공자들간 책임의 공평부담을 전제로 인정된 것이 공유지분 담보제공자간 또는 공동담보 제공자간의 법정대위 제도라고 할 수 있다. 즉 이들 담보제공자는 각 부동산의 경매대가에 비례하여 자기책임 분담부분이 있는데 이를 초과하여 다른 담보제공자의 책임부분까지 경매실행 등을 통하여 부담한 경우 그 초과책임 부분만큼 타 담보제공자에게 구상할 수 있고, 동 구상권의 범위에서 채권자의 근저당채권을 대위로 이전받아 타 담보제공자의 부동산에 설정된 근저당 채권을 승계이전 받아 권리를 행사할 수 있다. 이는 공유지분 또는 공동담보물에 근저당권을 설정하는 경우에 많이 발생하며, 이는 특수한 법정대위 제도이다. 공동담보물에 대한 차순위자 대위제도와는 다른 제도이나 자기책임 초과부분에 대하여 대위권 행사를 통하여 타 담보제공자에 대하여 책임을 묻는 측면에서는 내용이 유사한 법정대위 제도라고 할 수 있다. 공동담보 제공자간 책임전가를 방지하고 자기책임 초과부담자를 보호하며 책임의 공평부담을 위한 제도라고 생각하면 다양한 사례를 해결하는 데 이해가 쉬울 것이다. 민법은 제486조에서 자기의 출재로 채무자의 채무를 면하게 한 경우 법정대위를 준용토록 하여 특수한 법정대위 제도를 두고 있다. 예상배당표를 작성하여 지분권자 사이의 분담액을 산정해 내야 대위권 행사 가능금액이 산출된다. 자기분담분을 초과하여 책임을 부담한 지분권자가 구상권의 범위 내에서 타 지분권자의 지분에 대하여 초과책임 부담만큼 대위권을 행사하여 근저당채권을 이전받아 배당을 받는 방법이다. 투자자는 이러한 지분에 붙어 있는 대위권(근저당채권)을 매입하여 투자를 할 수 있다.

5. 사해행위 NPL매입 투자법

이는 채무초과 상태에서 임대차 계약이 체결되어 소액임차인의 최우선 변제권의 발생으로 1순위 근저당 채권자가 배당금 손실을 입는 채권을 매입하여 투자하는 방법이다.

1) 사해행위 NPL매입대상 채권 선정방법
① 유일한 주택의 감정가를 산정한다.
   - 사해행위 당시인 임대차계약 체결시점의 시세 등 감정가를 산정한다.
② 임대차계약 체결 당시의 등기사항 전부증명서(부동산등기부등본)상 근저당권 설정 최고액, 가압류등기 채권액 및 압류채권 등을 합산하여 총 채무가 주택의 감정가를 초과하고 있어야 된다.
   - 다른 재산도 있을 경우 동 재산의 감정가 및 채무초과액도 산정하여 전체 재산의 감정가 및 전체 채무 초과액을 확인한다.
③ 이미 가압류등기 등 채무초과 상태 이후에 임대차계약을 체결하여 임차인이 최우선변제권을 가지게 됨으로써 채무자의 총재산이 감소되고 이로 인하여 선순위 근저당 채권자의 배당액이 임대차가 없을 때보다 감소되어 배당손실을 입었음을 주장한다.
④ 임대인과 임차인은 임대차계약 체결시점에 부동산등기부등본에 공시된 근저당채권 및 가압류금액 등을 알 수 있었으므로 양 당사자는 채무초과로 채권자를 해한다는 사실을 알고 있었다고 주장하면서 채무자의 악의를 주장한다.
⑤ 위와 같은 임대차계약은 가장 임대차 내지 채권자를 해하는 사해행위로 취소되어야 하고, 이에 따라 임차인에게 배당된 배당표상 금액은 삭제하고 이를 원고에게 배당

하여야 한다고 주장한다.

2) 사해행위 NPL 매입(투자)

① 사해행위를 당하여 배당손실을 당한 근저당채권 등을 저렴한 가격(배당이의 제기 전의 예상배당액을 기준으로 매입)으로 양수한다. 즉 1순위 근저당권자나 담보가등기권자 등 임차인의 최우선변제 배당으로 인하여 직접적으로 배당금 손실을 입는 근저당채권 등의 채권을 싼 가격에 채권 양도를 통하여 채권을 매입한다. 매입 이후 양수인은 경매법원에 채권자 및 근저당권자 변경(승계) 신고를 한 다음 배당기일에 그 사해행위를 행한 임차인을 상대로 배당이의 신청을 한다. 배당이의 신청 후 7일 이내에 배당이의의 소 제기접수 증명원을 경매법원에 제출하여야 하고, 미제출 시 이의취하로 간주되니 반드시 이를 제출하여야 한다. 가장 임차인에 해당될 경우 소송사기죄로 형사고소도 병행하여 조기에 사건을 종결할 수도 있다.

② 이러한 사해행위 임대차 사건은 빌라나 아파트 등 주택의 감정가격이 1억원 전후로 저가인 인천지역에서 채무초과 상태라, 심지어 가압류등기가 많이 등기된 이후에 임차보증금을 2,000만원 내지 2,500만원으로 약정하여 4~5년 전부터 집중적으로 이루어졌고, 최우선 소액 보증금으로 2,000만원 내지 2,200만원을 최우선 배당금으로 임차인들이 배당 받아가는 사례가 많았다.

3) 매입 후 양수인의 배당이의의 소제기 방법

① 주위적 주장 : 보증금 수수없는 가장 임대차로써 무효다.
   - 이유는 임차인이 수천만원 이상이 되는 임대차보증금을 현금으로 지급하였다고 상식 에 반한 주장을 한다.
   - 또한 임차인이 임대차보증금을 수수한 은행거래 입출금자료를 제출하지 못한다.

② 예비적 주장
   ⓐ 주택임대차보호법의 보호대상인 소액보증인에 해당되지 않는다.

- 실제로 보증금을 지급한 임대차라고 하더라도 주택임대차 보호법의 보호취지를 벗어나 부당한 이득을 취하고자 계약을 체결한 것이므로 법의 보호대상인 소액보증인에 해당되지 않는다.
- 신용악화로 연체가 예상되는 경매개시 6개월 전부터 전입신고를 하였다.
- 공인중개사의 중개 없이 당사자간 합의로 임대차 계약을 체결하였다.
- 임대차보호법을 악용하여 임대인 등으로 하여금 부당이득을 취하도록 임대차 계약을 체결한 것이므로 실제로 임대차보증금을 지급하였더라도 법의 보호취지를 벗어나서 보호받는 소액임차인에 해당되지 않는다(2013다62223 판결).

ⓑ 채무초과 상태에서 이루어진 사해행위의 임대차 계약으로 취소되어야 한다.
- 실제 보증금이 지급되었어도 근저당권설정 채권 최고액 및 가압류등기 금액이 주택의 시가를 현저히 초과한 상태에서 가압류등기 등으로 곧 경매가 개시될 것이 예상됨에도 임대차계약을 체결하여 최우선 변제권을 악의적으로 만든 것인 바, 이는 1순위 근저당권자가 받을 배당금에 손실을 끼치는 사해행위로 동 임대차계약은 취소되어야 한다는 이유 등을 적시하여 배당이의 소의 소장을 제출한다. 제출 후 변호사에 위임하여 소송을 진행하는 것이 좋으며, 양수인이 승소하면 판결확정증명원을 첨부하여 법원에 공탁된 배당금을 청구하면 된다.

4) 참조판례

① **임대차 보호대상이 아니라는 판례**(대법원 2013다62223 배당이의)

갑이 아파트를 소유하고 있음에도 공인중개사인 남편의 중개에 따라 근저당권 채권 최고액의 합계가 시세를 초과하고 경매가 곧 개시될 것으로 예상되는 아파트를 소액임차인 요건에 맞도록 시세보다 현저히 낮은 임차보증금으로 임차한 다음 당초 임대차계약상 잔금지급기일과 목적물인도기일보다 앞당겨 보증금 잔액을 지급하고 전입신고 후 확정일자를 받았는데, 그 직후 개시된 경매절차에서 배당을 받지 못하자 배당이의를 한 사안에서, 갑은 소액임차인을 보호하기 위하여 경매개시결정 전에만 대항요건을 갖추면 우선변제권을 인정하는 주택임대차보호법을 악용하여 부당한 이득을 취하고자 임대차계약을 체결한 것이므로 주택임대차보호법의 보호대상인 소액임차인에 해당하지 않는다고 본 원심판단을 수긍한 사례

② **사행행위에 해당되는 임대차사례**(대법원 2003다50771 배당이의)

ⓐ 주택임대차보호법 제8조의 소액보증금 최우선변제권은 임차목적 주택에 대하여 저당권에 의하여 담보된 채권, 조세 등에 우선하여 변제받을 수 있는 일종의 법정담보물권을 부여한 것이므로, 채무자가 채무초과상태에서 채무자 소유의 유일한 주택에 대하여 위 법조 소정의 임차권을 설정해 준 행위는 채무초과상태에서의 담보제공행위로 채무자의 총재산의 감소를 초래하는 행위가 되는 것이고, 따라서 그 임차권설정행위는 사해행위취소의 대상이 된다고 할 것이다.

ⓑ 주택임대차보호법 제8조의 소액보증금 최우선변제권 보호대상인 임차권을 설정해 준 행위가 사해행위인 경우, 채무자의 악의는 추정되는 것이고, 수익자인 임차인의 악의 또한 추정된다고 할 것이나, 다만 위 법조 소정의 요건을 갖춘 임차인에 대하여 선행의 담보권자 등에 우선하여 소액보증금을 회수할 수 있도록 한 입법 취지에 비추어 보면, 위 법조 소정의 임차권을 취득하는 자는 자신의 보증금회수에 대하여 상당한 신뢰를 갖게 되고, 따라서 임대인의 채무초과상태 여부를 비롯하여 자신의 임대차계약이 사해행위가 되는지에 대하여 통상적인 거래행위 때보다는 주의를 덜 기울이게 될 것이므로, 수익자인 임차인의 선의를 판단함에 있어서는 실제로 보증금이 지급되었는지, 그 보증금의 액수는 적정한지, 등기부상 다수의 권리제한관계가 있어서 임대인의 채무초과상태를 의심할 만한 사정이 있었는데도 굳이 임대차계약을 체결할 사정이 있었는지, 임대인과 친인척관계 등 특별한 관계는 없는지 등을 종합적으로 고려하여 논리와 경험칙을 통하여 합리적으로 판단하여야 한다.

③ 사해행위 임대차 판결(인천지방법원 2013가단 202XXX 배당이의)

인천지방법원
판결

사　　건　　2013가단202■■■ 배당이의

원　　고　　■■■■

인천 연수구 새말로 141 (연수동)

조합장

소송대리인 법무법인 우신

담당변호사

피　　고　　

인천 남동구 예술로

변론종결　　2013. 12. 13.

판결선고　　2014. 1. 10.

주　문

1. 가. 피고와  사이에 2011. 12. 30. 별지 목록 기재 부동산에 관하여 체결된 임대차보증금 20,000,000원의 임대차계약을 취소한다.

나. 인천지방법원 2012타경36724호 부동산임의경매신청 사건에 관하여 2013. 1. 20. 위 법원이 작성한 배당표 중 피고에 대한 배당액 20,000,000원을 0원으로, 원고에 대한 배당액 28,958,802원을 48,958,802원으로 각 경정한다.

2. 원고의 주위적 청구를 기각한다.
3. 소송비용은 원고가 50%, 나머지는 피고가 각 부담한다.

청 구 취 지

주위적 청구취지 : 인천지방법원 2012타경36724호 부동산임의경매신청 사건에 관하여 2013. 1. 20. 위 법원이 작성한 배당표 중 피고에 대한 배당액 20,000,000원을 0원으로, 원고에 대한 배당액 28,958,802원을 48,958,802원으로 각 경정한다.

예비적 청구취지 : 주문 제1항

이 유

1. 기초사실

가. 원고는 위 이○○ 소유의 별지 목록 기재 부동산(이하 '이 사건 부동산'이라 한다)에 관하여 근저당권자로서 이 법원 2012타경36724호로 임의경매신청을 하였고, 위 임의경매사건에서 이 법원은 배당기일인 2013. 1. 30. 실제 배당할 금액 50,084,862원 중 1순위로 소액임차인 피고에게 20,000,000원, 교부권자 인천 동구에 2순위로 76,060원, 3순위로 1,050,000원, 4순위로 근저당권자 원고에게 28,958,802원을 배당하는 것으로 배당표를 작성하였다.

나. 피고는 2011. 12. 30. 위 이○○와 사이에 이 사건 부동산에 관하여 임대차보증금 20,000,000원, 임대차기간 2012. 1. 5.부터 2013. 12. 30.까지로 정한 임대차계약(이하 '이 사건 임대차계약'이라 한다)을 체결하였다.

다. 원고는 위 배당기일에 출석하여 피고에 대한 배당액에 이의를 제기하고, 2013.

2. 4. 이 사건 소를 제기하였다.

[인정근거] 다툼 없는 사실, 갑 1호증, 갑 2호증의 1, 2, 갑 3호증의 2, 갑 6호증의 1, 2의 각 기재 및 변론 전체의 취지

2. 주위적 청구에 관한 판단

가. 청구원인

이 사건 임대차계약 당시 이 사건 부동산에는 채권최고액 합계액이 시가를 초과하는 제1, 2순위 근저당권이 설정되어 있는 등 임대인 위 이○○는 채무초과상태였던 점, 피고는 임대차보증금 수수에 관한 금융거래자료를 제출하지 않은 점, 공인중개사의 중개 없이 서로 잘 아는 피고와 위 이○○ 간에 임대차계약서가 작성된 점 등에 비추어 볼 때, 이 사건 임대차계약은 가장임대차에 해당하여 무효이다.

나. 판 단

배당이의 소송에 있어서 원고는 배당이의 사유를 구성하는 사실에 대하여 주장·입증하지 아니하면 아니되므로, 상대방의 채권이 가장된 것임을 주장하여 배당이의를 신청한 채권자는 이에 대하여 입증책임을 부담한다(대법원 1997. 11. 14. 선고 97다32178 판결).

살피건대, 소액임차인의 경우 주택임대차보호법이 정한 요건을 갖추면 우선적으로 보호받는다는 것은 이미 일반인에게 널리 알려진 상식이므로 피고가 원고 주장의 근저당권이 존재함에도 불구하고 임대차계약을 체결하였을 가능성을 배제할 수 없는 점 등을 고려해 볼 때, 원고 제출의 증거들만으로는 이 사건 임대차계약이 가장된 것이라고 보기에 부족하고 달리 이를 인정할 증거가 없다.

3. 예비적 청구에 관한 판단

가. 청구원인에 관한 판단

(1) 주택임대차보호법 제8조의 소액보증금 최우선변제권은 임차목적 주택에 대하여 저당권에 의하여 담보된 채권, 조세 등에 우선하여 변제받을 수 있는 일종의 법정담보물권을 부여한 것이므로, 채무자가 채무초과상태에서 채무자 소유의 유일한 주택에 대하여 위 법조 소정의 임차권을 설정해 준 행위는 채무초과상태에서의 담보제공행위로서 채무자의 총재산의 감소를 초래하는 행위가 되는 것이고, 따라서 그 임차권설정행위는 사해행위취소의 대상이 된다고 할 것이다. 또한 주택임대차보호법 제8조의 소액보증금 최우선변제권 보호대상인 임차권을 설정해 준 행위가 사해행위인 경우, 채무자의 악의는 추정되는 것이고, 수익자인 임차인의 악의 또한 추정된다(대법원 2005. 5. 13. 선고 2003다50771 판결 참조).

(2) 이 사건에서 보건대, 다음과 같은 사실은 당사자 사이에 다툼이 없거나, 갑 8호증, 갑 11 내지 13호증(각 가지번호 포함), 갑 14호증, 갑 15호증의 1 내지 5의 각 기재, 이 법원의 주식회사 더케이저축은행 주식회사, 국민은행에 대한 각 금융거래정보제출명령 결과, 이 법원의 국토교통부, 인천광역시 동구에 대한 각 사실조회결과 및 변론 전체의 취지를 종합하면 이를 인정할 수 있다.

(가) 이 사건 임대차계약 당시 위 이OO의 재산은, ① 시가 약 89,214,000원의 이 사건 부동산, ② 시가 약 126,980,640원의 인천 남구 학익동 306-86 토지 및 그 지상 건물(이하 '이 사건 제2부동산'이라 한다) 합계 약 215,194,640원이었다.

(나) 이 사건 임대차계약 당시 위 이OO의 채무는, ① 원고에 대한 근저당채무 73,265,933원, ② 더케이저축은행 주식회사에 대한 근저당채무 137,410,355원, ③ 이 사건 제2부동산 임차인 김OO, 김OO에 대한 임대차보증금반환채무 각 20,000,000원,

④ 국민은행에 대한 대출채무 최소 20,160,400원 합계 약 270,836,688원이었다.

(3) 위 인정사실에 의하면, 위 이○○는 채무초과상태에서 이 사건 임대차계약을 체결하였으므로 특별한 사정이 없는 한 이 사건 임대차계약은 사해행위에 해당하고 피고의 악의는 추정된다.

나. 피고의 항변에 관한 판단

피고는 이 사건 임대차계약 당시 위 이○○의 원고 등 채권자들을 해함을 알지 못하였다고 항변한다.

살피건대, 주택임대차보호법 소정의 요건을 갖춘 임차인에 대하여 선행의 담보권자 등에 우선하여 소액보증금을 회수할 수 있도록 한 입법 취지에 비추어 보면, 위 법조 소정의 임차권을 취득하는 자는 자신의 보증금회수에 대하여 상당한 신뢰를 갖게 되고, 따라서 임대인의 채무초과상태 여부를 비롯하여 자신의 임대차계약이 사해행위가 되는지에 대하여 통상적인 거래행위 때보다는 주의를 덜 기울이게 될 것이므로, 수익자인 임차인의 선의를 판단함에 있어서는 실제로 보증금이 지급되었는지, 그 보증금의 액수는 적정한지, 등기부상 다수의 권리제한관계가 있어서 임대인의 채무초과상태를 의심할 만한 사정이 있었는데도 굳이 임대차계약을 체결한 사정이 있었는지, 임대인과 친인척관계 등 특별한 관계는 없는지 등을 종합적으로 고려하여 논리와 경험칙을 통하여 합리적으로 판단하여야 한다(대법원 2005. 5. 13. 선고 2003다50771 판결 참조).

이 사건에서 보건대, 을 2호증의 1 내지 5의 각 기재 및 변론 전체의 취지를 종합하면, 피고는 이 사건 임대차계약 무렵 강릉시 소재 주택의 설비 및 목공사비 등으로 수령한 현금을 보유하고 있었던 것은 확인되나, 이를 실제로 위 이○○에게 임대차

보증금으로 지급한 점을 인정할 금융거래자료는 제출하지 않은 점, 피고 주장에 의하더라도 이 사건 임대차계약 당시 위 이○○로부터 2012. 6.경 동인천역 북광장의 개발 시기에 맞추어 이 사건 부동산을 철거하고 도시형생활주택 신축계획이 있으므로 그 설비공사를 의뢰받았다는 것이나, 이 사건 임대차계약기간은 2012. 1. 5.부터 2013. 12. 30.까지로 정해져 있어 서로 모순되고, 공사업자가 건축주로부터 해당 공사목적물을 임차하는 것도 이례적일 뿐만 아니라 피고 말대로라면 피고는 위 이○○로부터 향후 공사대금을 지급받을 수 있는 상황인데 굳이 임대차보증금을 지급할 이유가 없어 보이는 점, 피고와 위 이○○는 이 사건 임대차계약서를 공인중개사의 중개 없이 본인들이 직접 작성한 점 등에 비추어 볼 때, 피고가 제출한 증거들만으로는 피고에게 미치는 위 사해의사의 추정을 번복하기에 부족하고 달리 이를 인정할 증거가 없다. 따라서 피고의 위 항변은 이유 없다.

4. 결 론

그렇다면, 원고의 이 사건 주위적 청구는 이유 없어 이를 기각하고 이 사건 예비적 청구는 이유 있어 이를 인용하기로 하여 주문과 같이 판결한다.

판사 최○○

PART2

근저당채권(NPL) 매각에 관한 A부터 Z까지

NPL랭킹업 투자비법

제1장
NPL거래를 개략적으로 파악해보자

1. NPL의 처분절차를 우선 살펴보자

1) 금융기관의 NPL 매각과정을 이해해보자

　NPL은 Non-Performing loan의 약칭이며, 보통 부실채권이라고 불린다. 보다 더 적합한 의미는 활동이 멈춘, 고정화된, 이자나 원금이 연체된 연체대출금으로 담보부 또는 무담보 채권이 있는데 여기에서는 양수도거래가 많이 발생되는 연체된 담보부 대출채권의 매각거래에 대하여만 기술한다. 금융기관은 부동산을 담보로 대출을 해준 후 연체가 발생하면 보통 경매신청을 하여 담보대출 채권을 회수한다. 그러나 경매는 신청 시부터 배당받을 때까지 1년 이상이 소요되나 담보채권을 매각하면 이러한 복잡한 경매절차를 생략하고 채권 및 근저당권을 타에 매각(채권양도)하고 근저당권 이전등기를 해줌으로써 근저당채권을 경매보다 1년 이상 조기에 회수할 수도 있다. 또한 금융기관이 근저당 채권을 매각하면 여러 가지 경제적 장점이 있다. 즉 대손충당금 환입으로 매각이익 발생, 유찰에 따른 추가충당 부담 경감, 자금 고정화에 따른 자금운용 손실방지, 채권매각 시 수령한 현금을 대출로 운용하여 수익창출, 연체채권 감축으로 자산건전성 제고 및 자기자본 비율 상승효과, 최저 자기자본 비율 준수의무 이행효과, 인건비 등 채권관리 비용절감 등의 여러 가지 장점이 있다. 이러한 장점으로 인하여 금융기관은 담보부 NPL을 대출건별로 개인 또는 법인투자자에게 매각하거나 여러 건을 묶어(집합화, Pooling)서 한국자산관리공사 등에 수의매각 하거나 유암코 및 유동화전문회사 등에 경쟁입찰로 대량매각을 하게 된다. 한편 유암코 및 유동화전문회사 등이 금융기관으로부터 대량 매입한 연체 담보채권은 경매 또는 개인 등 투자자에게 담보채권 재매각 등을 통하여 채권을 회수하게 된다. 이렇게 대량 매입한 담보부 NPL에 대하여 유동화회사가 주로 활용하는 채권회수 방법은 다음과 같다.

① **론세일 방식**(채권자 교체방식) : 근저당권이 붙어 있는 대출채권의 원리금 전액을 근저당권과 같이 양수인에게 이전하는 방식으로 가장 많이 이루어지는 부실채권 매각 방식이며, 채권자 교체를 통하여 부실채권을 현금으로 회수하는 방식이다. 수개의 부실채권을 일괄하여 대량매각(Outright Bulk Sale)하되 채권의 소유권을 완전히 양도하는 방법이다. 이 부실채권 입찰에는 주로 외국 투자자들이 참여를 해왔기 때문에 국제입찰의 형식을 취하고 있으며, 따라서 입찰정보서(Information Package)나 입찰서류는 영문으로 작성되는 경우가 많았으나, 현재는 국내 투자자의 참여로 한글로 번역하여 사용하고 있다. 이러한 매각업무는 전문적인 기술과 공정성을 필요로 하기 때문에 매각자문사(회계법인)와 법률 자문기관이 참여하여 진행하고 있다. 현재는 개별매각도 하고 있다.

② **채무인수 방식**(채무자 교체방식) : 채무인수 방식의 매각은 상환능력이 부족한 채무자를 상환능력이 있는 채무자로 교체시켜 채무를 회수하는 방식이다. 다만 채무를 인수한 새로운 채무자로부터 채무를 쉽게 회수하기 위하여 채권자는 기존 채무의 일부를 탕감해 주는 조건(채권자의 입장에서는 채권의 일부를 포기하는 조건)으로 신채무자에게 일시적으로 채무를 인수시킨 다음 단시일 내에 채무를 변제 받는 채권회수 방식이다.

③ **채권일부양수도 방식**(원매자 매각방식) : 유동화회사가 낙찰 전에 미리 입찰예정자와 유동화회사 자신이 '배당으로 회수할 최소금액(예상배당액으로서 매각금액에 해당되는 금액임)'을 정하고 동 입찰예정자가 이 매각금액(예상배당액) 이상으로 낙찰 받아 낙찰대금을 납부하는 것을 전제로 유동화회사는 이 매각금액(예상배당액)을 초과하는 배당금은 낙찰자에게 돌려주기로 하는 배당채권 일부 양수도 계약을 체결한다. 이 약정을 이행토록 계약금은 유동화 회사가 매각금액(예상배당액)의 10%를 입찰예정자로부터 받으며, 양수인이 입찰에 불참하거나 낙찰대금 미납 시 계약금을 유동화회사가 몰수하는 채권회수 방식이다.

이 방식은 경매물건의 매수를 원하는 원매자를 구한 다음 그 원매자로 하여금 유동화회사가 회수하고자 하는 채권금액 이상으로 낙찰가를 쓰도록 입찰이행을 약정하는 방식으로 채권자 교체나 채무자 교체가 발생하지 않는 특수한 채권회수 방식이다.

투자자의 근저당권부 채권 매입절차를 종합하면, 경매물건 기본권리분석, 현장조사, 예상배당액 추정 및 예상매입액 결정, 질권대출 등 자금조달계획 수립, 론세일요청서 제출, 유동화회사에 대출채권서류 열람요청 및 선순위채권 내역 확인, 예상배당표 작성, 대출계약서 및 근저당권설정 계약서의 자필날인 등 채권서류의 하자여부 점검, 질권대출 예상금액 저축은행과 협의로 확정, 매입대상 근저당권이 설정된 부동산등기부 등본 최종 열람 및 당해사건에 대한 대법원 경매사이트 문건접수란 등 점검, 유동화회사와 채권양도계약 체결 및 계약금 납입(계약서 1부는 양수인 보관), 질권은행과 질권설정 계약 및 질권대출 계약체결(각 계약서 1부는 양수인 보관), 저축은행에 근저당권이전 잔금 및 입찰보증금 예치, 저축은행에 입찰위임 및 입찰표 사전 작성(질권대출 원금 이상의 금액으로 입찰표상 입찰가 기재, 입찰표 뒷면 위임장 란에 인감도장 날인 및 인감증명서 교부), 저축은행의 질권대출실행과 유동화회사에 NPL잔대금 납부, 유동화회사에 근저당권 이전등기 관련 서류 교부요청, 채권(계약)양도로 근저당권 이전등기 및 근저당권부 질권등기, 양수한 대출채권서류 원본을 유동화회사로부터 양수인이 교부받아 질권은행에 인도, 경매법원에 채권양수인 또는 채권양수인을 대리하여 채권양도인이 채권자변경 신고서 제출(근저당권이 이전 등기된 부동산등기부등본 등 첨부), 낙찰(저축은행의 입찰대리로 유입취득), 경락자금대출로 낙찰대금 납부(낙찰 1개월 후), 점유자 등을 상대로 부동산 인도명령 신청, 양수인의 배당기일 참석 및 배당금 수령(대금납부 1개월 후), 질권은행도 배당기일에 질권대출 원리금 배당으로 회수, 양수인은 질권은행에 담보로 제공한 대출채권 서류원본 인도청구(보관) 및 잔존채권 채무자에게 청구, 채권양수인의 상가에 대한 사업자등록신청 및 양수인의 부동산 월세임대 및 매매 등의 순서로 근저당채권 매입부터 부동산의 처분까지의 절차가 진행된다.

2) 투자자의 NPL매입 및 운용과정을 살펴보자

개인 등 NPL투자자는 채권양도 금지의 법규가 없는 한 금융기관으로부터 직접 채권양도를 받아 직거래로 근저당채권을 매입하여 투자할 수 있다. 또는 금융기관이 1차로 유동화회사에 매각한 근저당채권을 동 유동화회사로부터 2차로 재매입을 하여 투자할 수 있다. 개인 등 NPL투자자는 금융기관과 직거래로 근저당채권을 매입하여야 추후 배당차익 등 이익을 얻을 수 있으나, 유동화회사가 매입한 근저당채권을 2차로 재매입을 하여 투자할 경우 배당차익을 얻기가 어렵다. 따라서 투자자는 중간상인인 유동화회사를 거치지 아니하고 금융기관으로부터 직거래로 채권을 매입하여 투자하는 것이 유리하다고 할 수 있다. 개인 등 NPL투자자가 근저당채권을 매입 후 운용 시 다음과 같은 많은 장점들 때문에 NPL이 개인투자자 등에게 인기가 많다. NPL투자자가 근저당채권을 매입 후 운용하는 방법을 열거하면, 질권대출을 통한 자금조달, 임의 독촉으로 회수이익 발생, 경매를 통한 배당차익 실현, 근저당권 자체 전매차익 실현, 확실하게 1순위로 낙찰 받는 방법으로 활용, 잔존채권 추가회수 수익 실현, 고위험 제거를 통한 고수익 실현, 유입취득 후 전매차익 실현, 경락자금 대출을 통한 거액의 투자자금 조달, 상계약정에 의한 소유권이전 및 담보대출로 거액의 투자자금 확보, 차주교체를 통한 담보물 재활용, 양도차익 비과세 목적 활용, 몰수된 입찰보증금을 되찾아 오는 방법으로 활용, 연체이자 배당차익 투자법 등 투자 시 여러 가지 장점이 있다.

3) 투자자의 NPL매입대금 조달은 어떻게 하는가?

근저당채권을 매입한 개인 또는 기관투자자는 매입대금 조달을 위하여 근저당채권을 담보로 매입대금의 90% 이내에서 질권대출을 받아 납부하거나 매입대금의 100% 이내에서 유동화증권을 발행하여 매입대금을 납부하게 된다. 물론 자기자본으로 전액 납부하면 이러한 질권대출이나 유동화증권을 발행할 필요는 없다. 이 상품은 NPL을 담보로 한 1차 파생상품이다.

① **질권대출** : 질권의 담보물로는 동산과 대출채권 등 재산권을 목적으로 하여 동산질

권 또는 권리질권을 설정할 수 있다. 여기에서는 권리질권 중 근저당권이 붙은 대출채권을 담보로 제공하고 근저당채권 매입대금의 90% 정도 질권대출을 받아 채권 매입대금에 충당한다. 주로 개인이 근저당채권 매입 시 이용하며 대량매각 시에도 일부 이용된다. 채권매입대금이 거액인 경우 근저당채권을 담보로 자산유동화증권(ABS)을 발행하여 채권 매입대금을 충당한다. 질권설정 방법은 채권양도와 같은 방법(민법 제346조)으로 설정하므로 대출채권에 질권이 설정되면 채권양도와 마찬가지로 근저당권부 대출채권이 동일성을 유지하면서 질권자인 은행에 배당금이 양도담보로 제공되는 것과 같은 효과가 있다.

② **자산유동화증권(ABS) 발행** : 근저당채권을 대량 매입한 유동화회사는 매입대금 조달을 위하여 근저당채권(NPL) 전액을 담보로 유동화증권을 발행하게 된다. 유동화회사는 증권발행 조건이 확정되면 인수계약 등 자산유동화를 위한 관련계약을 체결한다. 그리고 증권회사 등 주간사는 증권판매 완료 후 유동화증권 납입대금을 유동화회사에 입금하게 되며, 유동화회사는 이를 채권을 양도한 자산보유자에게 매입대금으로 지급하게 된다. 유동화증권의 발행총액은 양도받은 유동화자산(근저당채권)의 매입가액의 총액을 한도로 발행된다.

2. NPL 거래 관계도를 보면 한 눈에 이해할 수 있다

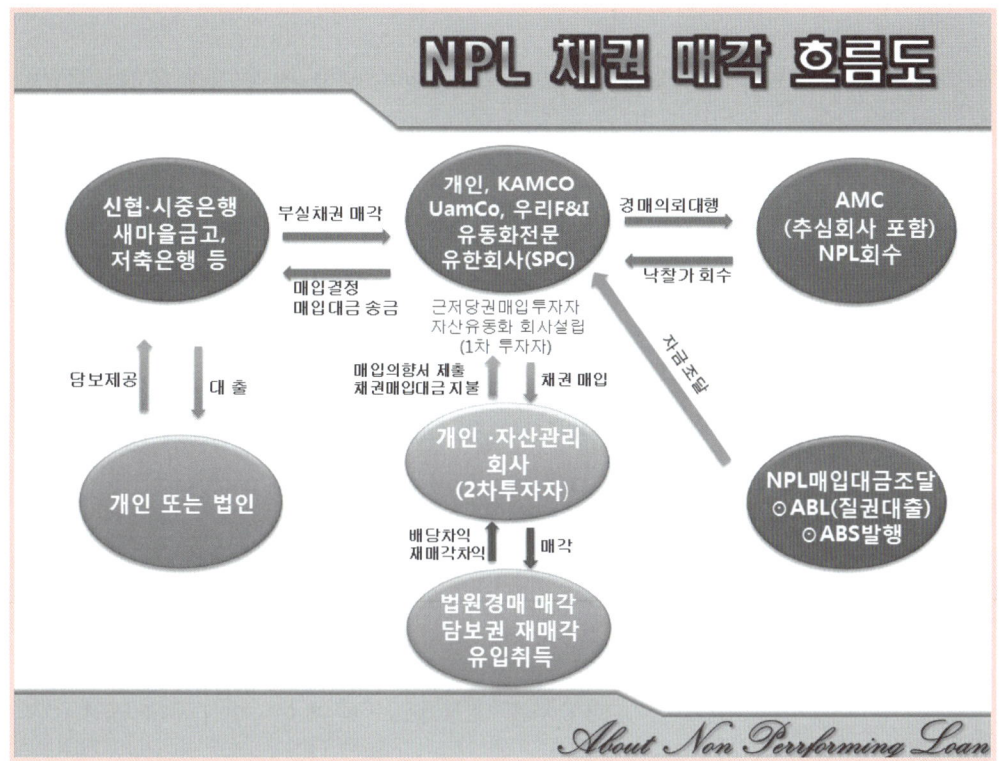

3. NPL관련 용어를 정의해보자

개 념	내 용
NPL	– Non Performing loan의 약칭이며, 보통 부실채권이라고 불린다. 정확한 의미는 활동이 멈춘, 고정화된, 이자나 원금이 연체된 연체대출금으로 담보부 또는 무담보 채권이 있는데 여기에서는 담보부 연체대출 채권의 매매거래에 대하여 설명한다. 근저당권이 붙어 있는 NPL양수도 거래를 위하여 아래 관련용어를 알아두는 것이 좋다.
채 권	– 금융기관이 고객에게 대출을 해주고 추후 변제기에 이를 돌려받을 수 있는 권리, 즉 대출금을 반환받을 수 있는 청구권을 말하며, 쉽게 말하면 대출금채권을 말한다. 부동산에 근저당권을 설정하고 담보대출을 해줄 경우 이를 근저당권부 대출채권이라고 말한다.
근저당권	– 현재 및 장래에 계속적으로 발생할 불특정의 채권을 담보하기 위하여 그 부동산에 설정하는 담보물권으로, 나중에 일정한 기준에 따라 특정(피담보채권의 확정)되어 그 특정된 금액을 기본 채권으로 하여 동 채권과 이에 부수된 채권을 일정한 한도액 범위 내에서 담보한다. ▷ 우선변제권 : 근저당 목적물의 매각대금으로부터 다른 일반채권자들보다 우선변제를 받을 권리를 갖는다. ▷ 경매청구권 : 근저당권에 의해 담보되는 피담보채무의 이행이 없으면 법원에 근저당목적인 부동산 등을 경매신청하여 그 매각대금으로 자신의 채권을 변제해 줄 것을 요청할 수 있는데 이를 근저당권자의 경매청구권이라고 한다. ▷ 배당요구권 : 근저당 목적물에 대하여 경매절차가 진행 중일 때 그 매각대금으로 부터 자신의 채권을 변제해 줄 것을 청구할 수 있는데, 이를 저당권자의 배당요구권이라 한다.

피담보채권	- 근저당권으로 담보되어 우선변제 보호를 받는 채권으로 여기에는 대출원금, 이자, 연체이자, 위약금, 채무불이행으로 인한 손해배상, 저당권 실행비용 등의 채권이 근저당권으로 담보되는 채권에 해당된다.
피담보채권의 확정	ⓐ 일반 피담보채권의 확정 : 근저당권에 의하여 담보되는 채권의 원금이 증감 변동되는 것을 멈추고 그 합계액으로 확정되는 것을 말한다. 즉 기존 담보대출 거래를 종결시키고 신규로 추가 대출금이 실행되는 것을 종결하는 것을 말한다. 피담보채권의 확정은 원금만 확정되므로, 확정 전에 발생한 원본채권에 관하여 확정 후에 발생하는 약정이자 등의 부수채권은 당연히 담보된다. 근저당권자가 경매신청을 하면 피담보채권이 확정되는데, 경매신청은 채무자와의 근저당권 거래를 종결(기타 근저당권 설정계약해지, 근저당권 결산기도래, 존속기간 만료)시키겠다는 의사표시이고, 근저당권거래가 종결되면 근저당권으로 담보되는 피담보채권도 확정되고 확정 이후에 실행되는 추가 대출금은 담보되지 아니하여 무담보대출이 된다. ※ 후순위 근저당권자가 경매를 신청한 경우에 경매신청을 하지 아니한 선순위 근저당권자의 피담보채권의 확정시기는 경락대금이 완납된 때에 확정된다(대법원 1999.9.21. 선고 99다26085 판결). ⓑ 유동화자산의 피담보채권의 확정 : 유동화자산이 근저당권부 채권인 경우, 채권양도인이 채무자에게 근저당권부 채권의 금액을 정하여 추가로 채권을 발생시키지 아니하고 그 채권의 전부를 양도하겠다는 의사를 기재한 통지서를 내용증명 우편으로 발송한 때에는, 통지서를 발송한 날의 다음날에 당해채권은 확정된 것으로 본다. 다만 채무자가 10일 이내에 이의를 제기한 때에는 그러하지 아니하다. ※ 경매신청을 해서 피담보채권을 확정시키는 일반채권에 비하여, 유동화의 경우에는 통지만으로 피담보 채권의 확정이 가능토록 특혜를 주고 있다.
근저당권의 채권최고액	- 물상보증인(제3자 담보제공)이나 타 채권자, 담보물의 제3취득자 등의 이해관계인에 대하여 『우선변제권을 주장할 수 있는 최고한도액』을 의미하고, 근저당권설정자나 겸 채무자에게는 적용되지 않는다(대법원 2001.10.12. 선고 2000다59081 판결). 100% 배당되는 근저당채권의 경우 경매연기, 취하 및 경매절차 정지 신청을 통하여 배당금이 채권최고액에 도달될 때까지 미래 배당차익을 얻을 수 있는 최고한도의 기준이 된다.
근저당권 이전등기	ⓐ 확정채권 양도 : 근저당권의 피담보채권이 확정되어야 근저당권의 이전등기가 가능해지고 확정되기 전에는 근저당권 이전등기가 불가능하므로 근저당권을 이전 받으려면 먼저 근저당권자로 하여금 경매신청을 하도록 한 다음 확정채권 양도를 원인으로 근저당권 이전등기(부기등기)를 경료하면 된다. 채권이 양도되면 채권에 붙어있는 근저당권도 부수성에 의하여 당연히 양수인에게 이전되나, 실무에서는 별도로 근저당권전부 양도증서(근저당권전부 양도계약서) 등을 작성한 다음 근저당권 이전등기를 하게 된다. 위와 같이 근저당권부 채권양도가 이루어지면 채권이전 및 근저당권 이전이 동시에 1세트로 이루어지는 것이다. ⓑ 계약양도 : 근저당권의 피담보채권이 확정되기 전에 근저당권 이전등기를 받으려면 대출계약 당사자의 지위 전부를 승계 받는 절차를 취하면 되는데, 이를 계약양도라고 하며 계약양도를 원인으로 하면 피담보채권이 확전되기 전이라도 근저당권 이전등기를 받을 수 있다. ※ 경매신청도 없어 피담보채권의 확정여부가 불분명하더라도 당사자 간에 근저당권 이전계약서(근저당권 양도증서)를 작성하면 근저당권의 이전등기가 가능해지는데, 이는 기존 근저당권 설정계약을 해지하여 근저당권 거래를 종결시키고 피담보채권을 확정시킨다는 의미를 내포하고 있다고 해석하여야 할 것이다. 또한 경매 등으로 피담보채권이 확정되었어도 '확정채권양도'가 아닌 '계약양도'를 원인으로 근저당권이전등기가 가능한데, 결국 계약양도를 원인으로 하면 피담보채권이 확정된 경우 및 확정되지 않은 경우에 모두 이전등기가 가능하고, 실무에서도 한국자산관리공사 등이 채권을 대량매입 시 편의성 및 근저당권 이전등기의 유효여부에 대한 논란의 소지를 없애기 위하여 채권전체를 일괄적으로 계약양도를 원인으로 근저당권 이전등기 절차를 밟는 경우가 더 많다.

임의경매	- 담보권 실행 경매라고도 하며, 담보대출 채무자가 채무를 연체할 경우 부동산을 목적으로 하는 근저당권 등 담보권을 실행하기 위하여 담보권이 있다는 것을 증명하는 근저당권 설정계약 서류를 붙여 법원에 경매신청을 하는 것을 말하고, 담보권을 승계한 경우에는 근저당권 이전계약서 및 근저당권 이전등기가 된 등기사항전부 증명서 등 승계증명 서류를 첨부하여 경매신청을 해야 한다(민사집행법 제264조). ※ 근저당권자가 임의경매를 신청하면 근저당권 거래가 종결되고 이에 따라 그 근저당권의 피담보채권도 확정된다.
배당요구 종기	- 경매개시결정에 따른 압류의 효력이 생긴 때(그 경매개시결정 전에 다른 경매개시결정이 있은 경우를 제외한다)에는 집행법원은 절차에 필요한 기간을 감안하여 배당요구를 할 수 있는 종기(終期)를 첫 매각기일 이전으로 정하게 되는데, 이러한 배당요구 종기 안에 집행력 있는 정본을 가진 채권자, 경매개시결정이 등기된 뒤에 가압류를 한 채권자, 민법·상법 그 밖의 법률에 의하여 우선변제청구권이 있는 채권자는 배당요구를 할 수 있고, 배당요구의 종기 후에 배당요구를 하면 배당을 받지 못한다(민사집행법 제84조 및 제88조). 배당요구 종기까지 퇴직금채권 등 숨은 우선변제 채권자는 채권을 배당해 달라고 신고하게 되어 투자자가 매입한 1순위 근저당채권의 예상배당액이 정확하게 산정되므로 투자자는 배당요구 종기 후에 채권을 매입하여야 한다.
매각기일 연기신청	- NPL을 배당차익을 얻으려고 매입한 경우 매수인은 2회 정도 매각기일 연기(변경)신청을 함으로써 배당기일을 지연하여 채권최고액에 도달할 때까지 시간을 벌어서 배당차익을 극대화하는 방법으로 사용할 수 있다.
경매취하 신청	- 경매신청이 취하되면 압류의 효력은 소멸되며, 낙찰된 뒤 경매신청을 취하하는 경우에는 낙찰자 및 차순위매수신고인의 동의를 받아야 그 효력이 생기므로 낙찰 전에는 경매신청 채권자가 자유롭게 경매신청을 취하할 수 있다(민사집행법 제93조). NPL을 배당차익을 얻으려고 매입한 경우 매수인은 배당기일을 최대한 지연하여 채권최고액에 도달할 때까지 시간을 벌어서 배당차익을 극대화하는 방법으로 사용될 수 있다.
경매절차 정지신청	- 근저당권 말소소송 등으로 인하여 담보권 실행을 일시정지 하도록 명한 경매절차정지 결정문이 경매법원에 제출되면 경매법원은 경매절차를 정지하여야 한다(민사집행법 제266조 제1항). 원리금이 100% 배당되는 근저당채권은 경매절차가 정지되어 배당기일이 지연되면 배당차익이 커진다.
경매속행 신청	- 경매의 매각기일이 연기된 후에 연기할 만한 사정이 해소되었을 경우에 경매법원에 다시 경매진행을 해달라고 요청하는 절차를 말한다.
미래배당 차익 (Future Spread)	- 근저당권의 채권최고액에서 근저당권부 채권(NPL) 매입대금을 차감한 것을 말하는데, 이는 채권매입 이후 채권최고액에 도달될 때까지 매입원금에 연체이율(12%~ 25%)을 곱한 만큼 미래에 얻게 될 배당차익을 의미한다. 이러한 미래배당차익을 Future Spread라고 칭하기로 하며, 이는 필자가 만든 신조어다.
자산보유자	- 근저당채권을 유동화회사에 매각하는 은행 등 금융기관을 말하며, 자산유동화법은 자산보유자 열거주의를 택하고 그 자산보유자의 자산유동화의 경우 세제혜택 등을 부여하고 있다.
자산유동화	- 기업체나 금융기관 등이 타인들에게 가지는 미수금채권, 장래매출채권, 금융기관 대출채권, 리스채권, 분양대금채권, 자동차할부채권, 카드매출채권 등 각종채권, 유가증권, 부동산 등을 담보로 유가증권을 발행함으로써 고정자산을 현금화하여 자금을 조달하는 것을 말한다.

유동화전문 회사(SPC)	- 자산보유자로 부터 자산을 양도받아 이를 기초로 자산담보부 증권을 발행하고, 자산을 관리하고 처분하여 회수된 현금을 수령하여 유동화증권의 원리금을 투자자에게 상환한다. 이는 명목회사(Paper Company)에 불과하여 별도의 업무수탁자가 업무를 수행한다.
자산유동화 증권(ABS)	- 유동화전문회사가 자산보유자로부터 유동화자산을 양도받아 이를 기초자산으로 유동화증권을 발행하고, 동 유동화자산의 관리·운용·처분에 의한 수익으로 유동화증권의 원리금(사채) 또는 배당금(출자증권)을 지급하는 증권을 말한다. 유동화전문회사가 자산보유자인 금융기관으로부터 근저당채권을 대량매입 시 매입대금 조달을 위하여 발행된다(상환은 1년 만기, 2년 만기, 5년 만기).
자산관리 회사 (AMC)	- 유동화회사를 위하여 채권추심 등 자산관리를 하는 자로 통상 자산보유자나 채권추심회사(신용정보업자)가 자산관리자가 된다. ※ AM(Asset Manager)은 자산관리 담당자로 자산관리회사인 채권추심회사의 직원인데, 이들은 유동화회사가 매입해 온 근저당채권(NPL)을 유동화회사를 위하여 개인 투자자 등에게 재매각, 경매진행 및 배당금회수, 유입취득 업무 등을 수행한다.
업무수탁자	- 증권회사 등 수탁관리기관(The Trustee)은 자산관리업무 및 현금흐름에 대한 감시·감독을 하며, 계좌관리 및 유동화증권의 원리금지급을 대행하는 업무를 담당한다. - MRP : 최저매각 예정가격(내정가)을 말하며, 은행이 근저당채권 등을 대량매각 하기 전에 매각대상 채권의 실사 및 평가를 거쳐 경쟁매각 시 받고 싶은 최저매각 예정가격을 말하고, 이는 외부에 공시되지 않는 매각은행이 내부적으로 정한 매각가격(내정가)이다. - LSPA : 자산양수도 계약서를 말하며, 근저당권부 채권을 매각하고 양도인과 양수인 간에 체결하는 계약서를 말한다.
방어입찰	- 근저당권부 채권 매입 후 매입대금 이하로 배당이 예상될 경우, 채권매수인이 입찰에 참여하여 매입대금 이상으로 낙찰(유입취득)받은 후, 추후 가격이 올랐을 때 재매각하여 채권매입 손실을 방어하기 위한 입찰을 말하며(defense bidding), 필자가 만든 신조어이다.
배당이의 방어	ⓐ 소송비용 현금 담보제공명령 신청 - 근저당권의 매수인이 배당기일에 배당을 받아야 하는데, 다른 이해관계인이 근저당권의 매수인을 상대로 배당이의를 제기할 경우, 매수인은 답변서 제출 등 변론을 하지 않은 상태에서 배당이의 제기자를 상대로 소송비용 현금 담보제공명령 신청을 하여, 배당이의 제기자가 현금을 공탁하게 부담을 주어 배당이의 사유가 없음이 명백함에도 배당금의 수령을 악의적으로 방해하는 배당이의 제기자가 배당이의의 소를 취하거나 법원의 담보제공명령 결정에 따른 담보제공 불이행 시에 소장이 각하되도록 매수인이 자기의 배당권을 방어하는 방법이다. ⓑ 배당이의 제기 시 질권대출 은행의 보조참가 신청 - 근저당권부 채권에 대한 질권을 설정하고 질권대출을 해준 은행은 질권대출 채무자(근저당권부 채권 매수인)가 배당이의 소제기를 당하여 배당금 수령이 불가능하여 질권대출금을 회수할 수 없으므로 질권대출은행은 근저당권부 채권의 매수인인 질권대출 채무자가 승소하도록 보조참가 신청을 하여 질권대출 채무자의 소송을 도와주어야 한다.
상계에 의한 대금납부	- 근저당권자나 근저당채권의 양수인이 직접 낙찰을 받아 경매물건을 유입취득할 경우에는 근저당채권 양수인은 배당요구권도 가지며 동시에 낙찰대금 납부채무를 부담하므로 이를 대등액에서 상계처리하여 대금을 납부할 수 있도록 법원에 신청하여 대금을 납부하는 방식이다. 질권대출 시에는 양수인이 전액배당을 못 받으므로 전액 상계에 의한 대금납부 신청이 안 되는 바, 이 경우에는 경락잔금대출 등으로 낙찰잔금을 납부하여야 한다.
근저당권부 질권대출	- 근저당권부 채권 양도 방식으로 근저당채권을 매수할 경우 매수인은 이전되는 근저당채권을 담보로 제공하고 여기에 질권을 설정하여 매입대금의 80% 정도를 대출받는데 이를 근저당권부 질권대출이라고 말한다. 나머지 매입잔금 20%도 2순위 질권을 설정하고 사채업자로부터 고리를 주고 대출을 받는 방법도 있다.

4. NPL의 수익구조를 표로 정리해보자

대 출 구 조		매 각 구 조		배 당 구 조
근저당권설정 최고액 13억원 채권최고액 130%설정 - 저축은행(연체이자 25%) - 새마을금고(연체이자 22%) - 신협, 산림조합 　(연체이자 17%)	- 배당요구종기 후 채권매입 - 선순위채권 노출 완료 후 매입	추가배당차익 여지 (Spread) = 2억원 (최고액 13억원 - 매입가 11억원)	배당차익 극대화 방법 (의도적 지연) - 경매 연기 2회 - 경매 취하 2회 후 재경매신청 - 근저당권말소 소송 및 경매정지신청	사례3 실제낙찰가 13억원 - 저축은행 130% 설정 시 13억원-매입11억원 = 2억원 배당차익(Spread) - 1금융권 120% 설정 시 12억원- 매입 11억원 = 1억원 배당차익(Spread)
		은행의 회수방법 - 론세일 : 채권자교체 - 채무인수 : 채무자교체 - 채권일부양수도		
근저당권설정 최고액 12억원 채권최고액 120% 설정 - 1금융권 　(통상 연체이자 12%)		추가배당차익 여지 (Spread) = 1억원 (최고액 12억원 - 매입가 11억원)		배당이의 방어 - 소송비용 현금 담보제공 명령 신청 - 가장임차인 배당묵인 후 부당이득반환 청구소송으로 회수(상계납부, 채무인수 완료 후) ※ 악의의 배당이의로 양수인은 질권대출 이자 계속 부담 및 미배당으로 자금 운용 손실 발생
		채권매각가격 11억원 (원리금 100% 배당채권 가정)		
담보대출 원금 10억원 대출실행				사례2 실제낙찰가 9억원 - 매입가 8억원 대비 1억원 배당차익
		채권매각가격 8억원 (직전 유찰가, 실제매입가격) - 투자자는 현금 확보, 양도세비과세 목적 등 활용		사례1 실제낙찰가 7억원 - 매입가 8억원 대비 1억원 배당손실 - 방어입찰로 유입취득 후 8억원 이상으로 재매각 필요
경매신청	배당요구 종기	예상배당액 6.4억원 (채권매입가격 기준)	매각기일	배당기일
- 경매신청부터 배당기일까지 통산 12개월(1년) 소요 - 빠른진행 시 6개월 정도 소요 → 이 경우 경매연기 등 의도적 지연 필요	3개월 경과	3개월 경과 (송달지연 감안)	3개월 경과 (3회 유찰)	3개월 경과 (낙찰기일~배당기일)

5. 짧지만 NPL 시장의 역사도 스크린해보자

1) 한국자산관리공사(Kamco) 시대

한국자산관리공사는 1997년부터 2003년까지 6조828억원을 국제입찰로 매각, ABS 발행 8조 7,297억원 매각, JV-AMC 및 JV-CRC 등 합작투자회사 설립방식 4조7,660억원 매각, 채권 개별로 2조8,111억원 매각 등 다양한 방법으로 부실채권을 처분하였다. 국제입찰 방법을 통한 처분은 1998년부터 2000년까지 부실채권 처분 초기에 총 7회에 걸쳐 매각이 이루어졌고, ABS발행은 1999년부터 2003년까지 총 17회에 걸쳐 발행되었다. 또한 1999년 이후에는 합작 자산관리회사(JV-AMC) 및 합작기업 구조조정회사(JV-CRC) 설립을 통하여 각각 2조5,802억원 및 2조1,858억원의 부실채권을 처분하였다. 기타 법원경매 및 공매로 8조5,202억원, 무담보 채권을 포함하여 직접회수 방법으로 9조5,957억원을 회수하였고, 환매·해제로 19조 6,884억원을 회수하였다.

> **[여기서 잠깐] JV-AMC(합작자산관리회사)**
> 한국자산관리공사가 설립한 합작자산관리회사는 유동화전문회사로부터 유동화자산의 관리업무를 위임받아 실질적으로 대상 자산을 관리하는 회사로서 자산유동화법에서 규정하고 있는 자산관리자(servicer)이다.

> **[여기서 잠깐] JV-CRC(합작기업 구조조정회사)**
> 기업 구조조정을 전문적으로 설립된 상법상의 회사이다.

《정리방법별 부실채권 정리 현황》

(단위 : 억원)

연도	1997~98	1999	2000	2001	2002	2003	계
국제입찰	-	26,940	33,330	351	179	28	60,828
ABS발행	-	18,182	54,711	7,271	29	7,104	87,297
JV-AMC매각	-	-	17,210	8,482	114	△4	25,802
JV-CRC매각	-	-	8,527	9,885	72	3,374	21,858
채권개별매각	-	-	3,147	9,513	13,285	2,166	28,111
법원경매 등	468	17,076	57,544	1,824	1,884	1,895	80,691
공사 공매	1,201	1,967	629	142	304	268	4,511
직접회수	13,009	10,213	25,109	21,473	21,455	4,698	95,957
인가계획 상환 등	5	7,360	6,872	7,030	13,993	4,315	39,575
CRV매각	-	-	-	5,116	-	515	5,631
대우 변제계획 회수 등	-	-	3,299	10,663	12,727	7,911	34,600
워크아웃 변제계획 회수 등	-	-	-	-	973	3,574	4,547
소계(A)	14,683	81,738	210,378	81,750	65,015	35,844	489,408
환매·해제(B)	35,917	75,880	38,213	28,922	13,760	4,192	196,884
합계(A+B)	50,600	157,618	248,591	110,672	78,775	40,036	686,292

(주 : 2003. 12월말 회수기준, 한국자산관리공사『부실채권 정리백서』참조)

2) IMF 외국자본 시대

우리나라 NPL투자시장은 슬픈 역사에서 출발한다. 론스타, 모건스탠리, 골드만삭스 등 외국자본이 IMF 당시(1999년) 한국자산관리공사, 예금보험공사 및 부실기업 등으로부터 수조원의 부실채권매입 및 M&A로 25% 이상의 수익을 획득한 황금어장, 대박시장이었다. 당시 큰 사회적 이슈가 된 사건 중에서 모건스탠리가 1999년 5월에 대한주택보증공사(전신 주택공제조합)의 보증부채권 99억원을 100원에 매입 후, 1년 후인 2000년 9월에 대한주택보증으로부터 88억원을 변제받아 대박을 터트린 후, 감사원은 당시 매각기관인 한국자산관리공사 임원 3명을 업무상 배임죄로 고소하였으나 검찰은 고의성을 발견할 수 없어 혐의 없음으로 처분하였다. 1997년 외환위기로 부실은행이 부도 처리되거나 다른 은행으로 합병되면서 이들 은행의 부실채권은 한국자산관리공사 등을 거쳐 외국계 사모펀드인 Lone star funds, 모건스탠리, 골드만삭스 등 외국계 펀드가 상당부분을 매입하고 이를 처분하여 25% 이상의 고수익을 올렸다. 이중 론스타는 우리나라에서 약 5조3천억원 정도의 NPL을 매입하여 막대한 차익을 남겼다. 외국계 펀드가 수익을 올리고 시장에서 빠져나간 이후에는 한국자산관리공사가 수의계약으로 금융기관들의 NPL을 매입하고 이를 유동화 하였다.

3) 유암코 및 우리F&I 시대

2008년 금융위기 후 2009년도에 5년간 한시적 조직으로 시중 6개 은행이 출자한 민간 배드뱅크인 연합자산관리회사가 설립(현재 일부은행의 15% 초과 지분 매각을 통하여 영구법인화 추진 중)되었고, 우리 F&I(현재 대신 F&I로 변경)가 새롭게 NPL시장에 등장하여 우리나라 NPL채권 대부분을 매입하였다. 이들 유암코 등 NPL전문투자 회사는 막대한 자금력을 바탕으로 완전 상업적인 이익을 취하는 회사여서, 경쟁입찰로 부실채권을 매입시 높은 금액으로 낙찰가를 써서 자금력이 약한 중소형 자산관리회사는 이들과 경쟁에서 밀리게 되었고, 한국자산관리공사(KAMCO)는 유일하게 정부투자 기관으로서 공익을 목적으로 적정한 가격으로 채권을 매입하는 기관이기 때문에, 경쟁입찰로는 유암코 등과 경쟁상대가 되지 않아 유암코 등이 입찰에 참여할 경우 한국자산관리공사는 입찰에 들어오지 않는다.

4) 완전경쟁 시대

2013년 말부터는 골드만삭스가 다시 돌아와 1,700억원의 부실채권을 매입하였고 신세이 뱅크도 3,000억원의 부실채권을 매입하는 등 외국계 자본이 다시 등장하여 기존 유암코 등은 부실채권 시장 점유율이 40%대로 떨어졌으며, 2014년에는 외환F&I가 새로 시장에 진입하여 3,000억원 이상의 부실채권 매입을 목표로 하고 있어 시장경쟁이 격화되고 있다. 경쟁격화로 투자자의 수익율도 10%에서 현재는 7%대까지 하락하고 있다. 여기에서 매입조달비용인 질권대출이자나 유동화증권 이자 및 관리비를 차감하면 투자수익율은 몇 %도 안 될 것으로 예상된다. 물론 부실채권을 매각하는 금융기관 입장에서는 매입경쟁으로 매각가격을 높이 받을 수 있어 더 유리한 시장상황이 되고 있다. 따라서 개인투자자들이 유암코 등으로 부터 채권을 매입할 경우 투자수익을 얻기가 어려우므로, 개인이 직접 금융기관과 직거래를 하여 중간상인인 유암코 등을 거치지 않고 투자를 하는 것이 유리하다고 할 수 있다. 2013년 초 상호금융기관이 개인 등에게 근저당채권 매각을 실시하자 신협 및 새마을금고도 매각을 시작하였고, 2013년 말에는 상호금융기관이 50년 역사상 최초로 NPL경쟁매각을 통하여 143억원 어치를 지지옥션에 매각하였고, 향후에는 같은 상호금융기관인 신협 및 새마을금고도 경쟁입찰로 대량매각을 실시할 것으로 예상된다. 개인투자자들은 상호금융기관인 신협, 새마을금고, 산림조합 등 건별매각의 태동기에 있는 이러한 2금융권을 공략하여 투자하는 것이 유리하며, 동 상호금융기관은 개인투자자들이 이제부터 개척해야 될 미개척의 블루오션 시장이다.

6. NPL 채권매입을 위한 관점의 디자인(사고의 전환) 해보기

기존 관점	디자인된 관점(관점의 전환)
- 매각하면 손해다.	○ 매각하면 여러 가지 경제적 이익이 있다. - 대손충당금 환입으로 매각이익 발생 - 유찰에 따른 추가충당 부담 경감 - 자금고정화에 따른 자금운용 손실방지 - 채권매각으로 받은 현금을 운용하여 수익창출 - 연체채권 감축으로 자산건전성 제고 및 자기자본 비율 상승효과 발생 - 적기 시정조치를 통한 제재 탈피 및 연체 미감축으로 경영개선 목표 미달에 따른 징계처분 불이익 사전예방 - 인건비 등 채권관리비용 절감 - 경기침체에 따른 가격하락 리스크 탈피 - 사후 우발적 리스크발생 손해 회피 - 매각으로 수익을 제고하여 이사장, 행장 등 임원의 임기연장 및 재신임 - 매각이익으로 지점 수익목표 달성으로 승진 및 성과급 증가 - 이상은 금융기관이 채권을 매각하도록 담당자 설득 시 필요한 이유임.
- 공인중개사가 원룸 세놓음 광고로 공실이 해결 안 됨(내부적으로는 임차인 중개료까지 임대인 부담조건인데)	- 주인 직거래로 바꾸자 공실 없이 모두 임대가 완료됨(임차인 중개료 부담이 없는 관점으로 전환)
- 투자는 두렵다.	- 한번만 투자해 보면 두려움이 사라진다. - 자기세뇌, 자신의 사고의 전환, 다른 사람도 두려움에 떨면서 재테크를 실행한 점으로 자신을 응원하자.

- 투자를 위해 준비하자.	- 투자를 위해 실행하자. - 실행하지 아니하면 리스크도 없고 수익도 없다.
- 원리금 100% 배당채권은 100%만 주고 산다. - 소탐대실 : 1% 아끼고 99% 상실 - 통상 100% 배당채권은 유동화회사가 매각하지 않는다. - 질권대출 비율 80% - 90% 적용	- 원리금 100% 배당채권을 100%에 1%를 추가로 지급하고 매입한다 (경쟁력 확보). - 소실대탐 : 1% 더 주고 99% 쟁취 - 100% 배당채권을 유동화회사가 매각하도록 101% 이상으로 매입가격을 제시한다. - 질권대출 비율 81%~91%로 1% 더 우대로 고객유치 경쟁 우위확보 - 0%의 고정관념을 '1% 더'로 관점 전환
- 금융기관은 채권매각의 법적 제한이 없어도 건별매각을 하지 않는다.	- 금융기관은 채권매각의 법적 제한이 없으므로 건별매입이 가능하다.
- 1금융권은 건별매각을 하지 않는다.	- 용감한 투자자들이 계속 문을 두드려 신협, 새마을금고 등이 채권매각 불가입장을 바꾸어 2013년도부터 담보채권 매각의 문을 개방하였다. - 아직은 신대륙에 개척자들만 상륙하여 블루오션 시장상태에 있으나 NPL학원 수강생이 급증하는 때에 레드오션 시장으로 변할 것이다. - 1금융권을 상대로 대위변제 등 건별매각의 방법을 찾는다. - 1금융권 중 연체이자 17%담보채권을 대위변제로 근저당채권 강제이전 방법을 시도한다.
- 다른 사람의 관점을 전환시키려고 노력한다.	- 다른 사람의 관점뿐만 아니라 나 스스로의 관점도 전환시키려고 노력한다.
- 다른 사람과 똑같이 생각하면 다른 사람과 똑같은 수준으로 산다. - 보통 사람은 재테크 변화에 무감각하다.	- 다른 사람과 조금만 달리 생각하면 부자로 살 수 있다. 조그만 생각의 차이가 큰 결과를 만든다. - 부자는 재테크 변화를 빨리 수용하고 새로운 변화를 창출한다. - 부자인 60~70대 어르신이 NLP을 배우는 데 젊은이 보다 더 열정적이다.

※ 제목은 박용후 저자의 『관점을 디자인하라』에서 인용

7. 최근 NPL 시장동향은 어떠한가?

1) 2014년 상반기 시장 현황

2013년도 담보채권 매각규모는 약 6조원에 투자수익률은 10% 정도였으나, 2014년도에 들어와서는 NPL시장이 투자자 증가로 더욱 과열되고 있다. 시장에서는 예금이나 채권의 수익률이 2%~3%대로 떨어짐에 따라 NPL시장은 역으로 호황을 누리고 있다. 또한 2013년 말에는 골드만삭스 및 신세이 뱅크가 등장하였고, 외환 F&I가 2014년에 시장에 신규 진입을 하였고, 증권회사, 저축은행과 자산운용사, 사모펀드, 연기금, 기타 자산운용사 등 기관투자가 등도 계속 시장에 진출하고 있어 NPL시장에서 독과점적

인 지위를 가지고 있었던 유암코와 우리F&I 점유율도 40% 정도로 현저하게 떨어졌다.

2) 2014년 상반기 NPL투자 현황(한국경제 2014.3.6. 하수정 기자 보도인용)

《1분기 은행 NPL 입찰 결과》

(단위 : 억원, %)

매각자	채권원금	매수자	낙찰가비율
하나은행	742	SBI저축은행	98.8
신한은행	713	유암코	91.4
우리은행A	750	외환캐피탈	92.0
우리은행B	610	SBI저축은행	90.2
기업은행A	1052	우리 F&I	68.5
기업은행B	1144	우리 F&I	79.1

자료 : 각은행 및 NPL업계

3) 주요 금융기관별 고정이하 NPL비율 및 공개매각 현황

■ 1금융권

구 분	NPL 비율		NPL 매각실적	
	2012년 말	2013년 3Q	2012년	2013년 상반기
우리은행	1.66%	2.99%	8,990억원	4,516억원
신한은행	1.08%	1.39%	6,911억원	2,612억원
국민은행	1.36%	1.93%	6,262억원	4,777억원
하나은행	1.08%	1.25%	4,980억원	2,254억원
기업은행	1.39%	1.43%	15,764억원	8,427억원
농협은행	1.76%	1.96%	5,620억원	2,372억원
산업은행	1.59%	3.25%	6,341억원	3,731억원

■ 2금융권

구 분	소 구 분	최근 매각추진은행
2금융권 공개매각 내역	지 방 은 행	경남은행, 전북은행, 부산은행, 대구은행(1금융)
	캐 피 탈	NH캐피탈, GE캐피탈, 외환캐피탈
	증 권	동양증권
	생 명 보 험	농협생명
	신 용 카 드	롯데카드
	저 축 은 행	공평저축은행

4) NPL투자 현황(2013년)

(단위 : 억원)

	투자자	금액(원금기준)		투자자	금액(원금기준)
1	유암코	18,631	7	마이에셋	2,240
2	우리F&1	12,607	8	KB자산운용	2,030
3	파인트리	6,980	9	Discovery	1,950
4	유진자산운용	4,670	10	골드만삭스	1,720
5	파인파트너스	4,040	11	현대캐피탈	450
6	신세이뱅크	3,230	12	기타	1,046
합 계			59,594(상반기 26,984 / 하반기 32,610)		

5) NPL채권 매각자문 현황(2013년)

(단위 : 억원)

구 분	안 진	삼 일	한 영	삼 정	예 일	합 계
기업은행	9,790	–	–	5,090	–	14,880
국민은행	6,740	–	–	–	4,070	10,810
우리은행	–	3,800	1,367	1,480	740	7,387
산업은행	–	2,950	3,500	–	–	6,450
신한은행	898	1,220	2,470	–	1,700	6,288
농 협	–	1,560	1,937	630	–	4,127
하나은행	–	2,650	–	730	–	3,380
외환은행	1,480	1,430	–	–	–	2,910
협동조합	–	2,036	–	660	–	2,696
기 타	236	430	–	–	–	666
합 계	19,144	16,076	9,274	8,590	6,510	59,594

6) 유동화회사(유암코,우리F&I) 영업이익 및 당기순이익

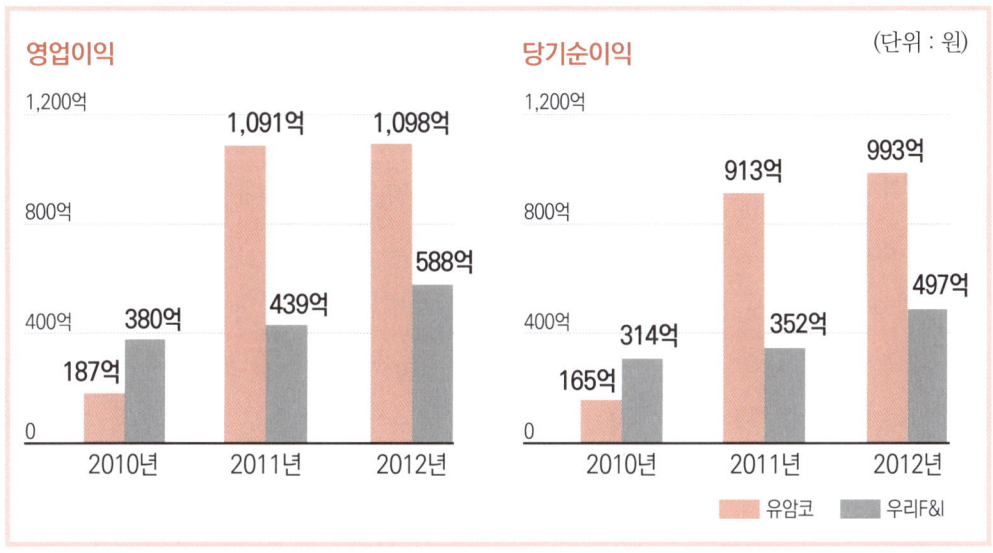

※ 유암코 지분 : 신한·국민·하나·중소기업은행이 각 17.5%, 우리·농협중앙회가 각 15%씩 보유
 (2013. 5. 25 머니투데이 자료 인용)

8. NPL은 관련 금융 파생상품의 발생을 유도한다

NPL관련 파생상품을 보면 부동산을 담보로 일반 부동산담보대출(감정가의 60%~80%까지 대출) 및 경락잔금대출(낙찰대금의 최고 90%까지 대출)이 있고, 이후 1차 유동화로 근저당채권을 담보로 질권대출(1순위는 매입대금의 80%에서 최고 90%까지 대출해주고 이자는 6% 정도이고, 2순위 질권대출은 매입대금의 10%~20%까지 대출해 주면서 이자율은 최고 27.9%까지 받음)을 실행한다. 또는 근저당채권을 담보로 1차 유동화증권(ABS)을 발행하는데 여기도 저위험의 선순위 채권, 중간위험의 중순위 증권 및 고위험의 후순위 증권을 발행하여 채권 매입대금을 조달한다. 질권대출(ABL)과 유동화증권(ABS)의 차이점은 질권대출은 신속하게 대출이 실행되고, 부수비용이 적게 소요되며, 조달규모가 적은 경우에 이용되고, 반대로 유동화증권(ABS)은 증권발행 계획등록부터 1개월 정도 소요되며, 업무수탁자인 증권회사나 자금관리은행의 위탁수수료가 많이 발생되며, 공모발행 등을 통하여 대규

모 자금조달 시에 이용된다. ABS발행을 위해서는 채권 매각기관은 1개월 이전부터 채권매각과정을 진행하여야 한다.

한편 유동화 시 파생된 질권대출 및 유동화증권의 손실을 담보하기 위하여 근저당권 권리보험과 손실보험 등의 파생상품도 발생된다. 동 보험은 1차 원수보험의 손실을 담보하기 위하여 2차 재보험 및 2차 재보험을 담보하기 위한 3차 재재보험 상품 등 파생보험 상품도 연쇄적으로 발생된다.

유동화 회수가 많이 진행될수록 기초자산의 담보여력은 계속 하락하고 손실발생 위험은 계속 증가하므로 이 모든 파생상품의 최초 기초자산인 부동산이 경기침체로 가격이 하락하면 유동화상품의 투자자들은 연쇄적으로 손실을 입게 된다. 미국 서브프라임 모기지 담보대출은 저소득층에 주택가격의 100% 가까이 대출을 해 주었으나, 우리나라는 상환능력(DTI)이 있는 소득층을 차주로 하여 통상 주택가격의 80% 이하로 대출(담보에 대한 대출비율인 LTV로 제한)을 해주고 2차 유동화상품 이내에서 주로 투자가 이루어지므로, 주택가격이 하락한다고 하여도 미국의 서브프라임 모기지 같은 극단적인 손실을 입을 가능성은 적다. 따라서 주택담보부 NPL투자자들은 권리분석만 잘하면 거시적인 부동산시장 변동에 크게 영향을 받지 않는다.

구분	부동산 (기초자산)		1차 유동화			2차 유동화			3차 유동화		무한 유동화
상품	일반담보대출	경락잔금대출	보 험 (원수보험)	질권대출 (ABL)	유동화 ABS발행	재보험	질권대출	유동화 ABS발행	재재보험	유동화 ABS발행	유동화 ABS발행
내용	1순위 2순위 담보대출	1순위 2순위 경락잔금대출	-근저당권 권리보험 -손실보험	1순위 2순위 질권대출	선순위 중순위 후순위 ABS발행	원보험의 손실위험 담보	1순위 2순위 질권대출	선순위 중순위 후순위 ABS발행	재보험 담보	선,중,후 순위 ABS발행	3차유동화 증권을 담보로 4차 증권 발행
손실위험	부동산가격 하락 시 부실위험		저(低)위험 (부동산가격 하락 시 위험발생)			고(高)위험			고고(高高)위험		최고(催高)위험
미국	저신용자 주택담보대출 (Subprime mortgage loan)		미국 주택 호황기에 저소득층 Subprime Mortgage 담보대출 최장 30년 만기 실행 → 이를 담보로 증권화 된 파생금융상품 개발 및 선풍적 판매 → 2006년 주택가격 폭등에 연방은행이 긴축정책으로 초저금리가 고금리로 전환하면서 저신용(Subprime)채무자 상환능력 상실 → 주택시장 붕괴 → 서브프라임 담보대출 부실 및 관련 파생상품 연쇄 상환불능 → 파생상품 취급 미국 5대 은행인 베어스턴스, 리먼브라더스, 메릴린치 은행 등 파산 → 전세계 금융기관 1조 4,000억 달러 손실 발생								

9. NPL담보 유동화증권(ABS) 발행구조를 도식화하면 다음과 같다

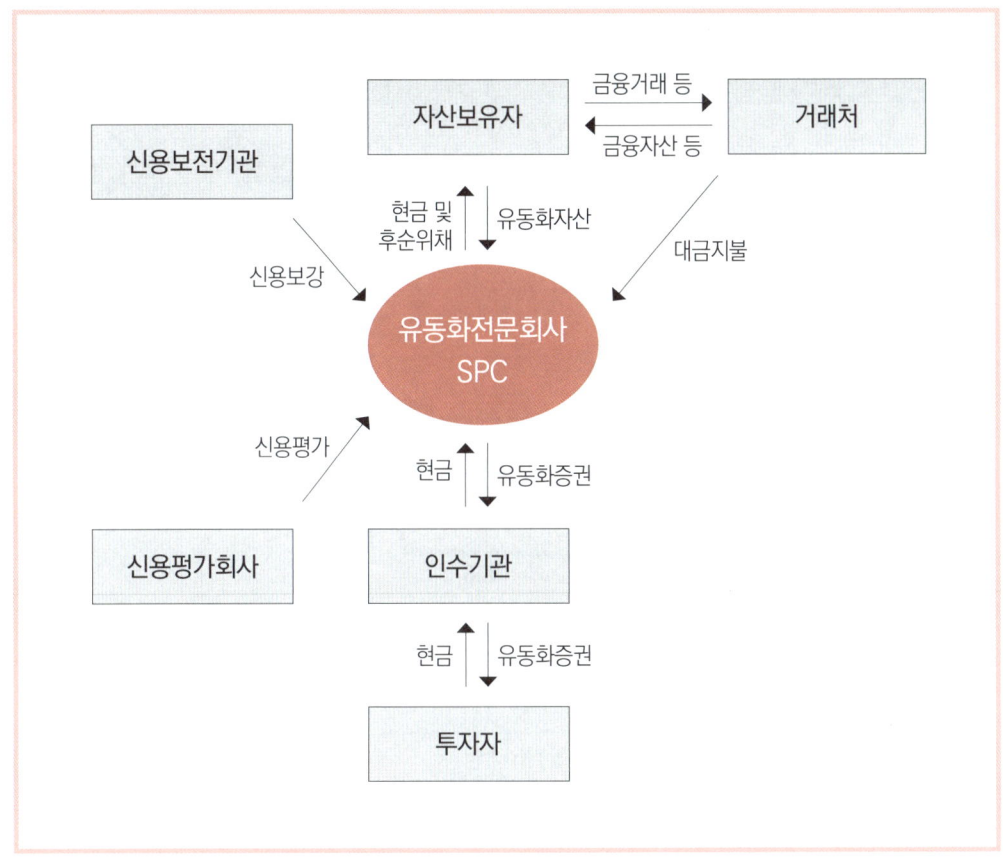

《실제사례 발행구조도》

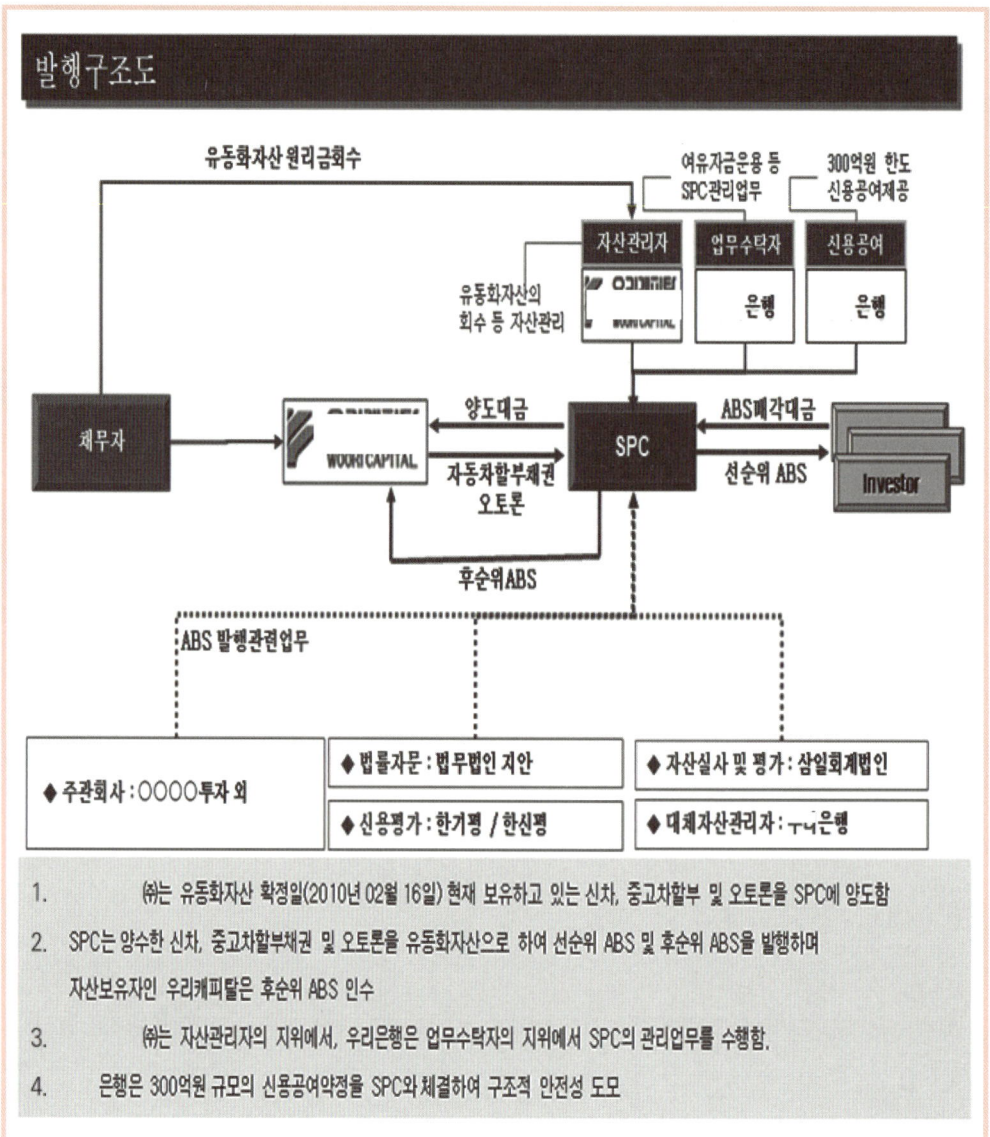

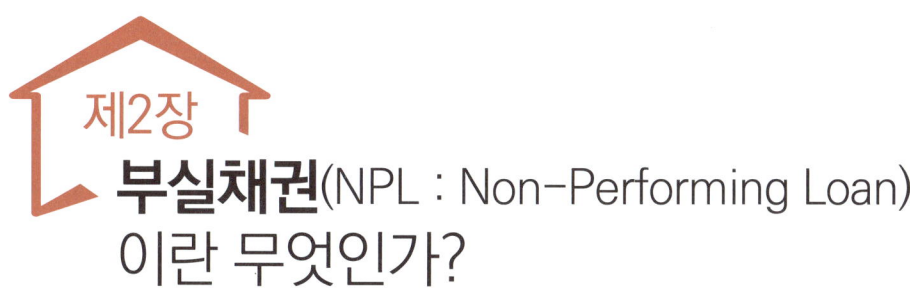

제2장
부실채권(NPL : Non-Performing Loan) 이란 무엇인가?

1. 부실채권을 정의하는 다양한 분야들

금융관련 감독법규에서 정하고 있는 부실채권은 자산건전성 분류기준에 따라 분류된 무수익 여신으로 3개월 이상 연체된 이자 미회수 대출채권을 말한다. 부실채권(NPL : Non-Performing Loan)은 다양한 관점에서 정의를 내릴 수 있으나, 여기에서는 3개월 이상 이자연체나 원금을 변제기에 상환하지 못하는 고정 이하 대출채권(고정, 회수의문, 추정손실)을 부실채권이라고 한다. 영문대로 이자도 들어오지 않고 원금도 회수를 멈추고 활동이 고정된 대출을 말하며, 이로 인하여 은행은 다른 곳에 자금운용을 못하여 기회손실이 발생되므로 이 고정대출을 유동화, 현금화할 필요성이 있다. 현금화의 수단으로 은행은 자회사인 유동화전문회사를 서류상 일시적으로 설립하여 고정대출을 유동화, 현금화시키거나 다른 자산관리회사나 개인투자자에게 할인 매각하여 현금으로 바꾼다.

2. 대출자산의 건전성 분류에서 비롯되었다

금융감독원장은 금융기관이 금융관련 감독규정에 따라 다음과 같이 대출자산의 건전성분류 및 대손충당금 적립을 하도록 의무화하고 있다(은행업감독규정 제27조 제1항, 보험업감독규정 제7-3조 제1항, 종합금융업감독규정 제26조 제1항, 상호저축은행업감독규정 제36조 제2항, 여신전문금융업감독규정 제9조 제2항). 금융감독원은 금융기관의 대출자산의 건전성 분류기준을 강화시키면서 대손충당금 적립부담을 증가시키는 방향으로 제도를 개선하고 있으므로 금융기관은 양호한 대출자산만 보유하고 부실한 대출자산은 유동화전문회사 등에 조기에 매각함으로써 대손충당금 적립부담에서 벗어나고 수익을 증가시키기 위하여 향후 부실채권(NPL) 매각물량을 늘릴 것으로 예상된다. 또한 경기침체에 따른 소득감소로 대출이자 등을 연체하는 대출채무자가 점증하여 부실채권 매각물량이 증가하고 있다.

1) 대출금의 손실처리(대손상각) 목적

대손상각이란 법적절차 등 모든 회수절차를 강구하였으나 회수가 불가능하다고 인정되는 대출채권을 자산계정의 정화를 위하여 손실처리 하는 것을 말하는데, 대손상각의 목적은 부실대출을 회계장부의 재산목록에서 삭제하여 손실처리하고 손실은 적립해 놓은 대손충당금으로 메워서 갑작스런 손실의 충격에 대비하고, 우량대출은 보유함으로써 금융기관의 대출자산의 건전성을 제고하기 위해서이다.

2) 대손충당금 적립의 의의

금융기관은 대출금 등 여신에 대한 손실예상액을 산정하고 동 손실액을 흡수할 수 있는 충분한 수준의 대손충당금을 적립하도록 하고 있는데 이는 대손충당금 적립을 통해 내부유보 확대와 대손충당금을 재원으로 하는 조기 손실처리로 부실대출을 감축하여 대출자산의 건전성을 제고하기 위해서이다. 대손충당금이 자산의 차감항목이므로 금융기관이 여신에 대해 적정한 대손충당금을 적립하지 않는 경우, 해당 금융기관의 수익성과 건전성이 실제보다 과대공시 됨으로써 거래 예금자, 투자자 및 감독기관 등은 금융기관의 경영상태를 정확히 파악할 수 없다는 문제점이 발생할 수 있다.

3) 대출자산의 건전성 분류

① 금융기관은 정기적으로 대출채무자의 채무상환 능력과 금융거래내용 등을 감안하여 보유대출 등의 건전성을 '정상', '요주의', '고정', '회수의문', '추정손실'의 5단계로

분류하고, 적정한 수준의 대손충당금 등을 적립·유지하여야 한다.

② 금융기관은 대출자산 건전성 분류 및 대손충당금 등 적립을 위하여 소정의 대출자산 건전성 분류기준을 반영하여 대출채무자의 채무상환능력 평가기준을 포함한 자산건전성 분류기준 및 대손충당금 등 적립기준을 설정하여야 한다.

③ 금융기관은 자체적으로 설정한 기준과 동 기준에 따른 자산건전성 분류 및 대손충당금 등 적립 결과를 감독원장에게 보고하여야 한다.

④ 감독원장은 금융기관의 자산건전성 분류 및 대손충당금 등 적립의 적정성을 점검하고, 부적정하다고 판단되는 경우 이의 시정을 요구할 수 있다.

⑤ 금융기관은 자산건전성 분류 및 대손충당금 등 적립의 적정성·객관성 확보를 위하여 독립된 여신감리(Credit Review)기능을 유지하는 등 필요한 내부통제 체제를 구축·운영하여야 한다.

⑥ 금융기관은 '회수의문' 또는 '추정손실'로 분류된 자산을 조기에 상각하여 자산의 건전성을 확보하여야 한다.

⑦ 감독원장은 금융기관이 보유하고 있는 부실자산에 대한 상각실적이 미흡하다고 인정하는 경우 해당 금융기관에 대하여 특정 부실자산의 상각을 요구할 수 있다.

3. 대출자산 건전성 분류 단계별 정의

1) 정상
경영내용, 재무상태 및 미래현금흐름 등을 감안할 때 채무상환능력이 양호하여 채권회수에 문제가 없는 것으로 판단되는 거래처(정상거래처)에 대한 자산

2) 요주의 : 다음 각호의 1에 해당하는 자산
① 경영내용, 재무상태 및 미래현금흐름 등을 감안할 때 채권회수에 즉각적인 위험이 발생하지는 않았으나 향후 채무상환능력의 저하를 초래할 수 있는 잠재적인 요인이 존

재하는 것으로 판단되는 거래처(요주의거래처)에 대한 자산

② 1월 이상 3월 미만 연체대출 채권을 보유하고 있는 거래처에 대한 자산

3) 고정 : 다음 각호의 1에 해당하는 자산

① 경영내용, 재무상태 및 미래현금흐름 등을 감안할 때 채무상환능력의 저하를 초래할 수 있는 요인이 현재화되어 채권회수에 상당한 위험이 발생한 것으로 판단되는 거래처(고정거래처)에 대한 자산

② 3월 이상 연체대출채권을 보유하고 있는 거래처에 대한 자산 중 회수예상가액 해당부분

③ 최종부도 발생, 청산·파산절차 진행 또는 폐업 등의 사유로 채권회수에 심각한 위험이 존재하는 것으로 판단되는 거래처에 대한 자산 중 회수예상가액 해당부분

④ '회수의문거래처' 및 '추정손실거래처'에 대한 자산 중 회수예상가액 해당부분

4) 회수의문 : 다음 각호의 1에 해당하는 자산

① 경영내용, 재무상태 및 미래현금흐름 등을 감안할 때 채무상환능력이 현저히 악화되어 채권회수에 심각한 위험이 발생한 것으로 판단되는 거래처(회수의문거래처)에 대한 자산 중 회수예상가액 초과부분

② 3월 이상 12월 미만 연체대출채권을 보유하고 있는 거래처에 대한 자산 중 회수예상가액 초과부분

5) 추정손실 : 다음 각호의 1에 해당하는 자산

① 경영내용, 재무상태 및 미래현금흐름 등을 감안할 때 채무상환능력의 심각한 악화로 회수불능이 확실하여 손실처리가 불가피한 것으로 판단되는 거래처(추정손실거래처)에 대한 자산 중 회수예상가액 초과부분

② 12월 이상 연체대출채권을 보유하고 있는 거래처에 대한 자산 중 회수예상가액 초과부분

③ 최종부도 발생, 청산·파산절차 진행 또는 폐업 등의 사유로 채권회수에 심각한 위험이 존재하는 것으로 판단되는 거래처에 대한 자산 중 회수예상가액 초과부분 자산건전성 분류 및 대손충당금 적립기준은 다음의 표와 같다.

《자산건전성 분류 및 대손충당금 적립기준》

〈자산건전성 분류기준〉

구분	현행	강화	
		'13. 7월	'14. 7월
정 상	3개월 미만 연체	2개월 미만 연체	1개월 미만 연체
요 주 의	6개월 미만 연체	4개월 미만 연체	3개월 미만 연체
고 정	6개월 이상 연체	4개월 이상 연체	3개월 이상 연체
회 수 의 문	6개월 이상 연체 (회수예상가액초과분)	4~12월 미만 연체 (회수예상가액초과분)	3~12월 미만 연체 (회수예상가액초과분)
추 정 손 실	6개월 이상 연체 (손실확실 시)	12개월 이상 연체 (회수예상가액초과분)	12개월 이상 연체 (회수예상가액초과분)

☞ 단계적으로 상향하여 '14.7.1부터 은행과 동일한 기준 적용

〈대손충당금 적립기준〉

(단위 : %)

구분	현행	1단계 '12.7.1~	2단계 '13.1.1~	3단계 '13.7.1~	4단계 '14.1.1~	5단계 '14.7.1~	6단계 '15.1.1~	7단계 '15.7.1~
정 상	0.5 이상	0.55 이상	0.6 이상	0.65 이상	0.7 이상	0.8 이상	0.9 이상	1.0 이상
요 주 의	1.0 이상	2.0 이상	3.0 이상	4.0 이상	5.5 이상	7.0 이상	8.5 이상	10.0 이상
고 정	20 이상	좌동	좌동	좌동	좌동	좌동	좌동	좌동
회 수 의 문	75 이상	75 이상	75 이상	55 이상	55 이상	55 이상	55 이상	55 이상
추 정 손 실	100	좌동	좌동	좌동	좌동	좌동	좌동	좌동

☞ 단계적으로 상향하여 '15.7.1.부터 은행과 동일한 기준 적용
☞ 3단계, 5단계, 7단계는 「상호금융업감독규정」에 명시적으로 규정된 사항임
  - 그 외 1단계, 2단계, 4단계, 6단계는 금융감독원의 지도사항(권고사항)임
☞ 적용기간 중 1.1은 1월까지(7.1은 7월까지)를 의미함
  - 예컨대 2단계 적용기간은 '13.1월부터('12.12월 아님) 적용됨

4. 우리는 어떤 부실채권(근저당권부 대출채권)을 매입해야 하나?

1) 가급적 근저당권이 설정된 담보부 대출채권을 매입한다

매입대상은 3개월 이상 연체된 무담보채권 및 근저당권이 설정된 담보부채권 중에서 근저당권이 설정된 담보부 채권을 매입하여야 한다. 근저당권부 채권을 양수하면 후에 대출채무자가 파산선고를 받아도 양수인은 별제권을 행사하여 다른 파산채권자 보다 우선배당을 받을 수도 있고, 독자적으로 경매를 실행하여 근저당권의 순위에 따른 우선 배당을 받을 수도 있다.

채무자회생 및 파산에 관한 법률 제411조에 따르면 파산재단에 속하는 재산상에 존재하는 유치권·질권저당권·동산·채권 등의 담보에 관한 법률에 따른 담보권 또는 전세권을 가진 자는 그 목적인 재산에 관하여 별제권을 가진다고 규정하여 파산재단에 포함된 부동산에 근저당권을 가진 채권자는 다른 파산채권자보다 우선변제를 받을 권리를 가지고 있다.

2) 무담보 대출채권은 채무자가 파산신청을 하면 한 푼도 못 받을 수 있다

무담보 신용대출 채권을 인수 후 대출채무자가 파산선고를 받으면 채무자는 채무 전액을 합법적으로 면제받고, 반면에 양수인은 파산재단에서 배당을 받는 방법 이외에는 채권 전액이 소멸해 버린다. 즉 채무자회생 및 파산에 관한 법률 제566조에 따르면 면책을 받은 대출채무자는 파산절차에 의한 배당을 제외하고는 파산채권자에 대한 채무의 전부에 관하여 그 책임이 면제된다. 또한 신용대출의 양수인은 일반 채권자로서 배당에서도 후순위이므로 파산재단에서도 배당의 실익이 적다.

물론 신용채권은 채권원금의 3%내지 5%로 매입하므로 1천만원의 신용대출 채권을 매입하는 데에는 30만원에서 50만원을 주면 되므로 투자금이 소액이나 채무자가 파산선고를 받으면 소액의 매입대금 마저 전액 손실로 돌아온다. 또한 부실 신용대출 채무자는 거의 회수실익 있는 재산이 없어 개인들이 추심하기도 어렵다.

따라서 개인들은 근저당권이 설정된 대출채권인 담보부 대출채권을 매입하여야 채무자가 파산신청을 하더라도 손해를 입지 않는다. 이 책에서는 근저당권부 부실채권에 대한 매입에 대해서만 기술한다.

제3장
부실채권 투자를 왜 학습해야 하나?

1. 가장 중요한 것은 투자로 인한 수익이다
매입한 근저당권을 경매나 일반매매 등을 통하여 처분한 후 수익을 얻은 것이 목적이며, 관련 언론기사가 많다.

2. 손해방지 및 사기예방 목적도 중요하다
부실채권 투자에 따른 손실을 방지하고, 사기를 당하지 않기 위하여 학습이 필요하며, 언론보도에 따르면, 투자하면 매월 고수익을 준다고 꾀여 200억원대 다단계 사기, 1,600억원대 부실채권 다단계 투자사기, 부실채권 투자 시 연 18~24%이자를 확정 지급한다고 하는 등의 수법으로 투자자를 농락하여 자살한 사람도 발생하였다.

[여기서 잠깐] 사기예방
사기를 예방하려면 공부하고 상식을 가지고 투자하면 된다. 내가 알아야 상대방이 사기꾼인지 전문가인지를 구별할 수 있는 안목을 가질 수 있다. 부동산 투자로 쉽게 단시간에 고수익을 올릴 수 있다고 투자를 권유한다면 한번쯤 의심해 보아야 한다. 단기간에 고수익을 올릴 수 있다면 혼자 투자하면 될 일이지 굳이 왜 다른 사람에게 투자를 권유하겠는가? 아는 것이 힘이고 이익이고 모르면 손해를 입거나 사기를 당한다. 부실채권 투자는 확정수익은 없고 수익이 유동적이며 근저당권의 매입원가 이하로 낙찰되는 등의 이유로 손해를 볼 수도 있다.

제4장
우선 채권양도(債權讓渡)의 메카니즘을 공부하자

1. NPL을 알려면 채권양도의 의미를 파악해야 한다

1) 채권양도의 여러 가지 의미는?

채권양도라 함은 채권의 동일성을 유지하면서 채권을 이전할 것을 목적으로 하는 구 채권자와 새로운 채권자간의 계약으로, 채권양도는 원칙적으로 법에서 인정된다. 채권이 양도되면 여기에 부종되어 붙어 다니는 근저당권도 법률상 당연히 이전 수반되므로 채권을 양도하면 채권이전 및 물권인 근저당권이 한 세트가 되어 동시에 이전되며, 근저당권을 피담보채권과 분리하여 양도하거나 다른 채권을 위하여 담보로 제공할 수 없다. 또한 근저당권부 대출채권의 양수도를 통하여 양수인이 수익을 실현하기 위해서는 최종적으로 인수한 근저당권을 타에 매각하거나 근저당권에 기한 경매신청 등 근저당권의 처분을 통하여 수익을 실현하게 된다. 따라서 여기에서는 '부실채권(NPL)양도'와 부실채권 양도에 당연히 수반되는 '근저당권 이전(근저당권 매매, 근저당권 양수도)'을 같은 의미로 보고 혼용해서 사용하기로 한다. 결국 근저당권부 채권양도는 '채권양도 및 근저당권이전'이 병행해서 동시에 이루어지므로 '채권양도나 채권양수도(이하 계약양도를 포함한다), 근저당권 매입, 근저당권매매, 근저당권 양수도'를 같은 의미로 보고 혼용해서 편의대로 사용하기로 한다.

2) 금융기관이 채권 및 근저당권을 할인판매 하는 의미

금융기관의 채권양도는 자금이 고정된 부실 대출채권을 현금화하기 위하여 주로 이루어지므로 이러한 부실채권 및 근저당권은 제값을 받지 못하고 할인하여 판매하게 되는 바, 금융기관의 채권양도는 대부분 부실채권 및 근저당권의 할인판매라고 부를 수 있다.

2. 예외적으로 양도가 금지되는 경우도 있다

① 법률에 따라 금지되는 경우, 즉 친족 간의 부양청구권 및 연금청구권 등
② 채권의 성질상 양도가 허용될 수 없는 경우(사용차주의 채권 등)
③ 채권자와 채무자 사이에 미리 양도금지 특약이 있는 경우
  (단, 이 특약은 선의의 제3자에게 주장할 수 없음)

3. 채권양도의 대항요건을 갖춰야 한다

채권양도는 양도인과 양수인의 합의로 효력을 발생하지만 양도의 효력을 채무자나 제3자에게 대항하기 위해서는 아래와 같은 요건이 필요하다.

1) 채권양도의 통지나 승낙

이는 채무자 및 제3자에 대한 대항요건으로 근저당권부 대출채권의 양도는 양도인이 채무자에게 통지하거나 채무자가 승낙하지 아니하면 채무자 기타 제3자에게 대항하지 못한다.

2) 확정일자 있는 증서로 통지

이는 제3자에 대한 대항요건으로 상기 통지나 승낙은 확정일자 있는 증서에 의하지 아니하면 채무자 이외의 제3자에게 대항하지 못한다. 채권양도 통지는 양도인이 채무자에게 배달증명부 내용증명우편 등으로 통지하여야 한다. 여기서 말하는 확정일자란

채권양도 통지서나 승낙서 등 증서에 대하여 그 작성한 일자에 관한 안전한 증거가 될 수 있는 것으로 법률상 인정되는 일자를 말하며, 당사자가 나중에 소급시키거나 변경하는 것이 불가능한 확정된 일자를 가리키고 확정일자 있는 증서란 위와 같은 일자가 있는 채권양도통지서 등을 말한다(대법원 1988.4.12. 선고 87다카2429 판결).

3) 반송 시 금융기관의 약관에 따른 통지도달 간주약정 유효성 인정

민법 제450조 제1항에서 "지명채권의 양도는 양도인이 채무자에게 통지하거나 채무자가 승낙하지 아니하면 채무자 기타 제3자에게 대항하지 못 한다"고 규정하고 있으나, 위 규정이 채권자가 채권양도의 통지를 하였으나 채무자가 변동된 주소의 신고의무를 게을리 하는 등의 귀책사유로 인하여 위 통지를 수령하지 못할 경우 위 통지가 채무자에게 도달한 것으로 간주하기로 하는 합의의 효력까지 부정하게 하는 것은 아니라 할 것이다(대법원 2008.1.10. 선고 2006다41204 판결). 원심판결 이유에 의하면, 원심은 이 사건 제2대출 당시 ○○건설은 ○○파이낸스와 사이에 주소 등 신고사항에 변경이 있을 때에는 서면으로 이를 신고하고, 이러한 신고를 게을리 하여 ○○파이낸스로부터 통지 등이 도달하지 아니한 경우에는 보통 도달하여야 할 때 도달한 것으로 보아도 이의 없기로 약정하였는데, ○○건설이 폐업사실 및 폐업 후 주소지를 ○○파이낸스에 신고하지 아니함으로써 ○○파이낸스가 ○○건설의 법인등기부상 주소지이자 소비대차 약정서 기재 주소지로 발송한 채권양도통지서가 ○○건설이 이미 폐업한 관계로 반송되었으므로, ○○파이낸스가 ○○건설의 법인등기부상 주소지로 통지서를 송달함으로써 이 사건 채권양도의 통지가 있었다고 보아야 한다고 판시하였다.

대법원 2006다2602 양수금 판결도, 이 사건 약관 제16조 제2항은 채무자가 그 주소 등의 변경신고를 게을리 함으로 말미암아 은행이 그 신고 된 최종 주소로 발송한 서면통지 또는 기타 서류가 채무자에게 연착하거나 도달되지 아니한 때에는 보통의 우송기간이 경과한 때에 도달한 것으로 본다고 규정하고 있고, 원고는 이 사건 약관 제16조 제1항의 규정 뿐 아니라 제16조 제2항의 규정에 기하여서도 2005.12.10.자 채권양도통지의 효력 발생을 주장하고 있음(기록 253면)을 알 수 있다.

2005.10.12.자 채권양도통지 당시 ○○산업은 이미 해산되고 그 신고한 최종 주소에서도 이사하여 소재가 불명할 뿐 아니라 그 대표자의 주민등록도 말소된 상황이어서, ○○은행 또는 위 통지를 위임받은 원고로서는 ○○산업의 변경된 주소 등 소재를 알 수 없어 그 신고 된 최종 주소로 위 통지를 발송하였던 것임을 알 수 있고, 이와 같이 ○○은행 또는 원고가 ○○산업의 소재를 알지 못한 데에 어떠한 과실이 있었다고 보기도 어려운 바, 사정이 그러하다면 이 사건 약관 제16조 제2항은 위 통지에 관하여 유효하게 적용된다고 할 것이므로, 위 채권양도의 통지는 위 약관조항에 따라 보통의 우송기간이 경과한 때에 주채무자인 ○○산업에 도달한 것으로 간주할 수 있다고 판시하였다.

4) 채무자 행방불명 시 공시송달 통지

채무자의 행방불명 등으로 채권양도 통지를 채무자가 수령하지 못할 경우 채권양도는 채무자 및 제3자에 대한 대항요건을 갖추지 못하게 되어 이들에게 채권양도의 효력을 주장할 수 없으므로 '금융기관이 아닌 채권양도인'은 채무자의 행방불명 등으로 채권양도 통지가 반송 및 송달불능이 될 경우 채권양도인 또는 채권양도인을 대리한 채권양수인은 법원에 공시송달의 방법으로 채권양도 통지를 하여줄 것을 신청하여 법원이 이를 허가하면 법원 게시판 등에 공고를 하여 2주간의 공고기간이 끝나면 채권양도 통지가 채무자에게 도달된 것으로 간주된다. 대법원 2004다29279 배당이의 판결에 따르면, 원고는 전○정과 강○열에게 내용증명우편으로 보낸 채권양도 통지서가 송달불능 되자 2002.8.14. 채권양도인인 ○○캐피탈을 대리하여 서울동부 지방법원에 전○정, 강○열에 대한 위 채권양도 통지서의 송달을 공시송달로 하여 줄 것을 신청하였고, 위 법원이 2002.8.20. 이를 허가하여 위 채권양도 통지서가 공시송달의 방법으로 전○정과 강○열에게 송달된 사실을 인정한다고 판시하였다.

또한 민법 제113조는 "표의자가 과실 없이 상대방을 알지 못하거나 상대방의 소재를 알지 못하는 경우에는 민사소송법상의 공시송달의 규정에 의하여 송달할 수 있다"고 규정하고 있고, 민사소송법 제194조에 공시송달 요건, 동법 제195조에 공시송달의 방법, 동법 제196조에 공시송달의 효력발생 시기 등의 규정이 있으므로, 일반인이 소정 외에서(법원 밖에서) 의사표시의 공시송달을 희망하는 경우 법원은 신청을 접수하여 민사소송절차를 준용하여 의사표시의 공시송달을 할 수 있다. 다만 '상대방을 알지 못하는' 경우의 관할 법원은 표의자의 주소지 관할 법원으로 함이 조리에 합당하다는 대법원 예규도 있다(2002.6.27. 대법원 재판예규 제871호 소송 외에서의 의사표시의 공시송달의 가부 참조).

한편 근저당권부 채권 양수인이 근저당권의 이전등기는 마쳤으나 채권양도 통지서가 반송되어 채권양도 통지의 효력이 발생되지 않은 상태에서 동 양수인이 임의경매를 신청할 경우 채무자가 경매절차의 이해관계인으로서 채권양도의 대항요건을 갖추지 못하였다는 사유를 들어 경매개시결정에 대한 이의나 즉시항고 절차에서 다투지 않는 한 그 경매절차는 유효하며 경매신청인은 양수채권의 변제(배당)를 받을 수도 있다. 대법원 2004다29279 배당이의 판결에 따르면, 피담보채권을 저당권과 함께 양수한 자는 저당권이전의 부기등기를 마치고 저당권실행의 요건을 갖추고 있는 한 채권양도의 대항요건을 갖추고 있지 아니하더라도 경매신청을 할 수 있으며(대법원 2000마5110 결정, 2004마158 결정 참조), 채무자는 경매절차의 이해관계인으로서 채권양도의 대항요건을 갖추지 못하였다는 사유를 들어 경매개시결정에 대한 이의나 즉시항고절차에서 다툴 수 있고, 이 경우는 신청채권자가 대항요건을 갖추었다는 사실을 증명하여야 할 것이나(대법원 2000마5110결정 참조), 이러한 절차를 통하여 채권 및 근저당권의 양수인의 신청에 의하여 개시된 경매절차가 실효되지 아니한 이상 그 경매절차는 적법한 것이고, 또한 그 경매신청인은 양수채권의 변제를 받을 수도 있다고 판시하였다.

4. 채권양도의 대항요건(통지)에 관한 특례

은행이 유동화회사로 채권을 양도할 경우에는 자산유동화에 대한 법률 제7조에 의거 채권양도의 대항요건에 관한 특례를 적용받아 채권양도 통지를 양도인인 은행뿐만 아니라 양수인인 유동화 전문회사도 채무자에게 통지를 할 수 있으며(민법은 양도인만이 채권양도 통지가 가능함), 소정의 주소로 양도 사실을 2차례에 걸쳐 내용증명 우편으로 통지를 발송하였으나 소재불명 등으로 반송된 때에는 2개 이상의 일간신문에 공고함으로써 채무자에 대하여 대항요건을 가진다. 판례도 양도통지는 채권양도인(주식회사 ○○은행)이 아닌 채권양수인(○○○○제삼차유동화전문 유한회사)에 의하여 이루어진 것도 효력이 있다고 판시하였다(대법원 2008.11.27. 선고 2008다55672 판결).

민법상 조문

제113조(의사표시의 공시송달) 표의자가 과실 없이 상대방을 알지 못하거나 상대방의 소재를 알지 못하는 경우에는 의사표시는 민사소송법 공시송달의 규정에 의하여 송달할 수 있다.

제449조(채권의 양도성) ① 채권은 양도할 수 있다. 그러나 채권의 성질이 양도를 허용하지 아니하는 때에는 그러하지 아니하다.

② 채권은 당사자가 반대의 의사를 표시한 경우에는 양도하지 못한다. 그러나 그 의사표시로써 선의의 제3자에게 대항하지 못한다.

제450조(지명채권 양도의 대항요건) ① 지명채권의 양도는 양도인이 채무자에게 통지하거나 채무자가 승낙하지 아니하면 채무자 기타 제3자에게 대항하지 못한다.

② 전항의 통지나 승낙은 확정일자 있는 증서에 의하지 아니하면 채무자 이외의 제3자에게 대항하지 못한다.

제451조(승낙, 통지의 효과) ① 채무자가 이의를 보류하지 아니하고 전조의 승낙을 한 때에는 양도인에게 대항할 수 있는 사유로써 양수인에게 대항하지 못한다. 그러나 채무자가 채무를 소멸하게 하기 위하여 양도인에게 급여한 것이 있으면 이를 회수할 수 있고 양도인에 대하여 부담한 채무가 있으면 그 성립되지 아니함을 주장할 수 있다.

② 양도인이 양도통지만을 한 때에는 채무자는 그 통지를 받은 때까지 양도인에 대하여 생긴 사유로써 양수인에게 대항할 수 있다.

제452조(양도통지와 금반언) ① 양도인이 채무자에게 채권양도를 통지한 때에는 아직 양도하지 아니하였거나 그 양도가 무효인 경우에도 선의인 채무자는 양수인에게 대항할 수 있는 사유로 양도인에게 대항할 수 있다.

② 전항의 통지는 양수인의 동의가 없으면 철회하지 못한다.

민사소송법상 조문

제194조(공시송달의 요건) ① 당사자의 주소 등 또는 근무장소를 알 수 없는 경우 또는 외국에서 하여야 할 송달에 관하여 제191조의 규정에 따를 수 없거나 이에 따라도 효력이 없을 것으로 인정되는 경우에는 재판장은 직권으로 또는 당사자의 신청에 따라 공시송달을 명할 수 있다.

② 제1항의 신청에는 그 사유를 소명하여야 한다.

제195조(공시송달의 방법) 공시송달은 법원사무관 등이 송달할 서류를 보관하고 그 사유를 법원게시판에 게시하거나, 그 밖에 대법원규칙이 정하는 방법에 따라서 하여야 한다.

> 제196조(공시송달의 효력발생) ① 첫 공시송달은 제195조의 규정에 따라 실시한 날부터 2주가 지나야 효력이 생긴다. 다만 같은 당사자에게 하는 그 뒤의 공시송달은 실시한 다음 날부터 효력이 생긴다.
> ② 외국에서 할 송달에 대한 공시송달의 경우에는 제1항 본문의 기간은 2월로 한다.
> ③ 제1항 및 제2항의 기간은 줄일 수 없다.
>
> **자산유동화에 대한 법률상 조문**
> 제7조(채권양도의 대항요건에 관한 특례)
> ① 자산유동화계획에 따른 채권의 양도·신탁 또는 반환은 양도인(위탁자를 포함한다. 이하 같다) 또는 양수인(수탁자를 포함한다. 이하 같다)이 채무자에게 통지하거나 채무자가 승낙하지 아니하면 채무자에게 대항하지 못한다. 다만 양도인 또는 양수인이 당해 채무자에게 다음 각호의 1에 해당하는 주소로 2회 이상 내용증명우편으로 채권양도(채권의 신탁 또는 반환을 포함한다. 이하 이 조에서 같다)의 통지를 발송하였으나 소재불명 등으로 반송된 때에는 채무자의 주소지를 주된 보급지역으로 하는 2개 이상의 일간신문(전국을 보급지역으로 하는 일간신문이 1개 이상 포함되어야 한다)에 채권양도사실을 공고함으로써 그 공고일에 채무자에 대한 채권양도의 통지를 한 것으로 본다.
> 1. 당해 저당권의 등기부 또는 등록부에 기재되어 있는 채무자의 주소(등기부 또는 등록부에 기재되어 있는 주소가 채무자의 최후 주소가 아닌 경우 양도인 또는 양수인이 채무자의 최후 주소를 알고 있는 때에는 그 최후 주소를 말한다)
> 2. 당해 저당권의 등기부 또는 등록부에 채무자의 주소가 기재되어 있지 아니하거나 등기부 또는 등록부가 없는 경우로 양도인 또는 양수인이 채무자의 최후 주소를 알고 있는 때에는 그 최후 주소
> ② 자산유동화계획에 따라 행하는 채권의 양도·신탁 또는 반환에 관하여 제6조 제1항의 규정에 의한 등록을 한 때에는 당해 유동화자산인 채권의 채무자(유동화자산에 대한 반환청구권의 양도인 경우 그 유동화자산을 점유하고 있는 제3자를 포함한다. 이하 같다) 외의 제3자에 대하여는 당해 채권의 양도에 관하여 제6조 제1항의 규정에 의한 등록이 있는 때에 민법 제450조 제2항의 규정에 의한 대항요건을 갖춘 것으로 본다.

5. 구체적인 대출채권양도 절차를 알아보자

근저당권부 대출채권을 양도하는 방식으로는 계약양도 또는 채권양도 방법을 통하여 양수도 된다.

1) 채권(계약)양도의 의의와 차이점

① **계약양도** : 근저당권의 피담보채권이 확정되기 전에 근저당권의 기초가 되는 기본계약(대출계약)상의 채권자 지위를 제3자에게 전부 양도하는 것을 계약양도라고 하는데, 이 경우 양도인 및 양수인은 '계약양도'를 등기원인으로 하여 근저당권 이전등기를 신

청할 수 있는데, 이를 '계약양도'라고 한다.

② **채권양도** : 근저당권의 피담보채권이 확정된 후에 그 피담보채권을 전부 제3자에게 양도하는 것을 채권양도라고 하는데, 이 경우 양도인인 근저당권자 및 그 채권 양수인은 채권양도에 따라 근저당권의 이전등기를 신청할 수 있는데, 이를 '확정채권양도'라고 한다.

③ **채권양도와 계약양도의 차이**
채권자 교체방법으로 채권양도와 계약양도가 있는데, 채권양도는 대여금 약정에서 발생한 채권만을 양도하는데 반하여 계약양도는 채권과 더불어 계약당사자인 채권자의 지위까지 양도하는 것으로 채권양도 보다 포괄적인 의미를 갖는다. 참고로 채무자 교체에는 채무인수와 계약인수(면책적 인수)가 있고, 채무자 추가에는 중첩적 채무(계약)인수가 있는데 이는 담보보강 차원이며, 채권자 추가에는 계약가입이 있다.

2) 채권(계약)양도 절차
① **채권양도 계약서를 작성한다**

계약양도 또는 채권양도라 함은 대출계약 또는 대출채권의 동일성을 유지하면서 대출계약이나 대출채권을 이전할 것을 목적으로 하는 구채권자와 새로운 채권자간의 계약이다. 이에 따라 양도인과 양수인 간에 근저당권부 계약양도 계약서 또는 채권양도 계약서를 작성한다.

② **NPL매입잔금을 납부한다**

근저당권부 채권 양수도계약 체결 시 양수인은 계약금조로 근저당권부 채권에 대한 구입가격의 10%를 양도인의 예금계좌 등에 납부하고, NPL매입잔금 지급일 전에 법무사 보수 등 근저당권이전 등기비용 및 납부할 NPL잔금에 대한 정산서를 작성(보통 질권대출 은행이 대출수수료를 포함하여 작성)하여 양수인에게 교부한 다음 잔금 지급일에 질권은행의 대출금과 양수인이 준비한 자금을 합하여 양도인의 계좌로 납부하여 구입대금을 완납하면 양도인은 근저당권이전 계약서 등을 양수인에게 교부해 주고 대출채무자에게 채권양도 통지서를 배달증명부 내용증명 우편으로 발송한다. 이후 대출채무자에게 채권양도 통지서가 배달되었음을 입증하는 배달증명 엽서가 양도인에게 도착하면 양도인은 양수인을 대리하여 채권양도 계약서 및 채권양도 통지서를 채권자변경 신청서에 첨부하여 이를 법원에 제출하거나 양수인이 근저당권 이전등기가 완료된 부동산등기부등본 등을 첨부하여 채권자변경 신청서를 법원에 직접 제출하면 채권자변경이 이루어진다. 안산지원 2011타경 198××호 건은 양수인이 낙찰(유입취득)을 받으려고 하는데, 질권대출 저축은행에 입찰위임을 하면서 입찰보증금을 예치하였다.

③ 근저당권양도(이전) 계약서를 작성한다

계약(채권)양도 계약서에 부동산의 표시 및 이전되는 근저당권의 표시가 있는 경우 동 계약서를 등기원인서면으로 하여 근저당권의 이전등기신청을 할 수 있으나 실무상으로는 별도로 근저당권양도(이전) 계약서를 작성하여 이를 근거로 근저당권의 이전등기 신청을 한다. 근저당권 이전 시 근저당권은 피담보채권과 분리하여 타인에게 이전되거나 다른 채권의 담보로 제공하지 못하므로 근저당권이전등기 신청서에는 이전할 근저당권이 채권과 같이 이전한다는 뜻을 기재하여야 한다(부동산등기법 제142조). 근저당권 이전등기는 근저당권자가 이전등기의무자가 되고, 근저당권 양수인이 근저당권 이전등기의 등기권리자로서 공동신청을 한다.

④ 채권양도 통지 또는 승낙의 의미와 절차

ⓐ 통지 위임계약 체결

채권양도 통지는 채권 양도인이 채권양도 사실을 대출채무자에게 통지하는 것이 원칙이나, 동 통지를 양수인에게 위임하여 양수인으로 하여금 양도사실을 채무자에게 통지하도록 하는 위임조항을 대출채권 양도계약서에 명시해서 양수인이 통지해도 된다. 국민행복기금 채권매각 또는 담보채권 공개경쟁 매각 등 채권을 대량으로 매각 시에도 통상 양수인이 양도인의 위임을 받아 채권양도 통지를 하도록 채권양도 계약서에 명시되어 있다.

> **대법원 1994.12.27. 선고 94다19242 (양수금)**
> 채권양도의 통지는 양도인이 채무자에 대하여 당해 채권을 양수인에게 양도하였다는 사실을 알리는 관념의 통지이고, 법률행위의 대리에 관한 규정은 관념의 통지에도 유추 적용된다고 할 것이어서 채권양도의 통지도 양도인이 직접 하지 아니하고 사자를 통하여 하거나 나아가서 대리인으로 하여금 하게 하여도 무방하다고 할 것이고, 또한 그와 같은 경우에 양수인이 양도인의 사자 또는 대리인으로서 채권양도통지를 하였다 하여 민법 제450조의 규정에 어긋난다고 볼 수도 없고, 달리 이를 금지할 근거도 없다.
>
> **대법원 1993.8.27. 선고 93다17379 판결**
> 지명채권의 양도통지를 한 후 그 양도계약이 해제된 경우에, 양도인이 그 해제를 이유로 다시 원래의 채무자에 대하여 양도채권으로 대항하려면 양수인이 채무자에게 위와 같은 양도계약의 해제사실을 통지하여야 한다.

ⓑ 배달증명부 내용증명 우편으로 발송한다

채권 양수인은 양도인의 대리인 자격으로 채권양도 계약서 1부씩을 첨부한 채권양도 통지서 3부를 작성하고(작성자는 양도인의 대리인 양수인 홍길동(인)으로 작성), 대출채무자의 주소를 기재한 우편봉투 1통을 준비한 다음 대리인의 주민등록증을 지참하고 우체국에 가서 배달증명부 내용증명 우편으로 동 통지서를 대출채무자에게 발송하면 된다(통지서 1부는 양도인 보관, 1부는 우체국 보관, 1부는 채무자에게 발송됨).

ⓒ 반송 시 새로운 주소지 등으로 재발송한다

근저당권부 대출채무자가 이사하여 채권양도 통지서가 양도인에게 반송되어 오면 양도인 또는 그의 대리인은 대출채무자에 대한 이해관계인임을 입증하는 서류로써 채권양수도 계약서 및 근저당권 이전등기가 이루어진 부동산등기부등본 등을 『채권·채무 관계자의 주민등록표 초본의 열람 또는 교부 신청서』에 첨부하여 주민자치센터(동사무소, 관할이 아닌 곳에도 제출가능)에 제출 후 채무자가 이사 간 새로운 곳의 주소가 기재된 채무자의 주민등록초본을 발급받은 다음 채권양도 통지서의 수신인 주소를 새로운 주소로 기재하여 다시 채무자에게 발송하여 도달되어야 채권양도의 효력이 발생한다. 다만 금융기관은 통지도달 간주 약관에 따라 채무자가 신고한 주소지로 통지하면 반송되더라도 통지의 효력이 인정된다(대법원 2008.1.10. 선고 2006다41204 양수금 판결).

ⓓ 배달증명 엽서를 보관하라

통지서가 대출채무자에게 도달되면 동 통지서의 수령자가 기재된 배달증명 엽서가 당초 양도인이나 그를 대리한 양수인에게 다시 배달되어 오는데, 이때 양도인에게 배달될 경우를 대비하여 양수인은 양도인에게 미리 연락하여 배달증명 엽서가 양도인에게 배달되면 이를 양수인에게 보내줄 것을 요청해 두어야 한다.

ⓔ 대출채무자로부터 채권양도 승낙서를 받아 확정일자 취득 후 보관한다

채권양도인은 채권양도 통지서를 대출채무자에게 보내는 대신 양도인이 대출채무자로부터 직접 채권양도 승낙서에 서명날인을 받은 다음 등기소나 공증인 사무소에서 확정일자를 받아 보관해도 채권양도의 효력이 발생한다.

⑤ **채권원본서류 양수인 교부**

민법 제475조의 채권증서 반환청구권 규정에 따라 채권증서가 있는 경우에 변제자가 채무전부를 변제한 때에는 채권증서의 반환을 청구할 수 있고, 채권이 변제 이외의 사유로 전부 소멸한 때에도 동일하므로 채권 전액을 양수받은 양수인도 채권증서 반환청구권을 가진다. 따라서 채권양도 계약에 따라 당초 양도인이 보관 중인 대출계약서 및 근저당권설정 계약서 원본 등 채권서류 일체를 양수인이 양도인으로부터 넘겨받아 권리행사를 위하여 보관하여야 한다. 지불각서와 같은 채권증서는 채무자가 작성하여 채권자에게 교부하는 것이고, 채무자가 채무 전부를 변제하거나 그 밖의 사유로 채권이 소멸한 때에는 채권자에게 채권증서의 반환을 청구할 수 있고, 이러한 채권증서 반환청구권은 채무전부를 변제하는 등 채권이 소멸한 경우에 인정되므로, 채권자가 채무자로부터 채권증서를 교부받은 후 이를 다시 채무자에게 반환하였다면 특별한 사정이 없는 한 그 채권은 변제 등의 사유로 소멸하였다고 추정할 수 있다(대법원 2011다74550 대여금 판결).

채권·채무 관계자의 주민등록표 초본의 열람 또는 교부 신청서

※ 뒤쪽의 유의사항을 읽고 작성하여 주시기 바라며, [ ]에는 해당되는 곳에 √표를 합니다. (앞 쪽)

신청인 (개인)	성명	(서명 또는 인)	주민등록번호	
	주소		전화번호	

신청인 (법인)	법인명		사업자등록번호	
	대표자	(서명 또는 인)	대표전화번호	
	소재지			
	방문자 성명	주민등록번호	직위	전화번호

열람 또는 초본 교부 대상자	성명	주민등록번호
	주소	

신청 내용	[ ]열람		
	※ 개인정보 보호를 위하여 아래의 등·초본 사항 중 필요한 사항만 선택하여 신청할 수 있습니다.		
	초본 교부 [ ]	1. 개인 인적사항 변경 내용	[ ]포함 [ ]미포함
		2. 과거의 주소변동 사항	[ ]전체 포함 [ ]최근 5년 포함 [ ]미포함

용도 및 목적		제출처	

증명자료	※ "이해관계 사실확인서"는 변호사, 법무사, 행정사 또는 세무사가 뒤쪽 사항을 유의하여 작성합니다.			
	발급 번호: 〈제 호〉 이 해 관 계 사 실 확 인 서			
	채권자 (매입자) 등 인적사항	법인명		사업자등록번호
		(대표자) 성명		주민등록번호
		주소		
	채무자 (매출자) 등 인적사항	성명		주민등록번호
		주소		
	이해관계 내 용	변제기일 (매출입 일자)		채무금액 (매출입 금액)
		채무 등 내용		기타
	「주민등록법 시행규칙」 제13조에 따른 이해관계 사실을 위와 같이 확인함			
	년 월 일			
	확인자 성 명: (인)			
	사무소명: 자격(등록) 번호:			
	소 재 지: 전화번호:			

「주민등록법 시행령」 제47조와 제48조에 따라 주민등록표 초본의 열람 또는 교부를 신청합니다.

년   월   일

3) 근저당권 이전의 부기등기 방법

근저당권을 이전하기로 약정한 내용이 기재된 근저당권이전 계약서 및 채권양도 계약서를 쌍방이 날인한 등기위임장에 첨부한 다음 법무사로 하여금 근저당권 이전의 부기등기를 하도록 한다.

① **등기방법**

ⓐ 계약양도 등기방법

6부기 1호	접수 20××년 11월 5일 　　제8000호 원인 20××년 9월 1일 계약양도 근저당권자 홍 길 동 　　　　561213-1089723 　　　　서울 중구 필동 6　　(인)	6번 근저당권 이전

(주)6번 근저당권자의 표시는 주말한다.

ⓑ 확정채권양도 등기방법

6부기 1호	접수 20××년 11월 5일 　　제8000호 원인 20××년 9월 1일 확정채권양도 근저당권자 홍 길 동 　　　　561213-1089723 　　　　서울 중구 필동 6　　(인)	6번 근저당권 이전

(주)6번 근저당권자의 표시를 주말한다.

② **근저당권의 피담보채권이 확정되기 전의 계약양도 등기**('97. 9. 9 등기예규 제880호, 근저당권에 관한 등기사무 처리지침)

근저당권의 피담보채권이 확정되기 전에 근저당권의 기초가 되는 기본계약상의 채권자 지위가 제3자에게 전부 양도된 경우 그 양도인 및 양수인은 아래와 같이 '계약양도'를 등기원인으로 하여 근저당권 이전등기를 신청할 수 있고, 동 등기를 신청함에 있어서 근저당권설정자가 물상보증인이거나 소유자가 제3취득자인 경우에도 그의 승낙서를 첨부할 필요가 없다. 근저당권의 피담보채권이 확정되기 전에 그 피담보채권이 양도된 경우에는 계약양도를 원인으로 하여 근저당권 이전등기를 신청할 수 없다.

③ 근저당권의 피담보채권이 확정된 후의 '확정채권양도' 등기

근저당권의 피담보채권이 확정된 후에 그 피담보채권이 양도된 경우에는 근저당권자 및 그 채권양수인은 채권양도에 의한 저당권 이전등기에 준하여 근저당권 이전등기를 신청할 수 있다. 이 경우 등기원인은 아래와 같이 '확정채권양도'로 기재한다. 위 등기를 신청함에 있어서도 근저당권 설정자가 물상보증인이거나 소유자가 제3취득자인 경우에도 그의 승낙서를 첨부할 필요가 없다.

《계약양도 등기 실제사례》

사건번호	양도방법	채권 최고액 경매 청구액	양·수도인	특이사항
중앙지법 2계 2010 - 37876	계약양도	최고 240,000,000 청구 240,000,000 (건물,토지 2건)	우리은행 장위동지점 ⇒ 우리에스비제삼차유동화전문회사 ⇒ 주식회사에이치비어드바이저스 ⇒ 유○○ ⇒ 김○○	- 계약양도가 네 번 이루어짐 - 최고액과 청구액 일치 - 2003.4.9 장기채권

[집합건물] 서울특별시 서초구 서초동 1508-25의 1필지 그린월드아파트   고유번호 1102-2003-001699

순위번호	등 기 목 적	접 수	등 기 원 인	권리자 및 기타사항
9	압류	2008년12월9일 제59977호	2008년12월2일 압류(교행-41276)	권리자 서울특별시마포구
10	7번압류등기말소	2009년6월29일 제41728호	2009년6월29일 해제	
11	9번압류등기말소	2010년4월9일 제18301호	2010년4월6일 해제	
12	임의경매개시결정	2010년12월29일 제64911호	2010년12월29일 서울중앙지방법원의 임의경매개시결정(2010 타경37876)	채권자 김_곤 471018-1****** 인천 남구 용현동 649 용현성원상떼빌아파트

【 을   구 】   (소유권 이외의 권리에 관한 사항)

순위번호	등 기 목 적	접 수	등 기 원 인	권리자 및 기타사항
1	근저당권설정	2003년4월9일 제20228호	2003년4월7일 설정계약	채권최고액 금120,000,000원 채무자 서.연 서울 마포구 성산동 249-15 근저당권자 주식회사우리은행 110111-0023393 서울 중구 회현동1가 203
1-1	1번등기명의인표시변경	2008년2월20일 제7367호	2005년3월28일 취급지점변경	주식회사우리은행의 취급지점 여신관리부

[집합건물] 서울특별시 서초구 서초동 1508-25외 1필지 그린월드아파트   고유번호 1102-2003-001699

순위번호	등기목적	접 수	등기원인	권리자 및 기타사항
1-2	1번근저당권이전	2008년2월20일 제7369호	2005년3월28일 계약양도	근저당권자 우리에스비계삼자유동화전문유한회사 110114-0053253 서울특별시 종로구 서린동 33 영풍빌딩 22층
1-3	1번근저당권이전	2008년2월20일 제7371호	2008년1월17일 계약양도	근저당권자 주식회사에이취비어드바이저스 110111-2950114 서울특별시 강남구 역삼동
1-4	1번근저당권이전	2008년11월4일 제53994호	2008년10월20일 계약양도	근저당권자 유 열 641003-1****** 서울특별시 마포구 성산동
1-5	1번근저당권이전	2009년10월23일 제67222호	2009년10월22일 계약양도	근저당권자 김 곤 471018-1****** 인천광역시 남구 용현동
2	근저당권설정	2003년4월9일 제20238호	2003년4월7일 추가설정계약	채권최고액 금120,000,000원 채무자 서 연 서울 마포구 성산동 249-15 공견빌라 402 근저당권자 주식회사우리은행 110111-0023393 서울 중구 회현동1가 203 공동담보 토지 서울특별시 서초구 서초동 서주연지분의 담보물에 추가
2-1				2번 등기는 건물만에 관한 것임 2003년4월9일 부기
2-2	2번등기명의인표시변경	2008년2월20일 제7361호	2005년3월28일 취급지점변경	주식회사우리은행의 취급지점 여신관리부

열람일시 : 2011년01월11일 오전 10시48분58초   5/7

[집합건물] 서울특별시 서초구 서초동 1508-25외 1필지 그린월드아파트 　　　　　　　고유번호 1102-2003-001699

순위번호	등 기 목 적	접　수	등 기 원 인	권리자 및 기타사항
2-3	2번근저당권이전	2008년2월20일 제7364호	2005년3월28일 계약양도	근저당권자 우리에스비채삼차유동화전문유한회사 110114-0053253 서울특별시 종로구 서린동 33 영풍빌딩 22층
2-4	2번근저당권이전	2008년2월20일 제7366호	2008년1월17일 계약양도	근저당권자 주식회사에이처베이드에이치스 110111-2950114 서울특별시 강남구 역삼동
2-5	2번근저당권이전	2008년11월4일 제53394호	2008년10월20일 계약양도	근저당권자 유 월 641003-1****** 서울특별시 마포구 성산동
2-6	2번근저당권이전	2009년10월23일 제67221호	2009년10월22일 계약양도	근저당권자 김 곤 471018-1****** 인천광역시 남구 용현동
3	근저당권설정	2003년6월23일 제40228호	2003년6월23일 설정계약	채권최고액 금720,000,000원 채무자 장 섭 서울 강서구 화곡동 근저당권자 농업협동조합중앙회 110136-0027690 서울 중구 충정로1가 75 (영업부) 공동담보목록 제2003-374호
4	1번근저당권,2번근저당권말소예고등기	2006년12월8일 제93654호	2006년11월24일 서울중앙지방법원의 소제기(2006가합100894)	
5	4번예고등기말소	2007년5월11일 제30236호	2007년4월30일 소취하	

열람일시 : 2011년01월11일 오전 10시48분58초

《확정채권양도 등기 실제사례》

사건번호	양도방법	채권 최고액 경매 청구액	양·수도인	특이사항
중앙지법11계 2010 - 23624	확정채권 양도	최고 422,400,000 청구 352,000,000	대우캐피탈 ⇒ 유니크인베스트먼트대부 ⇒ 심○○	- 하나로저축은행 채권질권 대출 - '08.5.20 채권

[집합건물] 서울특별시 관악구 봉천동 1712 관악드림타운 제114동 제2층 제○○호   고유번호 1143-2003-007743

순위번호	등기목적	접수	등기원인	권리자 및 기타사항
				서울 중구 남대문로2가 9-1 (관악지점)
14	9번근저당권설정, 12번근저당권설정 등기말소	2006년12월18일 제68720호	2006년12월4일 해지	
15	근저당권설정	2008년5월20일 제23567호	2008년5월20일 설정계약	채권최고액 금422,400,000원 채무자 정○모 　서울특별시 관악구 봉천동 1712 관악드림타운 114-○○ 근저당권자 ○○캐피탈주식회사 160111-0○○○○○ 　대전광역시 대덕구 송촌동 292-3
15-1	15번등기명의인표시변경	2011년5월4일 제16627호	2009년8월31일 상호변경	대우캐피탈주식회사의 성명(명칭) 아주캐피탈주식회사
15-2	15번근저당권이전	2011년5월4일 제16628호	2011년4월28일 확정채권양도	근저당권자 유한회사유니크인베스트먼트대부 　110114-0○○○○○4 　서울특별시 광진구 자양동 769-10 와이-타워 ○○○호
15-3	15번근저당권부질권	2011년5월4일 제16630호	2011년4월28일 설정계약	채권액 금422,400,000원 채무자 유한회사유니크인베스트먼트대부 　서울특별시 광진구 자양동 769-10 와이-타워 ○○○호 채권자 주식회사모아저축은행 120111-○○○○○○1 　인천광역시 남구 주안동 408-2
15-4	15번등기명의인표시변경	2011년11월3일 제33909호	2011년10월17일 본점이전	유한회사유니크인베스트먼트대부의 주소 경기도 성남시 　수정구 복정동 714 경호빌딩 ○○호
15-5	15번근저당권이전	2011년11월3일	2011년11월3일	근저당권자 심○희 690526-2******

열람일시 : 2012년01월18일 09시18분41초

[집합건물] 서울특별시 관악구 봉천동 1712 관악드림타운 제114동 제2층 제○○○호 고유번호 1143-2003-0○○○○

순위번호	등 기 목 적	접 수	등 기 원 인	권 리 자 및 기 타 사 항
		제33911호	확정채권양도	경상남도 양산시 명동 994 석호가람휘아파트 104-1○○○
15-6	15번근저당권부질권	2011년11월3일 제33912호	2011년11월3일 설정계약	채권액 금442,400,000원 변제기 2012년 11월 3일 이 자 연 10.5 퍼센트 채무자 심○회 　경상남도 양산시 명동 994 석호가람휘아파트 104-1○○○ 채권자 주식회사하나로저축은행 150111-0○○○○○○ 　충청북도 청주시 흥덕구 사창동 153-2 　(서울센터지점)
15-6-1	15-6번질권경정			채권액 금422,400,000원 착오발견으로 인하여 2011년11월16일 부기
16	13번근저당권설정등기말소	2008년5월23일 제24246호	2008년5월20일 해지	
17	근저당권설정	2009년12월3일 제45100호	2009년12월1일 설정계약	채권최고액 금35,000,000원 채무자 장○모 　서울특별시 관악구 봉천동 1712 관악드림타운 114-2○○ 근저당권자 아○광 600507-1****** 　서울특별시 서대문구 연희동 2○○-○
18	17번근저당권설정등기말소	2010년5월27일 제18221호	2010년5월27일 해지	
19	15-3번질권등기말소	2011년11월3일 제33910호	2011년11월3일 해지	

열람일시 : 2012년01월18일 09시18분41초

④ 보통 저당권의 채권양도 등기원인 기재

보통 저당권의 이전원인은 근저당권의 확정후의 이전원인과 유사하나 보통저당권의 등기원인은 '확정채권양도'가 아니라 '채권양도'로 기재한다. 보통저당권의 피담보채권은 처음부터 확정채권이기 때문이다. 즉 경매취하 후 유동화회사 등이 다시 경매신청을 진행한 상태에서는 취하 전의 경매신청 시점에 이미 근저당권의 피담보채권이 확정되어 보통 저당권의 상태로 변동되었으므로 근저당권의 이전원인은 '채권양도'로 기재된다.

4) 양수인의 경매채권자 승계(변경)신고

양수인이 채권(계약)양도를 원인으로 근저당권 이전등기가 부기된 경매물건의 부동산등기부 등본 또는 채권양도 계약서 및 채권양도 통지서를 첨부하여 경매법원에 경매채권자 변경신고를 하거나 채권 양도인이 양수인을 대리하여 채권자변경 신고를 할 수 있다.

5) 양수인의 환급계좌 변경신청

양도인이 예납한 송달비용 등 집행비용의 환급도 양수인에게 승계되므로 양수인은 환급계좌 변경신청을 하여야 하고, 양수인이 채권양수 후 법원예납금의 부족으로 매각수수료 등의 추납통지서가 양수인에게 통보되면 양수인은 추납금을 신한은행에 납부하고 납부자용 영수증은 자신이 보관하고 법원제출용 영수증은 등기우편으로 해당 경매계로 제출하면 되는데 이때 동 영수증 하단에 변경된 환급계좌를 기재하는 방법으로 환급계좌를 변경신고 할 수도 있다.

6) 양수인의 경매서류 열람 및 등사신청

채권양수인은 채권자변경 신고 후에는 이해관계인으로서 경매서류의 열람 및 등사를 신청할 수 있으므로 채권자변경 신고 후 공시되지 않은 리스크 및 배당액 등의 검토를 위하여 경매서류의 열람 및 중요서류는 복사를 하고, 양수인의 배당액에 영향을 미치는 선순위 채권 등을 검토하여야 하며, 가장 채권자나 월세 연체로 인하여 배당요구한 임차보증금의 감액 등을 이유로 배당기일 전에 미리 배당이의 신청을 할 것인지 여부 등을 결정하여야 할 것이다.

7) 양수인의 권리신고 및 배당요구 신청

채권 양수인은 양도인인 경매신청권자의 지위를 그대로 승계하므로 채권자변경 신고 후에는 별도의 배당요구 신청이 없어도 배당을 받게 된다. 그러나 양수인이 배당받을 채권의 범위에 대해 경매법원에 재확인시켜 주는 차원에서 양수인은 양수한 채권의 원금 및 이자를 적시하여 별도로 권리신고 및 배당요구 신청서를 제출하기도 한다.

8) 법원의 채무자 및 소유자에 대한 담보권 승계사실 통지

집행개시 후에 계약양도 등 특정승계가 이루어진 경우에도 매각절차는 중단되지 아니하고 그대로 속행되며(대법원 2001.12.28. 자 2001마2094 결정), 승계인이 승계사실을 증명하여 법원이 이를 인정하면 승계인을 경매신청인으로 취급하여 추후 승계인을 위하여 절차를 속행한다. 또한 집행개시 후 압류채권자가 승계되었음을 증명하는 문서가 법원에 제출된 때에는 법원은 채무자 및 소유자에게 그 사실을 통지(민사집행규칙 제193조)하여 이들이 담보권의 승계여부를 다투는 등 집행이의(민사집행법 제16조)를 할 수 있도록 조치한다.

9) 양수인의 배당기일 참석

근저당권 양수인은 여신거래 약정서 및 근저당권설정 계약서 등 대출채권 서류 원본을 지참하고 배당기일에 참석하여 선순위 가장 임차인 등을 상대로 배당이의 신청을 하거나 경매법원에 위 채권서류 원본을 제시하고 자신에게 배당된 배당금의 수령절차를 밟으면 된다. 채권상계신청 및 차액지급 신청 시에는 배당이의를 하면 근저당권 양수인 겸 낙찰자는 낙찰대금 전액을 현금으로 납부하여야 하므로 배당이의 대상 가장 임차인 등이 존재할 경우 배당기일 전에 협상으로 배당요구권을 포기하게 만들거나 배당기일 후에 가장 임차인 등에게 배당된 배당금의 회수를 진행하여야 한다.

10) 권리증서상 부기문 교부신청

『수원지방법원 안산지원 2011타경 198××호 부동산임의경매 사건에 있어 채권자 오○근은 배당금에 의하여 채권이 완전히 변제되지 않았으므로 관련 권리증서를 제출하오니 그 채권서류 원본에 부기문을 작성 후 교부하여 달라』는 방식으로 부기문 교부신청을 하여야 한다. 이와 같이 채권자에게 채권액의 일부만을 배당금으로 지급하는 경우에는 담당 법원사무관 등은 그 채권자로부터 채권증서를 제출받아 그 여백부분 또는 뒷면에 배당액을 적고 기명날인 후(예컨대 2011타경 198××호 부동산임의경매 사건에 관하여 2012.11.14. 금 290,000,000원이 지급되었음을 부기함. 2012.11.14. 수원지방법원 안산지원 법원사무관 ○○○(인)) 채권자에게 동 채권증서를 돌려준다. 다음 자료는 채무자 및 소유자에 대한 담보권 승계사실을 통지(안산지원 2013타경 39××호)한 사실이 기록된 화면이다. 그리고 지금까지 설명한 자료들을 첨부하였다.

2013.08.05	채권자 농업협동조합자산관리회사(양도전·농협은행) 대표이사 조명문 매각및 매각결정기일통지서 발송	2013.08.05 도달
2013.08.16	채무자겸소유자1 김○○통지서 발송	2013.08.16 도달
2013.12.06	채권자 농업협동조합자산관리회사(양도전·농협은행) 대표이사 조명문 추납통지서 발송	2013.12.09 도달
2013.12.12	채무자겸소유자1 김○○담보권승계사실통지 발송	

권리증서상 부기문 교부신청

채권자 : 오○근
채무자 : 남○자
소유자 : 최○희

위 당사자 간 귀원 2011타경 198XX호 부동산 임의경매 사건에 있어 채권자 오○근은 배당금에 의하여 채권이 완전히 변제되지 않았으므로 붙임 권리증서(대출채권서류)를 제출하오니 그 원본에 부기문을 교부하여 주시기 바랍니다.

2012. 11. 14.

채 권 자 : 오○근 (인)
서울시 송파구 000동

수원지방법원 안산지원 경매10계 귀중

■ 배당표(안산지원 2012타경 70XX호)

수원지방법원 안산지원
배 당 표

사 건	2012타경7086 부동산임의경매	
배당할금액	금	160,007,926
명세	매각대금	금	160,000,000
	지연이자 및 절차비용	금	0
	전경매보증금	금	0
	매각대금이자	금	7,926
	항고보증금	금	0
집행비용	금	2,822,220
실제배당할 금액	금	157,185,706

매각부동산	시흥시 정왕동 2164-2 메가폴리스	
채권자	시흥시	오○근(우리에프엔아이 제26차유동화전문유한회사 채권양수인)
채권금액	원 금	462,060	140,000,000
	이 자	0	29,058,580
	비 용	0	0
	계	462,060	169,058,580
배당순위	1	2
이 유	교부권자(당해세)	채권자겸근저당권자
채권최고액	0	182,000,000
배 당 액	462,060	156,723,646
잔 여 액	156,723,646	0
배당비율	100.00%	92.70%
공탁번호 (공탁일)	금제 호 (. . .)	금제 호 (. . .)	금제 호 (. . .)

2012. 12. 27.
사법보좌관 김 세 경

1-1

■ 부기문 교부신청 실제사례(안산지원 2012타경 7086호)

『부기 당원 2012타경 70××호 부동산임의경매 사건으로 금 156,723,646원이 배당되었음. 2012년 12월 27일 수원지방법원 안산지원 법원주사보 서○배(아래 여신거래약정서 좌측 맨 아래쪽에 표기함)』라는 점선 표시 내의 내용을 살펴볼 수 있다.

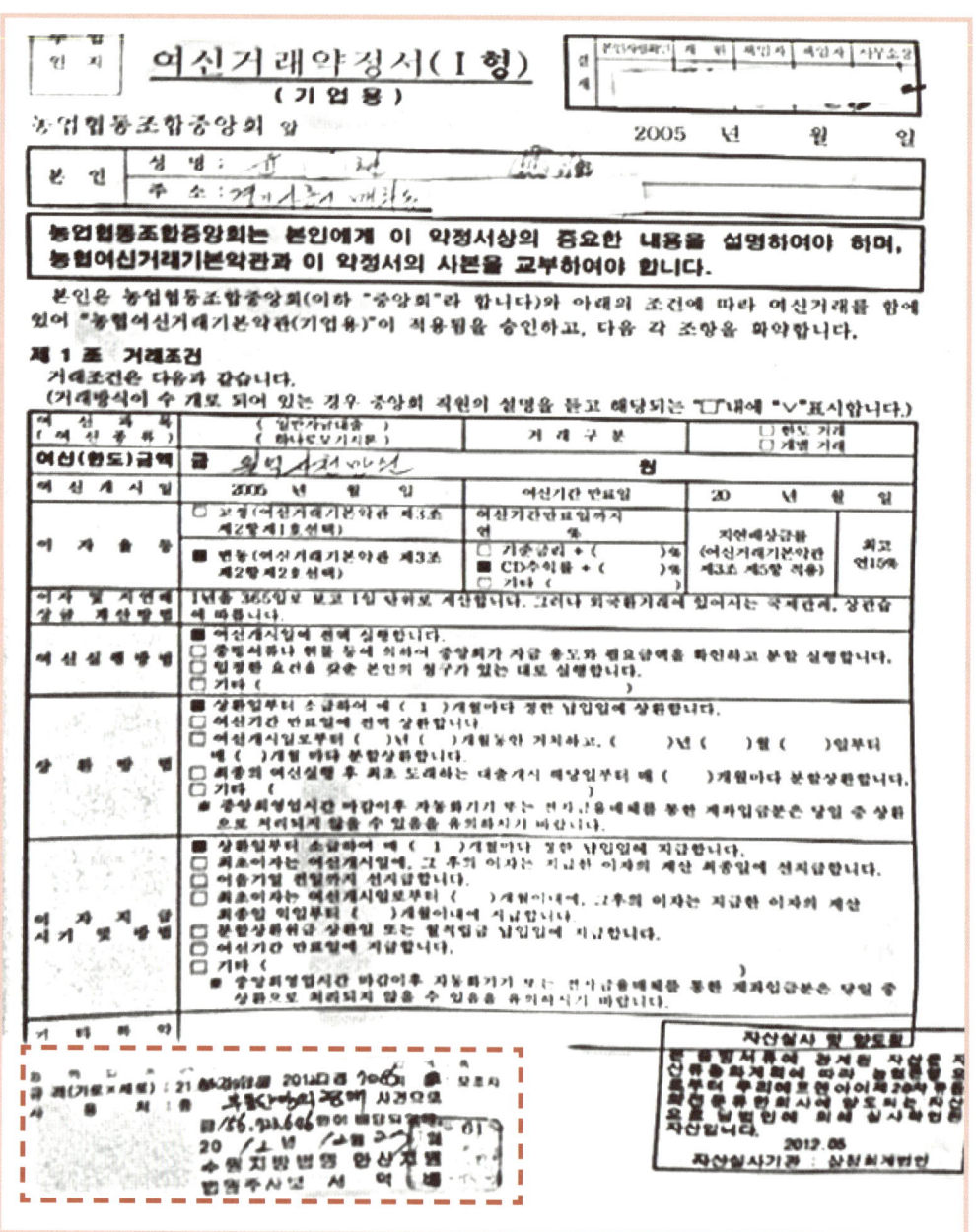

11) 양도서식을 보면 좀 더 명확히 알 수 있다

 채권양도 계약서, 근저당권이전 계약서, 채권양도 통지서나 승낙서는 쌍방합의로 그 내용을 작성하여 사용하거나 채권양도 기관에 비치된 서식을 사용하면 되는데, 예시하면 다음과 같다.

론세일 의향서

○○새마을금고 이사장 귀하

1. 소　유　자 : 이 ○ ○
2. 물건소재지 : 서울시 동작구 사당동 192-6리츠빌 가동 000호
3. 사　건　번　호 : 서울중앙지법 2014타경 2311 부동산임의경매
4. 론세일 약정 금액 :　　　　　원

　귀 사가 채권자로서 관리중인 부동산의 법원경매사건에 관하여 론세일 계약 의향이 있기에 론세일 요청서를 제출 하오니 검토하여 주시기 바랍니다.

20××. 3. .

론세일 희망인 : 문 ○ ○ (인)
주　　　　소 : 서울시 송파구 거여동 31-2번지 000호
주민등록번호 :
연　락　처 : 010-5714-0000

론세일 요청서(유암코)

유앤더블유 유동화전문(유) 귀하

1. 소　유　자 : 최 ○ ○
2. 물건소재지 : 경기도 안산시 단원구 초지동 000-1비전타운
3. 사　건　번호 : 수원지방법원 안산지원 2011타경198XX 부동산임의경매
4. 론세일 약정 금액 : 000,000,000원

　귀사가 채권자로서 관리중인 부동산의 법원경매사건에 관하여 론세일 계약 의향이 있기에 론세일 요청서를 제출 하오니 검토하여 주시기 바랍니다.

20××. 8　21.

론세일 계약 희망인 : 오 ○ 근 (인)
주　　　　　　소 : 서울시 송파구 ○○동 00번지
주 민 등 록 번 호 : 000000-1000000
연　　　락　　　처 : 010-5714-0000

매 수 의 향 서
(채무인수용)

귀사에서 관리하는 자산 중 채권자가 가지는 일체의 권리(근저당권)를 매수하고자 아래와 같이 의향서를 제출합니다.

- 아 래 -

구 분	내 용
사건	2012타경 86XX호 부동산임의경매 법원 안산지원
매입대상 부동산(주소)	경기 안산시 단원구 선부동1028-1 휴먼빌아파트 (주상복합 상가)
채무자 및 소유자	조○정
매수 희망자명	오○근
채무자와 관계	지인(　) 채권자(　) 기타(　) 모름(O)
주민/사업자등록번호	700902 - 0000000
매수희망금액	금　000,000,000　원
비고	1. 위 사건 선순위 채권은 매수자(양수인) 부담 2. 귀사 승인 후 5일 이내 계약(계약금 10%) 3. 추후 일정 및 세부계약 조건은 귀사에 따름 4. 입금계좌 : 신한은행 000-00000-0000 　(예금주 : 엔에스제삼차유동화전문유한회사)

첨부 : 1. 개인인 경우(신분증 사본)
　　　 2. 법인인 경우(법인등기부 및 사업자 등록증 사본).

20××. 10. 22.

매 수 희 망 자 : 오○근 (서명 또는 인)
주 민 등 록 번 호 : 000000 - 0000000
연　락　처 ☎ : 010- 5714 -0000
주소지(주민등록기준) : 서울 송파구 거여동

엔에스 제삼차 유동화전문(유) 귀중 (FAX : 02-0000-0703)

대출채권 양도계약서

채권양도인을 갑으로, 양수인을 을로 하여 아래와 같이 대출채권 양도계약을 체결한다.

제1조(대출채권양도)
갑은 20××년 0월 0일 대출채무자와 체결한 금전소비대차계약(대출계약)에 기한 대출채권을 근저당권과 함께 을에게 양도하기로 한다.

제0조(채권양도대금)
근저당권부 대출채권의 양도대금은 금 000,000,000원으로 하여 양도인이 수령하였다.

제0조(양도의 범위)
양도의 범위는 대출채권 및 대출채권자의 지위까지 양도하는 '계약양도' 방식으로 양도하기로 한다. 양도의 범위는 현재채권액은 붙임 채권계산서와 같다. 양도계약체결일 기준 금000,000,000원의 대출채권을 '확정채권양도' 방식으로 양도하기로 한다. 양도의 범위는 보통 저당권이기 때문에 '채권양도' 방식으로 양도하기로 한다(이상 3가지 중 하나를 선택하여 약정한다).

제2조(근저당권 이전)
당사자는 신속하게 근저당권 이전등기 절차를 이행하여야 하며, 양도대상 근저당권은 아래와 같다.
① 근저당권이 설정된 부동산의 소재 : 000번지 00호
② 설정계약 : 년 월 일자 근저당권설정
③ 관할 : 지방법원 등기소
④ 접수일자 :   년 월 일
⑤ 접수번호 : 제 000 호
⑥ 채권최고액 : 금000,000,000 원

제3조(비용부담)
근저당권 이전등기 비용은 근저당권의 양수인이 부담한다.

제4조(양도통지의 위임)
대출채무자에 대한 채권(계약)양도 통지는 양도인을 대리하여 양수인이 통지하기로 한다. 이 약정서는 2통을 작성 후 각 1통을 소지한다.

붙임 : 인감증명서 2통

20××년 0월 0일

양도인(갑)
 성 명 : ○ ○ ○(인)
 주 소 :
양수인(을)
 성 명 : ○ ○ ○(인)
 주 소 :

※ 근저당권 이전등기를 신청할 수 있도록 근저당권을 이전하는 계약내용 까지 삽입하였으므로 이를 첨부하여 근저당권 이전등기를 신청해도 된다.

채권(계약)양도 통지서

대출채무자 : ○ ○ ○ 귀하
주　　소 :

　본인이 귀하와 20××년 0월 0일에 체결한 금전소비대차계약(대출계약)에 기한 대출채권은 근저당권과 함께 0000년 0월 0일에 ○ ○ ○ 에게 붙임과 같이 양도하였으므로 이를 통지하오니 대출금을 양수인에게 변제하시기 바랍니다.
붙임 : 채권(계약)양도 계약서 1부

20××년 0월 0일

통지인(양도인)
　성　명 : ○ ○ ○
대리인(양수인)
　성　명 : ○ ○ ○(인)
　주　소 :

※ 배달증명부 내용증명우편 발송 후 배달증명 엽서는 양수인이 보관한다.

채권(계약)양도 승낙서

양도인(채권자) : ○ ○ ○ 귀하
주   소 :

  본인(대출채무자)이 귀하와 20××년 0월 0일에 체결한 금전소비대차계약(대출계약)에 기하여 부담하는 대출금채무를 근저당권과 함께 20××년 0월 0일에 양수인 ○ ○ ○ 에게 양도한데 대하여 이의 없이 승낙합니다.
붙임 : 인감증명서 1부(확정일자를 받을 것)

                         20××년 0월 0일

                        위 승낙인(대출채무자)
                        성 명 : ○ ○ ○(인)
                        주 소 :

근저당권 양도(이전) 계약서

아래와 같이 근저당권 양도(이전)계약을 체결한다.

제1조 근저당권의 양도인은 대출채권과 함께 아래 표시의 근저당권 전부를 양수인에게 (계약양도, 확정채권양도, 채권양도중 선택)를 원인으로 양도하기로 한다.
제2조 근저당권의 양도인은 양수인에게 근저당권에 대한 이전등기의 절차를 이행하기로 한다.

양도대상 근저당권의 표시
1. 설정계약 :   년 월 일자 근저당권설정
2. 관   할 : 지방법원 등기소
3. 접수일자 : 년 월 일4. 접수번호 : 제 000 호
4. 채권최고액 : 금 000,000,000원
5. 부동산의 표시 : 1동의 건물의 표시, 전유부분의 건물의 표시, 대지권의 표시 기재

이 계약을 증명하기 위하여 증서 2통을 작성한 후 각 1통씩 보관하기로 한다.

20××년 0월 0일

근저당권 양도인 : ○ ○ ○ (인)
주   소 :
채권자겸
근저당권 양수인 : ○ ○ ○ (인)
주   소 :

■ 채권양수도 계약 실제사례(안산10계 2011타경198XX 부동산임의경매)

채 권 양 수 도 계 약 서

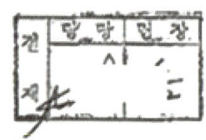

유엠더불유유통화전문유한회사   (소재지: 서울 중구 서소문동 58-7 동화빌딩 13층)
이하 "양도인" 이라고 한다)와   오 근   이하"양수인"
이라한다)은/는 다음과 같은 조건으로 채권양수도계약(이하 "본건 계약" 이라고 한다)을 체결한다.

제1조 (용어의 정의)

① "양도대상채권" 이라 함은 양도인이 채무자에 대하여 가지는 별지 목록(1)에 기재된 채권의 원금과 그 이자 및 연체 이자를 말한다.

② "채무자" 라 함은 양도대상채권의 채무자인   남 자   을(를) 말한다

③ "담보권" 이라 함은 양도대상채권을 담보하기 위하여 상기 채무에 담보로 제공된 별지 목록(2)에 기재된 담보권을 말한다.

④ "양도대상채권 및 담보권 관련 서류" 라 함은 여신거래약정서, 근저당권설정계약서등 양도대상채권 및 담보권의 발생과 관련된 서류를 말한다.

제2조 (채권의 양수도)

① 양도인은 양도대상채권 및 담보권과 이에 부수하는 모든 권리, 권한, 이자와 이익을 양수인에게 매도하고, 이전하고, 전달하여, 양수인은 이를 양도인으로부터 매수하고, 취득하고, 인수한다. 또한, 양수인은 양수인이 양도대상채권 및 담보권과 관련된 모든 의무를 부담하여 양도대상채권 및 담보권의 모든 조건들을 따를 것을 동의한다.

② 양수인이 본건 계약의 체결 후 양도대상 채권 및 담보권의 양도에 대한 대금(이하 "양도 대금" 이라고 한다) 전부를 양도인에게 지급하는 경우에 양도인은 지체 없이 양도대상채권 및 담보권 관련 서류의 원본을 양수인에게 교부하며, 양도대상채권 및 담보권의 양도 사실을 채무자에게 지체 없이 내용 증명 우편 기타 확정일자 있는 증서에 의하여 통지한다.

③ 양수인이 양도대금을 전부 지급한 후 담보권의 양도에 갈음하여 담보권 해지를 요구할 경우에, 양도인은 담보권 해지에 필요한 서류를 양수인에게 교부한다. 이 경우에 담보권의 양도 또는 해지와 관련하여 발생되는 모든 책임은 양수인이 부담한다.

④ 양수인이 양도인에게 양도 대금 전부를 여하한 유보 없이 상계 기타 이와 유사한 것에 의하지 아니하고 지급하고, 양도인이 양수인에게 본 계약에 의한 의무를 이행하는 때에 본건 계약에 기한 거래는 종결되는 것으로 한다.

제3조 (양도 대금, 대금지급기일의 연장)

① 양도 대금은 총 금   금'   으로 한다.
② 양수인은 양도인에게 양도 대금을 다음과 같이 일괄 지급한다.

지급일자	내역	금액
2012-08-21	계약시	
2012-08-31	잔금	
합 계		

③ 양수인은 양도 대금을 양도인이 지정하는 은행 계좌에 현금으로 입금하거나 양도인이 별도로 지정하는 방식으로 지급한다.

제4조 (승인 및 권리포기)

① 양수인은 자신이 직접 채무자, 양도대상채권, 담보권, 양도대상채권 및 담보권 관련 서류에 대하여 실사를 한 후 본 계약을 체결한다.
② 본 계약조항과 상치되는 여하한 것에도 불구하고, 양도인은 채무자의 재무 상태 및 변제 자력 또는 양도대상채권 및 담보권과 관련된 조건, 양도가능성, 집행가능성, 완전함, 대항요건, 양도대상채권 및 담보권 관련 문서의 정확성 및 그 양도가능성을 포함하여 양도대상채권에 대한 여하한 진술 및 보장도 하지 아니한다.
③ 양수인은 양도인이 현재의 형식과 상태대로 양도대상채권 및 담보권을 양도함을 확인한다.
④ 양도인은 양도대상채권및담보권의 양도와 관련하여 어떠한 보증 또는 담보 책임을 지지 아니한다.

제5조 (양도인의 면책)

양수인은 본건 계약 체결과 동시에 양도대상채권 및 담보권의 양수 및 보유와 관련하여 양도인에게 발생하는 모든 조치, 소송, 채무, 청구, 약정, 손해 또는 기타 청구로부터 양도인을 영구하게 면책시킨다.

제6조 (계약의 해제, 손해배상의 예정)

① 본 계약조항과 상치되는 여하한 것에도 불구하고, 양수인이 제3조 제2항 또는 제3항에서 정한 양도 대금 지급기일에 양도 대금의 전부 또는 일부의 지급을 3영업일 이상 지체하는 경우에 양도인은 양수인에 대한 별도의 통지 없이 본건 계약을 해제할 수 있다.
② 제1항의 사유로 본건 계약이 해제되는 경우에는 양도인은 양수인으로부터 지급받은 모든 금액(계약금 포함)을 약정 배상금으로 몰취하고, 그 지급받은 금액을 양수인에게 반환할 의무를 부담하지 아니하며, 추가로 손해가 발생한 경우에는 그 배상을 구할 수 있다.
③ 양도인이 본건 계약을 중대하게 위반함으로써 본건 계약이 해제되는 경우에 양도인은 본건 계약에 의하여 양수인으로부터 지급받은 금액을 양수인에게 반환하여야 한다.

제7조 (연체 이자)

양수인이 제3조 제2항 또는 제3항에서 정한 양도 대금 지급기일까지 양도인에게 양도 대금을 지급하지 아니하는 경우에 양도인이 제6조 제1항에 의하여 본건 계약을 해제하지 아니하는 때에는 양수인은 양도인에게 지급할 금액에 대하여 연 19%의 이율에 의하여 제3조의 양도 대금 지급기일부터 실제 지급일까지 계산한 연체 이자를 가산하여 양도인에게 지급한다.

제8조 (비용의 부담)

각 당사자는 본건 계약의 협상을 위하여 지출한 변호사보수 기타 일체의 비용을 각자 부담한다. 그 외에 양수인은 양도대상채권 및 담보권의 실사에 소요된 변호사보수 기타 일체의 비용, 양도대상채권 및 담보권을 양도인으로부터 이전받는 것과 관련된 모든 비용 일체를 부담하며, 어떠한 경우에도 양수인은 양도인에 대하여 그 비용의 부담 또는 상환을 청구하지 못한다.

제9조 (계약 당사자 변경 등)

① 양수인은 양도인의 사전 서면 동의를 얻어 본건 계약에 의한 양수인의 권리와 의무를 제3자에게 양도할 수 있다. 다만 이 경우에 그 계약 당사자 변경과 관련하여 지출되는 모든 비용은 양수인이 부담하며, 제3자로의 계약 당사자 변경으로 인해 양도인에게 발생하는 모든 불이익은 양수인의 책임으로 한다.

② 제1항의 규정에 따라 양수인의 지위를 승계하는 자(아래에서 "계약 인수인"이라고 한다)가 다수인 경우에 양도대상채권 및 담보권의 양도는 양수인과 계약 인수인이 상호 합의하여 양도인에게 요청하는 방법으로 이루어진다.

제10조 (관할 법원)

본건 계약과 관련하여 발생하는 분쟁에 관한 소송의 제1심 관할 법원을 서울지방법원으로 정한다.

본건 계약의 체결을 증명하기 위하여 당사자들은 계약서 2통을 작성한다.

2012년 8월 21일

양도인　　성 명　　유엔더불유유통화전문유한회사
　　　　　　　　　　　　대표자 하　수

　　　　　주 소　　서울특별시 중구 서소문동

양수인　　성 명　　　　　　오 근

　　　　　주 소　　서울특별시 송파구 거여동

(별지 1)

1) 대출채권 내역

(단위 : 원)

대 출 과 목	대출원금	현재잔액	이 자
가계일반자금대출		274,000,000	별도
합 계		274,000,000	-

상기 현재 잔액은 기산 원금만을 표시하였으며, 원금에 부리된 지연이자는 지금시까지 가산됨.(매각채권 대상에 포함됨)

2) 담보권의 표시

담보물권 소재지	경기도 안산시 단원구 초지동 743-1 비전타운
담보권의 종류	근저당권(한정근담보)
채 무 자	남_자
근저당권 설정자	남_자
관 할 등 기 소	수원지방법원 안산지원 안산등기소
등 기 일	2003년11월21일
등 기 번 호	제149747호
근저당권 설정 금액	353,000,000

부동산 목록

　1동의 건물의 표시

　　　　　경기도 안산시 단원구 초지동 743-1 비천타운

전유부분의 건물의 표시

　　　　　건물 번호 : 1-109

　　　　　건물 내역 : 철근콘크리트조　　　　　91.50평방미터

대지권의 목적인 토지의 표시

　　　　　경기도 안산시 단원구 초지동 743-1　　대 2963평방미터

　대지권 종류　　소유권대지권
　대지권 비율　　2963분의35.88

■ 채권자 변경신고 실제사례(안산지원 2011타경198XX 임의경매)

채권자 및 근저당권자 변경신청서

사건번호   2011 타경 198■ 임의(강제)경매
채 권 자   (양도인) 유앤더블유유동화전문 유한회사
          (양수인) 오■근
채 무 자   남■자

위 사건에 대하여 「자산유동화에 관한 법률 제 6 조」에 따라 금융감독원에 등록된 자산으로서 양도채권자는 채무자에 대한 채권(담보권포함) 일체를 양수인에게 양도하였으며 양수인은 동 법 제 7 조에 의하여 대항력을 취득하였으므로 채권자변경신고를 하오니 이후 모든 송달 등은 변경된 채권자의 송달장소로 송달하여 주시기 바랍니다.

☐ 변경된 채권자의 표시 및 송달장소
   성명 : 오■근
   송달주소 : 서울특별시 송파구 거여동 ■■■
   연락처 : ■■-57■■-0605

☐ 첨부서류
1. 자산양수도계약서   1부
2. 채권양도통지서   1부

                    2012년   월   일

양수채권자   오■근
주 소 서울특별시 송파구 거여동

수원지방법원 안산지원 경매10계   귀중

■ 채권자 변경신고 실제사례(안산지원 2012타경 70XX호)

채권자 및 근저당권자 승계(변경)신고

사건번호 : 2012타경 70XX 부동산임의경매
채 권 자 : (양도인) 우리에프앤아이제26차유동화전문 유한회사
          (양수인) 오○근
          (양수인 연락처 010-5714-0000)
채 무 자 : 윤○현
소 유 자 : 윤○현

20××. 11. 16

채권자승계(변경) 신고인 : 오○근

수원지방법원 안산지원 경매5계 귀중

채권자 및 근저당권자 승계(변경)신고

사건번호 : 2012타경 70XX 부동산임의경매
채 권 자 : (양도인) 우리에프앤아이제26차유동화전문 유한회사
　　　　　　(양수인) 오○근
　　　　　　서울시 송파구 ○○동
　　　　　　(전화 010-5714-0000)
채 무 자 : 윤○현
　　　　　　경기 시흥시 매화동
소 유 자 : 윤○현
　　　　　　주소 상동

　위 당사자간 귀원 2012타경 70XX부동산임의경매 사건에 관하여 채권자 우리에프앤아이제26차유동화전문 유한회사로부터 채무자에 대한 일체의 채권 및 이에 대한 근저당권을 붙임과 같이 오○근이 전부 양도받아 권리자(경매신청채권자) 승계(변경)신고를 하오니 이후 경매절차상의 모든 서류의 송달 등은 아래 승계된 채권자에게 하여 주시기 바라며, 추후 경매집행비용 등의 환급도 양수인에게 환급하여 주시고, 송달료 추납통지서를 보낼 경우 양수인에게 송달하여 주시기 바랍니다.

승계(변경)된 채권자 : 오○근(000902 - 0000000)
　　　　　　　　　송달주소 : 서울시 송파구 ○○동
　　　　　　　　　(연락처 010-5714-0000)

붙임 : 1. 채권 및 근저당권 양수도 계약서 1부.
　　　 2. 채권양도 통지서 1부.0000. 11. 16

20××. 11. 16.

채권자승계(변경) 신고인 : 오○근

수원지방법원 안산지원 경매5계 귀중

채권 및 근저당권 양수도 계약서

우리에프앤아이제26차유동화전문유한회사 (소재지: 서울시 종로구 청계천로 22층(서린동, 영풍빌딩), 이하 "양도인" 이라고 한다)와 오 근 (주소: 서울특별시 송파구 _____ "양수인" 이라고 한다)는 다음과 같은 조건으로 채권양수도계약(이하 "본건 계약" 이라고 한다)을 체결한다.

제1조 (용어의 정의)

① "양도대상채권" 이라 함은 양도인이 채무자에 대하여 가지는 별지 목록에 기재된 채권의 원금과 그 이자 및 연체 이자를 말한다.
② "채무자" 라 함은 양도대상채권의 채무자인 용임천을 말한다.
③ "담보권" 이라 함은 양도대상채권을 담보하기 위하여 상기 채무에 담보로 제공된 별지 목록에 기재된 담보권을 말한다.
④ "양도대상채권 및 담보권 관련 서류" 라 함은 여신거래약정서, 근저당권 설정계약서, 지상권 설정계약서 등 양도대상채권 및 담보권의 발생과 관련된 서류를 말한다.

제2조 (채권의 양수도)

① 양도인은 양도대상채권 및 담보권과 이에 부수하는 모든 권리, 권한, 이자와 이익을 양수인에게 매도하고, 이전하고, 전달하며, 양수인은 이를 양도인으로부터 매수하고, 취득하고, 인수한다. 또한, 양수인은 양수인이 양도대상채권 및 담보권과 관련된 모든 의무를 부담하여 양도대상채권 및 담보권의 모든 조건들을 따를 것을 동의한다.
② 양수인이 본건 계약의 체결 후 양도대상 채권 및 담보권의 양도에 대한 대금(이하 "양도 대금" 이라고 한다) 전부를 양도인에게 지급하는 경우에 양도인은 지체 없이 양도대상채권 및 담보권 관련 서류의 원본을 양수인에게 교부하며, 양도대상채권 및 담보권의 양도 사실을 채무자에게 지체 없이 내용증명 우편 기타 확정일자 있는 증서에 의하여 통지한다.
③ 양수인이 양도인에게 양도 대금 전부를 여하한 유보 없이 상계 기타 이와 유사한 것에 의하지 아니하고 지급하고, 양도인이 양수인에게 본 계약에 의한 의무를 이행하는 때에 본건 계약에 기한 거래는 종결되는 것으로 한다.

제3조 (양도 대금, 대금지급기일의 연장)

① 양도 대금은 총 _____ 으로 한다.
② 양수인은 양도인에게 양도 대금을 다음과 같이 지급한다.

지급일자	내역	금액
2012. 11. 15.	매매대금	( )
합 계		( )

3. 양수인은 양도 대금을 양도인이 지정하는 은행 계좌(우리은행,)에 현금으로 입금하거나 양도인이 별도로 지정하는 방식으로 지급한다.
4. 양수인이 잔금지급일로부터 3영업일 경과 시까지 잔금지급을 이행하지 않을 시에는 이 계약은 해제된 것으로 보고 계약금은 양도인이 몰취한다.
5. 제4항에도 불구하고 양도인이 계약을 해제하지 않는 경우 양수인은 양도인에게 지급할 금액에 대하여 제2항의 양도 대금 지급기일부터 실제 지급일까지 연19% 이율에 의한 지연배상금을 지급하여야 한다. (단 대금지급기일 연장은 30일을 초과하지 못한다.)

제4조 (승인 및 권리포기)

1. 양수인은 자신이 직접 채무자, 양도대상채권, 담보권, 양도대상채권 및 담보권 관련 서류에 대하여 심사를 한 후 본 계약을 체결한다.
2. 본 계약조항과 상치되는 여하한 것에도 불구하고, 양도인은 채무자의 채무 상태 및 변제 자력 또는 양도대상채권 및 담보권과 관련된 조건, 양도가능성, 집행가능성, 완전함, 대항요건, 양도대상채권 및 담보권 관련 문서의 정확성 및 그 양도가능성을 포함하여 양도대상채권에 대한 여하한 진술 및 보장도 하지 아니한다.
3. 양수인은 양도인이 현재의 형식과 상태대로 양도대상채권 및 담보권을 양도함을 확인한다.
4. 양도인은 양도대상채권 및 담보권의 양도와 관련하여 어떠한 보증 또는 담보 책임을 지지 아니한다.

제5조 (양도인의 면책)

양수인은 본건 계약 체결과 동시에 양도대상채권 및 담보권과 관련한 모든 의무, 그 채무, 청구, 약정, 손해 또는 기타 청구로부터 양도인을 영구하게 면책시킨다.

제6조 (계약의 해제, 손해배상의 예정)

① 본 계약조항과 상치되는 여하한 것에도 불구하고, 양수인이 제3조 제2항 또는 제3항에서 정한 양도대금 지급기일에 양도대금의 지급을 3영업일 이상 지체하는 경우에 양도인은 양수인에 대한 별도의 통지 없이 본건 계약을 해제할 수 있다.
② 제1항의 사유로 본건 계약이 해제되는 경우에는 양도인은 양수인으로부터 지급 받은 모든 금액(계약금 포함)을 약정 배상금으로 몰취하고, 그 지급 받은 금액을 양수인에게 반환할 의무를 부담하지 아니하며, 추가로 손해가 발생한 경우에는 그 배상을 구할 수 있다.

2

양도인이 본건 계약을 중대하게 위반함으로써 본건 계약이 해제되는 경우에 양도인은 본건 계약에 의하여 양수인으로부터 지급 받은 금액을 양수인에게 반환하여야 한다.

④ 계약후 매매대금 전금 납부전 양도인의 귀책사유가 아닌 사유(채무자의 공탁,회생신청등)로 인하여 계약을 존속할 수 없을 경우 매도인의 계약을 해지 할 수 있으며 해지시 계약금을 양수인에게 반환한다.

제7조 (비용의 부담)

각 당사자는 본건 계약의 협상을 위하여 지출한 변호사보수 기타 일체의 비용을 각자 부담한다. 그 외에 양수인은 양도대상채권 및 담보권의 심사에 소요된 변호사보수 기타 일체의 비용, 양도대상채권 및 담보권을 농협은행으로부터 양도인에게 이전 받는 비용 및 양도인으로부터 을에게 이전 하는 것과 관련된 모든 비용 일체를 부담하며, 어떠한 경우에도 양수인은 양도인에 대하여 그 비용의 부담 또는 상환을 청구하지 못한다.

제8조 (계약 당사자 변경 등)

① 양수인은 양도인의 사전 서면 동의를 얻어 본건 계약에 의한 양수인의 권리와 의무를 제3자에게 양도할 수 있다. 다만 이 경우에 그 계약 당사자 변경과 관련하여 지출되는 모든 비용은 양수인이 부담하며, 제3자로의 계약 당사자 변경으로 인해 양도인에게 발생하는 모든 불이익은 양수인의 책임으로 한다.
② 제1항의 규정에 따라 양수인의 지위를 승계하는 자(아래에서 "계약 인수인"이라고 한다)가 다수인 경우에 양도대상채권 및 담보권의 양도는 양수인과 계약 인수인이 상호 합의하여 양도인에게 요청하는 방법으로 이루어진다.

제9조 (관할 법원)

본건 계약과 관련하여 발생하는 분쟁에 관한 소송의 제1심 관할 법원을 서울중앙지방법원으로 정한다.

특약사항: (1)양수인은 수원지방법원 안산지원 2012타경7086 부동산임의경매에 대하여 권리관계등 제반 사항을 충분히 인지하고 계약하는 것으로, 선순위 세금, 우발적채권(유치권신고)등 기타 선순위 권리와 임차인에 대하여 모든 사항을 책임진다.

본건 계약의 체결을 증명하기 위하여 당사자들은 계약서 2통을 작성한다.

3

2012년 11월   일

양도인   우리에프앤제26차유동화전문유한회사
         서울시 종로구 청계천로 (서린동, 영풍빌딩)
         대표이사

양수인   오 _ 근( )
         서울시 송파구 거여동

1) 대출채권 내역

(단위 : 원)

대출과목	대출일자	대출원금	현재잔액	비고
기업시설일반자금대출	2005.3.30	140,000,000	140,000,000	
합계		140,000,000	140,000,000	

※ 상기 대출원금 잔액은 2012.11.15 현재 잔액이며, 이자 및 가지급금은 별도로 가산됨 (매각대상 채권에 포함됨)

2) 담보권의 표시

담보물권 소재지	경기도 시흥시 정왕동 2164-2 메가폴리스
담보권의 종류	한정근담보
채 무 자	윤 _ 현
근저당권 설정자	윤 _ 현
관 할 등 기 소	수원지방법원 안산지원 시흥등기소
등 기 일	2005년 3월30일
등 기 번 호	제21526호
근저당권 설정 금액	금182,000,000원정

3) 부동산의 표시

별지목록 참조.

별지

부동산의 표시

1동의 건물의 표시   경기도 시흥시 정왕동 2164-2
                                    예가폴리스 제1층

전유부분의 건물의 표시   건물번호
                                    구   조   철골철근콘크리트조
                                    면   적   제1층 제에이125호
                                                    61.62 평방미터

    대지권의 표시
        토지의 표시   1. 경기도 시흥시 정왕동 2164-2
                          대 16254 평방미터

        대지권의 종류   1 소유권
        대지권의 비율   16254

- 이상 수원지방법원 안

채 권 양 도 통 지 서

채무자 : 오 현
수신인 : 오 현
주 소 : 경기도 시흥시 대화동   대화마을 홍익아파트

당사가 주식회사 농협은행(전 대출은행)으로부터 2012년06월07일자로 " 자산유동화에 관한 법률 및 동법시행령" 에 의거 귀하(사)에 대하여 가지는 대출채권의 전부 및 이와 관련한 일체의 권리(근저당권 포함)를 2012년 11월 15일자로 오 근(주소: 서울특별시 송파구   )에게 양도하였음을 통지합니다.

- 오   현 -

1. 양도대상 채권

대 출 과 목	대 출 원 금	현 재 잔 액	이 자
기업시설일반자금대출	140,000,000	140,000,000	이자별도
합 계	140,000,000	140,000,000	

위 채권양도에 따라 대출채권의 모든 원금, 이자 및 지연손해금은 보증인에 대한 권리와 기타 존재하는 모든 담보권 및 기타 이에 수반하는 모든 권리와 함께 양수인에게 이전되었으므로 위 채권의 양도일로부터 귀하(사)께서는 양수인에게 귀하(사)의 채무원리금등을 상환하여 주시기 바랍니다.

2012년 11월 15 일

양도인 : 우리에프앤아이제26차유동화전문유한회사
서울시 종로구 청계천로 41,22층(서린동,영풍빌딩)
대표이사

■ 채권자승계신고 및 채권상계신청(안산지원 2012타경 70XX호)

접수일	접수내역
2012.04.09	등기소 시흥등기소 등기필증 제출
2012.04.16	임차인 조 호 권리신고및배당요구신청 제출
2012.04.16	임차인 조 호 주소보정 제출
2012.04.17	기타 온전감정평가사 감정평가서 제출
2012.04.17	기타 집행관 김학찬 현황조사서 제출
2012.04.17	채권자 농협은행 주식회사 보정서 제출
2012.05.10	채권자 농협은행 주식회사 주소보정 제출
2012.06.11	채권자 농협은행 주식회사 열람및복사신청 제출
2012.06.28	교부권자 시흥시 교부청구 제출
2012.07.11	채권자 우리에프앤아이제26차유동화전문유한회사(농협은행 주식회사 채권양수인) 열람및복사신청 제출
2012.07.11	채권자 우리에프앤아이제26차유동화전문 유한회사 채권자 변경신고 제출
2012.11.16	채권자 양수인 오 _근 채권자 및 근저당권자 승계(변경)신고 제출
2012.11.16	채권자 양수인: 오 근 매수인 차액지급 신고서 제출
2012.11.22	채권자 오 근(우리에프앤아이제26차유동화전문유한회사(농협은행 주식회사 채권양수인)채권) 채권자변경신청 제출
2012.11.22	채권자 오 근(우리에프앤아이제26차유동화전문유한회사(농협은행 주식회사 채권양수인)채권) 채권상계신청서 제출
2012.12.13	교부권자 시흥시 채권계산서 제출
2012.12.14	채권자 오 근(우리에프앤아이제26차유동화전문유한회사(농협은행 주식회사 채권양수인)채권) 채권계산서 제출
2012.12.27	최고가매수신고인 등기촉탁신청 제출
2012.12.27	최고가매수신고인 매각대금완납증명
2012.12.27	최고가매수신고인 등기촉탁공동신청 및 지정서 제출

■ 채권자변경 신고서 접수사례1(안산지원 2011타경 198XX)

◎ 문건처리내역

접수일	접수내역	결과
2011.10.06	등기소 수원지방법원 안산지원 등기과 등기필증 제출	
2011.10.13	기타 삼일감정평가사사무소 감정평가서 제출	
2011.10.17	압류권자 안산시단원구 채권계산서 제출	
2011.10.19	가압류권자 서서울농업협동조합 채권계산서 제출	
2011.10.21	교부권자 안산세무서 교부청구 제출	
2011.10.26	법원 집행관이재주 현황조사서 제출	
2011.11.10	채권자 농업협동조합중앙회 열람및복사신청 제출	
2011.12.29	교부권자 안산시상록구청 교부청구 제출	
2012.01.02	교부권자 안산시단원구 교부청구 제출	
2012.01.30	채권자 유앤더블유유동화전문유한회사(양도 농업협동조합중앙회) 채권자변경신고 제출	
2012.02.06	채권자 유앤더블유유동화전문유한회사(양도 농업협동조합중앙회) 열람및복사신청 제출	
2012.09.06	채권자 오_근 채권자 승계신고 제출	
2012.09.06	근저당권자 오_근 배당요구신청 제출	
2012.09.06	근저당권부질권자 주식회사 에이치케이저축은행 권리신고및배당요구신청 제출	

■ 채권자변경 신고서 접수사례1(안산지원 2011타경 198XX)

◎ 당사자내역

당사자구분	당사자명	당사자구분	당사자명
채권자	유앤더블유유동화전문유한회사(양도 농업협동조합중앙회)	채무자	남 자
근저당권부질권자	주식회사 에이치케이저축은행	소유자	최 회
근저당권자	농업협동조합중앙회	근저당권자	남 자
근저당권자	오 근	가압류권자	서서울농업협동조합
압류권자	안산시단원구	압류권자	안산시
교부권자	안산세무서	교부권자	안산시단원구
교부권자	상록구	가처분권자	서서울농업협동조합

■ 낙찰(유입취득)에 따른 입찰보증금 영수증(안산지원 2011타경 198XX호)

■ 채권자변경 신고서 접수사례2(고양지원 2011타경 308XX호)

◎ 문건처리내역

접수일	접수내역	결과
2011.10.13	등기소 고양등기소 등기필증 제출	
2011.10.26	기타 집행관 허환 현황조사서 제출	
2011.11.07	감정인 (주)가람감정평가법인 감정평가서 제출	
2011.11.21	채권자 농업협동조합중앙회 열람및복사신청 제출	
2011.12.15	임차인 김 O(O꽃집) 권리신고및배당요구신청 제출	
2011.12.26	교부권자 일산서구청 교부청구 제출	
2012.01.30	채권자 유앤더블유유동화전문 유한회사 채권명의변경신고서 제출	
2012.02.06	채권자 유앤더블유유동화전문유한회사(전:농업협동조합중앙회) 열람및복사신청 제출	
2012.03.28	채권자 유앤더블유유동화전문유한회사(전:농업협동조합중앙회) 기일연기신청 제출	
2012.07.10	채권자 유앤더블유유동화전문유한회사 열람신청서 제출	
2012.07.31	채권자 박 O 채권승계 및 배당요구신청 제출	
2012.07.31	저당권부질권자 주식회사에이치케이저축은행 권리신고및배당요구신청 제출	

■ 당사자내역 변경공시(고양지원 2011타경 308XX호)

◎ 당사자내역

당사자구분	당사자명	당사자구분	당사자명
채권자	양수인 박 O 〈유앤더블유유동화전문유한회사(전:농업협동조합중앙회)〉	채무자겸소유자	구 O O
저당권부질권자	주식회사에이치케이저축은행	임차인	김 O(O꽃집)
교부권자	고양시일산서구		

■ 채권자변경 신고서 접수사례3, 청주지법 2011타경 114XX호

◎ 문건처리내역

접수일	접수내역	결과
2011.06.26	등기소 청주지방법원 등기과 등기필증 제출	
2011.07.08	감정인 중앙감정평가법인 중부지사 감정평가서 제출	
2011.07.11	채권자 주식회사 한국외환은행 보정서 제출	
2011.07.12	채권자 주식회사 한국외환은행 보정서 제출	
2011.07.21	법원 집행관 부동산현황조사보고서 제출	
2011.07.29	채권자 주식회사 한국외환은행 공시송달신청 제출	
2011.08.18	채권자 주식회사 한국외환은행 공시송달신청 제출	
2011.09.08	교부권자 보은군 교부청구 제출	
2011.09.15	교부권자 청주시상당구 교부청구(박 국외1) 제출	
2011.11.29	채권자 주식회사 한국외환은행 열람및복사신청 제출	
2011.12.27	채권자 주)한국외환은행의 양수인 우리에프앤아이제23차유동화전문(유) 채권명의변경신고서 제출	
2012.07.27	채권자 우리에프앤아이제23차유동화전문 유한회사 기일연기신청 제출	
2012.08.02	채권자 우리에프앤아이제23차유동화전문 유한회사의 양수인 반 근 채권명의변경신고서 제출	

■ 당사자내역 변경공시(청주지원 2011타경 114XX호)

◎ 당사자내역

당사자구분	당사자명	당사자구분	당사자명
채권자	우리에프앤아이제23차유동화전문 유한회사의 채권양수인 반 근	채무자겸소유자	박 국
채무자겸소유자	유 옥	압류권자	보은군
교부권자	청주시 상당구		

■ 안산지원 2013타경 39XX호 채권양도건 당사자 변경

◎ 당사자내역

당사자구분	당사자명	당사자구분	당사자명
채권자	오○근(농업협동조합자산관리회사의 양수인)	근저당권부질권자	신강새마을금고
채무자겸소유자	오 관	근저당권자	오○근(농업협동조합자산관리회사의 양수인)
가압류권자	주식회사국민은행	교부권자	국민건강보험공단화성지사
교부권자	안산시단원구	교부권자	시흥세무서

■ 추납통지서(안산지원 2011타경 198XX호)

유앤더블유유동화전문유한회사(양도 농업협동조합중앙회)
이사
150-093

(민사신청과 경매10계)
2011-013-19891-626

[경매10계]

수원지방법원 안산지원
통 지 서

사 건	2011타경198■ 부동산임의경매
채 권 자	유앤더블유유동화전문유한회사(양도 농업협동조합중앙회)
채 무 자	남·자
소 유 자	최·희

위 사건에 관하여 아래와 같이 집행비용이 부족하므로 이 통지서를 받은 날로부터 7일 이내에 아래 금액을 은행에 납부하고 납부서를 담당계에 제출하여 주시기 바랍니다.

아 래

1. 법원보관금 : 매 각 수 수 료   118,010 원
              감정평가수수료   0 원
              현황조사수수료   0 원
              신 문 공 고 료   0 원

              합   계   118,010 원

2. 송 달 료   원

- 위 대금을 기한내에 납부하지 않으면 경매절차를 진행하지 않을 수 있습니다.
- 송달료는 송달료 항목으로, 송달료 이외의 금액은 법원보관금 항목으로 취급은 추가납부하시기 바랍니다.

■ 법원보관금 납부자용 영수증(안산지원 2011타경 198XX호)

제5장
공세에서 수세로 전환하는 방어입찰 참가하기

1. 근저당채권 양수인의 방어입찰 참가

예를 들어 근저당권의 채권최고액이 15억원인 대출채권을 2억원을 할인하여 13억원에 채권전액(15억원)을 양수하였는데, 양수 이후 자산관리공사의 공매와 법원경매가 동시에 진행되고 있을 경우 양수인은 공매나 경매 모두 13억원 이상 낙찰이 되어야 근저당권 매입원금의 손해를 당하지 않는다.

10억원에 낙찰된다면 3억원의 손해를 입게 된다. 따라서 근저당권의 매수인은 공매기일 및 경매기일 모두의 입찰에 참가하여 자신의 근저당권 매입원금 13억원 이상에 낙찰되어 손해가 방지되도록 '방어입찰'에 참가하여 근저당권 매매원금보다 저가로 낙찰되어 원금손실을 입지 않도록 양수인도 입찰가를 13억원 이상에 써서 입찰표를 제출하여야 한다.

이렇게 입찰을 했는데 내가 써낸 가격보다 높게, 예를 들어 15억원에 낙찰이 되면 양수인은 2억원의 차익을 바로 얻게 되며, 차순위 입찰자가 12억원으로 입찰가를 쓰면 양수인은 13억원에 입찰을 하였기 때문에 양수인이 낙찰을 받게 된다. 이른 바 경매신청 채권자가 낙찰을 받는 유입취득이 되는 것이다. 따라서 근저당권을 할인받아 취득한 근저당권의 양수인은 항상 방어입찰 참가의 실익을 검토하여 근저당권의 매입원금에 상당한 금액으로 입찰가를 써서 입찰에 참가하여야 하고, 공매와 경매가 동시에 진행될 경우에는 반드시 공매기일 및 법원 경매기일에 모두 참가하여 근저당권 매입원금 상당액으로 손실을 방지하기 위한 '방어입찰'에 참가해야 한다.

2. 방어입찰의 전제조건이 있다

방어입찰에 참가하고자 할 때에는 방어입찰 참가의 필요성이 있는지 여부, 유입취득 후 손실 없는 가격으로 재매각(처분)이 가능한지 여부(상가는 낙찰가 등락이 크므로 방어입찰 참가가 바람직함) 등을 종합적으로 고려하여 입찰불참 시보다 입찰에 참가하는 것이 실익이 있다고 판단되는 경우에 한하여 방어입찰에 참가한다.

1) 방어입찰 참가의 필요성이 있어야 한다

근저당권 매입 후 부동산경기의 극심한 침체나 부동산 거래에 대한 규제가 강화되거나 또는 근저당권 매입 후 유치권이 발생하거나, 담보물소유자가 사업자인 경우 퇴직금 체불로 인한 최우선 변제권의 발생 등으로 근저당권 매입당시의 배당예상액 보다 배당예상액이 현저하게 감소될 위험이 새로 발생하거나 위험발생의 우려가 있어 저가 낙찰로 근저당권 양수인이 근저당권 매입원금에 대한 손실이 발생될 가능성이 있을 경우 방어입찰에 참가할 필요성이 있다.

2) 손실 없는 가격으로 재매각의 실익이 있어야 한다

부동산 경기의 회복, 부동산 규제의 완화나 그 밖의 개발호재 등으로 부동산 가격의 상승이 예상되거나, 경매물건의 권리관계를 조사한 결과 허위의 대항력 있는 임차권자가 존재하거나 가장 유치권이 존재하는 경우, 저가 낙찰에 따른 근저당권 매입원금의 손실을 방지하기 위하여 방어입찰에 참가하여 자신이 매입한 근저당권 원금금액으로 입찰가를 써서 유입취득한 다음 경기호전 등으로 부동산 가격이 상승할 경우 매각하여 유입취득 가격 이상을 받으면 이익을 볼 수 있다.

또한 가장 유치권이나 대항력이 있다고 주장하는 가장임차권자를 상대로 인도명령 또는 유치권부존재 확인소송이나 사기나 사기미수, 경매방해죄 등 민·형사상 조치를 통하여 손실 리스크를 제거한 후 부동산을 정상적인 가격으로 매각하여 이익을 얻는다. 결국 이러한 유입취득의 실익을 판단하기 위해서는 부동산 경기나 부동산규제, 개발호재의 전망 등을 통하여 부동산의 미래가치를 평가할 줄 아는 안목을 가져야 할 것이며, 가장 유치권 및 가장 임차권 등 손실 리스크에 대해서는 방어입찰 참가 전에 조사로 밝혀내어 방어입찰 참가의 실익을 판단하여야 한다.

한편 방어입찰의 실익이 있음에도 방어입찰에 참가하지 아니하여 근저당권 매입원금 이하로 낙찰될 경우 대출채무자가 채무를 전액 변제 후 경매취소를 하지 않는 한 근저당권 매수인인 경매채권자는 경매취하 후 다시 경매를 신청하여 방어입찰에 참가하는 등의 방법으로 손해를 방지할 수도 있으나, 현실적으로 근저당권의 양수인인 경매신청 채권자가 낙찰자로부터 경매취하 동의를 받기가 어려우므로 방어입찰 참가의 실익이 있는 경우 근저당권의 양수인은 실기(失期)하지 않도록 적극적으로 방어입찰에 참가하여야 할 것이다.

유동화회사의 유입취득도 위와 같은 입찰참가의 필요성 및 실익을 검토하여 저가낙찰에 따른 대출채권 손실에 대한 방어적 차원에서 방어입찰에 참가하여 낙찰을 받은 후 다시 낙찰가 이상의 가격으로 공개 매각하여 대출채권의 손해를 방지하고 있다.

3. 상가는 방어입찰 참가가 바람직하다

상가 등 경매물건이 유찰이 거듭되어 채권 원금손실이 많이 발생될 경우 유동화회사 등 경매신청 채권자는 유입취득을 검토하는데, 보통 유입취득은 경매물건에 대한 시장가격 조사, 예상낙찰가, 예상배당액, 향후 손실 없는 가격으로 재매각의 가능성 등을 종합하여 합리적인 범위 내에서 입찰가를 써서 유입취득을 하는 바, 유동화회사는 유입취득 후에는 이를 관리하면서 다시 공매 등을 통한 매각으로 채권을 최종적으로 회수하여야 하기 때문에 관리비 및 인건비도 들어가고 자금이 유입취득 물건에 묶여 다른 곳에 운용하지 못하여 운용손실이 발생될 수도 있고 유익취득 가격보다 가격이 더 하락할 위험성도 있다. 따라서 유입취득 후 관리비, 인건비 발생, 자금 운용손실 및 가격하락 가능성과 다시 매각하여야 하는 번거로움을 덜기 위하여 유입취득을 검토할 경우에는 부수적으로 근저당권 자체를 타에 매각하여 경매채권에서 완전히 손을 떼는 방법도 병행해서 추진하게 된다.

만약 근저당권 매수의향자가 나타나면 유동화회사는 경매기일 변경신청을 하여 시간을 벌어놓고 매수의향자로 부터 매수의향서를 받은 다음 근저당권 매각(정확히는 근저당권부 채권 매각인데 이해하기 쉽게 근저당권 매각으로 표현함)협상을 하는데 매각가격은 예상배당액 등을 반영하여 합의가 이루어지면 근저당권을 매각하여 채권을 회수하고 경매에서 손을 뗀다. 즉 양수인의 매수의향서 제출, 매각기관 담당자의 내부검토 및 결재, 근저당권부 채권양도계약 체결의 순서로 매각이 진행된다.

따라서 유동화물건 중 기일변경이 이루어진 경우에는 타에 근저당권 매각협상이 진행된다고 보면 된다. 이와 같이 유동화회사에서는 상가 등 유찰이 많이 된 경매물건은 유입취득 보다는 근저당권 매각이 훨씬 더 경제적 실익이 있으므로 유입취득 가격에 상응한 가격으로 근저당권의 매각을 추진한다. 유입취득가격은 시장가격, 평균낙찰가, 예상낙찰가, 예상배당액 및 시장의 제반 사정을 종합하여 이루어지기 때문에 근저당권 매각가격도 유입취득가격 수준에서 결정된다.

유입취득 결정이 이루어지는 물건은 가격의 등락폭이 적은 주거용 부동산 보다는 가격의 등락폭이 커서 유찰도 많이 되어 채권원금 손실이 많이 발생하는 상가 등 비주거용 물건에서 많이 이루어진다. 따라서 유동화회사 등은 원금이상 회수가 가능한 주거용 물건의 근저당권은 개인에게 매각을 잘 하지 않고, 원금손실이 큰 상가 등 비주거용 물건에 대해서는 적극적으로 개인 등에게 근저당권의 매각을 추진한다.

상가는 가격 등락폭이 크고 근저당권의 매입도 직전 유찰가 등 높은 수준에서 이루어지기 때문에 매입 당시에는 매입가격 보다 낮은 최저매각가격에서 경매가 진행되어 근저당권의 매입가격보다 낮은 가격으로 타인에게 낙찰될 가능성을 배제할 수 없다. 따라서 상가 등 비주거용 부동산의 근저당권을 매입한 양수인은 경매물건이 근저당권의 매입가보다 낮은 가격으로 다른 사람에게 낙찰되면 근저당권 매입 원금손실을 볼 수 있으므로 방어입찰 참가의 필요성이 크다. 결론적으로 상가 등 비주거용 부동산의 근저당권을 양수한 자는 가급적 방어입찰에 참가하여 근저당권의 매입가로 입찰을 하여 매입가 이하로 다른 사람에게 낙찰되어 근저당권 매입 원금손실을 입을 위험성을 사전에 방지할 필요가 있다.

4. 자기자금 30% 준비가 필요하다

　근저당권 매입 시 양수인은 최소한 매입대금의 10%는 준비하여야 하고 나머지 90%는 질권대출로 충당하면 되며, 방어입찰에 참가할 경우 입찰보증금 10% 및 낙찰 시 경락자금대출 90%를 제외한 잔금 10%가 필요하므로 상가 등 방어입찰을 할 필요성이 있을 경우 근저당권 매입대금, 입찰보증금 및 잔금 각 10%씩 총 30% 정도(근저당권 매입대금의 30%)의 자기자금을 준비하여야 방어입찰까지 무사히 마칠 수 있다. 질권이 설정된 근저당권에 대해서는 질권자(저축은행)가 배당을 받아가므로 낙찰자가 납부할 낙찰대금이 배당받을 금액보다 커서 낙찰자는 결국 상계에 의한 대금의 전액 납부가 이루어지지 아니하여 경락잔금 대출을 이용할 수밖에 없다. 물론 대금전액을 자기자본으로 납부할 경우 경락잔금 대출은 필요가 없다.

5. 실익이 없는 경우 방어입찰을 포기하라

　경매목적물의 물적 하자나 권리상의 하자를 치유할 수 없거나, 환가성이 희박하여 유입취득 후 처분이 어렵거나 유입취득 후 가격이 더 하락할 것으로 예상되는 경우에는 실익이 없으므로 방어입찰을 포기하고 저가낙찰에 따른 근저당권 매입원금의 손실을 감수하는 수밖에 없다. 물론 근저당권 매입원금 이상을 배당받을 수 있는 가격으로 낙찰될 가능성이 확실하여 배당이익이 예상되는 물건일 경우 근저당권의 매수인은 굳이 입찰에 참가할 필요가 없다.

제6장
개인의 근저당채권 매입에 관한 모든 것

1. 근저당채권 매입 투자의 장점(이점) 7가지

◎ 금융기관의 근저당권부 채권을 원리금전액이 아닌 법원의 평균낙찰가 수준 정도에서 자산유동화 회사로부터 대출원금을 할인해서 매입할 수 있다.

◎ 매수 후 법원에 경매를 신청해서 매입대금을 회수하는데 인수 이후 보유기간 동안의 고이율(통상 17%~25%)의 연체이자를 배당받을 수 있는 경우도 있고, 낙찰가가 높아질 경우 할인된 금액만큼 배당수익을 올릴 수 있으며, 배당수익에 대해서 비과세된다.

◎ 실제 매입대금을 상회하는 인수채권액을 활용하면 부실채권 매입자는 고가를 써서 자신이 낙찰을 받을 수 있어 다른 입찰자들을 경쟁에서 따돌리고 직접 1순위로 낙찰 받은 후 매각하여 시세상승 등으로 수익을 얻을 수 있다.

◎ 매입대금을 상회하는 금액으로 낙찰(상계에 의한 대금납입)받은 후 매입대금에 약간의 이윤을 붙여 낙찰가 이하로 타에 매각하면 외부적으로는 양도차익이 없는 것이므로 양도소득세를 부담하지 않으나 실제적으로는 매입대금을 초과한 이윤부분 만큼 수익을 얻을 수 있다.

◎ 고가낙찰로 경락자금 대출을 많이 받을 수 있어 레버리지 효과를 극대화할 수 있는데, 일부 금융기관에서는 비주거용 부동산에 대해서 낙찰가의 90%까지 경락자금 대출을 해주고 있다. 물론 상환능력이 전제되어야 한다.

◎ 싸게 유입취득 후 법정지상권, 유치권을 제거하고 타에 매각 시 막대한 이익을 남길 수 있고, 경매 후 잔존채권 발생 시 채무자의 급여나 다른 부동산 등 일반재산을 강제집행하거나 임의회수하여 추가수익을 얻을 수 있다.

◎ 경매의 이해관계인이 되어 자유롭게 법원경매서류 열람이 가능하여 당해세 금액, 임금채권 금액 및 기타 리스크관리상 낙찰자에게 인수되는 부담을 열람할 수 있다.

2. 개인의 근저당채권 매입 방법

1) 근저당채권 매입의 자유(원칙)

　은행 등 자산보유자로부터 최초로 근저당권부 부실채권을 매입한 제1차 투자자(케이비유동화전문유한회사, 우리에스비유동화전문유한회사, 대부업체, 연합자산관리주식회사(UAMCO), 외국계 투자법인 등)로부터 개인이 부실채권을 확정채권양도 또는 계약양도의 방법으로 매입(제2차 투자자)하여 경매를 통한 유입취득 후 재매각 또는 배당을 받는 방법으로 투자를 하게 된다. 근저당권이 설정된 대출채권을 양도받으면 근저당권도 부종성, 수반성에 따라 채권 양수인에게 당연히 이전되고 채권과 분리하여 근저당권만 이전할 수 없는데, 근저당권 매입이라는 표현은 채권양도가 전제된 것을 이해하기 쉽게 표현한 것뿐이다.

2) 근저당채권 매입의 제한(저축은행)

　2010.9.23.부터 개인이 저축은행의 부실채권을 양수하기 위해서는 대출채권의 담보물건에 대한 공동소유권자 등 '실질적 이해관계가 있는 자'이어야 하므로 이해관계 없는 개인은 상호저축은행으로부터 부실채권 매입이 제한된다(상호저축은행업감독규정 제22조의4 제2호). 따라서 개인은 일반은행 및 유동화전문회사로부터 부실채권을 매입하거나 저축은행 부실채권의 경우 저축은행이 다른 자산관리회사나 대부업체 등으로 양도한 채권을 그 자산관리회사 등으로부터 재매입하는 방법을 활용해야 할 것이다.

《질의》
은행, 상호저축은행 또는 자산유동화 전문회사로부터 개인이 부실채권(NPL)을 양수받는 것이 법적으로 허용되어 있는지 여부 및 그 근거법률에 대하여 회신하여 주시기 바랍니다(2012.3.5. 금융위원회, 오수근 질의).

《회신》
1. 귀하의 민원(접수번호 : 2AA-1203-034084)에 대한 회신입니다.
2. 자산유동화에 관한 법률, 은행법률에는 부실채권 인수대상에 대해서는 별도의 규정이 없습니다. 그러나 상호저축은행업감독규정 제22조의4 제2호는 저축은행 대출채권 매도거래 상대방으로 『① 금융기관 또는 예금자보호법에 의한 정리금융기관, ② 감독원장이 정하는 법인, ③ 대출채권의 담보물건에 대한 공동소유권자 등 실질적 이해관계가 있는 자』로 한정하고 있습니다. 이에 개인이 저축은행의 부실채권을 양수하기 위해서는 ③ 대출채권의 담보물건에 대한 공동소유권자 등 실질적 이해관계가 있는 자이어야 합니다.
3. 기타 궁금하신 사항이 있으시면 은행과(02-2156-9822)로 연락주시기 바랍니다(2012.4.6. 금융위원회 사무처 금융서비스국 은행과 배수찬 회신)

▶ 상호저축은행법 시행령
   제8조의2(업무수행 시 준수사항) 법 제11조 제2항에 따라 상호저축은행은 다음 각 호의 사항을 지켜야 한다.
   3. 대출채권을 매입하거나 매도하는 경우에는 거래 상대방, 매매가격 등에 관하여 금융위원회가 정하여 고시하는 기준에 맞도록 할 것

▶ 상호저축은행업 감독규정(금융위원회 고시)
   제22조의4(대출채권 매매기준 등) 시행령 제8조의2 제3호에서 '금융위원회가 정하여 고시하는 기준'이란 다음 각 호를 말한다.
   1. 대출채권 매입거래의 상대방이 금융기관(대부업 등의 등록 및 금융이용자 보호에 관한 법률에 의한 대부업자는 제외) 또는 「예금자보호법」에 의한 정리금융기관일 것
   2. 대출채권 매도거래의 상대방이 제1호에 따른 기관, 감독원장이 정하는 법인 또는 대출채권의 담보물건에 대한 공동소유권자 등 실질적 이해관계가 있는 자일 것

> 상호저축은행업 감독업무 시행세칙 제19조의3 (대출채권 매도거래 상대방)감독규정 제22조의4 제2호에서 '감독원장이 정하는 법인'이란 다른 법률에 의하여 채권의 매입이 금지되지 아니한 법인을 말한다(2010.9.20신설).

   3. 매입대상 대출채권이 법, 시행령 및 이 규정에서 정한 신용공여와 관련한 규정에 위반되지 않을 것
   4. 대출채권 매매에 대한 대항요건을 갖출 것
   5. 매매당사자가 그 상호저축은행의 대주주가 아닐 것
   6. 대출채권에 대해 회계법인 및 이에 준하는 외부평가기관의 평가를 받을 것
     〈본조신설 2010.9.24. 2010.9.23부터 시행〉

《질 의》
개인, 법인의 부실채권매입 사업 가능여부
◎ 2008.11.6. 금융위원회 중소금융과 유권해석
- 개인 또는 법인이 채권을 양도·양수하여 채권추심을 할 수 있는지
- 개인이 민사채권이나, 상거래채권, 금융권채권을 매입할 수 있는지

《해석내용》
신용정보의 이용 및 보호에 관한 법률에서는 신용정보제공·이용자인 채권자의 위임을 받아 채권자를 대신하여 채권(상사채권 및 다른 법률에서 위탁을 허용한 채권)을 행사하는 행위를 하고자 하는 자에 대해서 채권추심업무 영위 허가를 받도록 하고 있습니다.
- 다만 동법에서는 자기채권을 추심하는 행위에 대해서는 허가를 받을 것을 규정하고 있지는 않습니다. 한편 자산유동화에 관한 법률은 자산유동화와 관련하여 유동화자산의 관리와 관련한 사항을 정하고 있을 뿐, 동법에 따라 개인(법인)의 민사, 상사, 금융권 채권매입이 제한되는 것은 아닙니다.

《질 의》
등록대부업자가 운송업자로부터 운송비 채권을 양수받아 추심하는 것이 가능한지 여부(미등록 대부업자의 채권양수 금지)

《해석내용》
대부업의 등의 등록 및 금융이용자 보호에 관한 법률(이하 '대부업법'이라 한다)에서 대부업이란 금전의 대부를 업으로 하거나 대부업자 또는 여신금융기관으로부터 대부계약에 따른 채권을 양도받아 이를 추심하는 것을 업으로 하는 것으로 정의하고 시·도지사에게 대부업 등록을 하도록 규정하고 있습니다(법 제2조, 제3조 참조). 또한 대부업법 제9조의4에서는 대부업자는 법 제3조에 따른 대부업의 등록 또는 제3조의2에 따른 등록갱신을 하지 아니하고 사실상 대부업을 하는 자(이하 '미등록대부업자'라 한다)로부터 대부계약에 따른 채권을 양도받아 이를 추심하는 행위를 하지 아니하도록 규정하고 있습니다(법 제9조의4). 귀하의 질의와 관련하여, 운송업자의 운송비 채권이 금전대부 계약에 따른 채권이 아니고 운송의 대가에 의한 상거래 채권인 경우에는 대부업의 대상이 되는 채권이라고 보기 어렵습니다. 따라서 당해 운송업자가 운송업 이외에 여타의 금전대부 거래 등으로 인한 대부업을 영위하지 않는다면, 동 운송업자는 미등록대부업자에 해당하지 아니하므로 여타의 법령에서 추가로 이를 제한하고 있지 않는 한, 귀하는 대부업 이외의 겸영업무로 운송비 채권 양수도 업무를 영위할 수 있음을 알려드립니다(2010.3.4. 중소금융과 유권해석).

《질 의》
신용카드업자가 가지는 '신용카드이용 연체대금채권'을 개인에게 양도하거나 이를 개인이 양수하는 행위가 여신전문금융업법상 위법한지 여부

《해석내용》
- "신용카드에 의한 거래에 의하여 발생한 매출채권은 이를 신용카드업자 외의 자에게 양도하여서는 아니 되며, 신용카드업자외의 자는 이를 양수하여서는 아니 된다"라고 규정하고 있다.
- 위법성 여부 판단은 구체적인 사실관계를 확인하여 사법당국에서 판단할 사안이다.
▶ 관련법규(여신전문금융업법 제20조)
제20조(매출채권의 양도금지 등) ① 신용카드가맹점은 신용카드에 따른 거래로 생긴채권(신용카드업자에게 가지는 매출채권을 포함한다. 이하 이 항에서 같다)을 신용카드업자 외의 자에게 양도하여서는 아니 되고, 신용카드업자 외의 자는 이를 양수하여서는 아니 된다. 다만 신용카드가맹점이 신용카드업자에게 가지는 매출채권을 자산유동화에 관한 법률 제2조 제1호에 따른 자산유동화를 위하여 양도하는 경우에는 신용카드가맹점은 신용카드에 따른 거래로 생긴 채권을 신용카드업자 외의 자에게 양도할 수 있고, 신용카드업자 외의 자도 이를 양수할 수 있다. 〈개정 2010.3.12.〉

3) 근저당채권 매입의 형식

부실 대출채권 유동화를 위한 근저당권부 대출채권 매각의 방법으로는 채권양도방법과 계약양도 방법이 있는데 실제로는 계약양도 방법이 대부분을 차지한다. 확정채권양도는 확정된 채권 및 담보만 양도되는데 반하여 계약양도는 대출계약상 당사자의 지위 및 담보가 양수인에게 포괄적으로 양도된다.

4) 근저당권부 채권 매각기관

한국자산관리공사(KAMCO)는 대량매각 또는 기업에 대하여 가지고 있는 개별채권은 매각하는데 반하여 개인에게 건별로 일반채권을 매각하지 않는다. 따라서 자금력이 부족한 개인 투자자는 건별로 채권을 매각하는 금융기관이나 유동화전문회사 등 부실채권 공급루트를 확보하는 것이 제일의 관건인데 현재 유동화전문회사, 대신 에이앰씨, 유암코 및 농협자산관리회사 등이 협상을 통해 개인에게 근저당권부 채권을 매각하고 있다. 주로 자금력이 있는 대부업체가 채권을 매수 후 다시 개인들에게 매각하는 사례도 상당수 있고, 은행이 개인에게 직접 양도한 사례도 있다.

현재 NPL시장의 AMC(자산관리회사, Asset Management Company)에는 연합자산관리(유암코), 대신 F&I(대신 에이앰씨), 회계법인 삼정, 현대스위스저축은행, 모아저축은행, 메리츠종금증권 등이 있으며, 유암코나 대신 F&I와 같이 시장점유율이 높은 기업은 채권금액이 큰 경우 직접관리를 하나 적은 규모의 부실채권은 신용정보회사에 위탁관리를 맡기고 있다. 매각기관에 대한 구체적인 내용은 뒤에서 자세히 기술한다.

3. 채권 및 근저당권 매매 실제사례

사건번호	양도방법	채권 최고액 경매 청구액	양·수도인	특이사항
중앙지법3계 2011타경14665-2 (이하 타경 생략)	계약양도	최고 457,600,000 청구 457,600,000 (오피스텔 5건) 2.22. 64%로 홍길동 낙찰필	국민무교동 ⇒ 케이비유동화전문유한회사 ⇒ 오더블유엘홀딩스제이차유동화전문 유한회사 ⇒ 홍길동 (개인)	- 세입자인 홍길동에게 근저당권부채권 계약양도(3회) - 상계납입신청 - 최고액과 청구액이 일치 - '02.9.19. 장기채권
중앙지법8계 2011-25498	계약이전 결 정	최고 650,000,000 청구 449,089,000 (오피스텔)	주식회사삼화저축은행 ⇒ 주식회사우리금융저축은행	- 2순위 근저당권 이전 - 삼화법인 소멸추정 - '08.4.24. 채권
중앙지법3계 2010-13399	확정채권 양 도	최고 84,500,000 청구 84,500,000 (오피스텔)	국민무교 ⇒ 케이비제삼차유동화 ⇒ 주식회사지에이치에이엠씨	질권대출 대영상호, 아리엘에셋, 늘푸른,인천, 인성 등 5개 저축은행 공동 - 2002.7.26. 채권
중앙지법11계 2010-23624	확정채권 양 도	최고 422,400,000 청구 352,000,000	대우캐피탈 ⇒ 유니크인베스트먼트대부 ⇒ 심○○	- 하나로저축은행 채권질권 대출 - '08.5.20. 채권
중앙지법 4계 2010-20946	계약양도	최고 180,000,000 청구 254,643,000	하나은행 ⇒ 솔로몬상호저축은행	- 최고액을 넘는 채권은 잉여 시 배당받음 - '09.6.5. 채권
북부지법9계 2011-14329	계약양도	최고 278,200,000 청구 234,885,000	모아상호저축은행 ⇒ 자산관리공사	- 최고액에 미달된 액수로 청구 - 2008.9.9. 채권
중앙지법 2계 2010-37876	계약양도	최고 240,000,000 청구 240,000,000 (건물, 토지 2건)	우리은행 장위동지점 ⇒ 우리에스비제삼차유동화전문회사 ⇒ 주식회사에이치비어드바이저스 ⇒ 유○○ ⇒ 김○○	- 계약양도가 네 번 이루어짐 - 최고액과 청구액 일치 - 2003.4.9. 장기채권
중앙지법 5계 2011-24266	계약양도	최고 911,500,000 (2건) 청구1,098,925,000	외환은행성동지점 ⇒ 경기상호저축은행 주식회사	708,500,000 203,000,000 2006.9.8. 설정 등 2건 양도 - 최고액 초과채권은 잉여 시 배당받음

동부지법4계 2009-17985	확정채권 양 도	최고 600,000,000 청구 우리은행	주식회사스카이저축은행 ⇒ 김○○	- 2009.5.6. 설정
중앙지법4계 2007-2481	확정채권 양 도	최고 600,000,000 청구 488,705,000	기은십차유동화전문회사 ⇒ 연합자산관리주식회사 ⇒ 유앤아이대부유한회사	- 두 번 양도 - 2010.6.1. 설정
중앙지법10계 2011-12997	계약양도	최고 213,600,000 청구 180,304,000	○○테헤란로지점 ⇒ 자산관리공사	- 수도권여신관리센터 서 본점 　이관 매각 - 2004.11.15.
중앙지법4계 2011-25382	확정채권 양 도	최고 150,000,000 청구 150,000,000	대명대부 ⇒ 정○○(개인)	- 3순위근저당권양수 - 최고액과 청구액이 일치 - 2008.6.24. 채권
중앙지법11계 2011-22994	계약양도	최고 750,000,000 청구 25,000,000	푸른2상호저축은행 ⇒ 학교법인 카톨릭학원 ⇒ 나○○(계약양도) ⇒ 정○ 　(확정채권일부양도 2,500만원)	- 2007.1.15. 장기채권 - 2순위근저당권양수 - 정○이 2,500만원 청구 - 경매비용 고려
중앙지법6계 2011-11178	확정채권 양 도	최고 104,000,000 청구 319,000,000	국민은행/무교지점 ⇒ 케이비유동화회사 ⇒ 주,지에이치에이엠씨 ⇒ 이○○	- 2002.7.5. 장기채권 - 청구액은 이자채권이 많이 　붙음 - 한국미술관
중앙지법2계 2011-21977	계약양도	최고 130,000,000 청구 95,000,000	외환개포동 ⇒ 김○○	- '98.12.4. 장기채권 - 지분권자겸 채무자 심○○이 　낙찰
중앙지법2계 2007-9413	확정채권 양 도	최고 17,000,000 청구 300,000,000	관악새마을금고 ⇒ 양○○	- 오피스텔 7건 양수 - 대지권무, 대항력임차

4. 유리한 근저당채권 고르는 원리를 파악하라

1) 매입 형식 : 계약양도

양수인이 부실채권을 양도받은 이후 배당받을 때까지의 기간 동안 발생한 연체이자를 추가로 담보채권에 편입시키기 위하여 채권을 확정하지 않는 형태의 계약양도로 인수하여야 양수인이 추후 배당을 받을 때 채권최고액의 범위 내에서 양수 이후 발생된 연체이자까지 1순위로 배당을 받는다. 확정채권 양도의 방법으로 채권을 양수하면 그 채권의 원리금채권이 확정되어 양수 이후에 추가로 발생되는 신규대출 채권에 대해서는 채무자에게 청구하지 못하고 이미 확정되어 양수한 채권금액의 한도 내에서만 배당이나 청구가 가능하다. 따라서 계약양도의 방법으로 인수하는 것이 좋다.

2) 근저당채권 매입대상 부동산 : 아파트, 오피스텔

아파트 등은 가격변동이 크지 않고 권리관계도 깨끗하여 일반 상가나 토지보다 아파트나 오피스텔에 설정된 근저당권을 매입하여야 추후 배당 시나 유입취득 후 재매각 시 투자자에게 리스크가 적고 안정적인 수익을 가져다주나, 가격증감 리스크가 큰 상가나 토지 등에 설정된 근저당채권이 수익을 많이 안겨줄 수도 있다.

3) 매입대상 근저당채권의 순위 : 1순위

예상배당표를 작성한 결과 2순위 근저당권도 전액 배당을 받을 것으로 예상된다면 매입을 해도 좋으나 가급적 1순위 근저당권을 매입하여야 안전하고 2순위 이하 근저당권은 추후 경매 시 예상하지 못한 선순위권자의 등장이나 인수되는 부담으로 인하여 배당액이 적어지거나 전혀 배당을 못 받을 수도 있어 손실위험이 크다.

4) 채권의 특성 : 채권최고액에 많이 미달된 채권, 연체이율은 높은 채권

매입 후 배당 시까지 발생하는 연체이자에 대하여 연체이율이 높으면 양수인이 채권을 보유하는 동안 질권 대출이자에 충당하고도 높은 연체이자 차익이 발생한다. 저축은행은 보통 25%의 연체율을 적용하므로 7%로 대출받아 근저당채권 매입 시 대출이자에 충당하고도 18% 정도의 차익이 보유기간 동안 발생한다.

5) 차주의 선정요건 : 차주가 급여생활자나 다른 부동산 등 재산이 있는 자

양수인이 경매 후 잔존채권 발생 시 차주의 급여나 다른 부동산의 가압류 등을 통하여 잔존채권을 끝까지 회수 시 수익이 추가로 발생하기 때문이다.

5. 고수익을 올릴 수 있는 근저당채권 매입대상 물건

1) 유치권신고 있는 물건

유치권이 신고 되어 수회 유찰된 경매물건에 설정된 근저당권부 채권을 싸게 할인받아 매입한 다음 경매취하 후 가장 유치권을 민·형사상 방법으로 제거한 후 다시 경매를 신청하여 매입가 이상의 배당을 받아 배당차익을 실현하는 방법이 있다. 물론 근저당권 매입 전에 가장 유치권 여부를 조사하여 가장 유치권임이 확실하면 근저당권을 싸게 매입한 후 위와 같은 절차를 거쳐 배당이익을 실현한다. 유치권이 신고 된 물건은 질권대출이나 경락자금 대출을 받기 어려우므로 사전에 낙찰대금의 조달계획을 확실히 수립하고 입찰에 임하여야 한다.

2) 대항력 있는 임차권 물건

대항력 있는 임차권으로 보이나 배당요구를 하지 않아 수회 유찰되어 있는 물건에 설정된 근저당권부 채권을 매입하여 수익을 극대화하는 방법이 있다. 물론 채권매입 전에 대항력 있는 임차권도 매입 전에 조사하여 무상사용인 등으로 판명되거나 소유자가 점유하면서 단순히 임대차관계 없이 동거인으로 전입하여 거주하고 있는 사실 등을 확인한 후 부실채권을 매입하여야 하며, 낙찰 후에는 부실채권 매입 전에 분석한 대항력이 부존재함을 입증하는 자료를 근거로 인도명령 등을 통하여 점유자를 명도시킨 후 시세수준으로 매각하면 많은 수익을 올릴 수 있다.

3) 수익형 상가 물건

우량상가에 설정된 1순위 근저당권을 할인받아 양수 후 양수인이 직접 할인금액을 포함한 고액으로 입찰을 하여 낙찰가능성을 높여서 우량 물건을 다른 경쟁자를 따돌리고 독점하는 방식의 투자이다. 임차보증금 및 월세에 100을 곱한 금액으로 월세 합계액을 나누어 12% 정도가 나오는 물건에 대하여 근저당권 매수 후 유입취득으로 투자하는 방식이다.

4) 연체이자 차액이 큰 물건

5) 법정지상권 성립여지 있는 물건
법정지상권이 성립되지 않을 경우 저가 낙찰 후 위험을 제거하여 정상적인 가격으로 매각하면 고수익을 올릴 수 있다.

6. 근저당채권 매입을 제한해야 하는 부동산
근저당권이 설정된 부동산에 물적 하자나 권리상의 하자 등이 있어 근저당권 매입 후 근저당권에 기한 경매 시 예상배당액의 손실 등을 볼 수 있는 다음과 같은 물건에 설정된 근저당권은 매입을 하지 아니하는 것이 바람직하다. 결국 위에서 언급한 권리관계가 비교적 깨끗하고 낙찰가의 등락폭이 적은 아파트나 오피스텔 또는 주택에 설정된 근저당권을 매입하는 것이 추후 예상배당액의 손실을 방지할 수 있다.

◎ 부동산이 특수목적으로 건립되고, 용도제한으로 관리나 처분에 어려움이 있는 학교, 유치원, 교회 및 사찰 등의 부동산
◎ 토지와 지상건축물이 일괄적으로 취득되지 아니하거나 소유자를 달리하여 정상적인 가격을 받고 처분하기 어려운 부동산
◎ 많은 입주자가 있는 물건으로 관리 및 명도에 문제가 있고 집단 민원발생의 여지가 있는 부동산
◎ 행정상 규제, 공법상 규제, 그 밖에 도서 벽지소재 부동산으로 처분이나 환가가 어려운 부동산
◎ 최우선변제 채권 및 우선변제 보험료 등의 과다로 근저당권 매입 후 예상배당액이 현저히 감소될 우려가 있는 부동산 등에 설정된 근저당권은 아주 저가로 매입하지 않는 한 실익이 없다. 가급적 매입하지 않는 것이 바람직하다.

7. 근저당채권 매입 전 조사사항을 체크하라

1) 일반적인 사전 점검사항

근저당권부 대출채권의 양수인은 권리행사를 위하여 그 채권서류철 원본을 양도인으로부터 교부받아 보관하여야 한다. 대출계약이나 근저당권 설정계약에 하자가 있을 경우 근저당권 설정계약의 무효 등으로 양수인은 담보권을 상실한 무담보 채권을 보유하게 될 경우 손해를 입을 수 있으므로 양수인은 넘겨받은 대출계약서나 근저당권 설정계약서의 서명날인과 인감증명서 등을 첨부서류와 대조하여 당초부터 계약이 정상적으로 이루어졌는지 확인한다.

물론 양도인은 은행으로부터 양도받기 전에 자산실사를 통하여 대출서류 작성의 적정성 여부를 심사 후 인수한 것을 다시 매각하는 것이지만 최종 양수인도 서류의 하자 여부 등에 대하여 매수 전에 재차 점검할 필요가 있다.

구체적으로 대출계약서는 채무자 본인의 인감이 날인되어 있어야 하고, 근저당권 설정계약서도 인감을 본인이 날인하는 등 본인이 작성하였는지 여부를 확인한다.

또한 시중은행이 대출실행 후 변제기로부터 상사채권의 소멸시효 기간인 5년이 경과되지 아니하거나 판결 등으로 10년의 시효기간이 연장된 근저당권부 대출채권을 양도받아야 한다. 즉 저당권으로 담보한 채권이 소멸시효 완성 등의 사유로 소멸한 때에는 저당권도 소멸한다(민법 제369조).

저축은행이나 시중은행이 영업행위로 인한 대출금에 대한 변제기 이후의 지연손해금은 그 원본채권과 마찬가지로 상행위로 인한 채권으로써 5년의 소멸시효를 규정한 상법 제64조가 적용되므로 시중은행 또는 저축은행의 대출채권의 소멸시효도 5년이 되는 바, 개인이 주로 매입하는 자산관리회사 및 유동화회사 등이 보유한 저축은행의 대출채권이나 시중은행의 대출금 채권은 변제기후 5년이 경과되지 아니한 근저당권부 채권을 매입하여야 한다(대법원 2008.3.14. 선고 2006다2940 판결).

새마을금고, 신용협동조합, 지방 농협조합이 상인인 회원 또는 조합원에게 자금을 대출한 경우, 그 대출금 채권은 상사채권으로써 5년의 소멸시효가 적용되며 일반회원 또는 조합원에 대한 대출금의 소멸시효는 민법이 적용되어 10년이다(대법원 1998.7.10. 선고 98다10793 판결).

추가로 대구지법 90나9085호 확정판결에 따르면, "신용협동조합법 제1조, 제2조 제1항에 비추어 보면 신용협동조합은 비영리 법인으로 영리를 목적으로 하는 상인이라고는 볼 수 없으므로, 그 활동 및 거래관계에 대하여도 위의 법이 특별히 규정하고 있는 것 이외에는 상법이 적용되는 것이 아니라 민법이 적용되어야 하며, 다만 신용협동조합과의 거래 상대방이 상인인 경우에는 상법 제3조에 의하여 그 거래 전체에 관하여 상법이 적용될 수 있을 뿐이므로, 신용협동조합의 일반인에 대한 대출금채권의 소멸시효기간은 민법상 일반채권의 소멸시효기간인 10년이다"라고 판시하였다.

또한 부실채권을 개인이 매입하기 전에 해당 부동산의 가격조사, 현장조사(임장활동), 권리분석 및 배당분석 등을 철저히 하여야 한다.

2) 근저당채권 매입 전 현장조사 철저

현장조사(임장활동)는 모든 리스크를 발견하는 중요한 절차이다. 현장조사를 통하여 대상물건의 평가를 실시하고 토지에 대하여는 지적도와 토지대장, 건물은 건축물관리대장과 설계도면을 확인하고 등기부의 표시와 실제건물의 소재지 지번, 지목, 면적의 상이여부 등을 면밀히 조사하여 실제건물과 등기부상 표시와의 동일성을 확인하여야 한다.

현지조사의 목적은 감정평가뿐만 아니라 담보물건의 물적, 법률적 하자 및 유치권, 법정지상권 등을 근저당권부 대출채권 매입 전에 조사하여 추후 인수한 근저당권의 배당액이 감소되거나 배당을 못 받는 위험을 사전에 점검하기 위함이므로 현장조사(임장활동)는 모든 리스크를 발견하는 중요한 절차이다.

근저당권부 채권 매입 전에 인수할 근저당권이 설정된 목적물에 대하여 아래와 같이 조사하여 인수한 근저당권의 배당액이 감소할 위험은 없는지 조사한다.

- 등기부의 표시와 실제건물의 소재지 지번, 지목, 면적의 상이 여부를 조사하여야 하는데, 실제현황과 등기부상 표시의 차이가 중대하여 동일성 또는 유사성이 인정될 수 없는 경우 매입대상 근저당권 설정은 무효가 되므로 동일성 여부에 대해 철저히 조사(대법원 1978.6.27. 선고 78다544 판결)
- 주거용으로 또는 상업용으로 사용되는지 여부, 이에 따라 선순위 근저당권 의 배당액에 영향을 미치는 최우선 변제대상 소액임차보증금의 액수에 차이가 발생함.
- 방쪼개기 등으로 공부상의 방의 개수보다 현황상 방의 개수가 많아 최우선변제 보증금의 증가로 인수한 근저당권의 배당액이 감소할 여지는 없는지 조사
- 담보물건이 파손되어 근저당권의 배당액이 감소할 여지는 없는지 여부 조사
- 유치권자가 유치권을 행사하고 있는지 여부 조사(배당액 감소위험 조사)
- 토지에만 설정된 근저당권 매입 시 토지에 건물이 존재할 경우 법정지상권의 성립여지 등 조사(배당액 감소위험 조사)
- 그 밖에 위치 및 부근의 상황, 토지의 상황, 도시계획의 저촉여부 및 환지유무, 그린벨트 등 해당 여부
- 건물의 현황, 건축년도, 경과년수, 용도 및 구조, 임대관계, 위생상황
- 기초공사 및 하자, 고장의 유무, 수요성 및 장래성 등 조사

3) 경매신청 채권금액의 범위 확인(연체이자 포함여부 확인)

확정채권 양도나 계약양도를 불문하고 채권 양수인은 양도인이 신청한 경매신청서에 완제 시까지의 이자를 포함하여 경매청구를 하였는지를 확인하여야 한다.

임의경매 신청 시에 근저당권의 결산기가 도래되어 근저당권 거래는 종료되고 이제는 보통 저당권으로 전환되면서 피담보채권도 확정되므로 경매신청 시 완제일까지의 연체이자도 청구범위에 넣어야 배당기일까지 추가로 발생된 연체이자도 피담보 채권의 범위에 포함되어 양수인이 배당받을 수 있다.

즉 양도인이 임의경매 신청시 "청구금액은 채권원금을 표시하고 이자는 연체일부터 배당기일(또는 완제일)까지 연 0할 0푼의 비율(통상 17%~25%)에 의하여 청구 한다"라는 내용을 명시하여 연체이자를 경매청구 금액에 포함하여 청구하여야 경매신청 후 배당기일까지의 연체이자도 피담보채권의 범위로 들어가 양수인이 온전히 배당을 받을 수 있게 된다.

그러나 이자를 기재하지 아니하고 원금채권만 청구 시에는 원금에 대해서만 보통 저당권에 의해 담보되므로 배당기일까지 발생한 연체이자는 청구되지 아니하여 배당받

을 수 없다.

　채권 양수인이 양수받은 경매신청을 취하 후 연체이자가 많이 추가된 다음 다시 경매신청을 하더라도 최초로 경매신청 시 보통 저당권인 상태로 여전히 존속하므로 최초 경매신청 시에 연체이자를 포함하여 경매신청을 하였을 경우 취하 후 다시 경매신청을 할 때에도 연체이자까지 배당을 받게 된다.

　- 원금 중 일부만 경매청구 시 일부만 배당을 받는 불이익을 받는다.
　　※ 강제경매의 경우 일부청구 후 나머지 채권에 대하여 이중경매신청 없이 배당요구의 종기까지 잔액을 배당요구하면 전액을 배당받는다(83마393호).

대법원 1995.2.28. 선고 94다8952 판결【배당이의】
담보권실행경매에서 경매채권자가 피담보채권의 일부에 대하여만 담보권을 실행하겠다는 취지로 경매신청서에 피담보채권의 원금 중 일부만을 청구금액으로 하여 경매를 신청하였을 경우에는 경매채권자의 청구금액은 그 기재된 채권액을 한도로 확정되고, 경매채권자는 채권계산서에 청구금액을 확장하여 제출하는 방법에 의하여 청구금액을 확장할 수 없다.

　- 경매신청으로 보통저당권으로 전환되므로 위와 같이 이자도 청구하여야 된다.

대법원 2007.4.26. 선고 2005다38300 판결【청구이의】
근저당권자의 경매신청 등의 사유로 인하여 근저당권의 피담보채권이 확정되었을 경우, 확정 이후에 새로운 거래관계에서 발생한 원본채권은 그 근저당권에 의하여 담보되지 아니하지만, 확정 전에 발생한 원본채권에 관하여 확정 후에 발생하는 이자나 지연손해금 채권은 채권최고액의 범위 내에서 근저당권에 의하여 여전히 담보되는 것이다(대법원 99다66649, 2005다6235 판결 등 참조).

대법원 1999.3.23. 선고 98다46938 판결【배당이의】
담보권 실행을 위한 경매절차에서 신청채권자가 배당을 받을 금액은 경매신청서에 처음 기재한 채권액을 한도로 확정되고, 그 후 신청채권자가 채권계산서를 제출하는 방법에 의하여 그 청구금액을 확장할 수 없다(대법원 96다39479, 96다457, 92다50270판결 참조).
그러나 이 사건에서 원고는 담보권 실행을 위한 경매를 신청하면서 그 경매신청서(갑 제19호증)의 표지에는 '청구액 금 120,000,000원정'이라고 기재하였으나 그 내용 중 청구금액란에는 '일금 120,000,000원정. 1996. 9. 24. 대여금. 위 금원에 대하여 1997. 2. 3.부터 완제일까지 연 18%의 비율에 의한 연체손해금'이라고 기재하였음이 명백한 바, 이와 같은 경우 원고가 경매신청서에 처음 기재한 채권액에는 위 대여금의 원금뿐만 아니라 그 연체손해금도 포함된다고 보아야 할 것이다.

부동산 임의경매신청서

수입인지
5000원

채 권 자　(이름)　　　　　　(주민등록번호　　　　　　－　　　　　　)
　　　　　(주소)
　　　　　(연락처)
채 무 자　(이름)　　　　　　(주민등록번호 또는 사업자등록번호　　　－　　　　　　)
　　　　　(주소)
청구금액　금　　　　　원 및 이에 대한 20 . . .부터 20 . . .까지 연 %의 비율에 의한 지연손해금

신청취지

별지 목록 기재 부동산에 대하여 경매절차를 개시하고 채권자를 위하여 이를 압류한다. 라는 재판을 구합니다.

신청이유

채권자는 채무자에게 20 . . .금　　　　원을, 이자는 연 %, 변제기는 20 . . .로 정하여 대여하였고, 위 채무의 담보로 채무자 소유의 별지 기재 부동산에 대하여　　지방법원 20 . . . 접수 제　　호로 근저당권설정등기를 마쳤는데, 채무자는 변제기가 경과하여도 변제하지 아니하므로, 위 청구금액의 변제에 충당하기 위하여 위 부동산에 대하여 담보권실행을 위한 경매절차를 개시하여 주시기 바랍니다.

첨부서류

1. 부동산등기사항전부증명서　1통
2. 부동산 목록　　　　　　　10통

20 . .

채권자　　　　(날인 또는 서명)

○○지방법원 귀중

◇유의사항◇

1. 채권자는 연락처란에 언제든지 연락 가능한 전화번호나 휴대전화번호(팩스번호, 이메일 주소 등도 포함)를 기재하기 바랍니다.
2. 부동산 소유자가 개인이면 주민등록번호를, 법인이면 사업자등록번호를 기재하시기 바랍니다.
3. 이 신청서를 접수할 때에는 [신청서상의 이해관계인의 수+3]×10회분의 송달료와 집행비용(구체적인 액수는 접수담당자에게 확인바람)을 현금으로 예납하여야 합니다.
4. 경매신청인은 채권금액의 1,000분의2에 해당하는 등록세와 그 등록세의 100분의 20에 해당하는 지방교육세를 납부하여야 하고, 부동산 1필지당 2,000원 상당의 등기수입증지를 제출하여야 합니다.

〈예시〉　　　　　　　　　　부동산의 표시

1. 서울 종로구 ○○동 100
　 대 20㎡
2. 위 지상
　 시멘트블럭조 기와지붕 단층 주택
　 50㎡ 끝.

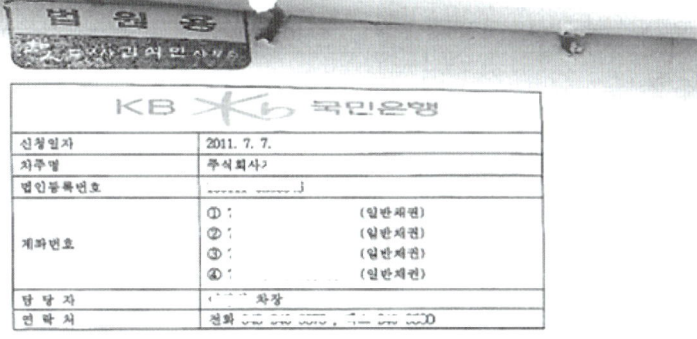

부동산 임의경매 신청서

채권자   주식회사
채무자   주식회사
소유자   위 채무자와 같음

청 구 금 액 : 금819,000,000원
등   록   세 : 금 1,638,000원
교   육   세 : 금327,600원
인   지   대 : 금5,000원
증   지   대 : 금108,000원
송   달   료 : 금332,200원
       : 금1,000,000원

대전지방법원 귀중

- 1 -

부동산 임의경매 신청서

채 권 자   주식회사 국민은행(.)
            서울 중구 남대문로2가
            (소관 :   )
            대표이사 : 민○○, 지배인 : 김○수
            송달장소 : 충북 청원군 오창읍 양청리
                    (국민은행 충청동지역본부)

채 무 자   주식회사지티컴퓨터 (   )
            대전광역시 서구 탄방동   문산전자타운
            사내이사 : 이○철

소 유 자   위 채무자와 같음

청구채권의 표시

청구금액 : 금819,000,000원
          (합계 금1,006,156,260원 중 채권최고액)

- 4 -

별 지 목 록

1동의 건물의 표시

대전광역시 서구 탄방동   둔산쇼핑전자타운

전유부분의 건물의 표시

건물의   번호 : 아래표시와 같음
구   조 : 철근콘크리트조
면   적 : 아래표시와 같음

대지권의 표시

토지의   표시 : 1. 대전광역시 서구 탄방동   대   2743.6㎡

대지권의 종류 : 1 소유권대지권
대지권의 비율 : 아래표시와 같음

- 아   래 -

No.	건물의 번호	건물의 면적	대지권의 비율
1	6 - 601	6층 601호 40.285㎡	2743.6 분의 14.2707
2	6 - 602	6층 602호 19.72㎡	2743.6 분의 6.9857
3	6 - 603	6층 603호 29.24㎡	2743.6 분의 10.3581
4	6 - 605	6층 605호 208.00㎡	2743.6 분의 73.6826
5	6 - 607	6층 607호 27.2㎡	2743.6 분의 9.6354
6	6 - 608	6층 608호 22.44㎡	2743.6 분의 7.9492
7	6 - 609	6층 609호 18.0㎡	2743.6 분의 6.3764
8	6 - 610	6층 610호 18.0㎡	2743.6 분의 6.3764

제7장
부동산 경매진행 절차

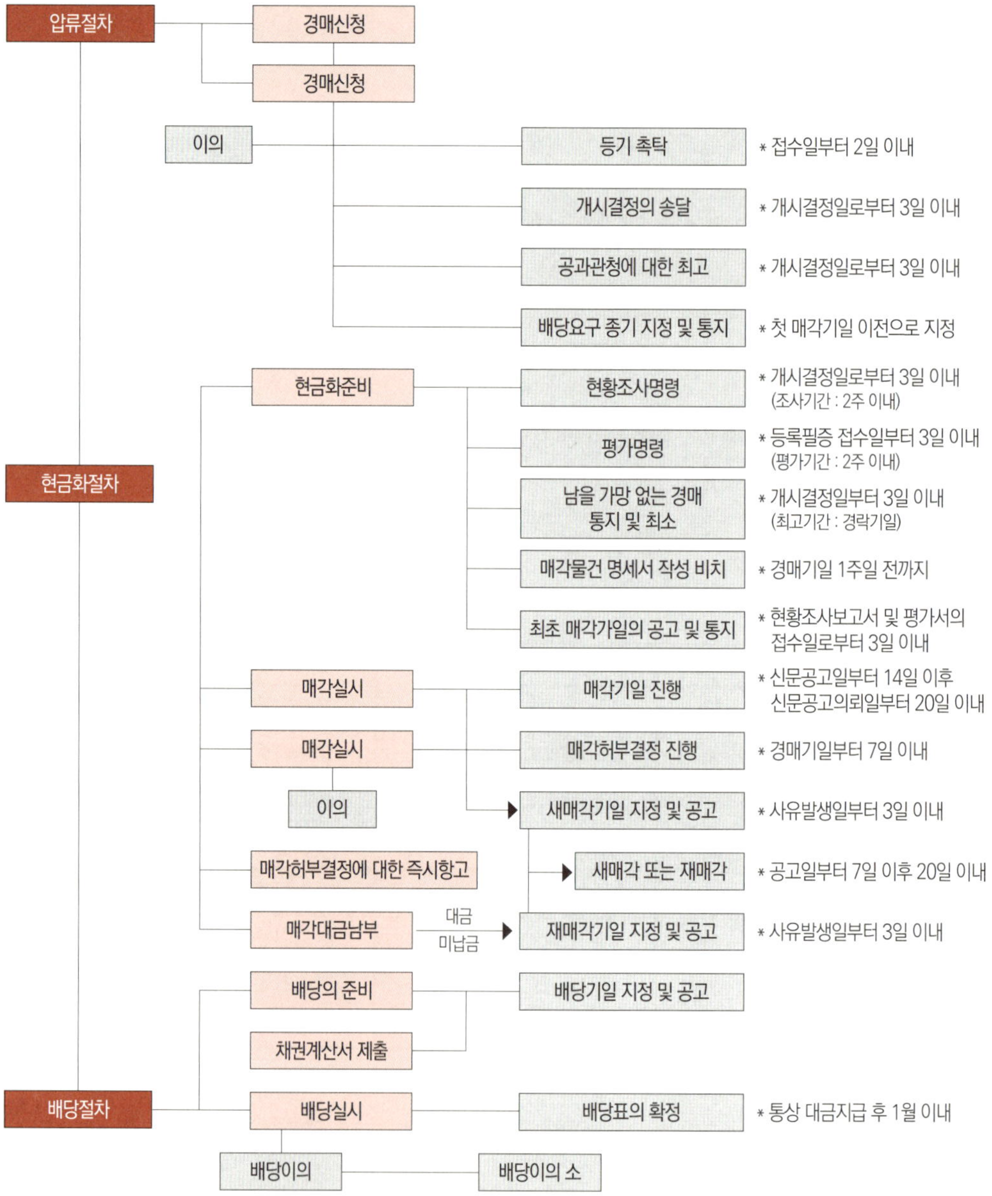

단계	세부절차	상세	기한
압류절차	경매신청		
	경매신청		
	이의	등기 촉탁	* 접수일부터 2일 이내
		개시결정의 송달	* 개시결정일로부터 3일 이내
		공과관청에 대한 최고	* 개시결정일로부터 3일 이내
		배당요구 종기 지정 및 통지	* 첫 매각기일 이전으로 지정
현금화절차	현금화준비	현황조사명령	* 개시결정일로부터 3일 이내 (조사기간 : 2주 이내)
		평가명령	* 등록필증 접수일부터 3일 이내 (평가기간 : 2주 이내)
		남을 가망 없는 경매 통지 및 최소	* 개시결정일부터 3일 이내 (최고기간 : 경락기일)
		매각물건 명세서 작성 비치	* 경매기일 1주일 전까지
		최초 매각가일의 공고 및 통지	* 현황조사보고서 및 평가서의 접수일로부터 3일 이내
	매각실시	매각기일 진행	* 신문공고일부터 14일 이후 신문공고의뢰일부터 20일 이내
	매각실시	매각허부결정 진행	* 경매기일부터 7일 이내
	이의	새매각기일 지정 및 공고	* 사유발생일부터 3일 이내
	매각허부결정에 대한 즉시항고	새매각 또는 재매각	* 공고일부터 7일 이후 20일 이내
	매각대금납부 (대금 미납금)	재매각기일 지정 및 공고	* 사유발생일부터 3일 이내
배당절차	배당의 준비	배당기일 지정 및 공고	
	채권계산서 제출		
	배당실시	배당표의 확정	* 통상 대금지급 후 1월 이내
	배당이의	배당이의 소	

제8장
등기부세탁 시작등기 분석
(말소기준등기 파악)

1. 소멸(소제)주의 원칙

1) 소제주의란 무엇인가?

유치권에 기한 경매, 강제경매, 임의경매 및 공유물 분할을 위한 경매사건 등은 모두 소제주의를 원칙으로 하므로, 낙찰되면 유치권 등 그 부담은 모두 소멸되는 것이 원칙이다. 그런데 유치권에 기한 경매의 경우 유치권에 기한 경매로만 유일하게 진행되어 낙찰될 경우 낙찰로 유치권이 소멸되나, 근저당권 등 다른 경매로 진행되어 낙찰될 경우 유치권에 기한 경매는 정지와 동시에 유치권은 소멸되지 아니하고 낙찰자에게 인수된다.

실례로 유치권자가 수원지방법원 안산지원 2005타경 45356호 및 2011타경 16182호로 유치권에 기한 경매신청(등기목적 : 임의경매개시결정)을 하였으나, 부산솔로몬 상호저축은행이 근저당권에 기한 임의경매를 신청하자 유치권에 기한 경매는 정지된 상태로 계류 중이다.

한편 유치권자는 유치권에 기한 경매로 일반채권자와 같은 순위로 후순위 배당을 받는 결과 배당액이 적거나 미미할 경우 유치권만 소멸하고 채권회수를 못하게 되므로, 이 경우 유치권자는 경매를 실행하지 않고 계속 유치권을 행사하는 것이 채권회수에 도움이 된다고 할 수 있는 바, 유치권자는 경매와 계속 점유하여 유치권을 유지하는 것 사이의 양자 간 채권회수의 실익을 따져 경매신청 여부를 신중하게 결정하여야 할 것이다.

전주5계 2011타경 19787호 사건은 공유물분할을 위한 경매사건으로 공유자 간 서로 타방의 지분을 매입할 자금이 부족하자 일반 매매로 매각을 시도하였으나 매각되지 않자 부득이 법원에 현금분할을 위하여 형식적 경매를 신청하게 된 사건이다(등기목적 : 임의경매개시결정, 등기원인 : 공유물 분할을 위한 경매개시결정). 3층 및 4층의 영어학원이 이사 간 후 공실상태로 과다한 담보대출이자도 부담하지 못할 정도로 월세수입이 줄어들자 공유자가 경매를 신청하여 현금화를 시도하는 사건이다.

민사집행법
제91조(인수주의와 잉여주의의 선택 등) ① 압류채권자의 채권에 우선하는 채권에 관한 부동산의 부담을 매수인에게 인수하게 하거나, 매각대금으로 그 부담을 변제하는 데 부족하지 아니하다는 것이 인정된 경우가 아니면 그 부동산을 매각하지 못한다.
② 매각부동산 위의 모든 저당권은 매각으로 소멸된다.
③ 지상권·지역권·전세권 및 등기된 임차권은 저당권·압류채권·가압류채권에 대항할 수 없는 경우에는 매각으로 소멸된다.
④ 제3항의 경우 외의 지상권·지역권·전세권 및 등기된 임차권은 매수인이 인수한다. 다만 그 중 전세권의 경우에는 전세권자가 제88조에 따라 배당요구를 하면 매각으로 소멸된다.
⑤ 매수인은 유치권자에게 그 유치권으로 담보하는 채권을 변제할 책임이 있다.
제274조(유치권 등에 의한 경매) ① 유치권에 의한 경매와 민법·상법, 그 밖의 법률이 규정하는 바에 따른 경매(이하 '유치권 등에 의한 경매'라 한다)는 담보권 실행을 위한 경매의 예에 따라 실시한다.
② 유치권 등에 의한 경매절차는 목적물에 대하여 강제경매 또는 담보권 실행을 위한 경매절차가 개시된 경우에는 이를 정지하고, 채권자 또는 담보권자를 위하여 그 절차를 계속하여 진행한다.
③ 제2항의 경우에 강제경매 또는 담보권 실행을 위한 경매가 취소되면 유치권 등에 의한 경매절차를 계속하여 진행하여야 한다.

담보가등기 등에 관한 법률
제12조(경매의 청구) ① 담보가등기권리자는 그 선택에 따라 제3조에 따른 담보권을 실행하거나 담보목적부동산의 경매를 청구할 수 있다. 이 경우 경매에 관하여는 담보가등기 권리를 저당권으로 본다.
② 후순위권리자는 청산기간에 한정하여 그 피담보채권의 변제기 도래 전이라도 담보목적부동산의 경매를 청구할 수 있다.
제15조(담보가등기 권리의 소멸) 담보가등기를 마친 부동산에 대하여 강제경매 등이 행하여진 경우에는 담보가등기 권리는 그 부동산의 매각에 의하여 소멸한다.

주택임대차보호법
제3조의5(경매에 의한 임차권의 소멸) 임차권은 임차주택에 대하여 민사집행법에 따른 경매가 행하여진 경우에는 그 임차주택의 경락에 따라 소멸한다. 다만 보증금이 모두 변제되지 아니한, 대항력이 있는 임차권은 그러하지 아니하다.

상가건물임대차보호법
제8조(경매에 의한 임차권의 소멸) 임차권은 임차건물에 대하여 민사집행법에 따른 경매가 실시된 경우에는 그 임차건물이 매각되면 소멸한다. 다만 보증금이 전액 변제되지 아니한 대항력이 있는 임차권은 그러하지 아니하다.

대법원 2011다35593 판결
민법 제322조 제1항에 의하여 실시되는 유치권에 의한 경매도 강제경매나 담보권 실행을 위한 경매와 마찬가지로 목적부동산 위의 부담을 소멸시키는 것을 법정매각조건으로 하여 실시되고 우선채권자뿐만 아니라 일반채권자의 배당요구도 허용되며, 유치권자는 일반채권자와 동일한 순위로 배당을 받을 수 있다고 봄이 상당하다. 다만 집행법원은 부동산 위의 이해관계를 살펴 위와 같은 법정매각조건과는 달리 매각조건 변경결정을 통하여 목적부동산 위의 부담을 소멸시키지 않고 매수인으로 하여금 인수하도록 정할 수 있다(대법원 2011.6.15.자 2010마1059 결정, 대법원 2011.6.17.자 2009마2063 결정 등 참조).

그런데 부동산에 관한 강제경매 또는 담보권 실행을 위한 경매절차에서의 매수인은 유치권자에게 그 유치권으로 담보하는 채권을 변제할 책임이 있고(민사집행법 제91조 제5항, 제268조), 유치권에 의한 경매절차는 목적물에 대하여 강제경매 또는 담보권 실행을 위한 경매절차가 개시된 경우에는 정지되도록 되어 있으므로(민사집행법 제274조 제2항), 유치권에 의한 경매절차가 정지된 상태에서 그 목적물에 대한 강제경매 또는 담보권 실행을 위한 경매절차가 진행되어 매각이 이루어졌다면, 유치권에 의한 경매절차가 소멸주의를 원칙으로 하여 진행된 경우와는 달리 그 유치권은 소멸하지 않는다고 봄이 상당하다.

민법
제269조(분할의 방법) ① 분할의 방법에 관하여 협의가 성립되지 아니한 때에는 공유자는 법원에 그 분할을 청구할 수 있다.
② 현물로 분할할 수 없거나 분할로 인하여 현저히 그 가액이 감손될 염려가 있는 때에는 법원은 물건의 경매를 명할 수 있다.

대법원 2006다37908 판결
공유물분할을 위한 경매 등의 이른바 형식적 경매가 강제경매 또는 담보권의 실행을 위한 경매와 중복되는 경우에 관하여 규정하고 있는 구 민사소송법 제734조 제2항 및 제3항을 감안하더라도, 공유물분할을 위한 경매도 강제경매나 담보권 실행을 위한 경매와 마찬가지로 목적부동산 위의 부담을 소멸시키는 것을 법정매각조건으로 하여 실시된다고 봄이 상당하다. 다만 집행법원은 필요한 경우 위와 같은 법정매각조건과는 달리 목적부동산 위의 부담을 소멸시키지 않고 매수인으로 하여금 인수하도록 할 수 있으나, 이때에는 매각조건 변경결정을 하여 이를 고지하여야 한다.
참조조문 : 민법 제269조, 구 민사소송법(2002.1.26. 법률 제6626호로 전부 개정되기 전의 것) 제608조 제2항(현행「민사집행법」제91조 제2항, 제3항, 제4항 참조), 제623조(현행 민사집행법 제111조 참조), 제728조(현행 민사집행법 제268조 참조), 제734조(현행 민사집행법 제274조 참조)

2) 말소기준등기의 정의와 중요성

부동산이 낙찰되면 원칙적으로 그 부동산에 낙찰되기 전에 기재된 등기 및 부담 등은 말소되면서 등기부가 깨끗하게 세탁되어 낙찰자에게 소유권이 이전되는데, 이때 기존 등기 중 낙찰로 말소가 이루어지면서 세탁이 시작되는 등기를 말소기준등기라 한다(등기부세탁 시작등기). 말소기준권리라는 명칭도 많이 사용되나 낙찰 시 채권자의 권리자체가 말소 소멸되는 것이 아니라 등기가 말소로 소멸되는 것이며, 등기가 말소되더라도 전액 배당을 받지 못한 가압류 채권자나 담보권자의 잔존채권은 남아 있고, 단지 가압류등기나 근저당권설정등기만 말소되는 것이므로 말소기준권리보다는 말소기준등기라는 명칭이 적절하다.

말소기준 자격등기는 6가지로 크게 압류등기와 저당권설정등기가 있고 이를 세분화하면, 압류등기는 가압류등기, 압류등기, 강제경매 개시결정등기가 있고 저당권설정등기는 담보가등기, 근저당권설정등기, 저당권설정등기가 있다.

상기 6가지의 말소기준등기의 자격을 갖춘 등기 중 '등기일자가 가장 빠른 등기를 말소기준등기'라 하며, 낙찰자에게 낙찰(매각)로 인한 소유권이전등기 시에 동 말소기준등기를 포함하여 이후에 후순위로 설정된 등기는 원칙적으로 모두 말소되어 등기부가 깨끗하게 세탁된 채로 낙찰자에게 소유권이 이전된다(민사집행법 제91조).

3) 어떻게 말소기준등기를 찾아야 하나?

첫째, 낙찰된 부동산의 등기부등본을 발급받은 다음 동 부동산등기부에 기재된 각종 등기를 등기일자 순으로 부동산등기부등본 위에 배열하여 기록하고, 임차인의 대항요건 취득일자도 부동산상 등기일자와 비교하여 등기부에 기록(말소기준 등기일자보다 전에 대항력 요건을 갖추고 전입신고 시 대항력이 인정되나 후순위 시 대항력상실)한 다음, 둘째, 상기 6가지 말소기준등기의 자격을 갖춘 등기 중 등기일자가 가장 빠른 등기를 말소기준등기로 정하고 동 등기를 포함한 후순위의 등기(대항력 없는 임차권등기 포함)는 낙찰로 말소되고 동 기준등기 보다 선순위로 설정된 등기(대항력 있는 임차권등기 등)는 말소되지 않고 낙찰자에게 인수된다고 분석하면 된다.

대부분의 경매물건은 인수되는 등기 없이 등기부가 깨끗하게 세탁되어 말소기준등기를 포함하여 전부 말소되는 건들이 대부분이나 그렇지 않은 건도 있으므로 주의할 필요가 있다.

4) 말소기준등기를 찾는 실제 예

순위번호	등기목적 (등기명칭)	접 수 (등기일자)	권리자	기타 사항 (채권최고액)	비고	등기말소여부
1	소유권이전(매매)	2011.1.30.	소유자 조갑부	거래가격 8억원		
2	임대차	2011.2.28. (전입신고일)	홍길동	보증금 3억원	인수되는 보증금 차감 등 주의	인수(대항력)
3	가처분 (지상권,지역권, 전세권, 등기된 임차권, 보전가등기, 환매등기)	2011.3.15.	조갑순		인수되므로 대출취급 제한	인수
4	근저당	2011.3.30.	김말손	5억6천만원	말소기준등기	말소
5	환매	2011.4.5.	주택공사	청구금액 78백만원		말소
6	강제경매	2011.4.8.	국민은행			말소
7	가압류	2011.5.20.	잠실새마을금고	3억원		말소
8	압류	2011.5.25.	송파 세무서			말소
9	소유권이전등기청구권 (담보가등기)	2011.5.30.	무대리			말소
10	임의경매	2011.7.1.	김말손	5억6천만원		말소

2. 경매부동산상 부담의 소멸 및 인수

1) 경매로 인하여 소멸·인수되는 등기 또는 권리

① 말소되는 등기(민사집행법 제91조)

저당권·담보가등기·(가)압류 등기는 매각으로 인하여 말소되며, 그보다 후순위의 등기들도 원칙적으로 말소되고 매수인에게 인수되지 않는다.

② 인수되는 등기 또는 권리

ⓐ 1순위로 설정된 저당권·담보가등기·(가)압류보다 선순위에 있는 등기들(즉 지상권·지역권·전세권·임차권·가처분·보전가등기·환매등기 등)은 원칙적으로 매수인에게 인수된다.

ⓑ 예고등기는 순위에 관계없이 매수인에게 인수되고 말소되지 않는다.

ⓒ 법정지상권이나 유치권은 등기되어 있지 않지만 매수인에게 인수된다.

2) 말소되는 등기

① 가압류·압류, 강제경매개시결정 등기

가압류·압류(체납처분절차의 압류 포함)·강제경매개시결정 등기도 금전채권의 보전 및 환가를 위한 것이므로 경매절차에서 원칙적으로 말소된다. 그러나 이른바 할아버지 가압류는 인수여부에 신중을 기하여야 한다. 가압류등기 후 소유권이 이전된 다음 근저당권이 설정되어 근저당권에 기한 임의경매가 진행될 경우, 매각물건 명세서에 가압류등기를 낙찰자가 인수하는 조건이라는 공시가 없으면 가압류등기는 낙찰로 배당받고 소멸된다고 해석하면 된다. 그러나 안전하게 입찰하기 위하여 경매법원에 인수여부를 매각물건 명세서에 공시해 줄 것을 요청하거나 인수여부를 확인한 후 입찰에 참여하는 것이 바람직하다.

② 저당권·담보가등기

저당권설정 등기는 금전채권을 담보하기 위한 것으로 경매절차에서 순위에 관계없이 낙찰로 인하여 모두 말소되고(민사집행법 제91조 제2항), 담보가등기는 가등기담보 등에 관한 법률에 의해 원칙적으로 경매절차에서 근저당권처럼 순위에 따라 우선변제를 받고 선후에 관계없이 소멸한다. 다만 우선변제를 받으려면 배당요구 종기까지 채권신고를 하여야 한다.

3) 인수되는 등기
아래 등기는 원칙적으로 말소기준등기 보다 선순위인 경우에는 매수인에게 인수되고, 후순위인 경우에는 말소된다.

① 순위보전의 가등기

순위보전을 위한 가등기는 말소기준등기 보다 선순위인 경우에는 매수인에게 인수되고, 후순위인 경우에는 말소된다.

② 가처분등기

가처분은 경매로 말소되는 말소기준등기 보다 후순위인 경우에는 말소되고, 선순위인 경우에는 매수인에게 인수된다.

③ 용익물권 등기

용익물권인 지상권·지역권·전세권 및 등기된 임차권은, 매각으로 소멸되는 말소기준등기 보다 선순위인 경우에는 원칙적으로 매수인에게 인수되고, 말소기준등기 보다 후순위인 경우에는 모두 말소된다.

ⓐ 지상권·지역권

지상권·지역권의 인수여부는 등기부세탁 시작등기와의 선후로 판단하며, 배당을 받을 수 없다는 점에서 전세권과는 다르다.

ⓑ 전세권 및 등기된 임차권

전세권 및 등기된 임차권은 기본적으로 용익물권이므로, 경매로 소멸되는 말소기준등기 보다 선순위인 경우에는 원칙적으로 매수인에게 인수되고, 말소기준등기보다 후순위인 경우에는 설정순위에 따라 배당을 받고 모두 말소된다.

  2002. 7.1.이후 경매신청 한 경우에는, 최선순위 저당권등기보다 선순위의 전세권이 더라도 전세권자가 배당요구 종기까지 배당요구를 하면 경매로 인하여 순위에 따라 배당받고 소멸하며, 배당요구에 따라 경락인이 인수하여야 할 부담이 바뀌는 경우 배당요구를 한 채권자는 배당요구의 종기(첫 경매기일이전)가 지난 뒤에 이를 철회하지 못하는데 특히 최선순위 전세권자 및 대항력과 우선변제권을 모두 갖춘 임차권자는 배당요구의 종기 후에는 철회하지 못한다(민사집행법 제88조).

④ 예고등기

  저당권이나 가압류보다 예고등기가 후순위로 되어 있다고 할지라도 예고등기는 말소되지 않고 매수인에게 인수되며, 따라서 매수인이 매각대금을 완납하고 소유권이전등기까지 마쳤다 할지라도 예고등기를 한 당사자가 소송에서 승소하게 되면 낙찰자 명의의 소유권이전등기가 말소될 수도 있다.

4) 인수되는 권리

① 대항력 있는 임차권의 인수

  상가건물 또는 주택임대차 보호법에 의하여 대항력을 취득한 임차권은 저당권·담보가등기·(가)압류와 성립시기의 선후를 비교하여 저당권 등보다 먼저 대항력을 취득한 경우에는 매각으로 소멸하지 않고 매수인에게 인수된다. 다만 대항력과 우선변제권 모두 갖춘 경우에는, 배당요구를 하지 않으면 전액 인수되지만, 적법한 배당요구를 하면 우선변제 받지 못한 잔액만 인수된다.

② 등기되지 않는 유치권의 인수

  유치권이란 타인의 물건이나 유가증권을 점유한 자가 그 물건이나 유가증권에 관하여 생긴 채권이 변제기기 있는 경우에, 그 채권의 변제를 받을 때까지 그 물건이나 유가증권을 유치함으로써 채무자의 변제를 간접으로 강제하는 담보물권이다(민법 제320조).

유치권은 압류목적물에 유치적 효력을 행사하여 매수인에게 대항할 수 있으므로 매각으로 인하여 소멸하지 않고 매수인에게 인수된다(민사집행법 제91조 제5항).

③ 등기되지 않은 법정지상권의 인수
ⓐ 저당권설정 당시 그 지상에 건물이 존재하고 토지와 건물이 동일소유자에게 속할 때에 그 중 토지나 건물에 대하여서만 또는 양자에 대하여 동시에 저당권에 기한 경매신청에 있어서 매각된 결과, 건물과 토지가 각기 소유자를 달리한 경우에는 토지소유자는 건물소유자에 대하여 지상권을 설정한 것으로 보는데(민법 제366조), 이러한 지상권을 법정지상권이라 한다.

ⓑ 저당권이 설정되지 않은 동일인 소유의 토지·건물이 매매·강제경매·공매 기타의 원인으로 양자의 소유자가 다르게 된 경우에 그 건물을 철거한다는 특약이 없으면 건물 소유자가 당연히 취득하게 되는 지상권을 '관습법상의 법정지상권'이라고 한다.

ⓒ 법정지상권이 성립하는 경우에는 매수인은 법정지상권의 부담이 있는 목적물을 취득하게 된다는 점에서 법정지상권은 매수인에게 인수되는 권리이다.

ⓓ 토지에 저당권 설정 당시 건물이 존재하기만 하면 건물의 등기 여부는 관계없이 법정지상권이 성립한다. 다만 미등기건물의 경우에는 원시취득자에 대하여만 법정지상권이 인정된다.

ⓔ 저당권 설정당시에 건물이 존재한 이상 설정 후에 건물을 증축·개축된 경우에 건물의 동일성이 인정되는 한 법정지상권이 인정된다.

ⓕ 법정지상권의 성립시점은 매수인이 매각대금 지급기한 안에 잔금을 완납했을 때이다.

ⓖ 법정지상권은 법률의 규정에 의한 지상권의 취득이므로 등기를 요하지 않으며, 다만 법정지상권자가 지상권을 제3자에게 처분하기 위해서는 등기를 하여야 처분할 수 있다.

ⓗ 법정지상권은 기간을 정하지 않은 지상권으로 보며, 기간의 약정이 없는 지상권의 존속기간은 민법 제280조 1항의 최단기간으로 보아, 석조·석회조·연화조 또는 이와

유사한 견고한 건물 또는 수목의 소유를 목적으로 한 때에는 30년, 그 밖의 건물의 소유를 목적으로 하는 때에는 15년, 건물이외의 공작물의 소유를 목적으로 하는 때에는 5년으로 된다.

　① 법정지상권은 강행규정이므로 저당권 설정 시 법정지상권의 성립을 배제하는 특약은 무효이다.

제9장 배당요구의 종기 후에 채권매입을 해야 한다(원칙)

첫 매각기일 이전에 지정되는 배당요구의 종기 후에 근저당권부 채권을 매입하여야 예상배당액을 정확히 산정할 수 있다. 부동산등기부에 등기되지 않고 제1순위 근저당권보다 최우선 배당받는 채권은 배당요구의 종기 전에 배당요구를 해야 배당을 받을 수 있는데, 근저당권의 양수인은 배당요구의 종기 후에 근저당권부 채권을 양수받아야 배당요구의 종기까지 배당요구된 최우선 변제권을 알 수 있고 이를 반영하여 양수대상 1순위 근저당권의 예상배당액을 정확히 산정할 수 있다.

즉 최최우선 배당을 받을 수 있는 제3취득자의 필요비·유익비채권, 임차보증금 의 인하에 따른 소액보증금에 대한 최우선변제권, 근로자나 근로복지공단의 최우선변제 퇴직금 등 임금채권 및 당해세의 최우선 변제권자 등이 경매부동산에 가압류(압류)등기를 하지 아니할 경우 이들 채권은 배당요구의 종기까지 배당요구된 경우에만 최우선변제권임을 알 수 있고, 이렇게 밖으로 드러난 최우선변제 채권을 반영하면 양수받는

1순위 근저당권의 예상배당액이 보다 더 정확해진다. 따라서 배당요구의 종기 전에 채권을 매입하면 매입 후 위와 같은 최우선변제권자의 배당요구로 양수인의 1순위 근저당권의 배당액이 줄어들 위험이 있으므로 원칙적으로 양수인은 배당요구의 종기 후에 채권을 매입하여야 손해를 방지할 수 있다.

제10장 양도인에게 **예상배당표**를 **요구**하라

1. 매입가격 산정을 위한 예상배당표 작성관련 자료를 요구하라

양도인인 유동화회사 등은 이해관계인인 채권자로서 법원경매서류 열람을 통하여 부동산에 등기된 채권자의 채권액 및 배당순위뿐만 아니라 배당요구의 종기까지 배당요구한 모든 채권자들의 채권액수 및 배당순위를 알고 있으므로 양수인은 채권매입 전에 물건의 현장조사를 마치고 유동화회사에게 모든 채권자들에 대한 예상배당표 및 근거자료 등을 교부해 달라고 요청한 다음 양수인도 다시 예상배당표를 작성해 보아야 한다. 양수인이 그 밖에 추가로 요구할 정보로는 압류채권의 명칭, 교부청구 채권액수, 배당순위, 조세의 법정기일, 당해세 여부, 근로복지공단의 최우선 퇴직금 등 채권액수, 4대 보험료의 납부기한, 가압류나 배당요구 채권이 최우선변제 임금채권인지 여부 등을 양도인에게 문의하여 예상배당표를 작성하는데 참고하여야 한다. 한편 유동화회사가 교부해준 예상배당표 및 그 근거자료는 질권대출 은행에도 제출해야 되는 자료로써 질권 대출 시 예상배당표 작성을 통한 대출의 담보여력 산정 시에도 활용된다.

2. 실제사례(대전6계 2011타경 145XX호 임의경매)

1) 근저당채권 매입 및 유입취득 시 자금소요 내역

(단위 : 천원)

근저당권 설정액/ 채권잔액	근저당권 매입금액	질권대출시 관련내용						낙찰관련 내용				
		질권 대출	비용				질권 대출시 자기자본	입찰 보증금	낙찰 금액	경락잔금 대출	낙찰 잔금	취득세
		80%	수수료 2%	선이자9%	4개월	총비용		10%		90%	5%	4.6%
819,000/ 819,000	310,000	248,000	4,960	1,860	7,440	12,400	74,400	25,378	819,000	737,100	56,522	37,674

① 최소 자기자본 준비금 : 198,974천원(질권대출 시 자기자본 74,400천원+입찰보증금 25,378천원 + 낙찰잔금 56,522천원+ 취·등록세 37,674천원 + 근저당권이전비 5백만원)

② 경락잔금 대출 후 현금 조달액 : 197,026천원(낙찰가 819,000천원 - 질권대출 248,000천원 - 자기자본 준비금 198,974천원 - 우선배당 당해세 5백만원 및 퇴직금 3천만원 - 인수 1억4천만원)

※ 감정가 15억1천만원의 근린상가

2) 채권자의 채권액수 및 배당순위 등 정보를 요구하라

위 사건은 아래 당사자 내역과 같이 여러 채권자가 존재하는데, 근저당권 양수인은 대항력 있는 상가임차보증금 인수액 1억4천만원, 양수 근저당권보다 배당에서 선순위인 당해세 4백만원 및 퇴직금채권 3천만원, 유치권 2천만원, 원상회복 특약으로 불성립 등 양수인에게 4가지 사항만 부담되는 것으로 유동화회사로부터 정보를 제공받고 이를 전제로 우선 채권매입 금액을 3억1천만원으로 정하여 매입의향서(론세일요청서)를 제출하였다. 따라서 이후 추가로 매수인에게 부담되는 금액 등은 매입가격에서 차감할 필요가 있다.

① 압류채권 금액 및 배당순위 정보요구(교부권자)
- 건강보험공단 채권의 납부기한, 채권액수 및 배당순위, 서대전세무서 조세채권의 당해세 여부 및 채권금액, 법정기일, 대전서구청 채권액 및 배당순위

② 배당요구채권 금액 및 배당순위 정보요구

- 배당요구 ○○인포메이션 채권명칭 및 채권액수, 배당순위
- 배당요구 주식회사 컴○○ 채권명칭 및 채권액수, 배당순위
- 배당요구 임금채권자 7명 총 29,083,530원의 지연손해금 채권액 추가 요구

  (송○훈, 김○석, 최○수, 최○호, 손○순, 김○미, 박○희)

- 가압류채권자 등의 채권금액 및 배당순위, 임차인의 대항력 및 임차보증금 등 조사 자료(○○컴퓨터는 이전 경매에서 대항력을 상실하였는데 새로운 소유자와 재계약을 체결하지 않은 한 대항력 없음)

③ 그밖의 인수금액 정보요구

- 36개 호실의 근린상가인데 공실이 많아 낙찰자에게 인수되는 공용부분 체납관리비 금액 조사자료 요청(문의결과 월 3백만원에서 4백만원이 6층 전체의 관리비인데 1년 이상 연체 중이라고 하므로 최소 3천만원에서 5천만원 정도의 체납관리비가 존재하는 것으로 추정되므로 낙찰자에게 인수되는 공용부분 금액은 매입가격에서 공제하여야 할 것임. 전세권자는 36개 중 22개를 점유하고 있으므로 전세권자가 체납관리비 중 3분의 2 정도를 부담하여야 한다고 생각됨.)

※ 22개 : 601, 602, 603, 606, 607, 608, 609, 610, 611, 612, 613, 615, 616, 617, 618, 619, 620, 621, 622, 623, 630, 631(전세목록 22개, 담보목록 36개)

- 서대전 세무서 및 근로복지공단은 배당요구 종기 후 2012. 6. 7.에 배당요구를 하여 배당에서 배제되는 것으로 보이나 이에 대한 검토자료 요구
- 상가임대차 계약서 요구(원상회복 특약이 있으면 필요비, 유익비에 대한 임차인의 유치권이 성립되지 아니하므로 이를 입증하기 위함)
- 질권대출 은행에서 질권대출 시 담보여력 산정을 위해 요구하는 자료 협조요청(위와 같이 매입하는 근저당채권보다 선순위의 배당채권 금액 및 배당에 관련된 압류등 모든 채권의 명칭, 채권액수, 배당순위 및 보험료의 납부기한, 조세의 법정기일, 당해세 여부, 퇴직금채권의 원리금 등의 정보제공을 요청하고, 기타 배당에 관련된 배당요구 신청서 등 예상배당표 작성에 참고할 만한 자료 일체를 매수 의향인에게 교부해 줄 것을 요청)

◎ 당사자내역

당사자구분	당사자명	당사자구분	당사자명
채권자	주식회사 국민은행의 양수인 유케이제삼차유동화전문(유)	채무자겸소유자	주식회사 지티휴ㅡㄴ
임차인	(주)ㅐ ㅣ	임차인	유 ㅣ
임차인	모두컴	임차인	제이에스코리아
가압류권자	대한통운 주식회사	가압류권자	주식회사 우리은행
가압류권자	농업협동조합중앙회	가압류권자	기술신용보증기금
가압류권자	주식회사 파워나라	전세권자	주식회사 씨
임금채권자	김ㅡ석	임금채권자	최강!수
임금채권자	최!호	임금채권자	손_순
임금채권자	송 훈	임금채권자	김 미
임금채권자	박 회	교부권자	서대전세무서
교부권자	국민건강보험공단대전서부지사	교부권자	대전광역시서구
배당요구권자	(주)파	배당요구권자	주식회사 컴
배당요구권자	근로복지공단	유치권자	주식회사 씨I

제11장 예상배당표 작성

1. 예상배당표를 작성하는 목적은 무엇인가?

예상배당액을 산정하기 위해서이다. 우선 예상낙찰가를 산정하여야 예상 배당액 산정이 가능해진다. 배당에 대한 자세한 내용은 랭킹업 투자법에서 이미 설명하였다.

2. 예상낙찰가를 산정하는 방법은?

시가조사, 당해물건 인근 최근 낙찰가율, 당해 건물의 이전 낙찰가율, 고수익 상가의 경우 월세 12%로 역산한 가격(보증금 + 월세 X 100), 인포케어나 지지옥션의 예상낙찰가 등을 종합하여 최종 예상낙찰가를 산정한다.

3. 예상배당액을 산정하는 방법은?

배당순위 및 배당표 작성방법은 기 설명한 랭킹업 투자법 중 대위변제 투자대상 근저당물건 선정 부분을 참조하기 바란다.

4. 대전6계 2011타경145XX호 둔산쇼핑전자타운 경매사건의 예상배당표 작성 사례

이 물건의 2008년 낙찰가 4억원에서 대항력 있는 임차보증금 1억4천만원을 차감하면 예상 낙찰가는 2억6천만원인데, 동 금액을 예상 낙찰가로 가정 시 근저당권 양수인의 예상배당액은 226,634,130원이고(집행비용 무시), 이보다 선순위로 퇴직금 등 임금채권(29,083,530) 및 당해세(4,282,340)가 최우선으로 배당을 받는다. 한편 10억원에 낙찰 가정 시 근저당권 양수인은 설정최고액인 8억1,900만원을 배당받고 그 후순위의 조세 및 보험료 채권자도 배당을 받으며, 일반채권자들은 안분배당을 받는다.

배당의 종류	순위	채권종류	채권내용	배당액
⓪ 최최우선 배당	1	- 집행비용		
	2	- 제3취득자의 필요, 유익비	- 실내장식 등 시설개보수 20,700,000원 유치권신고 - 임대차계약서상 원상회복조항으로 유치권 불성립 - 영업목적 시설로 유치권 불성립	
① 최우선 배당	3	- 최우선변제 임차보증금		29,083,530
		- 최우선변제임금채권 (재해보상금 포함)	- 김○석 등 4인 임금과 퇴직금의 합계액 18,260,300원 - 송○훈등 3인 퇴직금 등 10,823,230원, 지연이자는 일반채권자와 안분배당	
	4	- 당해세	대전서구청, 건물재산세 4,282,340원	4,282,340
② 우선(순위) 배당	5	- 보험료의 납부기한		
		- 담보물권 등기일자	- 1순위 국민은행 근저당권 설정최고액 8억1,900만원 2009..2.26. 설정 - 연체이율 21% 적용 - 원리금 1,006,156,260원 중 근저당권 최고액인 8억1,900만원 경매청구	226,634,130 (2억6천만원 낙찰 시 예상배당액) 8억1,900만원 (10억원 낙찰 시)
		- 임차권의 확정일자	임차인 씨나인 임차보증금 1억4천만원 2008.7.1. 사업자등록, 임대차기간 2008.6.14. ~ 2011.6.13. 확정일자 없음	대항력 있는 보증금전액 낙찰자 인수
		- 조세의 법정기일		
	6	- 일반 임금, 퇴직금, 근로관계 채권		
③ 우선열후 (劣後) 배당	7	- 담보물권보다 늦은 조세채권	- 서대전세무서 부가가치세 5,285,810원, 법정기일 2011.1.25.	5,285,810
			- 대전서구청 자동차세 법정기일 2011.6.10. 740,000원	740,000
	8	- 담보물권보다 늦은 4대보험료 등 공과금채권	- 국민연금보험료 납부기한 2011.5.10. 5,555,710원	5,555,710
			- 고용보험료 납부기한 2011.6.10. 795,080원	795,080
			- 산재보험료 납부기한 2011.6.10. 635,910원	635,910
			- 건강보험료 납부기한 2011.7.10. 4,436,550원	4,436,550

			- 기술신보 285,000,000원 (안분비율34.93%, 이하 같음)	45,512,704
④ 최후 안분배당	9	- 일반채권 ※ 배당잔액 130,185,070원	- ○인 물품대금 226,968,597(27.82%)	36,217,486
			- 대전서구청 환경개선부담금 147,170원(0.01%) 「환경개선비용부담법」상 일반채권	13,018
			- ○○은행 대여금 112,205,780원(13.75%)	17,900,447
			- ○컴 물품대금 75백만원(9.19%)	11,964,007
			- 파워 가압류 44,545,000원(5.46%)	7,108,104
			- ○○통운 가압류 29,092,000원(3.56%)	4,634,588
			- 농협 가압류 42,872,281원(5.25%)	6,834,716
			일반 안분채권 합계 815,830,828원(100%)	

5. 안산지원 경매 10계 2011타경 198XX호 예상배당표 작성 사례

감정가 2억9천만원의 근린상가 물건인데 인근 낙찰가율을 감안하여 1억3천만원에 낙찰 받을 경우 배당 2순위까지만 배당을 받고 3순위 이하는 배당금이 전혀 없다(집행비용 무시). 이 경우 인수한 근저당권의 예상배당액은 128,408,880원이 된다.

배당의 종류	순위	채권종류	채권내용	배당액
ⓞ 최최우선 배당	1	- 집행비용		
	2	- 제3취득자의 필요, 유익비		
① 최우선 배당	3	- 최우선변제 임차보증금		
		- 최우선변제임금채권 (재해보상금 포함)		
	4	- 당해세	- 재산세 1,591,120원(실제 배당 1순위)	1,591,120원
② 우선(순위) 배당	5	- 보험료의 납부기한		
		- 담보물권 등기일자	- 2003.11.21. 농협 근저당권 353,000,000원(배당 2순위)	128,408,880원
		- 조세의 법정기일	- 22009.1.25. 법정기일 세무서 부가가치세 338,970원(배당 3순위) - 22009.7.17. 근저당권 6억원(배당 4순위)	
	6	- 일반 임금, 퇴직금, 근로관계 채권		
③ 우선열후 (劣後) 배당	7	- 담보물권보다 늦은조세채권		
	8	- 담보물권보다 늦은 4대보험료 등 공과금채권		
④ 최후 안분배당 (안분배당)	9	- 일반채권	- 2009.8.5. 농협 가압류 250,000,000원	
			- 2011.5.26. 교통유발부담금 압류98,550원	
			- 2011.8.10.(법정기일) 시 압류 주민세 10,300원	
			(이상 3건 최후 안분배당, 5순위)	

6. 예상배당액 산정결과를 어떻게 활용할 것인가?

1) 1순위 근저당채권 매입가격 기준으로 삼아라

위와 같이 1순위 근저당권보다 선순위의 채권액을 예상 낙찰금액에서 배당하고 남은 잔액이 예상 배당액이 되는데, 이는 1순위 근저당권 매입가격의 기준이 되어 이를 기준으로 근저당권부 채권의 매매 협상을 하게 되며, 여기에 일정 수익 및 비용 등을 가감하여 채권의 최종 매입가격을 결정한다. 실제로는 직전유찰가 이내에서 가격이 결정된다.

2) 질권 대출 시 담보여력 산정기준으로 활용하라

보통 상가는 유찰이 많아 낙찰가율이 낮으며, 경기침체 등에 따라 부침이 많은 편이므로 경매시기에 따라 예상배당액의 변동 폭도 커서 질권대출시 담보여력인 예상배당액에 대한 대출비율이 낮은 편이며, 가격 변동 폭이 적은 강남소재 아파트의 경우 예상배당액의 변동 폭이 적어 다른 지역 및 타 물건보다는 대출비율이 높은 편이다. 은행에서 대출비율 적용 시 지역 및 물건의 특성 등에 따른 리스크를 반영하여 회수 리스크가 큰 물건은 대출비율을 적게 적용하고 그 반대의 경우는 최고 90%까지 대출비율을 적용한다.

제12장
매입 예정가격 산정 방법을 익혀라

물건의 시세조사 및 예상 낙찰가율 등을 조사하여 개략적인 근저당권(채권) 매입가격을 결정하여 일단 채권매수 의향서를 근저당권 양도인에게 제출한 다음, 각종 선순위 배당 채권 및 인수되는 부담 등을 양도인 등을 통하여 입수 후 예상배당표를 작성하고, 경매 등으로 회수할 때까지의 보유기간 동안 대출이자(근저당권부 채권 질권대출이자 등) 및 부수비용을 산정하고 적정 이윤을 감안(차감)하여 예상 매입가격을 결정해서 양도인과 근저당권부 채권매매 가격협상에 임한다. 실제 근저당권 매매는 낙찰이 이루어질 만큼 가격이 많이 저감된 상태에서 직전 유찰가 수준의 가격으로 매매가 이루어진다. 아래 안산지원 2011타경 198××호 경매사건도 최저 매각가격인 95,027,000원의 직전 유찰가인 118,784,000원의 수준에서 약 10,000,000원을 더한 130,000,000원으로 매각이 이루어졌다.

◎ 기일내역

물건번호	감정평가액	기일	기일종류	기일장소	최저매각가격	기일결과
1	290,000,000원	2012.03.19(10:30)	매각기일	112호법정	290,000,000원	유찰
		2012.04.23(10:30)	매각기일	112호법정	232,000,000원	유찰
		2012.05.29(10:30)	매각기일	112호법정	185,600,000원	유찰
		2012.07.02(10:30)	매각기일	112호법정	148,480,000원	유찰
		2012.08.06(10:30)	매각기일	112호법정	118,784,000원	유찰
		2012.09.10(10:30)	매각기일	112호법정	95,027,000원	
		2012.09.17(14:00)	매각결정기일	112호법정		

1. 물건의 시세를 우선 조사한다
상기 둔산쇼핑전자타운 근린상가 물건의 시세는 15억원 정도 된다.

2. 예상 낙찰가율 등을 조사하라
이 물건은 2008년도에 4억5백만원에 낙찰된 전례가 있으므로 이번에도 4억원 정도에 낙찰이 예상되는데, 여기서 낙찰자에게 인수되는 대항력 있는 임차보증금 1억4천만원을 차감하면 적정 낙찰가는 2억6천만원 정도 예상된다.

3. 각종 선순위배당 채권을 조사한다
이 건에는 근저당권보다 선순위의 최우선배당 채권인 퇴직금등 임금채권(38,766,960) 및 당해세(4,282,340)채권이 존재하였다.

4. 예상배당표를 작성하고 예상배당액을 산정하라
예상배당표 작성결과 이 물건의 2008년 낙찰가 4억원에서 대항력 있는 임차보증금 1억4천만원을 차감하고, 근저당권보다 선순위의 퇴직금 등 임금채권(38,766,960) 및 당해세(4,282,340)채권을 차감하면 근저당권 양수인의 예상배당액은 216,950,700원이다.

5. 대출이자를 차감하라
경매 등으로 회수할 때까지의 보유기간 동안 근저당권부 질권 대출이자 약 4개월분 등 대출이자를 산정하여 예상배당액에서 차감한다. 이건은 상기 예상배당액의 80% 수준인 1억6천만원을 연이율 12%로 대출받을 경우 질권대출이자 4개월분은 6,400,000원 정도 소요된다.

6. 근저당권 이전비용을 차감한다
양수인이 부담하는 근저당권 이전비는 대략 근저당권 설정액에 0.35%를 곱하여 산출하면 약 2,900,000원(819백만원×0.35%)으로 이를 예상배당액에서 차감하여야 한다.

7. 인수되는 공용부분 체납관리비를 차감한다

체납관리비 약 1년분이 3천만원에서 5천만원 정도 발생하여 낙찰자에게 인수되는 공용부분 체납관리비는 약 1천만원 이상으로 추정되는데, 동 금액도 차감하여야 한다.

8. 적정 이윤을 차감하라

그 밖의 적정 이윤을 차감한다.

9. 본격적으로 채권매매 가격협상에 임한다

상기 차감항목 등을 반영하여 채권 매입가격을 약 2억원으로 결정 후 채권매매 협상을 하였다. 예상낙찰가 4억원 - 대항력 있는 임차보증금 1억4천만원 - 퇴직금 등 임금채권 38,766,960원 - 당해세 4,282,340원(예상배당액 216,950,700원) - 질권대출이자 4개월분 6,400,000원 - 근저당권 이전비 약 290만원 - 인수 체납관리비 약 1천만원 등을 예상배당액에서 차감하면 193,450,700원이 산출되므로 적정 근저당권(채권) 매입금액은 약 2억원 정도이다. 당초 매수의향서를 3억1천만원에 제출 후 상기 차감항목 등을 종합하여 채권의 매매가격 협상을 진행하였다.

참고로 최우선배당 채권인 최종 3개월의 임금 및 3년간의 퇴직급여 등은 소액임차인의 최우선변제권과 동순위이고 1순위 근저당권보다 우선배당을 받는다. 따라서 근로복지공단 또는 선정당사자의 가압류, 개인이 가압류 시 원인채권이 임금채권인지 반드시 확인하여야 1순위 근저당권자의 배당예상액이 산정되고 이로써 1순위 근저당권의 매입가격이 산정된다. 이 사건에서는 임금채권자 7명이 부동산 가압류를 하였다.

기업의 부가가치세 체납으로 서대전 세무서의 압류등기, 직원의 건강보험료 체납 등으로 건강보험공단의 압류등기, 기업자금대출 연체로 대위변제한 기술신용보증기금의 가압류등기 등이 부동산등기부에 나타나 있는데, 이는 사업을 영위했다는 정황을 입증해 주는 것이고 사업을 영위했으므로 직원을 고용했다는 것도 알 수 있으므로 위의 등기가 존재하면서 동시에 개인명의의 가압류등기가 있다면 동 가압류등기는 체불임금에 대한 가압류일 가능성이 높은데 실제로 이 건은 체불임금으로 가압류가 되어 있었다. 근로복지공단 또는 선정당사자의 가압류등기가 있으면 거의 임금채권으로 보면 된다. 또한 확정일자 있는 대항력 있는 임차권 및 임금채권 가압류가 존재 시에는 임금채권 가압류권자가 최우선 순위로 배당을 받아가므로 후순위인 임차인의 배당액은 줄어들고 낙찰자가 인수하는 보증금은 증가하게 되는 바, 채권매입 시 인수예상 보증금은 적정 매입가에서 차감 후 매입가격을 결정하여야 하고, 유입취득 시에도 주의를 요한다. 이건의 임차인은 확정일자도 없어 대항력 있는 임차보증금 전액인 1억4천만원을 낙찰자가 전액 인수한다.

10. 지금까지의 매입 과정을 총정리해보자

근저당권부 채권 매입절차를 종합하면, 경매물건 기본권리분석, 현장조사, 예상배당액 추정 및 예상매입액 결정, 질권대출 등 자금조달계획 수립, 론세일요청서 제출, 유동화회사에 대출채권서류 열람요청 및 선순위채권 내역 확인, 예상배당표 작성, 대출계약서 및 근저당권설정 계약서의 자필날인 등 채권서류의 하자여부 점검, 질권대출 예상금액을 저축은행과 협의로 확정, 매입대상 근저당권이 설정된 부동산등기부등본 최종 열람 및 당해사건에 대한 대법원 경매사이트 문건접수란 등 점검, 유동화회사와 채권양도계약 체결 및 계약금 납입(계약서 1부는 양수인 보관), 질권은행과 질권설정계약 및 질권대출 계약체결(각 계약서 1부는 양수인 보관), 저축은행에 근저당권이전 잔금 및 입찰보증금 예치, 저축은행에 입찰위임 및 입찰표 사전 작성(질권대출 원금 이상의 금액으로 입찰표상 입찰가 기재, 입찰표 뒷면 위임장 란에 인감도장 날인 및 인감증명서 교부), 저축은행의 질권대출실행과 유동화회사에 NPL잔대금 납부, 유동화회사에 근저당권 이전등기 관련 서류 교부요청, 채권(계약)양도로 근저당권 이전등기 및 근저당권부 질권등기, 양수한 대출채권서류 원본 유동화회사로부터 양수인이 교부받아 질권은행에 인도, 경매법원에 채권양수인 또는 채권양수인을 대리하여 채권양도인이 채권자변경 신고서 제출(근저당권이 이전 등기된 부동산등기부등본 등 첨부), 낙찰(저축은행의 입찰대리로 유입취득), 경락자금대출로 낙찰대금 납부(낙찰 1개월 후), 점유자 등을 상대로 부동산 인도명령 신청, 양수인의 배당기일 참석 및 배당금 수령(대금납부 1개월 후), 질권은행도 배당기일에 질권대출 원리금 배당으로 회수, 양수인은 질권은행에 담보로 제공한 대출채권 서류원본 인도청구(보관) 및 잔존채권 채무자에게 청구, 채권양수인의 상가에 대한 사업자등록신청 및 양수인의 부동산 월세임대 및 매매 등의 순서로 근저당권 매입부터 부동산의 처분까지의 절차가 진행된다.

제13장
뭐니뭐니 해도 제일 중요한 건 NPL 매입루트

1. 금융기관으로부터 직접매입(직거래)하는 경로

개인 등 NPL투자자가 1금융권 및 2금융권으로부터 근저당채권을 직접 매입하여 투자하는 방식으로, 이렇게 직거래로 매입하면 아래 유암코 등 NPL중간상인을 통하여 채권을 재매입하는 경우보다 채권의 배당차익 등을 더 많이 얻을 수 있어 가장 바람직한 투자방법이다.

유암코 등 NPL중간상인은 통상 최종 진행되는 경매 매각가격 보다 높은 직전 유찰가 이내에서 채권을 매각하게 되나 1, 2금융권과 직거래 시에는 원칙적으로 예상배당액을 기준으로 채권을 매각하게 되므로 1, 2금융권에서 채권을 매입하는 것이 유리하다.

1금융권은 개인 등에게 채권매각을 하는 것이 법적으로 제한되어 있지 아니하지만 민원발생 등의 사유로 개인투자자 등에게 채권매각을 하지 않으나 100억원 이상의 큰 물건은 건별로 매각을 하기도 한다. 한국자산관리공사(KAMCO)는 공익목적 법인으로서 채권양도가 법적으로 제한되어 있지 않지만 개인에게 근저당채권을 재매각하지 아니한다.

한편 2013년도부터 신용협동조합 및 새마을금고 등 상호금융기관이 개인 등에게 근저당채권을 건별로 매각하고 있다. 대손충당금 적립 회피를 위하여 때로는 원리금이 100% 배당되는 근저당채권도 개인 등에게 매각을 하기 때문에 개인투자자 등은 근저당채권 매각의 태동기에 있는 동 상호금융기관을 공략하여 NPL을 매입하면 고수익을 얻을 수도 있다. 그리고 저축은행은 저축은행업 감독규정에 이해관계 없는 개인에게 근저당채권을 매각하지 못하도록 규정하고 있어 개인이 저축은행 근저당채권을 매입할 경우에는 법인인 자산관리회사에 중개수수료를 지불하고 동 자산관리회사 앞으로 1차 매입한 다음 동 자산관리회사로부터 2차로 개인이 채권을 매입하는 방식으로 저축은행 근저당채권을 우회적으로 매입하거나 대위변제 방법으로 인수할 수 있다. 참고로 유암코, 대신F&I, 농협자산관리회사 등 NPL중간상인은 원리금 100%가 배당되는 근저당채권은 자신들이 전액 회수하고 다른 투자자에게 매각하지 않는 것이 원칙이다. 대부업법 개정으로 2016.7.25부터는 금융기관으로부터 개인이 채권을 매입할 수 없다.

2. 연합자산관리 주식회사(유암코. www.uamco.co.kr)

1) 유암코 홈페이지를 방문해보자

아래 내용은 유암코(UAMCO)사이트의 고객참여 FAQ 등에 게시된 내용으로 개인에게 근저당권부 채권 매각이 가능하다는 게시물을 인용한 것이다. 유암코는 연합자산관리, 민간 배드뱅크, 기업구조조정, 부실채권 매입, 매각 및 유동화증권 투자사업을 수행하며, 유앤더블유 등 수십 개의 유동화전문회사를 보유하고 있는데 이들 유동화전문회사도 개인에게 채권매각을 수행하고 있다. 유암코의 존립기간은 2019년 10월 1일까지이다.

개인이 매수할 근저당채권을 선정하는 방법은 위 사이트에 접속하여 『매각자산정보 → 담보부채권 → 일반담보 → 관심물건 클릭』후 경매사건번호, 담당자 및 전화번호가 나타나면 동 담당자와 매각협상을 하면 된다. 또는 담보부채권(상세검색)을 클릭하여 경매사건번호를 입력해도 담당자 및 전화번호가 나타난다.

담당자는 유암코 직원 또는 유암코가 자회사인 유동화전문회사로 채권을 이전한 경우 유동화회사 자체에는 직원을 둘 수 없기 때문에 결국 채권매각 등 관리를 신용정보회사에 위임한 경우가 많은데 이 경우 그 신용정보회사 직원 등이 담당자가 된다.

> **[여기서 잠깐] 유암코의 수임기관**
>
> 신용정보회사(케이비, 한신평, 나라, 고려, 신한, 미래), 마이에셋 자산운용, 제이원 자산관리 등

매각의 일반적인 절차는 매입자 측에서 채권매입 의향서를 제출(매입금액, 대금지급방법 등을 포함) → 매각자 측에서 의향서를 검토한 후 타당한 경우 내부승인 절차 → 채권매매 계약체결(선급금 등 납부) → 매각자 측에서 잔금납부를 확인 후 매수인에게 채권 및 근저당권을 이전해 준다.

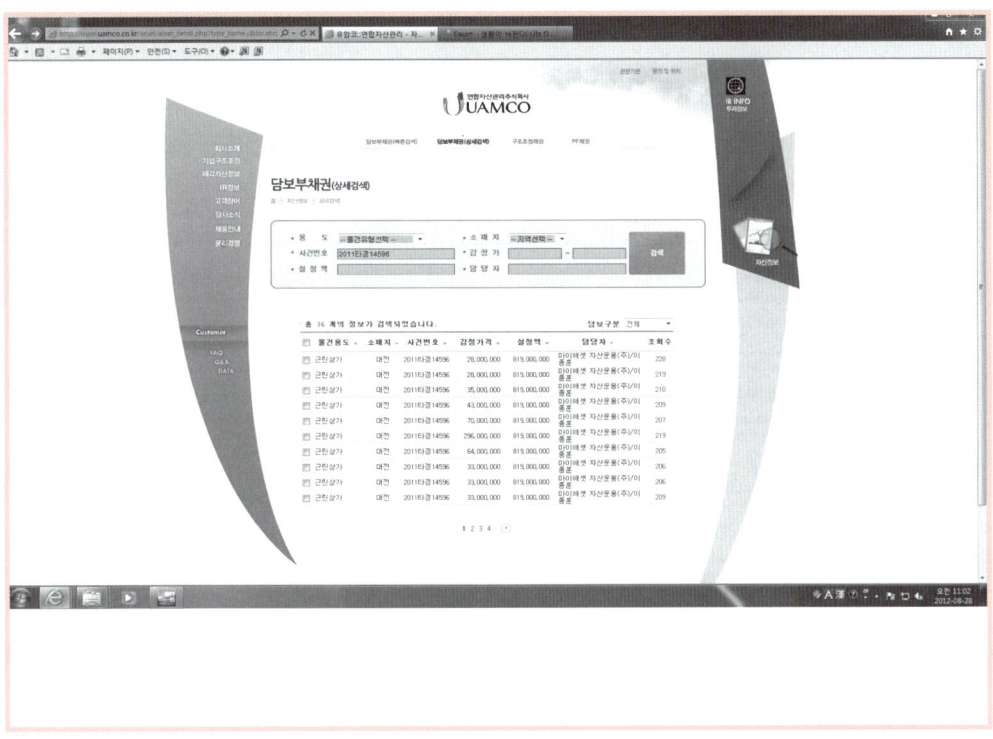

PART2 근저당채권(NPL) 매각에 관한 A부터 Z까지

《유암코의 수행업무》

등기사항전부증명서(현재사항)

등기번호	419145
등록번호	

상 호	연합자산관리 주식회사	
본 점	서울특별시 중구 서소문동 동화빌딩 13층	
공고방법	서울특별시내에서 발행하는 일간 매일경제신문에 게재한다.	
1주의 금액	금 5,000 원	
발행할 주식의 총수	1,000,000 주	2010.03.17 변경 2010.03.23 등기

발행주식의 총수와 그 종류 및 각각의 수	자본의 총액	변경연월일 등기연월일
발행주식의 총수 486,000 주 보통주식 486,000 주	금 2,430,000,000 원	2010.06.19 변경 2010.06.21 등기

목 적
1. 자산유동화에 관한 법률상 유동화전문회사의 설립 및 그 지분 또는 유동화증권에 대한 투자 업무
1. 부실채권, 부실채권에 수반하여 처분되는 증권이나 출자전환 주식, 또는 구조조정대상 회사에 대한 채권이나 증권의 매입 및 매각
1. 기업구조조정업무
1. 자산유동화에 관한 법률상의 자산관리업무
1. 부실채권 투자 및 회수를 위하여 설립한 자회사에 대한 자금대여
   <2012.03.27 변경 2012.04.09 등기>
1. 부동산 임대업 <2012.03.27 추가 2012.04.09 등기>
1. 기타 위 각 호의 업무를 달성하기 위하여 직.간접적으로 관련되거나 이에 부수하는 업무
   <2012.03.27 추가 2012.04.09 등기>

임원에 관한 사항
사내이사 이 규 591025-1******
감 사 문 재 551125-1******
대표이사 이 규 591025-1****** 서울특별시 송파구 신천동 7-14

기 타 사 항
1. 존립기간 또는 해산사유
   회사성립연월일로부터 만 10년
   2012 년 10 월 19 일 변경   2012 년 10 월 26 일 등기

회사성립연월일	2009 년 10 월 01 일

등기기록의 개설 사유 및 연월일	
설립	2009 년 10 월 01 일 등기

《유암코의 자회사인 유동화전문 유한회사의 수행업무》

등기사항전부증명서(현재사항)

등기번호	009438
등록번호	

상 호	유케이제일차유동화전문 유한회사
본 점	서울특별시 중구 서소문동 동화빌딩 13층

출자 1좌의 금액	금 5,000 원

자본의 총액	금 10,000,000 원

목 적

(1) 회사는 자산유동화에관한법률(이하 "자산유동화법")에 의하여 금융위원회에 등록될 자산유동화계획(아래에서 정의됨)에 따라 다음과 같은 자산유동화 업무를 행한다.
 1. 채권, 담보권 및 기타 재산권("유동화 자산")의 양수 및 양도
 2. 자산관리회사를 통한 유동화 자산의 관리, 운용 및 처분
 3. 유동화 증권(출자증서, 사채권 및 기타 증권)의 발행 및 상환
 4. 유동화자산에 관한 자산유동화계획("자산유동화계획")의 작성, 변경 및 금융위원회에의 등록
 5. 자산유동화계획의 수행에 필요한 계약의 체결
 6. 유동화증권의 상환, 각종 수수료 및 비용의 지급 등에 필요한 자금의 일시적 차입
 7. 여유자금의 투자
 8. 유동화 자산의 운용에 따라 취득한 부동산의 관리, 운용, 사용, 수익 및 처분
 9. 위 각호의 업무와 관련되거나 부수하는 업무
(2) 회사는 제1항에 열거한 업무 이외의 업무를 영위할 수 없다.

임원에 관한 사항

이 사 하 수 690920-1****** 서울특별시 서초구 잠원동 71-11

기 타 사 항

1. 존립기간 또는 해산사유

 회사는 다음 각 호의 1에 해당하는 사유로 해산한다.
 1. 정관 또는 자산유동화계획에서 정한 해산사유가 발생한 때
 2. 회사가 발행한 유동화 증권의 상환을 전부 완료한 때
 3. 회사가 파산한 때
 4. 법원의 해산명령 또는 판결이 있는 때
 5. 자산유동화 계획에 따라 사원 전원의 만장일치에 의한 해산 결의가 있는 때

회사성립연월일	2010 년 09 월 15 일
등기기록의 개설 사유 및 연월일 설립	2010 년 09 월 15 일 등기

2) 유암코가 게시한 근저당채권 매각 안내문

Q. 개인도 담보부물건 등 NPL 매입이 가능한지?
A. 가능합니다.

Q. 매입절차는 어떻게 되는지?
A. 원하시는 물건을 홈페이지에서 조회하신 경우에는 게시된 담당자에게 연락을 하여 협의를 진행하시면 됩니다.
  - 매입자 측에서 원하시는 물건에 대해서 유암코 혹은 위임사에 채권매입의향서를 제출합니다. 이때 채권매입 의향서에는 원하시는 물건에 대한 정보, 정확한 매입금액, 대금에 대한 지급방법이 반드시 포함되어야 합니다.
  - 매도측에서는 채권매입 의향서를 검토 후 타당성이 있는 경우 매입자 측과 세부 필요한 절차를 협의하게 됩니다. 단 모든 채권매입 의향서에 대해서 연락을 드리지는 않습니다.
  - 매도자/매입자 간에 채권매매 계약을 체결합니다. 계약서에는 대금에 대한 납부금액/시기 등이 포함됩니다.
  - 잔금지급이 완료되는 시점에 채권 및 근저당양도 이전이 완료되어, 매입자측으로 등기이전이 완료됩니다.

Q. 당사 홈페이지에 게시되는 물건은 어떠한 것인지 또는 게시되는 물건정보에 대한 업데이트 주기는?
A. - 일반적으로 담보부 물건이 게시되고 있으며, 종결된 담보는 게시되지 않습니다.
  - 일부 기업회생채권과 PF채권도 게시되고 있으며, Loan-Sale만 가능합니다.
  - 게시된 물건에 대한 업데이트는 일주일 단위로 자동으로 전산시스템에 의해서 업데이트가 되고 있습니다.

Q. 일부 물건 중 감정가보다 높은 물건으로 설정된 물건이 있는데 어떠한 경우인지?
A. 이 경우 대부분은 공담으로 인한 설정금액으로 이해하시면 됩니다. 또한 일부 감정 시 오감정 혹은 오타가 포함된 금액이 있을 수 있습니다.

3) 유암코가 보유한 근저당채권(부실채권)을 인식하는 방법

① 유동화회사 명칭으로 유암코 인식

유암코 영문의 첫 글자 U와 부실채권을 유암코에 양도한 은행의 영문 첫 글자를 결합하여 유암코의 자회사인 유동화전문회사의 이름을 붙이고 있는데, 부실채권을 양도하는 은행은 유암코의 공동출자인 아래 6개 은행들인 바, 이들 은행이 부실채권을 유암코에 양도하면 양도은행의 명칭을 넣어 아래와 같이 유동화전문회사의 이름을 짓는다.

- UN4(농협중앙회): 유엔제4차 유동화전문유한회사
- US6(신한은행): 유에스제6차 유동화전문유한회사
- UW1(우리은행): 유더블유제1차 유동화전문유한회사
- UH2(하나은행): 유에이치제2차 유동화전문유한회사
- UI(기업은행): 유아이 유동화전문유한회사
- UK3(국민은행): 유케이제3차 유동화전문유한회사
- UNW(농협·우리은행): 유엔더블유 유동화전문유한회사(농협, 우리혼합)
- UNK1(농협·국민은행): 유엔케이제1차 유동화전문유한회사(농협, 국민혼합)

② 경매사건 번호로 담당자 전화번호 검색

대법원 경매사이트 문건접수 란에 채권자 변경신고를 하면서 상기와 같이 영문 첫 글자가 U로 시작하면서 유암코의 6개 출자은행 명칭의 영문 첫 글자와 결합한 명칭으로 유동화전문유한회사가 채권자로 변경신고 되어 있을 경우에는 유암코에서 보유한 부실채권이므로 유암코의 홈페이지로 들어가서 경매사건번호를 입력하면 담당자 및 전화번호가 검색되는데, 동 담당자와 매각협상을 하면 된다.

③ 담당자(AM)검색 후 매각협상(실사례1)

실례를 들면 서울동부지법 2011타경16299 임의경매 사건은 유엔더블유유동화전문회사로 양도되었는데 유암코 홈페이로 들어가서 상기 경매사건번호를 입력하면 담당자가 고려신용정보(주) 강○원, 02-3450-9440로 나타난다.

이 건은 감정가 4억원의 18평 아파트로 우리은행에서 근저당권의 채권최고액 전액인 3억7,800원에 경매신청을 했는데 소유자의 처가 유치권을 신고하여 64%인 2억5,600만원(3차)에 경매가 진행되고 있다가 최근에 유치권 포기 및 취하신고서가 법원에 제출된 상태에서 유암코의 담당자와 근저당권 매각협상을 벌인 결과 근저당권을 3억3천만원에 매각을 하되, 다만 3억3천만원 이상으로 낙찰될 경우 3억3천만원을 초과하는 금액은 자기들 유동화회사에 근저당권 매수인이 추가로 지불하는 조건으로 근저당권부 채권양도 거래를 하자고 하였는 바, 2012년 2사분기까지 동 아파트는 3억1천만원에서 3억3천만원까지 실거래가로 매매된 사실이 국토해양부에 공시되어 있어 결국 아파트 매매가격을 전부 지불하고 근저당권을 매입하는 결과가 되므로 실익이 없어 근저당권 매수 협상을 더 이상 진행하지 않았다.

4) 유암코와 매각협상(실사례2)

수원지방법원 2011타경 29535호 임의경매, 유앤더블유 유동화전문유한회사(02-2179-2468, 한신평 신용정보(주)/ 02-2003-6220/02-2003-6322)

우리은행(유동화회사 명칭에 우리은행의 W가 들어가 있음)에서 유암코로 이전된 근저당권부 채권 원리금 전액인 37억원(매각 시 40억원 이상 받을 수 있다고 함)에 근저당권 매각(이전)을 개인에게 할 수 있는데 단 현금으로 모두 납부하여야 하여 어려우므로 그냥 낙찰을 받는 게 편리하다고 한 바, 우리가 입찰에 참가한다면 자기들이 유입취득을 위한 입찰참가를 보류하는 대신 자기들과 입찰이행약정을 체결하면 자신들이 입찰을 대리하여 우리 명의로 낙찰을 받을 수 있도록 도와주겠다고 하며, 이전에 매각기일 연기 후 이런 조건으로 협상했는데 매수희망자가 입찰에 들어오지 아니하여 이번에 유암코가 직접 채권원리금 전액인 37억원에 유입취득을 위해 입찰에 참가한다고 하면서 매수를 희망하면 자기들이 37억원에 입찰을 대리해 주겠다고 말하였다.

이 건은 비교적 우량한 상가로 1순위로 설정된 39억원의 한도 내에서 채권전액의 배당이 예상되어 할인 없이 전액으로 개인에게 매각하려고 하는 것으로 보이는데 현재 월세는 2,300만원에 보증금 5억원 정도로 수익률은 7.8% 정도 예상되나 대출이자 7%, 관리비 및 소득세 등을 감안하면 37억원에 취득 시 수익이 거의 발생하지 아니한 바, 2012.6.12일 진행되는 최저매각 가격인 29억원 정도로 입찰가를 쓰면 11% 정도의 수익이 생길 것이지만 대출이자 7% 충당 후 약 4%정도의 차익(연 1억원)이 발생되므로 근저당권을 37억원에 인수하는 것은 무리이며 29억원에 낙찰 받는 것이 실익이 있으므로 근저당권 매수는 고려하지 않기로 하였다.

아무튼 추후 유찰이 많으나 장사가 잘되는 우량한 유암코나 대신에이엠씨 경매물건은 근저당권 이전을 통한 매수 후 원리금 전액으로 입찰에 참가하여 남들보다 유리한 입장에서 1순위로 낙찰받아 우량상가 물건을 독점 또는 선점할 수 있다.

구체적으로 검토하면, 경매청구액보다 최저 매각가격이 적은 수회 유찰된 경매물건을 선정한 다음 경매신청권자의 근저당권부 대출채권액을 할인받아 예상낙찰가 수준의 금액으로 구입 후 할인금액을 포함한 경매청구액 수준의 가격으로 입찰을 하여 다른 입찰 참가자의 경쟁을 따돌리고 이들보다 유리한 지위에서 1순위로 낙찰을 받아 입찰 전부터 이미 절반은 이겨놓고 입찰을 하게 된다. 2012.6.12. 이 건은 37억1백만원에 낙찰되었다.

3. 대신 에이엠씨(전신 우리 에이엠씨)

1) 최근에 회사명이 변경되었다

대신 에이엠씨(2014년 5월 우리 에이엠씨에서 변경)는 대신 에프앤아이 주식회사가 100% 지분을 보유하고 있어 사실상 대신 에프앤아이와 같은 회사이며, 개인에게 근저당권부 채권을 매각하는데 개인이 근저당권을 매수하려면 사이트에 접속하여『홈 자산관리 상세검색 물건유형(아파트 등), 소재지역(서울 등) 검색하기, 관심물건 클릭』후 경매사건번호, 자산관리 담당자(AM, Asset Manager) 및 전화번호를 입수하여 동 담당자와 근저당권부 채권 매각협상을 하면 된다. 자산관리 AM별 클릭 후 경매사건번호를 입력해도 담당자 및 전화번호를 입수할 수 있다(대표전화 02-399-0100, 종각역 5번, 6번 출구 영풍빌딩 22층 소재, 담당자 전화번호 02-399-0158 등 다수).

2) 채권매각 내용

근저당권부 채권을 개인에게 일시불로 매각하고(관련서식은 대신에이엠씨에서 교부), 매각가격은 채권별로 평균낙찰가율, 예상배당액 및 대상물건의 여러 사항 등을 종합하여 결정하며, 개인에게도 매각하고 있다.

《대신 에이엠씨 홈페이지 인용 소개》

회사소개 및 개요

- 회사소개 및 개요
- CEO 인사말
- 자산관리실적
- 경쟁력
- 조직도

회사소개

- 설 립 일 : 2002. 9. 16
- 대표이사 : 박성목
- 자 본 금 : 40억원
- 임직원수 : 68명(2014. 4. 30 현재)
- 주   소 : 서울특별시 종로구 청계천로 41 (서린동, 영풍빌딩 22층)
- 대표전화 : 02-399-0100
- 주주구성 : 대신에프앤아이주식회사(100%)

당사는 2001년 11월 우리금융그룹의 부실채권관리를 전담할 목적으로 설립된 우리금융자산관리주식회사로부터 2002년 9월 물적분할된 국내 최고의 부실채권 자산관리 전담 회사로서,

2013년 12월 말까지 102개 SPC, 약 16조 여 원에 달하는 국내 금융기관의 부실채권을 해외 유수 투자자와의 합작투자 및 합작 자산관리방식으로 처리한 경험을 보유하고 있습니다.

당사는 우리금융지주사의 민영화를 위한 계열사 분리 매각의 일환으로 2014년 5월 대신금융그룹 계열사로 편입되어 대신에이엠씨주식회사로 사명을 변경하였습니다.

경영이념

4. 농협자산관리회사(http://www.acamco.co.kr/)

1) 개인에게 채권매각을 한다

담보부 채권은 본사에서 취합하여 개인에게도 조건이 맞으면 매각을 하고, 매각가격 기준은 예상배당액 등을 기준으로 하며, 2011.1.1.부터 특수관리부에서 담보부 채권을 전담하고 있다. 홈페이지에 접속하여 매각안내를 클릭 후 경매 사건번호를 입력하면 전화번호가 나오는데, 이 번호로 담당자와 근저당권 매각협상을 하면 된다.

2) 설립배경과 설립목적(이하 농협자산관리 홈페이지 인용)

『우리나라는 1990년대 들어 WTO 출범과 OECD 가입 등으로 대내외적으로 금융자율화와 개방화에 대한 압력을 받기 시작하면서 정부 주도의 금융개혁이 추진된 바 있으나 그 실효를 거두지 못하였습니다. 그러나 1997년 이후 잇따른 대기업 부도사태와 IMF 체제 하에서 금융기관들의 부실채권이 급증하면서 부실금융기관의 퇴출, 부실채권 정리, 금융기관의 건전성 강화대책 등을 중심으로 한 금융산업 구조조정이 강도 높게 추진된 바 있습니다.

당시 금융기관들의 부실을 정리하기 위하여 정부가 양대 축으로 설립한 기관이 예금보험공사와 한국자산관리공사였습니다. 예금보험공사는 금융기관이 뱅크럽(bankrupt) 사태에 직면했을 때, 예금대지급과 증자지원 등을 통하여 예금자보호와 경영정상화를 지원해 주고, 한국자산관리공사는 부실금융기관의 부실자산을 매입하여 신속히 정리해 주는 정리금융기관의 역할을 담당하였습니다.

지난 2001년 9월 제정된 「농협구조개선에 관한 법률」에서는 이를 모델로 하여 상호금융예금자 보호기금과 농협자산관리회사를 설치하는 규정을 두었습니다((대표전화 02-2224-8600, 특수관리부 02-2224-8620, 43 강동구청역 3번 출구 농협빌딩 3층 소재(02-2224-8647)).』

『조합 및 중앙회, 계열사의 부실예방 및 경영개선, 부실자산(부실채권, 비업무용자산)의 정리를 효율적으로 지원함으로써 농업협동조합의 구조개선에 기여하고자 2002. 8.1

조합과 중앙회가 공동 출자하여 설립한 특수법인입니다.』

《농협자산관리회사 홈페이지》

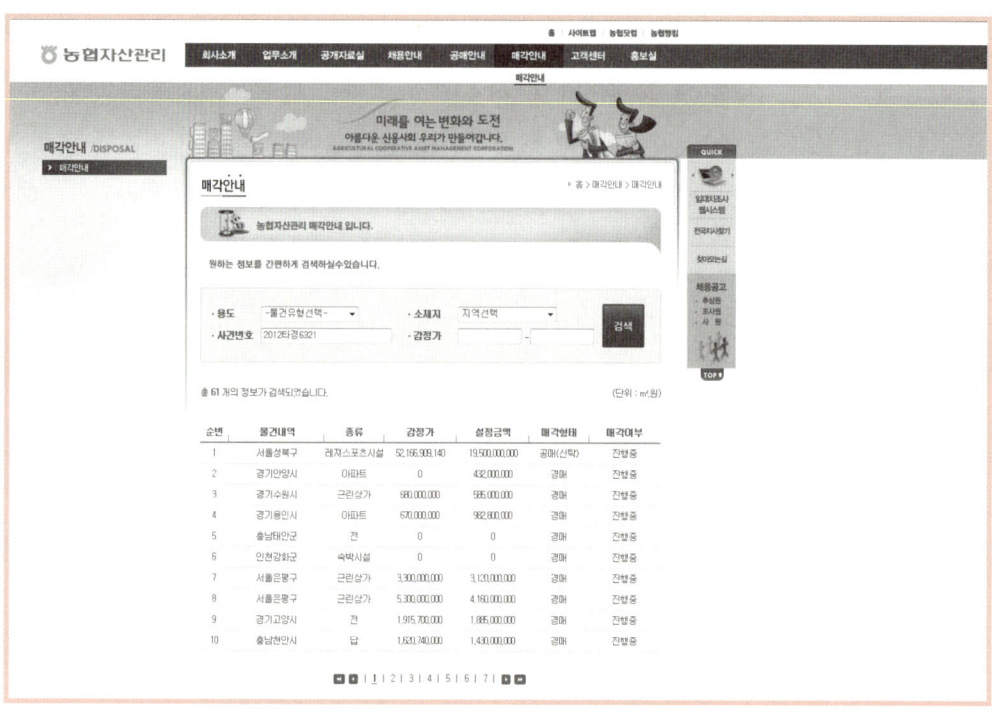

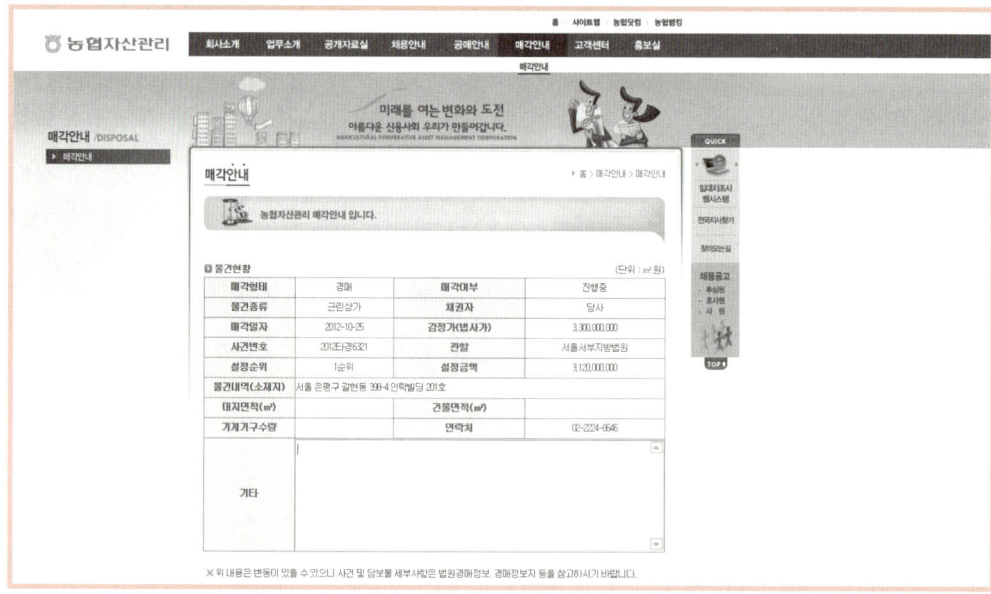

《농업협동조합 자산관리회사의 수행업무》

등기사항전부증명서(현재사항)

등기번호	001106
등록번호	

명 칭	농업협동조합자산관리회사	
주사무소	서울특별시 강동구 올림픽로	2011.10.31 노로명주소 2012.03.21 등기

목 적

회사는 다음 각호의 업무를 수행함으로써 농업협동조합법에 의한 조합, 중앙회, 조합 또는 중앙회가 출자한 회사, 조합과 중앙회가 공동출자한 회사(이하에서는 "조합등"이라 한다)의 부실예방 및 경영개선, 조합등이 보유하는 부실채권 및 부실채권으로 인하여 취득한 자산등 법시행령 제18조에서 정하는 비업무용자산(이하 "부실자산"이라 한다)의 정리를 효율적으로 지원함을 목적으로 보 한다.
1. 조합등의 부실자산의 매입 및 매각
2. 인수한 부실자산의 보전, 추심(가압류, 가처분, 민사집행법에 의한 경매 및 소송등에 관한 일체의 행위를 포함한다. 이하 같다) 및 채무관계자에 대한 재산조사
3. 인수한 부실자산의 처리를 위하여 행하는 다음 각목의 업무
　가. 부실자산의 효율적 처리를 위한 담보부동산의 취득
　나. 담보부동산의 가치의 보전, 증대를 위한 부동산의 매입, 대여, 개발, 처분
　다. 인수한 부실자산의 출자전환에 따른 주식(출자증권을 포함한다)의 인수
4. 조합의 부실자산의 보전, 추심 수임
5. 조합등으로부터 채무관계자에 대한 신용조사, 신용조회, 신용평가 수임
6. 합병, 사업양도 또는 계약이전등 구조조정을 도모하는 조합과 경영개선을 도모하는 조합등의 자산의 관리, 매각 및 매매의 중개
7. 조합 또는 중앙회가 위탁한 업무용, 비업무용자산의 공매
8. 제1호 내지 제7호의 업무수행과 관련된 재산의 매입과 개발
9. 조합등으로부터 위탁받은 업무
10. 관리회사의 업무수행에 따른 출자 및 투자
11. 제1호 내지 제10호의 업무에 부대하는 업무
12. 그 밖에 부실예방 및 부실자산의 정리를 위하여 필요한 경우로서 농림부장관이 승인하는 업무

임원에 관한 사항

이사 홍 기 570728-1******
감사위원 홍 기 570728-1******
대표이사 조 문 550911-1****** 경기도 용인시 기흥구 흥덕3로 20,
　대표권제한규정 이사 조명문 이외에는 대표권이 없음
　　2012년 03월 16일 취임 2012년 03월 21일 등기

기타사항

1. 자산에관한사항
　-자산의 총액 : 금9,921,000,000원
1. 출자에관한사항
　-1좌의 금액 : 금5,000원
　-출자의 총좌수 : 1,984,200좌
　-납입한 출자의 총액 : 9,921,000,000원

법인성립 연월일	2011년 07월 15일

등기기록의 개설 사유 및 연월일
착오에 의하여 서울중앙지방법원 상업등기소에 설립등기한 농업협동조합자산관리 주식회사(110111-2583171)를 2011년 6월 27일 농업협동조합자산관리회사로 조직변경하여 설립
　　　　　　　　　　　　　　　　　　　　　　　　2011년 07월 15일 등기

5. 유동화전문 유한회사(SPC : Special Purpose Company)

1) 채권매각을 위한 일시적, 서류상의 회사이다

담보부 채권을 개인에게 매각을 하는데, 매각가격 기준은 예상배당액 등을 감안하여 결정한다. 매입대상 부실채권에 대한 유동화전문회사의 담당자를 알아내려면 우선 양도한 은행의 여신관리부나 본점에 전화하여 해당 유동화회사 담당자의 전화번호를 입수하여 그 담당자와 매각협상을 하고, 유암코의 자회사인 경우 유동화회사 명칭이 유(U)로 시작된다.

① 자산유동화란?

부실채권·부동산 및 그 밖의 자산 등을 경매나 매각 등을 통하여 현금화하는 것을 말한다.

② 자산유동화의 목적

부실채권·토지 등의 자산을 현금화해 자금조달을 원활하게 하고 금융기관의 재무구조 등 자산건전성을 제고하기 위함을 목적으로 한다. 즉 은행은 부실채권이 증가하면 순자본 비율이 감소하고 대손충당금 적립금의 증가로 순이익이 감소하므로 은행은 순자본 비율 및 순이익을 높이기 위하여 부실채권 매각을 통하여 자산을 건실하게 하고 대외적으로 신인도를 높여 예금유치나 투자유치 등 자금조달 및 운용을 원활히 하여 사업을 계속 영위할 수 있게 된다.

지금까지는 은행이 자신의 자회사인 유동화전문회사를 설립하여 부실채권을 양도하여 정리하였으나, 2011.1.1.부터 시행된 국제회계기준에 따르면 모·자회사의 자산 및 부채를 합산하여 1개의 연결재무제표를 작성하도록 회계기준이 바뀌어 자회사인 유동화전문회사로 부실채권을 넘겨도 연결(결합)하면 여전히 은행이 부실채권을 보유하는 것으로 보게 되므로 이제는 은행이 자회사인 유동화전문회사가 아닌 유암코나 대신에이앰씨, 농협자산관리회사, 저축은행, 대부업체, 외국계 투자법인 등 타 법인으로 부실채권을 매각하는 트렌드로 바뀌고 있다.

 연결재무제표라 함은 법적으로는 독립적이지만 경제적으로는 종합적·유기적 관계를 맺고 있는 기업들을 일괄해 하나의 기업으로 보고 작성한 재무제표를 말한다. 연결재무제표는 연결대차대조표와 연결손익계산서로 구성된다. 연결대차대조표는 모기업과 자회사를 중심으로 작성한 대차대조표로 네 가지 연결조정(모회사 주식과 모회사 자본의 상쇄 제거 ⇒ 모자회사간의 대차의 제거 ⇒ 모·자회사 간 이익의 제거 ⇒ 모·자회사 간 자산·부채·자본금의 합병·정리)을 한 뒤 작성한다.

2) 유동화 전문회사의 주요 업무

 유동화전문회사는 은행 등 자산양도 기관의 자회사로서 국제회계기준상 모회사(양도회사)와 연결재무제표를 작성하여야 하며, 양도기관에서 발생한 부실채권을 매각하기 위해 일시적으로 설립되는 특수목적(Special Purpose Company)회사이고, 자산유동화법상 직원을 둘 수 없고 영업소도 없으며, 비상근 임원만이 있는 서류상의 회사(Paper Company)이기 때문에 그 업무는 자산관리자, 자산보유자 및 제3자인 신용정보 회사 등 업무수탁자에 위탁하여 수행한다. 채권매각과 자산담보부 채권(ABS)발행 후 채권원리금 상환이 모두 끝나면 자동으로 해산(소멸)되는 일종의 Paper Company이며, 자산유동화의 중개기관 역할을 한다. 주요 유동화 업무로는 유동화자산의 양수·양도 또는 다른 신탁회사에의 위탁, 유동화자산의 관리·운용 및 처분, 자산담보부 채권(ABS)인 유동화증권의 발행 및 상환 등의 업무를 처리한다.

3) 유동화회사의 근저당권부 채권의 질권 담보제공 금지

서울중앙지법 2008.9.9. 선고 2008가합3898 질권설정등기말소 확정판결

【판시사항】

[1] 유동화전문회사의 업무를 자산유동화계획에 따른 일정한 행위들로 제한하고 있는 자산유동화에 관한 법률 제22조가 유동화전문회사의 권리능력을 제한하는 강행규정인지 여부(적극)

[2] 유동화전문회사 대표자의 대외적인 업무집행에 관한 권한을 제한하고 있는 자산유동화에 관한 법률 제10조 및 제23조의 규정을 위반한 행위의 효력(무효)

[3] 유동화전문회사의 대표자가 자산유동화에 관한 법률 및 자산유동화계획이 정하고 있는 절차를 거치지 않고 직접 유동화자산으로 등록되어 있는 근저당권부 채권에 관하여 질권을 설정하여 준 행위는, 자산유동화에 관한 법률 제22조를 위반한 유동화전문회사의 권리능력을 넘는 행위일 뿐만 아니라 이사의 대표권 제한규정을 위반한 것으로서 무효라고 본 사례

【판결요지】

[1] 자산유동화에 관한 법률이 유동화전문회사의 업무를 자산유동화계획에 따른 일정한 행위들로 제한하고 있는 취지는 유동화전문회사로 하여금 공시된 자산유동화계획에 따라 유동화전문회사의 설립 취지에 부합하는 합리적이고 정상적인 자산유동화 관련 업무 외의 업무는 수행하지 못하도록 함으로써 유동화자산을 계획에 따라 운용할 것을 기대하고 유동화증권에 투자한 투자자들에게 예측할 수 없는 위험이 발생하는 것을 방지할 필요가 있기 때문이고, 그와 같은 자산유동화에 관한 법률의 입법 목적과 그 밖의 규정들의 내용에 비추어 보면, 유동화전문회사의 업무를 자산유동화계획에 따른 일정한 행위들로 제한하고 있는 자산유동화에 관한 법률 제22조는 단순한 단속규정이 아니라 권리능력의 범위에 관한 강행규정으로써 이에 위반한 유동화전문회사의 행위는 그 효력이 없다.

[여기서 잠깐] 한국자산관리공사(KAMCO)는 개인에게 매각하지 않음

• 질의(2012.11.15.)
캠코가 보유한 근저당권부 채권을 법인 아닌 개인에게 매각이 가능한지 여부 및 불가능하다면 이에 대한 법령 규정은 무엇인지 여부, 현실적으로 어려운 것인지 아니면 법인에게만 매각이 가능한지 여부

• 캠코 회신(2012.11.22.)
귀하께서 문의하신 채권 및 근저당권 매각 관련하여 우리 공사는 공사법 제26조에 의거 금융회사 등으로 부터 부실채권을 인수하고, 인수한 부실채권은 민사집행법에 따라 법원경매절차 또는 자진변제의 방법을 통해 정리하고 있으며, 채권을 개인에게 매각하지는 않고 있음을 알려 드리오며, 추가로 궁금하신 사항은 02-2103-7009로 문의하여 주시기 바랍니다

《엔에스유동화전문 유한회사의 수행업무》

등기사항전부증명서(현재사항)

등기번호	010979
등록번호	

상 호	엔에스제이차유동화전문 유한회사	
본 점	서울특별시 강남구	
출자 1좌의 금액	금 10,000 원	
자본의 총액	금 7,656,200,000 원	2012.03.27 변경 2012.03.28 등기

목 적

(1) 회사는 자산유동화에 관한 법률(자산유동화법)에 의하여 금융위원회에 등록될 자산유동화 계획(아래에서 정의됨)에 따라 다음과 같은 자산유동화 업무를 행한다
1. 중소기업은행으로부터 채권, 담보권 및 기타 재산권(유동화 자산)의 양수 및 양도
1. 자산관리회사를 통한 유동화 자산의 관리, 운용 및 처분
1. 유동화 증권(출자증서, 사채권 및 기타 증권)의 발행 및 상환
1. 유동화 자산에 관한 자산유동화 계획(자산유동화 계획)의 작성, 변경 및 금융위원회에의 등록
1. 자산유동화 계획의 수행에 필요한 계약의 체결
1. 유동화 증권의 상환, 각종 수수료 및 비용의 지급 등에 필요한 자금의 일시적 차입
1. 여유 자금의 투자
1. 위 각 호의 업무와 관련되거나 부수하는 업무
(2) 회사는 제1항에 열거한 업무 이외의 업무를 영위할 수 없다.

임원에 관한 사항

대표이사 일본국인 사카모토마사키 1966년 12월 13일생 일본국 도쿄도 무사시노시 40번지 1호
이사 일본국인   1966년 12월 13일생
이사 일본국인   1978년 10월 31일생

기 타 사 항

1. 존립기간 또는 해산사유

   회사는 다음 각 호의 1에 해당하는 사유로 해산한다.
   1. 정관 또는 자산유동화 계획에서 정한 해산 사유가 발생한 때
   2. 회사가 발행한 유동화 증권의 상환을 전부 완료한 때
   3. 회사가 파산한 때
   4. 법원의 해산 명령 또는 판결이 있는 때
   5. 사원 전원의 만장일치에 의한 해산 결의가 있는 때

회사성립연월일	2012 년 03 월 12 일
등기기록의 개설 사유 및 연월일 　　설립	2012 년 03 월 12 일 등기

《케이비유동화전문 유한회사의 수행업무》

등기사항전부증명서(폐쇄사항)

등기번호	008784	
등록번호		청산종결

상 호	케이비제십사차유동화전문 유한회사
본 점	서울특별시 중구 남대문로2가
출자 1좌의 금액	금 10,000 원
자본의 총액	금 10,000,000 원

목 적

(1) 회사는 자산유동화에관한법률(이하 "자산유동화법" 이라 한다)의 규정에 따라 다음 각 호의 사업을 영위함을 목적으로 한다.
1. 주식회사 국민은행이 보유하고 있는 대출채권 및 이를 담보하는 저당권 등 담보권 기타 이에 수반하거나 부수하는 제반 권리(이하 "유동화자산" 이라 한다)의 자산유동화법에 의한 양수, 관리, 운용 및 처분
2. 유동화자산에 관한 유동화증권의 발행 및 상환
3. 유동화자산에 관한 자산유동화계획(이하 "자산유동화계획" 이라 한다)의 작성 및 유동화자산과 관련하여 자산유동화법 기타 법률에 따른 각종 등록
4. 자산유동화계획의 수행에 필요한 계약의 체결
5. 유동화증권의 상환 등에 필요한 자금의 일시적인 차입
6. 여유자금의 투자
7. 기타 제1호 내지 제6호의 업무에 부수하는 업무
(2) 회사는 제1항의 규정에 의한 업무 이외의 업무를 영위할 수 없다.

임원에 관한 사항

이사 아 민 811120-2****** 경기도 성남시 분당구 금곡동
　　2011 년 09 월 23 일 퇴임　　2011 년 09 월 26 일 등기
청산인 이 민 811120-2****** 경기도 성남시 분당구 운중동 949
　　2011 년 09 월 23 일 취임　　2011 년 09 월 26 일 등기

기 타 사 항

1. 해산
2011년 9월 23일 주주총회 결의에 의하여 해산
　　　　　　　　　　　2011 년 09 월 26 일 등기
2011년 9월 23일 임시사원총회 결의에 의하여 해산
　　2011 년 10 월 07 일 착오발견　　2011 년 10 월 07 일 등기
1. 청산종결
2011년 12월 2일 청산종결
　　　　　　　　2011 년 12 월 07 일 등기 동일폐쇄

1. 존립기간 또는 해산사유

회사는 다음 각 호의 1에 해당하는 사유가 발생한 경우 해산한다.

《하나유동화전문 유한회사의 수행업무》

등기사항전부증명서(현재사항)

등기번호	001102
등록번호	

상 호	하나유동화전문 유한회사
본 점	부산광역시 해운대구 재반로
출자 1좌의 금액	금 5,000 원
자본의 총액	금 10,000,000 원

목 적

회사는 자산유동화에 관한 법률(이하 자산유동화법)및 자산유동화 계획에 따라 다음각호의 사업을 영위함을 목적으로 한다.
1. 자산유동화의 대상이되는 모든채권,부동산,할부거래채권,상거래채권,금융거래채권등 기타 재산권으로서 자산유동화법의 규정에의한 유동화 자산(이하 유동화자산)의 양수,양도 또는 신탁회사에의 위탁
1. 유동화자산의 추심,관리,운용 및 처분(유동화자산의 임대포함)
1. 유동화자산에 관한 유동화증권의 발행 및 상환
1. 유동화자산에 관한 자산유동화계획(이하 자산유동화계획)의 작성및 금융위원회에의 등록
1. 자산유동화계획의 수행에 필요한 계약의 체결
1. 유동화증권의 상환등에 필요한 자금의 일시적 차입
1. 여유자금의 투자
1. 각 호에 관련된 부대사업 일체

임원에 관한 사항

이사 박○대 760304-1******
대표이사 박○대 760304-1****** 부산광역시 해운대구 반여로
이사 최○선 800613-2******

기 타 사 항

1. 존립기간 또는 해산사유

   1. 회사가 자산유동화법에따라 금융위원회에 등록한 자산유동화계획에서 정한사유가 발생한 때
2. 회사가 자산유동화법에따라 발행한 유동화 증권의 상환을 전부 완료한때
3. 법원의 명령 또는 판결이 있을때 또는 파산한때
4. 달리 회사가 모든채무를 상환한 경우로서 만장일치의 사원결의가 있는때

회사성립연월일	2012 년 10 월 15 일
등기기록의 개설 사유 및 연월일	
설립	2012 년 10 월 15 일 등기

《한국자산관리공사의 수행업무》

등기번호	006107	등기사항일부증명서(현재사항)	
등록번호			
명칭	한국자산관리공사	1999.12.31 변경	
		2000.01.10 등기	
주사무소	서울 강남구 역삼동	. . 변경	
		. . 등기	

목 적

한국자산관리공사는 금융기관이 보유하는 부실자산의 정리촉진과 부실징후기업의 경영정상화 등을 효율적으로 지원하고, 법령에 의하여 국가기관 등으로부터 위임받은 재산의 관리, 처분업무 등을 수행함으로써 금융산업 및 국민경제 발전에 이바지함을 목적으로 한다.
<2009.10.26 변경 2009.11.13 등기>

공사는 다음 각호의 업무를 행한다. <1999.04.30 변경 1999.05.10 등기>

1. 부실채권의 보전.추심(가압류, 가처분, 민사소송법 및 민사집행법에 의한 경매 및 소송 등에 관한 일체의 행위를 포함한다. 이하 같다)의 수임 및 인수 정리
<2009.10.26 변경 2009.11.13 등기>

1의 2. 자산유동화에 관한 법률 제10조 제1항의 규정에 의하여 위탁받은 유동화자산의 관리에 관한 업무
<1999.04.30 변경 1999.05.10 등기>

1의3. 부실자산의 효율적인 처리를 위하여 행하는 다음 각목의 업무
<1999.04.30 변경 1999.05.10 등기>

가. 부실채권의 매입과 그 부실채권의 출자전환에 따른 자본시장과 금융투자업에 관한 법률 제4조 제2항 제2호에 따른 지분증권(이하 지분증권이라 한다)의 인수
<2009.05.13 변경 2009.05.14 등기>

나. 자산유동화에 관한 법률 제3조 제1항의 규정에 의한 자산유동화전문회사등이 발행하는 채권.증권의 인수
<1999.04.30 변경 1999.05.10 등기>

다. 가목에 따라 지분증권을 취득하였거나 제10조의2의 규정에 의하여 출자를 한 법인(이하 출자법인이라 한다)에 대한 금전의 대여 및 공사의 납입자본금, 이익준비금 및 사업확장적립금 합계액의 100분의500 범위안에서 영 제18조의2의 규정에서 정하는 한도내의 지급보증
<2009.10.26 변경 2009.11.13 등기>

라. 공사가 인수한 자산(담보물을 포함한다)의 매수자에 대한 연불매각등 금융지원과 인수한 부실채권의 채무자의 경영정상화, 담보물의 가치의 보전.증대 등 부실자산의 효율적 정리에 필요한 자금의 대여, 관리 및 다목의 규정에 의한 지급보증의 범위안에서의 지급보증(차입원리금의 상환에 대한 지급보증을 제외한다)
<2009.10.26 변경 2009.11.13 등기>

2. 부실채권의 보전.추심 및 채무관계자에 대한 재산조사
<2009.10.26 경정 2009.11.13 등기>

3. 부실징후기업의 자구계획대상자산의 관리.매각의 수임 및 인수정리
<1999.04.30 변경 1999.05.10 등기>

4. 부실징후기업에 대한 경영진단 및 정상화지원을 위한 자문
<1999.04.30 변경 1999.05.10 등기>

5. 비업무용자산 및 합병.전환.정리 등 구조조정 또는 재무구조개선을 도모하는 법인과 그 계열기업(이하 '구조개선기업'이라한다)의 자산의 관리.매각.매매의 중개 및 금융기관의 건전성제고를 위한 인수정리
<1999.04.30 변경 1999.05.10 등기>

6. 부실채권정리기금 및 구조조정기금의 관리 및 운용
<2009.05.13 변경 2009.05.14 등기>

등기번호	006107

7. 법령에 의하여 국가기관등으로 부터 대행을 의뢰받은 압류재산의 매각.대금배분등 사후관리 및 당해 재산의 가치의보전.증대등을 위한 관련 재산(저당권등 제한물권을 포함한다. 이하같다)의 매입과 개발
<1999.04.30 변경   1999.05.10 등기>

8. 법령에 의하여 국가기관등으로 부터 수임받은 재산의 관리.처분.채권의 보전.추심 및 당해재산의 가치의 보전.증대 등을 위한 관련 재산의 매입과 개발
<1999.04.30 변경   1999.05.10 등기>

9. 국유재산법에 의하여 국가가 주식 또는 지분의 2분의 1이상을 보유하는 회사의 청산업무
<1999.04.30 변경   1999.05.10 등기>

10. 제1호 내지 제3호 및 제5호의 업무수행과 관련된 재산의 매입과 개발
<1999.04.30 변경   1999.05.10 등기>

10의 2. 공사의 업무수행(제10호의3의 업무를 제외한다)에 따른 출자 및 투자
<2006.03.13 변경   2006.03.17 등기>

11. 자본시장과 금융투자업에 관한 법률에 따른 신탁업 중 부동산 담보신탁업무 및 구조개선기업의 부동산의 관리.처분신탁업무   <2009.10.26 변경   2009.11.13 등기>

12. 부실징후기업의 자구계획지원을 위한 기업인수.합병의 알선
<2009.10.26 변경   2009.11.13 등기>

13. 부동산의 이용 및 개발에 관한 자문 및 상담   <2009.10.26 변경   2009.11.13 등기>

14. 취득대상부동산의 이용가치의 보전.증대를 위한 인접부동산의 매입
<2009.10.26 변경   2009.11.13 등기>

15. 동산.부동산 및 부실징후기업의 계열기업의 임대   <2009.10.26 변경   2009.11.13 등기>

16. 영 제2조 제29호 나목에서부터 라목까지의 규정에 해당하는 자의 고금리로 인한 금융비용을 줄이기 위한 것으로서 위원회가 인정하는 신용보증업무
<2009.10.26 추가   2009.11.13 등기>

10의 3. 영 제18조의3에서 정하는 회사 등에 대하여 국외부실자산에 대한 투자를 목적으로 하는 출자 및 투자   <2006.03.13 추가   2006.03.17 등기>

17. 기타 부실자산의 정리.부실징후기업의 경영정상화 지원등 설립목적을 달성하기 위한 부내업무로서 금융위원회가 필요하다고 인정하는 업무   <2009.10.26 변경   2009.11.13 등기>

12의2. 제10호의2 및 제10호의3에 따른 업무를 수행하기 위하여 설립하는 회사의 업무대행
<2010.04.22 추가   2010.06.04 등기>

임원에 관한 사항

이사 강_석 600420-1******
   2010 년 08 월 10 일 취임   2010 년 08 월 18 일 등기
   2012 년 08 월 10 일 중임   2012 년 08 월 22 일 등기

사장 장 철 560106-1****** 서울특별시 양천구 목동 912
   2010 년 11 월 08 일 취임   2010 년 11 월 19 일 등기

감사 송 국 570709-1******
   2011 년 10 월 28 일 취임   2011 년 11 월 11 일 등기

부사장 이 연 561205-1******
   2012 년 09 월 28 일 취임   2012 년 10 월 11 일 등기

법인성립 연월일	1997 년 11 월 24 일

제14장 유동화전문회사의 자산현금화(유동화) 방법

1. 근저당권부 채권매각(채권자 교체방식, Loan Sale) 방식

담보부 부실채권을 개인 등에게 매각하여 자산을 현금화한다. 근저당권이 붙어 있는 대출채권의 원리금 전액을 근저당권과 같이 양수인에게 이전하는 방식으로 가장 많이 이루어지는 부실채권 매각 방식이며, 채권자 교체를 통하여 부실채권을 현금으로 회수하는 방식이다. 부실채권은 경매를 진행시켜도 전액 회수를 못하여 원금손실을 입게 되는 채권이므로, 제값을 받지 못하고 채권 및 근저당권을 할인하여 판매하게 된다. 따라서 금융기관의 론세일은 대부분 채권 및 근저당권의 할인판매 형식으로 이루어진다.

《론세일 사례1(수원지방법원 2011타경 529XX호 부동산임의경매)》

순위번호	등기목적	접수	등기원인	권리자 및 기타사항
1	근저당권설정	2005년4월20일 제50669호	2005년4월18일 설정계약	채권최고액 금378,300,000원 채무자 김 한 성남시 중원구 금광동 근저당권자 주식회사신한은행 110111-0303103 서울 중구 태평로2가 120 (시화공단지점)
1-1	1번근저당권이전	2012년10월10일 제146231호	2006년4월1일 회사합병	근저당권자 주식회사신한은행 110111-0012809 서울특별시 중구 태평로2가 120 (본점)
1-2	1번근저당권이전	2012년10월10일 제146733호	2012년10월10일 확정채권양도	근저당권자 우리에프앤아이제27차유동화전문유한회사 110114-0413529 서울특별시 종로구 청계관로 41-22층(서린동,영풍빌딩)
1-3	1번근저당권이전	2012년10월10일 제146734호	2012년10월10일 확정채권양도	근저당권자 주식회사해영에이엠씨 서울특별시 강북구
1-4	1번근저당권이전	2012년10월10일 제146735호	2012년10월10일 확정채권양도	근저당권자 이 운 810328-1****** 서울특별시 송파구 잠실로

상기 수원지방법원 2011타경 529××호 사건에서 양수인은 채권 및 근저당권을 약 220,000,000원(추정)에 양수 후 제3자가 전전전 유찰가(339,200,000원)를 뛰어넘는 금액(349,170,000원)으로 낙찰을 받은 다음 감정가(530,000,000원)의 약 60%인 314,000,000원의 경락자금 대출을 받아 낙찰대금을 납입 후 근저당권 양수인은 고액의 배당을 받은 바, 경락자금대출 314,000,000원에서 근저당권의 양수대금 약 220,000,000원을 차감해도 양수인은 약 1억원의 현금을 확보한 것으로 추정된다. 한편 제3자인 낙찰자는 채무인수에 의한 대금납입을 위하여 근저당권 양수인의 승낙을 얻어 채무인수신청 후 이를 취하하였다.

◎ 문건처리내역

접수일	접수내역
2011.12.08	등기소 화성등기소 등기필증 제출
2012.01.04	기타 주식회사 가화감정평가법인 감정평가서 제출
2012.01.09	임차인 김O숙 권리신고및배당요구신청 제출
2012.01.31	기타 집행관실 현황조사서 제출
2012.02.16	교부권자 화성시동부출장 교부청구 제출
2012.07.10	채권자 우리에프앤아이제27차유동화전문유한회사 채권자변경신고 제출
2012.08.01	채권자 우리에프앤아이제27차유동화전문유한회사 기일연기신청 제출
2012.10.17	근저당권자 이로운 채권자변경신청서 제출
2012.11.12	최고가매수신고인 매수인의 채무인수신청 제출
2012.11.23	교부권자 화성시동부출장소 교부청구 제출
2012.11.30	최고가매수신고인 채무인수신청취하서 제출
2012.12.04	최고가매수신고인 등기촉탁신청 제출
2012.12.04	최고가매수신고인 매각대금완납증명
2012.12.04	최고가매수신고인 등기촉탁공동신청 및 지정서 제출
2012.12.07	채권자 이O운 채권계산서 제출
2012.12.11	채권자 이O운 배당배제신청 제출
2012.12.13	채권자 이O운 배당금교부신청 제출
2012.12.13	채권자 이O운 부기환부신청 제출

유찰 2012/03/28 (530,000,000)
유찰 2012/04/26 (424,000,000)
유찰 2012/05/24 (339,200,000)
유찰 2012/06/28 (271,360,000)
변경 2012/08/10 (217,088,000)
유찰 2012/09/12 (217,088,000)
낙찰 2012/10/17 (173,670,000원)
　　　349,170,000 (낙찰율: 66%)
　　김O기 (총입찰 2명)
　　낙찰허가(2012/10/24)
배당 2012/12/12 (173,670,000)

《론세일 사례2(안산지원 2012타경 70XX호 부동산임의경매)》

순위번호	등기목적	접수	등기원인	권리자 및 기타사항
1	근저당권설정	2005년3월30일 제21526호	2005년3월30일 설정계약	채권최고액 금182,000,000원 채무자 윤'현 시흥시 대화동 367 대화마을 홍익아파트 근저당권자 농업협동조합중앙회 110136-0027630 서울 중구 충정로1가 75
1-1	1번동기명의인표시변경	2012년11월15일 제76028호	2012년11월15일 취급지점변경	농업협동조합중앙회의 취급지점 여신관리부
1-2	1번근저당권이전	2012년11월15일 제76029호	2012년6월7일 확정채권양도	근저당권자 우리에프엔아이제26차유동화전문유한회사 110111-0112149 서울특별시 중구 청계천로 하나
1-3	1번근저당권이전	2012년11월15일 제76030호	2012년11월15일 (확정채권양도)	근저당권자 오 근 700902-1****** 서울특별시 송파구 오금로62길

- 론세일 및 근저당권 양수인의 유입취득(안산지원 2012타경 70××호)

물건번호	감정평가액	기일	기일종류	기일장소	최저매각가격	기일결과
1	170,000,000원	2012.09.07(10:30)	매각기일	112호 경매법정	170,000,000원	유찰
		2012.10.12(10:30)	매각기일	112호 경매법정	119,000,000원	유찰
		2012.11.16(10:30)	매각기일	112호 경매법정	83,300,000원	매각 (160,000,000원)
		2012.11.23(14:00)	매각결정기일	112호 경매법정		

- 상계신청에 따른 대금지급 및 배당기일 동일자 지정(상기 70××호)

◎ 기일내역

물건번호	감정평가액	기일	기일종류	기일장소	최저매각가격	기일결과
1	170,000,000원	2012.09.07(10:30)	매각기일	112호 경매법정	170,000,000원	유찰
		2012.10.12(10:30)	매각기일	112호 경매법정	119,000,000원	유찰
		2012.11.16(10:30)	매각기일	112호 경매법정	83,300,000원	매각 (160,000,000원)
		2012.11.23(14:00)	매각결정기일	112호 경매법정		최고가매각허가결정
		2012.12.27(13:50)	대금지급및 배당기일	112호 경매법정		진행

2. 유입취득 방식

1) 비업무용 부동산의 유입취득 억제

'유입취득 부동산'이라 함은 채권의 회수를 위하여 임의경매 신청 채권자인 유동화회사가 입찰에 참가하여 취득하는 부동산을 말한다. 즉 채권자인 유동화회사가 담보물건에 대한 법원의 경매에 참가하여 경락이 확정된 후 경매법원의 납부명령에 따라 대금을 납부하거나 민사집행법 제143조 제2항에 의한 상계신청을 하여 경매목적물의 소유권을 취득한 부동산을 말한다.

그런데 유동화회사가 경매물건을 유입 취득하여 비업무용 부동산을 보유할 경우 자금이 부동산에 고정화되어 다른 곳에 운용할 수 없어 자금운용의 손실이 발생하고, 취득세 및 인건비 등 관리비용의 발생으로 수지에 나쁜 영향을 미치므로 유입취득은 최대한 억제하고 있다.

따라서 유동화회사는 직전 유찰가 수준에서 론세일의 방법으로 근저당 채권을 제3자에게 할인 매각하거나 직전 유찰가 수준의 금액으로 제3자와 입찰이행약정 및 입찰위임 약정을 체결하여 유입취득의 경우보다 더 유리한 방법으로 채권을 회수하는 것을 선호하고 유입취득은 차선의 방법으로 선택한다.

2) 유입취득 기준(직전 유찰가)

유동화회사가 경매에 참가하고자 할 때에는 경매참가의 필요성, 유입취득 후 처분전망 등을 종합적으로 고려하여 경매불참 시보다 실익이 있는 경우에 한하여 법원의 최초법사가격, 총 채권액, 설정최고액 중 최저금액 이내로 경매에 참가하되, 응찰직전의 유찰가(전차 매각가격)이내로 참가한다.

여기서 '법원의 최초 법사가격'이라 함은 법원의 제1차 매각기일의 최저매각가격을 말한다. 다만 매각으로 인하여 소멸되지 아니하는 제1순위 저당권보다 우선하는 임차권, 전세권, 지상권 등의 권리가 있을 경우에는 동 선순위 권리에 해당하는 금액을 공제한 금액을 말한다. 그리고 '총 채권액'이라 함은 다음 각목의 금액을 합산한 금액을 말한다. 즉 채권액(원금, 배당예정일까지의 이자, 비용), 선순위채권(선순위설정액과 실채권액 중 적은 금액) 및 우선변제권 있는 주택·상가 임차보증금(매수인에게 인수되는 임차보증금 제외) 및 임금채권·조세채권 등을 합산한 금액을 말한다.

또한 '설정최고액'이라 함은 다음 각목의 금액을 합산한 금액을 말한다. 채권자의 근저당권 설정최고액, 선순위 채권 및 유동화회사의 채권에 우선하는 임금채권·조세채권·우선변제권이 있는 선순위 주택·상가 임차보증금 등을 합산한 금액을 말한다. 단 재매각의 경우 前매수인의 매수신고 보증금이 배당금에 합산될 경우에는 그 매수신고 보증금을 제외한 금액을 말한다.

3) 유입취득의 제한(특수물건)

경매 목적물에 물적 하자나 권리상 하자가 있거나, 현금화 가능성이 희박하여 처분이 어려울 것으로 예상되는 다음 각 호의 물건에 대하여는 원칙적으로 유입취득 할 수 없다.

> ① 선순위 채권 및 우선공과금의 과다로 자금운용상 실익이 없는 물건(유동화회사의 배당예상 금액이 경매참가 금액의 60% 이하인 경우)
> ② 공법상, 행정상 규제 및 벽지소재인 관계로 정상가격으로의 처분에 어려움이 예상되는 물건
> ③ 담보물건이 특수한 목적으로 건설되고, 용도가 제한되어 관리 및 처분에 어려움이 예상되는 물건(학교, 유치원, 교회, 사찰 등)
> ④ 토지와 지상 건축물이 일괄적으로 취득되지 아니하여 정상가격으로의 처분이 어려운 물건
> ⑤ 다수의 입주자가 있는 물건으로 관리 및 명도에 문제가 있고 집단 민원의 발생이 우려되는 물건, 기타 담보물건의 인수 및 처분에 문제가 있다고 판단되는 물건

3. 유입취득 후 재매각(낙찰약정)

자신의 근저당권이 설정된 물건을 직접 낙찰(유입취득)받은 후 바로 다른 사람에게 매각하여 자산을 현금화하는 방법인데, 유동화회사가 입찰 전에 이미 매수인과 낙찰 받아 명도까지 이행한 후 소유권을 이전하기로 하는 계약을 체결한 다음 유동화전문회사가 낙찰로 소유권을 취득한 후 바로 다른 매수인에게 일정부분 차익을 붙여 소유권을 이전해 주는 현금화 방법이다.

실제 사례로는 수원지방법원 안산지원 경매4계 2004타경 582××호 우리은행의 임의경매 사건에 관하여 우리은행의 자회사인 우리마린 제3차 유동화전문회사가 낙찰로 2006. 5.11. 유입취득 후 당일에 낙찰가 6억3천만원에 차익 6천만원을 붙인 6억9천만원으로 외부에 매각을 하였다.

[집합건물] 경기도 안산시 상록구 본오동 877-8 안산보노에아빌딩　　　　　　고유번호 1350-2000-006387

순위번호	등기목적	접　수	등기원인	권리자 및 기타사항
		제4665호	수원지방법원안산지원의 경매개시 결정(2004타경56232)	서울 중구 회현동1가 993 (여신관리담)
6	소유권이전	2006년5월11일 제48660호	2006년4월7일 임의경매로 인한 매각	소유자　우리마린제삼차유동화전문유한회사 110114-0054631 서울 종로구 서린동 33 영풍빌딩 22층
6-1	6번등기명의인표시경정	2006년8월7일 제82931호	2006년5월11일 신청착오	우리마린제삼차유동화전문유한회사의 주소 서울 종로구 서린동　영풍빌딩 22층
7	5번임의경매개시결정 등기말소	2006년5월11일 제48660호	2006년4월7일 임의경매로 인한 매각	
8	소유권이전	2006년8월7일 제82932호	2006년5월11일 매매	소유자　교　춘　520623-1****** 서울 송파구 잠실동 27 거래가액 금690,000,000원
9	압류	2009년12월18일 제115943호	2009년12월19일 압류	권리자　구 서산항 서인천세무서
10	압류	2010년1월13일 제2563호	2010년1월13일 압류(상록구세무과-390)	권리자　안산시상록구
11	소유권이전청구권가등기	2010년1월21일 제4604호	2010년1월13일 매매예약	가등기권자　장우정 460716-2****** 서울특별시 광진구 중곡동 616-8
12	가압류	2010년1월21일 제4606호	2010년1월20일 인천지방법원의 가압류	청구금액　금504,650,000원 채권자　신용보증기금 114271-0001636

4. 채무인수방식 회수(채무자 교체방식)

　상환능력이 부족한 채무자를 상환능력이 있는 채무자로 교체시켜 채무를 회수하는 방식이다. 다만 채무를 인수한 새로운 채무자로부터 채무를 쉽게 회수하기 위하여 채권자는 기존 채무의 일부를 탕감해 주는 조건(채권자의 입장에서는 채권의 일부를 포기하는 조건)으로 신채무자에게 일시적으로 채무을 인수시킨 다음 단시일 내에 채무를 변제 받는다. 부동산 일반매매에서 매수인이 매도인의 근저당권부 대출채무를 채무인수(승계)로 떠안고 나머지 잔금만을 지급하고 소유권을 이전받는 방식과 유사하게 경매에서 낙찰자가 1순위 근저당권부 대출채무를 떠안고 낙찰 받는 방법이다. 즉 개인이 유동화회사가 보유한 1순위 근저당권부 대출채무를 떠안기로 하는 채무인수 약정을 체결하고 개인이 직접 낙찰받은 다음 낙찰대금에서 1순위 근저당권자가 배당받을 금액을 채무인수 후 채무인수액을 차감한 금액만 법원에 납부하고(민사집행법 제143조 제1항), 소유권을 이전받고 근저당권부 대출채무자를 낙찰자로 변경하는 방식의 부실채권 정리방식이다. 경매신청으로 근저당권의 피담보채권이 확정된 후에 제3자가 그 피담보 채무를 면책적으로 인수한 경우에는 채무인수로 인한 저당권변경 등기에 준하여 채무자변경의 근저당권 변경등기를 신청할 수 있다. 이 경우 등기원인은 '확정채무의 면책적 인수'로 기재한다(근저당권에 관한 등기사무 처리지침 등기예규 제880호).

　인수채무는 당초 대출채무자가 부담하는 채무액 전액을 인수하나 채무인수인이 실제 변제할 채무액은 당초 인수채무액 보다 적은 금액으로 약정한다. 그러나 낙찰자는 법원에서 채무인수를 허용하지 않거나 인수채무(배당금)에 대하여 이의가 제기되면 배당기일이 끝날 때까지 낙찰대금을 전액 납입하여야 한다. 법원은 채무인수 신청이 있는 경우에 채무인수 신청서 상단에 고무인으로 '허·부' 란을 만들어 담당법관의 지시를 받으며, 채무인수 신청을 받아들이는 경우에 매각허가결정이 확정된 후이면 바로 배당기일을 정하면 되고, 따로 대금지급 기한을 정할 필요가 없다. 채무인수 신청서에 수입인지는 첨부하지 않는다.

　채무인수 방식으로 낙찰 받아도 낙찰자는 통상 소유권이전 등기일로부터 1달 전후로 인수한 채무에 약정이자를 붙여 유동화회사에 채무를 변제하여야 하므로 낙찰대금의 일부를 일시적으로 유예 받는 것에 불과하다. 유동화회사도 근저당권 매각을 론세일 방식으로 처리하는 것을 선호하고 채무인수 방식은 최후의 수단으로 예외적으로 활용하는데, 만약 낙찰자가 인수한 근저당권부 채무액을 변제하지 않으면 유동화회사는 다시 경매를 신청해서 채권을 회수하여야 하고 이 경우 낙찰 시까지는 약 1년 간의 기간이 소요되어 자금회수 지연으로 유동화회사는 자금운용 손실을 입기 때문에 론세일 방식으로 처리하기 힘든 10억원 이상 거액의 모텔, 상가물건 등을 처리할 때 활용하는 방식이다. 채무인수 약정을 체결한 자가 경매물건을 낙찰 받으면 낙찰자는 종전 채무자의 채무를 면책적으로 인수하는데, 채무인수인이 유동화회사에 실제 변제할 채무액은 종전 채무자에 대한 채무액 전액이 아니라 채무일부 감면을 받은 다음 일부 채무만 납부하는 것으로 인수약정을 체결한다. 낙찰자가 유동화회사에 약정기한(1달 전후) 이내에 채무인수 금액을 변제하면 근저당권도 말소된다.

　채무인수방식은 근저당권 매입대금이 부족한 투자자가 적은 자본으로 낙찰을 받는데 활용된다. 채무인수 금액을 제외한 나머지 소액의 자금(차액)만 낙찰대금으로써 배당기일 직전에 법원에서 통보해 주는 금액을 납부하면 되기 때문이다.

　채무인수 약정도 론세일 방식과 마찬가지로 입찰 참가자가 다른 입찰참가 경쟁자들을 따돌리고 확실하게 낙찰 받는데 활용된다. 즉 낙찰 받으려는 자가 예를 들어 근저당권이 붙은 3억원의 채무를 유동화회사로부터 2억원에 인수하기로 합의한 다음 입찰가를 3억원으로 쓰면 채무인수인이 확실하게 낙찰은 받되, 인수인이 실제 부담할 채무액은 1순위 근저당권자가 배당받을 3억원 전액이 아니라 유동화회사와의 합의로 채무 3억원 중 1억원이 탕감된 2억원만 유동화회사에 변제하면 된다. 따라서 채무인수 방식도 론세일 방식과 마찬가지로 남보다 유리한 지위에서 1순위로 확실하게 낙찰 받는 수단으로 이용할 수 있다. 물론 채무인수인의 입찰가 3억원 보다 더 높은 금액을 입찰가로 쓴 사람이 있다면 그 자에게 낙찰이 되므로 낙찰을 받지 못한 채무인수인과의 채무인수약정 체결은 무효가 된다. 론세일 방식으로 인수한 근저당권에 기한 경매실행 후 채권양수인은 배당받지 못한 잔존채권에 대하여는 당초 대출채무자에게 채무변제 독촉을 할 수 있으나, 채무인수 방식은 채무인수인이 당초 근저당권부 대출채무자에 대하여 어떠한 권리도 가지지 못한다.

1) 인수약정 채무 변제자금 조달방법

천안지원 2012타경 135호 임의경매사건은 감정가 약 30억원, 근저당권설정 최고액 24억원(대출금의 120%), 낙찰예정가 20억원으로 하여 유동화회사가 채무인수 방식으로 기존채무 20억원 중 8억원을 탕감한 12억원을 새로운 채무자에게 인수시킨 다음 변제받는 방식으로 채권회수를 추진하였다. 이 경우 채무인수인이 인수채무 변제자금을 조달하는 방법은 아래 3가지의 방법이 있다. 경락자금대출 방식으로는 낙찰예정가 20억원의 90%인 18억원을 대출받을 수 있고, 계약양도대출 방식으로는 근저당권의 설정 최고액이 대출원금의 120%인 24억원이므로 이 경우 원금인 20억원을 대출받을 수 있고, 재감정을 통한 대환대출 시에는 감정가 30억원에 은행의 대출비율 80%를 적용한 24억원을 대출받아 인수대금 12억원을 변제할 수 있다. 문제는 위 3가지 방식 중 어느 방식으로 대출해 줄 것인지의 여부는 은행이 결정권을 가지고 있으므로 은행과의 협상능력에 달려 있다.

① 계약양도 대출

낙찰자가 인수한 근저당권부 대출약정을 유동화회사로부터 다른 은행이 계약양도로 근저당권 및 채권을 이전받고 동 은행이 유동화회사에 낙찰자의 인수대금 채무를 대출을 발생시켜 변제해 주는 방식이다. 유동화회사가 낙찰자에게 가지는 인수대금 채권을 다른 은행이 양도받으면서 유동화회사에 인수대금을 변제하여 인수채무를 해결하는 방법이다. 이후 낙찰자는 채권최고액의 범위 내에서 양수은행으로부터 추가대출을 받아 리모델링 비용 등으로 활용할 수 있다.

② 경락자금 대출

경락자금 대출은 법원경매 절차에 따라 낙찰허가결정이 확정된 후 낙찰대금 납부가 완료되지 않은 부동산에 대하여 대출을 실행하는 것이 원칙이나, 경락에 의하여 소유권이 이전된 후 6개월이 경과하지 않은 부동산으로 차주 및 담보제공자가 동일한 경우에도 경락자금 대출을 받을 수 있는 바, 채무인수 방식은 소유권이 낙찰자에게 이전됨과 동시에 낙찰자 명의로 근저당권부 채무자 변경등기가 이루어진 다음 다른 은행으로부터 경락자금 대출을 받아 인수한 채무변제 및 동 근저당권 설정등기의 말소 등의 여러 등기가 낙찰자로의 소유권이전등기일 당일에 동시에 이루어지거나 순차로 이루어진다. 낙찰가를 인수금액보다 높게 쓸 수 있기 때문에 모텔 등 상가는 낙찰가의 90%에 해당되는 거액의 경락잔금 대출을 받을 수 있어 인수금액을 변제하고도 남은 여유자금으로 모텔 등의 리모델링 비용에 사용하거나 다른 곳에 투자할 수도 있다.

③ **대환대출**(재감정 대출)

낙찰자가 근저당권부 채무자 변경등기 후 새로 감정평가를 거쳐 다른 은행으로부터 대출을 받은 다음 기존 인수약정 채무를 변제하고 동 인수채무에 붙어 있던 근저당권을 말소하는 방식의 대출인데, 이를 대환대출이라고 한다. 낙찰자는 이상 3가지 방식 중 하나의 대출을 받아 인수약정 채무를 변제하고 여기에 붙은 근저당권을 해지로 말소하면 채무인수 약정은 그 목적을 전부 달성하게 된다.

2) 론세일 매각금액보다 채무인수 약정금액이 더 비싼 이유

채무인수 약정에 따라 낙찰로 소유권이전등기 후 인수된 채무를 유동화회사에 변제하지 않을 경우 유동화 회사는 다시 경매를 신청하여 채권을 배당으로 회수하기까지는 1년 정도가 소요되어 자금운용의 기회손실이 발생하며, 채무인수인에게 유동화 회사가 채무를 일부면제(채권할인)해 주었기 때문에 유동화 회사가 다시 경매신청 시 채권행사 금액은 할인된 만큼 감액손실이 발생된다. 또한 매각기일 전에 일시불로 지불되는 론세일 방식보다 채무인수 방식은 채권회수가 3개월 정도 늦어지므로 위와 같은 손실리스크 및 지연회수를 감안하여 론세일 방식보다 비싼 금액으로 인수약정 금액이 결정된다. 론세일 방식의 경우 근저당권 매입자금에 충당하기 위하여 근저당권 매입자는 저축은행으로부터 약 12%의 근저당권부 질권대출을 받으므로 월 1% 정도의 이자를 부담한다. 지금은 이율이 6% 수준이다. 채무인수 방식도 3개월 정도의 지연회수에 따른 이자손실을 보충하기 위해서는 론세일 방식의 매각금액에 3% 이상의 이자율을 곱한 금액 이상으로 인수금액을 정하여야 되는데, 실제로는 위와 같은 손실리스크 등을 감안하여 론세일 매각금액보다 수천만원 이상을 더 붙여 인수금액을 정한다.

3) 채무인수약정 시기(경매초기)

수회 유찰로 경매신청 채권자인 유동화 회사의 채권이 원금손실이 발생되는 물건 중에서 채무인수대상 물건을 선정하여 약정을 체결할 수도 있으나 이 경우 인수하려는 경쟁자가 많아 오히려 인수약정 금액이 커지므로 경매진행 초기인 1차나 2차 매각기일 때 인근 평균낙찰가율을 조사하여 이를 기준으로 인수대상 물건의 인수금액을 정하여 유동화회사와 인수협상을 거쳐 경매진행 초기단계인 1차나 2차 매각기일에 인수약정을 하면 다른 경쟁자를 물리치고 여유 있게 물건을 선점할 수 있고 수회 유찰 시까지 기다릴 필요 없이 초기에 입찰에 참가하여 100% 가까운 금액을 입찰가로 써서 고액의 경락자금 대출을 받아 인수대금을 납부하고 남은 금액을 다른 곳에 투자할 수도 있다. 수회 유찰된 물건을 전전유찰가를 뛰어넘는 금액으로 낙찰 받아 은행에 경락잔금 신청 시 저가로 낙찰을 받을 수 있음에도 고가로 낙찰 받았다고 하여 고액의 경락잔금 대출을 꺼리게 되나 1차나 2차 매각기일 전에 인수약정을 체결한 다음 인수인이 1차나 2차 매각기일 때 고가로 낙찰가를 써도 고가로 낙찰 받았다는 느낌이 적어 은행의 경락잔금 대출에 대한 심리적 부담감(저항감)도 줄어든다. 론세일도 초기에 약정을 맺는 것이 경쟁자를 물리치고 물건을 선점할 수 있다.

4) 채무인수 약정 시 등기절차

채무인수약정 체결 후 인수인이 낙찰을 받으면 인수인 명의로 매각을 원인으로 소유권이전등기, 인수되지 않는 근저당권 말소등기, 인수된 근저당 채무를 인수인 명의로 채무자변경등기, 인수잔금 완납을 이유로 인수된 근저당권 말소등기 등의 순서로 인수인이 낙찰받은 후 일련의 등기가 이루어지나, 실무상으로는 인수된 근저당 채무자의 변경등기를 유예하고 인수잔금 완납 시 그 인수된 근저당권을 말소하여 변경등기의 생략으로 등기비용을 절감하기도 한다. 경기도 광주시 삼동 269-1(창고) 주식회사 ○○냉장 물건(성남지원 2010타경 13079)도 인수된 ○○은행의 근저당권(을구 12번, 13번)의 채무자의 변경등기를 유예 후 인수잔금의 완납 시에 바로 인수된 근저당권을 설정계약 해지로 말소하였다.

5) 채무인수 약정의 주요 내용

채무인수 계약 시 계약금은 인수금액의 10%이고, 중도금은 입찰보증금으로 대체하되, 선순위 배당채권이 존재할 경우 이에 해당되는 금액은 별도로 법원에 추가로 납부하는 조건이고, 인수잔금은 경락잔금대출 등을 받아 변제하면 된다. 또한 낙찰로 소유권이전등기 시부터 보통 30일 내지 45일 이내에 인수인이 인수잔금을 완납하여야 하고 완납기한까지 이율은 9%이고, 납부기한 경과 시 연체이자는 보통 19%를 받는다.

채무인수 허가 시 낙찰자는 인수약정에 대한 계약금 10% 및 입찰보증금 10%만 자기자본으로 준비하고 낙찰대금의 90%를 경락잔금대출을 받아 인수채무를 변제하고 취득세에 충당한 후 남는 대출금은 낙찰자가 수령하게 된다.

그러나 채무인수를 법원에서 불허가 하거나 채무자 등이 인수채무(배당금)에 대한 이의제기 시 낙찰자는 낙찰대금 전액을 일시불로 납부하여야 하므로 낙찰자는 이를 대비하여 사전에 자금조달 계획을 확실하게 수립해 두어야 한다. 이 경우 낙찰자는 대금납부를 위하여 경락잔금의 90%를 대출받아도 부족한 수억원의 낙찰잔금 및 취득세를 추가로 준비하여야 하는 부담이 발생한다. 낙찰자가 채무인수 불허가 등으로 낙찰대금을 전액 일시불로 납부하여야 할 경우에는 채무인수 약정서에 낙찰자가 소유권이전등기 시까지 대금납부에 충당토록 유동화회사는 인수계약금을 낙찰자에게 돌려주기로 한다는 약정을 명시할 필요가 있고, 대금납부 후에는 인수금액을 초과하여 유동화회사가 배당받은 금액은 낙찰자에게 반환하기로 한다는 약정을 명시하여야 한다.

한편 차순위 입찰자가 인수금액을 초과하는 금액으로 입찰 시 인수인은 차순위 입찰자의 인수금액 초과부분을 추가로 유동화 회사에 지불할 것을 인수대금의 단서조항으로 명시하는데(차액보전 약정), 만약 차순위자가 인수금액보다 수억원을 초과하여 입찰가를 쓸 경우 인수인은 당초 인수금액과 별도로 수억원을 추가로 유동화회사에 지불하여야 하는 불측의 손실리스크가 발생한다. 따라서 인수금액 초과의 차순위자가 발생할 경우 인수금액 초과부분을 무한정 추가로 지불해 준다는 약정보다는 이 경우 추가납부액수의 한도를 미리 특정하여 명시하는 것이 불측의 추가부담을 방지함과 동시에 바람직하다고 생각된다. 아래는 천안지원 2012타경 135호 모텔물건에 대한 채무인수약정 추진 사례이다.

　참고로 구 민사소송법 제648조 제4항이 재경매 절차의 취소를 규정하고 있는 취지는, 재경매절차라는 것이 전 경락인의 대금지급의무의 불이행에 기인하는 것이어서 그 전 경락인이 법정의 대금 등을 완전히 지급하려고 하는 이상 구태여 번잡하고 시일을 요하는 재경매 절차를 반복하는 것보다는 최초의 경매절차를 되살려서 그 대금 등을 수령하는 것이 신속한 절차진행을 위하여 합당하기 때문인 바, 이와 같은 입법 취지에 비추어 볼 때, 전 경락인이 위 법조문에 근거한 재경매절차의 취소를 구하기 위하여 법정의 대금 등을 지급함에 있어서, 같은 법 제660조 제1항이 규정하고 있는 채무인수의 방식에 의한 특별지급 방법은 허용할 수 없다고 할 것이다. 왜냐하면 위 방법에 의할 경우, 인수되는 채무의 액수는 배당기일에 채권자가 배당받을 채권액을 한도로 하므로 배당기일에서야 비로소 인수액이 확정되는 것이고, 인수액이 지급할 법정의 대금 등에 미달할 경우의 부족분이나 배당기일에 이의가 제기된 인수채권에 대한 추가 납부 또는 담보제공의 문제가 있어 그 이행 여부에 따라 경매절차가 불안정해 질 수가 있기 때문이다(대법원 1999.11.17. 자 99마2551 집행에 관한 이의 결정).

> **민사집행법**
> 제143조(특별한 지급방법) ① 매수인은 매각조건에 따라 부동산의 부담을 인수하는 외에 배당표의 실시에 관하여 매각대금의 한도에서 관계채권자의 승낙이 있으면 대금의 지급에 갈음하여 채무를 인수할 수 있다.
> ② 채권자가 매수인인 경우에는 매각결정기일이 끝날 때까지 법원에 신고하고 배당받아야 할 금액을 제외한 대금을 배당기일에 낼 수 있다.
> ③ 제1항 및 제2항의 경우에 매수인이 인수한 채무나 배당받아야 할 금액에 대하여 이의가 제기된 때에는 매수인은 배당기일이 끝날 때까지 이에 해당하는 대금을 내야 한다.

6) 천안지원 2012타경 13X호 채무인수 추진사례(모텔)

채무인수 의향서
(담당자 홍 ○ 진 님, FAX : 02 - 6907-3599)

귀사가 아래 부동산에 가지고 있는 근저당권에 대하여 채무인수 의향인은 민사집행법 제143조 제1항의 규정(특별한 지급방법)에 의하여 매각대금에 갈음한 채무인수 방식으로 대금을 납부하고자 하여 아래와 같이 채무인수 의향서를 제출합니다.

- 아 래 -

구 분	내 용
사 건	○○지방법원 2011타경 658XX호 물건번호 2번 부동산임의경매
인수대상 근저당권	○○ ○○구 ○○동 536-2외 ○○현대더로프트 1층 1동-174호 (오피스텔 상가)에 설정된 2010. 8.18일자 2억5,220만원의 근저당채무(○○은행/신당동)
채무자 및 소유자	김○영
매수 희망자명	문○인
주민등록번호	710708 - 0000000
채무인수 희망금액	금 일0원 (000,000,000원)

첨부 : 1. 개인인 경우(신분증 사본)

20××. 11. 1.

매 수 희 망 자 : 문 ○ 인 (서명 또는 인)
주민등록번호 : 710708-0000000 (010-5714-0000)
주   소 : 서울 송파구 동 00번지

유케이제삼차유동화전문 유한회사 귀중

[건물] 충청남도 아산시 음봉면 신수리　　　　　　　　　　　고유번호 1548-2004-000308

순위번호	등 기 목 적	접　수	등 기 원 인	권리자 및 기타사항
5	근저당권설정	2006년12월9일 제73227호	2006년12월5일 설정계약	채권최고액　금300,000,000원 채무자 이_령 　　대전 유성구 전민동 464-1 근저당권자 김_호 641224-1****** 　　대전 대덕구 법동 191-1 보람아파트 공동담보　토지 충청남도 아산시 음봉면 신수리
5-1	5번근저당권변경	2007년2월27일 제11522호	2007년2월26일 변경계약	채권최고액　금135,085,715원
6	5번근저당권설정등기말소	2007년3월9일 제13291호	2007년3월7일 해지	
7	1번근저당권설정등기말소	2007년6월1일 제27452호	2007년6월1일 해지	
8	2번근저당권설정등기말소	2007년6월1일 제27453호	2007년6월1일 해지	
9	근저당권설정	2007년6월1일 제27454호	2007년5월29일 설정계약	채권최고액　금2,400,000,000원 채무자 이 령 　　대전 유성구 전민동 464-1 근저당권자 주식회사국민은행　110111-2365321 　　서울 중구 남대문로2가 9-1 　　　　　　　. . . . 공동담보　토지 충청남도 아산시 음봉면 신수리 　　토지 대전광역시 유성구 화암동 　　건물 대전광역시 유성구 전민동 　　엑스포아파트

매수인의 채무인수 신고서

사　　건　0000타경 8607 부동산임의경매
채 권 자　제삼차유동화전문 유한회사
채 무 자　조 ○ 정
소 유 자　조 ○ 정

　위 부동산 임의경매 사건에 관하여 매수인(신고인)은 본건 부동산을 낙찰 받아 대금을 납부하고자 하는 바, 매수인은 매각대금의 범위에서 아래와 같이 관계채권자인 근저당권자의 승낙을 얻어 근저당권자의 근저당권은 존속시키면서 근저당권부 대출채무자의 채무를 매각대금의 지급에 갈음하여 매수인이 인수하고, 그 배당액 상당의 매각대금의 지급의무를 면하고자 채무인수 신청을 하오니 이를 허가하여 주시기 바랍니다. 매수인이 인수한 채무에 대하여 이의가 제기된 때에는 매수인은 배당기일이 끝날 때까지 이에 해당하는 대금을 납부 하겠습니다.

- 아　래 -

근저당권자　제삼차유동화전문 유한회사
　　　　　　서울시 강남구 논현로 85길 28(역삼동)
제1번 근저당권(채권최고액 360,000,000원) 및 제4번 근저당권(채권최고액 60,000,000원)

덧붙임 : 1. 관계채권자의 채무인수 승낙서 1부
　　　　2. 승낙인의 인감증명서 및 법인등기부 등본(또는 초본) 각 1부

20××. 11. 00

채무인수 신고인(매수인) 오 ○ 근 (인)
전화번호 010 - 5714 - 0000

수원지방법원 안산지원 경매5계 귀중

※ 1. 관계채권자의 승낙서에는 반드시 인감을 날인하고, 신고서 제출일부터 6월 이내에 발행된 인감증명서를 붙여야 합니다.
　2. 승낙자가 개인인 경우는 신고서 제출일부터 6월 이내에 발행된 주민등록 등본 또는 초본, 법인일 경우에는 법인등기부 등본 또는 초본을 붙여 주시기 바랍니다.

《채무인수 승낙서(안산지원 2012타경 8607호)》

채무인수에 관한 승낙서

사건번호 2012타경 8607호 부동산 임의경매

채권자 엔에스제삼차유동화전문유한회사 (변경전 : 중소기업은행)

채무자 조○정

소유자 채무자와 같음

귀원 위 사건의 경매신청채권자겸 위 근저당권자인 엔에스제삼차유동화전문유한회사는 최고가매수신고인의 요청에 따라 매각대금 중 1순위 및 2순위 근저당권자인 채권자에게 배당할 금원의 한도 내에서 위 채무자가 채권자에 대하여 부담하고 있는 아래 채무를 인수하는 조건으로 매각대금의 일부지급에 갈음 할 것을 승낙합니다.

-아 래-

1. 채권의 표시
(단위 : 원)

대출과목	대출일자	대출원금	이자 (2012.11.16 기준)
가계일반자금대출	2006-12-06	300,000,000	37,748,473
가계일반자금대출	2007-11-01	50,000,000	4,402,122

(1) 금 300,000,000원에 대하여 2012.11.17부터 완제일까지 연13%의 비율에 의한 지연이자 별도
(2) 금 50,000,000원에 대하여 2012.11.17부터 완제일까지 연13%의 비율에 의한 지연이자 별도
(3) 가지급금 별도

단, 채무인수에 있어서 입찰보증금 및 매각대금의 추가납부 등에 의하여 현금배당 할 금액은 채권자가 동 배당금으로 위 채무자의 채무금을 변제 충당하여야 하므로, 위 사건 배당절차에서 집행비용일석 및 채권자에 앞서는 선순위 권리를 공제하고 남은 현금배당액 (2012.11.16. 매각기일 최고가매수신고인이 지급한 입찰보증금중 선순위권리 차감후 잔존액)을 채권자(채무인수 승낙인)에게 배당하여 주시기 바랍니다.

2012년   월   일

위 승낙인(채권자) 엔에스제삼차유동화전문유한회사
서울 강남구 논현로85길 28(역삼동)
대표이사 _____ (인)

수원지방법원 안산지원 경매 5계 귀중

《승낙서 첨부1》

인 감 증 명 서

법인등록번호 :

상　　호 : 엔에스제삼차유동화전문 유한회사
본　　점 : 서울특별시 강남구
　　　　　대표이사 일본국인
　　　　　　(1966년 12월 13일생)

관할등기소 : 서울중앙지방법원 등기국 / 발행등기소 : 서울중앙지방법원 등기국

이 인감은 등기소(과)에 제출되어 있는 인감과 **틀림없음을** 증명합니다.

2012년 10월 18일

법원행정처 등기정보중앙관리소　　　전산운영책임관

수수료 1,200원 영수함.

문서 하단의 바코드를 스캐너로 확인하거나, **인터넷등기소**(http://www.iros.go.kr)의 인감증명서발급
확인 메뉴에서 **발급확인번호를** 입력하여 위·변조 여부를 확인할 수 있습니다.

발급확인번호 BAMU-QWRI-JAZ5

《승낙서 첨부2》

등기사항전부증명서(말소사항포함)

등기번호	011304
등록번호	

| 상 호 | 연예스제삼차유동화전문 유한회사 |
| 본 점 | 서울특별시 강남구 |

출자 1좌의 금액	금 10,000 원
자본의 총액	금 10,000,000 원
	금 10,980,000,000 원

2012.06.25 변
2012.06.26 등

목 적

(1) 회사는 자산유동화에 관한 법률(자산유동화법)에 의하여 금융위원회에 등록될 자산유동화 계획(아래에서 정의됨)에 따라 다음과 같은 자산유동화 업무를 행한다.
1. 중소기업은행으로부터 채권, 담보권 및 기타 재산권(유동화자산)의 양수 및 양도
1. 자산관리회사를 통한 유동화 자산의 관리, 운용 및 처분
1. 유동화 증권(출자증서, 사채권 및 기타 증권)의 발행 및 상환
1. 유동화자산에 관한 자산유동화 계획(자산유동화 계획)의 작성,변경 및 금융위원회에의 등록
1. 자산유동화 계획의 수행에 필요한 계약의 체결
1. 유동화 증권의 상환, 각종 수수료 및 비용의 지급 등에 필요한 자금의 일시적 차입
1. 여유 자금의 투자
1. 위 각 호의 업무와 관련되거나 부수하는 업무
(2) 회사는 제 1항에 열거한 업무 이외의 업무를 영위할 수 없다.

임원에 관한 사항

대표이사 일본국인 사카모토마사키 1966년 12월 13일생 일본국 도쿄도 무사시노시 니시쿠보1쵸메 40번지 1호
이사 일본국인 　　　　　1966년 12월 13일생
이사 일본국인 　　　　　1978년 10월 31일생

기 타 사 항

1. 존립기간 또는 해산사유

   회사는 다음 각 호의 1에 해당하는 사유로 해산한다.
   1. 정관 또는 자산유동화 계획에서 정한 해산 사유가 발생한 때
   2. 회사가 발행한 유동화 증권의 상환을 전부 완료한 때
   3. 회사가 파산한 때
   4. 법원의 해산 명령 또는 판결이 있는 때
   5. 사원 전원의 만장일치에 의한 해산 결의가 있는 때

회사성립연월일	2012 년 06 월 05
등기기록의 개설 사유 및 연월일	
설립	

본 서 하단의 바코드를 스캐너로 확인하거나, 인터넷등기소(http://www.iros.go.kr)의 발급확인 메뉴에서 발급확인번호를 입력하여 위·변조 여부를 확인할 수 있습니다.
발급확인번호를 통한 확인은 발행일부터 3개월까지 5회에 한하여 가능합니다.

채무인수 신고에 따른 차액지급 신고서

허	부

사 건 0000타경 8607 부동산임의경매
채 권 자 제삼차유동화전문 유한회사
채 무 자 조 ○ 정
소 유 자 조 ○ 정

　신고인은 위 사건 부동산의 매수인인 바, 민사집행법 제143조 제1항의 규정에 따라 매수인이 매각대금에 갈음할 채무인수 금액(을구 1번 채권최고액 360,000,000원 및 을구 4번 채권최고액 60,000,000원의 근저당 채무)을 제외한 나머지 매각대금을 배당기일에 낼 것을 신고하오니 이를 허가하여 주시기 바랍니다. 한편 매각대금에 갈음할 채무인수 금액을 제외한 나머지 매각대금이 매수신청보증금 이내이면 이를 매수신청보증금과 상계하여 주시고 매수신청보증금을 초과하면 그 초과금액을 알려 주시기 바랍니다. 만일 매수인이 인수한 채무에 대하여 이의가 제기된 때에는 매수인은 배당기일에 이에 해당하는 금액을 내겠습니다.

20××. 11. 00

차액지급 신고인(매수인 겸 채무인수인) : 오 ○ 근 (날인 또는 서명)
전화번호 : 010 - 5714 - 0000

○○지방법원 ○○지원 경매5계 귀중

① **채무인수인의 낙찰**(안산지원 2012타경 86XX호)

◎ 기일내역

물건번호	감정평가액	기일	기일종류	기일장소	최저매각가격	기일결과
1	400,000,000원	2012.09.07(10:30)	매각기일	112호 경매법정	400,000,000원	유찰
		2012.10.12(10:30)	매각기일	112호 경매법정	280,000,000원	유찰
		2012.11.16(10:30)	매각기일	112호 경매법정	196,000,000원	매각 (390,000,000원)
		2012.11.23(14:00)	매각결정기일	112호 경매법정		

② **채무인수에 따른 대금지급 및 배당기일 동일자 지정**(상기 86XX호)

◎ 기일내역

물건번호	감정평가액	기일	기일종류	기일장소	최저매각가격	기일결과
1	400,000,000원	2012.09.07(10:30)	매각기일	112호 경매법정	400,000,000원	유찰
		2012.10.12(10:30)	매각기일	112호 경매법정	280,000,000원	유찰
		2012.11.16(10:30)	매각기일	112호 경매법정	196,000,000원	매각 (390,000,000원)
		2012.11.23(14:00)	매각결정기일	112호 경매법정		최고가매각허가결정
		2012.12.27(13:50)	대금지급및 배당기일	112호 경매법정		진행

③ 채무인수신고 및 차액지급신고 법원접수(상기 86XX호)

접수일	접수내역
2012.04.30	등기소 수원지방법원 안산지원 등기과 등기필증 제출
2012.05.04	임차인 이 곁 권리신고및배당요구신청 제출
2012.05.04	기타 (주)경일감정평가법인 동부지사 감정평가서 제출
2012.05.07	기타 집행관 윤상준 현황조사서 제출
2012.07.06	채권자대리인 신동진 열람및복사신청 제출
2012.07.19	채권자 엔에스제삼차유동화전문 유한회사 채권자 변경신고 제출
2012.07.26	근저당권자 경기신용보증재단 채권계산서 제출
2012.07.27	교부권자 안산시단원구 교부청구 제출
2012.11.16	채권자 매수인 오_근 매수인의 채무인수 신고서 제출
2012.11.16	채권자 양수인 오 근 채무인수 신고에 따른 차액지급 신고서 제출
2012.12.11	교부권자 안산시단원구 교부청구 제출
2012.12.14	채권자 엔에스제삼차유동화전문유한회사(중소기업은행 채권양수인) 채권계산서 제출
2012.12.20	근저당권자 경기신용보증재단 채권계산서 제출
2012.12.27	최고가매수신고인 매각대금완납증명
2012.12.27	최고가매수신고인 등기촉탁신청 제출
2012.12.27	최고가매수신고인 등기촉탁공동신청 및 지정서 제출

7) 고양지원 2011타경 16109호 채무인수 신고 사례

낙찰자가 채무인수 신청 및 채권자의 채무인수 승낙서 제출 후 낙찰자가 차액지급 신고를 한 다음 법원에서 대금지급기한 및 배당기일을 동일한 일자인 2012.11.2.로 지정하여 채무인수 방식으로 대금납부를 허가하였다.

◎ 기일내역

물건번호	감정평가액	기일	기일종류	기일장소	최저매각가격	기일결과
1	1,000,000,000원	2011.09.20(10:00)	매각기일	제101호 입찰법정	1,000,000,000원	유찰
		2011.10.18(10:00)	매각기일	제101호 입찰법정	700,000,000원	유찰
		2011.11.15(10:00)	매각기일	제101호 입찰법정	490,000,000원	변경
		2011.12.20(10:00)	매각기일	제101호 입찰법정	490,000,000원	변경
		2012.02.15(10:00)	매각기일	제101호 입찰법정	490,000,000원	변경
		2012.03.14(10:00)	매각기일	제101호 입찰법정	490,000,000원	변경
		2012.06.20(10:00)	매각기일	제101호 입찰법정	490,000,000원	유찰
		2012.08.16(10:00)	매각기일	제101호 입찰법정	343,000,000원	유찰
		2012.09.19(10:00)	매각기일	제101호 입찰법정	240,100,000원	매각 (759,000,000원)
		2012.09.26(14:00)	매각결정기일	제101호 입찰법정		최고가매각허가결정
		2012.11.02(14:00)	대금지급및 배당기일	제101호 입찰법정		진행

2012.09.24	근저당권자 우리에프앤아이제22차유동화전문유한회사(변경전:국민은행) 채무인수에 관한 승낙서 제출	
2012.10.18	최고가매수신고인 차액지급신고서(상계신청) 제출	
2012.10.24	채권자 양수인 우리에프앤아이제22차유동화전문유한회사 채권계산서 제출	
2012.10.26	가압류권자 씨티프라자상가공동관리단 채권계산서 제출	
2012.10.30	가압류권자 주식회사 한국외환은행 채권계산서 제출	

2012.10.05	최고가매수인 대금지급기한통지서 발송	2012.10.09 도달
2012.10.05	최고가매수인 대금지급기한통지서 발송	2012.10.10 도달
2012.10.19	채권자 양수인 우리에프앤아이제22차유동화전문유한회사 이사 노명문 대금지급기한및배당기일통지서 발송	2012.10.23 도달
2012.10.19	채무자겸소유자 이:○기 대금지급기한및배당기일통지서 발송	2012.10.23 도달
2012.10.19	근저당권자 김○민 대금지급기한및배당기일통지서 발송	2012.10.23 도달
2012.10.19	근저당권자 우리에프앤아이제22차유동화전문유한회사(변경전:국민은행) 이사 노명문 대금지급기한및배당기일통지서 발송	2012.10.23 도달
2012.10.19	가압류권자 씨티프라자상가공동관리단 대금지급기한및배당기일통지서 발송	2012.10.23 도달
2012.10.19	가압류권자 정○원 대금지급기한및배당기일통지서 발송	2012.10.24 도달
2012.10.19	가압류권자 주식회사 한국외환은행 대금지급기한및배당기일통지서 발송	2012.10.23 도달
2012.10.19	교부권자 고양시일산서구 대금지급기한및배당기일통지서 발송	2012.10.23 도달
2012.10.19	배당요구권자 신한카드주식회사(구:엘지카드주식회사) 대표이사 이재우 대금지급기한및배당기일통지서 발송	2012.10.23 이사불명
2012.10.19	최고가매수인 대금지급기한및배당기일통지서 발송	2012.10.23 도달
2012.10.19	최고가매수인 대금지급기한및배당기일통지서 발송	2012.10.24 도달
2012.10.25	배당요구권자 신한카드주식회사(구:엘지카드주식회사) 대표이사 이재우 대금지급기한및배당기일통지서 발송	2012.10.26 도달

8) 고양지원 2011타경 16109호 채무인수 후 담보대출 사례

낙찰자(지분 2분의 1씩 공동낙찰)는 유동화회사와 채무인수 약정(인수금액 4억원 추정)을 체결하여 감정가 10억원의 물건에 설정된 을구 1번 근저당권 채권최고액 780,000,000원(○○은행 일산북지점)의 채무를 인수한 다음 759,000,000원에 낙찰 받아 2012.11.2. 낙찰로 인한 소유권이전 등기 시 동 1번 근저당권은 말소하지 아니하고 부동산 등기부 등본에 존속시킨 후 2012.11.16 타 은행에서 담보대출로 낙찰가의 76%인 5억8천만원(채권최고액은 대출금의 120%인 6억9,600만원)을 대출받아 인수채무 4억원을 변제하고도 1억8천만원의 현금을 확보하였다.

[집합건물] 경기도 고양시 일산서구 일산동 606-1외 2필지 쎄티드라지   고유번호 2811-2006-006826

순위번호	등 기 목 적	접 수	등 기 원 인	권리자 및 기타사항
		제91200호	압류(교통안전팀)	
~~14~~	~~압류~~	~~2011년10월17일~~ ~~제133856호~~	~~2011년10월17일~~ ~~압류(세무과 16161)~~	권리자 고양시일산서구
~~15~~	~~압류~~	~~2011년11월30일~~ ~~제161546호~~	~~2011년11월30일~~ ~~압류(징수부 4532)~~	권리자 국민건강보험공단 111471-0008863 서울특별시 마포구 독막로 (동매문지사)
16	소유권이전	2012년11월2일 제142609호	2012년11월2일 임의경매로 인한 매각	공유자 지분 2분의 1 유_곤 771022-1****** 서울특별시 서초구 효령로 지분 2분의 1 유_철 630821-1****** 경기도 하남시 대청로 116번길
17	6번가압류, 9번가압류, 10번가압류, 11번임의경매개시결정, 12번가압류, 13번압류, 14번압류, 15번압류 등기말소	2012년11월2일 제142609호	2012년11월2일 임의경매로 인한 매각	

열람용

[집합건물] 경기도 고양시 일산서구 일산동 606-1외 2필지 쎄티프라자   고유번호 2811-2006-006826

순위번호	등기목적	접수	등기원인	권리자 및 기타사항
	【 을 구 】		(소유권 이외의 권리에 관한 사항)	
1	근저당권설정	2007년6월20일 제73512호	2007년6월20일 설정계약	채권최고액 금780,000,000원 채무자 이 기 　서울 동대문구 청량리동 근저당권자 주식회사국민은행 110111-2365321 　서울 중구 남대문로2가 9-1
2	~~근저당권설정~~	~~2009년6월31일~~ ~~제126573호~~	~~2009년6월31일~~ ~~설정계약~~	~~채권최고액 금180,000,000원~~ ~~채무자 이 기~~ 　~~서울 동대문구 청량리동 61~~ ~~근저당권자 김 관 700616-1******~~ 　~~서울특별시 송파구 거여동 176~~
3	2번근저당권설정 등기말소	2012년11월2일 제142509호	2012년11월2일 임의경매로 인한 매각	

(말소 표시: 연 란 8)

《담보대출금 5억 8천만원(을구 5번)으로 인수채무 4억원 변제 말소(을구 4번) 및 현금 1억 8천만원 확보》

[집합건물] 경기도 고양시 일산서구 일산동 606-1외 2필지 씨티프라자   고유번호 2811-2006-006826

【 을 구 】			(소유권 이외의 권리에 관한 사항)	
순위번호	등 기 목 적	접 수	등 기 원 인	권 리 자 및 기 타 사 항
~~1~~	~~근저당권설정~~	~~2007년6월29일~~ ~~제73512호~~	~~2007년6월29일~~ ~~설정계약~~	~~채권최고액 금780,000,000원~~ ~~채무자 이○카~~ ~~서울 동대문구 청량리동~~ ~~근저당권자 주식회사국민은행 110111-2365321~~ ~~서울 중구 남대문로2가 9-1~~
~~2~~	~~근저당권설정~~	~~2009년6월31일~~ ~~제126573호~~	~~2009년6월31일~~ ~~설정계약~~	~~채권최고액 금100,000,000원~~ ~~채무자 이○카~~ ~~서울 동대문구 청량리동~~ ~~근저당권자 김○민 790616-1******~~ ~~서울특별시 송파구 가락동 175 삼전가락아파트~~
3	2번근저당권설정 등기말소	2012년11월2일 제142609호	2012년11월2일 임의경매로 인한 매각	
4	1번근저당권설정등기말소	2012년11월15일 제149931호	2012년11월15일 해지	
5	근저당권설정	2012년11월15일 제149932호	2012년11월15일 설정계약	채권최고액 금696,000,000원 채무자 유○곤 서울특별시 서초구 효령로53길 45, 우○혁 경기도 하남시 대청로 116번길 59, 405동

순위번호	등 기 목 적	접 수	등 기 원 인	권 리 자 및 기 타 사 항
				근저당권자 수산업협동조합중앙회 110138-0000014 서울특별시 송파구 신천동 11-6

9) 채무인수계약 실제사례(안산지원 2012타경 86XX호 부동산임의경매)

<h1>채무인수계약서</h1>

○○○ 제삼차유동화전문 유한회사(주소: 서울시 강남구 논현로 85길 28, 역삼동, 이하 "갑"이라고 한다)와 오○근 (주소: 서울시 송파구 거여동 "을"이라고 한다)는 다음과 같은 조건으로 계약(이하 "본 건 계약"이라고 한다)을 체결한다.

제1조 (용어의 정의)
① "채무인수대상채권"이라 함은 갑이 채무자에 대하여 가지는 별지 목록(1)에 기재된 채권의 원금과 그 이자 및 연체 이자를 말한다.
② "채무자"라 함은 채무인수대상채권의 채무자인 "조○정"을 말한다.
③ "담보권"이라 함은 채무인수대상채권을 담보하기 위하여 조○정 소유의 별지 목록(1)에 기재된 담보권을 말한다.
④ "채무인수대상채권 및 담보권 관련 서류"라 함은 여신거래약정서 등 및 근저당권설정계약서 등 채무인수대상채권 및 담보권의 발생과 관련된 서류를 말한다.
⑤ "채무인수금액"이라 함은 민사집행법 제143조 제1항의 규정(특별한 지급방법)에 의하여 확정된 금액, 즉 을이 본건 경매절차에 있어서 위 규정에 의하여 매각대금의 지급에 갈음한 금액을 말한다.

제2조 (합의내용)
① 을은 ○○지방법원 ○○지원 2012타경86XX호 부동산임의경매절차(이하 "본건 경매절차"라고 한다)에서 2012년 11월 16일로 예정된 매각기일에 입찰대금을 금 이00원(000,000,000원) 이상으로 정하여 참가하기로 한다(현재 매각기일이 변경된 경우 차회 매각기일에 위 조건으로 참가하기로 한다).
② 을은 채무인수대상채권의 채무인수인이 되어 채무자가 부담하고 있는 채무에 대하여 다음의 조건에 따라 갑에게 채무이행의 책임을 부담한다.
　가. 약정지급액 : 금 일 ○○○○○○○원(000,000,000원)
　나. 지급시기
　　　a. 을은 갑에게 본건 계약체결 시 금 일천팔백만원(00,000,000원)을 지급하기로 한다.
　　　b. 을은 본건 경매절차의 배당기일에 금 ○○○○○○만원(000,000,000원)에서 계약체결 시 지급한 금 ○○○○만원(00,000,000원) 및 갑이 본건 경매절차의 배당기일에 갑보다 선순위 금액을 공제하고 실제 현금으로 배당받은 금액(경매비용 포함)을 차감한 금액을 갑에게 지급하기로 한다.

③ 갑은 을이 민사집행법 제143조 제1항의 규정(특별한 지급방법)에 의하여 매각대금을 납부할 수 있도록 을에게 "채무인수에 관한 승낙서"를 교부하기로 한다, 만일 경매법원에서 채무인수에 의한 대금지급방법을 허가하지 않을 경우 을은 법원에서 허가한 납부방법에 따라 대금을 납부하기로 한다. 다만 을이 매각대금의 납부를 완료하여 "갑이 배당기일에 선순위 금액(집행비용 포함)을 공제하고 실제 현금으로 배당받은 금액"과 "금 ○○○○일만원(00,000,000원)"을 합한 금액이 약정지급액을 초과할 경우, 그 초과 금액을 을에 반환한다.
④ 갑은 제2항에서 정한 약정지급액 전액 수령 시 을에게 담보권 해지에 필요한 서류를 교부하기로 하며, 이 경우 담보권의 해지 등에 관련하여 발생되는 모든 책임 및 비용은 을이 부담한다.
⑤ 을은 갑에게 제2항에서 정한 약정지급액 전부를 여하한 유보 없이 상계 기타 이와 유사한 것에 의하지 아니하고 현금으로 지급하고, 을이 갑에게 본건 계약에 의한 의무를 모두 이행하는 때에 본건 계약에 기한 거래는 종결되는 것으로 하기로 한다.
⑥ 을은 본건 계약 체결 시에 근저당권변경(채무자변경)등기에 필요한 서류 일체를 갑에게 교부하여야 하며, 이 경우 을로의 변경등기 등에 관련하여 발생되는 모든 책임 및 비용은 을이 부담한다.
⑦ 을은 본건 경매절차의 배당기일로부터 5영업일 이내에 소유권이전등기촉탁을 하여야 하며, 촉탁을 함에 있어서 본건 계약상 담보권에 대하여 말소촉탁을 하여서는 아니 된다. 다만 을이 소유권이전등기 촉탁과 동시에 약정한 지급액 전액을 완제한 경우에는 담보권에 대하여 말소촉탁을 할 수 있다.

제3조 (제3자 낙찰)
을이 본건 경매절차에서 입찰대금을 금 이○○○○ 원(000,000,000원)으로 정하여 참가하였으나 제3자가 위 금액 이상으로 입찰에 참가하여 최고가매수인이 된 경우 갑은 본건 계약을 해제하고 기 수령한 금 일 ○○○○만원(00,000,000원)을 을에게 반환하기로 한다(위 금원에 관하여 받은 날로부터의 이자는 지급하지 아니한다).

제4조 (지연손해금 및 경매신청)
① 을이 제2조 제2항 나. b.에서 정한 대금 지급을 지연하는 경우에는 그 대금에 대하여 배당기일에서 실제납부일까지 연19%의 비율에 의한 지연손해금을 가산하여 납부하도록 하되, 그 잔금납부기한은 약정납부일로부터 1개월을 초과하지 못한다.
② 을이 제1항에서 정한 납부일(제1항에서 정한 1개월)을 초과할 경우 갑은 을에게 별도의 통보 없이 채무인수금액 및 이에 대하여 배당기일로부터 연 19%의 비율에 의한 지연손해금을 청구금액으로 정하여 경매신청할 수 있고, 이러한 경우 을이 본건 계약체결 시 갑에게 지급한 금 일 ○○○○만원(00,000,000원) 및 갑이 본건 경매절차의 배당기일에서 갑보다 선순위 금액을 공제하고 실제 현금으로 배당받은 금액은 전액 갑에게 위약금으로 귀속하며, 을은 갑에게 위 금원의 반환을 요구하지 못한다.

제5조 (위약금)
다음 각 호의 경우 갑은 본건 계약을 해제할 수 있고, 이러한 사유로 갑이 본건 계약을 해제한 경우 을이 본건 계약체결 시 갑에게 지급한 금 ○○○○○○ 원(00,000,000원)은 전액 갑에게 위약금으로 귀속하며, 을은 갑에게 위 금원의 반환을 요구하지 못한다.

a. 을이 제2조 제1항에서 정한 본건 경매절차의 입찰에 참가하지 않은 경우
b. 을이 위 입찰에 참가하였으나 입찰대금을 금이억원(200,000,000원) 미만으로 기재한 경우
c. 본건 경매절차에서 갑보다 선순위 금액이 입찰보증금보다 많음에도 불구하고 을이 이를 납부하지 않은 경우

제6조 (면책)
을은 본건 계약 체결과 동시에 채무인수대상채권 및 담보권의 해지 및 보유와 관련하여 갑에게 발생하는 모든 조치, 소송, 채무, 청구, 약정, 손해 또는 기타 청구로부터 갑을 영구하게 면책시킨다.

제7조 (비용의 부담)
각 당사자는 본건 계약의 협상을 위하여 지출한 변호사보수 기타 일체의 비용은 각자 부담한다. 그 외에 을은 채무인수대상채권 및 담보권의 실사에 소요된 변호사보수 기타 일체의 비용, 갑으로부터 채무인수 받는 것과 관련된 모든 비용 일체를 부담하며, 어떠한 경우에도 을은 갑에 대하여 그 비용의 부담 또는 상환을 청구하지 못한다.

제8조 (계약 당사자 변경 등)
① 을은 갑의 사전 서면 동의를 얻어 본건 계약에 의한 을의 권리와 의무를 제3자에게 양도할 수 있다. 다만 이 경우에 그 계약 당사자 변경과 관련하여 지출되는 모든 비용은 을이 부담하며, 제3자로의 계약 당사자 변경으로 인해 갑에게 발생하는 모든 불이익은 을의 책임으로 한다.
② 제1항의 규정에 따라 을의 지위를 승계하는 자(아래에서 "계약 인수인"이라고 한다)가 다수인 경우에 채무인수대상채권 및 담보권의 해지 등은 을과 계약 인수인이 상호 합의하여 갑에게 요청하는 방법으로 이루어진다.

제9조 (관할 법원)
본건 계약과 관련하여 발생하는 분쟁에 관한 소송의 제1심 관할 법원을 갑의 본점 소재지 관할법원인 서울중앙지방법원으로 정한다.

본건 계약의 체결을 증명하기 위하여 당사자들은 계약서 2통을 작성한다.

20××년 11월 일

갑   ○○○제삼차유동화전문유한회사
      서울시 강남구 논현로
      대표이사   (인)
을   오 ○ 근 (700902 - 0000000) (인)
      서울시 송파구 거여동

별지 목록 (1)

■ 채무인수대상채권

차주명	주민번호	대출과목	대출일자	최초대출원금	대출원금잔액
조○정	701117-0000000	가계일반자금대출	2006-12-06	300,000,000	300,000,000
조정	701117-000000	가계일반자금대출	2007-11-01	50,000,000	50,000,000
계					350,000,000

■ 담보권의 표시

담보물권 소재지	경기도 ○○시 ○○동 1028-1 일신○○○○○아파트	
담보권의 종류	포괄근담보	
채 무 자	조○정	
계 약 인 수 인	조○정	
근저당권 설정자	조○정	
관 할 등 기 소	지방법원 지원 등기과	
등 기 일	2006년 12월 06일	2007년 10월 31일
등 기 번 호	제137758호	제119631호
근저당권 설정금액	금360,000,000원 (금 삼억육천만원)	금 60,000,000원 (금 육천만원)

■ 부동산의 표시

1동의 건물의 표시 경기도 시 구 동 1028-1
　　　　　　　　　일신 아파트 제1층 제000호

전유부분의 건물의 표시 건물의 번호 : 1 - 000
　　　　　　　　　구　　조 : 철근콘크리트조
　　　　　　　　　면　　적 : 1층 000호 88.92 ㎡

대지권의 목적인 토지의 표시 경기도 ○○시 ○○구 ○○동 1028 - 1 대 4987.6 ㎡
　　　　　　　　　대지권의 종류 : 소유권
　　　　　　　　　대지권의 비율 : 4987.6 분의 20.529

위 임 장

부동산의표시	1동의 건물의 표시	경기도 시 구 선부동 1028-1 일신 아파트 제1층 제000호
	전유부분의 건물의 표시	건물의 번호 : 1 - 115 구　　조 : 철근콘크리트조 면　　적 : 1층 000호 88.92 ㎡
	대지권의 목적인 토지의 표시	경기도 시 구 선부동 1028 - 1 대 4987.6 ㎡ 대지권의 종류 : 소유권 대지권의 비율 : 4987.6 분의 20.529
등기원인과 그 연월일		20 년 월 일　　계약인수
등 기 의 목 적		근저당권변경
변 경 할 사 항		2006년 12월 6일 접수 제137758호 및 2007년 10월 31일 접수119631호로서 등기된 근저당권 중 구채무자 "조○정 경기도 시흥시 거모동 1735-2 아주아파트"를 신채무자 "오○근 서울시 송파구 거여동"로 변경
대리인		

위 사람을 대리인으로 정하고 위 부동산 등기신청, 취하, 등기필정보 수령 및 확인에 대한 모든 행위를 위임한다. 또한 복대리인 선임을 허락한다.

20××년 월 일

위임인	의무자 : 오 ○ 근 (700902-0000000) 　　　　서울시 송파구 거여동	의무자인
	의무자 :	의무자인
	권리자 : 제삼차유동화전문유한회사 (110114-0113049) 　　　　서울시 강남구 논현로85길 28(역삼동) 　　　　대표이사	권리자인

계약인수로 인한 근저당권변경 계약서

채권자 겸 근저당권자 : 제삼차유동화전문유한회사
채　　무　　자 : 오 ○ 근
근 저 당 권 설 정 자 : 오 ○ 근

　위 당사자 간 근저당권 변경을 위하여 다음과 같이 계약을 체결한다.
　수원지방법원 안산지원 등기과에 2006년 12월 6일 접수 제137758호 채권 최고액 금 360,000,000원정으로 등기된 근저당권설정 및 수원지방법원 안산지원 등기과에 2007년 10월 31일 접수 제119631호 채권 최고액 금 60,000,000원정으로 등기된 근저당권 설정에 대하여 구채무자 조○정 경기도 시흥시 거모동를 신채무자 오○근 서울시 송파구 거여동 로 변경하여 동일한 조건으로 이를 부담키로 하며, 별지목록기재 부동산에 대한 동 근저당권설정 본 계약상의 각 조항 및 기타 부대 약정은 그대로 존속한다.
　위 계약을 확실하게 하기 위하여 당사자는 서명 날인 한다.

20××년　월　일

채권자 겸 근저당권자　　　○○○제삼차유동화전문유한회사
　　　　　　　　　　　　　서울시 강남구 논현로 85길 28(역삼동)
　　　　　　　　　　　　　대표이사　　　　　(인)

신채무자 겸 소유자(제3취득자)　오 ○ 근 (700902 - 0000000)
　　　　　　　　　　　　　서울시 송파구 00동　(인)

확 인 서 면

등기할 부동산의 표시	1동의 건물의 표시 경기도 시 구 동 1028-1
	      일신 아파트 제1층 제000호
	전유부분의 건물의 표시 건물의 번호 : 1 - 115
	      구 조 : 철근콘크리트조
	      면 적 : 1층 000호 88.92 ㎡
	대지권의 목적인 토지의 표시
	    경기도 시 구 동 1028 - 1 대 4987.6 ㎡
	    대지권의 종류 : 소유권
	    대지권의 비율 : 4987.6 분의 20.529	

등기의 목적	성 명	오 ○ 근	등기의 목적
	주 소	서울시 송파구 00동	근저당권 변경
	주민등록 번 호	700902 - 0000000	
첨 부 서 면	주민등록증사본 (O), 여권사본 ( ), 자동차운전면허증사본 ( )	
특 사 기 항		
우 무 인	위 첨부서면의 원본에 의하여 등기의무자 본인임을 확인하고 부동산등기법 제49조 제3항의 규정에 의하여 이 서면을 작성하였습니다. 20××년 월 일	

《담보대출금 2억8천만원(을구 7번)으로 인수채무 1억8천만원 변제 말소(을구 1번, 4번) 및 현금 1억원 확보(상기 86XX호)》

순위번호	등기목적	접 수	등기원인	권리자 및 기타사항
				경기중소기업지원센터 우 3층 (안산지점)
6	1번근저당권설정, 4번근저당권설정, 5번근저당권설정 등기말소	2012년12월27일 제124387호	2012년12월27일 임의경매로 인한 매각	
7	근저당권설정	2012년12월27일 제124388호	2012년12월27일 설정계약	채권최고액 금336,000,000원 채무자 오 근 서울특별시 송파구 오금로62길 근저당권자 인천수산업협동조합 124138-0000315 인천광역시 연수구 연수동 577-5

10) 채무인수신청 취하사례(수원지방법원 평택지원 2011타경 69XX호)

이 건은 4차 유찰가인 약 21억원의 직전 유찰가인 27억원(추정)에 채무인수약정을 체결한 후 35억원에 낙찰을 받고 유동화회사의 동의를 얻어 채무인수 신청을 취하한 다음 채무인수 금액인 27억원(낙찰가의 80% 정도)은 경락자금 대출을 받고 나머지 8억원은 낙찰자가 자기자본으로 준비하여 낙찰대금을 2012.12.13.에 전액 납부한 사례이다. 낙찰자가 대금납입을 위한 자기자본이 충분하기 때문에 채무인수 신청을 취하한 것이며 자기자본이 부족한 경우 채무인수신청을 취하하면 아니 된다.

물건번호	감정평가액	기일	기일종류	기일장소	최저매각가격	기일결과
1	4,240,908,000원	2011.12.19(10:00)	매각기일	1층 경매법정	4,240,908,000원	유찰
		2012.01.30(10:00)	매각기일	1층 경매법정	3,392,726,000원	유찰
		2012.03.05(10:00)	매각기일	1층 경매법정	2,714,181,000원	유찰
		2012.04.09(10:00)	매각기일	1층 경매법정	2,171,345,000원	변경
		2012.06.25(10:00)	매각기일	1층 경매법정	2,171,345,000원	변경
		2012.10.15(10:00)	매각기일	1층 경매법정	2,171,345,000원	매각 (3,500,000,000원)
		2012.10.22(14:00)	매각결정기일	1층 경매법정		최고가매각허가결정
		2012.12.26(10:00)	대금지급기한	203호 경매4계		진행

채무인수 신청 취하서

사건 : 2011타경 6906 부동산 임의경매

채권자 : 유에이치제일차유동화전문유한회사
채무자 : 신　　회
소유자 : 신　　회

위 사건에 관하여 최고가 매수인 임○○는 매각대금의 일부금으로 제1순위 근저당권자인 유에이치제일차유동화전문유한회사의 채무를 승계하기로 신청하였으나, 사정상 이를 취하하오니 선처하여 주시기 바랍니다.

첨 부 서 류

1. 채무인수 신청 취하에 관한 동의서   1통
2. 인감증명서   1통

4876 2012 년 12 월 7 일

　　　　　최고가 매수인　　　임　　　　　수

채무인수 신청 취하에 관한 동의서

사건 : 2011타경 69■ 부동산 임의경매

채권자 : 유에이치제일차유동화전문유한회사
채무자 : 신 ■ 희
소유자 : 신 ■ 희

   위 사건에 관하여 최고가 매수인 임○○는 매각대금의 일부금으로 제1순위 근저당권자인 유에이치제일차유동화전문유한회사의 채무를 승계하기로 하였으나, 최고가 매수인의 사정으로 채무인수 신청을 취하하였는바, 채무인수에 따른 채권자 겸 근저당권자 유에이치제일차유동화전문유한회사는 최고가 매수인의 채무인수 취하에 동의합니다.

첨 부 서 류

1. 법인인감증명서   1통

2012년 12월 7일

동의인(채권자) 유에이치제일차유동화전문유한회사
이 사 하

5. 입찰이행약정 및 입찰대리약정

 경매유찰이 많이 되어 1순위 근저당권을 가진 유동화회사가 손해를 많이 입을 것으로 예상될 경우 유동화회사는 직접 유입취득 후 추후 가격이 상승하면 매각하여 손해를 방지하는 방법을 선택하게 된다.
 이 경우 자신이 유입취득하지 않고 다른 입찰자를 물색하여 자신들이 유입취득하려는 가격대로 그 타인이 입찰에 참가하도록 입찰이행약정을 체결하는 한편 유동화회사가 그 타인을 대리하여 입찰을 하기로 하는 입찰대리약정을 체결함으로써 유동화회사는 자신들의 앞으로 낙찰 받은 후 다시 매각하는 두 번에 걸친 소유권이전의 번거로운 절차를 거치지 않고 유입취득을 위한 입찰참가를 포기하는 대신 당초 자신들이 의도한 유입취득 가격대로 물건이 타에 매각되도록 하여 결과적으로 자신들이 유입 취득한 것과 동일한 손실방지의 효과를 얻는다.
 실제 사례로는 유앤더블유 유동화전문유한회사(유암코의 자회사)가 수원지방법원 2011 타경 29535호 임의경매 사건(감정가 약 58억원, 근저당권 설정액 약 39억원)에 관하여 37억원에 유입취득을 진행하면서 다른 입찰참가자가 동 37억원에 입찰이행약정을 체결하면 자신들은 입찰참가를 포기하고 입찰이행약정을 체결한 사람을 위하여 입찰대리를 해 주는 방식으로 저가 낙찰로 인한 손해를 방지하면서 배당을 통한 현금화(유동화)를 진행하였다.

```
유찰 2011/12/27 (5,850,990,000)
유찰 2012/02/07 (4,680,792,000)
변경 2012/03/09 (3,744,634,000)
유찰 2012/05/08 (3,744,634,000)
낙찰 2012/06/12 (2,995,707,000원)
     3,701,000,000 (낙찰율: 63%)
     (주)○○스틸 (총입찰 8명)
낙찰허가(2012/08/23)
```

[건물] 경기도 용인시 기흥구 보라동 578-6   고유번호 1345-2009-001305

순위번호	등기목적	접 수	등기원인	권리자 및 기타사항
25	가압류	2011년10월14일 제152204호	2011년10월14일 대전지방법원 논산지원의 가압류결정(2011카단848)	청구금액 금7,105,000 원 채권자 나 석 450130-1****** 논산시 성동면 병촌리
26	압류	2012년9월25일 제138665호	2012년9월17일 압류(산업환경과-25482)	권리자 용인시기흥구

【 을   구 】 (소유권 이외의 권리에 관한 사항)

순위번호	등기목적	접 수	등기원인	권리자 및 기타사항
1	근저당권설정	2009년2월26일 제24746호	2009년2월26일 추가설정계약	채권최고액 금3,924,000,000원 채무자 주식회사신우이천 경기도 용인시 기흥구 지곡동 근저당권자 주식회사우리은행 110111-0023393 서울특별시 중구 회현동1가 203 공동담보 토지 경기도 용인시 기흥구 보라동 외 담보물에 추가
2	근저당권설정	2009년2월26일 제24747호	2009년2월26일 추가설정계약	채권최고액 금600,000,000원 채무자 주식회사신우이천공업 경기도 용인시 기흥구 지곡동 근저당권자 주식회사우리은행 110111-0023393 서울특별시 중구 회현동1가 203

6. 채권 일부양수도 및 입찰참가 이행약정(원매자 매각방식, 배당금 일부반환 약정)

유동화회사의 채권회수 방식의 하나로 유동화회사는 낙찰 전에 미리 입찰예정자와 자신이 '배당으로 회수할 최소금액(예상배당액으로써 매각금액에 해당되는 금액임)'을 정하고 동 입찰예정자가 이 매각금액(예상배당액) 이상으로 낙찰 받아 낙찰대금을 납부하는 것을 전제로 유동화회사는 이 매각금액(예상배당액)을 초과하는 배당금은 낙찰자에게 돌려주기로 하는 배당채권 일부 양수도 계약을 체결한다. 이 약정을 이행토록 계약금은 유동화 회사가 매각금액(예상배당액)의 10%를 입찰예정자로부터 받으며, 양수인이 입찰에 불참하거나 낙찰대금 미납 시 계약금을 유동화회사가 몰수한다. 이 약정의 당사자인 배당금 일부반환 청구권자는 유동화회사의 근저당권 채권최고액의 범위 내에서 채권원리금 전액을 낙찰가로 쓸 수 있는데, 유동화회사는 수회 유찰로 동 원리금 전액보다 현저하게 할인된 금액으로 매각금액(예상배당액)을 정하게 되어 결국 낙찰자는 낙찰금액에서 매각금액(예상배당액)을 차감한 잔액 상당의 배당금을 유동화회사로부터 돌려받게 된다. 이 방식도 고가의 물건을 낙찰자가 입찰가를 높게 써서 확실하게 낙찰을 받을 수 있고(론세일 및 채무인수 방식도 같음), 유동화회사로부터 배당금의 일부는 돌려받아 리모델링 비용이나 다른 곳에 투자할 자금을 확보하는 수단으로 이용할 수 있다. 이 방식은 낙찰자가 경락잔금 대출을 통하여 거액의 현금을 조달할 목적으로 이용하므로 정상적인 낙찰가보다 높게 낙찰가를 쓰게 되며, 채권양도인은 채권회수가 지연되므로 실제 예상배당액 보다 높은 금액으로 매각금액을 정하여 채권 일부양수도 약정을 체결한다.

《인천지방법원 부천지원 2011-74XX호 채권 일부양수도 사례》

채권원리금 총액 970,000,000원 (①+②+③)			
- 담보채권의 채권최고 설정금액(972,400,000원) - 양수인이 통상 최고액내에서 낙찰가로 쓰는 영역 - 채권 일부 양수도계약 체결대상 부분(양수도 대상 부분)		채권최고액 초과 채권액	
채권매각대금(4억원) ① 400,000,000원	양수인에 반환할 배당금 (낙찰9억1,000만원-매각대금4억원) ② 510,000,000원	잔존채권 (채권원리금 총액에서 낙찰가를 차감한 금액) ③ 60,000,000원(9억7천만원 - 9억1천만원)	
예상배당액 기준 협상 (실제 예상배당액보다 높은 금액을 매각대금으로 약정)	채권최고액 한도 내 낙찰(9억1천만원) 후 배당금에서 매각대금 차감 후 나머지 배당금 양수인에 반환	잔존채권 6천만원은 양도인이 보유 및 행사	

《서울지방법원 동부지원 2013타경 0000호 채권 일부양수도 사례》

채권원리금 총액 1,180,000,000원 (①+②+③) 아래 서울지방법원 동부지원 2013-0000호 임의경매 사례 참조			
- 담보채권의 채권최고 설정금액(11억7천만원) - 양수인이 통상 최고액 내에서 낙찰가로 쓰는 영역(10억5,500만원) - 채권 일부 양수도계약 체결대상 부분(양수도대상 부분)(1,055백만원)		채권최고액 초과 채권액 1천만원(1,180,000,000 - 1,170,000,000)	
채권매각대금(9억원) ① 9억원 (대출원금 100% 전액임)	양수인에 반환할 배당금 (낙찰1,055,000,000 - 매각대금900,000,000) ② 155,000,000원	잔존채권 (채권원리금 총액에서 낙찰가를 차감한 금액) ③1억2,500만원 (1,180,000,000-1,055,000,000)	
예상배당액 기준 협상 (실제 예상배당액보다 높은 금액을 매각대금으로 약정)	채권최고액 한도 내 낙찰 (10억5,500만원) 후 배당금에서 매각대금 차감 후 나머지 배당금 양수인에 반환	잔존채권 1억2,500만원은 양도인이 보유 및 행사	

1) 론세일 방식과 차이

위의 낙찰자는 계약금액 10%, 입찰보증금, 경락대출 이외의 낙찰잔금 및 취득세 등을 자기자본으로 준비한다는 점은 론세일 방식과 같으나 론세일처럼 근저당권의 매입대금 충당을 위한 질권대출이 필요 없어 자금부담이 적으며 론세일처럼 낙찰 전에 대금을 납부하지 않고 낙찰 후 경락자금 대출로 대금을 납부할 수 있어 자금부담도 적다.

다만 입찰 전에 경락대금 대출을 해줄 은행을 확실하게 교섭해 두어야 한다. 론세일의 경우 양수인은 배당받지 못한 잔존채권의 변제를 대출채무자에게 행사할 수 있으나, 배당금 반환방식은 잔존채권을 유동화회사가 가지고 대출채무자에게 행사한다.

2) 채무인수 방식과 차이

채무인수 방식의 경우 낙찰자가 인수채무를 불이행하면 유동화회사는 인수인을 상대로 다시 경매를 신청하여 길게는 1년 이상 후에 배당을 받아야 하기 때문에 자금운용 손실이 발생한다. 그러나 배당금 일부반환 방식은 낙찰자가 낙찰대금을 미납하면 다시 재경매 기일이 진행되므로 채무인수 방식처럼 다시 경매를 신청할 필요가 없어 유동화회사는 채권회수 지연의 리스크가 거의 없다.

위에서 살펴본 비와 같이 일반적으로 담보채권 매매시장에서 유암코 등 담보채권 매매 전문 투자회사는 담보채권 처분의 방법으로써 채권양도 방법(Loan Sale), 채무인수 방법 및 배당금 일부 반환방식(사후정산 방식) 중 하나를 택하여 채권을 처분하고 처분대금을 회수하고 있다. 상기 3가지 방법 모두 매각대상 채권의 예상배당액을 기준으로 채권의 매각가격(채무인수는 채무인수가격)을 결정하는 점에서는 동일하지만, 채권 매각대금의 수령시기 및 이에 따른 양수인의 매입잔금 부담 정도에 있어서 차이가 있다.

즉 채권양도 방법은 낙찰 전에 양도인이 채권 매각대금을 조기에 전액 납부 받고, 채무인수 방법은 낙찰 후 대략 1개월 후에 매각대금에 준하는 인수대금을 납부 받는 방법이며, 배당금 일부반환 방식은 가장 늦게 양도인이 매각대금을 수령함에 반하여 양수인에게는 매각잔금 납부 부담이 가장 적은 매각방법으로 양도인은 배당금 중 매각대금 초과부분 배당금을 양수인에게 반환하는 방식이며, 양도인이 배당기일에 배당금을 받아 매각대금에 변제 충당하는 방법이다.

위 방식 모두 채권매각 시에 예상배당액을 산출한 다음 예상배당액 보다도 더 높은 금액을 채권 매각대금(인수대금)으로 결정하여 경매보다 채권매각이 더 채권양도인에게 유리하다는 점이 전제되어야 하며, 금융기관은 내부결재 절차를 거쳐 매각을 결정하게 된다.

채권 일부양수도 계약서(배당금 일부반환 약정서)에는 양수인이 채권 매각대금보다 높은 금액을 낙찰가로 써서 입찰에 참가하기로 하는 약정(선순위 배당액은 모두 양수인이 부담하기로 약정하여 양도인이 매각대금을 회수하는데 지장이 없도록 명시), 양수인의 입찰참가액 보다 높은 금액으로 타인에게 낙찰되거나 양수인에 대한 입찰불허가 결정이 되었을 경우 채권 일부양수도 및 배당금 반환약정을 무효로 하고 계약금만 양수인에게 돌려주기로 하는 약정, 양수인이 입찰에 불참하거나 양수인이 낙찰 받은 후 대금납부를 불이행한 경우에는 계약금을 몰수한다는 약정, 채권양도인의 배당액 중 매각대금 초과부분만 반환하기로 하는 약정 등을 채권 일부양수도 및 배당금 일부 반환 약정서에 명시한다.

3) 부천지원 사례

부천지원 2011-74××호는 유암코가 배당채권 일부반환 약정 방식으로 채권회수를 추진하였다. 이 물건은 부천시 원미구 상동 소재 근린상가로 감정가 16억원, 유암코가 인수한 1순위 근저당권의 채권최고액은 972,400,000원, 연체채권 원리금은 약 970,000,000원, 낙찰가는 910,000,000원, 직전 유찰가 384,160,000원이다. 유암코는 이 채권을 론세일 방식이든 채무인수 방식이든 268,912,000원의 직전 유찰가인 384,160,000원의 수준에서 약 4억원에 판매를 시도한 것으로 생각되므로 배당채권 일부반환 방식으로 약정 시에도 유암코가 받을 최소 배당금액을 4억원으로 하여 이건 배당금반환 약정을 체결한 것으로 추정된다. 따라서 낙찰자가 대금을 완납했더라면 유암코가 배당받는 910,000,000원(낙찰가)에서 4억원을 차감한 510,000,000원을 유암코로 부터 반환을 받을 수 있었다. 그런데 낙찰자는 낙찰대금을 납부하지 아니하여 이건 계약은 불이행되고 다시 재경매가 진행되어, 대금을 미납한 낙찰자는 4억원의 10%인 계약금 40,000,000원 및 입찰보증금 26,891,200원 등 합계금 66,891,200원을 몰수당하고 동 금액은 전액 유암코의 배당금 등으로 충당되었다. 낙찰대금 미납으로 유암코는 66,891,200원만큼 추가로 채권을 회수한 셈이 되었고, 이건은 아래와 같이 271,520,000원에 다른 사람에게 낙찰되었다. 미납한 낙찰자는 이건 약정 전에 낙찰가의 90%인 819,000,000원을 대출해 줄 은행을 선정하여 그 은행으로부터 경락잔금 대출을 해준다는 확약을 받은 다음 낙찰을 받았어야 된다. 그러나 이러한 확약 없이 낙찰을 받은 후 어느 은행으로부터도 경락잔금 대출을 못 받은 것으로 생각된다. 아래와 같이 예상 낙찰가가 3억원도 되지 않는데, 8억원 이상을 대출해 줄 은행은 거의 없을 것이다. 따라서 동 배당금반환 방식은 낙찰자가 미리 자기가 쓸 입찰 예정가를 경락잔금 대출 은행에 알려주고 은행이 이를 대출해 주겠다고 확답을 하면 이러한 약정 체결 후 낙찰을 받아야 된다. 아래는 이건 부천지원 2011타경 74××호 경매진행 가격이다.

```
유찰 2011/09/22 (1,600,000,000)
유찰 2011/10/27 (1,120,000,000)
유찰 2011/12/01 (784,000,000)
유찰 2012/01/05 (548,800,000)
변경 2012/02/09 (384,160,000)
변경 2012/04/26 (384,160,000)
유찰 2012/07/05 (384,160,000)
낙찰 2012/08/09 (268,912,000원)
     910,000,000 (낙찰율: 57%)
     (주)○○○코리아 (총입찰 2명)
낙찰 2012/10/18 (268,912,000원)
     271,520,000 (낙찰율: 17%)
     이○태 (총입찰 1명)
```

[집합건물] 경기도 부천시 원미구 상동 539-1 소재 　　　　　　　　　　고유번호 1211-2007-007458

순위번호	등기목적	접수	등기원인	권리자 및 기타사항
				원인 신탁재산의 귀속
4	소유권이전	2007년12월12일 제164522호	2005년5월11일 매매	소유자 강옥 620217-2****** 인천광역시 남구 숭의동 84-1
5	임의경매개시결정	2011년4월22일 제42774호	2011년4월22일 인천지방법원 부천지원의 임의경매개시결정(2011 타경7456)	채권자 주식회사국민은행 110111-2365321 서울 중구 남대문로2가 9-1 (여신관리집중센터)
6	압류	2012년2월13일 제13039호	2012년2월13일 압류(원미구세무1과-269 4)	권리자 부천시원미구

【 을   구 】　　(소유권 이외의 권리에 관한 사항)

순위번호	등기목적	접수	등기원인	권리자 및 기타사항
1	근저당권설정	2007년12월12일 제164524호	2007년12월12일 설정계약	채권최고액 금972,400,000원 채무자 강옥 인천광역시 남구 숭의동 84-1 근저당권자 주식회사국민은행 110111-2365321 서울특별시 중구 남대문로2가 9-1 (부천남지점)
2	근저당권설정	2007년12월12일 제164554호	2007년12월12일 설정계약	채권최고액 금490,100,000원 채무자 강옥

4) 서울지방법원 동부지원 사례

채권 일부양수도 및 입찰참가 이행약정서(안)

다음 근저당권부 채권자들과 주식회사 비어넷 대표자 강○순(주소: 서울특별시 강남구 봉은사로43길 ○○, 301호 이하 "양수인"이라고 한다)은 다음과 같은 조건으로 경매입찰참가 및 근저당권 일부 양도계약(이하 "본 건계약"이라고 한다)을 체결한다.

제1조 (계약의 목적)
양수인은 양도인에게 본건 계약으로 금구억원(₩900,000,000)을 지급하도록 하고 이의 지급방법과 절차를 정함을 목적으로 한다.

제2조 (용어의 정의)
① "양도대상채권"이라 함은 양도인이 채무자에 대하여 가지는 총채권 중 일부금으로 별지목록에 기재된 채권의 원금과 그 이자 및 연체 이자를 말한다.
② "채무자"라 함은 양도대상채권의 채무자인 "김○영"을 말한다.
③ "담보권"이라 함은 양도대상채권을 담보하기 위하여 상기 채무에 담보로 제공된 담보권 중 일부금으로 별지목록에 기재된 담보권을 말한다.
④ "양도대상채권 및 담보권 관련서류"라 함은 여신거래약정서, 근저당권 설정계약서등 양도대상채권 및 담보권의 발생과 관련된 서류를 말한다.
⑤ "본건 경매사건"이라 함은 서울 동부지방법원 2013타경 0000호 부동산 임의경매사건을 말한다.

제3조 (계약금 및 대금지급의 방법)
채권일부양도대금의 계약금 금구천만원(₩90,000,000)은 계약 시 지급하도록 하며, 나머지 잔금 금팔억일천만원(₩810,000,000)은 본건 경매사건의 배당금으로 회수하기로 한다.

제4조의 1 (계약의 이행방법 - 채권 일부 양수도)
① 양도인은 계약금 수령 후 제4조의2에 의하여 양수인이 본건 경매사건에서 낙찰을 받고 낙찰대금을 완납한 경우, 양도인이 보유한 1순위, A금융기관 (1)근저당권 금이억육천만원(₩260,000,000) 중 금이억사천오백만원(₩245,000,000), B금융기관 (2)근저당권 금일억삼천만원(₩130,000,000) 중 금일억이천만원(₩120,000,000), C금융기관 (3)근저당권 금이억육천만원(₩260,000,000) 중 금이억사천오백만원(₩245,000,000), D금융기관 (4)근저당권 금오억이천만원(₩520,000,000) 중 금사억사천오백만원(₩445,000,000), 동순위 (1)(2)(3)(4) 근저당권 금일십일억칠천만원(₩1,170,000,000) 중 금일십억오천오백만원(₩1,055,000,000))을 양수인에게 별지목록 채권과 함께 양도하기로 한다.
② 채권 및 근저당권의 일부 이전에도 불구하고 본건 경매사건의 배당 시 선순위 배당을 제외한 배당금액 중 양도인의 채권 및 근저당권 A금융기관 (1)근저당권 금이억육천만원(₩260,000,000), B금융기관 (2)근저당권 금일억삼천만원(₩130,000,000), C금융기관 (3)근저당권 금이억육천만원(₩260,000,000), D금융기관 (4)근저당권 금오억이천만원(₩520,000,000), 동순위 근저당권(1) (2)(3)(4) 금일십일억칠천만원(₩1,170,000,000원) 중에서 계약금을 제외한 잔액을 우선 충당하고, 잉여가 있는 경우에 양수인의 근저당권을 충당하도록 한다.
③ 위 채권 및 근저당권관련 원인서류는 양도인이 보관하도록 하며, 필요한 경우 양수인에게 교부할 수 있다.

제4조의 2 (계약의 이행방법 - 경매입찰참가)
양수인은 본 계약체결 이후 본건 경매사건의 2014년 월 일 최초매각기일에 금일십억오천오백만원(₩1,055,000,000)으로 경매입찰에 참가하기로 하며, 최고가 매수신고인이 된 경우 영수증사본을 양도인에게 교부하도록 한다.

제5조 (승인 및 권리포기)
① 양수인은 자신이 직접 채무자, 양도대상채권, 담보권, 양도대상채권, 담보권 및 경매 관련 관련서류에 대하여 실사를 한 후 본 계약을 체결한다.
본 계약은 2013.12. .일을 기준일로 하여 선순위채권을 포함한 채권내역 및 근저당권 설정내역은 별지와 같음을 확인하며, 경매기일 전까지 변동내역이 발생할 경우 양도인은 이를 양수인에게 통보하도록 한다.
② 본 계약조항과 상치되는 여하한 것에도 불구하고, 양도인은 채무자의 재무 상태 및 변제자력 또는 양도대상채권 및 담보권과 관련된 조건, 양도가능성, 집행가능성, 완전함, 대항요건, 양도대상채권 및 담보권 관련 문서의 정확성 및 그 양도가능성을 포함하여 양도대상채권에 대한 여하한 진술 및 보장도 하지 아니한다.
③ 양수인은 양도인이 현재의 형식과 상태대로 양도대상 채권 및 담보권을 양도함을 확인한다.
④ 양도인은 양도대상채권 및 담보권의 양도와 관련하여 어떠한 보증 또는 담보책임을 지지 아니한다.
⑤ 본 계약체결 이후로는 양도인은 직접 경매입찰에 참가하거나, 제3자와 계약을 체결하지 않도록 한다.

제6조 (계약의 해제, 근저당권의 회복)
① ㄱ. 양수인의 입찰금액 이상으로 제3자에게 낙찰되는 경우.
　ㄴ. 법원의 낙찰 불허가등으로 당사자의 과실 없이 경매절차에 장애가 발생한 경우
　　위의 경우에는 양도인은 양수인으로부터 받은 계약금 및 중도이행금을 반환함으로써 본 계약은 해제된다(단 양수인은 제4조의 2와 같이 경매입찰에 미참가 시 본 계약의 계약금은 위약금으로써 양도인에게 귀속된다.).
② 경매절차에 의한 대금납부기한까지 경매낙찰대금을 납부하지 못한 경우.
　위 ②항에 의하여 이 계약이 해제되는 경우 양수인이 이미 지급한 계약금 및 중도이 행금은 위약금 및 손해배상금으로 양도인에게 귀속하며, 입찰보증금은 경매절차에 의한 배당재원에 포함되고, 양도인의 근저당권은 양도이전으로 회복된다.
　단 대금납부기한 이후부터 재경매기일전까지 양수인이 대금을 납부한 경우에는 본 계약은 유효하며 해당 경매사건의 지연이자에 대하여는 양도인에게 지연손해금으로 잔금에 추가하여 수령하도록 한다.

제7조 (양도인의 면책)
양수인은 본건 계약 체결과 관련하여 양도인에게 발생하는 모든 조치, 소송, 채무, 청구, 약정, 손해 또는 기타 청구로부터 양도인을 영구하게 면책시킨다.

제8조 (비용의 부담)
각 당사자는 본건 계약의 협상을 위하여 지출한 변호사 보수 기타 일체의 비용을 각자 부담한다. 그 외에 양수인은 양도대상채권 및 담보권의 실사에 소요된 변호사보수 기타 일체의 비용, 양도대상채권 및 담보권의 실사에 소요된 변호사보수 기타일체의 비용, 양도대상채권 및 담보권을 양도인으로부터 이전 받는 것과 관련된 모든 비용일체를 부담하며, 어떠한 경우에도 양수인은 양도인에 대하여 그 비용의 부담 또는 상환을 청구하지 못한다.

제9조 (관할법원)
본건 계약과 관련하여 발생하는 분쟁에 관한 소송의 제1심 관할 법원을 ○○지방법원으로 정한다.

※특약사항

1. 입찰참가 및 채권일부양수도 계약서 4조 1항에 의거 현금납부를 했을 경우 약정된 금원을 제외한 금원은 양수인이 지정하는 계좌로 반환한다.
2. 선순위 당해세 및 경매비용은 매수자가 부담한다.

본건 계약의 체결을 증명하기 위하여 당사자들은 계약서 2통을 작성한다.

20××년 12월   일

양도인   A금융기관
          대표자 ○○○ (인)

          B금융기관
          조대표자 ○○○(인)

          C금융기관
          대표자 ○○○ (인)

          D금융기관
          대표자 ○○○(인)

양수인   주식회사 ○○
          서울특별시 강남구 봉은사로 0길 00번지
          대표자 ○○○ (인)

붙임 1. 양도대상 채권의 표시 1부
    2. 양도대상 담보권의 표시 1부

(별지목록)

1) 양도대상 대출채권 내역

(단위 : 원)

취급점	대출과목	여신계좌	원금	이자	합계	양도대상채권
A기관	가계일반 자금대출	3610 -2073 -3691	200,000,000	62,853,452	262,853,452	근저당채권최고액 260,000,000원 중 245,000,000 양도
B기관	가계일반 자금대출	3610 -2073 -3174	100,000,000	31,753,887	131,753,887	근저당채권최고액 130,000,000원 중 120,000,000 양도
C기관	가계일반 자금대출	3610 -2073 -4826	200,000,000	62,088,598	262,088,598	근저당채권최고액 260,000,000원 중 245,000,000 양도
D기관	가계일반 자금대출	3610 -2073 -2053	400,000,000	124,060,390	524,060,390	근저당채권최고액 520,000,000원 중 445,000,000 양도
합 계			900,000,000	280,756,327	1,180,756,327	근저당채권최고액 1,170,000,000원 중 1,055,000,000 양도

※ 위 채권양도금액 산정기준일은 임의경매종료 배당예정일 2014년 8월 31일 까지 원금 잔액 기준, 가지급금 별도

2) 양도대상 담보권의 표시

담 보 물 권 소 재 지	서울특별시 송파구 ○○동 00번지 대지 119평방미터
채 무 자	김○영
근 저 당 권 설 정 자	김○영
양도 근저당권의 표시	2012년 5월30일, 서울동부지방법원 송파등기소 접수번호 제297XX호 (1)근저당권설정 채권최고액 260,000,000원 중 일부금 245,000,000원 (2)근저당권설정 채권최고액 130,000,000원 중 일부금 120,000,000원 (3)근저당권설정 채권최고액 260,000,000원 중 일부금 245,000,000원 (4)근저당권설정 채권최고액 520,000,000원 중 일부금 445,000,000원

제15장
공동(펀드)투자를 하면 이런 점을 주의하라

1. 공동 근저당권자 설정등기 방식에서의 조치사항

공동 근저당권자로 참여하는 방법으로 근저당권 이전 시 투자한 사람들 모두가 공동 근저당권자로서 등기되는 방식인데, 추후 근저당권에 기한 경매로 투자금 전액을 배당받지 못하여 손실이 발생될 경우 근저당권자 자신의 손실로 귀속되고, 어느 누구에게도 책임을 물을 수 없다. 투자 시에는 채권양도 계약서 및 근저당권이전 계약서상 양수인 란에 투자자 이름이 기재되어 있는 것을 확인한 후 투자금액을 지급한 다음 등기부등본을 발급하여 이전되는 근저당권의 근저당권자에 투자자(양수인) 이름이 등기되어 있는 것을 확인하여야 한다.

법원배당금 수령을 위하여 공동투자자 전원의 인장이 날인된 예금통장을 만든 다음 전원이 날인하여야 입금된 배당금이 출금되도록 조치하며, 배당금은 투자금액 비율에 따라 안분 배분하는 것으로 투자약정서에 명시한다.

2. 공동 질권자 설정등기 방식에서의 주의사항

대표자 1인에게 대여금 형식으로 돈을 투자하여 대표자 1인에게 근저당권이 이전된 다음 투자금 담보를 위하여 투자 지분만큼 동 근저당권에 공동으로 질권을 설정하여 대여금 채권을 확보하는 방식인데, 추후 경매를 실행하여 투자자인 질권자가 각 투자금액(대여금)을 전액 배당받지 못하면 잔존 투자금액은 대여금이기 때문에 그 대표자에게 변제할 것을 요구할 수 있는 형태인 바, 이런 방식으로 투자할 경우 대표자는 투자한 자들이 전액 배당을 받을 수 있도록 투자물건 선정 및 관리나 경매진행에 주의를 기울이게 하는 효과가 있다.

물론 두 가지 방식 모두 투자 후 근저당권이 이전되지 않거나, 대여금 방식 투자에서 질권설정 등기가 되지 않는 등 사기를 당할 수도 있으므로 믿을 만한 법무사 등에게 모든 사항을 공동으로 위임하고 신속하게 이전등기나 질권설정 등기를 하여 투자금이 확보되도록 하여야 할 것이다.

[여기서 잠깐] 구체적 자금조달 진행 절차

우량물건 선정 ⇒ 저축은행과 질권대출 사전 협의(자금조달) ⇒ 유동화회사와 계약양도 협의(근저당권 양수) ⇒ 채권자변경 신고(양수인 명의) ⇒ 낙찰 ⇒ 경락자금대출(상가는 낙찰가의 90%까지 가능) 및 소유권 이전 ⇒ 인도명령신청(유치권자, 임차인) ⇒ 현 임차인과 새로운 임대차계약 체결(명도완료)

PART3

금융기관의 NPL 매각 실무를 알아야 지피지기

NPL랭킹업 투자비법

제1장 채권양도를 통한 근저당채권 개별매각

1. 채권양도를 통한 개별매각에 대한 개요(건별매각, 확정가 매각)

1) 금융기관의 채권매각 근거법규

- 금융기관 내부의 채권매각규정
- 민법 제3편 제1장 제4절(채권의 양도) 제449조 내지 제452조

≪채권매각과 경매실행의 비교≫

구 분	채 권 매 각	경 매 실 행
환 가 방 법	담보권을 법원 이외 민간매각을 통한 현금화	담보물을 법원매각을 통한 현금화
채 권 회 수 기 간	채권양도 계약체결 즉시	경매신청부터 배당금 수령 시까지 최소 1년 소요
채 권 회 수 금 액	직전 유찰가수준 이내의 매각대금 수령 (개별매각 시 원칙)	최저매각가 수준 배당금
절 차 비 용	양수인이 양수절차 비용 부담	금융기관이 경매신청 비용 부담
유 입 취 득	유입취득 불필요로 추가비용 없음	유입취득 시 취득세, 관리비, 보유 시 자금운용 손실발생

2) 매각제외 채권

NPL의 공개경쟁 매각 시 다음과 같은 사유가 발생할 경우 일반적으로 매각제외 대상이 된다.

◎ 입찰일 이전까지 차주가 완제하는 경우
◎ 입찰일 이전까지 차주가 연체이자 또는 원금일부를 상환하여 고정 이하 여신에서 상향 분류되는 경우
◎ 입찰일 이전 경매로 낙찰되어 배당금이 어느 정도 확정 가능한 경우
◎ 차주의 민원제기(감사실, 금융감독원 등)가 있는 경우
◎ 경매대상 담보물에 하자가 존재하여 경매진행이 불가능하거나, 법원의 취하, 기각 등의 결정이 있는 경우
◎ 매각대상 채권의 실사결과, 대출취급 당시에 하자가 있는 것으로 확인되어 내부적으로 별도의 조치를 취할 예정인 경우
◎ 실사결과, 담보물에 중대한 이슈사항(예 : 유치권, 대규모 임금채권 등 발생)이 발생하여 매각가격이 현저하게 낮을 것으로 예상되는 경우
◎ 관련 대출 및 담보물에 대한 소송이 진행 중에 있어 그 결과에 따라 중대한 이슈사항이 발생할 수 있는 경우

위와 같이 대출계약 또는 근저당권 설정계약 등이 무효, 취소 등의 하자가 있는 경우 매각대상에서 제외된다.

3) 채권 금융기관 내부 절차

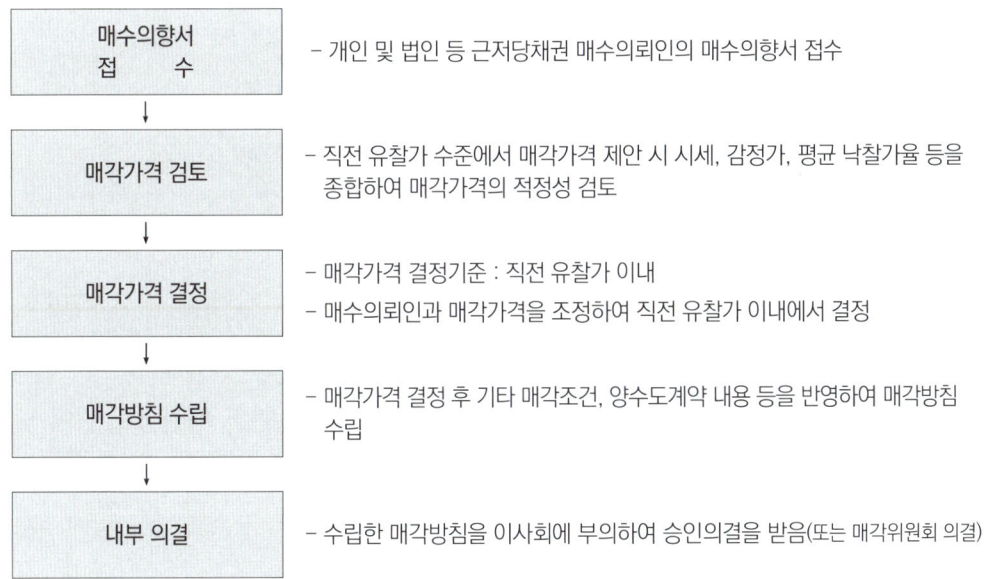

4) 금융기관과 채권양수인 간 절차

채권양도계약 절 차	- 이사회의결을 받은 후 채권 양수도 계약체결, 채권양도통지, 근저당권 이전계약 및 근저당권이전등기 이행, 대금은 금융기관 계좌로 수령
↓	
채 권 서 류 원 본 교 부	- 매각대금수령 후 채권서류 원본을 매수인에게 영수증을 받고 교부하고 사본 1부는 보관

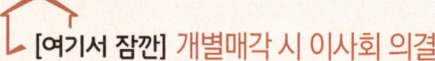

[여기서 잠깐] 개별매각 시 이사회 의결

채권매각시 이사회 의결을 받고 있으나, 채권매각은 일상적인 금융업무이고, 매각 시 이사회 의결을 받아야 한다는 명시적인 규정이 없다면 이사회 의결은 불필요한데 일부 금융기관은 매각 시 이사회 의결을 받고 있다. 더욱이 채권전액(100%)을 받고 매각 시에는 손실이 발생하지 아니하므로 이사회 의결은 필요 없다고 생각된다.

5) 채권양수인의 후속절차

채권자승계 조 치	- 근저당권 이전등기, 경매채권자 변경(승계)신고, 경매예납금 환급계좌 변경신고
↓	
낙찰, 배당 절차	- 양수인의 유입취득, 상계 및 차액지급에 의한 대금납부 신청, 배당금 수령 등

6) 금융기관의 채권회수 방법

① 채권자 교체를 통한 채권회수 방법 : 채권자 교체를 통한 채권회수 방법에는 크게 채권양도 방법과 대위변제 방법 두 가지가 있다. 다시 채권양도 방법을 세분화하면 근저당채권을 개별적으로 개인 등에게 매각하는 개별매각과 근저당채권을 대량으로 한국자산관리공사(캠코) 등에 매각하는 대량매각의 방법이 있다. 먼저 채권양도 방법 중 근저당채권을 개인 등에게 개별매각 하는 방법에 대하여 살펴본다.

② 채무자 교체를 통한 채권회수 방법 : 참고로 채무자 교체를 통한 채권회수 방법에는 민법상의 면책적 채무인수 방법과 배당받을 금액을 낙찰자에게 인수시켜 낙찰자로

부터 배당금 상당액을 회수하는 민사집행법상의 채무인수 제도가 있다.

2. 개별매각의 필요성

1) 최저 자기자본 준수비율 강화에 대비
 - 향후 금융기관의 자기자본 준수비율 상향조정 제도개선을 추진한다.
   ⇒ 자기자본비율 단기제고 필요 ⇒ 부실자산 획기적 감축 수반 ⇒ 연체 담보채권 조기매각 필요

2) 금융기관 내부의 적기시정조치 제재 탈피를 위한 부실자산 처분의 이행
 - 적기시정조치 이행사항 : 부실자산의 처분, 이익배당 제한, 점포·조직의 축소 등
 - 미이행 시 임직원 징계(견책, 직무정지)
   ⇒ 연체 담보채권 매각으로 부실자산 처분의무 이행 필요
   ※ MOU 미이행 금융기관에 대한 제재조치 강화 요구(감사원)

3) 대손충당금 적립기준 강화에 따른 충격에 대비
 - 2금융권에 1금융권 수준의 대손충당금 적립을 위한 연체기간 단축 및 대손충당 적립비율 단계적 상향적용
 - 대손충당 적립비율 지속 상승으로 수익성 악화 예상
   ⇒ 연체 담보채권 매각으로 대손충당금 추가 적립부담 경감 필요

4) 미처분 담보채권 및 연체율 감축을 통한 대외 신인도 제고
 - 연체 담보채권의 총액은 해마다 증가하고 있고, 경매를 통한 감축은 1년 이상 장기간이 소요되어 연체율 감축에 한계가 있음
   ⇒ 거액의 연체 담보채권을 개인 등에게 건별 또는 한국자산관리공사 등에 대량

매각하여 연체금액을 획기적으로 감축 필요
- 감독기관의 상호금융기관에 대한 건전성 감독강화에 따른 선제적인 연체율 감축 필요
- 연체비율 공시에 따른 금융기관의 대외신인도 제고
- 대내적으로는 연체율 감축을 통한 경영종합평가 목표달성

5) 유동성 확보 및 자금 운용수익 증가
- 무수익 자산인 담보채권의 신속한 매각으로 유동성 확보 및 확보된 자금운용을 통해 금융기관의 수익성 제고에 기여
- 부동산 경기 회복이 불투명함에 따라 무수익 담보채권을 장기간 보유할수록 기회비용 발생
  ※ 부동산 경매를 통한 담보권을 실행하더라도 매각과 유사한 수준의 손실 발생

6) 적시에 신속한 매각이 가능하여 채권관리 인력 및 비용 등 절감
- 경매신청부터 배당기일까지 최소 1년 이상 소요되는 경매절차와는 달리 채권매각은 매각요청부터 계약체결까지 약 2개월 정도 소요되어 처리절차가 신속·편리
- 연체감축으로 대손충당금 추가적립 경감, 채권관리 인력 및 비용 절감
  ⇒ 매각하면 손해라는 관점(인식)의 전환 필요

3. 개별 매각가격 결정기준 : 직전 유찰가 이내

1) 5차까지 유찰된 경매 건은 직전 4차 유찰가 이내에서 매각가격이 결정되어야 한다.
2) 근저당권 매각 전문회사인 유암코나 대신에프엔아이 등의 기관도 실무상 유입취득 시 적용하는 직전 유찰가 이내에서 채권을 매각하는 것이 관행이며, 경매를 진행시켜 배당받는 것보다 채권매각이 훨씬 더 유리한 채권회수 수단이다.

4. 개별매각이 유입취득보다 유리하다

1) 유입취득은 취득세 부담, 취득 후 주기별로 공매절차 실시의 번거로움 및 기타 관리비용이 발생한다.
2) 유입취득으로 보유기간 동안 자금고정화에 따른 자금운용 손실이 발생한다.
3) 부동산시장 장기침체로 유입취득 후 재매각 실익도 의문시 된다.
   ⇒ 결국 근저당권 매각이 간편하고 제비용 등 손실을 최소화할 수 있으며, 유입취득의 경우보다 여러 면에서 유리

5. 민원예방 목적 채권양도 예고통지

1) 목 적
민원예방을 위하여 근저당채권의 건별 또는 대량매각 전 채무자 및 담보제공자에게 채권양도(매각)예고통지 이행(첨부양식 활용)을 한다.

2) 예고통지 내용
『채무관련인이 은행에 2016년 0월 0일까지 0년 0월 0일 금전소비대차 약정에 따른 대출금채무 전액을 변제 불이행시 은행은 근저당권에 기한 경매신청 또는 제3자에게 채권 및 근저당권을 양도하는 방법 등으로 채권을 회수할 예정임을 알려드리니 위 독촉기한 내에 완제하여 주시기 바랍니다.』등의 내용으로 채무자에게 통지한다.

3) 예고통지 방법
예고통지서를 배달증명부 내용증명 우편으로 채무자 및 담보제공자에게 발송 후 예고통지 수령인이 기재된 배달증명 엽서를 우체국으로부터 받아서 채권서류철에 편철하여 채권양도 통지 후 채무관련인의 민원제기에 대응한다.

4) 민원 사례

① 민원인의 민원 요지

ⓐ 채권양도는 대출약관 및 은행법 위반

- A금융기관은 근저당채권(채권양도)을 여신거래 기본약관에(제23조) 의거 금융기관 및 한국은행이 아니면 한국자산관리공사 및 유동화전문회사 등에 양도하여야 함에도 수의계약으로 일반 법인에 양도하여 은행법을 위반하였다.

ⓑ 자산유동화관련 법을 위반하여 채권양도

- 그렇지 않으면 법으로 정한 금융기관 부실자산 등의 효율적 처리 및 한국자산관리공사의 설립에 관한 법률에 의거 처리해야 되고, 금융감독원에 자산양도 등의 등록을 하고 자산유동화계획 등록신청서 접수처리 후 채권양도 공고를 한 후 채무자에게 채권양도 통지를 하여야 근저당채권의 양도효력이 발생하는데 이 건 금융기관은 관련법을 지키지 아니하였다는 내용으로 금융감독원에 민원을 제기하였다.

② 민원에 대한 답변

ⓐ 채권양도 근거

- 민법의 채권양도 규정, 금융기관 내부의 채권관리 업무방법
- 금융기관 여신거래 기본약관(기업용) 제23조
  ※ 상호금융업감독규정 등 외규상 근저당채권 양도제한 규정 없음

ⓑ 규정에 부합된 양도

- 채권관리업무방법 위 채권매각규정 적용
- 위와 같이 A금융기관은 채권회수에 필요하다고 인정하여 규정상 인정된 외부기관에 근저당채권을 매각하였다.

ⓒ 여신거래 기본약관에 부합된 양도

- 약관 제23조 내용

제23조【채권의 양도】
은행은 채권관리상 필요에 따라 채무자에 대한 여신채권을 금융기관 또는 한국은행 등에 채권양도를 할 수 있기로 하며, 이 경우 채무자는 채무자로서의 모든 의무를 양수채권자에게 이행하기로 한다.

- 위와 같이 은행은 약관에 열거된 다른 금융기관 및 한국은행뿐만 아니라 기타 다른 양수인 등 누구에게도 포괄적으로 채권을 양도할 수 있도록 규정되어 있어 이를 근거로 담보채권을 다른 법인에 양도를 하였다.

ⓓ A금융기관의 의견
- 저희 은행은 채권회수를 위하여 채권관리업무방법(제44조)상 한국자산관리공사 등 외부기관에 매각할 수 있어 이를 근거로 매각을 하였다.
- 여신거래 기본약관 제23조에 따르면 금융기관 또는 한국은행 등에 채권양도를 할 수 있도록 약정한 바, 동 규정은 '한국은행 등에' 채권양도를 할 수 있도록 규정하여 양수인의 범위를 포괄적으로 열거하고 있으며, 동 규정을 금융기관 및 한국은행에만 양도하기로 하는 것으로 제한하여 해석할 경우 은행이 한국자산관리공사, 국민행복기금 및 신용회복기금 등에 채권을 매각하는 것도 잘못된 것으로 해석하여야 할 것이다.
- 또한 상호금융업 감독규정 등 외규상으로도 은행의 근저당채권 양도를 제한하는 규정은 없기 때문에 저희 은행은 약관, 민법 및 채권관리업무방법 등에 따라 정당하게 근저당채권을 양도하고 은행의 손실을 최소화 시켰으며, 조기에 채권을 회수하여 자산건전성 제고 및 대손충당금 적립부담 경감 등 경영수지에도 많은 기여를 하였다.
- 자산유동화에 관한 법률 및 한국자산관리공사법에 따른 채권매각 규정은 민법상 채권양도의 특례규정으로 은행이 근저당채권을 대량으로 유암코, 대신에프엔아이, 한국자산관리공사 등에 매각할 수 있는 근거 법률로써 민법상 채권양도

보다 여러 가지 특혜를 부여하는 법률이다. 이 민원 건은 민법에 따른 채권양도 중 건별매각 사례에 해당된다.
- 동 자산유동화에 관한 법률 및 한국자산관리공사법에 의한 채권매각 절차는 담보채권을 대량으로 매각할 경우에 적용되는 법률이기 때문에 이건 민원처럼 개별 담보채권을 매각할 경우에는 적용되지 않는다.
- 따라서 대량매각이 아닌 이 민원의 개별 건은 민법에 따른 채권양도 규정을 적용하여 채권양도계약을 체결하고 채권양도 통지를 적법하게 이행한 다음 모든 채권양도 절차가 정상적으로 종료된 건이다.
- 참고로 이 건에 대하여 채권양도 통지 이전에 은행은 이건 채무자에게 변제불이행 시 타에 채권양도를 하겠다는 채권양도 예고통지 절차도 완료한 다음 끝까지 채무를 불이행하여 비로소 타에 채권양도를 하였던 것이다.

위와 같은 은행의 민원회신에 대하여 금융감독원은 은행에 어떠한 이의제기도 없었다.

※ 참고사항

개인의 저축은행 근저당채권 매입 제한
2010.9.23. 부터 개인이 저축은행의 부실채권을 양수하기 위해서는 대출채권의 담보물건에 대한 공동소유권자 등 '실질적 이해관계가 있는 자'이어야 하므로 이해관계 없는 개인은 상호저축은행으로부터 부실채권 매입이 제한된다(상호저축은행업감독규정 제22조의4 제2호). 따라서 개인은 일반은행 및 유동화전문회사로부터 부실채권을 매입하거나 저축은행 부실채권의 경우 저축은행이 다른 자산관리회사나 대부업체 등으로 양도한 채권을 그 자산관리회사 등으로 부터 재매입하거나 대위변제 방법을 활용해야 한다. A금융기관은 이러한 매입제한 규정이 없다.

6. 금융기관의 근저당채권 매각 사례(연체이자 17% 배당차익 실제 사례)

1) 투자자의 연체이자 배당차익 높은 물건 법원 경매사이트 검색

① 연체이율이 높고 근저당권 설정비율이 높은 경매물건 검색
- 1순위 : 저축은행의 연체이율 25%, 근저당권 설정비율 130% 이상(새마을금고 22%)
- 2순위 : 2금융권의 연체이율 17%, 근저당권 설정비율 130%(통상)
- 3순위 : 1금융권의 연체이율 12% 이상, 근저당권 설정비율 120%(통상)

② 채권최고액 대비 경매신청 금액이 현저히 적은 물건 선정
- 부동산등기부등본상 동 금액 간 차액이 커서 배당차익이 많을 것으로 예상되는 담보물건 선정
- 가급적 배당차익은 크면서 예상 낙찰금액은 적은 물건을 선정하여 추후 매입금액 이하로 낙찰될 경우를 대비한 방어입찰을 통하여 매입손실을 방지하여야 하는데, 이를 고려하여 예상 낙찰금액이 적은 물건이 좋다는 의미임.

③ 저축은행은 이해관계인이 아닌 개인에게는 감독규정상 매각을 금지하고 있으므로 담보물건과 이해관계 없는 개인은 법인인 자산관리회사를 내세워 1차로 저축은행의 근저당권을 자산관리회사로 이전시킨 후 소정의 중개수수료를 지급하고 동 자산관리회사로 부터 근저당권을 최종 매입하여 투자하거나 대위변제 방법으로 투자 가능

④ 법원 경매사이트 공시된 수많은 경매물건을 검색하여 위와 같은 조건에 맞는 물건을 선정 후 해당 경매신청 채권은행을 접촉하여 채권매입을 진행하면 됨.

※ 실무적으로 100% 배당되는 채권은 법원 경매사이트에 공고되자마자 투자자들이 경매신청 은행에 전화하여 은행이 매각에 동의하는 한 매각이 빨리 끝나게 되어 이런 채권은 매입경쟁이 치열하다.

※ 한국자산관리공사나 1금융(은행)권은 개인에게 채권매각이 법규상 제한되어 있지 않으나 실무적으로는 개인에게 매각을 하지 아니하고 대량매각만 취급한다.

※ 또한 유암코나 대신에프엔아이 등 근저당권 매매 전문투자회사는 100% 배당되

는 건은 개인에게 매각하지 않는다.

2) 투자대상 물건선정

① 경매사건번호 : 서울동부지방법원 2013타경 178×× 임의경매

② 소 재 지 : 서울 성동구 성수동1가 000-000 제2층 제201호

③ 경매신청액 및 신청일자 : 126,400,000원, 추정(개시일 2013. 9. 26)

④ 채권최고액 : 165,000,000원(1순위 근저당권, 130% 설정)

⑤ 매각대상 채권내역

(기준일 : 2013. 11. 1)

채무자	대출일자 (설정일자)	원 금 (가지급포함)	이 자 (연체17%)	합 계	매각금액	배당차익 한도
○○	2010.11.30	126,400,000	4,051,726	130,451,726	130,451,726	34,548,274

※ 배당차익 한도 : 채권최고액 1억6,500만원 - 매각금액임

3) 투자대상 근저당채권 자산실사

① 채권 원본서류 실사 : 은행을 방문하여 연체이율, 채권원리금 총액확인, 채권원본서류 열람 후 당해세 및 최우선변제 보증금 등 선순위 배당채권액 조사, 대출계약서 및 근저당권설정 계약서원본 존재여부 조사(원본 분실 시 배당금 수령 곤란), 대출계약의 하자여부 조사, 채권자의 경매열람사본 조사, 채권서류 작성 시 차주의 서명날인의 적정성 여부 조사, 기타 대항력 있는 임차인의 존재여부 등 실사

② 담보(경매)물건 현장실사

 - 예상 배당액 산정을 위하여 공인중개사 등을 통한 시세조사 필수

 - 배당액을 감소시킬 여지가 있는 유치권, 인수되는 공과금 체납액 등 각종 위험 분석

4) 투자자의 예상배당액 산정(검토)

① 배당여력 산정 : 최종 예상배당 여력액 153,676,500원

- 감정가(법사가) 305,000,000원 × 평균낙찰가율 90% = 274,500,000원(낙찰가) - 낙찰가의 0.3% 경매비용 823,500원 - 당해세 및 최우선배당 소액보증금 등 선순위 채권액 000,000원 - 대항력 있는 임차보증금 등 낙찰자 부담액 120,000,000원(대항력임차보증금)

※ 성수동 다세대 3개월 평균 낙찰가율 85.69%(인포케어 통계) 및 역세권 감안, 감정가 및 평균낙찰가율의 변동에 따라 최종 예상배당 여력액은 변동여지 있음.

※ 기존 감정평가 전례, 시세, 특수물건 낙찰가율, 인근 유사물건 낙찰가율 등을 종합하여 감정가 산정

※ 배당요구의 종기 이후에 매입할 경우 당해세 등 선순위 배당채권액이 정확하게 법원에 제출되어 드러남으로 보다 더 예상배당액 산정이 정확하게 됨.

- 은행의 원리금채권 잔액 : 원금 126,400,000원 × 연체이율 17% × 연체일수 = 130,451,726(2013.11.1. 기준)
- 채권최고액 미달금액 : 채권최고액 165,000,000원 - 최종 예상배당 여력액 153,676,500원 = 11,323,500원
- 예상 배당소요기간 10개월 : 12개월 - 2개월(경매개시결정 등기일 2013.9.26. 부터 11.28. 현재 경매진행 단계까지의 경과 개월 수)

※ 경매 미신청 연체 담보채권은 예상 배당 소요기간이 1년 이상 되므로 매입 투자자에게 가장 큰 배당차익을 주게 됨.

② 예상 배당종료일 까지의 예상 배당요구 채권액(산정) : 150,149,059원
- 경매개시결정 등기시점의 채권원리금 총액 130,451,726원(2013.11.1.까지) + 개시등기 후부터 예상 배당종료일까지 기간 11개월 동안 채권원금 126,400,000원 × 연체이율 17% × 연체일수 330일/365일 = 19,697,333원의 합계액 150,149,059원이 배당요구 채권액임.

③ 매각기일 2회 연장 검토
- 배당여력이 배당요구 채권액에 충당(배당)하고도 3,527,441원(여력 153,676,500원 - 요구액 150,149,059원)이 남으므로 매각기일 2회 연장을 통하여 2개월 동안 연체

이자 17%(3,581,333원 한도)를 추가로 배당받을 수 있도록 연기할 필요가 있음.
- 예상 배당종료일까지의 예상 배당요구 채권액이 채권최고액에 현저히 미달될 경우 매각기일 연장을 통하여 연체이자가 채권최고액에 도달 되도록 하여 연체이자 차익을 극대화 시킬 필요가 있음.

④ 예상 배당차익 23,224,774원 (최고 배당한도 금액 153,676,500원 - 매입금액 130,451,726원)

5) 매각은행의 경제적 이익

① 매각으로 연체금액 및 연체율 감축
② 매각에 따른 대손충당금 20% 환입 및 연체이자 회수로 매각이익 발생 및 지점 연말 수익목표 달성(이 건도 20억원 매각으로 5억의 매각이익 발생)
③ 통상 은행은 6월 및 12월에 수익목표 점검이 있으므로 그 직전인 5월이나 11월 이전에 매각협상을 하는 것이 유리(이 건도 11월에 매각됨)
④ 매각대금으로 신규대출 재원 등 운영자금 확보

6) 투자자(매수인)의 경제적 이익

투자자인 ○○자산관리 주식회사는 채권매입 후 예상 배당소요기간 10개월 동안 연체이율 17%에 해당되는 배당차익(5건 약 8천만원) 획득

7) 투자수익률 산정

① 자기자본 대비 투자수익률 : 63.22%(순익 16,724,774원/자기자본 26,451,726원)
  - 자기자본 26,451,726원(매입금액130,451,726원 - 질권대출 104,000,000원)
  - 순수익 : 16,724,774원(질권대출이자 공제 후)

  ((예상 배당차익 23,224,774원 - 질권대출 이자 6,500,000원(104백만원 × 대출이율 7.5% × 300일(배당소요 10개월 반영)/365일, 부수비용 미반영))

② 질권대출 금액이 클수록 아래 가상사례와 같이 투자 수익율은 증가함.
③ 투자자는 위와 같은 빌라 5채에 설정된 근저당부 채권 5건 매입대금 6억원 중

20%인 125,000,000원을 자기자본으로 투입하였는 바, 여기에 63.22%를 곱하면 총 투자 예상수익 금액은 79,025,000원에 이르게 됨.

   ④ 가상사례
- 자기자본 1억원 + 질권대출 4억원(저축은행 25% 연체이자건 매입대금 5억원의 80%, 질권대출이자 7% 가정, 경매 미신청 건으로 예상 배당소요기간 1년 가정)
- 1억원의 25% 25,000,000원 + 4억원의 18% 72,000,000원(연체이자 25% - 질권대출이자 7%차감) = 97,000,000원
  ⇒ 자기자본 1억원 대비 투자 수익율은 97%로 증가함.

8) 자산양수도계약 특약 시 고려사항

① 매각은행의 이사회에서 매각승인 의결 등 매각은행의 내부절차 이행을 조건으로 양수도계약 효력발생 특약 명시

② 매수 후 매수인의 잔존채권 추심제한 약정으로 민원예방 필요
- 매각 후 잔존채권이 포기되면 채무자는 담보물로만 책임지고 잔존 채무에서 완전히 해방되므로 채무자에게도 유리함을 설명하여 민원예방 필요
- 포기약정을 하지 않을 경우 구두로라도 잔존채권 추심제한을 매수인에게 권고하여 민원예방 필요

9) 투자자의 매입잔금 조달(80% 질권대출 조달)

① 질권대출 은행 : ○○저축은행

② 질권대출 이율 : 7.5%

③ 질권대출 한도 : 매입대금 130,451,726원의 80%인 104,000,000원

④ 근저당권 이전비용 매수인 부담

⑤ 질권대출 만기 : 통상 예상 배당종료일을 질권대출의 만기로 하나 1년 정도 대출기간을 약정하는 은행도 있음.

⑥ 질권에 제공하는 담보대상 채권액은 근저당권부 채권최고액 전액을 설정대상으

로 함.

⑦ 이 건 질권대출은 이자나 만기를 등기부에 등기하지 아니하였으나 통상적으로는 등기하는 것이 관례임.

10) 구체적 자금조달 진행 절차

우량물건 선정 ⇒ 저축은행과 질권대출 사전 협의(자금조달) ⇒ 매각은행과 계약양도 협의(근저당권 양수) ⇒ 채권자변경 신고(양수인 명의) ⇒ 낙찰 ⇒ 유입취득 경락자금대출(상가는 낙찰가의 90%까지 가능) 및 소유권 이전 ⇒ 인도명령신청(유치권자, 임차인) ⇒ 현 임차인과 새로운 임대차계약 체결(명도완료).

11) 배당차익(연체이자 17%)의 실제 분배

① 최초 투자자(○○자산관리주식회사) : 일정율의 중개수익 취득
② 질권대출 은행 : ○○저축은행은 매입잔금 80% 질권대출 시 7.5% 이자수익 취득
③ 최종 매입투자자 : 연체이율 17% 상당 배당차익에서 질권대출이자 7.5%공제 및 최초 투자자의 중개수익 공제 후 나머지 수익 획득

12) 담보(경매)물건의 관리

① 가장 유치권 신고 및 과잉 유치권 신고 시 경매방해죄로 형사고소, 유입취득한 낙찰자에게 유치권대금 지급요구 시 가장유치권 등을 적시하여 사기죄로 고소하여 저가낙찰 방지
② 기타 양수인은 이해관계인으로서 가장, 과잉 유치권자를 상대로 유치권부존재 확인소송 등을 통하여 저가낙찰에 따른 배당금 손실을 미연에 방지하여야 함.
③ 양수인은 수시로 법원 경매사이트에 접속 및 담보물 현장점검 등을 통하여 양수채권에 대한 배당종결 시까지 가장 유치권 제거 및 경매진행 중 발생하는 각종 리스크를 관리하면서 저가낙찰에 따른 배당금 손실을 방지하여야 함.

13) 채권양수인의 방어입찰 참가하기

① 근저당권 양수인의 방어입찰 참가 : 근저당권을 할인받아 취득한 근저당권의 양수인은 항상 방어입찰 참가의 실익을 검토하여 근저당권의 매입원금에 상당한 금액으로 입찰가를 써서 입찰에 참가하여야 하고, 공매와 경매가 동시에 진행될 경우에는 반드시 공매기일 및 법원 경매기일에 모두 참가하여 근저당권 매입원금 상당액으로 입찰가를 써서 손실을 방지하기 위한 '방어입찰'에 참가하여야 한다.

② 방어입찰의 전제조건 : 방어입찰에 참가하고자 할 때에는 유치권의 신규신고로 현저한 가격저감 등 방어입찰 참가의 필요성이 있는지 여부, 유입취득 후 손실 없는 가격으로 재매각(처분)이 가능한지 여부(상가는 낙찰가 등락이 크므로 방어입찰 참가가 바람직함) 등을 종합적으로 고려하여 입찰불참 시보다 입찰에 참가하는 것이 실익이 있다고 판단되는 경우에 한하여 방어입찰에 참가한다.

14) 구체적인 대출채권 양도절차

① 채권양도 계약
② 채권양도 통지
③ 근저당권 이전의 부기등기
④ 양수인의 경매채권자 변경신고
⑤ 양수인의 환급계좌 변경신청
⑥ 양수인의 경매서류 열람 및 등사신청
⑦ 양수인의 권리신고 및 배당요구 신청
⑧ 법원의 채무자 및 소유자에 승계사실 통지
⑨ 근저당권부 채권 질권설정 계약체결
⑩ 질권설정 통지(채권양수인으로부터 위임받아 질권은행이 통지)

15) 채권양도 통지서 반송 시 양수인의 배당가부

① 통지도달 간주약관의 유효성 주장
- 채권양도 은행이 통지도달 간주약관 설명의무 이행 입증 시 채권양도 통지서가 수

취인 부재 등으로 반송되더라도 통지도달의 효력이 있음.

② 법원에 채권양도 통지 공시송달 신청

- 채무자 행방불명 시 양도인은 법원에 공시송달 신청에 의한 채권양도 통지를 해줄 것을 신청하여 법원게시판 공고로 통지하는 방법이 있음.

③ 반송 시 경매절차상 다투지 않는 한 양수인의 배당금 수령은 적법 : 근저당권부 채권양도 통지서가 반송되어 채무자에게 도달되지 못하였더라도 채무자가 경매절차의 이해관계인으로서 채권양도의 대항요건(채무자에 대한 채권양도 통지서의 도달)을 갖추지 못하였다는 사유를 들어 경매개시결정에 대한 이의나 즉시항고 절차에서 다툴 수 있고, 이 경우는 신청채권자가 대항요건을 갖추었다는 사실을 증명하여야 할 것이나, 이러한 절차를 통하여 채권 및 근저당권의 양수인의 신청에 의하여 개시된 경매절차가 실효되지 아니한 이상 그 경매절차는 적법한 것이고, 또한 그 경매신청인은 양수채권의 변제(배당)를 받을 수도 있음(대법원 2005.6.23. 선고 2004다29279 판결).

16) 관련판례

대법원 2005. 6. 23. 선고 2004다29279호 [배당이의][공2005.8.1.(231),1221]

① 피담보채권을 저당권과 함께 양수한 자는 저당권이전의 부기등기를 마치고 저당권실행의 요건을 갖추고 있는 한 채권양도의 대항요건을 갖추고 있지 아니하더라도 경매신청을 할 수 있으며, 채무자는 경매절차의 이해관계인으로서 채권양도의 대항요건을 갖추지 못하였다는 사유를 들어 경매개시결정에 대한 이의나 즉시항고 절차에서 다툴 수 있고, 이 경우는 신청채권자가 대항요건을 갖추었다는 사실을 증명하여야 할 것이나, 이러한 절차를 통하여 채권 및 근저당권의 양수인의 신청에 의하여 개시된 경매절차가 실효되지 아니한 이상 그 경매절차는 적법한 것이고, 또한 그 경매신청인은 양수채권의 변제(배당)를 받을 수도 있다.

② 채권양도의 대항요건의 흠결의 경우 채권을 주장할 수 없는 채무자 이외의 제3자는 양도된 채권 자체에 관하여 양수인의 지위와 양립할 수 없는 법률상 지위를 취득한 자(예를 들어 확정일자부 선양수인)에 한하므로, 선순위의 근저당권부 채권을 양수한 채권자

보다 후순위의 근저당권자는 채권양도의 대항요건을 갖추지 아니한 경우 대항할 수 없는 제3자에 포함되지 않는다.

17) 근저당권 이전 및 질권등기(서울동부지법 2013타경 178XX 임의경매)

순위번호	등기목적	접수	등기원인	권리자 및 기타사항
				(부평지점)
3	1번근저당권설정등기말소	2010년6월18일 제30413호	2010년6월18일 일부포기	
4	근저당권설정	2010년11월30일 제59610호	2010년11월30일 설정계약	채권최고액 금165,000,000원 채무자 김○문 서울 성동구 성수동1가 666-771 근저당권자 ████ 124136-████ 인천광역시 연수구 연수동 577-5 (부개동지점)
4-1	4번근저당권이전	2013년11월19일 제73606호	2013년11월19일 확정채권양도	근저당권자 ██자산관리주식회사 110111-██████ 서울특별시 서초구 서초중앙로 ██(서초동,롯데캐슬예디치빌딩)
4-2	4번근저당권부질권	2013년11월19일 제73607호	2013년11월19일 설정계약	채권액 금165,000,000원 채무자 ██자산관리주식회사 서울 서초구 서초중앙로 110(서초동,롯데캐슬예디치빌딩) 채권자 주식회사연국저축은행 110111-0129894 서울특별시 중구 퇴계로 234(충무로5가)
4-3	4번근저당권이전	2013년11월19일 제73608호	2013년11월19일 확정채권양도	근저당권자 오○연 670503-2██████ 경기도 이천시 갈산로 42, 107동██호(증포동,신한아파트)
5	2번근저당권설정등기말소	2010년11월30일 제59611호	2010년11월30일 해지	

18) ○○자산관리 주식회사(1차 투자자)

등기사항전부증명서(현재사항)

등기번호	507123
등록번호	110111-5○○○○○○

상 호	○○자산관리 주식회사
본 점	서울특별시 서초구 서초중앙로 ○○○(서초동, 롯데캐슬메디치빌딩)
공고방법	서울특별시 내에서 발행하는 일간매일경제신문에 게재한다.
1주의 금액	금 10,000 원
발행할 주식의 총수	400,000 주

발행주식의 총수와 그 종류 및 각각의 수	자본의 총액	변경연월일 등기연월일
발행주식의 총수 5,000 주 보통주식 5,000 주	금 50,000,000 원	2013.07.03 변경 2013.07.12 등기

목 적

1. 채권매입 및 매입자산의 관리
2. 채권매입의 알선 및 중개
3. 채권 및 부동산 컨설팅
4. 부동산 자산관리
5. 부동산 개발, 관리용역 및 매매
6. 부동산 임대업 및 임대컨설팅
7. 상가 신축, 분양 및 임대업
8. 경영컨설팅
9. 위 각호에 관련된 모임 및 부대사업
10. 경매컨설팅   <2013.07.02 추가 2013.07.12 등기>
11. 위 각호에 부대되는 일체의 행위   <2013.07.02 변경 2013.07.12 등기>

임원에 관한 사항

사내이사 강○용 71102○-1○○○○○○
사내이사 강○용 71102○-1○○○○○○ 서울특별시 중랑구 공릉로2길 60-6, 202호(묵동)
    2013 년 02 월 27 일 주소기입   2013 년 02 월 27 일 등기

회사성립연월일	2013 년 02 월 20 일

등기기록의 개설 사유 및 연월일	
설립	2013 년 02 월 2○일 등기

수수료 70○원 영수함   --- 이 하 여 백 ---
         관할등기소 : 서울중앙지방법원 등기국 / 발행등기소 : 법원행정처 등기정보중앙관리

채권양수도계약서

A은행과 ○○자산관리주식회사(이하 "양수인"이라 한다)은/는 다음과 같은 조건으로 채권양수도계약(이하 "본건 계약"이라고 한다)을 체결한다.

제1조 (용어의 정의)
① "양도대상채권"이라 함은 양도인이 채무자에 대하여 가지는 별지 목록(1)에 기재된 채권의 원금과 그 이자 및 연체 이자를 말한다.
② "채무자"라 함은 양도대상채권의 채무자인 별지 목록(1)에 기재된 채무자를 말한다.
③ "담보권"이라 함은 양도대상채권을 담보하기 위하여 상기 채무에 담보로 제공된 별지 목록(2)에 기재된 담보권을 말한다.
④ "양도대상채권 및 담보권 관련 서류"라 함은 여신거래약정서, 근저당권설정계약서 등 양도대상채권 및 담보권의 발생과 관련된 서류를 말한다.

제2조 (채권의 양수도)
① 양도인은 양도대상채권 및 담보권과 이에 부수하는 모든 권리, 권한, 이자와 이익을 양수인에게 매도하고, 이전하고, 전달하며, 양수인은 이와 양도인으로부터 매수하고, 취득하고, 인수한다. 또한 양수인은 양수인이 양도대상채권 및 담보권과 관련된 모든 의무를 부담하며 양도대상채권 및 담보권의 모든 조건들을 따를 것을 동의한다.
② 양수인이 본건 계약의 체결 후 양도대상 채권 및 담보권의 양도에 대한 대금(이하 "양도 대금"이라고 한다) 전부를 양도인에게 지급하는 경우에 양도인은 지체 없이 양도대상채권 및 담보권 관련 서류의 원본을 양수인에게 교부하며, 양도대상채권 및 담보권의 양도 사실을 채무자에게 지체 없이 내용증명 우편 기타 확정일자 있는 증서에 의하여 통지한다.
③ 양수인이 양도대금을 전부 지급한 후 담보권의 양도에 갈음하여 담보권 해지를 요구하는 경우에, 양도인은 담보권 해지에 필요한 서류를 양수인에게 교부한다. 이 경우에 담보권의 양도 또는 해지와 관련하여 발생되는 모든 책임은 양수인이 부담한다.
④ 양수인이 양도인에게 양도 대금 전부를 여하한 유보 없이 상계 기타 이와 유사한 것에 의하지 아니하고 지급하고, 양도인이 양수인에게 본 계약에 의한 의무를 이행하는 때에 본건 계약에 기한 거래는 종결되는 것으로 한다.

제3조 (양도 대금, 대금지급기일의 연장)
① 양도 대금은 총 금917,429,242원으로 한다.
② 양수인은 양도인에게 양도 대금을 다음과 같이 일괄 지급한다.

지급일자	내 역	금 액
20××.11.01	계약금	90,000,000원
20××.11.12	잔 금	827,429,242원
합 계		917,429,242원

③ 양수인은 양도 대금을 양도인이 지정하는 은행 계좌(000-61-000000)에 현금으로 입금하거나 양도인이 별도로 지정하는 방식으로 지급한다.

제4조 (승인 및 권리포기)
① 양수인은 자신이 직접 채무자, 양도대상채권, 담보권, 양도대상채권 및 담보권 관련 서류에 대하여 실사를 한 후 본 계약을 체결한다.
② 본 계약조항과 상치되는 여하한 것에도 불구하고, 양도인은 채무자의 재무 상태 및 변제 자력 또는 양도대상채권 및 담보권과 관련된 조건, 양도가능성, 집행가능성, 완전함, 대항요건, 양도대상채권 및 담보권 관련 문서의 정확성 및 그 양도가능성을 포함하여 양도대상채권에 대한 여하한 진술 및 보장도 하지 아니한다.
③ 양수인은 양도인이 현재의 형식과 상태대로 양도대상채권 및 담보권을 양도함을 확인한다.
④ 양도인은 양도대상채권 및 담보권의 양도와 관련하여 어떠한 보증 또는 담보 책임을 지지 아니한다.

제5조 (양도인의 면책)
양수인은 본건 계약 체결과 동시에 양도대상채권 및 담보권의 양수 및 보유와 관련하여 양도인에게 발생하는 모든 조치, 소송, 채무, 청구, 약정, 손해 또는 청구로부터 양도인을 영구하게 면책시킨다.

제6조 (계약의 해제, 손해배상의 예정)
① 본 계약조항과 상치되는 여하한 것에도 불구하고, 양수인이 제3조 제2항 또는 제3항에서 정한 양도 대금 지급기일에 양도 대금의 전부 또는 일부의 지급을 5영업일 이상 지체하는 경우에 양도인은 양수인에 대한 별도의 통지 없이 본건 계약을 해지할 수 있다.
② 제1항의 사유로 본건 계약이 해제되는 경우에는 양도인은 양수인으로 지급받은 모든 금액(계약금 포함)을 약정 배상금으로 몰취하고, 그 지급받은 금액을 양수인에게 반환할 의무를 부담하지 아니하며, 추가로 손해가 발생하는 경우에는 그 배상을 구할 수 있다.

③ 양도인이 본건 계약을 중대하게 위반함으로써 본건 계약이 해제되는 경우에 양도인은 본건 계약에 의하여 양수인으로부터 지급받은 금액을 양수인에게 반환하여야 한다.

제7조 (연체 이자)
양수인이 제3조 제2항 또는 제3항에서 정한 양도 대금 지급기일까지 양도인에게 양도 대금을 지급하지 아니하는 경우에 양도인이 제6조 제1항에 의하여 본건 계약을 해제하지 아니하는 때에는 양수인은 양도인에게 지급할 금액에 대하여 연 19%의 이율에 의하여 제3조의 양도 대금 지급기일로부터 실제 지급일까지 계산한 연체 이자를 가산하여 양도인에게 지급한다. 다만 양도인의 사정으로 인하여 지급기일이 지연되는 경우 연체이자를 적용하지 아니한다.

제8조 (비용의 부담)
각 당사자는 본건 계약의 협상을 위하여 지출한 변호사보수 기타 일체의 비용을 각자 부담한다. 그 외에 양수인은 양도대상채권 및 담보권의 실사에 소요된 변호사보수 기타 일체의 비용 양도대상채권 및 담보권을 양도인으로부터 이전받는 것과 관련한 모든 비용 일체를 부담하며, 어떠한 경우에도 양수인은 양도인에 대하여 그 비용의 부담 또는 상환을 청구하지 못한다.

제9조 (계약 당사자의 변경 등)
① 양수인은 양도인의 사전 서면 동의를 본건 계약에 의한 양수인의 권리와 의무를 제3자에게 양도할 수 있다. 다만, 이 경우에 그 계약 당사자 변경과 관련하여 지출되는 모든 비용은 양수인이 부담하며, 제3자로의 계약 당사자 변경으로 인해 양도인에게 발생하는 모든 불이익은 양수인의 책임으로 한다.
② 제1항 규정에 따라 양수인의 지위를 승계하는 자(아래에서 "계약인수인"이라고 한다)가 다수인 경우에 양도대상채권 및 담보권의 양도는 양수인과 계약 인수인이 상호 합의하여 양도인에게 요청하는 방법으로 이루어진다.

제10조 (관할 법원)
① 본건 계약과 관련하여 발생하는 분쟁에 관한 소송의 제1심 관할 법원은 인천지방법원으로 한다.
② 본건 계약의 체결을 증명하기 위하여 당사자들은 계약서 2통을 작성한다.

(특약사항)
1. 법정기일이 근저당권 설정보다 빠른 조세채권이 존재하여 양수인에게 중대한 손해가 발생한 경우, "양도인"이 보상한다(기고지한 부분은 제외된다).
2. 본 계약은 양도인의 이사회에서 승인되는 것을 조건으로 한다. 양도인은 계약금 수령 후 개최되는 이사회에서 본건 채권매각이 승인되지 아니하는 경우, 양수인에게 위약금 없이 계약금을 즉시 반환하며, 이에 대해 양수인은 다른 의견을 제시하지 아니한다.

붙 임 : 1. 매각대상채권 명세표   1부
         2. 매각대상채권 담보물명세표 1부
         3. 법인인감증명서   1부
         4. 법인등기부등본   1부
         5. 사업자등록증 사본   1부

20××. 11. 01.

(양도인)

(양수인) ○○자산관리 주식회사
대표이사 강○웅   ㊞

붙임1. 매각대상채권 명세표

채무자	대출일자	원금	이자	가지급금	합계	매각금액
김 ○ 훈	2010.11.30	126,400,000	9,055,250	0	135,455,250	130,451,726
김 ○ 훈	2010.11.30	146,400,000	10,515,919	7,406,710	164,322,629	158,523,598
김 ○ 훈	2010.11.30	80,000,000	5,746,404	0	85,746,404	82,577,534
김 ○ 훈	2010.11.30	71,000,000	5,042,582	0	76,042,582	73,287,562
김 ○ 훈	2010.11.30	177,200,000	12,986,329	0	190,186,329	182,588,822
류 ○ 화	2012.01.10	250,000,000	41,614,040	4,231,570	295,845,610	290,000,000
합 계	6건	851,000,000	84,960,524	11,638,280	947,598,804	917,429,242

붙임2. 매각대상채권 담보물명세표

채무자	담보물 소재지	종류	수량	근저당권내용
김 ○ 훈	서울 성동구 성수동1가 000-000 201호	다세대	50.86㎡	1순위 근저당권 165,000,000원
김 ○ 훈	동소 301호	〃	50.86㎡	1순위 근저당권 191,000,000원
김 ○ 훈	동소 401호	〃	33.70㎡	1순위 근저당권 104,000,000원
김 ○ 훈	동소 402호	〃	17.16㎡	1순위 근저당권 93,000,000원
김 ○ 훈	동소 501호	〃	46.66㎡	1순위 근저당권 231,000,000원
류 ○ 화	서울 광진구 구의동 000-00	근생	건 317.64㎡ 대 133.9㎡	1순위 근저당권 325,000,000원
합 계	6건			

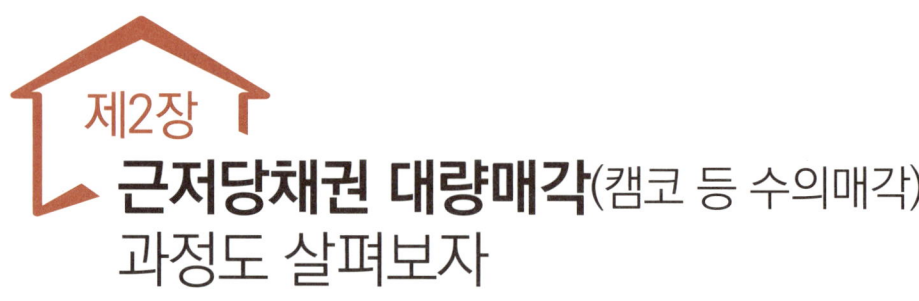

1. 대량매각이란?

금융기관이 한국자산관리공사(KAMCO), 연합자산관리회사(UAMCO) 및 대신 에프엔아이(대신 F&I) 등에 미 처분 담보채권을 확정가나 사후정산 방식으로 공개경쟁입찰 매각 또는 수의매각을 통하여 연체 담보채권을 일시에 대량으로 매각하는 것을 말한다.

2. 매각계약 체결 방식(NPL공개경쟁입찰 매각 VS 수의매각)

구 분	공개경쟁입찰 매각	수의매각
매각가 객관성	- 2인 이상의 투자자가 별도의 실사와 평가를 통해 입찰에 참여하여 가격의 객관성 확보 가능	- 단일 투자자를 지정하여 가격을 결정하므로, 가격 객관성 확보 측면이 취약함
매각가 극대화	- 유효입찰(2인 이상의 투자자의 입찰참여)을 통해 경쟁을 유발하므로 가격 극대화 유도 가능	- 단일 투자자가 제시하는 가격에서 출발하여 협의에 의해 최종 매각가가 결정되어 경쟁을 통한 상향 유도 불가
절차 공정성	- 시장의 주요 NPL투자자 모집(약 50여개 업체 이상)을 대상으로 의향서 접수, 경쟁입찰을 실시하므로 투명하고 공정하게 절차 진행 가능	- 수의매각 상대방 1인 지정에 대한 기준이 모호하고, 대외적인 민원 발생 여지가 있음
매각 규모	- 매각대상별 가격에 상관없이 Pool을 구성하여 대규모의 NPL 정리가 가능	- 협의시 은행과 수의매각 상대방의 가격괴리가 큰 NPL에 대해 매각제외가 빈번하여 매각물량이 다소 낮음
업무 부담	- 별도의 매각자문사를 선정하여, 실사/평가 및 대외 마케팅, 입찰절차 진행 등을 일임하므로, 은행의 업무부담이 경감되고 객관성 확보 가능	- 별도의 자문사없이 수의매각 상대방이 제시한 가격을 직접 검증해야 하는 부담이 발생
상위기간 감사 대응 차원	- 감사원 등 상위 행정기관의 감사 시 매각절차의 공정성, 가격 객관성 등에 대한 입증 부담이 낮음	- 수의매각의 성격상 절차와 가격 측면에 대한 감사 시 은행의 입증부담이 가중됨

3. 대량매각의 다양한 필요성

1) 미처분 담보채권 및 연체율 감축을 통한 대외 신인도 제고
① 연체 담보채권의 총액은 해마다 증가하고 있고, 경매를 통한 감축은 1년 이상 장기간이 소요되어 연체율 감축에 한계 ⇒ 자산관리공사에 대량 매각하여 연체금액을 획기적으로 감축 필요
② 감독기관의 자산 건전성 감독강화에 따른 선제적인 연체율 감축 필요
③ 연체비율 공시에 따른 금융기관의 대외신인도 제고

2) 유동성 확보 및 자금 운용수익 증가
① 무수익자산인 담보채권의 신속한 매각으로 유동성 확보 및 확보된 자금운용을 통해 조합의 수익성 제고에 기여
② 부동산 경기 회복이 불투명함에 무수익 담보채권을 장기간 보유할수록 기회비용 발생
※ 부동산 경매를 통한 담보권을 실행하더라도 매각과 유사한 수준의 손실 발생

3) 적시에 신속한 매각이 가능하여 채권관리 인력 및 비용 등 절감
① 경매신청부터 배당기일까지 최소 1년 이상 소요되는 경매절차와는 달리 채권매각은 매각요청부터 계약체결까지 약 2개월 정도 소요되어 처리절차가 신속·편리
② 연체감축을 통한 대손충당금 적립부담 경감 및 채권관리 인력 및 비용 절감 ⇒ 매각하면 손해라는 인식의 전환 필요

4. 한국자산관리공사에 매각하는 방식

구 분	확정가 방식	사후정산 방식
주요내용	담보부채권을 제3의 기관(회계법인 등)이 평가한 금액을 확정가로 하여 공사에 대량매각하고 추후 사후정산은 없음	담보물의 감정평가액에 평균낙찰가율을 적용한 금액 중 70%를 개산매각대금으로 우선 지급받고 추후 경매종결 시 확정된 배당금 등으로 최종 정산
소요기간	약 50일 (인수요청~계약체결)	약 2주
매각대금 산정	[예상낙찰가액−예상경매비용 −(법정선순위채권액+약정선순위채권액)] ÷(1+현가할인율)(할인기간)	(예상매각가−총선순위채권) ÷(1+현가할인율)(할인기간)
선지급 할인율	10~12%	6% 내외 (관리비용율 2% 포함)
장 점	사후정산 리스크 없음	- 확정가방식보다 절차가 신속·편리하며 할인율이 유리 - 원인서류 인계 후 매각은행에 경매진행사항 등 자산관리 리포트 제공
단 점	- 중도철회 시 회계법인에 대한 수수료 부담 - 100억 이상 대량매각만 취급	- 사후정산·환매 리스크 있음 - 완전양도(True Sale) 불인정 ※ 완전양도 충족방안 공사검토 중

5. 금융기관의 매각방식 선택 시 고려사항

1) 사후정산 방식 선택 시 고려사항

① 선지급 할인율이 낮고(6%), 다수 건이 아닌 개별건의 매각이 가능함.

② 절차가 간편하고 신속한 매각이 가능함.

③ 다만 금감원은 사후정산 및 환매의 리스크를 근거로 매각계약 체결시점에는 회계상 완전양도(True Sale)를 인정하지 아니하여 금융기관은 배당정산 시까지 회계상으로 연체채권 보유(사후 정산 시 연체율 감축 효과 발생)

2) 확정가 방식 선택 시 고려사항

① 담보부채권을 회계법인 등이 평가한 금액을 확정가로 하여 공사에 대량매각하므로 사후정산 리스크가 없고, 회계상 완전양도로 인정되어 연체채권 대량감축에 유리

② 다만 선지급 할인율이 10~12%로 높고, 매각중도 철회 시 자산실사 비용의 일부 부담 및 100억원 이상 대량매각 시에만 가능

3) 채권매각에 대한 설명회 개최

한국자산관리공사는 희망 금융기관에 대해 권역별 채권매각업무 관련 설명회 개최

※ 매각 제외 채권

- 채권 원인서류가 없는 채권, 소멸시효 완성 채권
- 채권 및 담보권 관련 원인무효소송이 계류 중인 채권
- 인수대상 담보물건의 일부 또는 전부가 계약체결일 이전에 경매절차에서 낙찰된 물건의 피담보채권
- 회생절차 개시결정이 있는 경우 인수대상에서 제외하되 인수 후 신청된 경우에는 채권별 계약해제

6. 매각 시 처리절차

1) 금융기관 내부의 절차

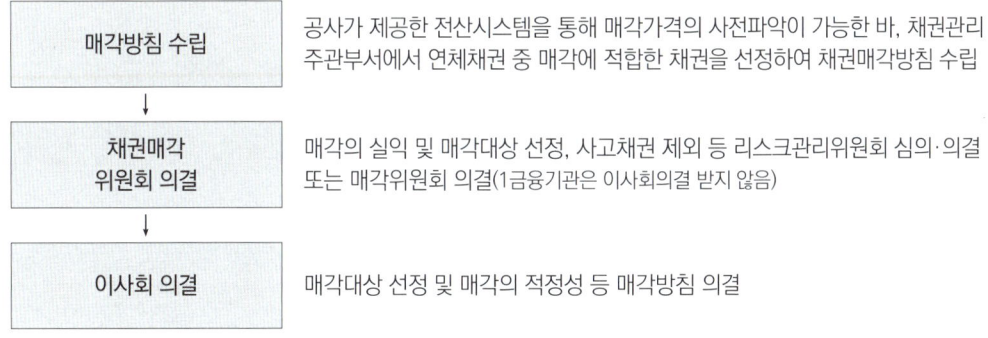

2) 한국자산관리공사와 금융기관간 절차(확정가 방식)

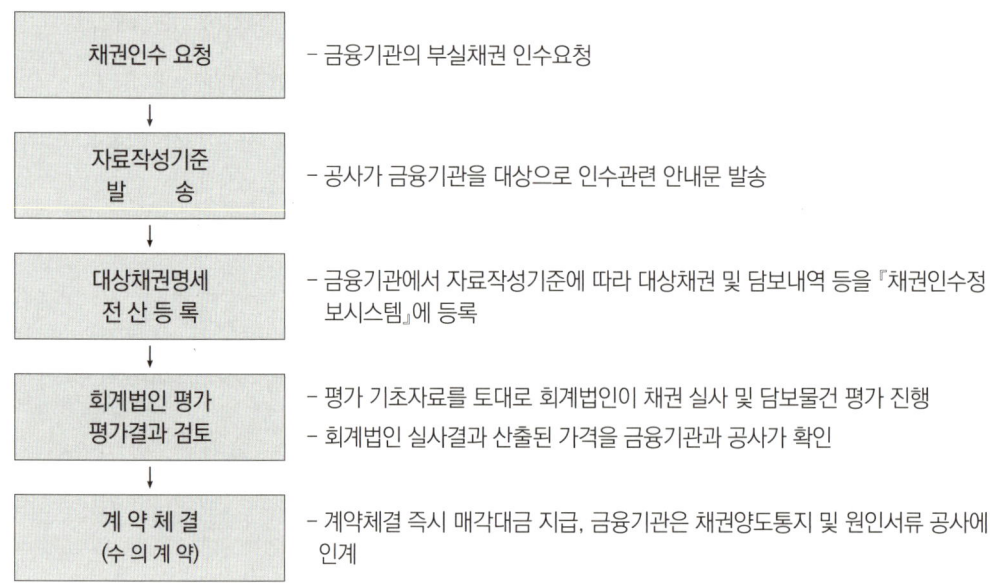

제3장
금융기관의 근저당채권 대량매각
(공개경쟁매각)

1. 금융기관의 채권매각은 국내외적 추진 배경이 있다

1) 국내경기 침체 및 부동산 가격하락 등에 따른 연체율 상승으로 자산건전성 및 수익성이 악화되고 대외신인도 하락 우려

2) 총 연체채권 중 담보채권이 대부분을 점유

경매를 통한 채권회수에는 최소 1년 이상의 장기간이 소요되어 연체율 감축에 한계 존재 ⇒ 연체율 감축을 위해서는 미처분 담보채권의 조기 정리가 필수적임.

3) 금융기관의 채권매각 근거

민법 및 채권관리업무방법상 관련규정 : 채권의 매각은 연체 채권의 신속한 정리 및 회수를 위하여 한국자산관리공사(KAMCO) 등 채권매입기관과 매각계약을 체결하여 채권에 대한 권리를 양도하는 것을 말하며, 연체금액을 일시에 대량 감축 시 활용

2. 금융기관의 매각대상 채권 선정방법

1) 연체 담보채권 매각의사 수요조사

2) 매각설명회 개최

3) 매각대상 채권 확정(각 금융기관 내부 매각채권 의결)

4) 새마을금고 및 신협 등도 대량매각이 가능하다.

3. 매각방법

1) 원 칙 : 경쟁입찰을 통한 매각
다수 금융기관의 채권에 대해 매각풀(Pool)을 구성하고, 매각주간사(회계법인)를 선정하여 경쟁입찰 매각(확정가 방식) ⇒ 매각채권의 규모화로 경쟁매각을 통한 매각가격의 극대화 유도

2) 예 외 : 수의계약 매각
경쟁입찰에서 유찰된 은행의 채권에 대해서는 수의계약 매각 추진

3) 수의매각 방법

> 가. 일부 은행 유찰 시 그 채권에 대하여 입찰참여 투자자 및 캠코 등을 대상으로 수의매각(입찰시 최저매각예정가격 이상) 추진
> 나. 위 수의계약 매각 무산 시 차기에 매각 재추진

4. 매각주간사 선정

1) 목적 : 자산실사, 권리분석 및 감정평가 등 공개경쟁입찰 매각절차 진행(자문)

2) 선정방법 : 수의계약

① 계약규정 제○○조(수의계약에 의할 수 있는 경우)
② 추정가격이 5천만원 이하인 용역계약 체결 등(대부분 금융기관이 유사한 규정 적용)
　※ 경쟁입찰이 원칙

3) 수의계약 사유
① 보수는 5천만원 이하 지급조건임(5천만원 초과시에는 경쟁 입찰로 선정).
② 경쟁입찰을 통해서는 매각POOL 전체 은행을 위한 동일 주간사 선정 곤란
　- 은행별 매각규모가 달라 주간사 경쟁입찰 시 각 은행별 매각보수율 및 매각주간사가 상이해져 동일 보수율을 적용하여 시너지 효과를 제고하기 위한 매각 POOL 구성 곤란
　- 은행별 매각주간사 선정 시 유찰된 일부 은행의 경우 매각규모가 작아 수의계약으로도 주간사 선정 곤란
③ 매각업무의 효율적 수행 및 비용 절감을 위하여 동일한 매각주간사를 수의계약으로 선정할 필요가 있음.

4) 매각주간사 선정 : ○○회계법인
① 2인 이상의 견적서를 제출받은 결과 ○○회계법인의 보수지급 조건이 유리함.
② 타은행 담보채권 3,000억원의 매각자문(계약)을 수행하여 본 은행에 대한 이해 및 업무수행 경험이 풍부
③ 금년 상반기 매각자문 수주실적(1조원)이 전체 업계 1위
④ 금번 은행 매각보수율 등 계약조건을 상반기 다른 은행 계약조건과 동일한 기준 적용

5) 매각자문 용역계약 체결 당사자

각 은행과 ○○회계법인(각 은행과 ○○회계법인간에 각각 또는 공동으로 매각자문 용역계약 체결)

《금융기관 NPL매각자문 용역계약서(안) 주요내용》

구 분	주 요 내 용
당 사 자	• (갑) 10개 은행, (을) ○○회계법인
용 역 범 위	• 갑의 일반 담보부 채권 및 회생채권(매각대상자산)의 매각(FC 2013-1 Program)에 대한 자문 　- 매각대상 자산에 대한 정보 집중, 매각대상 자산의 실사 　- 매각대상 자산의 가치평가를 위한 자료준비 및 가치평가 자문 　- 매각대상 자산의 가치산정 보고서 작성 　- 채권 매수인(투자자)에 대한 접촉 및 선정에 대한 자문 　- 입찰방법, 절차 및 낙찰자 선정 등에 대한 자문 　- 은행의 매각계약 체결과 관련된 자문 　- 기타 본건 매각과 관련하여 필요한 자문(제2조)
용 역 기 간	• 본 계약의 발효일로부터 2014년 3월 31일 또는 자문목적의 달성일 중 먼저 도래하는 날까지로 함. • 필요시 연장가능하고, 연장 시 기본보수 별도협의(제5조)
용 역 보 수	• 매각자문 수수료는 매각대금의 0.5%를 을에게 현금지급(제6조)
비 용 부 담	• 갑은 외주용역 (법률자문수수료, 담보물 감정평가수수료, 담보물 권리분석보수 및 낙찰률제공 서비스비용 등) 비용 부담 　※ 법률자문수수료는 은행별 매각대금 비율로 안분부담 • 담보물 감정평가수수료 및 권리분석 비용은 실제 견적금액으로 은행별 부담액을 산정하여 부담 • 매각대상자산 중 입찰일 전까지 갑이 매각에서 제외하거나 입찰대상에 포함되었으나 유찰되는 경우 기 발생한 감정평가수수료 및 권리분석 비용은 갑과 을이 상호 분담(제7조) • 기타 개인정보 보호에 관한사항과 일반적인 사항 등을 규정

5. 금융기관의 매각비용 분담기준

1) 금융기관의 매각비용(수수료) 분담기준

매각Pool 구성 후 발생하는 매각자문수수료(회계법인) 및 각종 외주비용(감정평가, 권리분석, 법률자문)의 은행별 분담은 아래와 같이 타 은행 수준에서 분담

구 분	기 관	배 분 기 준
매각자문 수수료	회 계 법 인	은행별 매각대금 x 수수료율 (0.3%)
감 정 평 가 비 용	감정평가법인	법사가 미 존재 담보물별 감평법인 실 견적 (기 법사가 존재 담보물은 감평 수행 없음)
권 리 분 석 비 용	법 무 법 인	차주당 정액보수 (30만원)
법 률 자 문 비 용	법 무 법 인	총 1천만원 수준 지급, 다만 각 은행은 이를 해당은행 매각대금의 비율로 안분분담

※ 권리분석 및 법률자문 비용은 하향 조정 여지 있음

2) 일부 유찰 은행의 비용분담 기준 : 주간사와 조합이 소정비율씩 분담

경쟁입찰 시 유찰된 은행의 채권은 캠코나 입찰참여 투자자 등에게 주간사가 1개월 이내에 수의매각 추진하고, 기한 내 수의계약 무산 시 주간사와 은행 간 권리분석 및 감정평가 비용 소정비율씩 공평 분담(중도매각 철회 시도 동일)한다.

6. 금융기관 채권 매각Pool 구성 및 낙찰자 결정

1) 여신규모 1,000억원 기준 2개의 매각Pool로 구성

A Pool (1천억원 이상 은행) : 7개은행 총 400.5억원
B Pool (1천억원 이하 은행) : 3개은행 총 38.5억원

- 여신규모 1,000억원 이하 은행의 채권은 유동화증권 발행 제외대상(자산유동화에 관한 법률 시행령 제2조 제9호).

- A, B 2개 Pool 구별은 투자자의 편의를 위한 구별일 뿐 모두 경쟁입찰로 매각 추진

2) 최저매각 예정가격(MRP) 산정방식

NPL 평가금액은 담보물 예상배당액의 현재가치(1) + 경매 후 잔존채권의 현재가치(2) + 가지급금의 현재가치(3)의 합계액으로 산정

3) 낙찰자 결정

- **(1단계) 전체 Pool 낙찰자 선정**
  2개의 Pool(여신규모 1천억원 규모 기준)을 기준으로 2인 이상의 입찰자가 참여하여 유효한 입찰이 성립되고, 이 중 각 풀당 최고가 낙찰자가 사전에 설정한 최저매각 예정가격(MRP ; Minimum Reserve/Request Price) 이상일 경우 해당 매각대상 Pool에 대한 최종 낙찰자로 선정

- **(2단계) 은행별 낙찰자 선정**
  2개의 Pool을 기준으로 유효 입찰에 의해 선정된 최고가 낙찰자가 매각대상 차주별로 제시한 평가금액을 기준으로 은행별 매각대금을 집계하고, 이와 사전에 은행별로 설정한 최저매각예정가격(MRP)을 비교하여 전자가 클 경우 은행별 낙찰자로 최종 선정 및 은행별 계약서 작성

4) 전체 Pool 낙찰자 가격의 은행별 MRP 미달을 방지하기 위한 사전대책

① 차주별, 담보물별 정확한 실사와 평가를 통해 최저매각 예정가격(MRP)의 객관성, 신뢰성 확보

② 사전에 잠재적 투자자와의 지속적인 접촉을 통해 차주별, 담보물별 실사 및 평가 이슈를 파악, 적극적인 대응과 자료 제시를 통해 최종 입찰 가격과의 격차 최소화 및 사전에 예상입찰가 파악, 대응

7. 공개경쟁입찰 매각 일정

1) 매각계획

① 매각주간사(회계법인) 선정 : 2016. ○○월
　- 매각대상채권 확정(이사회 의결) : 2016. ○○월 초 완료
② 채권 원본서류 집중 : 2016.○○.○○.
③ 민원예방목적 채권양도 예고통지서 발송 : 2016.○○.○○.
④ 회계법인 실사 : 2016.○○.○○. ~ ○○월 중순
　- 가격조정 협의 및 최저 매각예정가격 결정
　- 이메일 등으로 200여개 투자자(저축은행, 증권회사, 자산관리회사)들에게 매각공고 안내
　- 자산확정일(2016.○○.○○.) 이후 회수된 금액은 가수금으로 보관 후 낙찰자에게 반환하여야 함
⑤ 공개경쟁입찰 실시 : 2016.○○.○○.
⑥ 자산양수도 계약체결 및 매각종결 : 2016.○○.○○.
　- 확정가 방식으로 매각대금 회수

2) 예상 NPL매각 SCHEDULE

Kick-off(착수, 10/14) ⇒ 채권/담보정보 등 기본자료 입수(~10/10) ⇒ 채권 원인서류 준비/집계(지점, 은행)(~10/10) ⇒ 권리분석, 감정평가기관 선정완료(10/10) ⇒ 권리분석(권리분석기관, ~10/17) ⇒ 담보물 감정평가(감평법인, ~10/22) ⇒ IRF복사업체이관(~10/18) ⇒ CIM, Data Disk, LSPA준비(~10/18) ⇒ MRP산정 + 초안제출(~11/4오전) ⇒ 채권관리팀과 MRP협의(11/4~11/7) ⇒ Invitation Letter(입찰참가 안내장)배포(삼일, 10/14) ⇒ 입찰등록(LOI, CA접수, 삼일, 10/17) ⇒ 실사자료 등 배포(삼일, 대교, 10/18,21) ⇒ 자산실사 및 Q&A 대응(10/21~11/15) ⇒자산양수도계약서(LSPA) 의견접수 마감(11/1) ⇒ 입찰서류(Bid Package) 배포(11/8) ⇒ 입찰일(=계약체결일, 11/15) ⇒ 낙찰자 선정/공지(11/16) ⇒ 자

산유동화 실사/계획등록(종결일 전 3주, 11/19~12/9) ⇒ 이행보증금 납부(낙찰대금의 30%, 11/28) ⇒ 잔금납부(Closing, 낙찰대금의 70%, 12/10)

8. 공개경쟁입찰 매각 진행(회계법인 주도) : Invitation Letter, 입찰 안내장 배포

입 찰 안 내 장

적격투자자 귀하

본 입찰안내서는 매도인인 A은행의 보유채권 매각(이하 "본 매각" 또는 A 2016-1 Program)과 관련하여 Pricewaterhouse Coopers의 Member Firm인 ○○회계법인(이하 "재무자문사")이 매도인의 재무자문사로서 제공하는 것으로 입찰을 희망하는 투자자는 본 안내서를 신중하게 검토한 이후 입찰에 임하여 주시기 바랍니다. 본 입찰안내서에 제시된 입찰방법 및 조건과 이전에 제시 또는 공포되었던 입찰방법 및 조건 간에 상충되는 내용이 있을 경우 본 입찰안내서의 입찰방법 및 조건이 우선하며, 다만 효력이 발생된 자산매매계약서와 본 입찰안내서 또는 그 이전에 제시된 입찰방법 및 조건 사이에 상충되는 내용이 있을 경우에는 자산매매계약서에 기재된 바에 따르도록 합니다. 본 입찰에 참여하는 투자자는 입찰에 참여함으로써 본 입찰안내서와 자산매매계약서에 기재된 모든 내용을 인정하고 준수할 의사를 표시한 것으로 간주됩니다.

본 입찰 및 낙찰자 선정과 관련하여 입찰참가자가 관련법령을 위반하거나 입찰 시 제안한 조건을 이행하지 못하여 발생하는 손해 및 불이익은 입찰참가자가 부담하며, 입찰참가자는 이에 대하여 여하한 사유를 불문하고 어떠한 이의도 제기하지 못합니다. 또한 매도인과 재무자문사는 입찰참가자에게 제공되는 모든 정보와 자료의 정확성과 완전성에 대하여 어떠한 보증이나 책임도 부담하지 않으므로, 입찰참가자는 이에 대하여 여하한 사유를 불문하고 어떠한 이의도 제기하지 못합니다. 아울러 매도인과 재무자문사는 본 입찰 및 매각과 관련한 일정 및 내용 등을 매도인 및 재무자문사의 사정에 따라 변경, 연기 또는 취소할 수 있습니다(2016년 ○○월 ○○일, ○○회계법인)

1. 입찰의 목적
A 2016-1 Program은 매도인이 보유중인 일반담보부 채권을 공개경쟁 입찰을 통하여 입찰자에게 매각하는 일련의 계획입니다.

2. 입찰의 대상

A 2016-1 Program의 매각대상자산은 매도인이 보유하고 있는 58개 차주에 대한 채권합계액 15,379,316,742원(OPB 기준 : 미상환원금잔액과 가지급금의 합계, 미수이자 제외, 이하 동일)의 일반담보부 채권입니다. 입찰은 Pool 단위로 진행되며, 해당 Pool은 47개 차주에 대한 채권합계액 14,109,516,441원(OPB기준)의 Pool A와 11개 차주에 대한 채권합계액 1,269,800,301원(OPB기준)의 Pool B의 2개 Pool로 구성되어 있습니다.

3. 입찰의 방법

A 2016-1 Program은 일반담보부 채권(58개 차주, OPB 15,379,316,742원)에 대해 2개의 Pool로 나누어 Pool별 입찰을 진행할 예정입니다(Pool별 상세내역은 상기 2. 입찰의 대상 참조). 입찰과 관련하여 매도인은 적격한 입찰참가자 중에서 매도인의 재량에 의한 독자적인 판단에 의하여 Pool별 낙찰자를 선정할 예정이므로 입찰참가자는 이러한 낙찰자 선정에 대하여 여하한 사유를 불문하고 어떠한 이의도 제기할 수 없습니다. 입찰에 참여하고자 하는 입찰참가자의 경우, 각 Pool별로 Pool을 구성하는 전체 채권에 대해서만 입찰할 수 있으며 입찰서상 입찰가격을 기재함으로써 해당Pool 전체에 대한 매수의사를 밝힌 것으로 간주됩니다(Pool내 부분 or 개별채권에 대한 입찰은 유효하지 않은 입찰로 간주함). Pool에 대한 입찰가격을 제시하는 경우, 입찰참가자는 해당 Pool에 대한 입찰가격의 제시와 함께 해당 Pool 내 개별채권에 대한 채권별 입찰가격배분표도 함께 작성하여 제출하여야 합니다(채권별 입찰가격 배분표의 경우, 별도 제공하는 Excel File양식을 작성하여 입찰시 CD등 저장매체를 통해 제출함).

4. 입찰참가자 자격조건

입찰참가자는 다음 자격조건을 모두 충족시키는 법인 또는 단체입니다.
1) 입찰참가의향서, 비밀유지확약서 및 기타 입찰에 필요한 서류를 모두 제출한 자
2) 실사참가비, 입찰보증금을 소정의 일시까지 모두 지불한 자
3) 본 입찰과 관련하여 매도인이 제시한 입찰과정(본 입찰안내서에 기재된 내용을 포함)에 동의한 자로서 매도인이 수립한 모든 절차를 준수하고 법률상 본 매각대상 자산을 매수할 수 있는 자
4) 본 매각 건에 대해 거래종결 및 잔금완납이 2016년 ○월 ○일 (화)까지 가능하고, 인수구조 및 자금조달 차원에서 해당 일정준수가 가능한 자(단 해당 거래종결 및 잔금완납 일정은 낙찰자 선정 후 해당 낙찰자가 매도인 측에 별도 협의 요청 시 매도인의 판단에 의해 연장될 수 있음)
5) 재무자문사를 통해 매도인이 배부한 자산매매계약서 최종본에 기명날인(혹은 서명, 이하 같음)하여 제출한 자
단 위1) 및 2)에 기재된 자격조건의 승계는 (가)"입찰등록인 지위승계 확인서"(별첨 11) 및 (나) 승계하려는 자의 입찰참가의향서 등 입찰참가권유서에 기재된 기타 제반 제출서류(이하 "입찰등록서류")와 매도인이 고유한 재량에 따라 기타 요청하는 서류 일체((단 입찰등록서류 중 "실사참가비 송금내역서" 및 "Information Package 발송 요청서"는 매도인의 이의가 없는 경우에 한하여 기존의 입찰등록인(피승계인)이 제출한 것으로 갈음할

수 있음))가 2016년 ○월 ○일 (금)오후 2시(대한민국 표준시 기준, 이하 같음)까지 매도인에게 제출되고, 매도인이 자신의 고유한 재량에 의한 판단에 의하여 승계를 인정한 경우에 한하여 유효하며, 입찰참가자는 매도인의 인정여부에 대해 여하한 사유를 불문하고 어떠한 이의도 제기할 수 없습니다. 위 자격요건은 오로지 매도인의 이익을 위하여 설정된 것이며, 그 충족여부는 매도인의 재량에 의한 독자적 판단에 의하고, 입찰참가자는 자신 또는 다른 입찰참가자의 자격요건 충족여부에 관한 매도인의 판단에 대하여 여하한 이유나 방법으로도 이의를 제기할 수 없습니다. 또한 입찰참가자가 매각대상자산을 법률상, 사실상 매입·보유할 수 있는지의 여부에 관한 판단의 모든 책임과 매각대상자산을 매입·보유함에 따른 결과에 대한 모든 책임은 전적으로 입찰 참가자에게 있음을 양지하시기 바랍니다.

5. 입찰서류

입찰참가자는 입찰에 필요한 다음의 서류(이하 "입찰서류")를 작성 및 완성하여 제출하여야 합니다. 입찰 시 입찰참가자가 제출하여야 하는 입찰서류 및 제출기한은 다음과 같습니다.

· 제출기한 2016년 ○월 ○일 (금) 오후 2시[*1]

· 입찰서류
  1. 입찰참가신청서(별첨 1-1, 1-2)
  2. 컨소시엄 협정서(별첨 2) 단 컨소시엄을 구성하는 경우에 한함
  3. 투자자 소개서(별첨 3)
  4. 입찰보증금 납입확인서(별첨 4)
  5. 입찰서(별첨 5-1, 5-2)
  6. 투자재원확인서(별첨 6)
  7. 비공모서약서(별첨 7)
  8. 자문기관 및 전문가(별첨 8)
  9. 이행각서(별첨 9)
  10. 기명날인(서명)한 자산매매계약서 2부
  11. 법인등기사항전부증명서, 법인인감증명서, 사업자등록증 사본 각 1부[*2]
  12. 위임장[*3](별첨 10)
  13. 입찰등록인 지위승계 확인서(별첨 11)
  14. 입찰가격 배분표(CD로 제출)

[*1] 대한민국 표준시 기준
[*2] 입찰참가자가 비거주자에 해당하는 경우, 법인인감증명서 및 법인등기사항전부증명서는 입찰 참가자의 본국법에 따라 적법하게 발행되고 공증된 것으로써 매도인이 그 유효성을 인정할 수 있는 서류로

이에 갈음할 수 있음. 단 당해 서류가 대한민국의 언어로 작성되지 않은 경우에는 각 그 번역문을 첨부하여야 함

*3) 대리인이 대표이사를 대리하여 입찰서류를 제출하였을 경우에 한함.

입찰서류는 2016년 ○월 ○일(금) 오후 2시까지 도착하는 것을 원칙으로 하며, 기한 후 도착분에 대하여는 매도인의 재량으로 그 접수 여부를 결정합니다. 모든 입찰서류는 본 입찰 안내서에 첨부된 지정양식을 사용하여야 합니다. 또한 모든 입찰서류는 원본으로 제출되어야 하며, 별도로 명시한 경우를 제외하고는 사본 제출은 허용되지 아니합니다. 입찰참가자는 법인 인감증명서상 인감을 이용하여 입찰서류에 날인하여야 하고, 서명증명서를 제출한 경우 당해 서명증명상의 서명을 한 자가 입찰서류에 서명하여야 합니다. 입찰서류는 원칙적으로 그 중 전부 또는 일부가 매도인에게 기존(입찰등록 서류의 제출당시를 포함)에 제출되었는지 여부에 상관없이 입찰참가 당시 그 전부가 제출되어야 합니다. 다만 입찰참가자가 제출한 입찰서류 중 일부가 누락된 경우 매도인은 고유한 재량에 의하여 기 제출된 서류로 그 누락된 입찰서류가 제출된 것으로 갈음할 수 있고, 입찰참가자는 이와 관련한 매도인의 판단에 대하여 여하한 사유를 불문하고 어떠한 경우에도 이의를 제기할 수 없습니다. 입찰서류의 제출처는 다음과 같습니다.

제출처 : 서울특별시 용산구 한남도 ○○번지

모든 입찰서류는 제출기한까지 재무자문사에 인편으로 전달되어야 하며, 우편, 택배 및 Fax 등을 통한 제출은 허용되지 않습니다. 모든 입찰서류는 "A 2016-1 Program에 대한 입찰"이라고 기재된 봉투에 넣어 봉인되어야 하며, 입찰서류 제출자는 신분증(주민등록증 또는 운전면허증, 제출자가 외국인인 경우 여권)을 소지하고 입찰서류를 제출하여야 합니다. 마감시간의 혼잡을 피하기 위하여 시간적 여유를 두고 접수하시기 바라며, 입찰서류 제출 시 발생할 수 있는 서류의 누락, 분실, 도난 또는 지연 등 입찰서류를 작성하고 제출하는데, 따르는 모든 책임과 위험은 각 입찰 참가자가 부담합니다. 매도인, 재무자문사, 매도인 또는 재무자문사의 임원, 직원, 변호사, 계약자, 대리인, 담당자는 입찰서류의 작성 및 제출상의 오류나 입찰서류의 분실, 도난, 미제출, 지연제출 등의 경우에 대해 책임지지 않습니다. 또한 접수된 입찰서류는 취소, 철회, 교환 또는 변경할 수 없습니다.

(*1) 모든 입찰서류는 원본 및 사본 각1부(자산매매 계약서는 원본만 각 2부 제출)를 제출하여야 함. 또한 입찰참가자는 법인 인감증명서상 인감을 이용하여 입찰서류에 날인하여야 하고, 서명증명서를 제출한 경우 당해 서명증명서상의 서명을 한 자가 입찰서류에 서명하여야 함. 입찰서류는 원칙적으로 그 중 전부 또는 일부가 기존(입찰등록서류 제출당시를 포함하나 이에 국한되지 아니함)에 매도인에 제출된 적이 있는지 여부에 관계없이 입찰참여 당시에 그 전부가 제출되어야 함. 다만 어느 입찰참가자가 제출한 입찰서류 중 일부가 누락된 경우 매도인은 고유한 재량에 의하여 기 제출된 서류에 의하여 그 누락된 입찰서류가 제출된 것으로 취급할 수 있고, 당해 입찰참가자를 포함한 모든 입찰참가자는 이와 관련한 매도인의 판단에 관하여 어떠한 경우에도 이의를 제기할 수 없음.

(*2) 입찰보증금은 2016년 ○월 ○일(금) 정오 낮 12:00까지 A은행 영업부에 의하여 입금완료가 확인되어야 함.

(*3) 입찰참가자는 자산매매 계약서 국문본(최종안) 각 2부에 각 기명날인(서명)을 완료하여 입찰에 참가하는 Pool에 대한 별첨서류를 첨부하여 제출하여야 함. 입찰참가자가 기명날인(서명)하여 제출하는 각 자산매매 계약서는 매도인이 2016년 ○월 ○일(금) 배포한 내용과 형식을 그대로 유지한 것이어야 함.

(*4) 입찰참가자가 비거주자에 해당하는 경우, 법인 인감증명서 및 법인 등기사항 전부증명서는 입찰참가자의 본국법에 따라 적법하게 발행되고 공증된 것으로써 매도인이 그 유효성을 인정할 수 있는 서류로 이에 갈음할 수 있음(당해 서류가 대한민국의 언어로 작성되지 않은 경우에는 각 그 번역문을 첨부하여야 함)

(*5) 대리인이 대표이사를 대리하여 입찰서류를 제출하였을 경우에 한함. 단 입찰서류 제출행위에 관한 위임이외에 자산매매 계약서를 포함한 입찰서류 기명날인(서명)에 대한 위임 또는 입찰 자체에 관한 위임은 허용되지 않음. 위 위임장에는 입찰참가자가 서명날인(서명)하여야 하며, 대리인의 주민등록증(운전면허증 또는 여권) 사본 1부가 첨부되어야 함. 각 위임장에 대한 수락여부는 매도인의 고유권한임.

(*6) 이행각서는 입찰참가자(컨소시엄 입찰의 경우 컨소시엄 구성원 전원)의 기명날인(서명)이 완료되어 있어야 함.

(*7) 재무자문사가 별도로 제공하는 입찰가격 배분표 양식(별도 Excel File)을 작성하여 CD 등 저장 매체로 제출함.

(*8) 입찰서류는 2016년 ○월 ○일(금) 오후 2시까지 도착하는 것을 원칙으로 하며, 기한 후 도착분에 대하여는 매도인의 재량으로 그 접수여부를 결정하며, 입찰참가자는 이러한 매도인의 결정에 대하여 여하한 사유를 불문하고 어떠한 이의도 제기하지 못함.

6. 컨소시엄

입찰참가자는 본 거래에 관심이 있는 다른 투자자와 컨소시엄을 구성하여 본 입찰에 참여할 수 있으며, 컨소시엄의 구성원은 컨소시엄을 대표하는 자(이하 "컨소시엄 대표자", 컨소시엄의 모든 구성원을 대내외적으로 대표할 정당할 권한, 자격이 있는 자를 의미함)와 컨소시엄 대표자외의 컨소시엄 참가자(이하 "컨소시엄 참가자")로 구분되어야 합니다. 컨소시엄의 구성원은 모두 각자 본 입찰안내서 및 첨부서식에 언급된 사항을 준수하여야 하며, 입찰참가 신청서 등 본 입찰안내서 및 첨부서식에 따른 서류를 제출하여야 합니다. 입찰참가 의향서 접수후에 컨소시엄을 구성하는 경우 기존에 입찰등록을 한 투자자를 제외한 나머지 컨소시엄 구성원은 재무자문사가 기존에 배포하였던 비밀유지 서약서를 본 입찰 전에 재무 자문사에게 제출하여야 합니다. 컨소시엄을 구성하여 입찰에 참여할 경우, 컨소시엄의 모든 구성원이 개별적으로 본 입찰안내서가 요구하는 입찰참가 신청서, 입찰서, 투자재원 확인서, 비공모 서약서, 자산매매 계약서 및 이행각서 등에 기명날인(서명)하여야 합니다. 단 입찰보증금 입금확인증은 컨소시엄 대표자가 대표로 기명날인(서명)하며, 입찰보증금은 컨소시엄 대표자가 일괄적으로 입금하여야 합니다. 해당서류의 제출양식은 재무자문사에서 배부한 양식으로 하나, 컨소시엄 구성원의 수가 이를 초과할 경우 배부한 양식을 토대로 추가하여 작성하여야 합니다. 컨소시엄을 구성하여 입찰에 참여할 경우 자산매매 계약서상 매수인의 권리, 의무는 컨소시엄 구성원 전원에게 귀속합니다.

7. 입찰보증금

각 입찰참가자는 매도인의 입찰보증금 납입여부 확인을 위해 입찰기일인 2016년 ○월 ○일(금) 오후 12시(정오)까지 입찰보증금을 납입하여야 하며, 이에 대하여 매도인이 확인할 수 있어야 합니다. 입찰보증금 납부기한까지 입찰보증금을 납입하지 않았거나, 입찰보증금 납부기한까지 매도인이 입찰보증금 납입여부를 확인하지 못한 입찰참가자의 입찰은 그 효력이 없으며, 입찰참가자는 이에 대하여 여하한 경우에도 매도인과 재무자문사에게 어떠한 형태의 이의를 제기할 수 없습니다. 입찰보증금의 납부는 즉시 현금화할 수 있는 지급수단(한국은행 지준이체, 조회필 자기앞수표 등)으로 입금되어야 합니다. 입찰보증금의 납부 및 반환과 관련하여 발생하는 수수료는 입찰참가자의 부담으로 합니다. 반환계좌는 입찰참가자 명의의 단일 계좌이어야 합니다. 공동입찰의 경우 입찰보증금은 공동입찰 참가자의 대표자가 대표자의 명의로 일괄적으로 입금하여야 하며, 입찰보증금 반환계좌 또한 대표자 명의의 단일 계좌이어야 합니다. 낙찰자로 선정되지 아니한 입찰참가자가 납부한 입찰보증금은 그에 대한 이자 없이 수수료를 뺀 나머지 금액을 낙찰자 발표일인 2016년 ○월 ○일(금)로부터(당일 불포함) 3영업일 이내에 반환할 예정입니다. 낙찰자가 납부한 입찰보증금은 자산매매 계약서에서 정한 바에 따라 매매대금에 충당됩니다. 입찰보증금 납부금액 및 계좌는 다음과 같습니다.

〈입금계좌〉
· 입금은행 ○○은행   · 수취인명 A은행   · 입금계좌번호 1100-0000-000
· 기타사항 : 입찰참가자 명칭 및 "A 2016_1 입찰보증금" 기재요망

〈입금금액〉
입찰대상 입찰보증금액 *[1]) Pool A 500,000,000원, Pool B 50,000,000원

*1) 입찰참가자가 원화로 입찰보증금을 납입하고 그 입찰참가자가 낙찰자로 선정되었을 경우, 이행보증금 납부 시 이행보증금에서 이미 납입한 입찰보증금 금액을 뺀 나머지 금액("이행보증금 잔액")을 납부합니다.

8. 입찰서 및 입찰가격 배분표

입찰서 작성 시 유의할 사항은 다음과 같습니다.
1) 입찰가격은 원화로만 기입하여야 하며, 본 입찰안내서에 첨부된 입찰서 양식에 의해서만 제출될 수 있습니다. 위 입찰서 양식으로 제출되지 않은 경우 당해 입찰참가자의 입찰서류는 매도인의 고유하고 독자적인 판단에 따라 유효하지 않은 입찰로 간주될 수 있습니다.
2) 입찰참가자는 입찰서와는 별도로 차주별 가격배분표를 CD로 제출하여야 합니다.
3) 가격배분표 작성 시 각 차주별 채권에 빠짐없이 입찰가격을 기입하여야 하며, 각 차주별 채권의 입찰가격은 최소한 100,000원 이상의 금액으로 기입하여야 합니다. 단, 여기에 기재된 '100,000원'은 매도인이 설정한 최저 매각가격을 의미하는 것은 아닙니다.
4) 입찰서의 작성에 관한 세부적인 사항은 별첨서류 양식 "입찰서"를 참조하시기 바랍니다. 입찰서는

본 입찰안내서에 첨부된 "입찰서" 양식에 의해서만 제출될 수 있습니다. 동 입찰서 양식으로 제출되지 않은 경우 당해 입찰참가자의 입찰서류는 매도인의 고유하고 독자적인 판단에 따라 유효하지 않은 입찰로 간주될 수 있습니다. 아래의 사항에 하나라도 해당하는 경우 제출된 입찰서는 무효로 되며, 낙찰자 선정 후 사후에 해당 사실이 발견되는 경우 낙찰자의 지위가 상실됩니다. 아래 사항의 해당 여부에 대한 판단은 매도인의 전적인 재량에 의하며, 누구도 여하한 사유를 불문하고 그에 대하여 이의를 제기할 수 없습니다.

1) 입찰관련 제출서류 및 첨부서류에 허위, 사기, 중대한 하자 또는 착오가 있는 경우
2) 비밀유지 서약서, 컨소시엄 합의서(필요 시 공증된 위임장 첨부요망), 법인인감증명서, 사업자등록증을 제출하지 않은 자 등 참가자격이 없는 자가 참가한 경우 또는 대리권이 없는 자에 의하여 입찰서가 제출된 경우
3) 본 입찰 안내서 상에 제시된 입찰대상 자산의 범위와 상이한 범위의 자산을 제시하여 입찰할 경우
4) 입찰금액을 복수 및 일정금액의 범위로 기재한 경우
5) 입찰서에 금액 등 주요부분을 기재하지 아니한 경우
6) 입찰자가 입찰서 제출과 관련하여 타인과 담합하거나 타인의 입찰참가를 방해한 것으로 판단되는 경우
7) 기타 입찰 안내서에서 정하는 바에 중대하게 위배된 경우

9. 투자재원 확인서

각 입찰참가자는 입찰서와 더불어 투자재원 확인서를 제시하여야 합니다. 투자재원 확인서에는 투자재원을 증명할 수 있는 관련증빙이 첨부되어야 합니다. 공동입찰의 경우에는 공동입찰 참가자의 구성원 별로 투자재원을 증명할 수 있는 입증서류가 각 첨부되어야 합니다. 입찰참가자가 적정한 투자재원을 제시하지 못할 시에는 입찰가격과 관계없이 매도인의 고유한 재량에 의한 독자적 판단에 따라 낙찰자 선정에서 제외될 수 있습니다. 입찰참가자가 적정한 투자재원을 제시하지 못하였는지 여부와 이러한 경우 낙찰자 선정에서 제외할 것인지 여부에 대한 판단권한은 매도인에게 전속하는 고유한 권리이며, 그와 관계된 매도인의 판단에 대하여 여하한 사유를 불문하고 어느 입찰참가자도 이의를 제기할 수 없습니다.

10. 자산매매 계약서

입찰참여자는 입찰일인 2016년 ○월 ○일(금) 오후 2시까지 다른 입찰 관련서류와 함께 자산매매 계약서 국문본(최종본) 2부에 각 기명날인(서명)을 완료하여 입찰에 참가하는 채권에 대한 별첨서류를 첨부하여 제출하여야 합니다. 국내입찰 참여자의 경우에는 법인 인감으로 날인하여야 합니다. 입찰참여자는 위와 같이 기명날인(서명)한 각 자산매매 계약서 국문본(최종안)을 제출함으로써 매도인이 입찰 참여자에게 배부한 자산매매 계약서의 내용에 따른 각 계약의 청약을 한 것으로 간주됩니다. 입찰참여자는 낙찰자로 선정되는 경우, 매도인이 최종 서명본으로 배부한 자산매매 계약서로서 입찰참여자 자신이 기명날인(서명)한 계약서의 변경을 요구할 수 없으며, 그러한 계약서의 변경은 매도인의 독자적인 재량에 의한 결정에

따라 이루어지는 경우에 한하여, 매도인과 낙찰자 사이의 서면 합의에 의해서만 가능합니다.

11. 위임장
법인등기사항 전부증명서(법인등기사항 전부증명서가 존재하지 않는 경우, 공증받은 증명서 혹은 기타 이에 준하는 서류)상의 대표이사가 아닌 대리인이 입찰 관련서류를 제출할 경우에는 위임장을 함께 제출하여야 하며, 이 때 입찰서류 제출행위에 관한 위임 이외에 자산매매 계약서를 포함한 입찰서류 기명날인에 대한 위임 또는 입찰 자체에 관한 위임은 허용되지 않습니다.

따라서 모든 입찰 관련서류의 작성책임은 입찰참가자에게 있습니다. 위 위임장에는 입찰참가자가 기명날인하여야 하며, 위임장 제출 시 법인인감증명서(법인 인감증명서가 존재하지 않는 경우, 공증받은 증명서 혹은 기타 이에 준하는 서류) 원본 및 대리인의 신분증(주민등록증 또는 운전면허증, 제출자가 외국인인 경우 여권)사본을 첨부하여야 합니다. 단 각 위임장에 대한 수락 여부는 매도인의 고유권한입니다.

12. 입찰참가의 효력
입찰 참가자가 본 입찰안내서에 따라 입찰서에 기명날인하여 본 입찰에 참가하는 경우, 입찰서류 제출기한인 2016년 ○월 ○일(금) 오후 2시 이후에는 여하한 사유로도 입찰을 변경 및 철회할 수 없으며, 이때부터 각 입찰참가자는 자신이 제출한 입찰에 대하여 법적 구속을 받습니다. 해당 입찰 참가자는 A 2016-1 Program과 관련하여 매도인과 해당 입찰참가자 사이에 입찰일까지 진행된 모든 협의 및 기타 거래와 관련하여 매도인에 대하여 어떠한 이의도 제기하지 아니하고 기타 책임을 묻지 않기로 한 것으로 간주됩니다.

13. 낙찰자 선정 및 낙찰결과통보
매도인과 재무자문사는 입찰가격 및 투자재원 확인서 등 관련서류를 종합적으로 검토한 후, 매도인의 독자적인 판단에 따라 2016년 ○월 ○일(월) 오후 6시 이내에 낙찰자를 선정할 예정입니다. 매도인은 낙찰자에게 낙찰 사실을 전화로 통보하고, 전자우편(E-mail)을 통하여 낙찰확인서를 전달할 예정입니다. 입찰참가자가 낙찰자로 선정되어 여하한 방법으로 라도 매도인이 낙찰결과를 발송한 경우, 입찰참가자가 제출한 자산매매 계약서에 따라 입찰참가자는 자산매매 계약서상 매수인으로서의 지위를 가지며, 입찰참가자는 이에 대해 어떠한 이의도 제기할 수 없습니다. 단 매도인의 사정에 따라 상기 일정은 다소 연기될 수 있습니다

14. 매도인의 권리
매도인은 자신의 고유재량에 의한 독자적인 판단에 따라 매각대상 자산에 대한 입찰을 변경 및 철회할 권리를 가집니다. 또한 매도인은 거래종결일 이전에는 자산매매 계약서에 명시된 사유들에 근거하여 특정 채권을 매각대상에서 제외하거나 매각절차를 철회할 수 있습니다. 특히, 매도인은 최저 매각가격을 설정할 수 있으며, 입찰결과 입찰가격이 매도인의 최저 매각가격을 만족시키지 못할 경우 본 입찰을 유찰시킬

수 있습니다. 다만, 위 최저 매각가격은 입찰참가자에게 공개되지 아니합니다. 입찰참가자는 이와 같은 매도인의 권리에 대하여 여하한 이유 또는 방법에 의하여도 이의를 제기할 수 없습니다.

15. 매각조건
매각관련 모든 조건은 입찰일 이전에 입찰참가자에게 최종적으로 배포된 자산매매 계약서에 의거합니다.

16. 용어의 정의
본 입찰안내서에서 별도로 정의되지 않은 용어는 자산매매 계약서상의 용어 정의에 따릅니다.

17. 기타 입찰참가자 유의사항
1) 본 입찰과 관련하여 입찰참가자 및 그에 대한 투자자에 발생되는 모든 비용(입찰서류의 준비 또는 제출 시 발생되는 비용 포함)은 각자 부담하여야 하며, 매도인 및 재무자문사는 입찰참가자가 낙찰자로 선정되지 않거나 선정이 무효가 되거나 낙찰자와 본 거래가 종결되는 등 여타의 모든 상황에서도 입찰참가자 및 그에 대한 투자자에게 이미 발생된 비용 및 향후에 발생되는 비용을 일체 부담하지 않습니다.
2) 입찰서류에 기재되는 모든 금액 및 납입하는 이행보증금은 대한민국 원화 기준이며, 입찰서의 평가도 원화금액을 기준으로 이루어집니다. 외화금액의 기재는 오직 보충적 의미를 가집니다.
3) 본 입찰안내서 및 첨부서류 등에 기술된 "영업일"은 대한민국의 제1금융권의 영업일을 기준으로 합니다.

18. 향후 매각추진 일정(안)
입찰일 이후의 잠정적인 매각추진일정은 다음과 같습니다. 단, 매도인의 사정 및 진행상황에 따라 본 거래와 관련한 일정 및 내용 등은 사전통보 없이 변경 또는 연기될 수 있습니다. 주요 예상일정은 다음과 같습니다.
2016년 ○월 ○일(월) 낙찰자 선정/ 공지
2016년 ○월 ○일(목) (*)이행보증금 납부
2016년 ○월 ○일(화) (*)잔금지급 및 Closing
(*) 해당 일정은 낙찰자 선정 후 낙찰자가 매도인 측에 별도 협의요청 시 매도인의 판단에 의해 연장될 수 있음.

입찰참가 신청서 (단독 신청자용)

Pool A ☐ / Pool B ☐ 매도인 (및 재무자문사) 귀중

1. 입찰참가자(단독 신청자)의 명칭

입찰참가자	
회 사 명	
법 인 등 록 번 호	
대 표 이 사	
주 소	
전 화 번 호	
F A X	
E - m a i l	
실 무 담 당 자	
회 사 형 태 (주식/유한/합명/합자)	

(*) 첨부서류 : 사업자등록증 사본, 법인인감증명서, 법인등기사항전부증명서(해당서류가 각 존재하지 않는 경우, 공증받은 증명서 혹은 기타 이에 준하는 서류) 각 1통. 단 신청인이 외국법인일 경우에는 위의 첨부서류에 준하는 서류

Pool A ☐ / Pool B ☐ 매도인의 A 2016-1 Program과 관련한 입찰에 참여하고자 위와 같이 신청합니다. 본인은 입찰안내서 및 관련 서류의 내용을 충분히 숙지하고 있으며, 입찰절차와 관련한 매도인 및 재무자문사의 권한에 대하여 일체의 이의를 제기하지 않을 것입니다.

20××년   월   일자로 기명날인(서명)함

회 사 명 : _____

대표이사 : _____ (인)

입찰보증금 납입확인서

Pool A ☐ / Pool B ☐　매도인 (및 재무자문사) 귀중

1. 계좌이체통지

본 입찰참가자는 A 2016-1 Program과 관련하여 다음과 같이 입찰보증금을 납부하였습니다.

입금일자	20XX년 ____ 월 ____ 일	
입금인명		
입금금액	입찰대상	납입여부 및 금액
	Pool A	KRW _____ ☐
	Pool B	KRW _____ ☐

2. 입찰보증금 반환정보

입찰보증금 반환에 필요한 계좌에 대한 정보는 다음과 같습니다.

은행/지점	
계좌번호	
수취인명	
연락처	

첨부서류: 입찰보증금 입금증 사본 및 입찰보증금 반환계좌 통장사본 각 1부

20××년　월　일자로 기명날인(서명)함

회 사 명 : _____

대표이사 : _____ (인)

입 찰 서 (단독 신청자용)

Pool A □ / Pool B □ 매도인 (및 재무자문사) 귀중

본 입찰참가자는 Pool A □ / Pool B □ 매도인(이하 "매도인")의 입찰안내서에 따라 A 2016-1 Program 에 입찰합니다. 동 입찰이 매도인에 의해 수락될 경우 아래 입찰표에 기재한 입찰가격으로 낙찰자로서의 모든 의무를 이행할 것을 확약하며 본 입찰서를 제출합니다.

1. 입찰표

입 찰 표			
입찰대상	입찰대상 OPB	입찰가격	매도인 가부*1
Pool A	14,109,516,441원	원	
Pool B	1,269,800,301원	원	

1) 매도인의 확인을 위한 공란이므로 입찰참가자는 표시하여서는 아니됩니다.

2) 입찰참가자는 상기 입찰표상 입찰가격 란에 입찰가격을 기재한 후 별도 양식으로 제공되는 입찰가격배분표(Excel File)에 Pool내 개별 채권에 대한 채권별 입찰가격 배분표를 CD에 저장하여 입찰서류 제출시 같이 제출해 주시기 바랍니다.

본 입찰서 및 자산매매 계약서 등 기타 입찰서류는 아래 기명날인(서명)한 입찰참가자의 권한 있는 대표자에 의해 작성 및 제출되었습니다. 본 입찰참가자는 본 입찰서상 "입찰 유의사항"의 내용과 그 법적 효력을 충분히 인지하고 동의합니다. 또한, 본 입찰참가자는 본 입찰참가자가 본 입찰서 및 자산매매계약서 등 기타 입찰서류에 의해 법적 구속을 받는데 필요한 모든 조건이 갖추어 졌음을 매도인에게 진술하고 보장합니다.

20××년 월 일자로 기명날인(서명)함

회 사 명 : _____

대표이사 : _____ (인)

입찰 유의사항

본 입찰서에 기명날인(혹은 서명, 이하 같음)한 입찰참가자는 다음의 사항에 대해 충분히 인지하고 동의한 것으로 간주됩니다.

1) A 2016-1 Program의 입찰참가 자격을 충족시키는 입찰 참가자에 한하여 본 입찰에 참여할 수 있습니다.

2) 입찰참가자는 관련 제반 비용을 포함하여 입찰보증금을 입찰보증금 납부기한인 2016년 ○월 ○일(금) 오후 12시(정오 대한민국 표준시 기준, 이하 같음)까지 매도인 지정계좌에 납부하여야 합니다.

3) 입찰참가자는 입찰일인 2016년 ○월 1○일(금) 오후 2시까지 자산매매 계약서 국문본(최종본) 2부에 각 기명날인(서명)을 완료하여 별첨서류를 첨부하여 제출하여야 합니다(단 국내입찰 참가자의 경우에는 법인 인감으로 날인하여야 합니다.). 입찰참가자가 기명날인(서명)하여 제출하는 자산매매 계약서는 매도인이 2016년 1○월 ○일(금) 배포한 내용과 형식을 그대로 유지한 것이어야 합니다.

4) 컨소시엄 입찰의 경우, 컨소시엄의 각 구성원은 입찰참가 신청서, 입찰서, 투자재원 확인서, 비공모 서약서(법인등기사항 전부증명서가 첨부되어야 함), 이행각서 및 자산매매 계약서에 개별적으로 기명날인하여 제출하여야 합니다. 단 입찰보증금납입 확인서는 컨소시엄 대표자가 대표로 기명날인하여 제출합니다. 입찰서류는 재무자문사가 제공하는 양식에 따라 작성되어야 하나, 컨소시엄의 구성원 수가 이를 초과할 경우에는 배부한 양식을 토대로 추가하여 작성하여야 합니다.

5) 입찰서가 불완전하거나 부적절하게 작성된 경우 또는 조건부 입찰의 경우(매도인이 배부한 자산매매 계약서의 최종 서명본의 수정을 포함) 매도인은 해당 입찰을 무효처리할 수 있으며, 모든 입찰참가자는 이에 대하여 여하한 경우에도 어떠한 형태의 이의를 제기할 수 없습니다.

6) 입찰서류의 작성과 제출에 관한 사항은 입찰안내서 및 자산매매 계약서의 관련조항에 의거합니다.

7) 입찰서 및 관련서류의 작성과 제출에 관련된 최종적인 책임은 입찰참가자에게 있습니다.

8) 입찰참가자는 본 입찰과 관련하여 어느 입찰참가자가 입찰참가 자격을 구비하였는지 여부와 어느 입찰참가자의 진술 및 보장사항이 진실한지 여부, 기타 본 입찰과 관련하여 어느 입찰 참가자에게 흠결이 있거나 본 입찰 과정에 하자가 있는지 여부 및 이러한 흠결이나 하자의 치유여부에 대한 판단이 전적으로 매도인의 고유하고 절대적인 권한에 속하는 사항임을 인정하고 이와 관련하여 어떠한 이의도 제기할 수 없습니다.

9) 입찰참가자는 A 2016-1 Program과 관련하여 매도인과 해당 입찰참가자 사이에 입찰일까지 진행된 모든 협의 및 기타 거래와 관련하여 매도인에 대하여 어떠한 이의도 제기할 수 없으며 어떠한 책임도 물을 수 없습니다.

10) 본 입찰은 입찰기일인 2016년 ○월 ○일(금) 오후 2시 이후에는 변경, 철회 또는 취소할 수 없습니다.

11) 매도인은 입찰참가자들이 제시한 입찰가격 및 투자재원 확인서 등 관련서류를 기초로 낙찰자를 선정하게 됩니다. 매도인은 최저 매각가격을 설정할 수 있으며, 입찰가격이 최저 매각가격 미만일 경우에는 전적으로 자유재량에 따라 입찰을 유찰시킬 수 있습니다. 그러나 상기 최저 매각가격은 입찰참가자들에게 공개되지 아니합니다.

12) 자산매매 계약서상의 계약당사자는 본 입찰서의 입찰참가자와 동일하여야 하고, 입찰참가 신청서상 기재한 입찰참가자와 동일하여야 합니다.
13) 입찰참가자는 낙찰자로 선정되는 경우에도, 매도인이 최종본으로 배부하고 입찰참가자 자신이 기명날인한 자산매매 계약서의 변경을 요구할 수 없으며, 이러한 계약서의 변경은 매도인의 고유 재량에 의한 결정에 따라 허용되는 경우에 한하여, 매도인과 낙찰자 사이의 서면합의에 의해서만 가능합니다.
14) A 2016-1 Program 및 기타 제반사항과 관련하여 입찰참가자는 자산매매 계약서상 관련조항을 포함한 기타 제 관련조항에 의해 법적 구속을 받습니다.
15) 자산확정일 이전에 예치된 공탁금 등 경매관련 비용은 입찰가격에 포함되지 아니하며, 이는 자산매매 계약서가 정하는 바에 따라 매도인의 순회수금 지급 시 낙찰자가 매도인에게 정산하여 지급하여야 합니다.
16) 본 입찰서 및 관련문서는 아래 기명날인(서명)한 입찰참가자의 권한 있는 대표자에 의해 작성 및 제출되었으며, 동 입찰참가자는 매도인에 대해 본 입찰서, 자산매매 계약서 및 관련문서를 작성하고 법적 구속을 받는 데 필요한 권한이 있음을 보장하고 진술합니다.

입찰서 작성요령

본 입찰에 참여하는 입찰참가자는 다음 사항을 숙지한 후 위 입찰표를 작성하여 제출하시기 바랍니다.
1) 입찰표에는 본 입찰에 참여하는 입찰참가자가 직접 입찰가격을 기입하며, 입찰표의 입찰가격은 원화로 기입하여야 합니다.
2) 입찰은 본 입찰에 참여하는 입찰참가자가 직접 입찰가격을 기입하며, CD로 Pool내 채권별 입찰가격 배분표와 함께 제시하여야 합니다. 입찰가격 배분표 작성 시 각 차주별 채권에 빠짐없이 입찰가격을 기입하여야 하며 각 채권별 입찰가격은 최소한 100,000원 이상이어야 합니다. 단 여기에 기재된 "100,000 원"은 매도인이 설정한 최저 매각가격을 의미하는 것은 아닙니다.
3) 입찰서상의 입찰가격과 채권별 입찰가격 배분표의 합계액 사이에 차이가 있는 경우에는 입찰서상의 입찰가격을 기준으로 하여 낙찰여부를 결정합니다. 다만 입찰서와 채권별 가격배분표 합계액 사이의 차액은 입찰서의 금액을 기준으로 하여 차주별 채권의 입찰가격에 비례하여 안분 가감하는 것으로 간주됩니다.
4) 낙찰자로 선정된 입찰참가자는 매도인의 수정요청이 있는 경우 그 수정요청을 수령한 즉시 위 방법에 따라 채권별 입찰가격을 수정하여 제출하여야 합니다.
5) 입찰표에 입찰가격을 기입할 때 반드시 매입을 희망하는 채권의 해당하는 칸에 기입하여야 하며, 매입을 희망하지 않은 채권의 해당하는 칸은 공란으로 비워두시기 바랍니다.
6) 입찰표는 오해의 소지가 없도록 명확하게 작성되어야 합니다. 입찰표가 불명확하게 작성된 경우 제출된 입찰은 무효처리 될 수 있습니다.
7) 컨소시엄 입찰의 방식으로 입찰에 참여하는 경우에는 컨소시엄의 모든 구성원이 입찰서에 기명날인(서명) 하여야 합니다.

입찰 위임장

Pool A □ / Pool B □ 매도인 (및 재무자문사) 귀중

본 입찰참가자는 아래의 사람에게 Pool A □ / Pool B □ 매도인의 A 2016-1 Program과 관련한 입찰참가 신청서 및 입찰서 등 입찰서류의 제출 및 기타 입찰절차에 필요한 모든 행위를 위임합니다.

성 명	
주민등록번호	
주 소	

첨부서류 : 법인인감증명서, 대리인의 신분증(주민등록증 또는 운전면허증, 제출자가 외국인인 경우 여권) 사본 각 1부

20××년 월 일자로 기명날인(서명)함

회 사 명 : _____

대표이사 : _____ (인)

[첨부 1]

기한의 이익 상실 및 경매실행 등 예정사실 통지서

_____ 귀하

(우편 000 - 000, 주소 :   )

1. 항상 저희 은행을 이용하여 주시고 아껴 주심에 깊이 감사드리며, 고객님께서 거래하고 계신 저희 은행 연체대출금의 정리를 수차례 촉구하였으나, 현재까지도 정리되지 않고 있음을 알려드립니다.
2. 고객님께서 계속 대출금 상환을 지연하여 대출금을 정상화시키지 않는 경우에는 저희 은행은 부득이 여신거래 기본약관에 의하여 기한의 이익을 상실시키고 대출금 회수를 위하여 아래 담보물에 대하여 경매실행 또는 법적 조치를 취할 수밖에 없음을 통지합니다.
3. 이 경우 경매절차 비용의 추가부담 및 강제집행으로 소유권의 상실 등 막대한 불이익이 가중됨을 알려드립니다.
4. 향후 저희 은행에서는 부실채권 조기정리를 위하여 전문 부실채권 정리기관 또는 제3자에게 동 근저당권부 채권을 매각할 수 있으므로 양지하시기 바라며, 이 경우 은행에서 조기 정리하는 것 보다는 더 큰 불이익이 초래될 수 있음을 고지합니다.

아 래

(단위 : 원)

채 권 액 (20××. . .현재)					담 보 물	
채무자	대출과목	원 금	이 자	합 계	소유자	소 재 지

20××년 월 일

○○은행 ○○지점장 (인)

(담당자 :   , 전화 :   , 팩스 :   )

최저매각 예정가격(MRP) 산정방식

(1) 담보물 예상 배당액의 현재가치

구 분	내 역
담보물 법사가	- 법원 법사가 적용 (미제출 시 감평법인 의뢰)
(x) 낙찰율	- 담보물 종류, 소재지 등을 고려한 유사사례나 평균 데이터상의 낙찰율 적용
(=) 예상 낙찰가	- 실제 가지급금 우선 적용, 경매초기의 경우 추정
(-) 경매비용	- 당해세, 임금채권, 임대차, 소액임대차 (경매열람) - 경매 미 신청 차주 또는 경매 초기단계의 경우, 법사가의 일정율의 경험치를 적용하여 추정선순위 반영 (평균 2.5% 수준)
(-) 선순위 권리관계	
(-) 타기관 선순위	
(=) 유효 담보가	- Min(①,②,③) ① 유효 담보가 ② 당행 근저당권 설정액 ③ 미상환원금 + 미수이자 (청구가능금액)

(2) 경매 후 잔존채권 평가액의 현재가치

구 분	내 역
미상환원금+미수이자	- 경매배당 시점의 청구가능금액
(-) 담보물 예상배당액	- 경매를 통한 회수가능금액
(=) 경매 후 무담보 채권액	
(2) 경매 후 무담보채권	- 전환무담보채권의 평균 매각률 경험치(1.0%~1.5%)로 평가

(3) 가지급금의 현재가치

구 분	내 역
경매관련 가지급금	평가기준일 현재 매도인이 기납부한 경매관련 가지급금은 추후 낙찰자가 배당 시 우선 보전받으므로 평가 시 고려함.

(4) 기타 가정

가. 할인율 : 업계 통상수준인 14% ~ 15%를 적용함. 이는 채권투자 리스크, 투자자의 조달금리, 요구수익률, 각종 비용 등을 반영하여 형성된 것으로 각 금융기관에서 해당 범위로 설정하여 적용 중임.

나. 할인기간 : 평가기준일(cut-off date : 자산 확정일)로부터 예상배당일까지의 기간을 추정하여 적용
  - 경매신청일 ~ 경매개시결정일 : 10일 가정
  - 경매개시결정일 ~ 낙찰일 : 유사사례 또는 평균 낙찰 데이터 적용, 담보물 종류, 권리관계 및 소재지 등에 따라 상이
  - 낙찰일 ~ 배당일 : 경매관할 법원별 평균배당기간 데이터적용
  - 상기 총 할인기간 중 평가기준일이 어디에 위치해 있는지에 따라 할인기간이 상이하게 결정됨.

PART 4

투자자의 NPL매입 및 자금운용 방법 총정리

NPL랭킹업 투자비법

제1장
인수한 근저당채권의 운용

1. 재테크 수단으로써의 NPL투자방법은 다양하다

　상권분석, 모텔수익 분석 등 부동산공부를 많이 하고 유동화 경매물건을 많이 검색해야 진흙속의 진주를 발견할 수 있고, 블루오션도 보이고 수익도 다가온다. 노력이나 준비 없이는 블루오션은 없고 레드오션만 보인다. 부실채권 투자는 내 입맛에 맞는 물건을 만나기 위한 노력과 인내와 시간과의 싸움이고 포기하지 않으면 반드시 대가가 있다. 모르는 길로 들어설 때 처음 한발은 가시에 찔릴 수도 있다. 그러나 두 번째 걸음부터는 찔리지 않기 위해 노력하게 되고 단련되어 찔리지 않거나 찔려도 치명상을 입지는 않는다. 처음에는 깨질 수도 있고 위험에 겁을 먹고 주저할 수도 있다. 그러나 이런 위험과 두려움은 공부나 노력을 통해 극복할 수 있다. 개인이 근저당권부 대출채권(NPL)을 유동화회사 또는 금융기관 등으로부터 매입 후 이를 운용하여 수익을 얻거나 활용하는 방법은 아래와 같이 다양하다.

2. 질권 대출을 통한 자금조달 방법을 활용하라

1) 근저당권 매입자금 조달
　개인이 유동화회사 등으로부터 근저당권 매입 시 근저당권 매입대금을 조달하기 위하여 상호저축은행, 대부업체 또는 사채업자 등에게 양수하는 근저당권부 대출채권을 질권담보로 제공하고 대출을 받아 근저당권 매입대금 충당에 활용된다.

2) 투자자금 조달

순수 자기자본만으로 근저당권부 대출채권 매입 후 이를 담보로 질권대출을 받아 다른 곳에 투자할 자금을 조달할 수도 있다.

> **[여기서 잠깐] 악용사례**
>
> 일부 회사가 근저당권 담보부가 아닌 부실채권인 신용대출 채권을 질권담보로 제공하면서 담보력이 확실하다고 홍보하여 대출채권 액면가 대비 실제가치 3%대의 액면상 거액인 부실 신용대출 채권을 질권담보로 제공하고 거액의 투자금을 유치한 사기사건도 있으니 투자금 회수가 확실한 근저당권부 대출채권을 질권담보로 제공받고 투자하여야 한다.

3. 임의 독촉으로 회수수익을 얻는 법

인수한 근저당권부 대출 채무자에게 대출금 상환을 독촉하여 법적조치 없이 회수하면 경매비용을 절감하고 조기에 자금회수를 하여 다른 곳에 투자할 수도 있다.

4. 경매를 통한 배당차익을 실현하라

1) 인수 후 즉시 배당차익을 실현하는 방법

근저당권부 대출채권을 인수 후 부동산 시장이 활황기에 접어들거나 개발호재가 생기거나 규제완화 발표 등으로 낙찰가가 직전 유찰가를 훨씬 뛰어넘을 것으로 예상되거나 물건번호가 많아 전체 물건이 전부 낙찰되어 배당기일까지 수개월이 예상될 경우 양수인은 계속 경매를 진행시켜 배당차익을 실현한다. 여주지원 2009타경 14758호 및 여주지원 2010타경 8483호도 저축은행으로부터 근저당권을 확정채권 양도로 이전받아 배당차익을 실현한 사건이다.

2) 취하 후 배당차익을 실현하는 방법

부동산 경기침체로 인수 후 당장은 배당차익 실현이 어려우나 자금운용에 여유가 있어 장기투자가 가능할 경우 경매가 진행 중인 근저당권부 대출채권을 양수 후 경매를 취하한다. 취하 후 부동산경기가 호전 시 다시 경매를 신청하면 고가낙찰에 따른 고배당의 수익을 올릴 수 있다. 자금에 여유가 있으면 경기침체 시 여러 개의 근저당권을 저가로 매입하여 보유하다가 부동산경기 호황 등 가격 상승 시에 근저당권에 기한 경매신청으로 고배당의 차익을 실현하는 것이다. 이 방법은 적은 돈으로 부동산을 매입 후 전매차익을 얻는 효과를 낼 수 있다. 즉 부동산 전체를 매입하려면 일시에 거액의 매입자금이 소요되고, 대출상환능력(DTI) 및 담보물에 대한 대출비율(LTV)의 제한으로 대출을 많이 받을 수 없어 부동산 구입 시 자기자금이 많이 소요되므로 부동산경기의 활황이 예상되어도 배당차익을 위한 부동산의 취득이 어렵다. 그러나 근저당권 매입의 경우 부동산 중 일부인 근저당권만을 소액으로 매입 후 배당차익을 얻을 수 있으므로 적은 돈으로 부동산 전매차익을 실현하는 것과 유사하다.

5. 근저당권 자체 전매차익을 실현하라

근저당권을 저가로 매입 후 바로 타인에게 마진을 붙여 근저당권 자체를 타에 전매하여 수익을 실현할 수 있다. 또는 상기와 같이 부동산경기가 침체되어 있을 경우 근저당권을 저가로 인수한 다음 바로 취하 후 부동산경기 호전 시 매입가 보다 높은 가격으로 근저당권 자체를 타에 전매하여 수익을 창출하는 경우로 이 방법은 경매를 통하지 아니하고 간편하게 배당차익을 실현하는 것과 같은 효과가 있다. 요즘처럼 낙찰가의 하락이 큰 상태에서 강남권 및 역세권 등 우량지역에 소재하면서 수회 유찰로 대출원금 손실이 큰 근저당권 몇 개를 저가로 인수 후 부동산경기 호전 시 전매(또는 경매배당)하여 고수익을 창출하는 방법으로 장기투자 관점에서 접근하면 좋은 방법이다. 근저당권 매입거래는 부동산전체 가격보다 낮은 금액으로 설정된 근저당권을 매입하므로 근저당권 매입자금 부담이 적고 매입자금 조달을 위한 질권대출도 배당여력의 최고 90%까지 가능하여 부동산경기 호전 등에 대비한 장기투자로서 근저당권 몇 개를 구입하여 보유하다가 부동산경기 활황 시 전매 등으로 수익을 얻으면 되는데 이는 적은 돈으로 부동산 전매차익을 얻는 효과를 거두게 된다.

6. 1순위로 낙찰 받는 방법으로 활용하라

근저당권부 채권의 할인매입은 상가 등 우량물건을 보유 또는 운용을 위해 입찰 시에 우량상가 등을 확실하게 낙찰 받는 방법으로 활용할 수 있다. 예를 들어 근저당권부 채권 액면액 10억원의 대출채권을 6억원을 할인하여 4억원에 매입 후 할인한 금액인 6억원을 포함한 액면채권 10억원의 금액으로 양수인이 낙찰가를 써서 다른 입찰 참가자들의 경쟁을 따돌리고 양수인이 우량상가를 확실하게 유입 취득한 다음 12% 이상의 월세수익으로 운용할 수 있다. 양수인은 10억원에 낙찰을 받았지만 6억원을 할인받았으므로 양수인이 실제로 부담한 금액은 4억원에 불과하나 할인한 6억원을 이용하여 남들보다 6억원이나 높은 금액으로 입찰가를 써서 1순위로 낙찰을 쉽게 받는 것이다. 시흥시 및 안산시 등 수도권 외곽지역 및 지방상가가 월세수익률이 12% 이상인 물건이 많다. 그리고 월세수익율이 6%인 상가를 반값으로 낙찰 받으면 월세수익율은 12%로 높아진다. 부동산경기 침체기에는 월세수익을 얻을 수 있는 수익형 부동산을 보유하는 것이 좋은데, 이때 확실하게 1순위로 낙찰 받는 방법으로 활용할 수 있다.

7. 잔존채권 추가회수 수익을 실현하는 방법

채권양수 후 경매를 통한 배당 또는 유입취득 시 양수인이 배당을 못 받은 잔존채권은 대출채무자를 상대로 대여금청구의 소제기 등을 통하여 소멸시효를 중단시킨 후 채무자의 급여나 기타 부동산등 재산을 강제집행하여 채권을 추가로 회수하여 수익을 얻을 수도 있다. 한편 개인인 양수인은 잔존채권에 대한 판결을 받아야 채권추심을 추심업체에 위임이 가능하므로 잔존채권에 대한 판결문을 받아 채권추심을 추심업체에 위임하거나 또는 잔존채권을 다른 사람에게 매각하여 채권을 회수할 수도 있다.

8. 고위험 제거를 통한 고수익을 실현하라

고위험 경매물건을 선정하여 사전 조사로 고위험이 없거나 미미할 경우 해당물건의 1순위 근저당권을 매입한다. 부실채권 인수 전 사전조사로 「가장 유치권」, 「가장 대항력 있는 임차권」, 「법정지상권의 성립이 안 됨」 등을 확인하고 이러한 리스크로 인한 수차례 유찰 시 저렴하게 근저당권을 인수 후 저가 낙찰을 받은 다음 동 고위험을 제거 후 원래 시세대로 매각하면 큰 매각차익을 실현할 수 있다.

9. 유입취득 후 전매차익을 실현하라

1) 우선 유입취득을 검토하라
유입취득이라 함은 근저당권부 채권자가 경매절차에 직접 참가하여 낙찰을 받는 것을 말한다. 이 낙찰법은 유입취득 후 일정마진을 붙여 재매각하여 전매차익을 얻는 방법으로 부동산경기의 상승기 및 활황기에 이용하면 좋다. 또한 유입취득 전에 미리 매수자를 구해놓고 이 방법으로 취득 후 바로 전매하면 좋은데 유동화회사가 미리 매수자를 구하여 낙찰약정을 체결한 다음 유입취득 후 바로 전매하는 방법이기도 하다.

2) 차액지급 신고 또는 채권상계 신청으로 대금납부
① **차액지급 신고 납부**
근저당권부 대출채권의 양수인이 유입취득을 하면 낙찰대금을 납부할 때에도 간편

하다. 상계 후 차액지급 신고로 낙찰대금을 납부하면 되기 때문이다. 상계 후 차액지급 신고라 함은 근저당권부 채권자가 매수인인 경우에 매각결정기일이 끝날 때까지 법원에 신고하고 배당받아야 할 금액을 제외한 대금을 배당기일에 내면 되기 때문이다. 차액지급 금액은 낙찰대금에서 입찰보증금과 낙찰자에 대한 배당액 및 집행비용을 차감한 금액이 된다. 그러나 매수인이 배당받아야 할 금액에 대하여 이의가 제기된 때에는 매수인은 배당기일이 끝날 때까지 이에 해당하는 대금을 내야 한다(민사집행법 제143조 제2항 및 제3항). 차액지급신고서가 제출된 경우에 매각허가결정이 확정되면 바로 배당기일을 정하면 되고, 따로 대금지급기한을 정할 필요가 없다.

② 채권상계 신청 납부

배당받을 금액이 낙찰대금과 같거나 크다면 상계에 의한 납입신청을 하면 된다. 보통 낙찰당일 차액지급 신고나 상계에 의한 대금납입 신청을 한다. 낙찰자가 근저당권부 질권대출을 받은 경우 질권대출금을 완제하지 않는 한 질권자가 질권대출금 범위 내에서 일부 배당을 받아가기 때문에 낙찰자가 배당받을 금액이 적어 매입대금 전액에 대한 상계납입 신청을 할 수 없으므로 이 경우에는 경락잔금대출 등으로 낙찰대금을 납부하여야 한다. 차액지급 신고서나 채권상계 신청서에 수입인지는 첨부하지 않으며, 납부할 차액은 배당기일 직전에 법원에서 낙찰자에게 통보해 준다.

3) 신속한 대금납부가 필요한 경우

변제 등의 사유로 임의경매신청 취하 시 최고가 매수인 등의 취하동의가 없으면 취하의 효력은 발생하지 않으나 이 경우 변제자는 근저당권 말소의 등기부등본 등을 첨부하여 매각대금 납부 전까지 경매개시결정에 대한 이의신청을 하여 경매를 취소할 수 있으므로 수익형부동산은 낙찰 받은 다음 대금지급기한 통지서를 받는 대로 신속하게 대금납부를 하여 변제에 따른 경매취소를 방지할 필요가 있다(민사집행법 제265조).

대법원 87다카671호 판결에 따르면, 부동산 임의경매 절차에 있어서 경락허가 결정이 확정된 이후라도 경락대금 완납 시까지는 채무자는 저당채무를 변제할 수 있고 채권자는 채무자에 대하여 채무의 면제 또는 변제기한의 유예 등을 할 수 있으며 위와 같은 실체법상의 이유는 경매개시결정에 대한 이의사유로 될 수 있을 뿐만 아니라 그 경우 저당채무가 소멸되었을 때에는 법원은 그 경매개시결정을 취소할 수도 있는 것이므로 경매절차 진행 중에 경매채권자와 채무자 사이에 대환의 약정이 있어서 기존채무가 소멸하였다면 그 경우 또한 경매개시결정에 대한 이의사유나 경매개시 결정의 취소사유가 될 수 있다. 그러나 대금납부 전에 변제하여도 이의신청에 의한 경매취소 신청절차를 취하지 아니하여 대금이 납부된 경우에는 낙찰자가 소유권을 유효하게 취득한다 (대법원 1992.11.11. 자 92마719 결정, 민사집행법 제267조).

민사집행법

제265조(경매개시결정에 대한 이의신청사유) 경매절차의 개시결정에 대한 이의신청사유로 담보권이 없다는 것 또는 소멸되었다는 것을 주장할 수 있다.

제266조(경매절차의 정지) ① 다음 각호 가운데 어느 하나에 해당하는 문서가 경매법원에 제출되면 경매절차를 정지하여야 한다. 〈개정 2011.4.12〉
1. 담보권의 등기가 말소된 등기사항증명서
2. 담보권 등기를 말소하도록 명한 확정판결의 정본
3. 담보권이 없거나 소멸되었다는 취지의 확정판결의 정본
4. 채권자가 담보권을 실행하지 아니하기로 하거나 경매신청을 취하하겠다는 취지 또는 피담보채권을 변제받았거나 그 변제를 미루도록 승낙한다는 취지를 적은 서류
5. 담보권 실행을 일시정지하도록 명한 재판의 정본
② 1항 제1호 내지 제3호의 경우와 제4호의 서류가 화해조서의 정본 또는 공정증서의 정본인 경우에는 경매법원은 이미 실시한 경매절차를 취소하여야 하며, 제5호의 경우에는 그 재판에 따라 경매절차를 취소하지 아니한 때에만 이미 실시한 경매절차를 일시적으로 유지하게 하여야 한다.
③ 제2항의 규정에 따라 경매절차를 취소하는 경우에는 제17조의 규정을 적용하지 아니한다.

제267조(대금완납에 따른 부동산취득의 효과) 매수인의 부동산 취득은 담보권 소멸로 영향을 받지 아니한다.

차액지급 신고서

사　건　0000타경0000 부동산임의(강제)경매
채 권 자　○○○
채 무 자　○○○
소 유 자　○○○

매수인은 위 사건 부동산의 채권자(근저당권자)인바, 민사집행법 제143조 제2항의 규정에 따라 매수인이 배당기일에 실제로 배당받을 수 있는 금액을 제외한 나머지 매각대금을 배당기일에 낼 것을 신고합니다. 만일 매수인이 배당받아야 할 금액에 대하여 이의가 제기된 때에는 매수인은 배당기일에 이에 해당하는 금액을 내겠습니다.

20××. ○○. ○○.

신고인(매수인) ○○○ (날인 또는 서명)

전화번호 :

○○지방법원 귀중

※ 차액지급의 의사는 매각결정기일이 끝날 때까지 법원에 신고되어야 하므로(민집 143조 2항), 그 이후에 된 차액지급의 신고는 부적법합니다.

4) 유입취득 후 상계에 의한 대금납입 사례

채권상계 신청서

사건번호   타경   호

채 권 자

채 무 자

위 사건에 관하여 매수인이 납부할 매각대금을 민사집행법 제143조 제2항에 의하여 매수인이 채권자로서 배당받을 금액한도로 상계하여 주시기 바랍니다.

년   월   일

매수인 겸 채권자   (인)

연락처(☎)

지방법원 귀중

사건번호	양도방법	채권 최고액 경매 청구액	양·수도인	특이사항
중앙지법3계 2011타경14665-2	계약 양도	최고 457,600,000 청구 457,600,000 (오피스텔 5건) 2.22. 64%로 마○풍 낙찰필	국민무교동 ⇒케이비유동화전문유한회사 ⇒오더블유엘홀딩스제이차유 동화전문 유한회사 ⇒ 마○풍 (개인)	- 세입자인 마○풍에게 근저 당권부채권 계약양도(3회) - 상계납입신청 - 최고액과 청구액이 일치 - '02.9.19. 장기채권

서울중앙지법 2011타경 14665임의경매 사건관련, 임차인인 마○풍이 2008.10.2. 계약양도로 인사동 소재 지하 오피스텔 5건에 설정된 근저당권을 이전받은 다음 2011. 5. 23. 경매신청 후 본인이 입찰에 참가하여 유입취득으로 2012.2.22. 합계 금 183,200,000원(감정가 합계 286,000,000원의 64%)에 단독으로 낙찰 받은 다음 바로 낙찰 당일 배당받을 금액과 상계에 의한 대금납입 신청을 하여 2012.5.8. 마○풍 앞으로 임 의경매로 인한 매각을 원인으로 소유권이 이전되었다.

총 5건의 오피스텔 물건번호 별로 낙찰가 1번 41,000,000원(감정가64,000,000원), 2번 및 3번 각각 33,300,000원(감정가 각 52,000,000원), 4번 및 5번 37,800,000원(감정가 각 59,000,000원)등 합계 183,200,000원에 단독으로 5건을 유입취득 하였다. 유입취득 후 5건 모두를 2012.6.15. 매매가격 140,000,000원에 타인에게 매각하였다. 단독으 로 낙찰된 것을 보면 역시 면적도 작은 지하층을 월등히 높게 입찰가를 쓴 것 같다. 부 실채권을 할인받아 매입하였기 때문에 할인받은 금액만큼 다른 입찰참가자들 보다는 여유롭게 더 배팅을 할 수 있었을 것으로 추정된다.

이것으로 미루어 볼 때 2008.10.2. 근저당권 매입당시 마○풍은 140,000,000원 이하로 근저당권을 매입한 다음 183,200,000원에 낙찰을 받아 다시 낙찰가 이하인 140,000,000원에 매각하여 표면상으로는 양도차익이 발생하지 아니하여 양도세를 전 혀 납부하지 않아도 된다.

가령 근저당권을 1억원에 매입하였다면 유입취득 후 140,000,000원에 매각하였으 므로 세금 한 푼 내지 않고 4천만원의 전매차익을 남긴 셈이다.

[집합건물] 서울특별시 종로구 인사동 43외 1필지 대일빌딩 제지하1층 제132-1호   고유번호 1103-2007-007132

【 을 구 】			(소유권 이외의 권리에 관한 사항)	
순위번호	등기목적	접 수	등기원인	권리자 및 기타사항

1 (전 3)	근저당권설정	2002년9월19일 제50000호	2002년9월19일 설정계약	채권최고액 금457,600,000원
				채무자 공○여
				  경기도 용인시 풍덕천동 1021 신정마을 ○-1004
				근저당권자 주식회사국민은행 110111-2365221
				  서울 중구 남대문로2가 9-1
				  (무교지점)
				공동담보목록 제2002-640호

1-1 (전 9-1)	1번근저당권이전	2007년6월26일 제40019호	2004년6월17일 계약양도	근저당권자 케이비제이차유동화전문유한회사 110114-0048585 서울특별시 영등포구 여의도동 36-3
				등기용지 과다로 인하여 순위 제1번, 제1-1번 등기를 서울특별시 종로구 인사동 43외 1필지 대일빌딩 제지하1층 제132-1호에서 이기 2007년12월27일 등기
1-2	1번근저당권이전	2008년6월27일 제52060호	2007년6월14일 계약양도	근저당권자 오딕블유엘홀딩스제이차유동화전문유한회사 110114-0068402 서울특별시 중구 소공동 110 한화빌딩 10층
1-3	1번근저당권이전	2008년10월2일 제60282호	2008년9월25일 계약양도	근저당권자 마 풍 520410-1****** 경기도 남양주시 진접읍 장현리 ○
2	1번근저당권설정 등기말소	2012년5월8일 제22536호	2012년4월17일 임의경매로 인한 매각	

[집합건물] 서울특별시 종로구 인사동 43외 1필지 대일빌딩 제지하1층 제132-1호   고유번호 1103-2007-007132

순위번호	등기목적	접수	등기원인	권리자 및 기타사항
2 (전-6?)	가압류	2007년9월12일 제43797호	2007년9월12일 서울중앙지방법원의 가압류 결정(2007카단71641)	청구금액 금22,657,516원 채권자 대일빌딩관리협의회 1111-02513 　서울특별시 종로구 인사동 43 대일빌딩 　대표자 김○곤 510716-1****** 　　서울특별시 광진구 광장동 362 워커힐아파트 53-00
				등기용지 과다로 인하여 순위 제1번, 제2번 등기를 서울특별시 종로구 인사동 43 외 1필지 대일빌딩 제지하1층 제132-1호에서 이기 2007년12월27일 등기
3	임의경매개시결정	2011년5월23일 제22210호	2011년5월23일 서울중앙지방법원의 임의경매개시결정(2011타경14665)	채권자 마○룡 520410-1****** 　남양주시 진접읍 장현리 ○ ○
4	소유권이전	2012년5월8일 제22536호	2012년4월17일 임의경매로 인한 매각	소유자 마 룡 520410-1****** 　경기도 남양주시 진접읍 장현천로 ○ ○
5	2번가압류, 3번임의경매개시결정 등기말소	2012년5월8일 제22536호	2012년4월17일 임의경매로 인한 매각	
6	소유권이전	2012년6월26일 제30984호	2012년6월15일 매매	소유자 윤 경 870522-2****** 　서울특별시 서초구 신반포로 ○, 142동 2101호 　(반포동, ○ 아파트) 매매목록 제2012-709호

10. 채권매입가보다 높은 경락자금 대출로 거액의 투자자금 조달

1) 사례에서 본 자금 조달의 메카니즘

예를 들어 모텔에 설정된 20억원의 근저당권을 10억원에 매입 후 근저당권 매입대금의 90%에 해당하는 9억원을 질권대출로 충당하고 나머지 10%인 1억원은 자기자본으로 납부하여 10억원의 근저당권을 매입한다. 실제로 현재 모텔은 50% 이하까지 유찰된 경매사건이 많다. 이후 양수인이 입찰보증금 1억원을 준비하여 경매에 직접 참가하여 입찰가를 20억원으로 써서 유입취득 후 입찰가의 90%인 18억원을 경락자금대출로 충당하고 입찰보증금 1억원을 제외한 나머지 1억원을 자기자본으로 준비하여 총 20억원을 납부한다. 이후 낙찰대금 20억원은 배당절차를 통하여 질권은행에서 9억원을 배당받고 나머지 11억원은 근저당권 양수인인 낙찰자가 배당을 받는다. 따라서 낙찰자는 근저당권 매입 시 계약금 10%인 1억원, 유입취득을 위한 입찰 시 입찰보증금 1억원 및 낙찰대금 최종납입 시 경락대출 이외의 잔금 1억원 등 근저당권의 매입대금 10억원의 30%정도인 3억원을 준비하면 근저당권의 액면금액 20억원을 인수하면서 경락자금대출로 11억원의 투자자금을 현금확보하게 되며, 여기서 당초 투입된 위 계약금등 3억원을 차감하더라도 8억원을 경락자금 대출을 통하여 현금으로 조달하게 된다. 동 자금 중 3억원을 들여 모텔을 리모델링하여 20억원에 매각을 한다면 5억원의 수익이 발생되며, 낙찰가와 같은 금액으로 매도하였으므로 겉으로는 양도차익이 제로이므로 양도세도 전혀 부담하지 않는다. 숙박시설인 모텔을 낙찰 받은 낙찰자는 공중위생관리법 제3조의2 제2항에 따라 전 영업자의 지위승계 신고를 하여 수리되면 낙찰자는 별도의 영업신고 없이 영업을 수행할 수 있다.

2) 근저당권 매입대상 물건검색

매입대상 물건 검색은 대법원 경매사이트에서 문건접수 란에 경매신청 채권자가 유동화회사로 채권자변경 신고 된 물건을 검색한 다음 해당 부동산등기부등본을 발급받거나 인포케어 등 회원으로 가입한 사설경매 사이트에 접속하여 부동산등기부등본상 근저당권설정 최고액과 최저 경매가격의 차액이 큰 물건을 근저당권 매입대상으로 선정한다. 또는 부동산태인(http://www.taein.co.kr) 홈페이지 등에 접속한 후 다음과 같은 순서로 클릭을 하여 매입대상 근저당권을 선정한다. 「부동산 태인 홈페이지 접속, NPL종합검색, 물건용도(상가 등 지정), 유찰횟수 최소 3회에서 최대 9회로 지정, 검색하기 클릭, 감정가격과 최저경매가격의 차액이 큰 물건의 경매사건번호 추출, 인포케어(Infocare) 등 사설 경매정보싸이트 접속 후 추출된 경매사건번호 입력 조회, 근저당권설정 최고액과 최저매각가격의 차액이 큰 물건 확인 후 선정, 부동산등기부등본발급 및 대법원 경매싸이트의 문건접수란 등 경매 권리분석, 농협 자산관리회사, 대신AMC 또는 유암코(Uamco) 등에 경매사건번호 입력 후 클릭, 유동화물건 매각담당자 및 전화번호 입수, 전화로 매입대상 근저당권 보다 선순위의 채권자 및 채권금액과 배당순위 등을 문의, 현장조사 및 예상배당표 작성, 매입예정가 산정, 유동화회사에 매입의향서 제출, 유동회사와 가격협상 및 채권양도계약 체결」 등의 순서로 물건검색 후 진행 하면 된다.

3) 현금조달 추진사례

① 근저당권매입 및 유입취득 시 자금소요내역(속초2계 2011타경3942호)

근저당권설정액/채권잔액	근저당권 매입금액	질권대출 시 관련내용						낙찰관련 내용				
		질권대출	비용				질권대출시 자기자본	입찰보증금	낙찰금액	경락잔대출	낙찰잔금	취득세
			수수료	선이자	근저당	총비용						
				9%	이전							
		80%	2%	4개월	0.35%			10%		90%	10%	4.6%
1,243,000 120,000,000	400,000	320,000	6,400	9,600	4,350	20,350	100,350	31,489	900,000	810,000	58,511	41,400

※ 최소 자기자본 준비금 : 231,750천원
   (질권대출 시 자기자본 100,350천원 + 입찰보증금 31,489천원 + 낙찰잔금 58,511천원+ 취득세 41,400천원)
※ 경락잔금 대출 후 현금 조달액 : 348,250천원(낙찰가 9억원 – 질권대출 320,000천원 – 자기자본 준비금 231,750천원)
※ 감정가 1,311,510,000원 숙박시설
※ 근저당권 이전비용 : 근저당권 설정액 X 0.35%(대략)

② 근저당권매입 및 유입취득 시 자금소요내역(부천2계 2011타경17170)

(단위 : 천원)

근저당권설정액/채권잔액	근저당권 매입금액	질권대출 시 관련내용						낙찰관련 내용				
		질권대출	비용				질권대출 시 자기자본	입찰보증금	낙찰금액	경락잔금대출	낙찰잔금	취득세
			수수료 2%	선이자 9% 4개월	근저당 이전 0.35%	총비용						
		80%	2%	9% 4개월	0.35%			10%		90%	-	4.6%
224,400 /220,000	52,000	41,600	832	1,248	785	2,865	13,265	3,602	220,000	198,000	18,398	10,120

※ 최소 자기자본 준비금 : 45,385천원
　(질권대출 시 자기자본 13,265천원, 입찰보증금 3,602천원 + 낙찰잔금 18,398천원+ 취득세 10,120천원)
※ 경락잔금 대출 후 현금 조달액 : 133,015천원(낙찰가 220,000천원 - 질권대출 41,600천원 - 자기자본 준비금 45,385천원)
※ 감정가 150,000천원 까페 레스토랑 에코테

③ 근저당권매입 및 유입취득 시 자금소요내역(안산 2011타경198××호)

(단위 : 천원)

근저당권설정액/채권잔액	근저당권 매입금액	질권대출 시 관련내용						낙찰관련 내용				
		질권대출	비용				질권대출 시 자기자본	입찰보증금	낙찰금액	경락잔금대출	낙찰잔금	취득세
			수수료 2%	선이자 9% 4개월	근저당 이전 0.35%	총비용						
		60%	2%	9% 4개월	0.35%			10%		90%	10%	4.6%
706,000 300,000	130,000	80,000	1,600	2,400	2,471	6,471	56,471	9,502	290,000	261,000	19,498	13,340

※ 최소 자기자본 준비금 : 98,811천원
　(질권대출 시 자기자본 56,471천원 + 입찰보증금 9,502천원 + 낙찰잔금 19,498천원+ 취득세 13,340천원)
※ 경락잔금 대출 후 현금 조달액 : 106,689천원(낙찰가 290,000천원 - 질권대출 80,000천원 - 자기자본 준비금 98,811천원 - 당해세 2,500천원 - 인수관리비 약 2,000,000원), 감정가 290,000천원 근린상가
　- 근저당권 이전비용 : 근저당권 설정액 X 0.35%(대략)
　- 낙찰자의 교통유발 부담금의 매년 부담
　　시장은 도시교통 정비지역에서 교통 혼잡의 원인이 되는 시설물의 소유자로부터 매년 교통유발 부담금을 부과·징수할 수 있고(「도시교통정비 촉진법」제36조 제1항), 우선변제 규정이 없어 일반채권으로 해석된다. 이 경매물건의 낙찰자는 적은 금액이지만 매년 안산시 건설교통과에 소정의 교통유발 부담금을 납부하여야 한다.

4) 안산지원 2011타경 198XX호 론세일을 통한 거액의 현금확보 사례

물건번호	감정평가액	기일	기일종류	기일장소	최저매각가격	기일결과
1	290,000,000원	2012.03.19(10:30)	매각기일	112호법정	290,000,000원	유찰
		2012.04.23(10:30)	매각기일	112호법정	232,000,000원	유찰
		2012.05.29(10:30)	매각기일	112호법정	185,600,000원	유찰
		2012.07.02(10:30)	매각기일	112호법정	148,480,000원	유찰
		2012.08.06(10:30)	매각기일	112호법정	118,784,000원	유찰
		2012.09.10(10:30)	매각기일	112호법정	95,027,000원	매각 (290,000,000원)
		2012.09.17(14:00)	매각결정기일	112호법정		최고가매각허가결정
		2012.10.22(10:00)	대금지급기한	민사신청과(203호, 경매10계) 사무실		납부 (2012.10.15)

11. 상계약정에 의한 소유권이전 및 담보대출로 거액의 투자자금 확보

채권양수인이 근저당권을 매입 후 채무자겸 소유자에게 받을 채권과 부동산의 매매대금을 상계약정 하여 근저당권 양수인이 부동산의 소유권을 상계로 이전받은 다음 매매대금 이내에서 거액의 담보대출을 받아 근저당권 매입대금을 차감하고도 거액의 현금을 대출로 조달하는 방식이다.

우선 근저당권 양수인은 직전 유찰가 수준에서 1순위 근저당권을 매입하면서 매입대금 중 일부는 저축은행이나 대부업체 등으로부터 근저당권부 질권대출을 받고, 질권대출과 자기자본을 합하여 근저당권 매입대금을 완납하고 양수인 앞으로 근저당권 이전등기를 완료한다.

이후 근저당권자 앞으로 상계에 의한 소유권이전 등기를 하려면 다음과 같은 조건이 충족되어야 한다.

첫째, 근저당권의 양수인이 채무자겸 소유자로부터 받을 채권액이 그 소유자에게 지급할 부동산의 매매대금보다 크거나 같아야 된다.

둘째, 양수한 근저당권 이외에는 근저당권보다 선후순위를 막론하고 부동산에 등기된 채권이 없거나 등기된 채권액이 적은 금액이어야 한다.

근저당채권 이외의 다른 등기된 경미한 채권액을 포함하여 근저당권자가 받을 채권금액 이하로 매매대금을 합의하고 채무자겸 소유자와 부동산 매매계약을 체결하면서 매매대금은 매수인이 소유자로부터 받을 채권액과 상계하여 완납된 것으로 약정한다.

위와 같은 조건으로 매매협상을 하여 매매계약이 유효하게 체결되고 소유권이전등기가 완료되면 근저당권의 양수인은 경매신청을 취하한다. 이러한 상계로 소유권을 넘겨주면 당초의 채무자겸 소유자는 자신의 부동산을 근저당권자에게 넘겨주는 대가로 채무전액을 상계로 면책받고(매매대금 초과채무는 채무면제로 면책) 더 이상의 잔존채무를 부담하지 아니하므로 상계이전은 채무자겸 소유자에게도 이득이 되는 거래라고 할 수 있다.

근저당권 양수인은 상계에 따라 자기 앞으로 소유권이전 등기를 하면서 동시에 은행에 1순위 근저당권을 설정하고 매매금액 이내에서 부동산 담보대출을 받는다.

동 대출금으로 질권 대출금을 변제하고 근저당권부 질권등기를 말소하며, 다른 등기된 경미한 압류채권 등을 변제하고 압류등기 등도 말소시키며, 당초 양수한 근저당권에 대해서는 근저당권자가 동시에 새로운 소유자로서 근저당권 설정자가 되므로 근저당권자와 근저당권 설정자가 동일인으로 귀속되어 양수한 근저당권설정 등기는 혼동을 원인으로 말소하면 된다. 위와 같이 처리하면 근저당권 매입대금 보다 큰 금액의 매매대금이 부동산등기부등본에 등기되고 동 매매대금 이내에서 거액의 부동산 담보대출을 받으면 양수인은 근저당권 매입대금을 차감하고도 거액의 현금을 투자자금으로 확보할 수 있다.

청주지원 2011타경 114××호는 양수인이 근저당권을 이전받고 채무자겸 소유자로부터 받을 채권액 상당으로 매매대금을 4억 7천만원으로 정하고 상계에 의한 소유권이전 등기를 한 다음 경매취하 후 1억 5천만원의 부동산 담보대출을 받아 직전 유찰가 수준의 근저당권 매입대금 1억원 중 질권대출 7천만원을 변제하면서 질권등기를 말소하고, 그 밖에 경미한 압류채권 변제 후 압류등기는 말소하고, 양수한 근저당권은 혼동으로 말소등기를 하고, 담보대출 중에서 근저당권 매입 시 투입된 자기자금 3천만원을 회수하고, 나머지 약 5천만원 정도는 현금으로 확보할 수 있다.

그런데 이 사건에서는 근저당권 양수인이 상계로 소유권이전등기 후 먼저 자금을 마련하여 질권대출 및 압류채권을 변제하여 부동산상 부담등기를 말소시킨 다음 새로 부동산 담보대출을 받는 방법으로 현금을 조달한 사례이나 결과적으로 상계에 의한 소유권이전 및 부동산 담보대출로 현금을 조달한 사례이다. 이러한 상계약정에 의한 소유권이전등기 방식은 근저당권자가 유입취득 시 배당받을 금액 상당액으로 상계에 의한 대금납부를 하는 방식과 유사한데, 상계약정 방식이 상계납부 방식 보다는 소유권이전 및 담보대출 실행 등을 빨리 진행할 수 있어 처리기간을 단축할 수 있는 이점이 있다.

《근저당권이전 및 질권설정등기(이하 청주지법 2011타경 114XX호)》

[집합건물] 충청북도 청주시 상당구 금천동 199-19외 2필지 현대아파트 제상가동 제지하1층 제101호 고유번호 1547-1996-807354

순위번호	등기목적	접수	등기원인	권리자 및 기타사항
				서울특별시 중구 을지로2가 181 (청주지점)
17-1	17번근저당권변경	2009년4월27일 제47235호	2009년4월27일 계약인수	채무자 김○우 충청북도 청주시 상당구 용암동 ○-3층 유수옥 충청북도 청주시 흥덕구 산남동 671 산남전덕아파트 106-301
17-2	17번근저당권변경	2010년9월9일 제103660호	2010년9월7일 확정채무의 면책적인수	채무자 박 구 충청북도 청주시 흥덕구 수곡동 ○-163호
17-3	17번등기명의인표시변경	2012년7월25일 제94274호	2011년11월24일 취급지점변경	주식회사한국외환은행의 취급지점 여신관리부
17-4	17번근저당권이전	2012년7월25일 제94275호	2011년11월24일 확정채권양도	근저당권자 우리이프앤아이제23차유동화전문유한회사 110114-0105674 서울특별시 중구 서린동 33 영풍빌딩 22층
17-5	17번근저당권이전	2012년7월25일 제94276호	2012년7월25일 확정채권양도	근저당권자 ○○○ 710413-1****** 대구광역시 수성구 동대구로 ○ 104동 1505호 (범어동,범어청구푸른마을)
17-6	17번근저당권부질권	2012년7월25일 제94277호	2012년7월25일 설정계약	채권액 금105,000,000원 변제기 2013년 1월 25일 채무자 ○○○ 대구광역시 수성구 동대구로 ○ 104동 1505호(범어동,범어청구푸른마을)

《근저당권자로의 소유권이전등기 및 경매취하, 압류등기말소

(아래 순위번호 33부터 36참조)》

[집합건물] 충청북도 청주시 상당구 금천동 199-1외 2필지 현대아파트 제상가동 제지하1층 제101호   고유번호 1547-1996-807354

순위번호	등기목적	접수	등기원인	권리자 및 기타사항
		제89522호	청주지방법원의 임의경매개시결정(2011타경11460)	서울 중구 을지로2가 181 (역신관리부)
30	22번유수옥지분압류	2011년11월1일 제150791호	2011년11월1일 압류(상당구 세무과-14846)	권리자 청주시상당구
31	26번박희국지분압류	2011년11월1일 제150796호	2011년11월1일 압류(상당구 세무과-14846)	권리자 청주시상당구
32	30번압류등기말소	2012년7월30일 제95743호	2012년7월30일 해제	
33	공유자전원지분전부이전	2012년8월9일 제100649호	2012년8월7일 매매	소유자 ○○○ 740413-1****** 대구광역시 수성구 동대로 ○ 104동 1505호(범어동, 대구푸른마을) 거래가액 금470,000,000원
34	29번임의경매개시결정등기말소	2012년8월14일 제102203호	2012년8월13일 취하	
35	31번압류등기말소	2012년8월20일 제104308호	2012년8월16일 해제	
36	28번압류등기말소	2012년8월21일 제105121호	2012년8월17일 해제	

《질권등기 및 근저당권 설정등기 말소(혼동), 신규 근저당권 설정등기》

[집합건물] 충청북도 청주시 상당구 금천동 199-1외 2필지 현대아파트 제상가동 제지하1층 제101호   고유번호 1547-1996-807554

순위번호	등기목적	접수	등기원인	권리자 및 기타사항
				~~채권자 ○○○ 670615-1******~~ 경기도 김포시 김포한강2로 ○○, 605동 905호(장기동, ○○ 중흥에스클래스아쿠르트)
18	15번근저당권설정, 16번근저당권설정 등기말소	2008년3월14일 제12548호	2008년3월14일 해지	
19	17-6번질권등기말소	2012년8월13일 제102036호	2012년8월13일 해지	
20	17번근저당권설정등기말소	2012년8월13일 제102037호	2012년8월9일 혼동	
21	근저당권설정	2012년9월12일 제115557호	2012년9월12일 설정계약	채권최고액 금195,000,000원 채무자 ○○○ 대구광역시 수성구 동대구로 ○ 104동 1505호(범어동, ○○구푸른마을) 근저당권자 대구경북능금농업협동조합 170171-0003131 대구광역시 동구 신천동 329-7 (대구동지점)

12. 차주교체를 통한 담보물 재활용법을 익혀라

상환능력이 있는 자에게 근저당채권을 매각한 다음 그 매수인이 유입취득을 하도록 하여 경락자금 대출을 실행하면 당초 상환능력 없는 차주를 상환능력이 있는 자로 교체하는 효과가 발생하면서 기존 담보물을 신규 경락자금 대출의 담보물로 재활용하므로 채권 금융기관은 대출이자 수익을 계속해서 얻을 수 있다. 이는 낙찰을 통한 채무인수 방법과 유사하나 낙찰을 통한 채무인수의 경우에는 채무인수인인 낙찰자가 1개월 이내에 채무를 변제하여야 하는 점에서 차이가 있다.

13. 양도차익 비과세 목적으로 활용하라

근저당채권을 할인하여 매입 후 할인 전의 채권액으로 낙찰가를 써서 유입취득을 하면 부동산의 취득가는 낙찰가격이 되는데, 취득 후 낙찰가격 이내에서 매각하면 양도차익은 제로(0)가 되므로 양도세를 한 푼도 납부하지 않아도 된다. 그런데 실제로는 부동산 매매대금에서 채권을 할인하여 매입한 금액을 차감하면 차익이 발생하지만 이는 이자수익이 아니라서 이러한 거래를 업(業)으로 하지 않는 이상 차익에 대한 과세를 하지 않는다. 따라서 이러한 차익거래도 년간 2~3회 이상 계속적, 반복적으로 행하여 업(業)으로 인정되면 그 차익에 대하여 소득세를 납부하여야 할 것이다.

14. 몰수된 입찰보증금 회수 투자법을 배우자

1) 경매취하로 몰수된 보증금 반환 받기

경매신청한 근저당권을 양수한 다음 양수인이 경매취하를 하여 미납자가 몰수된 입찰보증금을 반환받도록 하고 그 대가로 양수인은 반환금액의 70% 정도를 수령하고,

나머지 30%는 미납자에게 돌려주는 재테크 방법이다.

　대금미납으로 재매각 진행 중인 모든 사건을 대법원 경매사이트에서 추출한 다음 미납자에게 근저당권의 양수인이 경매를 취하 후 반환받은 보증금 중 일부를 대가로 분배받고 한편으로는 근저당권의 양수인으로서 다시 새로 경매를 신청하여 근저당권의 매입대금을 회수하게 되는데, 회수기간 동안 자금이 묶이게 되는 단점이 있으나 담보여력 및 배당여력이 충분한 선순위 근저당권이 설정된 물건일 경우 가장 안정적인 수입(지연이자)이 확보되는 이중의 재테크가 될 수도 있다.

2) 취하의 충분조건

　아래 3가지 조건이 모두 충족되어야 취하가 가능해지며, 이 중 어느 하나라도 합의가 이루어지지 않으면 취하는 어렵게 된다.

　첫째, 미납자와 입찰보증금 채권양도 계약을 체결한다.
　둘째, 1순위 근저당권에 기한 경매권자와 근저당권부 채권 양도계약을 체결한다.
　셋째, 근저당권 매입대금에 대하여 저축은행과 질권대출 계약을 체결한다.

3) 취하의 필요조건(취하의 실익)

　첫째, 배당순위가 높은 근저당권(전세권, 담보가등기권)자이고, 채권최고액까지 모두 배당될 수 있는 배당여력이 100% 확실한 물건일 것
　둘째, 채권최고액은 높으면서 변제 등으로 실채권은 적은 담보물권일 것
　셋째, 당초경매 취하 후 다시 경매를 하여 채권을 회수할 동안인 약 10개월 이후에도 원리금의 합계액이 채권최고액을 넘지 않을 것(이 경우 지연이자율이 높고 모두 배당을 받을 수 있다면 이만한 재테크도 없음)
　넷째, 이중경매가 아닐 것(한 사건만 취하할 경우 다른 사건으로 속행되기 때문에 이 경우 두 사건 모두 취하되지 않는 한 보증금을 돌려받을 수 없다.)

4) 입찰보증금 투자 진행절차

① 대금미납이 1회 이상 이루어진 경매물건 검색

미납 물건 중 미납사유가 대항력 있는 임차보증금의 인수 등 경매사고에 기인하여 미납된 것으로 보이는 물건을 우선 취하대상으로 선정하고, 그밖에 잔금부족의 사유로 미납한 건도 취하대상으로 선정한다.

고양지원(8계) 2011타경3363호 사건(감정가 3억8천만원)은 무려 3차례나 대금미납으로 몰수된 보증금을 합하면 모두 8천만원(1차 보증금 10% 18,620,000원, 2차 보증금 20% 37,240,000원, 3차 보증금 20% 26,068,000원 등 합계 81,928,000원) 이상이 몰수 되었다. 이건은 확정일자부 대항력 있는 임차인이 권리신고만 하고 배당요구를 하지 아니하여 임차보증금 9천만원 전액이 낙찰자에게 인수됨에도 임차인이 보증금전액을 배당받는 것으로 착각하고 입찰하여 결국 고가로 매입한 결과가 되자 3차례에 걸쳐 낙찰자 3명 모두 입찰보증금을 포기하였고 결국 마지막 낙찰자는 인수금액을 차감한 낮은 가격(낙찰가 137,770,000원에 인수금 9천만원을 합하면 실제 낙찰가는 약 2억3천만원 정도임)으로 낙찰을 받은 사건이다.

이 건은 하나은행에서 2억1천만원을 경매로 청구했는데 1억3천만원에 낙찰되어 1순위 근저당권자로서 낙찰대금 1억3천만원 및 몰수보증금 8천만원까지 합산한 대금 2억1천만원을 배당받아 거의 손실이 없는 사건인데, 개인이 근저당권을 매입 후 취하를 시도하였다면 하나은행은 경매청구액 전액 배당이 예상되므로 근저당권 2억6천만원의 실제 매입대금은 경매청구액 전액인 2억1천만원을 지불하였어야 할 것이고, 양수인이 매입 후 취하하여 돌려받은 입찰보증금 8천만원 중 5천만원을 매입한 자가 회수하였다고 가정하면 실제로 매입자는 근저당권을 1억6천만원(2억1천만원에서 5천만원 차감)에 인수한 결과가 되나 취하 후 새로 경매 시에는 낙찰자가 인수보증금 9천만원을 인수한 상태에서도 1억8천만원(실제 매입대금 1억6천만원에 약 1년 정도 대출이자 2천만원을 합산하며, 낙찰자의 실제 부담액은 여기에 인수금을 합한 2억7천만원 이상이므로 실제로는 2억7천만원 이상 낙찰이 예상되어야 매입 후 취하를 고려할 수 있음) 이상 입찰금액을 써야 매입 후 취하하여도 손해가 없다.

② 재매각 기일이 지정되어 재매각 절차가 진행 중일 것

잔금 미납으로 재매각명령 후에는 아래 판례와 같이 최고가매수 신고인 등에게 취하 동의를 받을 필요가 없으므로 재매각 기일이 지정된 경우 취하 동의를 받을 필요가 없다.

> **대법원 1999.5.31. 자 99마468 결정【집행에 관한 이의】**
>
> 민사소송법 제648조 제4항에서 전 경락인이 재경매기일의 3일 이전까지 대금 등을 지급한 경우 재경매명령의 취소와 함께 전 경락인의 매매목적물의 소유권 취득을 인정하는 취지는, 재경매절차라는 것이 전 경락인의 대금지급의무의 불이행에 기인하는 것이어서 그 전 경락인이 법정의 대금 등을 완전히 지급하려고 하는 이상 구태여 번잡하고 시일을 요하는 재경매절차를 반복하는 것보다는 최초의 경매절차를 되살려서 그 대금 등을 수령하는 것이 경매의 목적에 합당하다는 데에 있는 것이므로, 재경매명령이 내려진 이후 전 경락인이 법정의 대금 등을 지급하지 아니한 상태에서 경매신청인이 경매신청 자체의 취하로써 경매절차를 종결시키고자 하는 경우, 원래의 대금지급기일에 그 의무를 이행하지 아니하여 재경매절차를 야기한 전 경락인은 같은 법 제610조 제2항이 규정하는 경매신청 취하에 대한 동의권자에 해당하지 아니한다.

③ 미납자의 주소 및 전화번호 입수

미납사유도 파악하여 근저당권 양수인이 경매취하 후 다시 경매진행 시 양수인에게 배당 등 위험을 미치는 사유가 존재 시에는 매입에 신중을 기한다.

④ 입찰보증금 양도계약 사전 협상 및 양도계약 체결
- 입찰보증금 반환청구채권 양도계약서 작성과 양도통지서 경매법원에 발송
- 양수인이 위임받아 통지서를 배달증명부 내용증명 우편으로 보낼 것
- 입찰보증금 반환채권 양도계약서에는 "2012타경 0000호 임의경매 사건과 관련 입찰보증금의 반환사유가 발생될 경우 미납자인 김○순이 가지는 반환청구 채권을 홍길동에게 양도하기로 한다."고 기재한다.
- 양도통지서에는 "2012타경 1234호 임의경매 사건과 관련 입찰보증금의 반환사유가 발생될 경우 반환청구 채권을 홍길동에게 양도하였음을 통지하오니 입찰보증금 반환 시 홍길동에게 지급하여 주시기 바랍니다"는 내용으로 통지서를 작성하여 발송한다.

⑤ **근저당권부 채권 양도계약 협상 및 양도계약 체결**
- 1순위 근저당권에 기한 임의경매신청 채권 양수
- 채권양도 계약서 작성 및 양도계약서가 첨부된 양도통지서를 양수인이 대리발송

⑥ **채권자 변경신고서 제출**
- 근저당권 이전등기필 확인 후 양수인이 근저당권이전의 부기등기가 된 부동산 등기부등본을 첨부하여 채권자변경 신고서를 경매법원에 제출

⑦ **질권대출 협상 및 대출계약 체결**
- 예상배당액을 산정하여 90% 정도 최대한으로 대출을 해달라고 근저당권 매입 전에 저축은행 담당자와 협의하여 설득하고,
- 대출로 매입대금에 충당되지 않은 부분은 별도로 자금을 준비하여야 한다.

⑧ **입찰보증금 양도통지서 경매법원에 통지**
- 우체국에 가서 배달증명부 내용증명 우편으로 통지

⑨ **경매취하 신청서 제출**
- 입찰보증금 양도통지서 법원도달 확인 후 취하신청서 법원에 접수
- 양수인은 경매신청 비용을 환급받음

⑩ **입찰보증금 수령**
- 양수인이 보증금반환 청구채권 양도계약서 및 양도통지서를 첨부하여 경매법원에 제출 및 보증금 수령

⑪ **입찰보증금 교부**
- 양수인이 수령한 보증금 중 미납자에게 약정액(30%)을 교부하여 줌

⑫ **양수인의 새로운 경매 신청**
- 새로운 채권자가 배당에 가입되지 않도록 신속하게 경매신청을 한다.

⑬ **경매진행 사항 관리**
- 유치권신고 접수 시 배제신청 및 형사고소 등을 통하여 낙찰가격 하락을 방지하여 배당액이 감소되지 않도록 한다.

- 경매기일이 변경 또는 연기되지 않도록 관리를 하고, 절차 지연 시 속행신청을 한다.

5) 취하 후 새로 경매신청 시 위험성을 검토하라

① 소액임차인 전입으로 손해발생 우려

임의 또는 강제경매개시결정 등기 후에 주택 또는 상가 임차인으로 전입하여 경매대금에서 최우선변제 대상이 아닌 자가 있을 경우 당초 경매신청을 취하하면 최우선변제 대상이 되어 근저당권 양수인이 추후 새로운 경매 신청 시 배당받을 금액이 최우선변제액 만큼 줄어드는 경우가 발생하게 되므로 당초 경매신청 된 사건의 취하 전에 경매 물건의 전입자를 다시 열람한 후 새로운 전입자가 없거나 있어도 적을 경우 취하 후 경매를 신청해야 한다.

이 경우에도 취하 후 다시 경매를 신청하는 기간은 최대한 빨리 실행하여 취하 후부터 새 경매신청 시까지의 기간 동안에 최우선변제 대상이 되는 임차인이 전입신고(사업자등록)를 하지 못하도록 방지하여야 한다. 이른바 방어적 경매신청을 한다.

② 실기한 배당요구권자들의 배당요구(권리회복)로 손해발생 우려 방지

배당요구의 종기까지 배당요구를 못해서 배당에서 제외된 최우선변제권 있는 임금채권자, 최우선변제권 있는 당해세 채권자, 배당요구의 종기까지 배당요구를 못한 일반 가압류 및 채무명의 취득 채권자, 새로 발생된 임금채권자 및 당해세 권리자 등이 취하 후 새로운 경매신청 시에 배당요구를 하면 당초의 임의경매 채권자의 배당금도 감소할 수 있고, 당초 강제경매 채권자도 새로운 우선변제권자 및 안분배당 받는 일반 배당요구 채권자들의 추가 입성(등장)으로 그 배당순위 및 배당액에서 상당히 불이익을 받을 수 있다.

결국 취하 후 재차 경매 시에는 배당요구의 종기까지 배당요구를 하지 아니하여 실기한 기존 채권자들의 권리가 회복되는 현상이 발생할 수 있고, 재경매 시 소유자가 새로이 고의적인 과다채무를 부담하여 가압류가 들어오게 하면 당초 강제경매채권자의 경우 더욱더 배당액이 줄어들 수 있다.

따라서 임의경매 사건이 재경매 시 리스크가 상대적으로 적다.

③ 새 경매진행 중 유치권 발생으로 우선변제 배당액 감소 우려 방지

재경매 진행 중 소유자가 제3자로 하여금 유치권신고를 하게 하여 낙찰가를 떨어뜨리면 결과적으로 근저당권의 양수인인 1순위 경매권자의 배당액이 감소될 우려가 있으므로 1순위 경매권자의 설정액이 적고 담보여력은 클수록 취하의 실익은 크다.

15. 연체이자 투자법(배당이익법)

1) 경매취하 후 다시 경매신청하는 방법

근저당권 설정액 대비 경매청구금액이 적은 단기연체 채권일 경우 양수인은 인수한 근저당권의 경매를 취하 후 다시 경매를 신청하여 경매신청 시부터 배당기일까지의 기간 동안에 추가로 발생된 연체이자(17% 혹은 25%) 상당액을 근저당권의 채권최고액의 범위 내에서 배당받는 방법으로 양호한 근저당권을 매입 시 리스크가 적고 언제든지 안정적으로 수익을 얻을 수 있다.

질권대출 80% 내지 90%를 받을 경우 자기자본 10% 내지 20% 금액으로 경매사건이 종결되기까지의 평균기간이 약 10개월 정도의 장기투자이고, 양수인이 양도인의 경매신청을 취하할 경우 경매신청 비용 중 남은 잔액을 경매사건을 승계한 양수인이 환급받기 때문에 양수인이 추후 경매신청 시 신청비용이 절감되는 효과도 있다.

2) 물건선정

유암코, 우리에이엠씨 및 유동화전문회사의 경매물건을 검색하여 아래와 같이 12가지의 필요, 충분조건에 모두 부합하는 물건을 선정한 다음 담당자와 협의하여 원리금 전액으로 근저당권을 매수한 후 바로 경매를 취하한다.

이와 같이 저축은행은 130% 설정에 연체이율이 25%이기 때문에 배당수익률이 최고인 저축은행의 근저당권을 검색 후 우선적으로 매입대상으로 선정하고, 차선으로 시중은행의 120% 설정된 연체이율 17%의 근저당권을 선정하여 매입한다.

3) 물건선정 시 필요조건

① 감정가 대비 근저당권 설정액 비율이 20% ~ 30% 정도인 물건

② 양도인이 임의경매 신청 시에 원금전액 및 완제 시까지의 이자(정상, 지연이자)를 청구하였을 것

- 원금 중 일부만 경매청구 시 일부만 배당을 받는 불이익을 받음(94다8952배당이의)

  ※ 강제경매의 경우 일부청구 후 나머지 채권에 대하여 이중경매신청 없이 배당요구의 종기까지 잔액을 배당요구하면 전액을 배당받는다(대법원 1983.10.15. 자 83마393 결정).

- 경매신청으로 보통저당권으로 전환되므로 위와 같이 이자도 청구하여야 됨.

  (2005다38300, 99다66649, 2005다6235)

③ 대출금 대비 근저당권 설정비율이 원금의 130% 이상 설정된 물건일 것

- 시중은행 설정비율은 대출원금의 120%, 저축은행은 통상 130%를 설정함

④ 연체이자율(시중은행 통상 17%, 저축은행 25%)이 높은 근저당권일 것

⑤ 경매취하 후 다시 경매를 신청할 경우 10개월 정도의 연체이율(17% 혹은 25%)을 가산하여 채권최고액에 도달되는 근저당권일 것

⑥ 근저당권 설정액에서 경매청구액을 차감한 금액이 클 것

이는 경매취하 후 근저당권 양수인이 다시 경매를 신청할 경우 경매종료 시까지의 연체이율에 따른 배당이익으로 가져갈 수 있는 금액이기 때문임.

⑦ 양수하는 근저당권은 1순위 근저당권일 것

⑧ 근저당권 양수 전 유치권이 신고 되어 있지 않더라도 조사하여 유치권이 없음을 확인하고 기타 권리분석을 철저히 할 것

⑨ 채권원리금이 채권최고액의 범위 내에 도달되기까지 그 기간이 길면 길수록 배당이익(연체이율 17% 혹은 25%를 곱한 연체이자 상당액)이 커지므로 경매가 너무 빨리 진행되면 기일연기(변경) 신청을 하여 배당이익을 크게 만들 것

양수하여 취하 후 약 2개월 정도 후에 다시 경매신청을 하여 연체이자가 쌓이도록 할 필요가 있으나 2개월 사이에 임금채권 등 최우선 배당권자의 가압류등기가 새로 들어

올 경우 양수인의 1순위 배당금이 줄어들 수 있는 리스크가 있으므로 경매신청 일자를 신중히 정해야 됨.

⑩ 저축은행의 근저당권일 것(설정비율 통상 130%, 연체이자 통상 25% 정도)

⑪ 법인사업자 및 개인사업자가 아닌 일반 개인 소유 물건일 것

사업자의 세금체납이나 임금체불로 인하여 1순위 저당권자보다 우선변제 받는 배당권자가 있을 경우 양수한 근저당권의 배당액이 감소할 우려가 있음.

⑫ 이중경매 물건이 아닐 것

이중경매가 진행될 경우 양수된 경매사건을 취하해도 다른 경매사건으로 계속 진행되므로 경매를 지연시킬 수 없어 양수인의 연체이자 배당수익이 미미한 바, 양수한 근저당권만 단독으로 경매신청이 되어 있는 근저당권만 매입하여야 함.

4) 물건선정 시 충분조건

경매취하 후 다시 경매를 신청하더라도 이전받은 근저당권 설정액을 100% 확실히 배당받을 수 있는 예상 배당액의 변동 폭이 적은 물건일 것

5) 수익률 분석의 전제

① 시중은행 연체이율 17% 전제
  ⓐ 질권대출 시 수익률 5%
    - 연체이자 17%수익에서 질권대출이자 12% 차감 시 양수인은 5% 수익취득
  ⓑ 담보대출시 수익률 10%
    - 연체이자 17%수익에서 부동산담보 대출이자 7% 차감 시 10% 수익취득
  ⓒ 자기자본의 수익률 17%
    - 전액 자기자본일 경우 연체이자 17% 전액 수익취득
② 저축은행 연체이율 25% 전제
※ 저축은행은 통상 130%설정에 연체이율이 25%이기 때문에 저축은행 근저당권을 양수받은 경우 수익률은 최고로 높아짐.

      ⓐ 질권대출 시 수익률 13% : 연체이자 25% - 질권대출이자 12% 차감

      ⓑ 담보대출 시 수익률 18% : 연체이자 25% - 부동산담보 대출이자 7% 차감

      ⓒ 자기자본의 수익률 25% : 이자부담 없이 개인의 순자본으로 투자할 경우

6) 저축은행 근저당권을 11억1,200만원에 양수 후 10개월 후에 배당받을 경우

순수익 : = 93,467,000원((배당액(연체이자25%) 2억원⑥ - 질권대출이자 1억원⑦ - 6,533,000원⑧(1억1,200만원에 대한 10개월 동안 담보대출이율 7% 적용 시))

① 매입가격 : 11억1,200만원(원금 10억원 및 이에 대한 양수시점까지의 이자 1억1,200만원의 합계액인 11억1,200만원으로 아래 근저당권 매입)

② 매입한 근저당권 : 원금 10억원, 채권최고액 13억1,200만원, 연체이율 25%

③ 배당이익의 한도 : 2억원(채권최고액과 매입가격의 차액인 2억원을 한도로 배당이익 발생)

④ 질권대출 : 10억원(매입가 11억1,200만원의 약 90%로 이율 12%)

⑤ 다시 경매신청 후 배당기일까지의 기간 10개월 소요(취하 후 다시 경매신청한 다음 배당기일까지 10개월경과 가정)

⑥ 양수인의 실제 배당액 : 2억원

10억원×25%×(10개월/12개월) = 208,333,333원이 되나 채권최고액 13억1,200만원에서 매입가 11억1,200만원을 차감하면 추가로 2억원까지만 배당을 받을 수 있어 결국 양수인은 208,333,333원이 아닌 2억원을 배당받음

⑦ 질권대출이자 : 1억원(10억원×12%×(10개월/12개월)

⑧ 담보대출 조달이자 : 6,533,000원(1억1,200만원에 대한 10개월 동안 담보대출이율 7% 적용 시)

경 매 취 하 동 의 서

사건번호
채 권 자
채 무 자
소 유 자

위 사건에 관하여 매수인은 채권자가 위 경매신청을 취하하는데 대하여 동의합니다.

첨 부 서 류

1. 매수인 인감증명   1부

년   월   일

매 수 인   (인)

연락처(☎)

지방법원 귀중

경 매 취 하 서

사건번호   타경   호
채 권 자
채 무 자

위 사건의 채권자는 채무자로부터 채권전액을 변제(또는 합의가 되었으므로)받았으므로 별지목록기재 부동산에 대한 경매신청을 취하합니다.

첨 부 서 류

1. 취하서부본(소유자와 같은 수)   1통
1. 등록세 영수필확인서(경매기입등기말소등기용)   1통

년   월   일

채 권 자   (인)
연락처(☎)

지방법원 귀중
(최고가 매수신고인 또는 낙찰인의 동의를 표시하는 경우)

위 경매신청취하에 동의함.

년   월   일

위 동의자(최고가 매수신고인 또는 낙찰인)   (인)
연락처(☎)

☞유의사항
1) 경매신청은 매수인의 대금납부까지 취하할 수 있는 바, 경매신청취하로 압류효력은 소멸하나 매수신고 후 경매신청을 취하하려면 최고가매수신고인(차순위매수신고인 포함)의 동의가 있어야 합니다.
2) 동의를 요하는 경우에는 동의서를 작성하여 취하서에 첨부하거나 또는 취하서 말미에 동의의 뜻을 표시하고 본인이 아닌 경우에는 인감증명을 첨부하여야 합니다.

제2장
근저당채권(NPL) **연체이자 17%** 배당 사례(반복학습)

1. 투자자의 연체이자 배당차익 물건 법원 경매사이트 검색

1) 연체이율이 높고 근저당권 설정비율이 높은 경매물건 검색

　　1순위 : 저축은행의 연체이율 25%, 근저당권 설정비율 130%이상
　　2순위 : 새마을금고의 연체이율 22%, 근저당권 설정비율 130%이상
　　3순위 : 2금융권의 연체이율 17%, 근저당권 설정비율 130%(통상)
　　4순위 : 1금융권의 연체이율 12% 이상, 근저당권 설정비율 120%(통상)

2) 채권최고액 대비 경매신청 금액이 현저히 적은 물건 선정

① 부동산 등기부등본상에서 동 금액 간 차액이 커서 배당차익이 많을 것으로 예상되는 담보물건 선정한다.

② 가급적 배당차익은 크면서 예상 낙찰금액은 적은 물건을 선정하여 추후 매입금액 이하로 낙찰될 경우를 대비한 방어입찰을 통하여 매입손실을 방지하여야 하는 바, 이를 고려하여 예상 낙찰금액이 적은 물건이 좋다는 의미이다.

③ 저축은행은 이해관계인이 아닌 개인에게는 감독규정상 매각을 금지하고 있으므로 담보물건과 이해관계 없는 개인은 법인인 자산관리회사를 내세워 1차로 저축은행의 근저당권을 자산관리회사로 이전시킨 후 소정의 중개수수료를 지급하고 동 자산관리회사로부터 근저당권을 최종 매입하여 투자하거나 대위변제 방법으로 투자를 한다.

④ 법원 경매사이트 공시된 수많은 경매물건을 '경매공고중 배당요구 종기공고란'을 검색하여 위와 같은 조건에 맞는 물건을 선정 후 해당 경매신청 채권은행을 접촉하여

채권매입을 진행하면 된다.

※ 실무적으로 100% 배당되는 채권은 법원 경매사이트에 공고되자마자 투자자들의 매입경쟁이 치열하다. ⇒ 이러한 물건은 자금을 미리 충분히 확보하거나 질권은행을 확보하여 두었다가 배당요구 종기공고란에 물건이 게시되는 즉시 신속하게 매입을 완료해야 하는데, 조금 늦을 경우 매입진행 중에 다른 투자자가 중간에서 가로채 가는 경우가 발생하기 때문이다.

※ 한국자산관리공사나 1금융(은행)권은 개인에게 채권매각이 법규상 제한되어 있지 않으나 실무적으로는 개인에게 매각을 하지 아니하고 대량매각만 취급한다.

※ 또한 유암코나 우리에프엔아이 등 근저당권 매매 전문투자회사는 100% 배당되는 물건은 개인에게 매각하지 않는다.

2. 투자대상 물건선정

1) 경매 사건번호
수원지방법원성남지원 2013타경 255×× 임의경매

2) 소재지
경기 성남시 분당구 정자동 15-4 위브제니스 제B동 제26층 제0000호

3) 경매신청액 및 신청일자
440,000,000원(원금 전액), 추정(개시일 2013. 10. 17)

4) 채권최고액
572,000,000원(1순위 근저당권, 130% 설정)

5) 매각대상 채권내역
채권원리금 전액을 매각대금으로 함.

(기준일 : 2013. 10. 29)

채무자	대출일자 (설정일자)	원 금 (가지급 포함)	이 자 (연체17%)	합 계	채권최고액	배당차익 한도 (채권최고액-매각금액)
					매각금액	
길 0 성	2009. 3. 4	440,000,000	15,000,000	455,000,000	572,000,000	117,000,000
					455,000,000	

※ 배당차익 한도 : 채권최고액 5억7,200만원 - 매각금액(4억5,500만원)임

3. 투자대상 근저당채권 자산실사

1) 채권 원본서류 실사

　은행을 방문하여 연체이율, 채권원리금 총액확인, 채권원본서류 열람 후 당해세 및 최우선변제 보증금 등 선순위 배당채권액 조사, 대출계약서 및 근저당권설정 계약서원본 존재여부 조사(원본 분실 시 배당금 수령곤란), 대출계약의 하자여부 조사, 채권자의 경매열람사본 조사, 채권서류 작성 시 차주의 서명날인의 적정성 여부 조사, 기타 대항력 있는 임차인의 존재여부 등 실사

2) 담보(경매)물건 현장실사

- 예상 배당액 산정을 위하여 공인중개사 등에서 시세조사 필수
- 배당액을 감소시킬 여지가 있는 유치권, 인수되는 공과금 체납액 등 각종 위험 분석

4. 투자자의 예상배당액 산정(검토)

1) 배당여력 산정 : 최종 예상배당여력 768,500,000원

① 감정가(법사가) 1,050,000,000원 × 평균낙찰가율 74% = 777,000,000원(낙찰가) - 경매비용 8,500,000원 - 당해세 및 최우선배당 소액보증금 등 선순위 채권액

000,000,000원 - 대항력 있는 임차보증금 등 낙찰자 부담액 0 = 768,500,000원

※ 분당구 및 건강보험공단 교부청구액 미반영

※ 2013년 실거래가 동일크기 7층 물건 810,000,000원

- 같은 동 29층 경매물건 낙찰사례 2014/01/06. 777,000,000(74%, 입찰 6명)
- 이 건은 26층으로 기 낙찰사례를 반영하여 74%를 예상 낙찰가율로 정함.

※ 기존 감정평가 전례, 시세, 특수물건 낙찰가율, 인근 유사물건 낙찰가율 등을 종합하여 감정가 산정

※ 배당요구의 종기 이후에 매입할 경우 당해세 등 선순위 배당채권액이 정확하게 법원에 제출되어 드러나기 때문에 보다 더 예상배당액 산정이 정확하게 되나 이 건은 배당요구 종기보다 2개월 전인 2013.10.29.에 선제적으로 매입하여 양수인이 배당차익을 더 많이 가져감.

② 은행의 원리금채권 잔액 455,000,000원 : 원금 440,000,000 × 연체이율 17% × 연체일수60/365일(12,466,000원) = 455,000,000(2013.10.29 기준 원금연체 전 이자 포함)

③ 채권최고액 미달금액 : 채권최고액 572,000,000원 - 원리금채권잔액 455,000,000원 = 117,000,000원

④ 예상 배당소요기간 11개월 : 12개월 - 1개월(경매개시결정 등기일 2013.10.17부터 매입시점인 2013.10.29.까지의 경과 개월 수)

※ 경매 미신청 연체 담보채권은 예상 배당이 1년 이상 소요되니까 매입 투자자에게 가장 큰 배당차익을 주게 됨.

2) 예상 배당종료일까지의 예상 배당요구 채권액(산정) : 523,566,666원

① 채권매입시점(2013.10.29.)의 채권원리금 총액 455,000,000원 + 매입 이후 예상 배당종료일까지 기간 11개월 동안 채권원금 440,000,000원 × 연체이율 17% × 연체일수 330일/365일 = 68,566,666의 합계액 523,566,666원이 배당요구 채권액임.

② 매각기일 2회 연장 검토

- 배당여력 768,500,000원이 배당요구 채권액 523,566,666원에 충당(배당)하고도 244,933,334원(배당여력768,500,000원 - 요구액 523,566,666원)이 남는데, 이 남는 금액은 채권최고액 572,000,000원에서 요구액 523,566,666원(1년 기준)을 차감한 채권최고액 미달금액(추가 배당여력) 48,433,334원에 추가 배당을 하고도 남게 되는 배당재산이 됨

- 추가배당여력 48,433,334원을 채우기 위한 매각기일 연기 개월 수 산정
채권원금 440,000,000원 × 연체이율 17% = 74,800,000원(1년분 연체이자) /12개월 = 매월 연체이자 발생 분 6,233,333원

- 따라서 추가배당여력 48,433,334원을 매월 연체이자 발생 분 6,233,333원으로 나누면 8개월이 되므로 1순위 근저당권 양수인은 약 8개월간 더 매각기일을 연기시키면 추가배당여력에 도달하게 되어 이를 추가배당을 받게 됨.

- 이와 같이 1순위 근저당권자가 배당기일을 연기하여 배당기일이 지연되면 2순위 채권자에게 배당될 금액은 점점 더 줄어들게 됨.

- 따라서 매각기일 2회 연장을 통하여 2개월 이상 매각기일이 늦춰지면 1순위 근저당권 양수인은 1,200만원 이상 추가배당을 받을 수 있으므로 이건은 채권양수인이 매각기일을 최대한 많이 연장하려고 할 것임.

- 예상 배당종료일까지의 예상 배당요구 채권액이 채권최고액에 현저히 미달될 경우 매각기일 연장을 통하여 연체이자가 채권최고액에 도달 되도록 하여 연체이자 차익을 극대화 시킬 필요가 있음.

3) 예상 배당차익 80,566,666원

- 채권매입시점(2013.10.29)의 채권원리금 총액 455,000,000원+ 68,566,666(11개월 연체이자 합계) + 2회 연기로 약 12,000,000원 연체이자 배당 추가 시 채권양수인은 80,566,666원(68,566,666원 + 12,000,000원)의 연체이자를 배당차익으로 획득함.

- 그러나 이 건은 현재 성남지원의 빠른 경매진행 속도로 볼 때 매각기일 2회 연장을

하더라도 2014년 8월경 배당기일이 도래할 것으로 예상됨.
- 결국 양수인은 2013년 11월부터 올해 8월까지 최대 10개월분의 연체이자 62,333,333원(원금440,000,000 × 17% × 10개월/12개월)을 배당차익으로 획득할 것으로 예상됨에 따라 채권최고액에 미달하는 추가배당여력은 더욱더 커짐.
- 추가배당여력: 54,666,667원((채권최고액 572,000,000원 - 517,333,333원(매입대금 455,000,000원 + 10개월분 연체이자 62,333,333원)) ⇒ 매월 연체이자가 6,233,333원이 발생되므로 추가배당여력 54,666,667원은 2014년 8월에 배당기일이 지정된다 하더라도 그 이후부터 약 9개월 동안 더 매각기일을 연장하여야 하는데 더 이상의 연장은 사실상 곤란하므로 결국 양수인이 경매신청을 취하한 후 새로 경매신청을 하여 채권최고액 572,000,000원에 도달되도록 만들어야 할 것임.

4) 경매취하 후 다시 경매신청하는 방법

근저당권 설정액 대비 경매청구금액이 적은 단기연체 채권일 경우 양수인은 인수한 근저당권의 경매를 취하 후 다시 경매를 신청하여 경매신청 시부터 배당기일까지의 기간 동안에 추가로 발생된 연체이자(17% 혹은 25%) 상당액을 근저당권의 채권최고액의 범위 내에서 배당받는 방법으로 양호한 근저당권을 매입 시 리스크가 적고 언제든지 안정적으로 수익을 얻을 수 있다.

질권대출 80% 내지 90%를 받을 경우 자기자본 10% 내지 20% 금액으로 경매사건이 종결되기까지의 평균기간인 약 10개월 정도의 장기투자이고, 양수인이 양도인의 경매신청을 취하할 경우 경매신청 비용 중 남은 잔액을 경매사건을 승계한 양수인이 환급받기 때문에 양수인이 추후 경매신청 시 신청비용이 절감되는 효과도 있다.

> 대법원 2007.4.26. 선고 2005다38300 판결 청구이의
>
> 근저당권자의 경매신청 등의 사유로 인하여 근저당권의 피담보채권이 확정되었을 경우, 확정 이후에 새로운 거래관계에서 발생한 원본채권은 그 근저당권에 의하여 담보되지 아니하지만, 확정 전에 발생한 원본채권에 관하여 확정 후에 발생하는 이자나 지연손해금 채권은 채권최고액의 범위 내에서 근저당권에 의하여 여전히 담보되는 것이다.

5) 취하 후 새로 경매신청 시 위험성을 제거하라

① 소액임차인 전입으로 손해발생 우려

임의 또는 강제경매개시결정 등기 후에 주택 또는 상가 임차인으로 전입하여 경매대금에서 최우선변제 대상이 아닌 자가 있을 경우 당초 경매신청을 취하하면 최우선변제 대상이 되어 근저당권 양수인이 추후 새로운 경매 신청 시 배당받을 금액이 최우선변제액 만큼 줄어드는 경우가 발생하게 되므로 당초 경매신청 된 사건의 취하 전에 경매물건의 전입자를 다시 열람한 후 새로운 전입자가 없거나 있어도 적을 경우 취하 후 경매를 신청해야 한다.

이 경우에도 취하 후 다시 경매를 신청하는 기간은 최대한 빨리 실행하여 취하 후부터 새 경매신청 시까지의 기간 동안에 최우선변제 대상이 되는 임차인이 전입신고(사업자등록)를 하지 못하도록 방지하여야 한다.

② 실기한 배당요구권자들의 배당요구(권리회복)로 손해발생 우려

배당요구의 종기까지 배당요구를 못해서 배당에서 제외된 최우선변제권 있는 임금채권자, 최우선변제권 있는 당해세 채권자, 배당요구의 종기까지 배당요구를 못한 일반 가압류 및 채무명의 취득 채권자, 새로 발생된 임금채권자 및 당해세 권리자 등이 취하 후 새로운 경매신청 시에 배당요구를 하면 당초의 임의경매 채권자의 배당금도 감소할 수 있고, 당초 강제경매 채권자도 새로운 우선변제권자 및 안분배당 받는 일반

배당요구 채권자들의 추가 입성(등장)으로 그 배당순위 및 배당액에서 상당히 불이익을 받을 수 있다.

결국 취하 후 재차 경매 시에는 배당요구의 종기까지 배당요구를 하지 아니하여 실기한 기존 채권자들의 권리가 회복되는 현상이 발생할 수 있고, 재경매 시 소유자가 새로이 고의적인 과다채무를 부담하여 가압류가 들어오게 하면 당초 강제경매채권자의 경우 더욱더 배당액이 줄어들 수 있다.

따라서 임의경매 사건이 재경매 시 리스크가 상대적으로 적다.

③ 새 경매진행 중 유치권 발생으로 우선변제 배당액 감소 우려

재경매 진행 중 소유자가 제3자로 하여금 유치권신고를 하게 하여 낙찰가를 떨어뜨리면 결과적으로 근저당권의 양수인인 1순위 경매권자의 배당액이 감소될 우려가 있으므로 1순위 경매권자의 설정액이 적고 담보여력은 클수록 취하의 실익은 크다.

5. 낙찰 전에 경매취하 후 다시 경매진행 시 양수인의 배당차익

계산하면 117,000,000원(채권최고액 572,000,000원 - 채권 매입금액 455,000,000원)이다. 이 건은 2014. 3.17에 다시 840,000,000원에 매각이 진행되므로 유사사례가 777,000,000원에 낙찰된 것으로 보아 금번에도 유찰되고 차기인 4월 14일경 낙찰될 것으로 예상되나 현재 아파트가격이 상승분위기에 있으므로 840,000,000원에 낙찰될 수도 있다. 따라서 근저당권 양수인은 안정적으로 추가 배당차익을 얻으려면 금번 매각기일인 3.17. 전에 경매취하 후 다시 경매신청을 하여 배당받을 일자를 지연시키는 것이 좋을 것으로 생각된다.

6. 근저당권 말소소송 제기 및 경매절차 정지신청으로 추가배당차익 확보

- 피담보채무 부존재확인 및 근저당권 말소청구 소송제기 선 이행 ⇒ 경매절차 정지신청 ⇒ 경매절차진행 정지결정 등으로 최대한 경매진행 지연시켜 추가 배당차익 최대 확보
- 부동산을 목적으로 하는 담보권을 실행하기 위한 경매절차를 정지하려면 담보권의 효력을 다투는 소를 제기하고 민사집행법 제46조에 준하는 강제집행정지 결정을 받아 그 절차의 진행을 정지시킬 수 있는데(민사집행법 제275조), 이러한 강제집행정지 신청도 근저당권말소청구의 소나 피담보채무부존재확인의 소와 같은 본안의 소가 제기되어 있을 것을 전제로 한다((2012그173 결정 [강제집행정지]).
- 시중은행의 대출채권은 소멸시효 기간이 5년이므로 5년이 경과함으로써 근저당권의 피담보채권은 소멸시효가 완성되는 바, 이에 따라 은행은 근저당권 설정등기의 말소등기 절차를 이행할 의무가 있음.
- 통정허위표시에 따른 근저당권설정 무효(창원지방법원 통영지원 2010가단 11193호 배당이의)

상호 채무관계에 있으면서도 서로간의 금융거래 자료가 전혀 없다는 점, 부녀지간이라는 점, 부녀지간에 연 12%의 이자약정을 한다는 것은 이례적인 점, 이자를 받기로 하고도 10년 가까운 기간 동안 아무런 채권보전 조치를 취하지 아니한 점을 토대로 피고의 주장은 경험칙에 반하여 이를 그대로 믿기 어려운 바 허위채권으로 인정, 허위채권에 의한 근저당권 또한 효력이 없다고 판시함.

7. 매각은행의 경제적 이익

1) 매각으로 연체금액 및 연체율 감축
2) 매각에 따른 대손충당금 20% 환입 및 연체이자 회수로 매각이익 발생 및 지점 연말 수익목표 달성(이 매각으로 지점은 약 8,800만원의 매각이익 효과 발생)
- 통상 은행은 6월 및 12월에 목표수익 점검이 있으므로 그 직전인 5월이나 11월 이전에 매각협상을 하는 것이 유리(이 건도 10월에 매각됨)
3) 매각대금으로 신규대출 재원 등 운영자금 확보

8. 투자자(매수인)의 금전적 이익

1) 이건 투자자는 채권매입 후 예상 배당소요기간 10개월 동안 연체이율 17%에 해당되는 62,333,333원의 배당차익 발생
2) 14개월 진행 가정 시 80,566,666원 배당차익 발생
3) 경매취하후 다시 경매신청 시 117,000,000원 배당차익 발생

9. 투자수익률 산정

1) 자기자본 대비 투자수익률 : 최저 54% ~ 최대 94%

질권대출기간	배당차익	질권대출 이자 (7%)	순수익 (배당차익-이자)	자기자본(91,000,000원) 대비 수익율
6 개월	62,333,333	12,740,000	49,593,333	54%(경매기간 10개월)
10 개월	80,566,666	21,233,333	59,333,333	65%(경매기간 14개월)
15 개월	117,000,000	31,849,999	85,150,001	94%(경매기간 19개월)

※ 자기자본 91,000,000원(455,000,000원 - 질권대출 364,000,000원)가정, 그 외 조건 무시(91,000,000원은 실제로는 2순위 질권대출을 사채업자에게 받은 것으로 보임)

※ 수익률 : 순수익/자기자본(91,000,000원)

① 자기자본 91,000,000원(매입금액 455,000,000원 - 질권대출 364,000,000원)

② 순수익 : 49,593,333원(질권대출이자 공제 후)

  (예상 배당차익 - 질권대출이자 7% 차감, 부수비용 미반영)

※ 질권대출 금액이 클수록 투자 수익율은 증가함, 2순위 배당요구권자와 상충

2) 가상사례

① 자기자본 1억원 + 질권대출 4억원(저축은행 25%연체이자 건 매입대금 5억원의 80%, 질권대출이자 7% 가정, 경매 미신청 건으로 예상 배당소요기간 1년 가정)

② 1억원의 25% 25,000,000원 + 4억원의 18% 72,000,000원(연체이자 25% - 질권대출이자 7% 차감) = 97,000,000원 ⇒ 자기자본 1억원 대비 투자 수익율은 97%로 증가

10. 자산양수도계약 특약 시 고려사항

1) 매각은행의 이사회에서 매각승인 의결 등 매각은행의 내부절차 이행을 조건으로 양수도계약 효력발생 특약 명시

2) 매수 후 매수인의 잔존채권 추심제한 약정으로 민원예방 필요

① 매각 후 잔존채권이 포기되면 채무자는 담보물로만 책임지고 잔존 채무에서 완전히 해방되므로 채무자에게도 유리함을 설명하여 민원예방 필요

② 포기약정을 하지 않을 경우 구두로라도 잔존채권 추심제한을 매수인에게 권고하여 민원예방 필요

11. 투자자의 매입잔금 조달(80% 질권대출 조달)

1) 질권대출 은행 : 1순위 질권자 ○○새마을금고(2순위 질권자는 사채 추정)
   ※ 질권대출 80%는 새마을금고에서, 나머지 20%는 사채로 추정

2) 질권대출 이율 : 7%(추정)

3) 질권대출 한도 : 매입대금 455,000,000원의 80%인 364,000,000원

4) 통상 질권대출 이자 3개월분 선납, 근저당권 이전비용 매수인 부담

5) 질권대출 만기 : 통상 예상 배당종료일을 질권대출의 만기로 하나 1년 정도 대출기간을 약정하는 은행도 있음.

6) 질권에 제공하는 담보대상 채권액은 근저당권부 채권최고액 전액을 설정대상으로 함.

7) 이건 질권대출은 이자율 및 만기를 등기부에 등기하지 아니하였으나 통상적으로는 등기하는 것이 관례임.

8) 질권대출 차주를 근저당권의 양수인이 아닌 제3자를 차주로 하여 채권매입 후 3개월 후에 대출을 받음.

12. 구체적 자금조달 진행 절차

우량물건 선정 ⇒ 저축은행과 질권대출 사전 협의(자금조달) ⇒ 매각은행과 계약양도 협의(근저당권 양수) ⇒ 채권자변경 신고(양수인 명의) ⇒ 낙찰 ⇒ 유입취득 경락자금대출(상가는 낙찰가의 90%까지 가능) 및 소유권 이전 ⇒ 인도명령신청(유치권자, 임차인) ⇒ 현 임차인과 새로운 임대차계약 체결(명도완료).

1) 배당차익(연체이자 17%)의 실제 분배
① 최초 투자자(코리아에셋) : 배당차익에서 질권대출이자 차감 후 수익을 얻음.
② 질권대출 은행 : 새마을금고는 매입잔금 80% 질권대출 시 7% 이자수익 취득

2) 담보(경매)물건 포장으로 가치상승 및 가격유지 관리
① 하자치유사항 매각물건 명세서에 공시토록 법원에 게시 신청
② 지지옥션 등 경매정보회사에 매각물건 장점 홍보요청
- 인지도가 높고 전국적인 네트워크를 가진 지지옥션 등 경매정보회사의 홈페이지에 매입채권 경매물건의 가격을 상승시킬 장점 등을 게시요청
- 즉 경매물건의 개발호재, 공법상의 인허가 취득여부, 상권분석 내용, 물건의 특성 및 활용도, 유치권의 가장여부 조사내용, 법률적 하자 분석내용 등을 해당물건 참고란에 게재토록 요청하면 지지옥션은 이를 무료로 해당물건 참고란에 게시해줌. ⇒ 결과적으로 매입한 근저당채권의 예상배당액이 높아짐으로써 채권 양수인의 예상배당액이 상승할 수 있음.
③ 경매물건 인근 공인중개사 사무소에 매각물건 장점 홍보 및 하자치유 내용을 적시한 홍보 전단지 배포 ⇒ 임장활동 및 물건조사를 행하는 예비입찰자들에게 낙찰가격 상승분위기 조성
④ 가장 유치권 신고 및 과잉 유치권 신고시 경매방해죄로 형사고소, 유입취득한 낙찰자에게 유치권대금 지급요구 시 가장유치권 등을 적시하여 사기죄로 고소하여 저가

낙찰 방지

⑤ 기타 양수인은 이해관계인으로서 가장, 과잉 유치권자를 상대로 유치권부존재 확인소송 등을 통하여 저가낙찰에 따른 배당금 손실을 미연에 방지하여야 함.

⑥ 양수인은 수시로 법원 경매사이트에 접속 및 담보물 현장점검 등을 통하여 양수채권에 대한 배당종결 시 까지 가장 유치권 제거 및 경매진행 중 발생하는 각종 리스크를 관리하면서 저가낙찰에 따른 배당금 손실을 방지하여야 함.

3) 채권양수인의 방어입찰 참가하기

① **근저당권 양수인의 방어입찰 참가** : 근저당권을 할인받아 취득한 근저당권의 양수인은 항상 방어입찰 참가의 실익을 검토하여 근저당권의 매입원금에 상당한 금액으로 입찰가를 써서 입찰에 참가하여야 하고, 공매와 경매가 동시에 진행될 경우에는 반드시 공매기일 및 법원 경매기일에 모두 참가하여 근저당권 매입원금 상당액으로 입찰가를 써서 손실을 방지하기 위한 '방어입찰'에 참가하여야 한다.

② **방어입찰의 전제조건** : 방어입찰에 참가하고자 할 때에는 유치권의 신규신고로 현저한 가격저감 등 방어입찰 참가의 필요성이 있는지 여부, 유입취득 후 손실 없는 가격으로 재매각(처분)이 가능한지 여부 등을 종합적으로 고려하여 입찰불참 시보다 입찰에 참가하는 것이 실익이 있다고 판단되는 경우에 한하여 방어입찰에 참가한다.

4) 배당이의 방어준비

① 경락잔금 담보대출 금융기관 사전 확보

- 론세일로 근저당 채권을 양수 후 유입취득하면 양수인은 배당금청구권과 낙찰대금 납부채무를 동시에 부담하므로 대등액에서 상계하여 납부할 수 있는데, 배당받을 이해관계인이 배당이의를 하면 근저당채권 양수인은 상계가 불가능해지고 낙찰대금을 전액 납부하여야 하며, 질권대출을 받아 근저당채권을 양수하였다면 배당이의로 배당금을 수령하지 못하여 질권대출금을 변제할 수 없어 질권대출 이자를 계

속 부담하게 된다. 이 경우를 가상하여 배당이의 여지가 있으면 미리 경락대금대출 금융기관을 섭외해 두거나 납입할 대금을 확보해 두어야 한다.
- '채무인수에 의한 낙찰 건'도 채무에 대한 이의가 제기되면 채무인수는 불허되고 낙찰대금 전액을 납부하여야 하므로 채무이의 여지가 있는 건은 미리 경락자금대출 금융기관을 섭외해 두어 대금미납으로 인한 입찰보증금을 몰수당하는 위험을 피하여야 한다.

② 소송비용 현금 담보제공명령 신청으로 소송을 포기토록 압박
- 근저당채권 양수인은 배당이의의 소를 제기한 원고를 상대로 소송기록 등에 의하여 청구가 이유 없음이 명백함을 주장 입증하여 변론하지 않은 상태에서 법원에 원고로 하여금 소송비용 현금 담보제공을 명하도록 소송비용 담보제공 명령을 신청하여 원고의 무익한 소송에 대응하여야 한다.
- 배당이의한 원고가 악의로 배당기일을 지연시켜 근저당권 양수인이 질권대출 이자를 계속 부담하게 고통을 줄 경우 원고를 상대로 소송비용 현금 담보제공 명령을 신청함으로써 원고에게 현금공탁 부담을 주어 아무런 이유 없는 악의의 원고가 스스로 배당이의 소송을 포기토록 방어소송을 한다.
- 민사소송법 제117조 제1항, 제2항은 원고가 대한민국에 주소·사무소와 영업소를 두지 아니한 때 또는 소장·준비서면, 그 밖의 소송기록에 의하여 청구가 이유 없음이 명백한 때 등 소송비용에 대한 담보제공이 필요하다고 판단되는 경우에 법원은 직권으로 원고에게 소송비용에 대한 담보를 제공하도록 명할 수 있다고 규정하고 있다. 위 규정은 원고가 대한민국에 주소 등을 두고 있지 아니하여 피고가 승소하더라도 소송비용을 상환받기 어려울 것으로 예상되거나 소송기록에 의하여 청구가 이유 없음이 명백하여 원고가 소송비용을 부담하게 될 것이 분명하다는 등의 사유가 있는 경우에 피고의 원고에 대한 소송비용 상환청구권의 용이한 실현을 미리 확보하여 두려는 데에 취지가 있다. 따라서 소송비용에 대한 담보제공명령은 원고가 대한민국에 주소 등을 두지 아니한 때 또는 소송기록에 의하여 청구가 이유 없음이

명백한 때에 해당하거나 그 밖에 이에 준하는 사유가 있어 피고의 이익을 보호하기 위하여 소송비용상환청구권의 용이한 실현을 미리 확보하여 둘 필요가 있는 경우에만 허용된다((대법원 2013.05.31.자 2013마488결정 [소유권이전등기말소]).

③ 부당이득 반환청구 소송으로 가장 임차인의 배당금 되찾아 오기

론세일 또는 채무인수 시 가장 임차권자가 최우선변제를 받을 경우 근저당채권 양수인 또는 채무인수인 측(채권자)이 배당이의를 하면 상계에 의한 대금납부 또는 채무인수가 불가능해지고 전액 대금납부를 하여야 하므로 채권양수인 또는 채무인수인 측은 배당기일에 배당이의를 제기하지 아니하고 가장 임차인이 배당을 받도록 묵인한 다음 가장 임차인에게 명도확인서 발급을 지체한 후 가장 임차인의 공탁된 배당금을 가압류 후 부당이득반환 청구소송으로 가장임차인에게 배당된 금액을 찾아온다(실제사례 안산지원 2013가소 17807 부당이득금반환).

5) 구체적인 대출채권 양도절차

① 채권양도 계약
② 채권양도 통지
③ 근저당권 이전의 부기등기
④ 양수인의 경매채권자 변경신고
⑤ 양수인의 환급계좌 변경신청
⑥ 양수인의 경매서류 열람 및 등사신청
⑦ 양수인의 권리신고 및 배당요구 신청
⑧ 법원의 채무자 및 소유자에 승계사실 통지
⑨ 근저당권부 채권 질권설정 계약체결
⑩ 질권설정 통지(채권양수인으로부터 위임받아 질권은행이 통지)

《○○○○○투자증권회사로 채권 및 근저당권 이전(2013.10.29.)》

- 배당요구종기인 2013.12.18.이전에 선제적 매입으로 배당차익 커짐.

《2014.2.6. 양수인이 매각기일 연기(변경) 신청 및 열람복사 신청》

- 배당요구 종기 전에 매입하였기 때문에 배당요구종기 후에 양수인이 경매서류를 열람하여 우선 배당요구 채권액을 확인함.

《법원의 2014. 2. 17자 2차 매각기일을 차기일자로 연기(변경결정)》

물건번호	감정평가액	기일	기일종류	기일장소	최저매각가격	기일결과
1	1,050,000,000원	2014.01.20(10:00)	매각기일	성남지원 5호법정	1,050,000,000원	유찰
		2014.02.17(10:00)	매각기일	성남지원 5호법정	840,000,000원	변경

《채권 및 근저당권 이전(2013.10.24. 등기)》

《새마을금고 : 1순위 근저당권부 질권대출》

《개인사채 : 2순위 근저당권부 질권대출》

접수일	접수내역	결과
2013.10.18	등기소 분당등기소 등기필증 제출	
2013.10.28	감정인 상명감정평가사사무소 감정평가서 제출	
2013.10.29	기타 코리아에셋투자증권주식회사 채권자변경 및 권리신고 제출	
2013.10.30	전세권자 이○영 권리신고및배당요구신청 제출	
2013.10.30	전세권자 이○영 배당요구신청 제출	
2013.10.30	교부권자 국민건강보험공단 용인지사 교부청구 제출	
2013.11.01	법원 수원지방법원 성남지원 집행관사무실 현황조사서 제출	
2013.12.16	기타 성남시분당구 교부청구 제출	
2013.12.16	기타 성남시분당구 교부청구 제출	
2014.02.06	채권자 코리아에셋투자증권주식회사 기일연기신청 제출	
2014.02.06	채권자 코리아에셋투자증권주식회사 열람및복사신청 제출	

[집합건물] 경기도 성남시 분당구 정자동 15-1 위브제니스 제0동 제0층 제0호 고유번호 1356-2003-

순위번호	등 기 목 적	접 수	등 기 원 인	권리자 및 기타사항
				서울 종로구 공평동 100 (개인여신팀)
4	근저당권설정	2004년10월19일 제79523호	2004년10월19일 설정계약	채권최고액 금585,000,000원 채무자 김다영 　성남시 분당구 정자동 15-1 위브제니스 바- 근저당권자 흥국생명보험주식회사 110111- 　서울 종로구 신문로1가 226
5	1번근저당권설정, 2번근저당권설정, 3번근저당권설정 등기말소	2004년10월26일 제81498호	2004년10월21일 해지	
6	근저당권설정	2009년3월4일 제14533호	2009년2월26일 설정계약	채권최고액 금672,000,000원 채무자 김성 　경기도 용인시 기흥구 중동 1045 초당마을현진에버빌 　520- 근저당권자 ████ 130138-█████ 　경기도 수원시 팔달구 인계동 740-10 　(신봉지점)
6-1	6번등기명의인표시변경	2013년10월24일 제66284호	2013년10월14일 취급지점변경	████████ 지점 본점
6-2	6번근저당권이전	2013년10월24일 제66285호	2013년10월14일 확정채권양도	근저당권자 코리아에셋투자증권주식회사 110111-1844970 　서울특별시 영등포구 여의나루로 　57, 12층(여의도동,신송센터빌딩)
6-3	6번근저당권부질권	2014년2월13일	2014년2월12일	채권액 금672,000,000원

열람일시 : 2014년02월23일 10시57분56초

[집합건물] 경기도 성남시 분당구 정자동 15-4 위브제니스 제비동 제□층 제□호   고유번호 1356-2003-

순위번호	등기목적	접 수	등기원인	권리자 및 기타사항

		제9348호	설정계약	채무자
				케이엘디에스캐피탈이차대부주식회사
				  서울특별시 서초구 서초중앙로 ㅁ (서초동)
				이 훈
				  서울특별시 서초구 방배선행길 2,
				  204호 (방배동, 방배궁전아파트)
				채권자 사당 116044-
				  서울특별시 동작구 사당로16가길 7(사당동)

6-4	6번근저당권부질권	2014년2월13일
		제9349호
			2014년2월13일
			설정계약
				채권액 금572,000,000원
				채무자 이 훈
				  서울특별시 서초구 방배선행길 2,
				  □호(방배동, 방배궁전아파트)
				채권자 이 영 670809-2******
				  경기도 광주시 회안대로 360-23,
				  1103호(태전동, 쌍용스윗닷홈)

7	6번근저당권설정등기말소	2009년3월4일 제14691호	2009년3월4일 해지	

8	전세권설정	2013년7월15일
		제47457호
			2009년5월2일
			설정계약
				전세금 금470,000,000원
				범 위 주거용 , 건물전체
				존속기간 2009년 6월 18일부터 2015년 6월 17일까지
				전세권자 이 영 660823-2******
				  경기도 성남시 분당구 정자일로232번길 25 , 비동
				  (정자동, 위브제니스)

8-1				8번 등기는 건물만에 관한 것임 2013년7월15일 부기

PART 5

NPL매입대금 조달방법의 모든 것

NPL랭킹업 투자비법

제1장
근저당권부 질권대출 방법

1. 권리질권(채권질권)이란?

질권의 담보물로는 동산과 대출채권 등 재산권을 목적으로 하여 동산질권 또는 권리질권을 설정할 수 있는데 여기에서는 권리질권 중 근저당권이 붙은 대출채권을 담보로 질권 대출을 취급하는 것에 대하여 설명하기로 한다.

질권설정 방법은 채권양도와 같은 방법(민법 제346조)으로 설정하므로 대출채권에 질권이 설정되면 채권양도와 마찬가지로 근저당권부 대출채권이 동일성을 유지하면서 질권자에게 양도담보로 제공되는 것과 유사한 효과가 있다.

1) 질권대출 시장동향을 먼저 파악하라

질권대출 취급 금융기관이 금리가 싼 기관으로 움직이고 있다. 처음에 근저당권부 채권을 담보로 잡고 질권대출을 해 주는 곳은 사채시장이었다. 이들은 고리의 이자를 받고 근저당채권을 유동화, 현금화 시켜 주었다. 질권대출 원조라고 할 수 있다. 그 후 부동산경기 침체로 부동산시장이 매매 등 거래가 절벽인 상태까지 와서 과거와 같은 부동산담보대출 시장도 한계에 다다랐고 경쟁도 심화되었다. 심지어 1금융권은 저금리를 앞세워 2금융권의 부동산 담보대출을 대환을 통해서 뺏어가고 있는 실정이다. 이처럼 경쟁이 격화된 상태에서 탈피하고 생존하기 위하여 특히 2금융권은 신규 틈새 대출시장을 개척할 필요성이 절실하게 대두되었다. 이런 상황에 따라 2금융권이 사채 보다는 저리로 사채업자들이 개발한 근저당권부 질권대출을 취급하게 되었다. 2금융권은 처음에는 12%~15%의 금리로 질권대출을 하다가 지금은 5%대까지 금리를 인하하여 질권대출 상품을 판매하고 있다. 최근에는 새마을금고 및 신협도 판매하고 있다. 문제는 1금융권도 기존 부동산담보대출로는 한계에 직면하여 이들 1금융권도 질권대출 상품을 판매할 것으로 예상되고 대출이자도 4%대까지 인하하여 시장에 곧 진입할 것으로 예상된다. 이와 같이 질권대출 상품은 금리를 따라 고리의 사채업자에게서 그보다 낮은 금리의 2금융권으로, 다시 금리가 가장 낮은 1금융권으로 이동하고 있다. 이렇게 되면 투자자는 여러 면에서 좋다. 저리로 자금을 조달하여 NPL을 매입할 수 있어 배당 투자의 경우 배당수익률은 증가하기 때문이다.

2) 질권대출 시장에 사채업자의 재등장

① **선순위(1순위) 질권대출** : 현재 2금융권은 NPL매입대금(예상배당액)의 80%(최고 90%)까지 질권대출을 해주고 있다. 따라서 매입대금의 20% 정도를 자기자본으로 준비해야 한다.

② **사채업자의 2순위 질권대출** : 사채업자는 위와 같이 채권 매입대금의 80%를 제외한 나머지 부족한 20% 부분에 대하여 2순위로 근저당권부 질권등기를 하고 24%~27.9%의 고리로 질권대출을 해주고 있다. 이때 2순위 질권등기가 등기부에 공시되어 탈세할 경우 국세청 등에 노출이 된다. 노출을 줄일 수 있는 방법으로 사채업자는 2순위 질권등기 없이 20% 부분을 대출해주고 배당금청구권을 양도담보로 잡는 방법도 있다. 즉 사채업자가 매입대금 부족분 20%를 NPL매수인에게 대출해 주고 동 매수인이 법원으로부터 배당받을 배당금청구권에 대하여 채권양도계약 절차를 마치고 경매법원에 채권자 변경신고를 한 다음 배당기일에 사채업자가 배당받아 매입대금 20%에 대한 사채를 회수하는 방법이다.

또 다른(제3의) 방법으로 채권자(2순위 질권대출 사채업자)는 채무자(질권대출 채무자)가 다른 사람으로부터 급부를 받을 권리를 가지고 있을 때, 채권자는 채무자로부터 그 급부를 수령할 대리권한을 부여받아 이를 대신 수령할 수 있다. 이 대리권한은 채무자가 채권자에게 대리권을 수권하는 것이므로, 채권자는 채무자를 설득하여 위임을 받아야 한다.

제3의 방법은 사채업자가 NPL매수인으로 부터 배당금수령 위임장을 받아 배당기일에 사채업자 측 법무사가 그 매수인을 대리하여 배당금을 수령한 다음 그 20% 사채대출금에 상계 충당하여 회수하기도 한다. 이 배당금수령 위임 방식은 공시되지 않기 때문에 세무관서에 노출될 위험이 제일 작은 사채 회수 방식이다. 결국 수익이 적어지는 문제점은 있으나 채권매입대금이 없어도 1순위 질권설정으로 80%를 조달하고 2순위 질권설정으로 20%를 대출받으면 매입대금 100%를 대출금으로 충당할 수 있다. 마치 유동화 증권을 발행하여 매입대금 100% 전액을 외부조달로 충당하는 것과 같은 결과가 된다.

3) 대규모 질권대출(Asset Backed Loan)

무담보 개인회생채권, 신용회복채권의 NPL투자수익율이 10%~12% 정도이다. 신용회복채권은 신용회복지원 협약에 가입한 기관에만 채권매각을 하도록 협약에 명시하고 있어 신용회복채권은 개인이 매입을 할 수 없다. 정수기회사의 정수기 할부대금 정상채권도 사업자금 조달을 위하여 매각을 하는데, 수익율이 20% 정도이다. 2년 이상 된 개인회생, 신용회복채권은 실효되지 않고 계속 안정적으로 분할변제가 유지된다. 정수기 채권은 연체가 거의 발생하지 않고 안정적으로 분할 납부가 된다. 연체채권은 NPL이라고 하고 정수기 정상채권은 Non을 없애고 GPR(Good Performing Receivables)이라고 한다. 현재는 초기단계이지만 우리나라도 향후에는 정상채권 시장인 GPR시장이 활성화될 것으로 예상되므로 이를 주목하고 관심을 가질 필요가 있다. 운전자금이 필요한 기업에서는 차입의 방법 이외에 정상적인 우량한 매출채권 등을 묶어서 일시에 대량매각으로 자금을 조달하는 기법을 활용할 것이기 때문이다. 현재 금융채권인 NPL 대출채권 매매시장이 주류를 이루고 있으나, 추후에는 매출채권 등 여러 가지 비금융채권의 매매시장이 발달할 것으로 예상된다.

개인회생채권 등의 시장은 경쟁입찰로 대량매각을 하기 때문에 개인보다는 기관투자자들에게 인기가 많다. 기관투자자들은 매입한 무담보 및 담보부 NPL과 정수기의 정상 GPR을 혼합한 다음 이를 기초자산으로 회수예상가액을 한도로 금융권으로부터 보통 500억원 이상 질권대출을 받는데 선순위, 중순위, 후순위 질권대출로 나누어진다. 이율은 선순위가 5%대, 중순위가 7%대, 후순위가 9% 정도 된다. 선순위 질권대출은 보수적인 금융기관이 대출을 취급하고, 중순위 이하 질권대출은 저축은행 등 2금융권이 질권대출을 한다. 총 질권대출 금액 80% 정도가 중순위까지 실행되고 나머지 20% 정도가 후순위로 대출이 실행된다.

　질권대출 기관은 통상 3년 이내에 질권설정 순위에 따라 기초자산 회수대금의 자금관리 은행에게서 선순위부터 매월 원리금을 지급받게 된다. 매월 지급받는 질권대출이자는 매월 안정적으로 분할회수가 이루어지는 무담보 개인회생, 신용회복 및 정수기 채권의 대금으로 이자를 충당하게 되며, 정수기 채권 중 연체가 발생하면 이를 정상채권으로 교체하여 담보보충을 해 주거나 환매한다. 이러한 이자를 납부하기 위하여 경매로 회수기간이 긴 담보부 NPL에 이자납부용 개인회생 등 무담보채권을 기초자산으로 섞어서 질권대출의 담보로 제공을 하는 것이다. 질권대출 만기 3년까지 회수가 지연되는 담보부 NPL이 잔존 시에는 이를 다른 투자자에게 재매각한 다음 동 재매각 대금으로 후순위 질권대출까지 상환하기도 한다. 증권회사는 이렇게 NPL 매입기관이 금융기관으로부터 질권대출을 받을 수 있도록 자금중개 역할을 하고 보수를 받게 된다.

4) 은행이 근저당채권 매각과 동시에 질권대출을 해줄 경우 효과(1석 4조)

　① 연체 근저당채권 양도로 연체채권 감축 및 자산건전성 제고 ② 질권대출로 대출이자 수익 창출 ③ 불량대출을 우량대출로 전환하는 효과 ④ 담보물 재활용 효과 즉 연체 근저당채권의 담보부동산은 질권대출 시에도 근저당권부 질권등기가 되면서 그대로 담보물로 유지되기 때문이다.

2. 질권설정의 대항요건

질권설정도 질권설정자와 질권자(저축은행)간 질권설정 계약의 체결로 효력이 발생하지만 질권설정의 효력을 근저당권부 대출채무자나 제3자에게 대항하기 위하여는 아래와 같은 요건이 필요하다.

1) 근저당권부 대출채무자에 대한 대항요건

근저당권부 대출채권에 대한 질권설정은 질권설정자(근저당권자)가 근저당권부 대출채무자에게 질권설정 계약체결 사실을 통지하거나 근저당권부 대출채무자가 질권설정을 승낙하지 아니하면 그 채무자에게 대항하지 못한다. 질권설정 통지서는 질권대출 은행이 질권대출 채무자를 대리하여 발송하고 채무자의 수령사실을 입증할 수 있는 배달증명 엽서는 질권은행이 보관한다.

2) 제3자에 대한 대항요건

상기 통지나 승낙은 확정일자 있는 증서에 의하지 아니하면 근저당권부 대출채무자 이외의 제3자에게 대항하지 못한다. 근저당권부 질권설정 통지는 질권설정자(근저당권자)가 근저당권부 대출채무자에게 배달증명부 내용증명우편 등으로 통지하여야 한다.

통지서를 내용증명 우편으로 발송 시 수취인(근저당권부 대출채무자), 발송인(질권설정자) 등 우체국에서 요구하는 형식을 갖추어야 되고, 내용문서에는 발송인과 수취인의 성명 및 주소를 함께 기재하여야 하며, 봉투에 기재하는 발송인과 수취인의 성명·주소와 동일해야 한다.

3) 근저당권에 대한 효력요건

근저당권으로 담보한 채권을 질권의 목적으로 한 때에는 그 근저당권 등기에 '질권의 부기등기'를 하여야 그 효력이 근저당권에 미친다(민법 제348조).

4) 근저당권부 대출채권 서류의 질권자 교부(민법 제347조)

채권을 질권의 목적으로 하는 경우에 채권증서가 있는 때에는 질권의 설정은 그 증서를 질권자에게 교부함으로써 그 효력이 생기므로 양수인이 가지고 있는 근저당권부 채권 양수도계약서, 대출계약서 및 근저당권설정 계약서 원본 등을 질권자에게 교부한다.

3. 질권설정의 절차를 알아보자

저축은행(새마을금고 등 질권대출을 취급하는 금융기관 포함)은 근저당권이 붙어 있는 대출채권을 양수받을 자가 동 근저당권부 대출채권을 담보로 제공하기로 하고 질권대출을 신청하면 저축은행은 우선 양수인의 부실채권 매입대금 중 최고 80%-90% 정도를 채권 양수인이 대출금수령을 위임한 양도인 등에게 선 지급함과 동시에 당일 양수인에게 대출채권과 함께 근저당권이 이전등기 되면 동 이전된 근저당권에 질권등기의 부기등기를 하여 근저당권부 채권을 담보로 질권을 설정하였음을 공시하게 되는데 구체적 절차는 다음과 같고, 근저당권부 대출채권 서류는 질권은행이 유치한 후 질권대출금을 전액 배당을 받거나 완제하면 질권대출 채무자에게 돌려주고, 완제로 질권이 소멸하였기 때문에 질권은행은 질권설정 해제 통지서를 대출채무자에게 통지할 필요는 없다. 근저당권부 질권등기는 낙찰로 배당받고 말소된다.

1) 근저당권부 대출채권에 대한 질권설정 계약 체결

질권은행은 질권대출 계약체결 전에 담보물건 현장조사, 가격조사, 질권대상 1순위 근저당권자의 예상배당액 산정을 위한 선순위 배당요구 채권 등 경매열람서류 징구, 차주의 상환능력 입증서류 징구를 통하여 차주의 상환능력 평가 및 예상배당액 산정을 통한 담보여력을 산정한다. 이후 예상배당액 또는 근저당권 매입대금의 80% 내지 90% 상당액을 대출해 주게 되는데, 담보여력 산정은 실제 매입대금에 상관없이 질권은행이 자체 산정한 예상배당액을 기준으로 산정하는 것이 보다 더 합리적이고 안전하다고 할 수 있다. 또한 대부분의 질권은행이 배당요구 종기 이후에 질권대출을 취급하는데, 그 이유는 선순위 배당요구 채권이 경매법원에 모두 배당요구 종기 이전까지 제출되기 때문에 질권대상 1순위 근저당채권의 예상배당액 산정이 보다 더 정확하게 되고 이를 기초로 한 담보여력 산정도 정확하게 되기 때문이다. 다만 배당요구 종기 이전이라도 선순위 채권의 금액 등 내용을 모두 파악할 수 있다면 예상배당액을 산정하여 배당요구 종기 전에 질권대출을 취급하는 은행도 다소 있다.

① 근저당권부 질권대출 계약내용

질권설정자인 근저당권자(채권양수인)와 질권자인 금융기관 간에 근저당권부 대출채권에 대한 질권설정 계약을 체결한다. 안산지원 2011타경 19891호 부동산임의경매 관련 질권대출 계약내용을 살펴보면, 근저당권의 양수인에 대한 질권대출금액은 80,000,000원(예상배당액보다 적은 금액임), 질권대출 수수료 1%(800,000원), 질권대출 이율 9%, 연체이율 25%, 질권담보 목적은 양수채권 전액인 353,000,000원으로써 여기에 질권을 설정하였고, 대출만기는 예상 낙찰기일로부터 3개월 정도 후의 일자로 정한다. 그 이유는 낙찰기일로부터 통상 3개월 이내에는 배당기일이 정해져 배당기일에 질권자로서 배당을 받아 질권대출금에 변제 충당하기 위하여 예상 배당기일을 감안, 대출 만기일을 정하고 있다. 이 건도 예상 낙찰기일인 2012.9.10.부터 3개월 정도 후인 2012.12.29.을 대출만기일로 지정하였다. 근저당권이전 등기비용은 대략 매입하는 채권액 353,000,000원에 경험칙상의 비율인 0.35%를 곱하여 산정하면 되는데, 이 건은 근저당권이 농협중앙회로부터 유동화회사로 1차로 이전되어야 하고 이후 2차로 유동화회사로부터 채권양수인에게 이전되어야 하기 때문에 매입하는 채권액 353,000,000원에 0.35%를 곱한 금액(1,235,500원)의 2배인 2,471,000원 등 총 2,870,200원이 소요되었다(등기원인은 '확정채권양도'). 또한 질권대출 원금에 대한 4개월 정도의 선이자를 저축은행은 대출금 입금 시 우선 공제를 하는데 이건 8천만원에 9%이율을 적용한 대출만기일까지의 4개월분 이자 2,406,575원도 저축은행이 우선 공제하였다. 대출만기일 이전에 배당으로 대출금을 회수할 경우 기납부한 선이자는 일할로 계산하여 질권대출 채무자에게 환급해 준다.

ⓐ 질권대출 차주본인 부담금 질권은행에 예치

이와 같이 질권대출을 받으려는 차주는 질권대출 선이자 약 3개월분(지금은 선이자 예치 없음), 대출취급수수료(모집수수료 포함), 근저당권 이전등기 및 질권설정 등기 비용, 근저당권 매입잔금 10%(매입대금의 80% 질권대출 실행 및 매입계약금 10% 기납부 가정 시), 입찰이행 약정 시 입찰보증금 최저매각가격의 10% 추가예치 등 동 선납비용은 질권대출 채무자가 대출금수령 전에 자기자본으로 마련하여 미리 질권은행에 예치하여야 하고, 이후 질권은행은 이러한 예치금과 질권대출금을 합하여 근저당권 매입대금을 완납하고 근저당권 이전등기 및 질권등기 절차를 취하게 된다. 입찰보증금 예치는 다음에 추가 설명한다.

ⓑ 질권대출 약정서 작성 및 질권은행의 질권대출 실행

차주 계좌로 질권대출금 입금 후 미리 차주로부터 교부받은 차주가 기명날인한 예금청구서(비밀번호 적시하여 4장 정도 받음) 및 차주 예금통장을 질권은행이 보관하여 매입잔금 완납 준비를 한다.

ⓒ 채권양도 기관 법인계좌에 근저당채권매입 잔금입금

이미 이전등기 완료된 근저당권부 채권을 담보로 질권대출을 할 경우 동 대출금 전액은 비용 등을 공제한 후 차주의 계좌로 입금하면 된다.

ⓓ 근저당권 양도증서(근저당권이전 계약서) 교부

채권양도 은행은 자신의 법인계좌로의 매입잔금 완납 확인 후 근저당권 양도증서(근저당권이전 계약서)를 양수인 측 법무사에게 교부해 준다.

ⓔ 근저당권 이전등기 및 근저당권부 질권설정등기

질권은행 선임 법무사가 처리한다. 질권대출 은행이 선임한 법무사가 차주가 기 예치한 금액 및 질권대출금을 수령 후 채권양도 은행에 근저당권 매입잔금 입금 및 양도

은행으로 부터 근저당권이전 계약서(채권양도 증서)를 수령한 다음 근저당권 이전등기 및 근저당권부 질권등기 절차를 완료하고 근저당권설정 계약서 및 대출계약서 원본(배당표 작성을 위한 여신계좌조회표 포함)은 질권대출 완제 시까지 질권대출 은행에서 보관하다가 질권은행이 배당기일에 법원에 보여주고 질권대출금을 전액 배당받은 다음 동 계약서 원본은 질권대출 채무자에게 반환해 주게 된다.

② **채권보전을 위한 추가약정 체결**(확인서)

상기 질권대출은 4개월간의 단기대출 상품으로 질권은행이 빠르고 안전하게 대출금을 회수하기 위해서는 경매절차가 정상적으로 진행이 되어야 질권은행이 배당기일에 배당을 받아 질권대출에 변제 충당할 수 있게 된다. 따라서 질권은행은 질권대출 채무자(근저당권 양수인)와 추가약정(확인서)을 맺어 경매기일의 연기(변경)금지, 경매취하 금지, 채권매입 전 대출서류를 실사하여 이상이 없었을 것, 상계에 의한 대금납부 금지(각서 징구), 대출만기 이전에 배당기일 도래 시 채무의 변제기가 도래된 것으로 약정을 하여 법원에 배당요구를 할 수 있는 조항을 명시하고, 대출을 변제하여야 하는 기한이익의 상실사유로서 『대출일 이후 속행회차 경매기일에 유찰될 경우, 낙찰예정자가 낙찰 후 낙찰 잔대금을 납부기한 내 미납 시, 매각 불허가시, 채무자가 인수한 채권 및 근저당권에 대한 하자 발생시 등』을 명시하여 경매진행이 되지 아니하여 질권대출금 회수에 지장을 초래할 경우 원금상환, 추가 담보제공, 근저당권이전 등의 방법으로 질권은행의 채권회수 등 대출채권 보전에 이상이 없도록 추가약정을 체결한다. 또한 질권은행이 질권자로서 최우선 배당을 받도록 서류교부 등 배당절차에 협조할 것, 양수한 대출채권의 대출채무자가 이자나 원금 변제 시 질권대출금에 우선적으로 상환토록 하기로 한다는 등의 내용으로 추가약정을 체결한다. 또한 질권대출을 받는 자의 변제여력(상환능력)이 있는 부동산 및 아파트나 오피스텔 분양권의 보유현황, 급여, 사업소득 등을 조사하여 신용평가 및 질권대출 비율 등을 정하고 채무불이행 시 채권보전을 위한 자료로 활용한다.

③ 입찰이행약정과 질권은행에 입찰위임 및 입찰보증금 예치

질권대출 은행은 질권대출 채무자가 유입취득을 하려고 할 경우 질권대출금 이상의 금액을 배당받아야 질권대출금에 변제 충당이 가능하기 때문에 유입취득을 하려는 질권대출 채무자로 하여금 입찰가를 질권대출금 이상의 금액으로 쓰도록 하는 입찰이행 약정을 체결하고 입찰보증금(최저매각가의 10%인 9,502,700원)을 예치 받은 다음 입찰불이행 시 예치한 입찰보증금은 질권대출에 변제 충당한다는 입찰이행 약정을 체결한다. 한편 더 나아가 질권은행은 질권대출 채무자의 입찰 불이행을 방지하고 확실하게 채권을 회수하기 위하여 질권은행에게 유입취득 물건에 대한 입찰위임을 하도록 하는 입찰위임장을 질권대출 채무자로부터 교부받고(입찰표의 사전 작성), 입찰보증금을 예치 받은 다음 질권은행이 질권대출 채무자를 대리하여 입찰에 참가하여 질권대출 채무자가 낙찰받도록 한 후 질권은행이 배당절차를 통하여 질권 대출금을 회수한다. 질권대출금이 완제되면 질권은행이 유치한 근저당권부 대출채권의 원본서류는 질권대출 채무자에게 반환해 준다.

한편 질권대출 채무자가 유입취득을 원하지 않더라도 질권은행은 질권대출금을 안전하게 회수하기 위하여 질권대출 채무자에게 질권대출금 이상의 금액으로 방어입찰에 의무적으로 참여하도록 위와 같은 입찰이행 약정 및 입찰보증금 예치를 받을 필요가 있다. 어느 경우이든 다른 입찰자가 질권대출 채무자보다 더 높은 입찰가를 써도 질권은행은 우선 배당을 통하여 질권대출금을 전액 회수하게 된다.

2) 근저당권부 대출채권에 대한 질권설정 통지 또는 승낙

질권설정자인 근저당권자(양수인)가 근저당권부 대출채무자에게 질권설정 계약서를 첨부하여 내용증명 우편으로 질권설정 사실을 통지하거나 대출채무자로부터 질권설정 승낙서를 받아야 하는데, 실무상 질권자인 저축은행이 질권설정자의 대리인으로서 질권설정 통지를 한다. 근저당권부 대출채무자가 이사하여 질권설정 통지서가 질권설정자(채권양수인)에게 반송되어 오면 질권설정자 또는 그의 대리인은 대출채무자에 대한 이해관계인임을 입증하는 서류로써 질권설정 계약서 및 질권설정 등기가 이루어진 부

동산등기부등본 등을 『채권·채무 관계자의 주민등록표 초본의 열람 또는 교부 신청서』에 첨부하여 주민센터(동사무소, 관할이 아닌 곳에도 제출가능)에 제출 후 채무자가 이사간 새로운 곳의 주소가 기재된 채무자의 주민등록초본을 발급받은 다음 질권설정 통지서의 수신인 주소를 새로 이사한 주소로 기재하여 다시 채무자에게 발송하여야 한다.

3) 질권설정의 부기등기

질권대출 실행 후 부동산등기부 등본상의 등기목적 란에는 '0번 근저당권부 질권'으로 등기되고, 질권담보 대상인 채권액에는 양수채권액 전액인 353,000,000원이 등기되며(변제기 2012.12.29, 이자 연 9퍼센트, 연체이율 25퍼센트 : 등기신청하면 등기되나 영업상 비밀 등을 이유로 등기를 생략하는 경우도 많음), 채무자 및 채권자 등이 등기부에 등기되어 공시된다. 고양지원 2011타경 30808호 근저당권부 질권대출 사례도 위와 같다.

4. 질권은행의 권리신고 및 배당요구 신청

근저당권부 질권대출 은행은 배당기일에 질권 대출금의 변제기가 도래되는 것으로 미리 약정하고, 이에 따라 질권은행은 배당기일에 배당을 받기 위하여 질권 대출금의 원금 및 이에 대한 이자 기산일로부터 배당기일까지 약정이율을 적용한 이자를 적시하면서 근저당권의 양수인이 배당받을 금액 중에서 질권대출 원금(이자는 선납받았으므로 원금만 배당요구 함)을 우선적으로 배당해 달라는 권리신고 및 배당요구 신청서를 해당 경매법원에 제출한다.

5. 채권원본서류 질권설정자에 반환

근저당권부 질권대출 시에는 질권자인 저축은행이 추후 질권행사를 위하여 동 채권서류 원본(대출계약서 및 근저당권설정 계약서 등 각종 약정서 원본)을 질권대출 채무자(채권양수인)로부터 넘겨받아 유치, 보관한 다음 질권대출금을 전액 배당받거나 완제되면 채권양수인에게 서류인수증을 받고 대출채권 서류를 반환해 준다.

6. 배당기일 소환 및 채권계산서 제출

법원은 채권계산서 제출을 최고하는데 통상 배당기일소환장에 기재되어 온다. 집행법원은 각 배당요구권자에게 7일 이내 채권계산서를 제출할 것을 최고하여야 한다(민사집행법 제253조). 배당기일 통지서를 접수하였을 때에는 배당기일 현재의 채권계산서를 그 기일 3일 전까지 법원에 제출하고 가능한 한 배당기일 2~3일 전에 기록 열람하여 배당가능액의 판단 및 배당내용의 정당여부를 검토한 후 배당이의 제기여부를 결정한다. 당연배당 요구권자(이중압류채권자, 경매개시결정등기 전에 이미 가압류 등기한 채권자, 경락으로 소멸되는 근저당권자·전세권자로서 압류의 효력 발생 전에 등기한 자 등)가 배당기일까지 채권계산서를 제출하지 않으면 법원은 등기된 채권액을 기준으로 배당하지만, 배당이 누락된 경우에는 배당이의 또는 부당이득 청구를 할 수 있다. 질권은행은 질권대출을 받은 채권 양수인으로 부터 질권대출에 대한 우선배당 동의서를 교부받아 이를 채권계산서와 함께 법원에 제출하고, 채권양수인도 채권계산서를 법원에 제출한다.

채권계산서 작성방법 및 청구금액은 다음과 같다. 배당요구 종기까지 채권계산서 제출 시 배당기일까지 이자를 계산하여야 하나 낙찰기일 전에는 배당기일을 알 수 없으므로, 채권계산서에 배당요구 종기까지 이자를 계산하여 표시하고 『배당요구종기 다음날부터 배당기일까지 원금 000,000,000원에 대한 연리 00%의 이자』로 기재한다.

경매신청 채권자가 배당요구 종기에 채권계산서를 제출하지 않으면 법원은 경매신청서에 표시된 청구금액을 기준으로 배당하며 경매신청서에 이자나 지연이자를 청구한다는 취지의 기재가 없을 경우에는 이를 계산하지 아니한다. 즉 배당요구 종기 이후에는 채권액을 보충하지 못한다.

7. 질권대출 우선배당 동의서 제출

채권양수인의 배당금 중에서 질권자가 배당요구한 금액을 질권자에게 우선적으로 배당하는데 대하여 채권양수인이 동의한다는 동의서를 질권은행에게 교부해 주면 질권은행은 동의서를 채권계산서와 함께 법원에 제출하여 질권대출금을 우선적으로 배당받아 대출금을 회수한다. 질권대출금에 대하여 선지급한 이자 중 배당기일 후의 기간에 해당되는 이자는 배당요구 금액에서 차감하는 형식으로 환급정산을 한다.

8. 질권은행의 질권설정 해제 통지서 발송 불필요

질권자인 저축은행은 배당을 받아 질권대출금을 전액 회수하고 선납한 이자는 정산해 주는 바, 질권대출금의 완제로 질권의 피담보채권이 소멸되어 질권설정도 무효가 되므로 질권설정자인 근저당권의 양수인은 당초 양수대상 대출채무자에게 잔존채권의 범위 내에서 채무변제의 독촉 등을 할 수 있다. 따라서 질권대출금을 전액 배당받은 질권은행은 채권을 완제 받아 질권설정 해제 통지서를 질권대상 대출채무자에게 통지할 필요가 없게 되는 것이다.

《안산지원 2011타경 198XX호 비용 정산서》

오○근 님 대출 관련 비용 계산서

1.대출 조건

대출 금액	₩ 80,000,000
대출 일자	2012-08-29
대출 만기일	2012-12-29
대출 금리	9%
취급수수료	1%

2.소요자금 내역

항 목	금 액	비 고
수입인지	35,000	HK 35,000
신용조사료	50,000	
취급수수료	800,000	
대출이자	2,406,575	
법무사등기비용	2,870,200	별 첨
입찰보증금	9,502,700	최저가 10%
NPL 매입잔금	117,000,000	
계	₩ 132,664,475	

3.차주 준비자금   ₩   52,664,475

등기비용내역서

부동산소재지 : 경기 안산시 단원구 초지동   비젼타운 109호

사 진 경	근저당권변경 (농협상호변경)	근저당권이전 (농협→유동화)	근저당권이전 (유동화→오 근)	저당권부질권설정 (오 근→hk)
채권최고액		₩353,000,000	₩353,000,000	₩353,000,000
등록면허세	6000	353,000	706,000	6,000
지방교육세	1200	70,600	141,200	1,200
증 지	6000	28,000	28,000	28,000
채권할인			140,000	-
대중,등본	3000	10,000	10,000	10,000
물품 및 여비		30,000	30,000	30,000
등록세신고대행	20000	30,000	30,000	30,000
양도통지및승계신고등			100,000	
보 수 료	20000	300,000	300,000	300,000
부 가 세	2000	30,000	40,000	30,000
소 계	58200	₩851,600	₩1,525,200	₩435,200
합 계	₩2,870,200			

입금계좌: 신한은행
예금주: 법무사

2022년 6월 27일

○○종합법률사무소 법무사

여신거래약정서
(□기업용, □가계용)

(주)에이치케이상호저축은행 앞   년 월 일

본인 주소

상호저축은행은 본인에게 이 약정서상의 중요한 내용을 설명하여야 하고, 상호저축은행여신거래 기본약관과 이 약정서를 교부하여야 합니다.

본인은 (주)에이치케이상호저축은행(이하 "저축은행"이라 합니다)과 아래의 조건에 따라 여신거래를 함에 있어 "상호저축은행여신거래기본약관"이 적용됨을 승인하고, 다음 각 조항을 확약합니다.

제1조 (거래조건)
①거래조건은 다음과 같습니다.

여신과목 (여신종류)	일반자금 대출		
여신(한도)금액	팔천만		
여신개시일			
이자율 등	9.9%		25.0%
이자 및 지연배상금 계산방법			
여신실행방법			
상환방법			
이자지급시기 및 방법			
부금동의 납입특약			
상계특약			

②제1항의 거래방식에 있어서 한도거래라 함은 약정금액 및 거래기간 범위 내에서 대출과 상환을 자유롭게 하기로 하는 것을, 개별거래라 함은 대출한 금액을 여신기간만료일에 일시상환하거나 거래 기한까지 분할하여 상환하기로 하는 것을 말합니다.
③한도거래의 경우는 제1항의 여신기간만료일 이내에서 1질권기간을 정하여 운용할 수 있습니다.

HK저축은행

(근)저당권부 질권설정 계약서

채권자(질 권 자) : 주식회사 ○○○○○저축은행

채무자(질권설정자) : 오   근

위 당사자간 별지목록기재부동산에 대하여 다음과 같이 여신거래약정 및 근저당권부질권 설정계약을 체결한다.

- 다   음 -

제 1 조   채권액 금삼억오천삼백만원정(₩353,000,000)

제 2 조   채무자는 채권자에 대한 본건 채무의 이행을 담보하기 위하여 별지목록기재부 동산에 대하여 채권최고액 금삼억오천삼백만원정(₩353,000,000)으로 하는 수원 지방법원 안산지원 등기과 ① 2003년 11월 21일 접수 제149747호로 등기된 근 저당권설정등기 및 2007년 2월 6일 접수 제14842호로 등기된 추가근저당권설정 등기에 대하여 질권을 설정한다.

제 3 조   채무자는 전항의 별지목록기재부동산의 소유자(근저당권설정자)에 대하여 지체 없이 그 채권에 대한 질권설정사실을 통지하거나 그 승낙을 얻어야만 한다. 이 통지 또는 승낙은 내용증명우편 등 확정일자가 있는 증서로 하여야 한다.

제 4 조   채무자는 질권의 목적이 된 권리를 소멸하게 하거나 채권자의 이익을 해하는 변경을 하여서는 아니된다.

제 5 조   질권자는 저당물건이 공매처분에 붙어지거나 수용되었을 때 또는 저당권의 해 제가 있었을 때에는 변제기 전이라도 질권의 목적인 채권을 징수.채무변제에 충당할 수 있다.

위의 계약을 증명하기 위하여 이 계약서 2통을 작성하고 서명 날인한 다음 각자 1통씩을 갖는다.

2012. 8. 29.

채권자(질권자)

    상   호 : 주식회사 ○○○○○저축은행

    대 표 이 사 :　　　　　(인)

    법인등록번호 :

    주   소 : 서울특별시 강남구 논현동

    소   관 :

채무자(질권설정자)

    성   명 : 오　　근　(인)

    주민등록번호 :

    주   소 : 서울특별시 송파구 오금로6길

부동산의 표시

1동의 건물의 표시   경기도 안산시 단원구 초지동

　　　　　　　　　비전타운

전유부분의 건물의 표시 건물의 번호 : 1 - 109

　　　　　　　구   조 : 철근콘크리트조

　　　　　　　면   적 : 1층 109호 91.5㎡

대지권의 목적인 토지의 표시

　　　　1. 경기도 안산시 단원구 초지동   대 2963㎡

　　대지권의 종류 : 소 유 권

　　대지권의 비율 : 2963분의 35.88

- 이   상 -

확 인 서

성 명 오■근

위 본인은 귀행으로부터 경매사건 **2011타경 198■** (수원지방법원 안산지원)의 1순위 **채권 및 근저당 인수**를 위한 근저당권부질권대출을 신청하면서 아래 사항을 확인하는 바입니다.

- 아 래 -

1. 본건 채권 및 근저당권 인수시 "채권양수도계약서 제4조" 관련 이상 없음을 확인하고 인수하는 것임.
2. 본건 경매일정 연기, 경매취하는 하지 않겠음
3. 대출만기 이전 배당기일 도래시 채무변제기가 도래한 것으로 인정함
4. 대출만기 이전이라도 다음 각호 사유발생시 기한이익이 상실하는 것으로 인정함.
   - 대출일 이후 최초 속행회차(2012.9.10) 경매기일 유찰시(일부 유찰 포함)
   - 낙찰예정자 낙찰 후 낙찰대금 납부기한내 잔대금 미납시
   - **경매기일 연기 및 취하시**
   - 채무자가 인수한 채권 및 근저당권에 대한 하자 발생시
   - 매각불허가시
5. 경매 배당금 수령시 귀행이 본인보다 최우선배당 받는 것에 동의하며 제반 서류 교부 및 절차를 이행하겠음.
6. 채무자로부터 변제, 이자납입(일부포함)요청이 있을 때 즉시 귀 저축은행에 통보하고 위 변제금이 본인 채무에 우선적으로 상환될 수 있도록 하겠습니다
7. 기타 여하한 사유로 귀 저축은행의 채권보전에 영향을 미칠 것으로 예상되는 경우 귀 저축은행에 즉시 통보하고 추가담보제공, 원금상환, 근저당권이전등의 방법으로 귀 저축은행 채권보전에 이상이 없도록 조치하겠습니다

2012. 8.

위 본인 성 명 오   (인)
주민번호
주 소

추가 약정서(입찰확약 및 보증금처리)

(갑) 주식회사 ○○○○○저축은행
(을) 근저당권자
(병) 낙찰예정자
경매사건 2011타경198■■ (수원지방법원 안산지원)

1. 당사자 지위
   - (을)은 위 경매사건번호 대상 부동산의 1순위 근저당(근저당권자: 유앤더블유유동화전문유한회사)을 인수하려는 자이다
   - (갑)은 (을)에게 금 ■■■■■■원을 대출하면서 대출담보를 위해 위 근저당권에 부질권하려는 금융기관이다
   - (병)은 위 경매물건을 금회차에 경락받을 예정인 자이다.

2. 위 당사자들은 (병)이 경매절차에 참여하여 낙찰을 받은 후 낙찰잔금을 납부하면 (갑)은 근저당권 부질권자의 지위로 경매배당에 참여하고 (을)보다 우선적으로 배당을 받아 (을)의 채무를 상환하고자 한다.

3. 위 2항의 목적을 달성하기 위해 당사자들은 다음과 같은 사항을 약정하고 약정 위반시 을과 병이 연대하여 민.형사상 책임을 지기로 한다.

   - 병은 예정된 낙찰가 이상으로 반드시 경매절차에 참여하며 이를 철회하지 못한다
   - 을은 경매절차에서 갑이 우선적으로 배당 받을 수 있도록 최대한 협조한다.
   - "이를 담보하기 위해 입찰보증금에 해당하는 금액을 갑에게 예치하고 입찰 미 참가시 위 입찰보증금은 을의 채무를 우선 변제하는데 사용하도록 약정한다".

2012. 8.

갑 주식회사 ○○○○○저축은행
을 오 근 오
병 오 근

대출 취급 수수료 약정서

주식회사 ○○○○○**저축은행** 귀중

본인은   년   월   일 에이치케이저축은행 (이하 "저축은행"이라 한다)와 약정한 여신거래약정서 등에 추가하여 각 조항과 같이 특별 약정한다.

제 1조 (여신거래약정서 등) 여신거래약정서 및 차용금증서 등에 의한 계약은 본 약정과 관계없이 언제나 유효하다.

제 2조 (수수료 동의 지급) ① 여신거래약정서에 의한 대출 취급에 대하여 대출금 수취와 동시에 대출금의 (1.0)%를 수수료로 저축은행에 별도로 지급한다.
② 기한율 정한경우 :   년   월   일 까지 (   )원을 지급한다.

제3조 (법적효력) 본 약정에 의한 수수료는 어떠한 경우에도 반환을 요구할 수 없고, 민·형사상의 이의를 제기하지 않는다.

2012년   월   일

채무자 (본인)
겸 담보제공자   _____ (인)

연대보증인   _____ (인)

연대보증인   _____ (인)

연대보증인   _____ (인)

연대보증인   _____ (인)

연대보증인   _____ (인)

《근저당권 이전등기 및 근저당권부 질권등기 실례(안산지원 2011타경 198XX호)》

질권설정 통지서

채무자 : 남 자 귀하

본인과 귀하간의 아래 (근)저당권에 대하여 2012. 8. 29일 본인을 질권설정자, ○○○○○저축은행(   )을 질권자로 하여 별첨과 같은 (근)저당권부 질권설정계약을 체결하고 질권설정을 하였으므로 이를 통지합니다.

- 아 래 -

. 부동산 소재지 : 경기도 안산시 단원구 초지동   비전타운 제1층 제○○○호
. 관 할 법 원 : 수원지방법원 안산지원 등기과
. 접 수 년 월 일 : 2003년 11월 21일
. 접 수 번 호 : 제149747호
. 채 권 최 고 액 : 금353,000,000원
. 근저당권설정자 : 최 희
. 채 무 자 : 남 자
. 근 저 당 권 자 : 오 근(양도전 근저당권자:유앤더블유유동화전문유한회사)

◆ 기타 : 채무변제시 사전에 주식회사 ○○○○○저축은행(   )
으로 연락하여 주시고 변제 계좌는 반드시   (은행명:상호
축, 예금주: ○○○○○저축은행)로 변제하여 주시기 바랍니다.

별첨 : (근)저당권부질권설정계약서

2012. 8. 29.

수신 : 남 자
       경기도 안산시 상록구 본오이동

발신 : 오 근
       서울시 송파구 거여동

[집합건물] 경기도 안산시 단원구 초지동 베전타운 제1승 제109호   고유번호 1314-2003-016668

순위번호	등 기 목 적	접 수	등 기 원 인	권리자 및 기타사항
		제1475호	계약인수	부천시 원미구 상동 269 한아름
1-2	1번근저당권변경	2007년2월8일 제14841호	2006년5월15일 전거	김영삼의 주소 서울 관악구 남현동 한일유엔아이아파트
1-3	1번근저당권담보추가			공동담보 2번의 근저당권의 목적물인 이 건물과 그 대지권
1-4	1번근저당권변경	2007년6월14일 제65660호	2007년6월14일 계약인수	채무자 윤 ○ 경기도 안양시 동안구 비산동 꿈틀이파크
1-5	1번근저당권변경	2011년1월4일 제629호	2009년9월8일 전거	윤 ○의 주소 경기도 안산시 상록구 건건동
1-6	1번근저당권변경	2011년1월4일 제630호	2011년1월4일 계약인수	채무자 남 ○ 경기도 안산시 상록구 월곡이동
1-7	1번근저당권이전	2012년8월29일 제83465호	2012년8월29일 확정채권양도	근저당권자 유한대융유동화전문유한회사 110114-0106721 서울특별시 중구 서소문로 106(서소문동,동원빌딩 13층)
1-8	1번근저당권이전	2012년8월29일 제83466호	2012년8월29일 확정채권양도	근저당권자 오 근 700802-1****** 서울특별시 송파구 오금로62길
1-9	1번근저당권오 근저본건부병 2번근저당권오 근저본건부부 결권	2012년8월29일 제83467호	2012년8월29일 결정계약	채권액 금353,000,000원 채무자 오 근 서울특별시 송파구 오금로62길

열람일시 : 2012년08월31일 17시11분08초

6/8

순위번호	등기목적	접수	등기원인	권리자 및 기타사항
				채권자 주식회사에이치케이저축은행 서울특별시 강남구 논현동 (종합금융1팀)
2	근저당권설정	2007년2월6일 제14842호	2007년1월31일 추가금전계약	채권최고액 금253,000,000원 채무자 김ㅇ 서울 관악구 남현동 1136 현대유앤아이아파트 근저당권자 동부생명보험주식회사 110136-0027600 서울 중구 수평로1가 주ㅇ (채용동지점) 1번의 근저당권의 목적물에 추가
2-1	2번근저당권변경	2007년5월14일 제65880호	2007년6월14일 계약인수	채무자 정ㅇㅇ 경기도 안양시 동안구 비산동 뜨란채아파트
2-2	2번근저당권변경	2011년1월4일 제629호	2009년9월8일 전거	등기의무자 주소 경기도 안산시 상록구 건건동
2-3	2번근저당권변경	2011년1월4일 제630호	2011년1월4일 계약인수	채무자 남ㅇㅇ 경기도 안산시 상록구 본오이동
2-4	2번근저당권이전	2012년8월29일 제83485호	2012년8월29일 확정채권양도	근저당권자 유앤아이대부유동화전문 유한회사 서울특별시 중구 서소문로 100 서소문동,동아빌딩 대우)
2-5	2번근저당권이전	2012년8월29일	2012년8월29일	근저당권자 외 근 700902-1******

근저당권자   서울 송파구 오금로62길
            오■근

200■594-■■■■■■■   138-110
(민사신청과 경매10계)
2011-013-19891-12-11-14-14-00-671   [경매10계]

수원지방법원 안산지원
배당기일통지서

사 건   2011타경198■ 부동산임의경매
채 권 자   유앤디불유유동화전문유한회사(양도 농업협동조합중앙회)
채 무 자   남■자
소 유 자   최■희
배당기일   2012.11.14. 14:00 112호법정

위와 같이 배당기일이 지정되었으니 이 법원에 출석하시기 바랍니다.

2012. 10. 24

법원주사보 이 상 길   (직인생략)

◇ 유 의 사 항 ◇

1. **임차인을 제외한 채권자**는 채권의 원금·배당기일까지의 이자, 그 밖의 부대채권 및 **집행비용을 적은 계산서**를 이 통지서를 받은 날로부터 1주 안에 법원에 제출하시기 바랍니다. **채권계산서** 양식은 아래 1)과 같습니다(임차인은 아래 3.의 서류만 제출하시면 됩니다). 채권자가 채무자로부터 전부 변제받은 경우에도 채권계산서를 제출하여 주시기 바랍니다. (이 경우 채권 원금, 이자, 비용, 합계를 각 "0원"으로 기재합니다.)
   ※ 경매신청서 작성 서기료를 집행비용으로 인정받기 위해서는 반드시 지출을 소명하는 해당 법무사 작성의 영수증 등 소명자료를 제출하여야 합니다.(경매신청서에 법무사 제출위임장이 첨부되어 있는 경우도 제출하여야 함.)

2. 계산서에는 채권원인증서의 사본을 첨부하고, 채권원인증서의 원본은 배당요구서에 첨부한 경우가 아니면 배당당일에 제출하셔야 합니다.

3. 임차인이 배당금을 수령하려면 ①임대차계약서원본, ②주택임차인은 주민등록등본, 상가건물임차인은 등록사항등의 현황서 등본 ③매수인의 인감이 날인된 임차목적물명도(퇴거)확인서, ④매수인의 인감증명서를 각 1통씩 배당당일에 제출하여야 합니다(단, 배당요구종기까지 배당요구한 임차인에 한하여 배당받을 수 있습니다.) 명도(퇴거)확인서 작성요령은 아래 2)에 있습니다.

4. 근로자가 집행법원에 「근로기준법」 제38조에서 정한 임금채권 및 「근로자퇴직급여보장법」 제11조에서 정한 퇴직급여채권의 우선변제권에 기한 배당요구를 하는 경우에는, 판결이유 중에 배당요구 채권이 우선변제권 있는 임금채권이라는 판단이 있는 법원의 확정판결이나 노동부 지방사무소에서 발급한 체불임금확인서 중 하나와 다음에서 열거한 서면 중 하나를 소명자료로 첨부하여야 합니다.
   가. 사용자가 교부한 국민연금보험료원천공제계산서(국민연금법 제77조 참조)
   나. 원천징수의무자인 사업자로부터 교부받은 근로소득에 대한 원천징수영수증(소득세법 제143조 참조)
   다. 국민연금관리공단이 발급한 국민연금보험료 납부사실 확인서(국민연금법 제75조 참조)
   라. 국민건강보험공단이 발급한 국민건강보험료납부사실 확인서(국민건강보험법 제62조 참조)
   마. 노동부 고용지원센타가 발급한 고용보험피보험자격취득확인통지서(고용보험법 제14조 참조)

바. 위 가.항 내지 라.항 기재 서면을 제출할 수 없는 부득이한 사정이 있는 때에는 사용자가 작성한 근로자명부(근로기준법 제40조 참조) 또는 임금대장(근로기준법 제47조 참조)의 사본(단, 이 경우에는 사용자가 사업자등록을 하지 아니하는 등의 사유로 위 가.항 내지 라.항 기재 서면을 발급받을 수 없다는 사실을 소명하는 자료도 함께 제출하여야 함)

5. 대리인이 배당금을 수령할 때에는 주민등록증 기타신분증을 지참하시고, 위임장 2통, 위임자의 인감증명서 2통, 법인인 경우에는 법인 등(초)본 2통, 기타자격증명서면(재직증명서등)을 제출하셔야 합니다. 위임장 작성 요령은 아래 3)에 있습니다.

6. 대리인이 배당기일에 출석하여 배당이의를 할 때에는 개인의 경우 배우자 또는 4촌 이내의 친족, 법인의 경우 피고용자로서 소송대리허가신청서와 관계 소명자료(주민등록등본, 호적등본, 재직증명서 등)를 작성, 제출하여 집행법원의 허가를 받아야 합니다.

7. 배당기일통지서를 받은 이해관계인일지라도 배당순위에 의하여 배당금이 없는 경우도 있습니다. 배당금 유무는 배당기일 3일 전부터 집행계에 확인하실 수 있습니다.

8. 채권자가 배당액을 입금할 예금계좌(예금통장사본 첨부) 및 채권자의 주민등록번호(법인인 경우 사업자등록번호)를 신고하면 그 예금계좌에 입금하여 드릴수 있습니다. 이 경우 입금에 소요되는 수수료는 채권자 부담입니다.

9. 배당이의는 지정된 배당장소에서 배당기일 당일에 한하여 구술로만 가능합니다.(단, 채무자는 배당기일 3일전부터 서면으로도 가능)

10. 배당이의를 한 경우에는 배당기일로부터 7일 이내에 집행계에 배당이의의 소 제기증명서 및 그 소장 사본을 제출하거나 또는 청구이의의 소 제기증명서, 그 소장 사본 및 집행정지재판의 정본을 제출하여야 합니다.

11. 배당금이 공탁된 이후에는 본인이 직접 배당금을 수령하는 경우에도 인감도장을 지참하고, 인감증명서(발급일로부터 3월 이내의 것, 그러나 관공서인 경우와 배당금 1,000만원 이하를 청구하는 경우는 제출할 필요 없음)를 공탁관에게 제출하여야 합니다(주소변동 있는 경우 주민등록초본 등도 필요).

12. 사건진행ARS는 지역번호 없이 1588-▇▇▇▇입니다. 바로 청취하기 위해서는 안내음성에 관계없이 '1'+'9'+[열람번호 250826 2011 013 ▇▇▇] +'•'를 누르면 됩니다.

법원 소재지	안산시 고잔동 711
전 화[장소]	031-481-▇▇▇▇

1) 사건번호 2011타경 198▇▇▇

	채권원금	이 자 (20 . . .부터 배당기일까지)	기 타 (비용, 부대채권)	합 계
채권계산서				

20 . . .

채권자   (날인 또는 서명) ☎ :

《경매신청 채권자의 채권계산서 제출》

채 권 계 산 서

사　건 : 20××타경 19891 부동산임의경매
채 권 자 : 오 ○ 근(양도 농업협동조합중앙회 ⇒ ○○○○○유동화전문유한회사)
채 무 자 : 남 ○ 자
소 유 자 : 최 ○ 희

위 당사자간 귀원 2011타경 198××호 부동산 임의경매 사건에 관하여 채권자 오○근(유엔더블유 유동화전문 유한회사의 채권양수인)은 아래와 같이 채권계산서를 제출합니다.

아　래

(단위 : 원)

구 분	채권원금	이 자 20 . . .부터 배당기일까지(000일간)	기 타 (집행비용, 부대채권)	합 계
채권계산서				

붙임 : 1. 채권계산 및 채권 원인서류, 채권양수도 계약서 등 일체
　　　2. 경매 집행비용에 대한 법무사의 영수증

20××.　　.　　.

위 채권자 : 오 ○ 근　　(인)

주　소 : 서울시 송파구 거여동

수원지방법원 안산지원 경매10계 귀중

《질권대출 우선배당 동의서》

동 의 서

사 건 2011타경198■■ 부동산임의경매
채 권 자 오_근(양도전 채권자 : 유엔더블유유동화전문유한회사)
채 무 자 남 ·사
소 유 자 최 회

 말미 기재의 근저당권자인 오■근 은 이 사건 경매대상 부동산에 대한 배당권자로 본인 근저당권의 근저당권부질권자인 주식회사 ○○○○○저축은행(이하 "질권자"라 함)이 여하한 사유에도 불구하고 (기한변제일 도과전 사유 포함) 본인의 배당금에 질권자가 배당신청한 금액을 우선적으로 배당하는데 대하여 아무런 이의 없이 동의.승낙.추인 합니다.

2012. 11.

근저당자 서울시 송파구 거여동

오■근

첨부서류 : 채권자 인감증명서 1부

수원지방법원 안산지원 경매10계 귀중

《질권은행의 배당을 위한 채권계산서 제출》

채 권 계 산 서

사 건 번 호 : 2011타경 198■ 부동산임의경매
채 권 자 : 오■근
채 무 자 : 남■자
소 유 자 : 최■희

위 당사자간 귀원 **2011타경 198■ 부동산임의경매** 신청사건에 관하여 근저당권부질권자 주식회사 ○○○○○저축은행은 아래와 같은 채권을 가지고 있으므로 이에 채권계산서를 제출합니다.

- 아 래 -

당사 채권 정산기준일 : 2012년 11월 14일 (배당기일)
원 금 : 80,000,000 원
지연손해금 : 0 원
대출 이자 : -887,670 원
─────────────────────
합 계 : 79,112,330 원

첨부 1. 채권계산내역서 1부.
   2. 전산자료 1부.

2012년 11월   일

근저당권자   서울시 강남구 논현동
            주식회사 ○○○○○저축은행
            대표이사

(담당 : ☎)

수원지방법원 안산지원 경매 10계 귀중

《서류인수증》

서 류 인 수 증

사　　건　　2011타경198■■ 부동산임의경매
채 권 자　　오■근
　　　　　　(양도전 채권자 : 농협중앙회->유앤더블유유동화전문유한회사)
채 무 자　　남■자
소 유 자　　최■희

　　말미 기재의 근저당권자인 오■근 은 이 사건 채권자로서 양도전 채권자인 유앤더블유유동화전문유한회사로부터 저당권을 매입하면서 최초 근저당권자인 농협중앙회의 채무자앞 아래의 대출관련 서류 일체를 수령하였기에 인수증을 제출합니다.

　-채권양수도계약서
　-근저당권이전계약서(농협은행->유앤더블유유동화->오■근) 2부
√-근저당권설정계약서 (사본제시필)
　-추가근저당권설정계약서
　-근저당권변경계약서 3부
　-기타 원인서류등

　　　　　　　　　　2012. 11. 2

　　　　근저당자　서울시 송파구 거여동

　　　　　　　　　　　　　　　오■근 (인)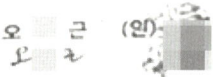

○○상호저축은행 귀중

9. 질권담보의 실행

질권실행 방법은 질권대출자인 저축은행이 근저당권부 대출채무자에게 직접 변제를 청구하거나, 채무자의 부동산경매 시 배당을 받거나, 채권압류 및 전부명령 또는 근저당권부 채권양도 계약 등을 통하여 근저당권을 강제 또는 임의로 이전받은 다음 임의경매를 신청하여 질권 대출금을 회수하게 된다. 결국 근저당권부 대출채권이 1차로 채권 양수인에게 이전된 후 질권이 설정된 다음 질권대출 연체 시에는 2차로 질권자인 저축은행으로 근저당권이 이전되는 운명에 처한다.

1) 배당요구 방법

위에서 언급한 바와 같이 질권은행은 배당기일을 질권대출의 기한이익 상실일로 약정하여 근저당권의 양수인이 배당받을 금액 중에서 질권대출 원리금을 우선적으로 배당해 달라는 권리신고 및 배당요구 신청서를 해당 경매법원에 제출하여 배당을 받아 질권대출금에 변제 충당한다.

2) 채무자에게 직접 청구 방법

저당권부 대출채권에 질권을 설정한 후 질권대출을 받은 질권설정자가 질권대출 채무를 연체한 경우 저축은행은 질권의 실행으로써 저당권부 대출채무자에게 직접 대출 변제를 독촉하여 회수한 대금으로 질권대출 채무에 변제 충당할 수 있다.

3) 압류 및 전부명령에 의한 근저당권 이전 후 경매실행

근저당권부 질권 실행방법으로 질권의 부기등기가 경료 된 근저당권부 채권에 대한 압류 및 전부명령을 신청하여 채권과 더불어 근저당권을 질권자에게 강제로 이전시킨 다음 질권자가 새로운 저당권자로서 저당권의 실행을 위한 경매를 신청하여 배당금으로 질권대출을 충당, 회수한다(민법 제348조).

4) 채권 및 근저당권 양도계약 방법

질권자(질권은행)가 질권대출 시 질권설정자의 동의를 얻어 사전에 채권보전 대책으로 채권양도 계약서 및 근저당권이전 계약서와 채권양도 통지서(통지는 질권자에게 위임, 근저당권 이전등기 등기위임장 사전 징구)를 교부받아 놓은 다음 질권대출이 연체되면 질권자가 채권양도 통지서를 질권설정자를 대리하여 근저당권부 대출채무자에게 발송하여 근저당권을 질권자가 간편하게 이전받아 경매실행으로 채권을 회수할 수도 있다. 이 방법은 질권자에게 위 전부명령 방법보다 비용 및 시간 등 여러 측면에서 경제적 실익이 크고 간편하나 채권양도계약 체결 등 질권설정자의 사전 동의가 필요하다.

민법

제345조(권리질권의 목적) 질권은 재산권을 그 목적으로 할 수 있다. 그러나 부동산의 사용, 수익을 목적으로 하는 권리는 그러하지 아니하다.

제346조(권리질권의 설정방법) 권리질권의 설정은 법률에 다른 규정이 없으면 그 권리의 양도에 관한 방법에 의하여야 한다.

제347조(설정계약의 요물성) 채권을 질권의 목적으로 하는 경우에 채권증서가 있는 때에는 질권의 설정은 그 증서를 질권자에게 교부함으로써 그 효력이 생긴다.

제348조(저당채권에 대한 질과 부기등기) 저당권으로 담보한 채권을 질권의 목적으로 한 때에는 그 저당권 등기에 질권의 부기등기를 하여야 그 효력이 저당권에 미친다.

제349조(지명채권에 대한 질권의 대항요건) ① 지명채권을 목적으로 한 질권의 설정은 설정자가 제450조의 규정에 의하여 제3채무자에게 질권설정의 사실을 통지하거나 제3채무자가 이를 승낙함이 아니면 이로써 제3채무자 기타 제3자에게 대항하지 못한다.
② 제451조의 규정은 전항의 경우에 준용한다.

제451조(승낙, 통지의 효과) ① 채무자가 이의를 보류하지 아니하고 전조의 승낙을 한 때에는 양도인에게 대항할 수 있는 사유로써 양수인에게 대항하지 못한다. 그러나 채무자가 채무를 소멸하게 하기 위하여 양도인에게 급여한 것이 있으면 이를 회수할 수 있고 양도인에 대하여 부담한 채무가 있으면 그 성립되지 아니함을 주장할 수 있다.
② 양도인이 양도통지만을 한 때에는 채무자는 그 통지를 받은 때까지 양도인에 대하여 생긴 사유로써 양수인에게 대항할 수 있다.

제352조(질권설정자의 권리처분제한) 질권설정자는 질권자의 동의 없이 질권의 목적된 권리를 소멸하게 하거나 질권자의 이익을 해하는 변경을 할 수 없다.

제353조(질권의 목적이 된 채권의 실행방법) ① 질권자는 질권의 목적이 된 채권을 직접 청구할 수 있다.
② 채권의 목적물이 금전인 때에는 질권자는 자기채권의 한도에서 직접 청구할 수 있다.
③ 전항의 채권의 변제기가 질권자의 채권의 변제기보다 먼저 도래한 때에는 질권자는 제3채무자에 대하여 그 변제금액의 공탁을 청구할 수 있다. 이 경우에 질권은 그 공탁금에 존재한다.
④채권의 목적물이 금전이외의 물건인 때에는 질권자는 그 변제를 받은 물건에 대하여 질권을 행사할 수 있다.
제354조(동전) 질권자는 전조의 규정에 의하는 외에 민사집행법에 정한 집행방법에 의하여 질권을 실행할 수 있다. 〈개정 2001.12.29〉

민사집행법

제228조(저당권이 있는 채권의 압류) ① 저당권이 있는 채권을 압류할 경우 채권자는 채권압류사실을 등기부에 기입하여 줄 것을 법원사무관 등에게 신청할 수 있다. 이 신청은 채무자의 승낙 없이 법원에 대한 압류명령의 신청과 함께 할 수 있다.
② 법원사무관 등은 의무를 지는 부동산 소유자에게 압류명령이 송달된 뒤에 제1항의 신청에 따른 등기를 촉탁하여야 한다.
제230조(저당권이 있는 채권의 이전) 저당권이 있는 채권에 관하여 전부명령이 있는 경우에는 제228조의 규정을 준용한다.

《근저당권부채권의 압류 및 전부명령에 따른 근저당권 이전등기 사례》

[토지] 경기도 파주시 법원읍 갈곡리 ○ 고유번호 1156-1996-290077

순위번호	등 기 목 적	접 수	등 기 원 인	권리자 및 기타사항

2 (전 9)	근저당권설정	1993년5월29일 제11963호	1993년5월19일 설정계약	채권최고액 금120,000,000원정
				채무자 이○용
				  파주군 법원읍 갈곡리
				근저당권자 김○덕 500210-2●●●●●●
				  서울 동대문구 중화동 ○○○
				공동담보 동소 270-1, 2, 271-2, 285-1
				  각 토지

2-1 (전 9-1)				공동담보 본현군 인하여 동소 285-3에 있는
				  전 답1571m에 함께
				  공동담보
				  1996년11월4일 부기

2-2 (전 9-2)	2번근저당권부채권가압류	2000년4월8일 제13469호	2000년5월22일 수원지방법원 성남지원의 가압류 결정(2000카단50296)	청구금액 금59,555,611원 채권자 김○란 성남시 중원구 상대원1동 ○○○
2-3	2번근저당권부채권압류	2001년1월6일 제996호	2000년12월14일 가압류를본압류로전이하는 채권압류 및 전부명령의 결정(2000타기5371)	채권자 김○란 성남시 중원구 상대원1동 ○○○
2-3-1	2-3번압류경정		착오발견	목적 2번 근저당권이전 착오발견으로인하여 2001년1월13일 등기
2-4	2번근저당권경정		착오발견	착오발견으로 인하여

[토지] 경기도 파주시 법원읍 갈곡리 ○ 고유번호 1156-1996-290077

순위번호	등기목적	접수	등기원인	권리자 및 기타사항
				2001년1월13일 부기
2-5	2번근저당권경정		착오발견	근저당권자 김○택 500210-2****** 서울 동대문구 중화동 ○- 착오발견으로 인하여 2001년1월16일 부기
2-6	2번근저당권이전	2001년1월8일 제906호	2000년12월14일 서울지방법원 동부지원 가압류를 본압류로 전이하는 채권압류및전부명령의 확정 (2000타기 5371)	근저당권자 김○환 성남시 중원구 상대원1동 ○ 착오발견으로 인하여 2001년1월16일 등기
3 (전 14)	근저당권설정	1993년7월8일 제16835호	1993년7월7일 설정계약	채권최고액 금시천오백만원정 채무자 이○봉 파주군 법원읍 갈곡리 ○ 근저당권자 김 택 500210-2****** 서울 동대문구 중화동 ○ 공동담보 동소 270.1.270.2.271.2.285-1 각 토지
3-1 (전 14-1)				공동담보 분필로 인하여 동소 285-3에 이거 한 답1971㎡와 함께 공동담보 1996년11월1일 부기

(열람용)

《채권은행이 채무자 신○섭의 4번 근저당채권 압류 후 공탁된 배당금(8백만원)에 대한 추심명령(중앙지법 2008타채 200XX호)을 통하여 채권을 회수한 사례(인천지방법원 2008타경 318XX호 임의경매)》

- 채권은행이 채무자를 상대로 근저당권부 채권 압류명령만 신청 시 채권은행은 공탁된 배당금에 대한 별도의 추심명령이나 전부명령을 얻어야 공탁된 배당금 수령 가능
- 채권은행이 근저당권부 채권에 대한 '압류 및 추심명령' 또는 '압류 및 전부명령(근저당권 이전등기도 이루어짐)'을 동시에 신청하여야 배당금을 공탁절차 없이 회수할 수 있음

[집합건물] 인천광역시 남동구 간석동 37-142 새빛하이츠빌라 제3층 제○○○호   고유번호 1247-1996-○○○○○

순위번호	등기목적	접수	등기원인	권리자 및 기타사항

4 (전 4)	근저당권설정	1997년6월17일 제38263호	1997년6월14일 설정계약	채권최고액 금8,000,000원
				채무자 조■곤
				  인천 남동구 간석동 37-142 새빛하이츠빌라 3동 ■호
				근저당권자 신■섭 530920-1******
				  서울 금천구 시흥동 산 173-8 성지아파트 1동 ■호
				
				부동산등기법시행규칙부칙 제3조 제1항의 규정에 의하여 1번 내지 4번, 1-1번, 2-1번 등기를 1998년 05월 06일 전산이기

4-1	4번근저당권부채권압류	2008년9월11일 제82786호	2008년8월29일 서울중앙지방법원의 압류결정(2008타채20■■)	채권자 ○○○○○ 124138-■■■■■■■
				  서울특별시 강서구 화곡동 1105-4
				  (본부관리과)

— 이 하 여 백 —

관할등기소 인천지방법원 남동등기소

《근저당채권 3순위자 신○섭에게 8백만원이 배당된 후 공탁을 거쳐 ○○기관이 추심명령을 얻어 공탁된 배당금 회수》

인천지방법원 배당표

사건 2008타경31■■■ 부동산임의경매

배당할금액	금	46,113,536
매각대금	금	40,590,000
지연이자	금	0
전경매보증금	금	5,400,000
매각대금이자	금	123,536
항고보증금	금	0
집행비용	금	1,611,210
실제배당할금액	금	44,502,326
매각부동산	인천 남동구 간석동 ○○○ 하이츠빌라 ■■호	

채권자	주식회사국민은행	조합 ■■■■■	신○섭
채권 원금	16,956,453	5,631,069	0
채권 이자	886,970	2,297,487	0
채권 비용	0	0	0
채권 계	17,843,453	7,928,556	0
배당순위	1	2	3
이유	채권자	근저당권자	근저당권자
채권최고액	24,700,000	19,500,000	8,000,000
배당액	17,843,453	7,928,556	8,000,000
잔여액	26,658,873	18,730,317	10,730,317
배당비율	100.00%	100.00%	100.00%
공탁번호(공탁일)	금제 호 (. .)	금제 호 (. .)	금제 호 (. .)

2-1

《채권자가 채무자 김○윤의 4번 근저당채권 압류 및 추심명령(안산지원 2008타채 6459호)후 배당금(6백만원)을 추심권자로서 회수한 사례(인천지방법원 2009타경 40037호 임의경매)》

[집합건물] 인천광역시 남구 주안동 1350-21외 1필지 제1층 ■호   고유번호 1246-1996-■

순위번호	등기목적	접수	등기원인	권리자 및 기타사항
				서울 영등포구 역의도동 36-3 (인천지점)
2-1 (전 2-1)	2번근저당권변경	1997년6월17일 제54138호	1997년6월5일 특정채무의면책적인수	채무자 신■식 인천 남구 주안동 1350-21 신동아아드빌라 ■
3 (전 3)	근저당권설정	1997년5월22일 제45246호	1997년5월20일 설정계약	채권최고액 금22,100,000원 채무자 신■식 　인천 남구 주안동 1350-21 신동아아드빌라 2동 ■■ 근저당권자 ■■■■■　　124138-■ 　서울 강서구 화곡동 1106-4 (동암남지소)
4 (전 4)	근저당권설정	1997년6월19일 제55073호	1997년6월17일 설정계약	채권최고액 금6,000,000원 채무자 신■식 　인천 남구 주안동 1350-21 신동아아드빌라 근저당권자 김■윤 580712-1****** 　인천 남동구 구월동 72-61 간석주공아파트
				부동산등기법 제177조의 6 제1항의 규정에 의하여 1번 내지 4번 등기를 1999년 06월 16일 전산이기
4-1	4번근저당권부채권압류	2008년8월27일 제103063호	2008년8월22일 압류 및 추심명령(수원지방법원 안산지원 2008타채64■■)	채권자　○○○○○ 　서울특별시 강서구 화곡동 1106-4

― 이 하 여 백 ―

《은행이 김○윤의 근저당채권 압류 및 추심명령 후 추심권자로서 배당금을 회수한 배당표 내역》

인천지방법원 배당표

사 건 2009타경40■■■ 부동산강제경매
       2009타경53■■■ (중복)

배당할금액	금	64,560,015
매각대금	금	64,500,000
지연이자	금	0
전경매보증금	금	0
매각대금이자	금	60,015
항고보증금	금	0
집행비용	금	1,794,380
실제배당할금액	금	62,765,635

매각부동산: 인천 남구 주안동 ○○-○○ 1필지 제101호

채권자		한국주택은행	○○○○○ ■■협동조합	김○윤(추심권자 ○○ ○○○ ■■협동조합)
채권금액	원금	17,034,286	16,390,000	6,000,000
	이자	4,208,494	3,520,482	0
	비용	0	0	0
	계	21,242,780	19,910,482	6,000,000
배당순위		1	2	3
이유		근저당권자	근저당권자	근저당권자
채권최고액		24,700,000	22,100,000	6,000,000
배당액		21,242,780	19,910,482	6,000,000
잔여액		41,522,855	21,612,373	15,612,373
배당비율		100.00%	100.00%	100.00%
공탁번호(공탁일)		금제 호 (. .)	금제 호 (. .)	금제 호 (. .)

2-1

10. 근저당권부 질권대출 실제사례

1) 중앙지법6계 2011타경 111XX호 질권대출 사례

사건번호	양도방법	채권 최고액 경매 청구액	양·수도인	특이사항
중앙지법6계 2011타경 111XX	확정채권 양　　도	최고 104,000,000 청구 319,000,000	○○은행/무교지점 ⇒ ○○○유동화회사 ⇒ (주)○○○○에이엠씨 ⇒ 이○란	- 2002.7.5. 장기채권 - 청구액은 이자채권이 많이 붙음 - 한국미술관

[집합건물] 서울특별시 종로구 인사동 43외 1필지 대일빌딩 제2층 제___호 　　　　고유번호 1103-2002-_____

순위번호	등기목적	접수	등기원인	권리자 및 기타사항
		제44158호	신청착오	
7-2-2	7번근저당권케이비제삼차유동화전문유한회사지분전부이전	2008년7월22일 제47180호	2008년5월8일 확정채권양도	근저당권자 주식회사지에이치에이엠씨 180111-0501005 부산광역시 중구 중앙동6가 69-1 국제회관빌딩 10층
7-2-3	7-2번근저당권부질권	2008년7월22일 제47181호	2008년7월15일 설정계약	채권액 금104,000,000원 채무자 주식회사지에이치에이엠씨 부산 중구 중앙동6가 69-1 국제회관빌딩 10층 채권자 주식회사늘푸른상호저축은행 134111-0008868 경기도 안산시 단원구 고잔동 ___ 주식회사대영상호저축은행 110111-0129977 서울특별시 강남구 삼성동 ___ 주식회사인천상호저축은행 120111-0000373 인천광역시 남구 주안동 ___ 주식회사인성상호저축은행 120111-0003070 인천광역시 남구 주안동 ___
7-2-4	7-2번근저당권경정	2008년8월14일 제51761호	2008년6월26일 신청착오	등기원인 확정채권양도
7-2-5	7-2번근저당권부질권	2009년4월30일 제23263호	2008년10월10일 설정계약	채권액 금150,000,000원 변제기 2009년5월12일 이자 월3부 이자지급시기 매월13일 채무자 주식회사지에이치에이엠씨 부산광역시 중구 중앙동6가 69-1 국제회관빌딩 10층 채권자 _____유한회사 110114-0067452 서울특별시 강남구 논현동 238 쿠쿠빌딩 6층

열람일시 : 2011년11월15일 14시28분02초

[집합건물] 서울특별시 종로구 인사동 43외 1필지 대일빌딩 제2층 제○○○호   고유번호 1103-2002-○○○○○

순위번호	등 기 목 적	접 수	등 기 원 인	권 리 자 및 기 타 사 항
				공동담보 건물 서울특별시 종로구 인사동 43 외 1필지 대일빌딩 제2층 제○○○호 을구 제7-2번의 근저당권 건물 서울특별시 종로구 인사동 43 외 1필지 대일빌딩 제2층 제○○○호 을구 제7-2번의 근저당권 건물 서울특별시 종로구 인사동 43 외 1필지 대일빌딩 제2층 제○○○호 을구 제7-2번의 근저당권
7-2-6	7번근저당권주식회사에이치에이엠씨지분전부이전	2011년1월20일 제2741호	2011년1월18일 확정채권양도	근저당권자 이○란 641230-2****** 부산광역시 연제구 연산동 2137-1 한빛빌라 ○○○호
7-2-7	7-2번근저당권부질권	2011년1월20일 제2742호	2011년1월18일 설정계약	채권액 금200,000,000원 채무자 이○란 부산광역시 연제구 연산동 2137-1 한빛빌라 ○○○호 채권자 김○춘 481014-1****** 서울특별시 서초구 반포동 919 반포아파트 111-○○○ 공동담보 건물 서울특별시 종로구 인사동 43 외 1필지 대일빌딩 제2층 제○○○호 을구 제7-2번의 근저당권 건물 서울특별시 종로구 인사동 43 외 1필지 대일빌딩 제2층 제○○○호 을구 제7-2번의 근저당권 건물 서울특별시 종로구 인사동 43 외 1필지 대일빌딩 제2층 제○○○호 을구 제7-2번의 근저당권
7-2-8	7-2번근저당권부질권	2011년10월27일	2011년10월25일	채권액 금130,000,000원

열람일시 : 2011년11월15일 14시28분02초

[집합건물] 서울특별시 종로구 인사동 43외 1필지 대일빌딩 제2층 제○○○호   고유번호 1103-2002-○○○○○

순위번호	등기목적	접 수	등기원인	권리자 및 기타사항
		제46500호	설정계약	채무자 ○○○ 　부산 연제구 연산동 2137-1 한빛빌라 ○○○ 채권자 김○은 761227-2****** 　서울특별시 서초구 반포동 18-2 래미안퍼스티지 　125-○○○ 공동담보 건물 서울특별시 종로구 인사동 43 외 1필지 　　　　대일빌딩 제2층 제○○○호 을구 제7-2번의 　　　　근저당권 　　　　건물 서울특별시 종로구 인사동 43 외 1필지 　　　　대일빌딩 제2층 제○○○호 을구 제7-2번의 　　　　근저당권 　　　　건물 서울특별시 종로구 인사동 43 외 1필지 　　　　대일빌딩 제2층 제○○○호 을구 제7-2번의 　　　　근저당권
8	7-2-5번질권등기말소	2011년1월20일 제2739호	2011년1월18일 해지	
9	7-2-3번질권등기말소	2011년1월20일 제2740호	2011년1월18일 해지	
10	7-2-7번질권등기말소	2011년10월27일 제46499호	2011년10월25일 해지	

-- 이 하 여 백 --

열람일시 : 2011년11월15일 14시28분02초

2) 고양지원 2011타경 308XX호 근저당권부 질권대출 사례

최초의 근저당권자인 농협중앙회가 유암코(유앤더블유유동화회사)로 근저당권을 이전(유동화자산양도)시키고, 유암코는 개인에게 근저당권을 매각(확정채권양도)한 사례이며, 개인은 HK저축은행으로부터 근저당권 매입대금 중 일부를 질권대출(대출만기는 배당예정기일인 2012.11.19. 이율 9%, 연체이율 25%)을 받아 변제충당 하였다.

[집합건물] 경기도 고양시 일산서구 대화동 ○○ 종합상가 제1층 제124호   고유번호 1116-2003-002180

순위번호	등기목적	접 수	등기원인	권리자 및 기타사항
1-1	1번근저당권이전	2012년7월19일 제93328호	2011년12월29일 유동화자산양도	근저당권자 유엔디블유유동화전문유한회사 110114-0136721 서울특별시 중구 서소문로 106(서소문동,동화빌딩13층)
1-2	1번근저당권이전	2012년7월19일 제93329호	2012년7월19일 확정채권양도	근저당권자 박○경 690412-2****** 서울특별시 강남구 선릉로69길 ○○ ○○○호 (역삼동,○○○○)
1-3	1번근저당권부질권	2012년7월19일 제93330호	2012년7월19일 설정계약	채권액 금364,000,000원 변제기 2012년 11월 19일 이 자 연9퍼센트,연체이율 연25퍼센트 채무자 박○경 서울특별시 강남구 선릉로69길 ○○ ○○○호 (역삼동,○○○○) 채권자 주식회사에이치케이저축은행 110111-0126014 서울특별시 강남구 논현동 199-2
2	전세권설정	2009년10월19일 제153737호	2009년9월20일 설정계약	전세금 금10,000,000원 범 위 임무용건물전부 존속기간 2009년 10월 15일 부터 2010년 10월14일 까지 전세권자 주식회사이와 110111-1456754 경기도 성남시 분당구 정자동 206
2-1				2번 등기는 건물전세 관한 것임 2009년10월19일 부기
3	2번전세권설정등기말소	2010년10월20일 제136615호	2010년10월20일 해지	

열람일시 : 2012년08월03일 09시47분37초

3) 청주지원 2011타경 114XX호 대부업자의 질권대출 사례

최초 근저당권자인 외환은행이 우리에프앤아이유동화회사로 확정채권양도로 근저당권을 이전한 다음 우리에프앤아이가 개인에게 재차 확정채권양도로 근저당권을 이전한 후 그 개인은 근저당권부 질권을 설정해 주고 저축은행이 아닌 개인에게 돈을 빌려 근저당권 매입대금에 충당하였다.

4) 안산지원 2009타경 289XX호 대부업체의 질권대출 사례

하나은행 근저당권 ⇒ 우리에스비제12차유동화 ⇒ ○○○○○주식회사로 이전되었고, ○○○의 근저당권 매입대금은 ○○○○○○대부㈜로 부터 근저당권부 질권대출을 받아 충당하였다.

[집합건물] 경기도 안산시 단원구 초지동 ○○○ ○○○○○ 제1층 제122호   고유번호 1314-2004-002968

순위번호	등기목적	접수	등기원인	권리자 및 기타사항
				~~스파웰드 제1층 제108호~~ ~~건물 경기도 안산시 단원구 초지동 744-5~~ ~~스파웰드 제1층 제109호~~ ~~건물 경기도 안산시 단원구 초지동 744-5~~ ~~스파웰드 제1층 제110호~~
7-1	7번근저당권공동담보소멸			건물 경기도 안산시 단원구 초지동 744-5 스파웰드 제1층 제108호 및 건물 경기도 안산시 단원구 초지동 744-5 스파웰드 제1층 제109호 및 건물 경기도 안산시 단원구 초지동 744-5 스파웰드 제1층 제110호 에 대한 근저당권말소등기로 인하여 2009년6월17일 부기
7-2	7번근저당권이전	2012년8월2일 제75302호	2008년11월12일 확정채권양도	근저당권자 우리에스비채실어치유동화전문유한회사 110114-0076742 서울특별시 종로구 사간동 33 영동빌딩 2층
7-3	7번근저당권이전	2012년8월2일 제75303호	2012년8월2일 확정채권양도	근저당권자 ○○○○○주식회사 110111-4599168 서울특별시 강북구 번동 446-13 가든타워오피스텔 706호
7-4	7번근저당권부질권	2012년8월2일 제75304호	2012년8월2일 설정계약	채권액 금225,000,000원 변제기 2012년 10월 25일 이 자 월3퍼센트(지연이자 월3.25퍼센트) 이자지급시기 상환시일괄지급 채무자 ○○○○○주식회사 서울특별시 강북구 번동 446-13 가든타워오피스텔 706호

[집합건물] 경기도 안산시 단원구 초지동 ○○○○○○ 제1층 제122호   고유번호 1314-2004-002968

순위번호	등기목적	접수	등기원인	권리자 및 기타사항
				채권자 주식회사미래파트너스대부 110111-4388181 서울특별시 강남구 청담동 43-9 원일빌딩 제407호
8	근저당권설정	2007년5월7일 제51321호	2007년5월7일 설정계약	채권최고액 금200,000,000원 채무자 강O기 　경상북도 영주시 가흥동 ○○○○○ 아파트 　103-1307 근저당권자 기O업 491218-1○○○○○○ 　서울 서초구 서초동 ○○○○○○ 비동 2403호
8-1	8번근저당권가압류	2008년8월12일 제91963호	2008년8월8일 서울중앙지방법원의 가압류결정(2008카단768 70)	청구금액 금520,000,000 원 채권자 주식회사 하나은행 　서울 중구 을지로1가101-1 　(소관:강남기업센터지점)
8-2	8번근저당권부채권압류	2008년11월11일 제120832호	2008년11월7일 압류(부가가치세과-3312)	권리자 국 　처분청 구로세무서
8-3	8번근저당권부채권압류	2009년4월16일 제29941호	2009년4월14일 압류(부가-2615)	권리자 국 　처분청 서초세무서

-- 이 하 여 백 --

5) 안산지원 2011타경 190XX호 대부업자의 질권대출 사례

최초 근저당권자인 농협중앙회가 유암코로 확정채권양도로 근저당권을 이전한 다음 유암코가 개인에게 재차 확정채권양도로 근저당권을 이전한 후 그 개인은 근저당권부 질권을 설정해 주고 저축은행이 아닌 개인에게 돈을 빌려 근저당권 매입대금에 충당하였다.

순위번호	등기목적	접수	등기원인	권리자 및 기타사항
1	근저당권설정	2003년12월5일 제154824호	2003년12월1일 설정계약	채권최고액 금340,000,000원 채무자 김O옥 안산시 단원구 고잔동 ○○○ 1동 105호 근저당권자 농업협동조합중앙회 110136-0027690 서울 중구 충정로1가 75 (초지동지점)
1-1	1번근저당권변경	2003년12월17일 제159112호	변경계약	채권최고액 금408,000,000원
1-2	1번근저당권이전	2012년10월8일 제95455호	2012년10월4일 확정채권양도	근저당권자 유엔다블유유동화전문유한회사 110111-0106721 서울특별시 중구 서소문로 106(서소문동,동화빌딩19층)
1-3	1번근저당권이전	2012년10월8일 제95458호	2012년10월4일 확정채권양도	근저당권자 오O애 611210-2****** 경기도 안산시 상록구 ○○○ ○, 305동 403호(사동,○○○○)
1-4	1번근저당권부질권	2012년10월8일 제95459호	2012년10월4일 설정계약	채권액 금195,000,000원 변제기 2012년 10월 4일부터 6개월이내로한다 이 자 없음 채무자 오O애 경기도 안산시 상록구 ○○○ ○, ○○동 403호(사동,○○아파트) 채권자 ○○○ 670615-1****** 경기도 김포시 ○○○ ○○, 607동

6) 안산지원 2011타경 128XX호 근저당권부 질권대출 사례

근저당권자인 조흥(신한)은행이 우리에이앰씨(우리이에이 제12차 유동화회사)로 근저당권 순위번호 11번 390,000,000원 및 16번 230,000,000원을 이전(확정채권양도)시키고, 우리에이앰씨는 개인에게 근저당권을 매각(확정채권양도)한 사례이며, 개인은 안양저축은행으로부터 근저당권 매입대금 5억원 중 80%인 4억원(추정)을 질권대출로 받아 변제(충당)하였다(대출만기는 2013.10.10. 이율 8.5%, 연체이율 25%). 낙찰은 전전 유찰가 5억88백만원을 넘는 6억18백원에 낙찰 받아 고액의 경락대출로 현금조달을 위한 것이 아니라 실수요자가 확실하게 낙찰받기 위하여 론세일 방식을 이용한 사건이다. 유치권 148,689,034원은 성립되지 않는 것으로 판단되어 질권대출이 실행된 것으로 보인다.

[집합건물] 경기도 안산시 상록구 성포동 ○○○ ○○○○○○○○ 제1층 제108-2호 고유번호 1314-2002-005609

순위번호	등 기 목 적	접 수	등 기 원 인	권리자 및 기타사항
		제96359호	확정채권양도	110114-0103502 서울특별시 종로구 서린동 33 영풍빌딩 22층
11-5	11번근저당권이전	2012년10월10일 제96370호	2012년10월10일 확정채권양도	근저당권자 정○훈 811015-1****** 인천광역시 남구 소성로 ○○,○○ 406호(학익동, ○ 아파트)
11-6	11번근저당권부질권	2012년10월10일 제96373호	2012년10월10일 설정계약	채권액 금390,000,000원 변제기 2013년 10월 10일 이 자 연8푼5리(단 연체이자율은 연 2할5리) 이자지급시기 매월10일 채무자 정○훈 인천광역시 남구 소성로 ○○,○○ 406호(학익동, ○ 아파트) 채권자 주식회사안양저축은행 134111-0008850 경기도 안양시 만안구 안양동 622-218
삭	근저당권설정	2005년10월6일 제102528호	2005년10월6일 설정계약	채권최고액 금230,000,000원 채무자 손○이 안산시 단원구 고잔동 ○○○ ○○○○○○○○○ 310동 1501호 근저당권자 기원신업주식회사 110111-0318570 인천 남동구 고잔동 726-7
삭	전세권설정	2006년8월23일 제68160호	2006년8월23일 설정계약	전세금 금100,000,000원 범 위 전물의 전부 존속기간 2006년 8월 22일부터 2011년 8월 22일까지 전세권자 박○순 650420-2****** 경기도 성남시 분당구 이매동 ○○○ ○○○○○ ○○○ ○○○

590 NPL랭킹업 투자비법

[집합건물] 경기도 안산시 상록구 성포동 _____ 제1층 제108-2호   고유번호 1314-2002-005609

순위번호	등기목적	접수	등기원인	권리자 및 기타사항
14	12번근저당권설정등기말소	2007년1월24일 제9937호	2007년1월24일 해지	
15	13번전세권설정등기말소	2007년1월24일 제9938호	2007년1월24일 해지	
16	근저당권설정	2007년1월24일 제9939호	2007년1월24일 설정계약	채권최고액 금230,000,000원 채무자 손○희 경기도 안산시 단원구 고잔동 J ○○○○아파트 310-1501 근저당권자 주식회사신한은행 110111-0012809 서울 중구 태평로2가 120 (시화공단지점)
16-1	16번등기명의인표시변경	2012년10월10일 제96368호	2011년9월26일 취급지점변경	주식회사신한은행의 취급지점 본점
16-2	16번근저당권이전	2012년10월10일 제96371호	2011년9월26일 확정채권양도	근저당권자 우리에이아이제12차유동화전문유한회사 110111-0012809 서울특별시 종로구 서린동 33 영풍빌딩 22층
16-3	16번근저당권이전	2012년10월10일 제96372호	2012년10월10일 확정채권양도	근저당권자 정○훈 811015-1****** 인천광역시 남구 소성로 ___ 406호(학익동, ___ 아파트)
16-4	16번근저당권부질권	2012년10월10일 제96374호	2012년10월10일 설정계약	채권액 금230,000,000원 변제기 2013년 10월 10일 이 자 연8푼5리(단, 연체이자율은 연 2할5리) 이자지급시기 매월10일

7) 질권대출 100% 사례(성남지원 2013타경 255XX호 임의경매)

  1순위 질권자 ○○새마을금고(80% 대출)

  2순위 질권자 개인(20% 고리대출 추정)

◎ 당사자내역

당사자구분	당사자명	당사자구분	당사자명
채권자	○○○○○ 투자증권주식회사	근저당권부질권자	사당새마을금고
근저당권부질권자	이○영	채무자겸소유자	김○성
임차인	산○주	임차인	이○영
전세권자	이○영	교부권자	국민건강보험공단용인지사
교부권자	성남시분당구		

제2장
근저당권부 질권대출 루트
(부실채권 매입 시 자금조달 방법)

　근저당권부 채권 질권대출 상품이 예상낙찰가 및 예상배당액 등을 감안하여 이를 기초로 대출을 실행하므로 예상배당액을 적정하게 산출하고, 지역별 물건별로 대출비율에 차등을 두어 대출실행 후 경매 시 질권대출금을 안정적으로 회수할 수 있도록 은행은 사전에 리스크 검토를 철저히 하여야 한다. 질권대출 실행 후 유치권의 발생, 낙찰자에게 인수되는 새로운 권리 등 부담의 발생 또는 경기침체 등으로 낙찰가가 하락하여 대출실행 시 예상한 배당액이 감소될 경우 이를 담보로 대출을 실행한 은행은 대출 전액을 회수하지 못할 위험이 있다. 이 경우를 대비하여 질권대출 손실보험에 가입하기도 한다.

　또한 담보여력인 예상배당액은 어디까지나 '예상'이기 때문에 예상이 적정하지 않거나 잘못 작성된 예상배당표를 기준으로 대출할 경우에도 손해를 입을 수도 있다. 그러나 일반 부동산 담보대출은 공인된 감정평가기관 등의 확정된 감정가를 기준으로 대출을 실행하므로 질권대출 보다는 담보여력 산정이 쉽다.

　하지만 질권대출은 예상배당표작성 등 경매권리분석에 숙련된 지식을 가진 직원이 필요하는 등의 사유로 질권대출 상품을 취급하는 저축은행, 새마을 금고 및 대부업체 등은 적은 편이다.

　근저당권부 대출채권 양수인은 양도받은 채권을 담보로 근저당권 이전등기와 동시에 질권등기를 설정한 다음 제2금융권인 아주, 현대, 늘푸른, 삼정, 남양, 한국투자, HK상호저축은행, 새마을금고, 대부업체 등으로 부터 질권대출을 받아 담보부 부실채권 매입대금 중 80% 내지 90%에 충당하고 부족한 자금 10% 내지 20%만 별도로 준비하면 된다.

낙찰 후 상호저축은행 측 법무사를 통하여 대금납부기일에 먼저 질권등기 말소신청(질권말소를 해야 양수받은 근저당권 상당의 배당을 낙찰자가 받아 상계에 의한 대금납부가 가능해짐) 후, 상계에 의한 대금납부신청 및 소유권이전등기를 한 다음, 질권말소금액 상당의 근저당권 설정등기를 새로 1순위로 설정하여 당초 질권설정 등기를 통한 대출을 사실상 대환하는 효과를 얻을 수 있는데, 이는 질권설정 당시부터 낙찰 받으면 질권등기 말소 후 상계납입에 의한 소유권이전등기 후 새로 1순위의 근저당권을 설정해줄 것을 저축은행 담당자로부터 사전에 동의(협조)를 구해두어야 할 것이다(질권대출을 근저당권 대출로 대환하는 방식임).

　아래는 일부 저축은행 등의 질권대출 상품내용을 설명한 것인데, 이 상품들은 공식적인 상품이 아닌 파생상품으로 금융기관마다 내부규정 및 대출운용 방침에 따라 대출취급 및 제한 등 그 내용이 수시로 변동된다.

　질권은행에 입찰대리 위임약정 및 근저당권이전 잔금과 입찰보증금 예치를 통하여 질권대출 실행을 원활하게 추진하는 방법도 있다. 즉 질권설정 채권은행이 추후에 질권대출을 전액 확실하게 회수할 수 있도록 질권대출 채무자는 유입취득을 위한 입찰금액을 질권 대출금액 이상으로 입찰표에 기재하여 질권은행에게 입찰대리를 위임하면서 근저당권 매입대금에서 질권 대출금을 차감한 잔액 및 입찰보증금도 입찰대리를 하는 질권은행에 예치하여 질권대출 은행이 확실하게 질권 대출금에 대하여 배당을 통한 채권회수가 가능하도록 안전장치를 마련해 주고 질권 대출을 받은 다음 질권대출 은행은 배당기일에 질권 대출금을 배당받아 변제 충당하면 된다. 이는 질권대출 원금보다 낮은 가격으로 낙찰되어 질권대출 은행이 원금손실을 입을 우려를 사전에 없애기 위한 방법이다.

　※ 아래 질권대출 이자율은 4년 전에 조사한 것으로 현재는 아래 금융기관들의 질권대출 이자는 대부분 6% 수준에서 탄력적으로 적용하고 있으니 오해 없으시기 바란다.

1. 아주 상호저축은행

1) 질권대출 취급

근저당권부 채권의 매수인에게 이전받는 근저당권을 담보로 질권대출을 취급하고 있는데, 다만 이전대상인 근저당권의 매도인이 금융기관이고 매수인은 법인 또는 사업자이어야 하나 개인도 미리 협의를 하면 질권대출이 가능할 수도 있고, 또한 현재는 아주저축은행의 본점인 청주 등 충청권에 주소나 사업자등록이 되어 있어야 질권 대출이 가능하다.

동 질권대출은 공시된 전형적인 상품은 아니나 합법적인 상품이며 개인이 이런 질권대출을 받고 싶다면 미리 은행 담당자와 협의를 거쳐 대출 가능 여부를 알아 보아야 한다.

2) 질권대출 비율

대출비율은 근저당권부 채권 매수금액(예상배당액 수준)의 80% 내지 90%까지 가능하며, 예상 낙찰가 대비 예상배당율을 제시하여 예상 배당금액이 매입가격의 90% 이상이 됨을 적극적으로 설득하여 대출비율을 높일 필요가 있다.

3) 질권대출 이율

금리는 10%를 기준으로 개인은 신용등급에 따라 여기에 ±1.5%를 가중 또는 할인하여 보통 12% 정도의 정상이자를 부담한다.

4) 개인당 대출한도 : 6억원

상호저축은행법 제12조 제1항에 따라 상호저축은행은 개별차주에게 해당 상호저축은행 자기자본의 100분의 20 이내에서 '법인 또는 법인이 아닌 사업자에 해당하지 아니하는 개인'에 대한 신용공여는 6억원을 초과하여 대출(신용공여)할 수 없고(동법 시행령 제9조), 법인에 대한 신용공여는 100억원, 법인이 아닌 사업자에 대한 신용공여는 50

억원을 초과하여 대출할 수 없다. 따라서 개인도 사업자등록을 하면 50억원까지 대출을 받을 수 있다. 보통 상가, 주택, 오피스텔 등 5~6건의 다양한 물건의 근저당권을 묶어서 질권대출을 취급함으로써 질권대출의 리스크를 분산하면서 대출을 실행하기도 한다.

5) 부동산담보대출

근저당권 최고액 설정비율은 대출원금의 130%, 연체이율 25%이다.
* 삼성지점 02-3459-6033 : 삼성역 5번 출구, 옥산빌딩 2층

2. 현대상호저축은행

1) 개인당 대출한도 : 6억원

사업자등록 없는 개인 1인이 최고로 대출을 받을 수 있는 한도금액이다.

2) 질권대출 취급

본점 소재지인 서울에 주소를 둔 개인이 대출을 받는데 유리하며, 이 질권대출을 받으려면 사전에 매수대상 근저당권을 제시하고 대출가능여부 등을 담당자와 미리 협의할 필요가 있다.

3) 질권대출 이율

현대저축은행은 질권대출 이자로 보통 10% 내지 12%를 받는다.

4) 담보여력 산정

예상낙찰가 추정 후 예상배당액을 산정하여 예상배당액을 담보여력으로 한다.

5) 질권대출 비율

근저당권부 채권 질권대출 비율은 부실채권(NPL)별 리스크 및 매입가격 대비 예상배당율 등에 따라 다양하나 보통 근저당권 매입가격(예상배당액 수준)의 80% 정도를 대출해주되, 개인당 최고 대출한도는 마찬가지로 6억원을 초과하지 못한다.

6) 공동 질권대출 활용

상가 등 근저당권 매입금액이 거액인 근저당권을 매입하면서 질권대출로 6억원을 초과해서 대출을 받으려면 저축은행 1개당 대출금액을 6억원씩 분할해서 아주저축은행 및 현대저축은행, 늘푸른저축은행 등 여러 저축은행에 양수한 근저당권을 공동으로 질권담보로 제공한 후 6억원을 초과하는 금액에 대해 대출을 받는 방법이 있으나, 일부 저축은행은 동 방식을 꺼려하므로 미리 공동질권 대출이 가능한지 개별 저축은행에 알아보고 자금조달 계획에 차질이 없도록 하여야 한다. 한편 개인도 사업자등록을 하면 50억원까지 대출을 받을 수 있으므로 사업자등록을 하여 거액을 한 번에 대출받는 방법도 활용할 필요가 있다.

기타 부동산담보대출의 근저당권 설정비율 130%, 연체이율은 25%이다.

* 대표전화 1544-6700~2번, 강남본점 02-2056-0326 강남구청역 1번 출구

7) 공동질권 대출 실제사례

사건번호	양도방법	채권 최고액 경매 청구액	양·수도인	특이사항
중앙지법3계 2010-13399	확정채권 양도	최고 84,500,000 청구 84,500,000 (오피스텔)	국민무교 ⇒케이비제삼차유동화 ⇒ 주식회사지에이치에이앰씨	공동 질권대출 대영상호,아리엘에셋,늘푸른,인천, 인성 등 5개 저축은행 공동 -2002.7.26. 채권

3. 늘푸른 상호저축은행

1) 질권대출 취급

안산 본점에서 취급하고, 서울거주 개인에게도 근저당권부 채권 질권 대출이 가능하며, 2008년 금융위기 초부터 5년 여간 이러한 질권대출을 실행하기 시작하였으며, 이 때부터 상당히 많은 거래를 실행한 것을 보면 경매고수들이 이미 담보부 엔피엘(NPL) 거래를 2008년부터 활용하고 있었음을 알 수 있다.

2) 질권대출 이율

이율 12%(보통 10%인데 여기에 질권등기 등 수수료 2%를 합산해서 통상 이율은 12% 정도임)

3) 담보여력 산정

예상낙찰가를 추정 후 예상배당액을 산정하여 예상배당액을 담보여력으로 산정한다.

4) 질권대출 비율

담보여력인 예상배당액의 80%(최고)까지 대출해 주고, 물건마다 가격리스크가 다르고 예상배당액에 차이가 있기 때문에 물건별 대출비율은 차등 적용하며, 보통 아파트는 예상배당액의 80% 정도를 최고 한도로 대출해 준다.

5) 대출금 지급

질권대출 금액은 근저당권이전 계약서상 양도인인 유동화전문회사의 법인계좌로 입금한다.

6) 개인당 대출한도 : 6억원

사업자등록 없는 개인 1인당 질권대출로 대출받을 수 있는 최고한도 금액이다.

7) 거래법무사 지정

취급 저축은행의 법무사에게 위임하여 근저당권 이전등기 및 근저당권부 질권 설정 등기 절차를 진행한다.

8) 공동 질권설정 활용

개인당 대출한도는 6억원이기 때문에 예를 들어 근저당권 이전에 10억원의 자금이 필요할 경우 나머지 4억원은 다른 저축은행에서 대출을 받아야 하는 바, 이 경우 이론상으로는 두개의 저축은행에 동순위로 질권설정을 해주고 자금을 조달할 수 있다.

그러나 실무상으로는 늘푸른에서 다른 저축은행과 공동으로 질권설정하고 취급하는 것을 꺼리고 있어(늘푸른이 개입된 공동질권 사례가 있기는 함) 6억원을 초과해서 대출을 받으려면 법인설립 또는 개인사업자 등록을 하여 기업자금대출로 취급하면 굳이 다른 저축은행을 개입시키지 않고도 늘푸른저축은행에서 근저당권 매입금액 전액을 대출해 줄 수도 있다고 한다.

그래도 공동질권 대출의 실제사례(중앙지법 3계 2010타경 13399호 사건에서 대영상호, 아리엘에셋, 늘푸른, 인천, 인성 등 5개 저축은행이 공동질권을 설정한 실례가 있음)가 있으니 사업자 아닌 개인이 여러 저축은행을 설득해서 공동질권 대출이 가능하도록 협상해 볼 필요는 있다.

9) 대출금 회수

경매실행 후 원칙적으로 질권자로서 직접 배당을 받아 질권대출에 변제충당을 하고, 기타 질권해제 후 질권설정자인 근저당권자가 배당을 받아 채무를 변제하도록 하는 방법도 활용하고 있다.

10) 부동산담보대출

- 근저당권 설정비율 130%
- 담보대출 연체이율은 22%~25%이다.
* 대표전화 031-504-0001~5, http://www.egbank.co.kr/(안산본점 031-481-0054)
  지하철 4호선 중앙역 1번 출구(경기 안산시 단원구 고잔동 533-2 킴스클럽 옆)

4. 삼정상호저축은행

1) 질권대출 취급

개인에게 근저당권부 채권 질권대출 취급은 가능한데 취급건수는 많지 않다.

2) 담보여력 산정기준 : 예상배당액

3) 질권대출 비율 : 예상배당액의 60~70%

4) 질권대출 이율 : 12%~14%

5) 개인당 대출한도 : 6억원

6) 대출금 지급 : 차주계좌로 지급 후 출금하여 근저당권 양수인에게 지급

7) 부동산담보대출 : 설정비율 140%, 연체이율 21%

* 하남본점 031-791-6411 잠실역 8번출구, 30-5번 버스로 하남우체국앞 하차

5. 남양상호저축은행

1) 질권대출 취급

　개인에게 근저당권부 채권 질권대출 취급이 가능하다.

2) 담보여력 산정기준 : 예상배당액 등 감안

3) 질권대출 비율 : 예상배당액의 최고 80%

4) 질권대출 이율 : 12%

5) 개인당 대출한도 : 6억원

6) 대출금 지급 : 근저당권 양수인에게 지급

7) 부동산담보대출 : 설정비율 130%, 연체이율 23%

* http://www.nybank.co.kr/ 수택동 본점(구리역에서 도보 5분 거리) 031-566-3300, 분당지점(정자역 3번 출구) 031-718-3377

6. HK 상호저축은행

1) 질권대출 취급
개인에게 근저당권부 채권 질권대출을 취급하며, 질권대출 채무자에 대한 입찰대리를 통하여 질권대출금 이상으로 입찰하여 질권대출금을 배당으로 회수하기도 한다.

2) 담보여력 산정기준
예상배당액 등 감안, 질권의 대상은 채권최고액 전액을 질권의 목적으로 함.

3) 질권대출 비율 : 예상배당액의 최고 80%(근저당권 매입금액의 80% 정도)

4) 질권대출 이율 : 11%(이자 9%, 수수료 2%)
선이자 약 4개월분 공제 후 질권대출금을 질권자인 은행이 직접 법원으로부터 배당을 받아 대출금에 변제충당 한 다음 미경과 이자는 환급해 준다.

5) 개인당 대출한도 : 6억원

6) 부동산 담보대출 : 설정비율 130%, 연체이율 25%

* 본점(영업부), 대표전화 : 1588-6161, 팩스번호 : 02)3443-0078
  - 담당자 : 직통02-3485-2561, 서울 강남 논현동199-2. 1층
  - 교통편 : 9호선 신논현역 3번 출구, 2호선 강남역 11번 출구 도보 10분(교보타워사거리 횡단), 7호선 논현역 2번 출구 도보 10분

7. 한국투자 상호저축은행
* 영업부 031-788-4000

8. 안양 상호저축은행

1) 질권대출 취급
개인에게 근저당권부 질권대출을 취급한다.

2) 담보여력 산정기준
예상배당액 등 감안, 질권의 대상은 채권최고액 전액을 질권의 목적으로 함

3) 질권대출 비율 : 예상배당액의 최고 80%(근저당권 매입금액의 80% 정도)

4) 질권대출 이율 : 10%(이자 최저 8.5%, 수수료 1~1.5%, 연체이율 25%)

배당기일을 감안하여 선이자 4개월분 공제 후 질권대출금을 질권자인 은행이 직접 법원으로부터 배당을 받아 대출금에 변제충당 한 다음 미경과 이자는 환급해 준다.

5) 개인당 대출한도 : 6억원

6) 부동산 담보대출 : 설정비율 130%, 연체이율 25%

* www.anyangbank.co.kr 본점 : 경기도 안양시 만안구 안양1동 622-218번지
  (전화번호 031-441-4141)

9. 새마을금고

가. 질권대출의 한도산정 방법을 알아보자

론세일 또는 대위변제 투자 시 투자자금 충당을 위한 질권대출의 한도산정 방법은 통상 주택 근저당채권의 경우 주택의 감정가에 70%(상가는 60%)를 곱하여 산출된 금액에서 선순위채권(임차인의 최우선변제 소액보증금, 당해세, 퇴직금 채권 등)을 차감한 잔액을 한도로 한다. 이러한 한도 내에서 론세일 또는 대위변제로 승계 취득하는 NPL채권에 질권을 설정하고 대출을 실행한다. 이와 같이 산출된 질권대출 한도는 NPL취득대금 대비 약 80% 내지 90% 정도가 된다. 질권대출 한도 및 대출비율 등은 금융기관별로 차이가 있고, 질권대출 이자율은 5%대를 기준으로 탄력적으로 적용하고 있다.

나. 대위변제(Ranking UP, Shift) 질권대출

(1) 대출취급 금융기관

   ○ 새마을금고, 신협, 저축은행 등이 대위변제 질권대출 취급
   - 다만 대출신청 시 직접 동 기관에 문의하여 차주별로 대출가능 여부 및 대출자격 요건을 사전에 파악해야 한다.

(2) 대출한도 : 대위변제 자금의 80% 내지 90%까지 대출

(3) 대출이율 : 연 5%대 기준으로 탄력적으로 적용
   - 이자 지급시기 : 매월 1개월 후취

(4) 대출만기 : 대출취급일로 부터 2년
   - 임의대위 또는 법정대위 등 대위변제로 이전되는 대출채권의 연체이자율이 낮을수록 경매취하 후 재경매신청 등을 통하여 Spread(배당차익)기간을 길게 가져 갈 필요가 있다. 이에 배당차익을 극대화시키기 위하여 질권대출의 만기를 넉넉하게 2년 정도로 정하는 것이 좋다. 질권대출의 만기를 1년으로 정하였다가 Spread기간이 1년을 초과할 경우 질권대출의 만기를 연장시키고 질권설정 변경등기를 하면 된다.

(5) 질권담보 채권액 : 근저당권설정 채권최고액 전액

(6) 대위변제에 따른 등기절차

○ 근저당권 이전등기
   - 이전등기 원인 : 확정채권 대위변제
○ 근저당권자 변경등기 : 금융기관 ⇒ 대위변제자
   - 대위변제 시 자기자본 준비액 : 대위변제금액의 10% 내지 20% 준비 필요
○ 근저당권부 질권등기 : 보통은 질권대출 내용 전부를 등기하는데, 질권대출 이율을 차주별로 차등적용하기 위해 대출이율 등을 생략하는 경우도 많다.

---

① NPL담보 1순위 질권대출

NPL을 담보로 제도 금융권이 승계취득 채권의 예상배당액의 80% 내지 90%의 금액을 NPL에 1순위로 질권등기를 설정하고 대출을 해준다.

② NPL담보 2순위 질권대출

주로 사채업자가 2순위로 질권대출을 해준다. 사채업자는 위와 같이 채권 매입대금의 80~90%를 제외한 나머지의 부족한 10~20% 부분에 대해 2순위로 근저당권부 질권등기를 하고 24~27.9%의 고리로 질권대출을 해주고 있다.

10. 대부업체

1) 질권대출 취급
개인에게 근저당권부 채권 질권대출을 취급한다.

2) 담보여력 산정기준 : 예상배당액 등 감안

3) 질권대출 비율 : 예상배당액의 60% 내지 70%(대출금의 150% 정도 설정)

4) 질권대출 이율 : 최고 27.9%

5) 대부업체의 부수업무
대부업체는 질권대출 뿐만 아니라 근저당권부 채권을 매입해서 다시 개인 등에게 매각하는 부수업무 등도 수행하며, 금융기관이 질권대출의 규제를 강화할수록 자금력이 약한 근저당권 매입 투자자는 고율의 이자를 부담하고 대부업체를 통하여 대출을 받을 수밖에 없다.

6) 이자율의 제한
대부업자가 개인이나 소규모 법인에 대부를 하는 경우 그 이자율은 연 27.9%를 초과할 수 없으며, 이에 따른 이자율을 초과하여 대부계약을 체결하거나 이자를 받은 경우 영업정지 처분사유에 해당되고 5년 이하의 징역 또는 5천만원 이하의 벌금형의 형사처벌도 받으며, 초과이자 부분은 무효이다(대부업 등의 등록 및 금융이용자 보호에 관한 법률 제8조, 제13조, 제19조, 2002.8.26. 제정, 시행 2002.10.27.).

7) 불법추심의 금지
대부업 등의 등록 및 금융이용자 보호에 관한 법률에 따른 대부업자, 대부중개업자,

대부업의 등록을 하지 아니하고 사실상 대부업을 영위하는 자, 여신금융기관 및 이들로부터 대부계약에 따른 채권을 양도받거나 재양도 받은 자 등 채권 추심자는 채권추심과 관련하여 채권의 공정한 추심에 관한 법률 제9조를 위반하여 폭행, 협박 등으로 채권추심을 할 경우 형사처벌을 받으며(동법 제15조), 제12조를 위반하여 불공정한 추심행위를 할 경우 과태료 처분을 받는다(동법 제17조).

채권의 공정한 추심에 관한 법률[2009.2.6. 제정, 시행 2009.8.7.]

제9조(폭행·협박 등의 금지) 채권추심자는 채권추심과 관련하여 다음 각 호의 어느 하나에 해당하는 행위를 하여서는 아니 된다.
1. 채무자 또는 관계인을 폭행·협박·체포 또는 감금하거나 그에게 위계나 위력을 사용하는 행위
2. 정당한 사유 없이 반복적으로 또는 야간(오후 9시 이후부터 다음 날 오전 8시까지를 말한다.)에 채무자나 관계인을 방문함으로써 공포심이나 불안감을 유발하여 사생활 또는 업무의 평온을 심하게 해치는 행위
3. 정당한 사유 없이 반복적으로 또는 야간에 전화하는 등 말·글·음향·영상 또는 물건을 채무자나 관계인에게 도달하게 함으로써 공포심이나 불안감을 유발하여 사생활 또는 업무의 평온을 심하게 해치는 행위
4. 채무자 외의 사람(보증인을 포함한다)에게 채무에 관한 거짓 사실을 알리는 행위
5. 채무자 또는 관계인에게 금전의 차용이나 그 밖의 이와 유사한 방법으로 채무의 변제자금을 마련할 것을 강요함으로써 공포심이나 불안감을 유발하여 사생활 또는 업무의 평온을 심하게 해치는 행위
6. 채무를 변제할 법률상 의무가 없는 채무자 외의 사람에게 채무자를 대신하여 채무를 변제할 것을 반복적으로 요구함으로써 공포심이나 불안감을 유발하여 사생활 또는 업무의 평온을 심하게 해치는 행위

제12조(불공정한 행위의 금지) 채권추심자는 채권추심과 관련하여 다음 각 호의 어느 하나에 해당하는 행위를 하여서는 아니 된다.
1. 혼인, 장례 등 채무자가 채권추심에 응하기 곤란한 사정을 이용하여 채무자 또는 관계인에게 채권추심의 의사를 공개적으로 표시하는 행위
2. 채무자의 연락두절 등 소재파악이 곤란한 경우가 아님에도 채무자의 관계인에게 채무자의 소재, 연락처 또는 소재를 알 수 있는 방법 등을 문의하는 행위
3. 정당한 사유 없이 수화자부담 전화료 등 통신비용을 채무자에게 발생하게 하는 행위
4. 채무자 회생 및 파산에 관한 법률에 따른 회생절차, 파산절차 또는 개인회생절차에 따라 전부 또는 일부 면책되었음을 알면서 법령으로 정한 절차 외에서 반복적으로 채무변제를 요구하는 행위
5. 엽서에 의한 채무변제 요구 등 채무자 외의 자가 채무사실을 알 수 있게 하는 행위

제3장
ABS(자산유동화증권)발행으로 매입자금 조달

1. ABS(자산유동화증권, Asset-Backed Securities)란 무엇인가?

유동화전문회사(SPC : Special Purpose Company)가 자산보유자로 부터 유동화자산을 양도받아 이를 기초자산으로 유동화증권을 발행하고, 동 유동화자산의 관리·운용·처분에 의한 수익으로 유동화증권의 원리금(사채) 또는 배당금(출자증권)을 지급하는 증권을 말한다.

즉 양도자산을 유동화자산으로 집합(Pooling)하여 이를 담보로 증권을 발행하여 자금조달 후 그 자산의 관리 또는 처분, 원채무자의 대출금이나 미수금 상환자금 등으로 증권의 원리금을 상환하는 것으로서 자산을 기초로 발행되는 증권(Asset Backed Securities)을 말한다.

원래 '자산담보부 채권'에 해당되는데, 1998년 9월 30일 자산유동화에 관한 법률 제정으로 '자산유동화증권'이라고 불리게 되었다. 발행규모가 수천억원이 되어 투자도 수백억원 규모로 이루어져 개인투자자는 접근이 어렵고 자금규모가 있는 기관 투자자가 유동화증권에 투자할 수 있다. 2013년도 연체 대출채권(NPL)을 기초로 한 ABS는 5조2천억원이 발행되었다.

《자산유동화의 기본구조(금감원 자료 인용)》

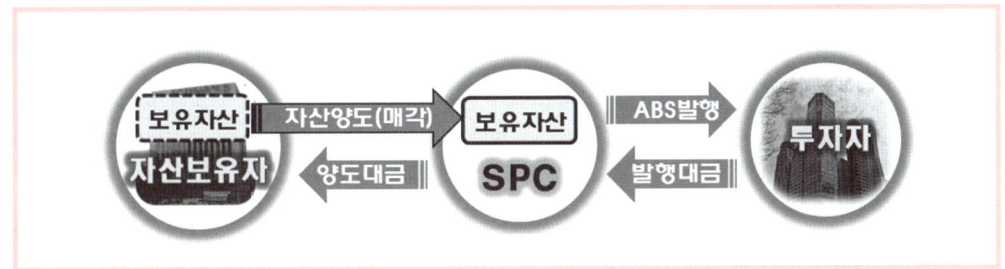

《ABS발행액 추이(2014.1.23. 금융감독원 보도자료 인용)》

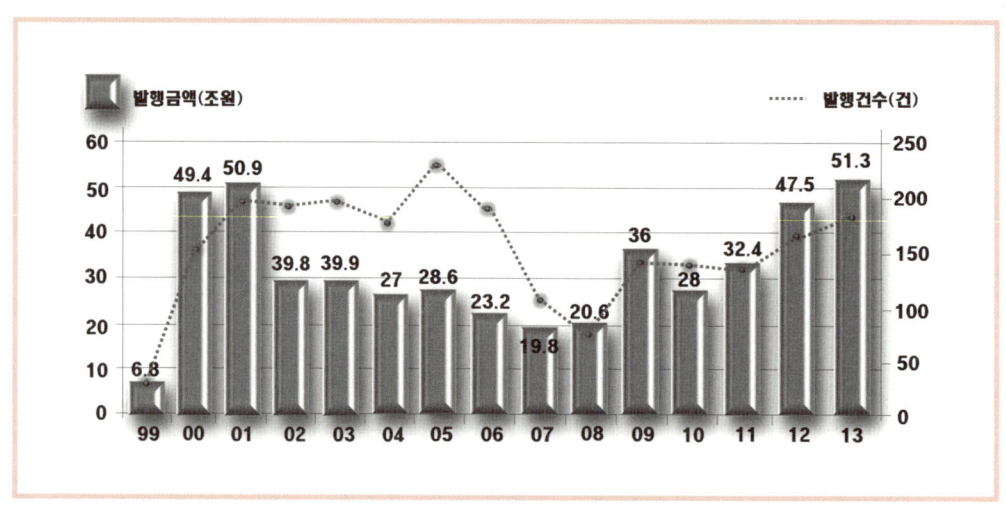

■ 자산 보유자별 자산유동화증권 발행현황

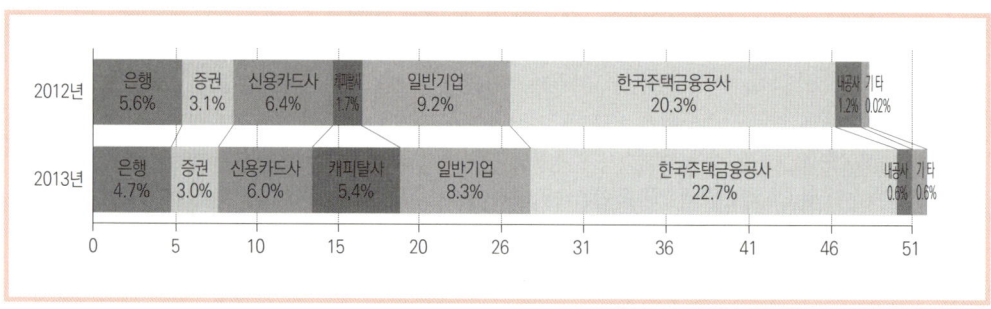

■ 유동화 자산별 자산유동화증권 발행현황

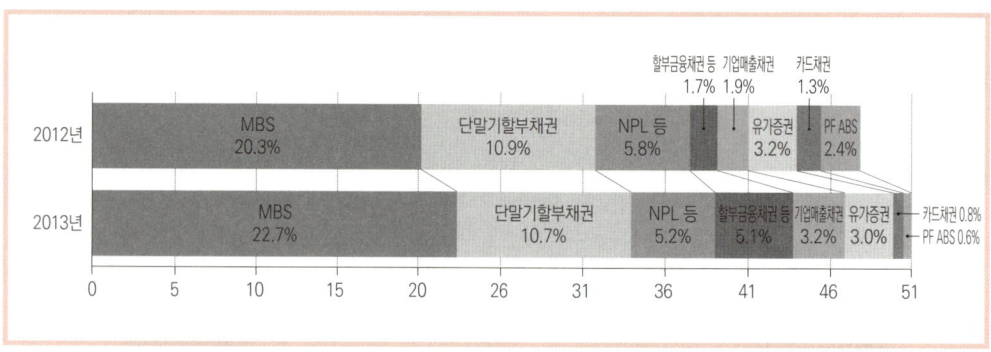

* MBS(Mortgage Backed Securities), NPL(Non-Performing Loan)

2. ABS는 어떤 종류가 있나?

1) 저신용 대출채권 담보부 증권(CLO, Collateralized Loan Obligations)

신용도가 낮은 회사에 대한 금융기관 대출채권을 묶어 이를 담보로 발행하는 '대출채권 담보부 증권(CLO)'을 말하고, 이것도 자산유동화증권(ABS)의 일종이다.

2) 고위험채권 담보부 증권(CBO, Collateralized Bond Obligations)

투기등급의 고수입-고위험 채권을 담보로 발행하는 '채권담보부 증권(CBO)'을 말하고, 자산유동화증권(ABS)의 일종이다.

3) 주택저당증권(MBS, Mortgage Banked Securities)

주택저당대출 담보부 증권 또는 주택저당채권을 말하고, 채권발행 시 모기지 대출채권을 담보로 원리금상환을 보장하는 증권이며, 금융기관의 주택담보 대출채권을 담보로 발행하는 '주택저당채권 담보부 채권(MBS)'을 말한다.

《주택저당증권 거래흐름도》

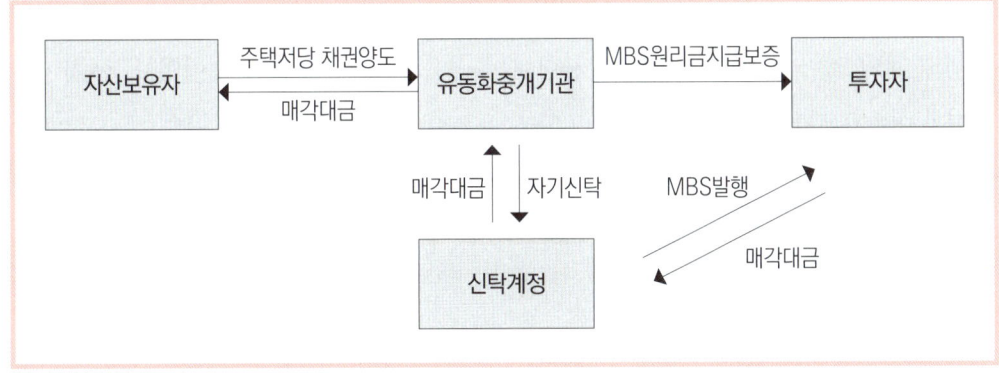

> **[여기서 잠깐]** 자산유동화증권과 회사채와의 비교
>
> 자산유동화증권은 유동화전문 유한회사가 발행하는데 부외거래로써 부채증가가 발생하지 아니하고 기초자산의 처분대금으로 상환한다. 반면에 일반 회사채는 회사의 부내거래로 부채로 계상되며, 회사가 영업이익으로 상환을 부담한다.

3. ABS제도 도입배경

우리나라는 1997년 말 외환위기로 기업 및 금융기관의 부실자산 및 부실채권이 증가하고 유동성이 악화되자 이의 해결책으로 정부주도로 1998년에 자산유동화에 관한 법률을 제정하여 ABS제도를 도입하였다. 도입 이후 한국자산관리공사(KAMCO)의 부실채권 및 부실자산의 유동화와 더불어 부실기업 자산의 구조조정 목적으로 ABS를 발행하였다. 또한 주택저당채권 담보부 증권도 발행되었다.

이와 같이 부실기업이나 금융기관이 부실채권이나 매각이 곤란한 부동산 등을 담보로 ABS를 발행한 다음 이를 쪼개서 팔아 유동성을 확보하였는데, 1999년도에는 ABS 발행 총액의 절반이 부동산 및 부동산담보 채권을 기초로 발행된 것이었다. 초기에는 한국자산관리공사의 부실채권 정리용도로 활용되고 유동화 위기에 처한 회사들이 발행을 하였다.

4. ABS의 기초자산

ABS의 Asset이란 회사나 금융기관 등이 타인들에게 가지는 미수 매출채권, 기업의 장래매출채권, 금융기관 대출채권, 리스채권, 분양대금채권, 자동차할부채권, 카드매출채권 등 각종 채권, 유가증권(인수회사채 및 유통발행채권 등 유가증권을 기초자산으로 발행하는 담보부증권), 부동산 등 여러 자산을 말한다. 금융기관의 고정 이하 근저당채권(NPL)을 투자자가 대량매입 시 매입자금 조달을 위한 유동화증권 발행 시 위와 같이 금융기관 대출채권도 ABS의 기초자산에 해당된다.

유동화자산을 구분해 보면, 기존자산(existing assets)을 유동화하는 방법으로써 주택담보 대출채권, 리스채권, 신용카드 관련채권 및 자동차관련 채권 등이 있다. 다른 형태로는 미래에 발생할 채권을 기초자산으로 한 유동화 즉, 미래의 수출대금, 근로자의 임금, 연예인의 출연료, 버스, 선박, 항공요금 및 공과금 등을 기초자산으로 하여 유동화증권을 발행할 수 있다.

자산보유자별 유동화대상 자산을 분류해 보면 다음과 같다.

구 분		유동화대상 자산
금 융 회 사	은 행	대출채권, 장기채권, 주택저당채권, 비업무용부동산
	금 융 회 사	신용카드채권, 대출채권, 자동차 할부 대출채권(Auto Loan), 리스채권
	보 험 회 사	미래 보험료 수입채권
공 공 단 체	정 부 기 관	국세, 공적자금 대출채권, 기타 공공채권
	지방자치단체	지방세채권, 임대주택 임대료채권
	공 사	이용료, 임대료, 기타 수수료 수입
일 반 회 사	무 역 회 사	외상 매출채권, 수출대금 채권
	제 조 회 사	할부판매채권, 공급자 신용채권, 부품, 원자재대금채권
	유 통 회 사	미수매출채권, 계속거래 채권
	통 신 회 사	전화요금채권, 장비대여채권, 계속계약 채권

5. ABS발행 한도

　유동화증권의 발행총액은 양도 또는 신탁 받은 유동화자산의 매입가액 또는 평가 가액의 총액을 한도로 한다(자산유동화에 관한 법률 제33조). 원리금 지급이 확실한 선순위채권과 상환능력이 떨어지는 후순위 채권 등 변제 우선순위를 달리하는 여러 층의 증권을 발행하여 투자자의 다양한 수요에 맞추어 상품을 판매한다. 후순위 채권은 선순위 채권을 지불한 이후에 원리금을 변제하므로 저 신용의 고위험·고수익 상품이다. 유동화전문회사는 출자증권 및 사채 등의 증권 또는 증서를, 신탁회사는 수익증권을 발행하되, 이들 유동화증권 발행총액은 유동화자산의 총액을 한도로 발행토록 규제하고 있다.

《ABS 발행추이》

(단위 : 조원, %)

구 분	2007	2008	2009	2010	2011상반기	2012상반기	누 계
발행금액 (증가율,%)	6.8(-)	49.4(629.3)	50.9(3.1)	39.8(△21.8)	14.5(△34.2)	18.9(30.3)	165.8(-)
건 수	32	154	194	181	76	97	658

《자산유동화계획 제출 전 실무절차(금감원 자료 인용)》

단계	내용
타당성 검토	기업의 재무제표, 현금흐름, 유동화자산의 성격 수요조사 등을 통하여 ABS 발행가능성 검토
관련기관 선정	기업이 ABS발행을 위하여 신용평가사, 회계법인, 법무법인, 업무수탁자 등 관련기관을 선정
Kick-off meeting	관련기관들이 주관사 주도하에 모여 유동화구조에 대해 논의를 하고 ABS 발행을 위한 구체적 준비 시작
Due-diligence	신용평가사가 해당 유동화증권의 신용등급평가를 위해 유동화자산, 구조, 자산보유자 신용도 등을 실사
기초자산 확정	특정일자(이하 "자산확정일")를 정하여 그 일자를 기준으로 SPC로 양도할 유동화자산을 확정
자산실사 및 평가	자산확정일을 기준으로 확정된 유동화자산의 자료를 회계법인이 제출 받아 실사 및 평가를 진행
전산자료 분석	신용평가사는 확정된 유동화자산에 대한 전산자료를 받아 신용위험과 현금흐름을 측정
SPC 설립	유동화자산을 양수하게 될 SPC를 법무법인 등에 의뢰하여 설립
계약서 작성	계약서 미팅을 통하여 업무위탁계약서, 자산관리위탁계약서, 자산양도계약서 등 각종 계약서를 작성
발행구조 확정	회계법인 등의 평가의견서상 평가금액을 기초로 자산의 현금흐름에 맞는 발행구조 확정

6. ABS발행 절차

자산유동화 절차는 수개월이 소요될 수 있고, 이는 유동화거래의 경험여부 등에 좌우된다. 자산유동화 업무처리 순서는 자산유동화 계획의 등록, 유동화자산의 양도 및 양도에 관한 사항 등록, 유동화증권의 발행(ABS 또는 MBS), 자산관리, 발행대금 납입 등의 단계로 되어 있다.

1) 사전 검토 및 유동화구조 설계
법률 및 회계문제, 신용보강, 예산 등을 사전 검토하고 참여기관, 발행주간사 및 법률자문기관 등을 선정하고, 유동화자산의 주요 특성분석을 기초로 발행증권의 구조를 설계한다.

2) 유동화회사(SPC) 설립
유동화전문회사는 자산유동화 계획에 따라 다음의 업무를 행하게 되는데, 유동화회사는 페이퍼 컴퍼니라서 직원이 없으므로 업무수탁 회사에 위탁하여 유동화회사 업무를 수행하여야 한다.

① 유동화자산의 양수·양도 또는 다른 신탁업자에의 위탁
② 유동화자산의 관리·운용 및 처분
③ 유동화증권의 발행 및 상환
④ 자산유동화 계획의 수행에 필요한 계약의 체결
⑤ 유동화증권의 상환 등에 필요한 자금의 일시적인 차입
⑥ 여유자금의 투자 등 부수업무 수행

3) 자산유동화계획 등록
유동화전문회사는 자산유동화에 관하여 유동화자산의 범위, 유동화증권의 종류, 유동화자산의 관리방법 등 자산유동화에 관한 계획을 금융위원회에 등록하여야 하고, 유

동화전문회사가 등록할 수 있는 자산유동화 계획은 1개에 한하며, 자산유동화 계획에는 다음의 사항이 포함되어야 한다.

① 유동화전문회사 등의 명칭, 사무소의 소재지 등에 관한 사항
② 자산보유자에 관한 사항
③ 자산유동화 계획기간
④ 유동화자산의 종류·총액 및 평가내용 등 당해 유동화자산에 관한 사항
⑤ 유동화증권의 종류·총액·발행조건 등에 관한 사항
⑥ 유동화자산의 관리·운용 및 처분에 관한 사항, 자산관리자에 관한 사항

4) 자산양도 등의 등록

자산보유자 또는 유동화전문회사 등은 자산유동화 계획에 따른 유동화자산의 양도·신탁 또는 반환이나 유동화자산에 대한 질권 또는 저당권의 설정이 있는 때에는 지체 없이 그 사실을 금융위원회에 등록하여야 한다.

5) 유동화증권(사채) 발행

발행자와 주간사는 증권 모집기간 동안 유동화증권 발행에 대한 구조나 증권의 수익률 등 발행조건을 조정하나, 발행일정이 확정되고 최종 공시서류가 제출된 후에는 원칙적으로 발행조건을 변경할 수 없다. 발행자는 발행조건이 확정되면 인수계약 등 자산유동화를 위한 관련계약을 체결하고, 증권판매 완료 후 주간사는 증권 납입대금을 발행자에게 입금하며, 발행자는 자산보유자에게 대금을 지급하게 된다.

일반적으로 자산보유자들은 자산양도 이전에 자산구성 및 신용평가 등으로 사전준비 및 협의를 실시한다. 또한 자산관리회사는 유동화전문회사의 자산관리계획을 수립하고, 유동화회사는 업무수탁인과 업무위탁 계약을 체결한다.

《후순위 ABS 매각방식의 변화(금감원 자료 인용)》

■ 자산보유자 매입방식에서 시장매각 방식으로 변화

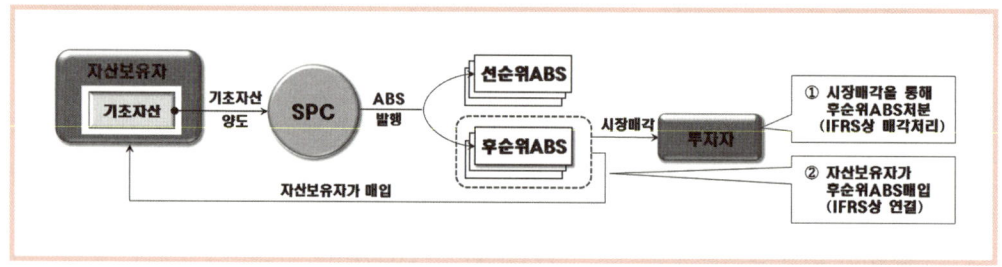

7. 자산유동화 참가자들

1) 자산보유자(The Originator) : 은행 등 금융기관

자산유동화법은 자산보유자 열거주의를 택하고 그 자산보유자의 자산유동화의 경우 세제혜택 등을 부여하고 있으며, 자산유동화법이 정한 자산보유자의 요건을 갖추지 못한 부실기업 등은 동 자산유동화 제도를 활용할 수 없다. 농협은 여신규모 1,000억원 이상 보유 조합만 자산유동화 제도를 활용할 수 있고, 새마을금고나 신용협동조합 및 산림조합은 이 제도를 활용할 수 없다.

2) 유동화전문회사 : 명목회사(paper company)

유동화전문회사는 자산보유자로 부터 자산을 양도받아 이를 기초로 자산담보부 증권을 발행하고 자산을 관리하고 처분하여 회수된 현금을 수령하여 유동화증권의 원리금을 투자자에게 상환한다.

특수목적 기구로 설립 시에는 SPV(Special Purpose Vehicle) 또는 회사 형태로 설립 시에는 SPC(Special Purpose Company)라고 부른다. 회사의 형태는 설립절차가 간단한 유한회사로 하고 있다. 동 설립업무는 자산보유자 등의 위임을 받은 주관사가 수행하거나 법무법인 또는 회계법인이 수행하기도 한다.

3) 자산관리자(The Administrator) : 자산보유자 또는 신용정보업자

자산관리자는 유동화회사를 위하여 채권추심 등 자산관리를 하는 자로서 통상 자산보유자나 신용정보업자가 자산관리자가 된다.

4) 업무수탁자(The Trustee)

증권회사 등 수탁관리 기관은 자산관리자의 자산관리 업무 및 현금흐름에 대한 감시·감독을 하며, 계좌관리 및 유동화증권의 원리금 지급을 대행하는 업무를 담당한다. 따라서 수탁기관은 신용보강 및 투자자 보호를 고려하여 신용도가 높은 금융기관이 맡게 된다.

수탁자는 자산관리자로 부터 지급받는 금전 및 유동화자산의 관리, 운용, 처분으로 인하여 위탁자의 계산으로 취득하는 수익 및 금전을 유동화전문회사 등 위탁자 명의의 계좌로 수령하여 관리하고 이를 유동화 사채의 각 지급일에 지급하고 남은 돈은 다른 자산에 투자하여 운용하는데, 유동화증권의 상환을 위한 일시적인 운용을 할 수 있을 뿐 적극적인 운용은 제한된다.

업무수탁사는 자산관리자에 대한 감독 차원에서 자산관리자가 주기적으로 제출하는 유동화자산 관련 보고서 및 기타 자료를 근거로 유동화계획에 따른 유동화자산의 상환 여부 및 건전성 등을 확인하고, 유동화자산의 부실 가능성 및 조기 상환사유 발생 가능성 등을 검토하고 그 근거자료를 보관하여야 한다.

> **[여기서 잠깐] 사채관리회사(업무수탁 회사의 일종)**
>
> 사채관리회사는 사채권자를 위하여 사채의 상환청구, 변제수령, 채권보전 등 사채의 관리에 필요한 업무를 수행하는 회사로 사채권자 보호를 위하여 업무수탁회사의 권한 중 사채관리기능 부분을 분리하여 사채관리회사가 담당하도록 할 수 있다. 사채모집 및 발행에 참여한 인수인은 사채관리회사가 될 수 없으며, 사채관리회사가 될 수 있는 적격자는 은행, 신탁회사, 증권사, 한국예탁결제원, 한국증권금융으로 제한된다.

5) 신용보강기관(The Liquidity Facility Provider) : SPC에 대한 신용공여

양도자산의 담보가치 만으로 신용평가 등급을 얻을 수 없는 경우 자산담보부증권의 원리금에 대한 지급보증을 통해 신용도는 높이고 발행금리는 낮추어 주는 역할을 하고, 일시적인 유동화전문회사의 현금유동성 부족분을 지원하여 신용도를 유지시켜 주는 지급보증 기관이다. 이 기관은 자산으로 부터 현금흐름이 지연되어 유동화증권의 원리금을 제 때 지급할 수 없는 경우를 대비하여 일정기간 동안의 원리금 지급을 한시적으로 보장한다.

6) 신용평가기관

유동화증권은 통상 신용평가기관(Credit Rating Agency)으로부터 신용등급을 받고, 공모발행 시 일정수준 이상의 신용등급 획득이 필수적이다. 신용평가기관은 자산유동화의 거래조건과 자산 및 자산보유자에 관한 자료를 받아 예상 현금흐름, 청산가치, 거래에 따른 경제적·법적 위험을 분석하여 신용등급을 정한 뒤 투자자들에게 제공한다. 이들 신용평가기관은 신용평가를 위해 자산 및 거래에 대하여 자산실사(Due Diligence)를 하는데, 여기에 회계사 및 변호사가 참여한다.

자산실사 방법은 양도 등의 대상자산 전체에 대하여 관련 증빙서류 등을 검토하고 필요시 전산시스템 또는 전자문서 등을 이용하여 대조·확인하는 방법으로 대상자산의 실재성 및 적정성, 담보물 및 담보권 등 채권확보 조치의 존재여부, 금액의 정확성 등을 실사한 후 동 실사정보를 보고서(자산실사 보고서)에 충실히 기재하여야 한다.

7) 발행주간사

자산유동화증권(ABS) 전문가인 증권회사가 주로 담당하며, 증권화의 전 과정을 주선하고 채권의 판매 및 유통을 주선하는 역할을 수행하고 수수료를 받는다. 자산유동화증권의 발행은 성공 여부가 불확실한 초기 검토단계에서 많은 비용과 노력이 투입되므로 주간사의 역할이 매우 중요하다. 따라서 주간사는 법률·회계·세무·전산·채권판매 등 다양한 분야의 전문인력을 투입하게 된다. 자산보유자들은 동일업종 내에서도 대출자산의 창출과정에 서로 상이한 기준을 적용하는 경우가 많다. 따라서 자산유동화증권도 각 자산보유자별로 주문형의 성격을 띠는 경우가 많다. 또한 대출자산의 형태에서도 주택저당대출과 신용카드·리스 각각의 형태별로 자산유동화증권의 구조설계상 많은 차이가 있으므로 각 자산보유자들은 자사의 증권화 계획에 부합되는 적절한 전문인력을 갖춘 주간사를 선정하는 것이 바람직하다.

8) 특수목적 신탁회사

신탁회사가 특수목적 기구의 역할을 하는 경우 신탁회사는 자산을 수탁 받은 후 수익증권 또는 수익증서를 발행할 수 있는데, 그 수익증권 또는 수익증서가 유동화증권이 된다.

9) 기타 참여기관

① 법무법인

자산유동화증권 발행과 관련하여 각종 계약서 입안에 따른 법률자문을 하고, 기초자산 양도가 진정한 매각이라는 법률의견을 제시하는 역할을 담당하며, 자산유동화증권 발행에 대하여 사전에 위험을 통제하고 관리하기 위한 계획을 수립한다.

② 회계법인

회계법인은 유동화 자산 및 자산보유자의 재무제표를 분석하고, 주관기관 및 신용평가기관의 자산실사를 지원한다.

③ 투자자

투자자는 자산유동화 증권을 매수하는 자로서 자산유동화 증권이 사모발행(Private Placement) 또는 공모발행(Public Placement) 여부에 따라 다르다. 사모발행 시에는 은행, 보험회사, 연기금 등의 기관투자가가 그 증권을 인수하게 된다.

공모발행 시에는 인수단이 그 증권을 인수한 후에 다시 일반 투자자에게 매각하게 된다. 투자자의 권리는 그가 매수한 증권의 종류에 따라 다르다. 예컨대, 유동화전문회사가 발행한 '사채'를 매수한 자는 유동화전문회사에 대하여 '원리금지급 청구권'만을 가지게 되고, '출자증권'을 매수한 자는 그 유동화전문회사의 사원으로 되지만 실제적으로 그 회사의 운영에는 관여하지 않은 채 회사의 '운영수익'으로 부터 투자자금만을 회수할 수 있다.

8. ABS 발행의 효과

1) 유동화전문회사는 자산보유자로부터 양도받은 자산을 담보로 유가증권을 발행하기 때문에 자산보유자가 파산하더라고 원리금의 상환과는 무관하다. 이러한 부도위험으로부터의 단절(Bankruptcy Remote)은 '진정양도'일 경우에 가능한데, 법무법인 및 회계법인의 진정양도 의견(True Sale Opinion) 및 자산분리 의견(Off-Balance Opinion)에 의하여 확인된다.

2) 유동화자산은 집합화로 포트폴리오 효과를 누리게 되어 개별채권 간에 위험들이 서로 상쇄되고 분산되므로 집합화된 전체 자산의 위험감소로 신용제고의 효과가 있다.

3) 유동화증권은 자산보유자의 신용위험(Credit Risk)과는 무관하게 유동화회사의 양도자산 자체를 담보로 채권을 발행하여 자금을 차입하는 것이므로 예금을 유치하여 운용할 경우에 투입되는 예금보험료 및 예금이자의 지출이 없어 자금조달 비용(Funding Cost)을 낮출 수 있고, BIS 자기자본 비율을 제고하는 효과가 있다.

4) 투자자는 자산유동화증권이 동일 신용등급 및 동일한 만기를 가진 타 채권의 수익률보다 다소 높은 수준의 금리로 발행됨으로써 높은 수익성을 기대할 수 있으며, 유동화자산이 전문적인 자산관리자에 위탁되므로 투자자는 자금회수에 있어서도 안정성을 기대할 수 있다.

9. ABS 시장동향

비상장인 부실채권 투자사에 투자하려면 회사채(유동화증권)를 인수하는 게 유일한 방법이다. 유암코의 경우 채권별로 3.78~4.01% 수준으로 금리를 평가받고 있지만 유통시장에선 3.52%~3.97%에 거래가 이뤄지고 있다. 유통시장에서 채권금리가 낮다는 것은 그만큼 채권 값이 강세란 의미다. 우리에프앤아이도 평가금리보다 실거래 금리가 낮아 채권 가격이 강세를 유지하고 있다. 현재 근저당채권 담보부 ABS 중 3년 만기 증권의 이자율은 3.7% 정도이다.

한편 자산유동화증권은 대부분 회사채로 증권회사 주도로 근저당채권을 담보로 발행되어 주로 사모펀드를 구성한 기관투자자들이 인수해 간다. 1순위 저위험(Senior Bond)증권, 2순위 중간위험 증권, 3순위 고위험 증권으로 발행된다. 1순위가 5%대로 발행될 경우 서로 투자하려고 하며 1순위 인수자에게는 일종의 특혜라고 할 수 있다.

2순위는 후순위 채권으로 모든 1순위자에게 원리금을 지급한 후에 당해 원리금을 지급받게 되어 상환위험이 1순위보다 높으므로 7%대의 높은 이율로 발행되기도 하는데, 1순위 및 2순위 증권의 전체 평균 이자율은 6%대가 된다. 1순위 및 2순위로 발행되는 증권이 100% 중 90% 정도를 점유하고 나머지 10%의 3순위 증권은 자산보유자가 매입하거나 시장에 매각하게 된다. 결과적으로 질권대출도 근저당채권 매입가격의 최고 90%까지 대출을 해주고 이자율도 금융기관에 따라 5%~7%대 이자를 받고 있어 평균 6%대의 질권대출 이자를 부담하게 되는 바, 질권대출도 유동화증권 발행과 겉만 다르지 속은 거의 비슷하다. 증권의 상환만기는 1년 만기, 2년 만기, 3년 만기 및 최장 5년 만기까지 발행된다. 유동화회사의 업무수탁자(증권회사 또는 사채관리은행)는 근저당채권 배당금을 자산관리자로부터 수령한 다음 이자는 통상 1개월 내지 3개월 단위로 사채관리 은행을 통하여 투자자에게 지급하고 원금은 만기에 일시로 상환하게 된다. 상환자금이 부족 시 다른 유동화증권을 발행하여 기존 증권을 차환하거나 자금을 일시 차입하여 만기도래 증권을 상환할 수 있다.

유동화자산인 근저당채권은 시간이 지나면 수차례 유찰되고 낙찰되지 않는 아주 질이 떨어지는 부동산의 근저당채권만 남게 되고 이런 상태의 근저당채권을 유동화회사가 장기간 보유하게 될 수 있다. 이에 따라 3순위 유동화증권이 전액 상환되지 않고 손실을 입을 수도 있다. 그러나 1순위 및 2순위 증권의 담보대상인 조기회수 근저당 채권에서 이들 증권을 상환하고도 남는 배당차익이 발생될 수 있는바, 동 배당차익으로 3순위증권 담보의 배당손실을 상쇄하는 포트폴리오 효과로 인하여 전체적으로는 모든 증권을 상환하게 되고 수익이 발생할 수도 있다.

위와 같이 50% 이하로 유찰된 불량 담보물들 때문에 이들 물건이 낙찰되어 배당금을 회수할 수 있는 기간을 최장 5년으로 보고 이에 맞춰 증권의 상환만기도 최장 5년까지 설정하게 된 것이다. 한편 유동화회사는 장기간 회수가 지연되는 잔존 근저당채권을 다른 유동화회사나 투자자에게 전액 매각하고 해산하는 경우도 있는데, 이는 '유동화의 유동화'라고 할 수 있다.

10. 자산유동화의 특례

1) 피담보채권 확정의 특례

자산유동화계획에 의하여 양도 또는 신탁하고자 하는 유동화자산이 근저당권에 의하여 담보된 채권인 경우에는 자산보유자가 채무자에게 근저당권에 의하여 담보된 채권의 금액을 정하여 추가로 채권을 발생시키지 아니하고 그 채권의 전부를 양도 또는 신탁하겠다는 의사를 기재한 통지서를 내용증명 우편으로 발송한 때에는 통지서를 발송한 날의 다음날에 당해채권은 확정된 것으로 본다. 다만 채무자가 10일 이내에 이의를 제기한 때에는 그러하지 아니하다(자산유동화에 관한 법률 제7조의2).

2) 저당권 취득의 특례

자산유동화 계획에 따라 양도 또는 신탁한 채권이 질권 또는 저당권에 의하여 담보된 채권인 경우 유동화전문회사 등은 자산양도 등록이 있는 때에 그 질권 또는 저당권을 취득한다(동법 제8조 제1항).

3) 등록세 및 취득세 50%면제

조세특례제한법 제119조 제1항 제3호와 제120조 제1항 제9호에서는, 유동화전문회사가 자산유동화법에 의하여 등록한 유동화계획에 따라 자산보유자 또는 다른 유동화전문회사로부터 유동화자산을 양수하거나, 양수한 유동화자산을 관리·운용·처분하는 경우의 부동산소유권 이전등기, 저당권 이전등기, 경매신청·가압류·가처분에 관한 등기 또는 가등기에 관한 등록세와 취득세를 50% 면제한다. 그러나 유동화증권 투자자들은 채권에 대한 이자소득, 출자증권에 대한 배당소득에 대하여 원천징수 의무자에게 이자소득세 또는 배당소득세를 원천징수 당한다.

4) 채무자에 관한 정보의 제공 및 활용

자산유동화에 관한 법률

제37조(채무자에 관한 정보의 제공 및 활용) ① 자산보유자 또는 유동화전문회사 등은 금융실명거래및비밀보호에관한법률 제4조의 규정에 불구하고 자산유동화계획의 수행을 위하여 필요한 범위 안에서 당해 유동화자산인 채권의 채무자의 지급능력에 관한 정보를 투자자, 양수인 기타 이에 준하는 이해관계인에게 제공할 수 있다.
② 자산유동화계획에 따라 유동화자산을 양도 또는 신탁받은 자(그 업무를 위탁받은 자를 포함한다)는 유동화자산인 채권의 채무자의 지급능력에 관한 정보를 당해 채권을 변제받기 위한 목적 외의 목적으로 사용하여서는 아니된다.

11. 자산유동화계획의 등록취소

금융위원회는 유동화전문회사 등이 아래에 열거된 행위를 하는 경우에는 자산유동화계획의 등록을 취소할 수 있다.

1) 자산유동화계획의 등록 또는 변경등록을 거짓 또는 부정한 방법으로 한 경우

2) 변경등록을 하지 아니하고 자산유동화계획을 변경한 경우

3) 자산양도 등의 등록을 하지 아니하거나 거짓으로 한 경우

4) 유동화전문회사가 업무목적 외의 업무를 영위한 경우

5) 업무개선 명령을 이행하지 아니한 경우

> **[여기서 잠깐] 옵션부사채**
>
> 사채 발행 시 제시된 일정조건이 성립되면 만기일 이전이라도 발행회사는 사채권자에게 매도청구를, 사채권자는 발행회사에게 매수(상환)청구를 할 수 있는 권리, 즉 콜옵션과 풋옵션이 부여되는 사채이다. 이때 콜옵션(Call Option)이란 발행회사가 만기 전 매입소각할 수 있는 권리를 뜻하며, 풋옵션(Put Option)은 사채권자가 발행회사에게 만기 전 중도상환을 청구할 수 있는 권리를 말한다.
>
> 이와 같이 콜옵션은 발행회사가 사채권자에게 만기 전 조기 상환을 할 수 있는 권리이기 때문에 사채권자는 조기 상환된 기간만큼 이자율 손해를 보게 되고 발행회사는 기초자산으로부터 회수된 여유자금으로 증권을 조기 상환하여 지급이자를 감소시키기 때문에 콜옵션은 발행회사에게 유리한 조건이다. 반대로 사채권자가 발행회사에게 만기 전 조기 상환을 청구할 수 있는 권리를 풋옵션(Put Option)이라고 하는데, 이는 발행회사의 상환위험에 대비한 사전 리스크관리 차원에서 상환위험 등을 회피하기 위한 조건으로 사채권자에게 유리한 조건이다.